监察法应用一本通

最高人民检察院《法律手册》编委会 审定

钟晋 编著

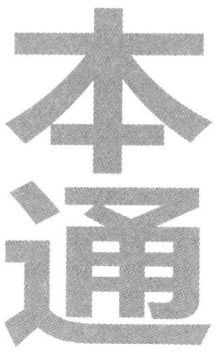

中国检察出版社

图书在版编目（CIP）数据

监察法应用一本通 / 钟晋编著. —北京：中国检察出版社，2018.9
ISBN 978 – 7 – 5102 – 2161 – 3

Ⅰ.①监… Ⅱ.①钟… Ⅲ.①行政监察法 – 中国 Ⅳ.①D922.114

中国版本图书馆 CIP 数据核字（2018）第 199196 号

监察法应用一本通

钟　晋　编著

出版发行：	中国检察出版社
社　　址：	北京市石景山区香山南路 109 号（100144）
网　　址：	中国检察出版社（www.zgjccbs.com）
编辑电话：	(010)86423753
发行电话：	(010)86423726　86423727　86423728
	(010)86423730　68650016
经　　销：	新华书店
印　　刷：	保定市中画美凯印刷有限公司
开　　本：	710 mm×960 mm　16 开
印　　张：	33.5
字　　数：	728 千字
版　　次：	2018 年 9 月第一版　2019 年 1 月第二次印刷
书　　号：	ISBN 978 – 7 – 5102 – 2161 – 3
定　　价：	89.00 元

检察版图书，版权所有，侵权必究
如遇图书印装质量问题本社负责调换

编者说明

近年来,"一本通"式的法律汇编模式广受实务界和理论界的青睐。在法律理解与适用的"三段论"推理过程中,法律规范是大前提,案件事实是小前提,并由此得出裁断结论。毋庸置疑,对于大前提的有效探查和准确理解,是精准适用法律的基础,但法律条文的浩繁复杂往往成为阻碍大前提认知的"拦路虎"。而"一本通"恰恰对此难题作出有针对性的回应,它以法条信息分类集成的系统编撰模式,科学梳理法律部门的逻辑脉络,将分散在不同法律单行本而又相互关联的"砖石原料"组成一个功能清晰、搭配合理、自成体系的"建筑群",使读者对相关问题的国家法律框架"一览无余"。从某种意义来说,"一本通"式的法律汇编,其理论与实践价值甚至可与英美法系国家对海量判例法进行的"法律重述"相媲美。

编者在学习和工作过程中,于诸部门法"一本通"中受益良多,故在《中华人民共和国监察法》(以下简称《监察法》)颁布实施后,急切盼望《监察法一本通》的问世。然期盼日久而不得,便开始自行梳理相关规定。孰料埋首书堆的过程中,竟然不自量力地萌生出自行编撰的"妄念"。心愿既许,便开始蹒跚学步,由此方才品出"书到用时方恨少,事因经过始知难"的滋味。其"难"有三:一是自身能力难以承受。编者虽在司法实务一线耕耘多年,但理论素养不足,且对纪检监察实务缺乏深入了解。二是编撰素材难以界分。《监察法》的颁布实施虽标志着一个新的法律部门诞生,但在此之后除中共中央纪委、国家监察委员会于2018年4月16日颁布的《国家监察委员会管辖规定(试行)》和《公职人员政务处分暂行规定》之外并无太多新的法规出台,新生的"监察法律体系"之内容似显"单薄"。但监察法律体系是否仅包括这些内容?党内法规与监察法律体系的关系如何定位?三是编撰思路难以厘清。监察委与纪委合署办公,履行纪检、监察两项职责,在对监察法条文逐一注解时如何实现"纪法贯通、法法衔接"的履职要求?如何体现监察法与党内法规、行政法、刑事法等的有机统一?

身历其境后,编者大梦初醒、不禁惊出一身"冷汗"——原来编者起初是一厢情愿地把编撰"一本通"当作了一个"抄法条"的力气活儿。也正因为如此，无知者才敢许下编撰此书这般无畏的宏愿，不知这是一个高难度的"法律重述"技术活儿！加之《监察法》条文横跨纪法，融合行政、纪检、司法等诸多内容，其编撰逻辑之独特性、系统性、复杂性，非以往任何一个部门法的"一本通"能与之比拟。当下回想，编者对"无畏者"的胆量惊叹不已，也隐隐觉得如此难题种种，或许正是促成寂寂无名的编者有幸成为监察法律体系建设"铺路石"的一段"砖玉良缘"！只是个中煎熬、颇堪回味，若非中国检察出版社总编辑刘志远先生、第一编辑室主任马力珍女士的屡次鼓励和悉心指导，恐怕编者早已知难而退、偃旗息鼓了！

经梳理上百万字的相关国家法律、党内法规及文件资料，编者逐渐形成"两个注重"的编撰思路。一是注重"一本通"式法律编撰模式的常规功效，为监察法律信息的快速检索、全面掌握、综合运用、比较研究等提供高效便捷的查询渠道。二是注重监察法律体系的内在规律、实践要求，以"纪法贯通、法法衔接"为主线来排布全书内容，在选取编撰素材、划分子项类别、排列法规条文等过程中重点考量以下四个因素：

第一，合署办公的特殊性。监察委员会同党的纪律检查委员会合署办公，履行纪检、监察两项职责，实行一套工作机构、两个机关名称。监察委与纪委的合署办公，不仅是两个机关组织架构的合署，更是纪检、监察两大职权的合并。这与以往中央综治办与中央政法委机关合署办公等模式不同，此类情形主要在于组织合并、便于加强领导，但职权职责基本趋同。这与此前纪委与政府监察部门合署办公亦有不同，其整合力度、职权范围、运行方式等均已作出重大改革。可见，新时代背景下监察委与纪委的合署办公有其特殊性，应从"实现党内监督和国家机关监督、党的纪律检查和国家监察有机统一"的战略高度来认识其合署办公的意义。因此，本书根据合署办公的制度设计，秉持纪检监察法律法规、纪检监察职权职责均应有机统一的理念，系统梳理纪检监察法律体系。

第二，"纪法贯通"的实践性。监察委员会依法履行监督、调查、处置职责，不是单纯的办案机关，履职时应兼顾监察与执纪。监察委办理的每一起案件，往往都会涉及被调查人违纪与违法的"责任竞合"，同时意味着监察委应承担监督与办案、惩治与预防的多重使命，这便需要监察人员具备执纪和监察、监督与查处的复合型思维。而《监察法》仅九章、69个条文，许多操作性规定如管辖权限、调查程序等均有待进一步细化，但相关党内法规对于执纪过程的监督、调查、处置已有较为完善的规定。因此，为了顺应监察履职过程中"纪法贯通"的客观需要，本书大量引用党内监督法规，既明确执纪程序的具体要求，又为监察执法提供执行参考。

第三,"法法衔接"的系统性。编者认为,监察法律体系以《监察法》为基本法,其构成体系既包括宪法、行政法、刑事法、国际条约的相关规定,同时还应包括党内法规的相关规定。(1)关于党内法规与国家法律的关系。北京大学法学院教授姜明安指出:"两者是协调统一、良性互动的关系。党内法规必须严格遵守宪法和法律的规定、原则和精神;把党内法规中一些成熟的制度规定适时经过法定程序上升为国家法律,是立法的一个重要源头。"《监察法》的制定,便是党的政治主张经由法定程序上升为国家法律的例证。因此,本书注重例举与监察法条文关联对应的党内法规,便于读者厘清党内法规逐渐上升为国家立法的发展脉络和内在联系。(2)关于《监察法》与公务员法、刑法、刑事诉讼法、国际条约等的衔接。基于国家法律的统一性以及《监察法》有关管辖、调查、处置等诸多具体程序的条文偏于抽象,此类条文的理解和执行仍需结合相关法律的具体规定。特别值得注意的是,《监察法》第33条在明确监察机关收集的证据在刑事诉讼中可作为证据使用的同时,要求"监察机关在收集、固定、审查、运用证据时,应当与刑事审判关于证据的要求和标准一致。以非法方法收集的证据应当依法予以排除,不得作为案件处置的依据"。由于监察委调查的案件最终是否进入刑事诉讼程序,是随着调查工作不断推进而动态变化的过程,在调查之初无法预见案件走向,但该规定使得严格程序的"紧箍咒"将约束调查活动始终。可见,该条既是对监察机关调查职务犯罪案件提出严格的程序要求,也是"倒逼"监察机关在一切调查活动中规范执法行为乃至执纪行为。因此,本书也注重例举与《监察法》配套统一且实际操作性强的法律规定,凸显部门法之间执法标准、执法方式的协调性、系统性。

第四,"问题导向"的创新性。为顺应时代需求、回应现实问题、化解认识分歧、便于实践操作,本书就常规"一本通"编撰模式的基础上有所创新:(1)基于《监察法》的特殊规律和执法追求,本书尝试"纪法融合"的编撰思路,特别是对党内法规予以了大量援引,既契合监察委履行执纪、监察双重职责的实践要求,也便于读者深入了解《监察法》与党内法规的相互关联与有机统一。(2)基于对监察法律体系的宏观思考,本书尝试对监察法律体系进行"部门法框架设计",按照宪法、党章、立法法规、组织人事法规、行为规制法规、纪检监察法规、国际条约等类别来划分相关规定①,对于监察法学研究和司法实务均有所裨益。(3)基于本书采用"纪法融合"的编撰思路以及对监察法律体系的宏观思考,导致无法参照"一本通"的常规顺序来排列

---

① 分类标准详见本书《编写体例说明》。

参考法条，因为按照宪法、法律、行政法规、司法解释、部门法规、规范性文件、案例等分类的法律位阶模式不能适应本书编排需要，故综合考量全部参考法条的效力层级、内容详略、时间先后等因素，分列编者自行构思的上述"部门法框架设计"的诸子项当中。

总之，本书主张对于《监察法》的理解与执行，必须贯穿"纪法贯通""法法衔接"的总体思路，对相关党内法规及法律规定作出系统性的解读，如此方能准确把握立法意图，保障执法实效。同时，编者希望经由此书促进理论与实务界对"监察法律体系"的重视，探寻"监察法律体系"建设与执行所面临的问题和应采取的对策：

一是要有构建"监察法律体系"的宏观战略。《宪法》明确了国家监察制度的宪法定位，《监察法》设置了国家监察权的运行体系，二者共同构建了监察法律体系的基本框架。这也表明新生的"国家监察法律体系"理应作为一套相对独立、自成一体的法律体系而进行发展完善，不能只注重与其他法律法规的衔接而忽视自身发展需求。《宪法》第124条第4款规定："监察委员会的组织和职权由法律规定。"但《监察法》仅有9章69条，有许多实际问题尚待明确，确有完善法律体系、制定实施细则、作出条文解释、协调法律衔接等客观需要。如《监察法》仅在第68条授权中央军事委员会根据本法制定具体规定，并未授权国家监察委就有关本法实施的具体问题作出规定，但是国家监察委应当有权对监察机关履行监督、调查、处置职权过程中的相关事项作出具体规定。在宪法确立的"一府一委两院"国家机构体系中，国务院可制定行政法规、两高可制定司法解释，最高监察机关自行制定的规范性文件，在法律位阶上也应有明确的效力定位。对此问题，或由全国人大常委会作出相应立法解释，或对《立法法》的相关规定作出修正，以构建完整的国家监察法律体系框架。

二是要有弥合"法律条文冲突"的微观思考。与《监察法》密切相关的法律较多，《监察法》许多条文的理解与执行，都涉及法律与法律之间的协调统一问题。如《监察法》第63、64、65条分别规定了惩处串供伪证、打击报复、诬告陷害、私藏线索、刑讯逼供等非法行为，《监察法》第66条规定："违反本法规定，构成犯罪的，依法追究刑事责任。"但上述违法情形与相应刑法罪名，仍存在一些适用分歧。如《刑法》第247条规定的刑讯逼供罪，是指司法工作人员对犯罪嫌疑人、被告人使用肉刑或者变相肉刑，逼取口供的行为，而监察人员不属于司法工作人员，监察人员有上述违法行为不能适用刑讯逼供罪的规定；又如《刑法》第305条规定的伪证罪，是指在刑事诉讼中，证人、鉴定人、记录人和翻译人对与案件有重要关系的情节，故意作虚假证明、鉴定、记录、翻译，意图陷害他人或者隐匿罪证的行为等，故伪证罪仅能规制刑事诉讼中妨碍司法秩序的行为。上述问题，均有待立法予以解决。

三是要有注重"提升执法质效"的方法意识。毛泽东同志说过："我们不但要提出任务，而且要解决完成任务的方法问题。我们的任务是过河，但是没有桥或者没有船就不能过。不能解决桥和船的问题，过河就是一句空话。不解决方法问题，任务也只是瞎说一通。"监察监督、调查和处置是一门实践的艺术，要解决"法条的抽象性"与"实务的复杂性"这一对执法实践领域"亘古不变"的矛盾，必须有科学的方法论作为连接二者的"桥梁"。否则，《监察法》的价值追求将无法落到实处。在《监察法》实施的过程中，监察执法方法是影响监察执法质效的关键因素，"制作方法"如不符合新形势、新任务、新要求，则如此方法之下的"产品质量"堪忧。如监察机关在内部职能划分时，如何实现线索处置、调查、审理各部门的相互协调、相互制约；监察机关在履行监督、调查、处置职责时，如何平衡监督与办案、执纪与监察的关系；监察机关在办理职务违法和职务犯罪案件时，如何实现与审判机关、检察机关、执法部门的互相配合、互相制约；监察机关在培养监察人才、提升执法水平时，如何总结、传承和推广监察执法经验等，都值得我们深入研究。清末法学家沈家本有云："夫法之善者，仍在有用法之人，苟非其人，徒法而已。……有其法者尤贵有其人矣。大抵用法者得其人，法即严厉亦能施其仁于法之中。用法者失其人，法即宽平亦能逞其暴于法之外。"《监察法》的贯彻执行任重而道远，而决定其执法效果的关键，依旧在人！

本书在编撰思路、法规分类、内容排布、条文注释等方面的诸多不足，以及编撰中的疏漏谬误之处，敬请批评指正。若蒙读者认可本书尚有可取之处，编者将长期致力于监察法律体系的研究工作。本书编撰得到了湖南省廉政建设协同创新中心、中国反腐败司法研究中心的大力支持，在此表示感谢！

钟　晋
2018 年 6 月

编写体例说明

本书以"纪法贯通、法法衔接"为总体思路，有针对性地选取、摘录、排布引用条文。意图让读者在系统了解纪检监察法律法规体系的基础上，全面把握监察法的立法原意、条文内涵、执行标准、操作程序等。具体说明如下：

一、关于引文分类

监察法兼具职权法、程序法、组织法等特征，且监察委与纪委合署办公，故其引用条文的体系构建有别于以往的部门法。为提高本书的实务指导性，编者坚持以问题为导向、以内容为基础划分引文类型，而不采用单纯以条文法律属性、法律位阶来划分的常规标准，尝试突破以往国家法律和党内法规分而治之的条文编撰惯例。《中共中央关于全面推进依法治国若干重大问题的决定》明确将"建设中国特色社会主义法治体系，建设社会主义法治国家"确立为全面推进依法治国总目标。阐明"中国特色社会主义法治体系"由完备的法律规范体系、高效的法治实施体系、严密的法治监督体系、有力的法治保障体系、完善的党内法规体系等"五大体系"组成。强调党内法规既是管党治党的重要依据，也是建设社会主义法治国家的有力保障；党的纪律是党内规矩，党规党纪严于国家法律。要求完善党内法规制定体制机制，加大党内法规备案审查和解释力度，形成配套完备的党内法规制度体系。注重党内法规同国家法律的衔接和协调，提高党内法规执行力，运用党内法规把党要管党、从严治党落到实处，促进党员、干部带头遵守国家法律法规。因此，编者认为，准确理解和贯彻执行监察法，必须全面把握"法治监督体系"和"党内法规体系"。据此就相关引文分类如下：

1. 宪法。国家的根本大法，具有最高的法律效力。以便于了解国家监察制度的基本框架。

2. 党章。最根本的党内法规，是制定其他党内法规的基础和依据。以便于了解党内监督的基本制度。

3. 党的纲领性文件及其他重要文件。主要为党中央推进监察体制改革的宏观战略，如中共十九大报告、中纪委十八届三次全会报告及《中共中央关于全面推进依法治国若干重大问题的决定》《深化党和国家机构改革方案》等。

4. 立法法。即《中华人民共和国立法法》。

5. 党内法规。即《中国共产党党内法规制定条例》等，以便于了解纪检监察法律体系的总体架构。

6. 组织人事法规。主要内容为党的机关管理、国家公职人员身份确认以及领导干部选任、辞职等规定。包括：（1）党的组织管理法，如《中国共产党工作机关条例（试行）》《中国共产党党组工作条例（试行）》《关于中共中央纪委派驻纪检组履行监督职责的意见》等；（2）公职人员管理法，如《中华人民共和国公务员法》《事业单位人事管理条例》等；（3）领导干部管理法，如《党政领导干部选拔任用工作条例》《党政领导干部选拔任用工作监督检查办法（试行）》《党政领导干部辞职暂行规定》等。

7. 行为规制法规。收录了一系列全面从严治党的制度成果，主要内容为规范监察对象的责任义务和行为界限。包括《关于新形势下党内政治生活的若干准则》《中国共产党廉洁自律准则》《中央政治局贯彻落实中央八项规定的实施细则》《中华人民共和国企业国有资产法》等。

8. 纪检监察法规。此为本书引用内容最多、涉及监察法条最广的引文类型。此处所指为"狭义的纪检监察法"，主要指规范纪检监察机关的职权范围、履职程序、履职要求、处断依据及自身建设等的执纪监察的党内法规。包括：（1）一般规定，如《中国共产党党内监督条例》《中国共产党巡视工作条例》《中国共产党问责条例》等；（2）纪检监察实体法规，如《中国共产党纪律处分条例》《公职人员政务处分暂行规定》《行政机关公务员处分条例》等；（3）纪检监察程序法规，如《国家监察委员会管辖规定（试行）》《中国共产党纪律检查机关监督执纪工作规则（试行）》《党的纪律检查机关案件审理工作条例》。

9. 刑事法律文件。包括与《监察法》相关的部分《刑法》《刑事诉讼法》及相关司法解释条文、通知、纪要、答复等，如公职人员涉嫌88个罪名的立案标准、非法证据排除的相关规定。以便于了解监察法与刑事法规有效衔接的相关内容。

10. 国际条约。包括《联合国反腐败公约》《联合国打击跨国有组织犯罪公约》。《监察法》第六章规定"反腐败国际合作"，上述国际条约是反腐败国际合作的操作指南。同时，条约中关于反腐败立法、反腐败制度建设以及诸多反腐败法律问题的界定，如关于"公职人员""影响力交易""冻结、扣押、没收""上游犯罪"等认定标准均可作为我国加强反腐败制度建设的参考。

二、引文基本体例

本书以建构《监察法》的体系性思维为指引，以服务监察工作实际为主线，从宪法、党章、党的纲领性文件及其他重要文件、立法法、党内法规、组织人事法规、纪检监察法规、刑事法律文件等多重维度引用条文以阐释《监察法》。引文以《监察法》条文为基本单元，对与该《监察法》条文有关的相关规范性法律文件进行统一排序。下面举例说明：

第四十五条 【处置方式】监察机关根据监督、调查结果，依法作出如下处置：

（一）对有职务违法行为但情节较轻的公职人员，按照管理权限，直接或者委托有关机关、人员，进行谈话提醒、批评教育、责令检查，或者予以诫勉；

（二）对违法的公职人员依照法定程序作出警告、记过、记大过、降级、撤职、开除等政务处分决定；

（三）对不履行或者不正确履行职责负有责任的领导人员，按照管理权限对其直接作出问责决定，或者向有权作出问责决定的机关提出问责建议；

（四）对涉嫌职务犯罪的，监察机关经调查认为犯罪事实清楚，证据确实、充分的，制作起诉意见书，连同案卷材料、证据一并移送人民检察院依法审查、提起公诉；

（五）对监察对象所在单位廉政建设和履行职责存在的问题等提出监察建议。

监察机关经调查，对没有证据证明被调查人存在违法犯罪行为的，应当撤销案件，并通知被调查人所在单位。

45.26《国有企业领导人员廉洁从业若干规定》（2009年7月1日）（节录）
第二十三条 国有企业领导人员受到警示谈话、调离岗位、降职、免职处理的，应当
减发或者全部扣发当年的绩效薪金、奖金。

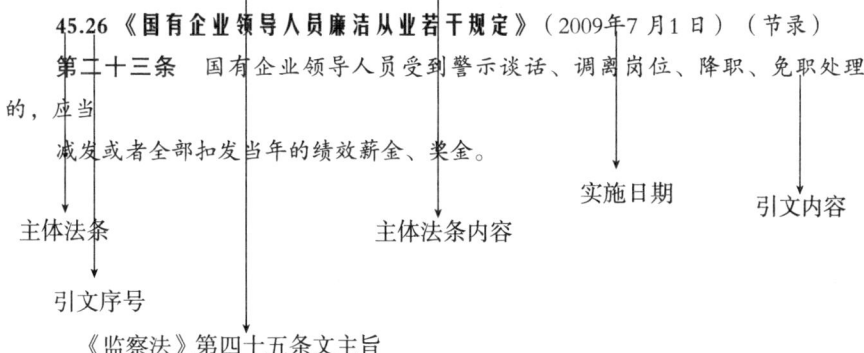

主体法条　　　　　　主体法条内容　　　实施日期　　　引文内容

引文序号

《监察法》第四十五条文主旨

其意思为：

——《监察法》第四十五条的条文主旨是处置方式（编者根据条文内容

归纳);

——该引文是与《监察法》第四十五条相关的规范性法律文件；

——该规范性法律文件排在第二十六位；

——实施日期为2009年7月1日（一般情况下，括号内容直接为实施日期）。

需要说明的是，为集中表述引文内容，本书对引文文号、通过修改过程等不再详细表述。

三、其他结构性说明

1. 关于《监察法》条文主旨。为了便于全面了解《监察法》条文体例与主旨，编者根据法条内容总结提炼出条文要旨，以帮助读者全面深入理解条文含义。

2. 关于编者注。对于《监察法》理解和适用过程中存在的相关问题，编者结合《监察法》法律体系的现有依据及基本原理，作出总结与提示，以飨读者。

3. 关于引文中有"部分必要的重复"。基于《监察法》条文的关联性、系统性，且每一个条文也都有其自身的立法意图和逻辑体系，故相关引文重复出现在所难免。特别是考虑到"一本通"以逐条精解、便捷查询为目的，若读者需反复对照诸多条文才能全面了解引文信息，则有失"一本通"编撰的基本要求。

本书的编撰修正，承蒙中国检察出版社第一编辑室李冬青女士的悉心指导，编者在此表示衷心感谢！

因编者水平有限，书中谬误之处难免，敬请读者批评指正！

目　　录

编者说明 …………………………………………………… 1

编写体例说明 ……………………………………………… 1

第一章　总　　则 ……………………………………… 1

第一条【立法目的和立法依据】 ………………………… 1
第二条【党的领导和指导思想】 ………………………… 28
第三条【监察委性质和法定职责】 ……………………… 34
第四条【独立行使职权和互相配合、互相制约】 ……… 40
第五条【工作原则】 ……………………………………… 46
第六条【工作方针】 ……………………………………… 53

第二章　监察机关及其职责 …………………………… 69

第七条【监察机构设置】 ………………………………… 69
第八条【国家监察委产生、组成和监督】 ……………… 70
第九条【地方监察委产生、组成和人大监督】 ………… 72
第十条【领导关系】 ……………………………………… 73
第十一条【监察职责】 …………………………………… 76
第十二条【派驻或者派出监察机构、监察专员】 ……… 81
第十三条【派驻或者派出监察机构、监察专员的监察职责】 … 85
第十四条【监察官制度】 ………………………………… 90

第三章 监察范围和管辖 91
第十五条【监察对象】 91
第十六条【管辖原则】 105
第十七条【指定管辖和提级管辖】 140

第四章 监察权限 142
第十八条【一般权限】 142
第十九条【谈话、要求说明情况】 144
第二十条【要求作出陈述、讯问】 145
第二十一条【询问】 155
第二十二条【留置】 163
第二十三条【查询、冻结】 167
第二十四条【搜查】 172
第二十五条【调取、查封、扣押】 172
第二十六条【勘验检查】 184
第二十七条【鉴定】 186
第二十八条【技术调查】 189
第二十九条【通缉】 192
第三十条【限制出境】 193
第三十一条【对被调查人提出从宽处罚建议】 197
第三十二条【对涉案人员提出从宽处罚建议】 216
第三十三条【刑事证据能力、取证要求、证明标准和非法证据排除规则】 216
第三十四条【职务违法犯罪问题线索移送制度和共同管辖】 256

第五章 监察程序 258
第三十五条【报案、举报的处理】 258
第三十六条【监察工作机制及内部监督管理】 271
第三十七条【问题线索处置】 281

第三十八条【初步核实】 …… 281
第三十九条【立案】 …… 284
第四十条【调查取证的一般要求】 …… 290
第四十一条【调查措施的程序规范】 …… 299
第四十二条【调查方案的执行效力】 …… 302
第四十三条【留置措施的审批、时限、执行、解除】 …… 302
第四十四条【留置措施的通知和被留置人权益保障】 …… 305
第四十五条【处置方式】 …… 306
第四十六条【涉案财产处置】 …… 369
第四十七条【检察机关审查起诉程序】 …… 374
第四十八条【被调查人逃匿、死亡案件违法所得没收程序】 …… 397
第四十九条【复审、复核】 …… 404

第六章 反腐败国际合作 …… 422

第五十条【集中统筹职责】 …… 422
第五十一条【协调各方职责】 …… 434
第五十二条【国际追逃追赃和防逃职责】 …… 452

第七章 对监察机关和监察人员的监督 …… 462

第五十三条【人大监督】 …… 462
第五十四条【外部监督】 …… 465
第五十五条【内部监督】 …… 471
第五十六条【监察人员素能要求】 …… 473
第五十七条【特殊事项报告备案制度】 …… 474
第五十八条【回避】 …… 478
第五十九条【脱密期管理和从业限制】 …… 479
第六十条【被调查人及其近亲属的申诉】 …… 485
第六十一条【"一案双查"和错案责任追究】 …… 492

第八章　法律责任 …… 494

第六十二条【拒不执行监察处理决定、监察建议的法律责任】 …… 494

第六十三条【拒绝、阻碍、干扰监察调查的法律责任】 …… 496

第六十四条【报复陷害、诬告陷害的法律责任】 …… 497

第六十五条【监察机关及其工作人员违法行使职权的法律责任】 …… 502

第六十六条【依法追究刑事责任】 …… 505

第六十七条【国家赔偿】 …… 507

第九章　附　则 …… 511

第六十八条【军事监察工作具体规定的立法授权】 …… 511

第六十九条【实施日期】 …… 511

第一章 总　　则

第一条　【立法目的和立法依据】为了深化国家监察体制改革，加强对所有行使公权力的公职人员的监督，实现国家监察全面覆盖，深入开展反腐败工作，推进国家治理体系和治理能力现代化，根据宪法，制定本法。

【宪法】

1.1《中华人民共和国宪法》（修正后2018年3月11日施行）（节录）

> 【编者注】明确提及监察机关的宪法条文共计13条。

第三条　中华人民共和国的国家机构实行民主集中制的原则。

全国人民代表大会和地方各级人民代表大会都由民主选举产生，对人民负责，受人民监督。

国家行政机关、监察机关、审判机关、检察机关都由人民代表大会产生，对它负责，受它监督。

中央和地方的国家机构职权的划分，遵循在中央的统一领导下，充分发挥地方的主动性、积极性的原则。

第六十二条　全国人民代表大会行使下列职权：

（一）修改宪法；

（二）监督宪法的实施；

（三）制定和修改刑事、民事、国家机构的和其他的基本法律；

（四）选举中华人民共和国主席、副主席；

（五）根据中华人民共和国主席的提名，决定国务院总理的人选；根据国务院总理的提名，决定国务院副总理、国务委员、各部部长、各委员会主任、审计长、秘书长的人选；

（六）选举中央军事委员会主席；根据中央军事委员会主席的提名，决定中央军事委员会其他组成人员的人选；

（七）选举国家监察委员会主任；

（八）选举最高人民法院院长；

（九）选举最高人民检察院检察长；

（十）审查和批准国民经济和社会发展计划和计划执行情况的报告；

（十一）审查和批准国家的预算和预算执行情况的报告；

（十二）改变或者撤销全国人民代表大会常务委员会不适当的决定；

（十三）批准省、自治区和直辖市的建置；

（十四）决定特别行政区的设立及其制度；

（十五）决定战争和和平的问题；

（十六）应当由最高国家权力机关行使的其他职权。

第六十三条 全国人民代表大会有权罢免下列人员：

（一）中华人民共和国主席、副主席；

（二）国务院总理、副总理、国务委员、各部部长、各委员会主任、审计长、秘书长；

（三）中央军事委员会主席和中央军事委员会其他组成人员；

（四）国家监察委员会主任；

（五）最高人民法院院长；

（六）最高人民检察院检察长。

第六十五条 全国人民代表大会常务委员会由下列人员组成：

委员长，

副委员长若干人，

秘书长，

委员若干人。

全国人民代表大会常务委员会组成人员中，应当有适当名额的少数民族代表。

全国人民代表大会选举并有权罢免全国人民代表大会常务委员会的组成人员。

全国人民代表大会常务委员会的组成人员不得担任国家行政机关、监察机关、审判机关和检察机关的职务。

第六十七条 全国人民代表大会常务委员会行使下列职权：

（一）解释宪法，监督宪法的实施；

（二）制定和修改除应当由全国人民代表大会制定的法律以外的其他法律；

（三）在全国人民代表大会闭会期间，对全国人民代表大会制定的法律进行部分补充和修改，但是不得同该法律的基本原则相抵触；

（四）解释法律；

（五）在全国人民代表大会闭会期间，审查和批准国民经济和社会发展计划、国家预算在执行过程中所必须作的部分调整方案；

（六）监督国务院、中央军事委员会、国家监察委员会、最高人民法院和最高人民检察院的工作；

（七）撤销国务院制定的同宪法、法律相抵触的行政法规、决定和命令；

（八）撤销省、自治区、直辖市国家权力机关制定的同宪法、法律和行政法规相抵触的地方性法规和决议；

（九）在全国人民代表大会闭会期间，根据国务院总理的提名，决定部长、委员会主任、审计长、秘书长的人选；

（十）在全国人民代表大会闭会期间，根据中央军事委员会主席的提名，决定中央军事委员会其他组成人员的人选；

（十一）根据国家监察委员会主任的提请，任免国家监察委员会副主任、委员；

（十二）根据最高人民法院院长的提请，任免最高人民法院副院长、审判员、审判委员会委员和军事法院院长；

（十三）根据最高人民检察院检察长的提请，任免最高人民检察院副检察长、检察员、检察委员会委员和军事检察院检察长，并且批准省、自治区、直辖市的人民检察院检察长的任免；

（十四）决定驻外全权代表的任免；

（十五）决定同外国缔结的条约和重要协定的批准和废除；

（十六）规定军人和外交人员的衔级制度和其他专门衔级制度；

（十七）规定和决定授予国家的勋章和荣誉称号；

（十八）决定特赦；

（十九）在全国人民代表大会闭会期间，如果遇到国家遭受武装侵犯或者必须履行国际间共同防止侵略的条约的情况，决定战争状态的宣布；

（二十）决定全国总动员或者局部动员；

（二十一）决定全国或者个别省、自治区、直辖市进入紧急状态；

（二十二）全国人民代表大会授予的其他职权。

第一百零一条 地方各级人民代表大会分别选举并且有权罢免本级人民政府的省长和副省长、市长和副市长、县长和副县长、区长和副区长、乡长和副乡长、镇长和副镇长。

县级以上的地方各级人民代表大会选举并且有权罢免本级监察委员会主任、本级人民法院院长和本级人民检察院检察长。选出或者罢免人民检察院检察长，须报上级人民检察院检察长提请该级人民代表大会常务委员会批准。

第一百零三条 县级以上的地方各级人民代表大会常务委员会由主任、副主任若干人和委员若干人组成，对本级人民代表大会负责并报告工作。

县级以上的地方各级人民代表大会选举并有权罢免本级人民代表大会常务委员会的组成人员。

县级以上的地方各级人民代表大会常务委员会的组成人员不得担任国家行政机关、监察机关、审判机关和检察机关的职务。

第一百零四条 县级以上的地方各级人民代表大会常务委员会讨论、决定本行政区域内各方面工作的重大事项；监督本级人民政府、监察委员会、人民法院和人民检察院的工作；撤销本级人民政府的不适当的决定和命令；撤销下一级人民代表大会的不适当的决议；依照法律规定的权限决定国家机关工作人员的任免；在本级人民代表大会闭会期间，罢免和补选上一级人民代表大会的个别代表。

第一百二十三条 中华人民共和国各级监察委员会是国家的监察机关。

第一百二十四条 中华人民共和国设立国家监察委员会和地方各级监察委员会。

监察委员会由下列人员组成：

主任，

　　副主任若干人，

　　委员若干人。

　　监察委员会主任每届任期同本级人民代表大会每届任期相同。国家监察委员会主任连续任职不得超过两届。

　　监察委员会的组织和职权由法律规定。

　　【编者注】《宪法》第89条例举了国务院的19项职权，《宪法》第129条规定"人民法院的组织由法律规定"，《宪法》第135条规定"人民检察院的组织由法律规定"。《宪法》关于监察委员会的制度设计模式不同于"一府两院"，既不作出例举式职权规定，又不单单就"组织"一项授权由法律另行规定，而是明确监察委员会的"组织和职权"均由法律规定。因此，《监察法》兼有组织法、程序法的双重属性。

　　第一百二十五条 中华人民共和国国家监察委员会是最高监察机关。

　　国家监察委员会领导地方各级监察委员会的工作，上级监察委员会领导下级监察委员会的工作。

　　第一百二十六条 国家监察委员会对全国人民代表大会和全国人民代表大会常务委员会负责。地方各级监察委员会对产生它的国家权力机关和上一级监察委员会负责。

　　第一百二十七条 监察委员会依照法律规定独立行使监察权，不受行政机关、社会团体和个人的干涉。

　　监察机关办理职务违法和职务犯罪案件，应当与审判机关、检察机关、执法部门互相配合，互相制约。

　　【编者注】其他与监察机关组织和职权相关的宪法条文列举如下：

　　第一条 中华人民共和国是工人阶级领导的、以工农联盟为基础的人民民主专政的社会主义国家。

　　社会主义制度是中华人民共和国的根本制度。中国共产党领导是中国特色社会主义最本质的特征。禁止任何组织或者个人破坏社会主义制度。

　　第二条 中华人民共和国的一切权力属于人民。

　　人民行使国家权力的机关是全国人民代表大会和地方各级人民代表大会。

　　人民依照法律规定，通过各种途径和形式，管理国家事务，管理经济和文化事业，管理社会事务。

　　第五条 中华人民共和国实行依法治国，建设社会主义法治国家。

　　国家维护社会主义法制的统一和尊严。

　　一切法律、行政法规和地方性法规都不得同宪法相抵触。

　　一切国家机关和武装力量、各政党和各社会团体、各企业事业组织都必须遵守宪法和法律。一切违反宪法和法律的行为，必须予以追究。

　　任何组织或者个人都不得有超越宪法和法律的特权。

　　第二十七条 一切国家机关实行精简的原则，实行工作责任制，实行工作人员的培训和考核制度，不断提高工作质量和工作效率，反对官僚主义。

一切国家机关和国家工作人员必须依靠人民的支持，经常保持同人民的密切联系，倾听人民的意见和建议，接受人民的监督，努力为人民服务。

国家工作人员就职时应当依照法律规定公开进行宪法宣誓。

第二十八条 国家维护社会秩序，镇压叛国和其他危害国家安全的犯罪活动，制裁危害社会治安、破坏社会主义经济和其他犯罪的活动，惩办和改造犯罪分子。

第三十七条 中华人民共和国公民的人身自由不受侵犯。

任何公民，非经人民检察院批准或者决定或者人民法院决定，并由公安机关执行，不受逮捕。

禁止非法拘禁和以其他方法非法剥夺或者限制公民的人身自由，禁止非法搜查公民的身体。

第三十八条 中华人民共和国公民的人格尊严不受侵犯。禁止用任何方法对公民进行侮辱、诽谤和诬告陷害。

第三十九条 中华人民共和国公民的住宅不受侵犯。禁止非法搜查或者非法侵入公民的住宅。

第四十条 中华人民共和国公民的通信自由和通信秘密受法律的保护。除因国家安全或者追查刑事犯罪的需要，由公安机关或者检察机关依照法律规定的程序对通信进行检查外，任何组织或者个人不得以任何理由侵犯公民的通信自由和通信秘密。

第四十一条 中华人民共和国公民对于任何国家机关和国家工作人员，有提出批评和建议的权利；对于任何国家机关和国家工作人员的违法失职行为，有向有关国家机关提出申诉、控告或者检举的权利，但是不得捏造或者歪曲事实进行诬告陷害。

对于公民的申诉、控告或者检举，有关国家机关必须查清事实，负责处理。任何人不得压制和打击报复。

由于国家机关和国家工作人员侵犯公民权利而受到损失的人，有依照法律规定取得赔偿的权利。

第五十一条 中华人民共和国公民在行使自由和权利的时候，不得损害国家的、社会的、集体的利益和其他公民的合法的自由和权利。

【党章】

1.2《中国共产党章程》（修正后 2017 年 10 月 24 日施行）（节录）

总纲

党的建设必须坚决实现以下五项基本要求：

……

第五，坚持从严管党治党。全面从严治党永远在路上。新形势下，党面临的执政考验、改革开放考验、市场经济考验、外部环境考验是长期的、复杂的、严峻的，精神懈怠危险、能力不足危险、脱离群众危险、消极腐败危险更加尖锐地摆在全党面前。要把严的标准、严的措施贯穿于管党治党全过程和各方面。坚持依规治党、标本兼治，坚持把纪律挺在前面，加强组织性纪律性，在党的纪律面前人人平等。强化管党治党主体责任和监督责任，加强对党的领导机关和党员领导干部特别是主要领导干部的监督，不断完善党内监督体系。深入推进党风廉政建设和反腐败斗争，以零容忍态度惩治腐败，构建不敢腐、不能腐、不想腐的有效机制。

【党的纲领性文件及其他重要文件】

1.3 《中共中央关于全面深化改革若干重大问题的决定》（2013年11月12日）（节录）

十、强化权力运行制约和监督体系

坚持用制度管权管事管人，让人民监督权力，让权力在阳光下运行，是把权力关进制度笼子的根本之策。必须构建决策科学、执行坚决、监督有力的权力运行体系，健全惩治和预防腐败体系，建设廉洁政治，努力实现干部清正、政府清廉、政治清明。

……

（36）加强反腐败体制机制创新和制度保障。加强党对党风廉政建设和反腐败工作统一领导。改革党的纪律检查体制，健全反腐败领导体制和工作机制，改革和完善各级反腐败协调小组职能。

落实党风廉政建设责任制，党委负主体责任，纪委负监督责任，制定实施切实可行的责任追究制度。各级纪委要履行协助党委加强党风建设和组织协调反腐败工作的职责，加强对同级党委特别是常委会成员的监督，更好发挥党内监督专门机关作用。

推动党的纪律检查工作双重领导体制具体化、程序化、制度化，强化上级纪委对下级纪委的领导。查办腐败案件以上级纪委领导为主，线索处置和案件查办在向同级党委报告的同时必须向上级纪委报告。各级纪委书记、副书记的提名和考察以上级纪委会同组织部门为主。

全面落实中央纪委向中央一级党和国家机关派驻纪检机构，实行统一名称、统一管理。派驻机构对派出机关负责，履行监督职责。改进中央和省区市巡视制度，做到对地方、部门、企事业单位全覆盖。

健全反腐倡廉法规制度体系，完善惩治和预防腐败、防控廉政风险、防止利益冲突、领导干部报告个人有关事项、任职回避等方面法律法规，推行新提任领导干部有关事项公开制度试点。健全民主监督、法律监督、舆论监督机制，运用和规范互联网监督。

> 【编者注】因监察委员会与纪律检查委员会合署办公，"纪法贯通、法法衔接"是监察工作的内在规律和客观要求。因此，本书将纪检监察的相关党纪国法一并援引，以便于从纪法融合的角度综合理解党纪国法。而立法法与党内法规是解读党纪国法的"钥匙"，应作为理解纪检监察法律体系的基础知识。

1.4 《中共中央关于全面推进依法治国若干重大问题的决定》（2014年10月23日）（节录）

为贯彻落实党的十八大作出的战略部署，加快建设社会主义法治国家，十八届中央委员会第四次全体会议研究了全面推进依法治国若干重大问题,作出如下决定。

一、坚持走中国特色社会主义法治道路,建设中国特色社会主义法治体系

……

全面推进依法治国,总目标是建设中国特色社会主义法治体系,建设社会主义法治国家。这就是,在中国共产党领导下,坚持中国特色社会主义制度,贯彻中国特色社会主义法治理论,形成完备的法律规范体系、高效的法治实施体系、严密的法治监督体系、有力的法治保障体系,形成完善的党内法规体系,坚持依法治国、依法执政、依法行政共同推进,坚持法治国家、法治政府、法治社会一体建设,实现科学立法、严格执法、公正司法、全民守法,促进国家治理体系和治理能力现代化。

七、加强和改进党对全面推进依法治国的领导

党的领导是全面推进依法治国、加快建设社会主义法治国家最根本的保证。必须加强和改进党对法治工作的领导,把党的领导贯彻到全面推进依法治国全过程。

……

(二) 加强党内法规制度建设。党内法规既是管党治党的重要依据,也是建设社会主义法治国家的有力保障。党章是最根本的党内法规,全党必须一体严格遵行。完善党内法规制定体制机制,加大党内法规备案审查和解释力度,形成配套完备的党内法规制度体系。注重党内法规同国家法律的衔接和协调,提高党内法规执行力,运用党内法规把党要管党、从严治党落到实处,促进党员、干部带头遵守国家法律法规。

党的纪律是党内规矩。党规党纪严于国家法律,党的各级组织和广大党员干部不仅要模范遵守国家法律,而且要按照党规党纪以更高标准严格要求自己,坚定理想信念,践行党的宗旨,坚决同违法乱纪行为作斗争。对违反党规党纪的行为必须严肃处理,对苗头性倾向性问题必须抓早抓小,防止小错酿成大错、违纪走向违法。

依纪依法反对和克服形式主义、官僚主义、享乐主义和奢靡之风,形成严密的长效机制。完善和严格执行领导干部政治、工作、生活待遇方面各项制度规定,着力整治各种特权行为。深入开展党风廉政建设和反腐败斗争,严格落实党风廉政建设党委主体责任和纪委监督责任,对任何腐败行为和腐败分子,必须依纪依法予以坚决惩处,决不手软。

【立法法】

1.5《中华人民共和国立法法》(修正后2015年3月15日施行)(节录)

第一章　总　则

第一条　为了规范立法活动,健全国家立法制度,提高立法质量,完善中国特色社会主义法律体系,发挥立法的引领和推动作用,保障和发展社会主义民主,全面推进依法治国,建设社会主义法治国家,根据宪法,制定本法。

第二条　法律、行政法规、地方性法规、自治条例和单行条例的制定、修改和废止,适用本法。

国务院部门规章和地方政府规章的制定、修改和废止,依照本法的有关规定执行。

第三条 立法应当遵循宪法的基本原则,以经济建设为中心,坚持社会主义道路、坚持人民民主专政、坚持中国共产党的领导、坚持马克思列宁主义毛泽东思想邓小平理论,坚持改革开放。

第四条 立法应当依照法定的权限和程序,从国家整体利益出发,维护社会主义法制的统一和尊严。

第五条 立法应当体现人民的意志,发扬社会主义民主,坚持立法公开,保障人民通过多种途径参与立法活动。

第六条 立法应当从实际出发,适应经济社会发展和全面深化改革的要求,科学合理地规定公民、法人和其他组织的权利与义务、国家机关的权力与责任。

法律规范应当明确、具体,具有针对性和可执行性。

第二章 法律

第一节 立法权限

第七条 全国人民代表大会和全国人民代表大会常务委员会行使国家立法权。

全国人民代表大会制定和修改刑事、民事、国家机构的和其他的基本法律。

全国人民代表大会常务委员会制定和修改除应当由全国人民代表大会制定的法律以外的其他法律;在全国人民代表大会闭会期间,对全国人民代表大会制定的法律进行部分补充和修改,但是不得同该法律的基本原则相抵触。

第八条 下列事项只能制定法律:

(一)国家主权的事项;

(二)各级人民代表大会、人民政府、人民法院和人民检察院的产生、组织和职权;

(三)民族区域自治制度、特别行政区制度、基层群众自治制度;

(四)犯罪和刑罚;

(五)对公民政治权利的剥夺、限制人身自由的强制措施和处罚;

(六)税种的设立、税率的确定和税收征收管理等税收基本制度;

(七)对非国有财产的征收、征用;

(八)民事基本制度;

(九)基本经济制度以及财政、海关、金融和外贸的基本制度;

(十)诉讼和仲裁制度;

(十一)必须由全国人民代表大会及其常务委员会制定法律的其他事项。

第九条 本法第八条规定的事项尚未制定法律的,全国人民代表大会及其常务委员会有权作出决定,授权国务院可以根据实际需要,对其中的部分事项先制定行政法规,但是有关犯罪和刑罚、对公民政治权利的剥夺和限制人身自由的强制措施和处罚、司法制度等事项除外。

第十条 授权决定应当明确授权的目的、事项、范围、期限以及被授权机关实施授权决定应当遵循的原则等。

授权的期限不得超过五年，但是授权决定另有规定的除外。

被授权机关应当在授权期限届满的六个月以前，向授权机关报告授权决定实施的情况，并提出是否需要制定有关法律的意见；需要继续授权的，可以提出相关意见，由全国人民代表大会及其常务委员会决定。

第十一条 授权立法事项，经过实践检验，制定法律的条件成熟时，由全国人民代表大会及其常务委员会及时制定法律。法律制定后，相应立法事项的授权终止。

第十二条 被授权机关应当严格按照授权决定行使被授予的权力。

被授权机关不得将被授予的权力转授给其他机关。

第十三条 全国人民代表大会及其常务委员会可以根据改革发展的需要，决定就行政管理等领域的特定事项授权在一定期限内在部分地方暂时调整或者暂时停止适用法律的部分规定。

第二节 全国人民代表大会立法程序

第十四条 全国人民代表大会主席团可以向全国人民代表大会提出法律案，由全国人民代表大会会议审议。

全国人民代表大会常务委员会、国务院、中央军事委员会、最高人民法院、最高人民检察院、全国人民代表大会各专门委员会，可以向全国人民代表大会提出法律案，由主席团决定列入会议议程。

第十五条 一个代表团或者三十名以上的代表联名，可以向全国人民代表大会提出法律案，由主席团决定是否列入会议议程，或者先交有关的专门委员会审议、提出是否列入会议议程的意见，再决定是否列入会议议程。

专门委员会审议的时候，可以邀请提案人列席会议，发表意见。

第十六条 向全国人民代表大会提出的法律案，在全国人民代表大会闭会期间，可以先向常务委员会提出，经常务委员会会议依照本法第二章第三节规定的有关程序审议后，决定提请全国人民代表大会审议，由常务委员会向大会全体会议作说明，或者由提案人向大会全体会议作说明。

常务委员会依照前款规定审议法律案，应当通过多种形式征求全国人民代表大会代表的意见，并将有关情况予以反馈；专门委员会和常务委员会工作机构进行立法调研，可以邀请有关的全国人民代表大会代表参加。

第十七条 常务委员会决定提请全国人民代表大会会议审议的法律案，应当在会议举行的一个月前将法律草案发给代表。

第十八条 列入全国人民代表大会会议议程的法律案，大会全体会议听取提案人的说明后，由各代表团进行审议。

各代表团审议法律案时，提案人应当派人听取意见，回答询问。

各代表团审议法律案时，根据代表团的要求，有关机关、组织应当派人介绍情况。

第十九条 列入全国人民代表大会会议议程的法律案，由有关的专门委员会进行审议，向主席团提出审议意见，并印发会议。

第二十条 列入全国人民代表大会会议议程的法律案,由法律委员会根据各代表团和有关的专门委员会的审议意见,对法律案进行统一审议,向主席团提出审议结果报告和法律草案修改稿,对重要的不同意见应当在审议结果报告中予以说明,经主席团会议审议通过后,印发会议。

第二十一条 列入全国人民代表大会会议议程的法律案,必要时,主席团常务主席可以召开各代表团团长会议,就法律案中的重大问题听取各代表团的审议意见,进行讨论,并将讨论的情况和意见向主席团报告。

主席团常务主席也可以就法律案中的重大的专门性问题,召集代表团推选的有关代表进行讨论,并将讨论的情况和意见向主席团报告。

第二十二条 列入全国人民代表大会会议议程的法律案,在交付表决前,提案人要求撤回的,应当说明理由,经主席团同意,并向大会报告,对该法律案的审议即行终止。

第二十三条 法律案在审议中有重大问题需要进一步研究的,经主席团提出,由大会全体会议决定,可以授权常务委员会根据代表的意见进一步审议,作出决定,并将决定情况向全国人民代表大会下次会议报告;也可以授权常务委员会根据代表的意见进一步审议,提出修改方案,提请全国人民代表大会下次会议审议决定。

第二十四条 法律草案修改稿经各代表团审议,由法律委员会根据各代表团的审议意见进行修改,提出法律草案表决稿,由主席团提请大会全体会议表决,由全体代表的过半数通过。

第二十五条 全国人民代表大会通过的法律由国家主席签署主席令予以公布。

第三节 全国人民代表大会常务委员会立法程序

第二十六条 委员长会议可以向常务委员会提出法律案,由常务委员会会议审议。

国务院、中央军事委员会、最高人民法院、最高人民检察院、全国人民代表大会各专门委员会,可以向常务委员会提出法律案,由委员长会议决定列入常务委员会会议议程,或者先交有关的专门委员会审议、提出报告,再决定列入常务委员会会议议程。如果委员长会议认为法律案有重大问题需要进一步研究,可以建议提案人修改完善后再向常务委员会提出。

第二十七条 常务委员会组成人员十人以上联名,可以向常务委员会提出法律案,由委员长会议决定是否列入常务委员会会议议程,或者先交有关的专门委员会审议、提出是否列入会议议程的意见,再决定是否列入常务委员会会议议程。不列入常务委员会会议议程的,应当向常务委员会会议报告或者向提案人说明。

专门委员会审议的时候,可以邀请提案人列席会议,发表意见。

第二十八条 列入常务委员会会议议程的法律案,除特殊情况外,应当在会议举行的七日前将法律草案发给常务委员会组成人员。

常务委员会会议审议法律案时,应当邀请有关的全国人民代表大会代表列席会议。

第一章 总 则

第二十九条 列入常务委员会会议议程的法律案，一般应当经三次常务委员会会议审议后再交付表决。

常务委员会会议第一次审议法律案，在全体会议上听取提案人的说明，由分组会议进行初步审议。

常务委员会会议第二次审议法律案，在全体会议上听取法律委员会关于法律草案修改情况和主要问题的汇报，由分组会议进一步审议。

常务委员会会议第三次审议法律案，在全体会议上听取法律委员会关于法律草案审议结果的报告，由分组会议对法律草案修改稿进行审议。

常务委员会审议法律案时，根据需要，可以召开联组会议或者全体会议，对法律草案中的主要问题进行讨论。

第三十条 列入常务委员会会议议程的法律案，各方面意见比较一致的，可以经两次常务委员会会议审议后交付表决；调整事项较为单一或者部分修改的法律案，各方面的意见比较一致的，也可以经一次常务委员会会议审议即交付表决。

第三十一条 常务委员会分组会议审议法律案时，提案人应当派人听取意见，回答询问。

常务委员会分组会议审议法律案时，根据小组的要求，有关机关、组织应当派人介绍情况。

第三十二条 列入常务委员会会议议程的法律案，由有关的专门委员会进行审议，提出审议意见，印发常务委员会会议。

有关的专门委员会审议法律案时，可以邀请其他专门委员会的成员列席会议，发表意见。

第三十三条 列入常务委员会会议议程的法律案，由法律委员会根据常务委员会组成人员、有关的专门委员会的审议意见和各方面提出的意见，对法律案进行统一审议，提出修改情况的汇报或者审议结果报告和法律草案修改稿，对重要的不同意见应当在汇报或者审议结果报告中予以说明。对有关的专门委员会的审议意见没有采纳的，应当向有关的专门委员会反馈。

法律委员会审议法律案时，应当邀请有关的专门委员会的成员列席会议，发表意见。

第三十四条 专门委员会审议法律案时，应当召开全体会议审议，根据需要，可以要求有关机关、组织派有关负责人说明情况。

第三十五条 专门委员会之间对法律草案的重要问题意见不一致时，应当向委员长会议报告。

第三十六条 列入常务委员会会议议程的法律案，法律委员会、有关的专门委员会和常务委员会工作机构应当听取各方面的意见。听取意见可以采取座谈会、论证会、听证会等多种形式。

法律案有关问题专业性较强，需要进行可行性评价的，应当召开论证会，听取有关专家、部门和全国人民代表大会代表等方面的意见。论证情况应当向常务委员会报告。

法律案有关问题存在重大意见分歧或者涉及利益关系重大调整,需要进行听证的,应当召开听证会,听取有关基层和群体代表、部门、人民团体、专家、全国人民代表大会代表和社会有关方面的意见。听证情况应当向常务委员会报告。

常务委员会工作机构应当将法律草案发送相关领域的全国人民代表大会代表、地方人民代表大会常务委员会以及有关部门、组织和专家征求意见。

第三十七条 列入常务委员会会议议程的法律案,应当在常务委员会会议后将法律草案及其起草、修改的说明等向社会公布,征求意见,但是经委员长会议决定不公布的除外。向社会公布征求意见的时间一般不少于三十日。征求意见的情况应当向社会通报。

第三十八条 列入常务委员会会议议程的法律案,常务委员会工作机构应当收集整理分组审议的意见和各方面提出的意见以及其他有关资料,分送法律委员会和有关的专门委员会,并根据需要,印发常务委员会会议。

第三十九条 拟提请常务委员会会议审议通过的法律案,在法律委员会提出审议结果报告前,常务委员会工作机构可以对法律草案中主要制度规范的可行性、法律出台时机、法律实施的社会效果和可能出现的问题等进行评估。评估情况由法律委员会在审议结果报告中予以说明。

第四十条 列入常务委员会会议议程的法律案,在交付表决前,提案人要求撤回的,应当说明理由,经委员长会议同意,并向常务委员会报告,对该法律案的审议即行终止。

第四十一条 法律草案修改稿经常务委员会会议审议,由法律委员会根据常务委员会组成人员的审议意见进行修改,提出法律草案表决稿,由委员长会议提请常务委员会全体会议表决,由常务委员会全体组成人员的过半数通过。

法律草案表决稿交付常务委员会会议表决前,委员长会议根据常务委员会会议审议的情况,可以决定将个别意见分歧较大的重要条款提请常务委员会会议单独表决。

单独表决的条款经常务委员会会议表决后,委员长会议根据单独表决的情况,可以决定将法律草案表决稿交付表决,也可以决定暂不付表决,交法律委员会和有关的专门委员会进一步审议。

第四十二条 列入常务委员会会议审议的法律案,因各方面对制定该法律的必要性、可行性等重大问题存在较大意见分歧搁置审议满两年的,或者因暂不付表决经过两年没有再次列入常务委员会会议议程审议的,由委员长会议向常务委员会报告,该法律案终止审议。

第四十三条 对多部法律中涉及同类事项的个别条款进行修改,一并提出法律案的,经委员长会议决定,可以合并表决,也可以分别表决。

第四十四条 常务委员会通过的法律由国家主席签署主席令予以公布。

第四节 法律解释

第四十五条 法律解释权属于全国人民代表大会常务委员会。

法律有以下情况之一的,由全国人民代表大会常务委员会解释:

（一）法律的规定需要进一步明确具体含义的；

（二）法律制定后出现新的情况，需要明确适用法律依据的。

第四十六条 国务院、中央军事委员会、最高人民法院、最高人民检察院和全国人民代表大会各专门委员会以及省、自治区、直辖市的人民代表大会常务委员会可以向全国人民代表大会常务委员会提出法律解释要求。

第四十七条 常务委员会工作机构研究拟订法律解释草案，由委员长会议决定列入常务委员会会议议程。

第四十八条 法律解释草案经常务委员会会议审议，由法律委员会根据常务委员会组成人员的审议意见进行审议、修改，提出法律解释草案表决稿。

第四十九条 法律解释草案表决稿由常务委员会全体组成人员的过半数通过，由常务委员会发布公告予以公布。

第五十条 全国人民代表大会常务委员会的法律解释同法律具有同等效力。

第五节 其他规定

第五十一条 全国人民代表大会及其常务委员会加强对立法工作的组织协调，发挥在立法工作中的主导作用。

第五十二条 全国人民代表大会常务委员会通过立法规划、年度立法计划等形式，加强对立法工作的统筹安排。编制立法规划和年度立法计划，应当认真研究代表议案和建议，广泛征集意见，科学论证评估，根据经济社会发展和民主法治建设的需要，确定立法项目，提高立法的及时性、针对性和系统性。立法规划和年度立法计划由委员长会议通过并向社会公布。

全国人民代表大会常务委员会工作机构负责编制立法规划和拟订年度立法计划，并按照全国人民代表大会常务委员会的要求，督促立法规划和年度立法计划的落实。

第五十三条 全国人民代表大会有关的专门委员会、常务委员会工作机构应当提前参与有关方面的法律草案起草工作；综合性、全局性、基础性的重要法律草案，可以由有关的专门委员会或者常务委员会工作机构组织起草。

专业性较强的法律草案，可以吸收相关领域的专家参与起草工作，或者委托有关专家、教学科研单位、社会组织起草。

第五十四条 提出法律案，应当同时提出法律草案文本及其说明，并提供必要的参阅资料。修改法律的，还应当提交修改前后的对照文本。法律草案的说明应当包括制定或者修改法律的必要性、可行性和主要内容，以及起草过程中对重大分歧意见的协调处理情况。

第五十五条 向全国人民代表大会及其常务委员会提出的法律案，在列入会议议程前，提案人有权撤回。

第五十六条 交付全国人民代表大会及其常务委员会全体会议表决未获得通过的法律案，如果提案人认为必须制定该法律，可以按照法律规定的程序重新提出，由主席团、委员长会议决定是否列入会议议程；其中，未获得全国人民代表大会通过的法律案，应当提请全国人民代表大会审议决定。

第五十七条　法律应当明确规定施行日期。

第五十八条　签署公布法律的主席令载明该法律的制定机关、通过和施行日期。

法律签署公布后，及时在全国人民代表大会常务委员会公报和中国人大网以及在全国范围内发行的报纸上刊载。

在常务委员会公报上刊登的法律文本为标准文本。

第五十九条　法律的修改和废止程序，适用本章的有关规定。

法律被修改的，应当公布新的法律文本。

法律被废止的，除由其他法律规定废止该法律的以外，由国家主席签署主席令予以公布。

第六十条　法律草案与其他法律相关规定不一致的，提案人应当予以说明并提出处理意见，必要时应当同时提出修改或者废止其他法律相关规定的议案。

法律委员会和有关的专门委员会审议法律案时，认为需要修改或者废止其他法律相关规定的，应当提出处理意见。

第六十一条　法律根据内容需要，可以分编、章、节、条、款、项、目。

编、章、节、条的序号用中文数字依次表述，款不编序号，项的序号用中文数字加括号依次表述，目的序号用阿拉伯数字依次表述。

法律标题的题注应当载明制定机关、通过日期。经过修改的法律，应当依次载明修改机关、修改日期。

第六十二条　法律规定明确要求有关国家机关对专门事项作出配套的具体规定的，有关国家机关应当自法律施行之日起一年内作出规定，法律对配套的具体规定制定期限另有规定的，从其规定。有关国家机关未能在期限内作出配套的具体规定的，应当向全国人民代表大会常务委员会说明情况。

第六十三条　全国人民代表大会有关的专门委员会、常务委员会工作机构可以组织对有关法律或者法律中有关规定进行立法后评估。评估情况应当向常务委员会报告。

第六十四条　全国人民代表大会常务委员会工作机构可以对有关具体问题的法律询问进行研究予以答复，并报常务委员会备案。

第三章　行政法规

第六十五条　国务院根据宪法和法律，制定行政法规。

行政法规可以就下列事项作出规定：

（一）为执行法律的规定需要制定行政法规的事项；

（二）宪法第八十九条规定的国务院行政管理职权的事项。

应当由全国人民代表大会及其常务委员会制定法律的事项，国务院根据全国人民代表大会及其常务委员会的授权决定先制定的行政法规，经过实践检验，制定法律的条件成熟时，国务院应当及时提请全国人民代表大会及其常务委员会制定法律。

第六十九条　行政法规的决定程序依照中华人民共和国国务院组织法的有关规定

办理。

第七十条 行政法规由总理签署国务院令公布。

有关国防建设的行政法规，可以由国务院总理、中央军事委员会主席共同签署国务院、中央军事委员会令公布。

第七十一条 行政法规签署公布后，及时在国务院公报和中国政府法制信息网以及在全国范围内发行的报纸上刊载。

在国务院公报上刊登的行政法规文本为标准文本。

第四章 地方性法规、自治条例和单行条例、规章

第一节 地方性法规、自治条例和单行条例

第七十二条 省、自治区、直辖市的人民代表大会及其常务委员会根据本行政区域的具体情况和实际需要，在不同宪法、法律、行政法规相抵触的前提下，可以制定地方性法规。

设区的市的人民代表大会及其常务委员会根据本市的具体情况和实际需要，在不同宪法、法律、行政法规和本省、自治区的地方性法规相抵触的前提下，可以对城乡建设与管理、环境保护、历史文化保护等方面的事项制定地方性法规，法律对设区的市制定地方性法规的事项另有规定的，从其规定。设区的市的地方性法规须报省、自治区的人民代表大会常务委员会批准后施行。省、自治区的人民代表大会常务委员会对报请批准的地方性法规，应当对其合法性进行审查，同宪法、法律、行政法规和本省、自治区的地方性法规不抵触的，应当在四个月内予以批准。

省、自治区的人民代表大会常务委员会在对报请批准的设区的市的地方性法规进行审查时，发现其同本省、自治区的人民政府的规章相抵触的，应当作出处理决定。

除省、自治区的人民政府所在地的市，经济特区所在地的市和国务院已经批准的较大的市以外，其他设区的市开始制定地方性法规的具体步骤和时间，由省、自治区的人民代表大会常务委员会综合考虑本省、自治区所辖的设区的市的人口数量、地域面积、经济社会发展情况以及立法需求、立法能力等因素确定，并报全国人民代表大会常务委员会和国务院备案。

自治州的人民代表大会及其常务委员会可以依照本条第二款规定行使设区的市制定地方性法规的职权。自治州开始制定地方性法规的具体步骤和时间，依照前款规定确定。

省、自治区的人民政府所在地的市，经济特区所在地的市和国务院已经批准的较大的市已经制定的地方性法规，涉及本条第二款规定事项范围以外的，继续有效。

第七十三条 地方性法规可以就下列事项作出规定：

（一）为执行法律、行政法规的规定，需要根据本行政区域的实际情况作具体规定的事项；

（二）属于地方性事务需要制定地方性法规的事项。

除本法第八条规定的事项外，其他事项国家尚未制定法律或者行政法规的，省、

自治区、直辖市和设区的市、自治州根据本地方的具体情况和实际需要，可以先制定地方性法规。在国家制定的法律或者行政法规生效后，地方性法规同法律或者行政法规相抵触的规定无效，制定机关应当及时予以修改或者废止。

设区的市、自治州根据本条第一款、第二款制定地方性法规，限于本法第七十二条第二款规定的事项。

制定地方性法规，对上位法已经明确规定的内容，一般不作重复性规定。

第七十四条 经济特区所在地的省、市的人民代表大会及其常务委员会根据全国人民代表大会的授权决定，制定法规，在经济特区范围内实施。

第七十五条 民族自治地方的人民代表大会有权依照当地民族的政治、经济和文化的特点，制定自治条例和单行条例。自治区的自治条例和单行条例，报全国人民代表大会常务委员会批准后生效。自治州、自治县的自治条例和单行条例，报省、自治区、直辖市的人民代表大会常务委员会批准后生效。

自治条例和单行条例可以依照当地民族的特点，对法律和行政法规的规定作出变通规定，但不得违背法律或者行政法规的基本原则，不得对宪法和民族区域自治法的规定以及其他有关法律、行政法规专门就民族自治地方所作的规定作出变通规定。

第二节 规章

第八十条 国务院各部、委员会、中国人民银行、审计署和具有行政管理职能的直属机构，可以根据法律和国务院的行政法规、决定、命令，在本部门的权限范围内，制定规章。

部门规章规定的事项应当属于执行法律或者国务院的行政法规、决定、命令的事项。没有法律或者国务院的行政法规、决定、命令的依据，部门规章不得设定减损公民、法人和其他组织权利或者增加其义务的规范，不得增加本部门的权力或者减少本部门的法定职责。

第八十一条 涉及两个以上国务院部门职权范围的事项，应当提请国务院制定行政法规或者由国务院有关部门联合制定规章。

第八十二条 省、自治区、直辖市和设区的市、自治州的人民政府，可以根据法律、行政法规和本省、自治区、直辖市的地方性法规，制定规章。

地方政府规章可以就下列事项作出规定：

（一）为执行法律、行政法规、地方性法规的规定需要制定规章的事项；

（二）属于本行政区域的具体行政管理事项。

设区的市、自治州的人民政府根据本条第一款、第二款制定地方政府规章，限于城乡建设与管理、环境保护、历史文化保护等方面的事项。已经制定的地方政府规章，涉及上述事项范围以外的，继续有效。

除省、自治区的人民政府所在地的市，经济特区所在地的市和国务院已经批准的较大的市以外，其他设区的市、自治州的人民政府开始制定规章的时间，与本省、自治区人民代表大会常务委员会确定的本市、自治州开始制定地方性法规的时间同步。

应当制定地方性法规但条件尚不成熟的，因行政管理迫切需要，可以先制定地方政府规章。规章实施满两年需要继续实施规章所规定的行政措施的，应当提请本级人民代表大会或者其常务委员会制定地方性法规。

没有法律、行政法规、地方性法规的依据，地方政府规章不得设定减损公民、法人和其他组织权利或者增加其义务的规范。

第五章　适用与备案审查

第八十七条　宪法具有最高的法律效力，一切法律、行政法规、地方性法规、自治条例和单行条例、规章都不得同宪法相抵触。

第八十八条　法律的效力高于行政法规、地方性法规、规章。

行政法规的效力高于地方性法规、规章。

第八十九条　地方性法规的效力高于本级和下级地方政府规章。

省、自治区的人民政府制定的规章的效力高于本行政区域内的设区的市、自治州的人民政府制定的规章。

第九十条　自治条例和单行条例依法对法律、行政法规、地方性法规作变通规定的，在本自治地方适用自治条例和单行条例的规定。

经济特区法规根据授权对法律、行政法规、地方性法规作变通规定的，在本经济特区适用经济特区法规的规定。

第九十一条　部门规章之间、部门规章与地方政府规章之间具有同等效力，在各自的权限范围内施行。

第九十二条　同一机关制定的法律、行政法规、地方性法规、自治条例和单行条例、规章，特别规定与一般规定不一致的，适用特别规定；新的规定与旧的规定不一致的，适用新的规定。

第九十三条　法律、行政法规、地方性法规、自治条例和单行条例、规章不溯及既往，但为了更好地保护公民、法人和其他组织的权利和利益而作的特别规定除外。

第九十四条　法律之间对同一事项的新的一般规定与旧的特别规定不一致，不能确定如何适用时，由全国人民代表大会常务委员会裁决。

行政法规之间对同一事项的新的一般规定与旧的特别规定不一致，不能确定如何适用时，由国务院裁决。

第九十五条　地方性法规、规章之间不一致时，由有关机关依照下列规定的权限作出裁决：

（一）同一机关制定的新的一般规定与旧的特别规定不一致时，由制定机关裁决；

（二）地方性法规与部门规章之间对同一事项的规定不一致，不能确定如何适用时，由国务院提出意见，国务院认为应当适用地方性法规的，应当决定在该地方适用地方性法规的规定；认为应当适用部门规章的，应当提请全国人民代表大会常务委员会裁决；

（三）部门规章之间、部门规章与地方政府规章之间对同一事项的规定不一致时，由国务院裁决。

根据授权制定的法规与法律规定不一致，不能确定如何适用时，由全国人民代表大会常务委员会裁决。

第九十六条 法律、行政法规、地方性法规、自治条例和单行条例、规章有下列情形之一的，由有关机关依照本法第九十七条规定的权限予以改变或者撤销：

（一）超越权限的；

（二）下位法违反上位法规定的；

（三）规章之间对同一事项的规定不一致，经裁决应当改变或者撤销一方的规定的；

（四）规章的规定被认为不适当，应当予以改变或者撤销的；

（五）违背法定程序的。

第九十七条 改变或者撤销法律、行政法规、地方性法规、自治条例和单行条例、规章的权限是：

（一）全国人民代表大会有权改变或者撤销它的常务委员会制定的不适当的法律，有权撤销全国人民代表大会常务委员会批准的违背宪法和本法第七十五条第二款规定的自治条例和单行条例；

（二）全国人民代表大会常务委员会有权撤销同宪法和法律相抵触的行政法规，有权撤销同宪法、法律和行政法规相抵触的地方性法规，有权撤销省、自治区、直辖市的人民代表大会常务委员会批准的违背宪法和本法第七十五条第二款规定的自治条例和单行条例；

（三）国务院有权改变或者撤销不适当的部门规章和地方政府规章；

（四）省、自治区、直辖市的人民代表大会有权改变或者撤销它的常务委员会制定的和批准的不适当的地方性法规；

（五）地方人民代表大会常务委员会有权撤销本级人民政府制定的不适当的规章；

（六）省、自治区的人民政府有权改变或者撤销下一级人民政府制定的不适当的规章；

（七）授权机关有权撤销被授权机关制定的超越授权范围或者违背授权目的的法规，必要时可以撤销授权。

第九十八条 行政法规、地方性法规、自治条例和单行条例、规章应当在公布后的三十日内依照下列规定报有关机关备案：

（一）行政法规报全国人民代表大会常务委员会备案；

（二）省、自治区、直辖市的人民代表大会及其常务委员会制定的地方性法规，报全国人民代表大会常务委员会和国务院备案；设区的市、自治州的人民代表大会及其常务委员会制定的地方性法规，由省、自治区的人民代表大会常务委员会报全国人民代表大会常务委员会和国务院备案；

（三）自治州、自治县的人民代表大会制定的自治条例和单行条例，由省、自治区、直辖市的人民代表大会常务委员会报全国人民代表大会常务委员会和国务院备案；自治条例、单行条例报送备案时，应当说明对法律、行政法规、地方性法规作出

变通的情况;

(四) 部门规章和地方政府规章报国务院备案;地方政府规章应当同时报本级人民代表大会常务委员会备案;设区的市、自治州的人民政府制定的规章应当同时报省、自治区的人民代表大会常务委员会和人民政府备案;

(五) 根据授权制定的法规应当报授权决定规定的机关备案;经济特区法规报送备案时,应当说明对法律、行政法规、地方性法规作出变通的情况。

第九十九条 国务院、中央军事委员会、最高人民法院、最高人民检察院和各省、自治区、直辖市的人民代表大会常务委员会认为行政法规、地方性法规、自治条例和单行条例同宪法或者法律相抵触的,可以向全国人民代表大会常务委员会书面提出进行审查的要求,由常务委员会工作机构分送有关的专门委员会进行审查、提出意见。

前款规定以外的其他国家机关和社会团体、企业事业组织以及公民认为行政法规、地方性法规、自治条例和单行条例同宪法或者法律相抵触的,可以向全国人民代表大会常务委员会书面提出进行审查的建议,由常务委员会工作机构进行研究,必要时,送有关的专门委员会进行审查、提出意见。

有关的专门委员会和常务委员会工作机构可以对报送备案的规范性文件进行主动审查。

第一百条 全国人民代表大会专门委员会、常务委员会工作机构在审查、研究中认为行政法规、地方性法规、自治条例和单行条例同宪法或者法律相抵触的,可以向制定机关提出书面审查意见、研究意见;也可以由法律委员会与有关的专门委员会、常务委员会工作机构召开联合审查会议,要求制定机关到会说明情况,再向制定机关提出书面审查意见。制定机关应当在两个月内研究提出是否修改的意见,并向全国人民代表大会法律委员会和有关的专门委员会或者常务委员会工作机构反馈。

全国人民代表大会法律委员会、有关的专门委员会、常务委员会工作机构根据前款规定,向制定机关提出审查意见、研究意见,制定机关按照所提意见对行政法规、地方性法规、自治条例和单行条例进行修改或者废止的,审查终止。

全国人民代表大会法律委员会、有关的专门委员会、常务委员会工作机构经审查、研究认为行政法规、地方性法规、自治条例和单行条例同宪法或者法律相抵触而制定机关不予修改的,应当向委员长会议提出予以撤销的议案、建议,由委员长会议决定提请常务委员会会议审议决定。

第一百零一条 全国人民代表大会有关的专门委员会和常务委员会工作机构应当按照规定要求,将审查、研究情况向提出审查建议的国家机关、社会团体、企业事业组织以及公民反馈,并可以向社会公开。

第一百零二条 其他接受备案的机关对报送备案的地方性法规、自治条例和单行条例、规章的审查程序,按照维护法制统一的原则,由接受备案的机关规定。

第六章 附则

第一百零四条 最高人民法院、最高人民检察院作出的属于审判、检察工作中具体应用法律的解释,应当主要针对具体的法律条文,并符合立法的目的、原则和原意。遇有本法第四十五条第二款规定情况的,应当向全国人民代表大会常务委员会提出法律解释的要求或者提出制定、修改有关法律的议案。

最高人民法院、最高人民检察院作出的属于审判、检察工作中具体应用法律的解释,应当自公布之日起三十日内报全国人民代表大会常务委员会备案。

最高人民法院、最高人民检察院以外的审判机关和检察机关,不得作出具体应用法律的解释。

第一百零五条 本法自2000年7月1日起施行。

附:《全国人民代表大会常务委员会关于加强法律解释工作的决议》(1981年6月10日)

第五届全国人民代表大会第二次会议通过几个法律以来,各地、各部门不断提出一些法律问题要求解释。同时,在实际工作中,由于对某些法律条文的理解不一致,也影响了法律的正确实施。为了健全社会主义法制,必须加强立法和法律解释工作。现对法律解释问题决定如下:

一、凡关于法律、法令条文本身需要进一步明确界限或作补充规定的,由全国人民代表大会常务委员会进行解释或用法令加以规定。

二、凡属于法院审判工作中具体应用法律、法令的问题,由最高人民法院进行解释。凡属于检察院检察工作中具体应用法律、法令的问题,由最高人民检察院进行解释。最高人民法院和最高人民检察院的解释如果有原则性的分歧,报请全国人民代表大会常务委员会解释或决定。

三、不属于审判和检察工作中的其他法律、法令如何具体应用的问题,由国务院及主管部门进行解释。

四、凡属于地方性法规条文本身需要进一步明确界限或作补充规定的,由制定法规的省、自治区、直辖市人民代表大会常务委员会进行解释或作出规定。凡属于地方性法规如何具体应用的问题,由省、自治区、直辖市人民政府主管部门进行解释。

由于林彪、江青反革命集团对社会主义法制的严重破坏和毒害,有些人的法制观念比较薄弱。同时,对法制的宣传教育还做得很不够,许多人对法律还很不熟悉。全国人民代表大会常务委员会认为,各级国家机关、各人民团体,都应当结合实际情况和问题,并利用典型案例,有计划有针对性地加强社会主义法制的宣传教育工作,使广大干部、群众了解有关的法律规定,逐步普及法律的基本知识,进一步肃清林彪、江青反革命集团破坏社会主义法制的流毒,教育广大干部、群众,特别是各级领导干部和公安、检察、法院等司法工作人员,认真遵守和正确执行法律,依法处理人民内部的各种纠纷,同时要善于运用法律武器,同一切破坏社会主义法制的违法犯罪行为进行斗争。

【党内法规】

1.6《中国共产党党内法规制定条例》(2013年5月27日)

第一章 总 则

第一条 为了规范中国共产党党内法规制定工作，建立健全党内法规制度体系，提高党的建设科学化水平，根据《中国共产党章程》，制定本条例。

第二条 党内法规是党的中央组织以及中央纪律检查委员会、中央各部门和省、自治区、直辖市党委制定的规范党组织的工作、活动和党员行为的党内规章制度的总称。

党章是最根本的党内法规，是制定其他党内法规的基础和依据。

第三条 党的中央组织制定的党内法规称为中央党内法规。下列事项应当由中央党内法规规定：

（一）党的性质和宗旨、路线和纲领、指导思想和奋斗目标；

（二）党的各级组织的产生、组成和职权；

（三）党员义务和权利方面的基本制度；

（四）党的各方面工作的基本制度；

（五）涉及党的重大问题的事项；

（六）其他应当由中央党内法规规定的事项。

中央纪律检查委员会、中央各部门和省、自治区、直辖市党委就其职权范围内有关事项制定党内法规。

第四条 党内法规的名称为党章、准则、条例、规则、规定、办法、细则。

党章对党的性质和宗旨、路线和纲领、指导思想和奋斗目标、组织原则和组织机构、党员义务和权利以及党的纪律等作出根本规定。

准则对全党政治生活、组织生活和全体党员行为作出基本规定。

条例对党的某一领域重要关系或者某一方面重要工作作出全面规定。

规则、规定、办法、细则对党的某一方面重要工作或者事项作出具体规定。

中央纪律检查委员会、中央各部门和省、自治区、直辖市党委制定的党内法规，称为规则、规定、办法、细则。

第五条 党内法规的内容应当用条款形式表述，不同于一般不用条款形式表述的决议、决定、意见、通知等规范性文件。

第六条 制定党内法规在中央统一领导下进行。制定党内法规的日常工作由中央书记处负责。

中央办公厅承担党内法规制定的统筹协调工作，其所属法规工作机构承办具体事务。

中央纪律检查委员会、中央各部门和省、自治区、直辖市党委负责职权范围内的党内法规制定工作，其所属负责法规工作的机构承办具体事务。

第七条 制定党内法规应当遵循下列原则：

（一）从党的事业发展需要和党的建设实际出发；

（二）以党章为根本依据，贯彻党的理论和路线、方针、政策；

（三）遵守党必须在宪法和法律范围内活动的规定；

（四）符合科学执政、民主执政、依法执政的要求；

（五）有利于推进党的建设制度化、规范化、程序化；

（六）坚持民主集中制，充分发扬党内民主，维护党的集中统一；

（七）维护党内法规制度体系的统一性和权威性；

（八）注重简明实用，防止繁琐重复。

第二章 规划与计划

第八条 制定党内法规应当统筹进行，科学编制党内法规制定工作五年规划和年度计划，突出重点、整体推进，逐步构建内容协调、程序严密、配套完备、有效管用的党内法规制度体系。

第九条 中央党内法规制定工作五年规划，由中央办公厅对中央纪律检查委员会、中央各部门和省、自治区、直辖市党委提出的制定建议进行汇总，并广泛征求意见后拟订，经中央书记处办公会议讨论，报中央审定。

中央党内法规制定工作年度计划，由中央办公厅对中央纪律检查委员会、中央各部门每年年底前提出的下一年度制定建议进行汇总后拟订，报中央审批。

第十条 中央纪律检查委员会、中央各部门和省、自治区、直辖市党委提出的中央党内法规制定建议，应当包括党内法规名称、制定必要性、报送时间、起草单位等。

第十一条 中央纪律检查委员会、中央各部门和省、自治区、直辖市党委可以根据职权和实际需要，编制本系统、本地区党内法规制定工作规划和计划。

第十二条 党内法规制定工作规划和计划在执行过程中，可以根据实际情况进行调整。

第三章 起 草

第十三条 中央党内法规按其内容一般由中央纪律检查委员会、中央各部门起草，综合性党内法规由中央办公厅协调中央纪律检查委员会、中央有关部门起草或者成立专门起草小组起草。

中央纪律检查委员会、中央各部门和省、自治区、直辖市党委制定的党内法规，由其自行组织起草。

第十四条 党内法规草案一般应当包括下列内容：

（一）名称；

（二）制定目的和依据；

（三）适用范围；

（四）具体规范；

（五）解释机关；

（六）施行日期。

第一章　总　　则

第十五条　党内法规应当方向正确，内容明确，逻辑严密，表述准确、规范、简洁，具有可操作性。

第十六条　起草党内法规，应当深入调查研究，全面掌握实际情况，认真总结历史经验和新的实践经验，充分了解各级党组织和广大党员的意见和建议。必要时，调查研究可以吸收相关专家学者参加或者委托专门机构开展。

第十七条　起草党内法规的部门和单位，应当就涉及其他部门和单位工作范围的事项，同有关部门和单位协商一致。经协商未能取得一致意见的，应当在报送党内法规草案时对有关情况作出说明。

第十八条　起草党内法规，应当与现行党内法规相衔接。对同一事项，如果需要作出与现行党内法规不一致的规定，应当在草案中作出废止或者如何适用现行党内法规的规定，并在报送草案时说明情况和理由。

第十九条　党内法规草案形成后，应当广泛征求意见。征求意见范围根据党内法规草案的具体内容确定，必要时在全党范围内征求意见。征求意见时应当注意听取党代表大会代表和有关专家学者的意见。与群众切身利益密切相关的党内法规草案，应当充分听取群众意见。

征求意见可以采取书面形式，也可以采取座谈会、论证会、网上征询等形式。

第二十条　起草部门和单位向审议批准机关报送党内法规草案，应当同时报送草案制定说明。制定说明应当包括制定党内法规的必要性、主要内容、征求意见情况、同有关部门和单位协商情况等。

第四章　审批与发布

第二十一条　审议批准机关收到党内法规草案后，交由所属负责法规工作的机构进行审核。主要审核以下内容：

（一）是否同党章和党的理论、路线、方针、政策相抵触；

（二）是否同宪法和法律不一致；

（三）是否同上位党内法规相抵触；

（四）是否与其他同位党内法规对同一事项的规定相冲突；

（五）是否就涉及的重大政策措施与相关部门和单位协商；

（六）是否符合制定权限和程序。

对存在问题的党内法规草案，审核机构经批准可以向起草部门和单位提出修改意见。如起草部门和单位不采纳修改意见，审核机构可以向审议批准机关提出修改、缓办或者退回的建议。

第二十二条　党内法规的审议批准，按照下列职权进行：

（一）涉及党的中央组织、中央纪律检查委员会产生、组成和职权的党内法规，以及涉及党的重大问题的党内法规，由党的全国代表大会审议批准；

（二）涉及党的地方组织和基层组织产生、组成和职权的党内法规，涉及党员义务和权利方面基本制度的党内法规，以及涉及党的各方面工作基本制度的党内法规，由党的中央委员会全体会议、中央政治局会议或者中央政治局常务委员会会议审议批准；

（三）应当由中央发布的其他党内法规，根据情况由中央政治局常务委员会会议审议批准，或者按规定程序报送批准；

（四）中央纪律检查委员会、中央各部门发布的党内法规，由中央纪律检查委员会、中央各部门审议批准；

（五）省、自治区、直辖市党委发布的党内法规，由省、自治区、直辖市党委审议批准。

第二十三条 经审议批准的党内法规草案，由负责法规工作的机构核文后按规定程序报请发布。

党内法规一般采用中共中央文件、中共中央办公厅文件、中央纪律检查委员会文件、中央各部门文件和省、自治区、直辖市党委文件、党委办公厅文件的形式发布。

党内法规经批准后一般应当公开发布。

第二十四条 实际工作迫切需要但还不够成熟的党内法规，可先试行，在实践中完善后重新发布。

第五章 适用与解释

第二十五条 党章在党内法规中具有最高效力，其他任何党内法规都不得同党章相抵触。

中央党内法规的效力高于中央纪律检查委员会、中央各部门和省、自治区、直辖市党委制定的党内法规的效力。

省、自治区、直辖市党委制定的党内法规不得同中央纪律检查委员会、中央各部门制定的党内法规相抵触。

第二十六条 同一机关制定的党内法规，一般规定与特别规定不一致的，适用特别规定；旧的规定与新的规定不一致的，适用新的规定。

第二十七条 中央纪律检查委员会、中央各部门制定的党内法规对同一事项的规定不一致的，提请中央处理。

第二十八条 中央纪律检查委员会、中央各部门和省、自治区、直辖市党委发布的党内法规有下列情形之一的，由中央责令改正或者予以撤销：

（一）同党章和党的理论、路线、方针、政策相抵触的；

（二）同宪法和法律不一致的；

（三）同中央党内法规相抵触的。

第二十九条 中央党内法规解释工作，由其规定的解释机关负责。本条例施行前发布的中央党内法规，未明确规定解释机关的，由中央办公厅请示中央后承办。

中央纪律检查委员会、中央各部门和省、自治区、直辖市党委制定的党内法规由其自行解释。

党内法规的解释同党内法规具有同等效力。

第六章 备案、清理与评估

第三十条 中央纪律检查委员会、中央各部门和省、自治区、直辖市党委制定的党内法规应当自发布之日起 30 日内报送中央备案，备案工作由中央办公厅承办。具体备案办法由中央办公厅另行规定。

第三十一条 党内法规制定机关应当适时对党内法规进行清理，并根据清理情况及时对相关党内法规作出修改、废止等相应处理。

第三十二条 党内法规制定机关、起草部门和单位可以根据职权对党内法规执行情况、实施效果开展评估。

第七章 附 则

第三十三条 党内法规的修改、废止，适用本条例。

党章的修改适用党章的规定。

第三十四条 中央军事委员会及其总政治部依照本条例的基本精神制定军队党内法规。

第三十五条 本条例由中央办公厅负责解释。

第三十六条 本条例自发布之日起施行。1990 年 7 月 31 日中共中央印发的《中国共产党党内法规制定程序暂行条例》同时废止。

1.7《中国共产党党内法规和规范性文件备案规定》（2012 年 7 月 1 日）

第一条 为了规范党内法规和规范性文件备案工作，保证党内法规和规范性文件同党章和党的理论、路线、方针、政策相一致，同宪法和法律相一致，维护党内法规制度体系的统一性和权威性，根据《中国共产党党内法规制定条例》，制定本规定。

第二条 本规定适用于中央纪律检查委员会、中央各部门和省、自治区、直辖市党委制定的党内法规和规范性文件的备案工作。

本规定所称规范性文件，是指中央纪律检查委员会、中央各部门和省、自治区、直辖市党委在履行职责过程中形成的具有普遍约束力、可以反复适用的决议、决定、意见、通知等文件，包括贯彻执行中央决策部署、指导推动经济社会发展、涉及人民群众切身利益、加强和改进党的建设等方面的重要文件。

下列文件不属于备案范围：

（一）人事调整、内部机构设置、表彰决定方面的文件；

（二）请示、报告、会议活动通知、会议纪要、领导讲话、情况通报、工作要点、工作总结；

（三）机关内部工作制度和工作方案；

（四）其他不具有普遍约束力、不可反复适用的文件。

第三条 党内法规和规范性文件备案，应当做到有件必备、备必审、有错必纠。

第四条 依照本规定应当备案的党内法规和规范性文件，自发布之日起 30 日内由制定机关报送中央备案，联合发布的党内法规和规范性文件由主办机关报送中央备案。具体工作由制定机关或者主办机关所属负责法规工作的机构承担。

第五条 中央办公厅承办党内法规和规范性文件备案工作，具体事务由中央办公厅法规工作机构办理。

依照本规定应当备案的党内法规和规范性文件，直接送中央办公厅法规工作机构。

第六条 报送党内法规和规范性文件备案，应当提交备案报告、正式文本和制定说明，并装订成册，一式3份，同时通过党内法规专网报送电子文本。

对于不报送或者不按时报送应当备案的党内法规和规范性文件的，由中央办公厅责令其限期补报。

第七条 中央办公厅对报送中央备案的党内法规和规范性文件进行审查。主要审查以下内容：

（一）是否同党章和党的理论、路线、方针、政策相抵触；

（二）是否同宪法和法律不一致；

（三）是否同上位党内法规和规范性文件相抵触；

（四）是否与其他同位党内法规和规范性文件对同一事项的规定相冲突；

（五）规定的内容是否明显不当；

（六）是否符合制定权限和程序。

第八条 中央办公厅法规工作机构在办理党内法规和规范性文件备案审查事宜时，需要报送机构说明有关情况的，报送机构应当在规定期限内予以说明。

第九条 中央办公厅法规工作机构应当在收到报送备案的党内法规和规范性文件后30日内完成备案审查。

第十条 审查中发现党内法规和规范性文件存在第七条所列问题的，中央办公厅法规工作机构经批准可以建议制定机关自行纠正，制定机关应当在30日内作出处理并反馈处理情况，逾期不作出处理的，中央办公厅提出予以纠正或者撤销的建议，报请中央决定。

第十一条 经审查符合备案条件的党内法规和规范性文件，由中央办公厅法规工作机构存档备查，并及时将备案情况通报报送机构，同时公布已备案的党内法规和规范性文件目录。

第十二条 建立备案工作考核评价制度，对备案工作成绩突出的单位和个人，按照有关规定予以表彰。

对备案审查中发现的党内法规和规范性文件存在的突出问题，可以在一定范围内通报。

第十三条 每年1月31日前，中央纪律检查委员会、中央各部门和省、自治区、直辖市党委应当将上一年度发布的党内法规和规范性文件目录，送中央办公厅法规工作机构备查。

第十四条 建立党内法规和规范性文件备案审查与国家法规、规章和规范性文件备案审查衔接联动机制。

第十五条 省、自治区、直辖市党委应当依照本规定精神建立相应的备案制度，按照下备一级原则开展备案工作。

中央纪律检查委员会、中央各部门可以根据工作需要，依照本规定精神建立本系统备案制度。

第十六条 中央军事委员会及其总政治部依照本规定精神开展军队党内法规和规范性文件备案工作。

第十七条 本规定由中央办公厅负责解释。

第十八条 本规定自 2012 年 7 月 1 日起施行。

1.8 中共中央纪委办公厅《关于进一步加强和改进纪检监察法规备案工作的通知》（2003 年 12 月 9 日）

为及时了解、掌握各地各部门制定纪检监察法规、规章等规范性文件的情况，健全纪检监察法规报送、备案审查制度，进一步做好纪检监察法规备案工作，经中央纪委、监察部领导同意，现就进一步加强和改进纪检监察法规备案工作，通知如下：

一、进一步提高对备案工作重要性的认识

纪检监察法规备案工作是党风廉政法规制度建设的一项重要内容，是纪检监察法规工作的重要组成部分，是推动党风廉政建设法制化的一项重要措施。为加强纪检监察法规备案工作，1994 年中央纪委办公厅印发了《关于纪检条规备案工作的通知》（中纪办〔1994〕175 号），此前监察部办公厅于 1991 年印发了《关于报送监察法规、规章、规范性文件的意见》（监办发〔1991〕21 号）。近年来，大部分省区市的纪检监察机关及中央和国家机关各部门能够按照中央纪委、监察部的要求，及时、认真地做好纪检监察法规备案工作，但也有一些地区和部门存在报送不及时、不全面等问题，个别地区和部门至今还没有将这项工作很好地开展起来。各级纪检监察机关要充分认识纪检监察法规备案工作的重要性，把这项工作作为推进本地区、本部门党风廉政建设法制化的一项重要措施，加强对这项工作的领导，并抓好检查落实工作。

二、严格按要求报送规范性备案文件

（一）报送单位。各省、自治区、直辖市、计划单列市纪委、监察厅（局）；中央和国家机关各部委纪检组（纪委）、监察局，中央纪委各派驻纪检组，监察部各派驻监察局、监察专员办公室，中直机关和中央国家机关纪工委，军委纪委。

（二）报送范围。由报送单位起草、制定并已正式发布的普遍适用于本地区、本部门、本系统的党风廉政建设和纪检监察工作方面的法规、规章及其他规范性文件（以下统称规范性文件）。

用于部署、安排或者总结工作的文件，以及机关内部的规章制度不属报送范围。

（三）报送办法。负责备案工作的部门和人员应当自规范性文件发布之日起 30 日内，将规范性文件一式三份报送中央纪委法规室。报送备案的规范性文件，应是正式文本（或复印本），并附备案报告。如有需要说明的问题，可在备案报告中写明。每年一月底前，将上一年度发布的规范性文件填写《法规、规章、规范性文件登记表》

一式两份报送中央纪委法规室备查。具备条件的,应当同时报送电子文本。

三、加强对备案文件的审查工作

中央纪委法规室具体负责报送中央纪委备案的规范性文件的审查工作。对报送备案的规范性文件主要审查以下几方面内容:

(一)是否超越权限;

(二)是否同法律、法规、规章和党内法规以及党中央、国务院关于党风廉政建设和反腐败的方针、政策相抵触;

(三)是否符合制定程序和规范化要求。

经审查,对超越权限,同法律、法规、规章和党内法规以及党中央、国务院关于党风廉政建设和反腐败的方针、政策相抵触的,向有关部门提出修改、废止、撤销的建议,或者提请中央纪委、监察部在职权范围内依照程序作出纠正或者撤销的决定。

四、加强对备案工作的督促检查

中央纪委法规室将定期在纪检监察信息网法规室网站上公布各地区、各部门报送规范性文件备案的情况,并且每半年将备案情况汇总通报各地区、各部门。每年将上一年度各地区、各部门报送的备案文件编辑出版《纪检监察备案规范性文件汇编》,以供各地区、各部门相互交流和借鉴。

各级纪检监察机关分管法规及其备案工作的领导要认真督促检查本单位备案工作的情况,对不报送或者不按时报送备案的,应及时了解情况并督促其及时报送;对逾期仍不报送的,应给予批评,并责令其限期改正。

本通知自下发之日起执行。《关于纪检系统备案工作的通知》(中纪办〔1994〕175号)和《关于报送监察法规、规章、规范性文件的意见》(监办发〔1991〕21号)同时废止。

【纪检监察法规】

1.9《中国共产党纪律处分条例》(修正后2018年10月1日施行)(节录)

第三条 党章是最根本的党内法规,是管党治党的总规矩。党的纪律是党的各级组织和全体党员必须遵守的行为规则。党组织和党员必须牢固树立政治意识、大局意识、核心意识、看齐意识,自觉遵守党章,严格执行和维护党的纪律,自觉接受党的纪律约束,模范遵守国家法律法规。

第二条 【党的领导和指导思想】坚持中国共产党对国家监察工作的领导,以马克思列宁主义、毛泽东思想、邓小平理论、"三个代表"重要思想、科学发展观、习近平新时代中国特色社会主义思想为指导,构建集中统一、权威高效的中国特色国家监察体制。

【宪法】

2.1《中华人民共和国宪法》(修正后2018年3月11日施行)(节录)

序言

中国各族人民将继续在中国共产党领导下,在马克思列宁主义、毛泽东思想、邓小平理论、"三个代表"重要思想、科学发展观、习近平新时代中国特色社会主义思想指引下，坚持人民民主专政，坚持社会主义道路，坚持改革开放，不断完善社会主义的各项制度，发展社会主义市场经济，发展社会主义民主，健全社会主义法治，贯彻新发展理念，自力更生，艰苦奋斗，逐步实现工业、农业、国防和科学技术的现代化，推动物质文明、政治文明、精神文明、社会文明、生态文明协调发展，把我国建设成为富强民主文明和谐美丽的社会主义现代化强国，实现中华民族伟大复兴。

总纲

第一条 中华人民共和国是工人阶级领导的、以工农联盟为基础的人民民主专政的社会主义国家。

社会主义制度是中华人民共和国的根本制度。中国共产党领导是中国特色社会主义最本质的特征。禁止任何组织或者个人破坏社会主义制度。

第三条 中华人民共和国的国家机构实行民主集中制的原则。

全国人民代表大会和地方各级人民代表大会都由民主选举产生，对人民负责，受人民监督。

国家行政机关、监察机关、审判机关、检察机关都由人民代表大会产生，对它负责，受它监督。

中央和地方的国家机构职权的划分，遵循在中央的统一领导下，充分发挥地方的主动性、积极性的原则。

第二十七条 一切国家机关实行精简的原则，实行工作责任制，实行工作人员的培训和考核制度，不断提高工作质量和工作效率，反对官僚主义。

一切国家机关和国家工作人员必须依靠人民的支持，经常保持同人民的密切联系，倾听人民的意见和建议，接受人民的监督，努力为人民服务。

国家工作人员就职时应当依照法律规定公开进行宪法宣誓。

【党章】

2.2《中国共产党章程》（修正后2017年10月24日施行）（节录）

总纲

党的建设必须坚决实现以下五项基本要求：

……

第四，坚持民主集中制。民主集中制是民主基础上的集中和集中指导下的民主相结合。它既是党的根本组织原则，也是群众路线在党的生活中的运用。必须充分发扬党内民主，尊重党员主体地位，保障党员民主权利，发挥各级党组织和广大党员的积极性创造性。必须实行正确的集中，牢固树立政治意识、大局意识、核心意识、看齐意识，坚定维护以习近平同志为核心的党中央权威和集中统一领导，保证全党的团结统一和行动一致，保证党的决定得到迅速有效的贯彻执行。加强和规范党内政治生活，增强党内政治生活的政治性、时代性、原则性、战斗性，发展积极健康的党内政治文化，营造风清气正的良好政治生态。党在自己的政治生活中正确地开展批评和自我批评，在原则问题上进行思想斗争，坚持真理，修正错误。努力造成又有集中又有民主，又有纪律又有自由，又有统一意志又有个人心情舒畅生动活泼的政治局面。

……

中国共产党的领导是中国特色社会主义最本质的特征，是中国特色社会主义制度的最大优势。党政军民学，东西南北中，党是领导一切的。党要适应改革开放和社会主义现代化建设的要求，坚持科学执政、民主执政、依法执政，加强和改善党的领导。党必须按照总揽全局、协调各方的原则，在同级各种组织中发挥领导核心作用。党必须集中精力领导经济建设，组织、协调各方面的力量，同心协力，围绕经济建设开展工作，促进经济社会全面发展。党必须实行民主的科学的决策，制定和执行正确的路线、方针、政策，做好党的组织工作和宣传教育工作，发挥全体党员的先锋模范作用。党必须在宪法和法律的范围内活动。党必须保证国家的立法、司法、行政、监察机关，经济、文化组织和人民团体积极主动地、独立负责地、协调一致地工作。党必须加强对工会、共产主义青年团、妇女联合会等群团组织的领导，使它们保持和增强政治性、先进性、群众性，充分发挥作用。党必须适应形势的发展和情况的变化，完善领导体制，改进领导方式，增强执政能力。共产党员必须同党外群众亲密合作，共同为建设中国特色社会主义而奋斗。

第二章　党的组织制度

第十条　党是根据自己的纲领和章程，按照民主集中制组织起来的统一整体。党的民主集中制的基本原则是：

（一）党员个人服从党的组织，少数服从多数，下级组织服从上级组织，全党各个组织和全体党员服从党的全国代表大会和中央委员会。

（二）党的各级领导机关，除它们派出的代表机关和在非党组织中的党组外，都由选举产生。

（三）党的最高领导机关，是党的全国代表大会和它所产生的中央委员会。党的地方各级领导机关，是党的地方各级代表大会和它们所产生的委员会。党的各级委员会向同级的代表大会负责并报告工作。

（四）党的上级组织要经常听取下级组织和党员群众的意见，及时解决他们提出的问题。党的下级组织既要向上级组织请示和报告工作，又要独立负责地解决自己职责范围内的问题。上下级组织之间要互通情报、互相支持和互相监督。党的各级组织要按规定实行党务公开，使党员对党内事务有更多的了解和参与。

（五）党的各级委员会实行集体领导和个人分工负责相结合的制度。凡属重大问题都要按照集体领导、民主集中、个别酝酿、会议决定的原则，由党的委员会集体讨论，作出决定；委员会成员要根据集体的决定和分工，切实履行自己的职责。

（六）党禁止任何形式的个人崇拜。要保证党的领导人的活动处于党和人民的监督之下，同时维护一切代表党和人民利益的领导人的威信。

【组织人事法规】

2.3《中国共产党工作机关条例（试行）》（2017年3月1日）（节录）

第一条 为了规范党的工作机关的设立和运行，提高党的工作机关履职能力和工作水平，保证党的理论和路线方针政策得到有效贯彻执行，根据《中国共产党章程》，制定本条例。

第二条 党的工作机关是党实施政治、思想和组织领导的政治机关，是落实党中央和地方各级党委决策部署，实施党的领导、加强党的建设、推进党的事业的执行机关，主要包括办公厅（室）、职能部门、办事机构和派出机关。

第三条 本条例适用于中央和地方党的工作机关。

党委直属事业单位、设在党的工作机关或者由党的工作机关管理的机关，参照本条例执行，法律法规和中央另有规定的除外。

党的纪律检查机关的产生和运行，按照党章和中央有关规定执行。

第四条 党的工作机关开展工作应当遵循以下原则：

（一）坚持加强党的领导，坚决维护党中央权威；

（二）坚持党的政治路线、思想路线、组织路线、群众路线；

（三）坚持贯彻民主集中制，增强党的团结统一和机关工作活力；

（四）坚持各司其职、相互配合，确保党的各项工作协调一致、协同推进；

（五）坚持全面从严治党、依规治党，依照党章党规履行职责；

（六）坚持在宪法法律范围内活动，支持同级国家机关和其他组织依法依章程开展工作。

第九条 党组应当认真履行政治领导责任，做好理论武装和思想政治工作，负责学习、宣传、贯彻执行党的理论和路线方针政策，贯彻落实党中央和上级党组织的决策部署，发挥好把方向、管大局、保落实的重要作用。

第十条 党组讨论和决定本单位下列重大问题：

（一）需要向上级党组织请示报告的重要事项，下级单位党组、机关和直属单位党组织请示报告的重要事项；

（二）内部机构设置、职责、人员编制等事项；

（三）重大决策、重要人事任免、重大项目安排、大额资金使用等事项；

（四）基层党组织和党员队伍建设方面的重要事项；

（五）意识形态工作、思想政治工作和精神文明建设方面的重要事项；

（六）党风廉政建设和反腐败工作方面的重要事项；

（七）其他应当由党组讨论和决定的重大问题。

2.4《中国共产党党组工作条例（试行）》（2015年6月11日）（节录）

第一条 为进一步规范党组工作，加强和改善党的领导，提高党的执政能力，更好发挥党总揽全局、协调各方的领导核心作用，根据《中国共产党章程》，制定本条例。

第二条 党组是党在中央和地方国家机关、人民团体、经济组织、文化组织、社会组织和其他组织领导机关中设立的领导机构,在本单位发挥领导核心作用。

第三条 党组工作应当遵循以下原则:

(一)坚持党的领导,保证党的理论和路线方针政策贯彻落实;

(二)坚持全面从严治党,依据党章和其他党内法规开展工作,落实党组管党治党责任;

(三)坚持民主集中制,确保党组的活力和党的团结统一;

(四)坚持党组发挥领导核心作用与本单位领导班子依法依章程履行职责相统一,把党的主张通过法定、民主程序转化为本单位领导班子的决定。

第四条 党组必须服从批准其设立的党组织领导。党的中央委员会和地方各级委员会应当加强对党组工作的领导。党委组织部门负责党组设立审核、日常管理等方面的具体工作,纪律检查机关、党委其他工作部门和有关派出机构根据职责分工做好相关工作。

第十条 党组讨论和决定本单位下列重大问题:

(一)需要向上级党组织请示报告的重要事项,下级单位党组、机关和直属单位党组织请示报告的重要事项;

(二)内部机构设置、职责、人员编制等事项;

(三)重大决策、重要人事任免、重大项目安排、大额资金使用等事项;

(四)基层党组织和党员队伍建设方面的重要事项;

(五)意识形态工作、思想政治工作和精神文明建设方面的重要事项;

(六)党风廉政建设和反腐败工作方面的重要事项;

(七)其他应当由党组讨论和决定的重大问题。

第二十一条 党组实行集体领导制度。凡属党组职责范围内的事项,应当按照少数服从多数原则,由党组成员集体讨论决定。

党组书记应当带头执行民主集中制,不得凌驾于组织之上,不得独断专行。党组成员应当认真执行党组集体决定,勇于担当、敢于负责,切实履行职责。

【行为规制法规】

2.5《关于新形势下党内政治生活的若干准则》(2016年10月27日)(节录)

……

三、坚决维护党中央权威

坚决维护党中央权威、保证全党令行禁止,是党和国家前途命运所系,是全国各族人民根本利益所在,也是加强和规范党内政治生活的重要目的。必须坚持党员个人服从党的组织,少数服从多数,下级组织服从上级组织,全党各个组织和全体党员服从党的全国代表大会和中央委员会,核心是全党各个组织和全体党员服从党的全国代表大会和中央委员会。

坚持党的领导,首先是坚持党中央的集中统一领导。一个国家、一个政党,领导核心至关重要。全党必须牢固树立政治意识、大局意识、核心意识、看齐意识,自觉在思想上政治上行动上同党中央保持高度一致。党的各级组织、全体党员特别是高级干部都要向党中央看齐，向党的理论和路线方针政策看齐，向党中央决策部署看齐，做到党中央提倡的坚决响应、党中央决定的坚决执行、党中央禁止的坚决不做。

涉及全党全国性的重大方针政策问题，只有党中央有权作出决定和解释。各部门各地方党组织和党员领导干部可以向党中央提出建议，但不得擅自作出决定和对外发表主张。对党中央作出的决议和制定的政策如有不同意见，在坚决执行的前提下，可以向党组织提出保留意见，也可以按组织程序把自己的意见向党的上级组织直至党中央提出。

全党必须自觉服从党中央领导。全国人大、国务院、全国政协，中央纪律检查委员会，最高人民法院、最高人民检察院，中央和国家机关各部门，人民军队，各人民团体，各地方，各企事业单位、社会组织，其党组织都要不折不扣执行党中央决策部署。

六、坚持民主集中制原则

民主集中制是党的根本组织原则，是党内政治生活正常开展的重要制度保障。坚持集体领导制度，实行集体领导和个人分工负责相结合，是民主集中制的重要组成部分，必须始终坚持，任何组织和个人在任何情况下都不允许以任何理由违反这项制度。

2.6《中国共产党党员权利保障条例》（2004年9月22日）（节录）

第二十条　党组织讨论决定问题，必须执行少数服从多数的原则。决定重要问题，要进行表决。根据不同情况，表决可以采取口头、举手和投票等方式，表决结果和表决方式应记录在案。对不同意见要如实记录。

重要问题主要是指：涉及党的路线、方针、政策的事项；重大工作任务的部署；按干部管理规定应该由集体讨论决定的干部推荐、任免、调动和奖惩；涉及人民群众生产、生活等切身利益的问题；发展新党员；上级党组织规定应当集体讨论决定的其他问题。

党组织作出重要决议、决定前，应当以适当方式在一定范围内征询党员意见。对于多数党员有不同意见或者存在重大分歧的，暂缓作出决定，进一步调查研究，交换意见，提交下次会议表决。

党的委员会及其组织部门、党的纪律检查委员会对下级党组织的表决情况进行监督检查，对于没有按照规定进行表决的，应当予以纠正。

【纪检监察法规】

2.7《中国共产党党内监督条例》（2016年10月27日）（节录）

第一条　为坚持党的领导，加强党的建设，全面从严治党，强化党内监督，保持党的先进性和纯洁性，根据《中国共产党章程》，制定本条例。

第二条　党内监督以马克思列宁主义、毛泽东思想、邓小平理论、"三个代表"重要思想、科学发展观为指导，深入贯彻习近平总书记系列重要讲话精神，围绕统筹推进"五位一体"总体布局和协调推进"四个全面"战略布局，尊崇党章，依规治党，坚持党内监督和人民群众监督相结合，增强党在长期执政条件下自我净化、自我完善、自我革新、自我提高能力，确保党始终成为中国特色社会主义事业的坚强领导核心。

第三条 党内监督没有禁区、没有例外。信任不能代替监督。各级党组织应当把信任激励同严格监督结合起来，促使党的领导干部做到有权必有责、有责要担当，用权受监督、失责必追究。

第四条 党内监督必须贯彻民主集中制，依规依纪进行，强化自上而下的组织监督，改进自下而上的民主监督，发挥同级相互监督作用。坚持惩前毖后、治病救人，抓早抓小、防微杜渐。

2.8《国家监察委员会管辖规定（试行）》（2018年4月16日）（节录）

第六条 中央纪律检查委员会、国家监察委员会应当把握监督重点，坚定维护习近平总书记党中央的核心、全党的核心地位，维护党中央权威和集中统一领导；检查贯彻执行党和国家的路线方针政策，落实全面从严治党责任、民主集中制原则以及中央八项规定精神的情况；监督检查依法履职、秉公用权、廉洁从政以及恪守社会道德规范的情况。

2.9《中国共产党纪律检查机关监督执纪工作规则（试行）》（2017年1月8日）（节录）

第二条 监督执纪工作以马克思列宁主义、毛泽东思想、邓小平理论、"三个代表"重要思想、科学发展观为指导，深入贯彻习近平总书记系列重要讲话精神，坚持依规治党、依规执纪，把监督执纪权力关进制度笼子，落实打铁还需自身硬要求，建设忠诚干净担当的纪检干部队伍。

第三条 监督执纪工作应当遵循以下原则：

（一）坚持以习近平同志为核心的党中央集中统一领导，牢固树立政治意识、大局意识、核心意识、看齐意识，体现监督执纪的政治性，严守政治纪律和政治规矩；

（二）坚持纪律检查工作双重领导体制，监督执纪工作以上级纪委领导为主，线索处置、立案审查在向同级党委报告的同时必须向上级纪委报告；

（三）坚持以事实为依据，以党规党纪为准绳，把握政策、宽严相济，惩前毖后、治病救人；

（四）坚持信任不能代替监督，严格工作程序、有效管控风险点，强化对监督执纪各环节的监督制约。

第三条 【监察委性质和法定职责】各级监察委员会是行使国家监察职能的专责机关，依照本法对所有行使公权力的公职人员（以下称公职人员）进行监察，调查职务违法和职务犯罪，开展廉政建设和反腐败工作，维护宪法和法律的尊严。

【宪法】

3.1《中华人民共和国宪法》（修正后2018年3月11日施行）（节录）

第二十八条 国家维护社会秩序，镇压叛国和其他危害国家安全的犯罪活动，制裁危害社会治安、破坏社会主义经济和其他犯罪的活动，惩办和改造犯罪分子。

第一百二十三条 中华人民共和国各级监察委员会是国家的监察机关。

【党章】

3.2 《中国共产党章程》（修正后2017年10月24日施行）（节录）

第四十六条 党的各级纪律检查委员会是党内监督专责机关，主要任务是：维护党的章程和其他党内法规，检查党的路线、方针、政策和决议的执行情况，协助党的委员会推进全面从严治党、加强党风建设和组织协调反腐败工作。

党的各级纪律检查委员会的职责是监督、执纪、问责，要经常对党员进行遵守纪律的教育，作出关于维护党纪的决定；对党的组织和党员领导干部履行职责、行使权力进行监督，受理处置党员群众检举举报，开展谈话提醒、约谈函询；检查和处理党的组织和党员违反党的章程和其他党内法规的比较重要或复杂的案件，决定或取消对这些案件中的党员的处分；进行问责或提出责任追究的建议；受理党员的控告和申诉；保障党员的权利。

各级纪律检查委员会要把处理特别重要或复杂的案件中的问题和处理的结果，向同级党的委员会报告。党的地方各级纪律检查委员会和基层纪律检查委员会要同时向上级纪律检查委员会报告。

各级纪律检查委员会发现同级党的委员会委员有违犯党的纪律的行为，可以先进行初步核实，如果需要立案检查的，应当在向同级党的委员会报告的同时向上一级纪律检查委员会报告；涉及常务委员的，报告上一级纪律检查委员会，由上一级纪律检查委员会进行初步核实，需要审查的，由上一级纪律检查委员会报它的同级党的委员会批准。

【党的纲领性文件及其他重要文件】

3.3 《决胜全面建成小康社会夺取新时代中国特色社会主义伟大胜利》（2017年10月18日）（节录）

新时代党的建设总要求是：坚持和加强党的全面领导，坚持党要管党、全面从严治党，以加强党的长期执政能力建设、先进性和纯洁性建设为主线，以党的政治建设为统领，以坚定理想信念宗旨为根基，以调动全党积极性、主动性、创造性为着力点，全面推进党的政治建设、思想建设、组织建设、作风建设、纪律建设，把制度建设贯穿其中，深入推进反腐败斗争，不断提高党的建设质量，把党建设成为始终走在时代前列、人民衷心拥护、勇于自我革命、经得起各种风浪考验、朝气蓬勃的马克思主义执政党。

……

（六）夺取反腐败斗争压倒性胜利。人民群众最痛恨腐败现象，腐败是我们党面临的最大威胁。只有以反腐败永远在路上的坚韧和执着，深化标本兼治，保证干部清正、政府清廉、政治清明，才能跳出历史周期率，确保党和国家长治久安。当前，反腐败斗争形势依然严峻复杂，巩固压倒性态势、夺取压倒性胜利的决心必须坚如磐石。要坚持无禁区、全覆盖、零容忍，坚持重遏制、强高压、长震慑，坚持受贿行贿一起查，坚决防止党内形成利益集团。在市县党委建立巡察制度，加大整治群众身边腐败问题力度。不管腐败分子逃到哪里，都要缉拿归案、绳之以法。推进反腐败国家立法，建设覆盖纪检监察系统的检举举报平台。强化不敢腐的震慑，扎牢不能腐的笼子，增强不想腐的自觉，通过不懈努力换来海晏河清、朗朗乾坤。

（七）健全党和国家监督体系。增强党自我净化能力，根本靠强化党的自我监督和群众监督。要加强对权力运行的制约和监督，让人民监督权力，让权力在阳光下运行，把权力关进制度的笼子。强化自上而下的组织监督，改进自下而上的民主监督，发挥同级相互监督作用，加强对党员领导干部的日常管理监督。深化政治巡视，坚持发现问题、形成震慑不动摇，建立巡视巡察上下联动的监督网。深化国家监察体制改革，将试点工作在全国推开，组建国家、省、市、县监察委员会，同党的纪律检查机关合署办公，实现对所有行使公权力的公职人员监察全覆盖。制定国家监察法，依法赋予监察委员会职责权限和调查手段，用留置取代"两规"措施。改革审计管理体制，完善统计体制。构建党统一指挥、全面覆盖、权威高效的监督体系，把党内监督同国家机关监督、民主监督、司法监督、群众监督、舆论监督贯通起来，增强监督合力。

3.4 《深化党和国家机构改革方案》（2018年2月28日）（节录）

一、深化党中央机构改革

中国共产党领导是中国特色社会主义最本质的特征。党政军民学，东西南北中，党是领导一切的。深化党中央机构改革，要着眼于健全加强党的全面领导的制度，优化党的组织机构，建立健全党对重大工作的领导体制机制，更好发挥党的职能部门作用，推进职责相近的党政机关合并设立或合署办公，优化部门职责，提高党把方向、谋大局、定政策、促改革的能力和定力，确保党的领导全覆盖，确保党的领导更加坚强有力。

（一）组建国家监察委员会。为加强党对反腐败工作的集中统一领导，实现党内监督和国家机关监督、党的纪律检查和国家监察有机统一，实现对所有行使公权力的公职人员监察全覆盖，将监察部、国家预防腐败局的职责，最高人民检察院查处贪污贿赂、失职渎职以及预防职务犯罪等反腐败相关职责整合，组建国家监察委员会，同中央纪律检查委员会合署办公，履行纪检、监察两项职责，实行一套工作机构、两个机关名称。

主要职责是，维护党的章程和其他党内法规，检查党的路线方针政策和决议执行情况，对党员领导干部行使权力进行监督，维护宪法法律，对公职人员依法履职、秉公用权、廉洁从政以及道德操守情况进行监督检查，对涉嫌职务违法和职务犯罪的行为进行调查并作出政务处分决定，对履行职责不力、失职失责的领导人员进行问责，负责组织协调党风廉政建设和反腐败宣传等。

国家监察委员会由全国人民代表大会产生，接受全国人民代表大会及其常务委员会的监督。

不再保留监察部、国家预防腐败局。

【编者注】 国家监察委员会同中央纪律检查委员会合署办公，履行纪检、监察两项职责。既是组织架构的合署履职，更是职权职责的有机合并而非简单叠加，不同于某些领域如中央政法委和中央社会管理综合治理委员会合署办公、中央政法委员会书记一般兼任中央综治委主任（**2018 年 3 月**，根据中共中央印发的《深化党和国家机构改革方案》，不再设立中央社会治安综合治理委员会及其办公室。有关职责交由中央政法委员会承担）。有些"合署办公"虽也是实行"一套工作机构、两个机关名称"，但主要是组织架构的合署，其先前职权职责基本趋同。而国家监察委员会同中央纪律检查委员会合署办公不仅是"组织合署"，更是肩负了执纪执法的双重职责，在履职过程中还需兼顾纪法程序的双重要求。因此，这种组织与职权"双重合并"的合署办公模式具备自身的特殊性，应注重从"纪法贯通、法法衔接"的角度厘清其履职规律、履职方法，找准贯彻执行《监察法》的有效路径。

【组织人事法规】

3.5 《中国共产党工作机关条例（试行）》（2017 年 3 月 1 日）（节录）

第二条 党的工作机关是党实施政治、思想和组织领导的政治机关，是落实党中央和地方各级党委决策部署，实施党的领导、加强党的建设、推进党的事业的执行机关，主要包括办公厅（室）、职能部门、办事机构和派出机关。

第五条 党的工作机关的设立，应当适应加强党的领导和党的建设的需要，遵循精简、统一、效能原则，实行总量控制和限额管理。

根据工作需要，党的工作机关可以与职责相近的国家机关等合并设立或者合署办公。合并设立或者合署办公仍由党委主管。

严格控制议事协调机构常设办事机构的设立。议事协调机构负责的事项，可以交由现有工作机关牵头协调或者建立协调配合机制解决的，不另设常设办事机构。

【编者注】《中国共产党工作机关条例（试行）》虽然规定纪律检查机关的产生和运行按照党章和中央有关规定执行，但机关工作的基本原则具有共通性。纪律检查机关与监察机关的合署办公，并非仅是领导机构的组织合并，更有执纪与执法工作的职权融合，比一般合署办公所面临的问题要更为复杂艰巨。

【纪检监察法规】

3.6 《国家监察委员会管辖规定（试行）》（2018 年 4 月 16 日）（节录）

第三条 国家监察委员会同中央纪律检查委员会合署办公，在党中央集中统一领导下，按照管辖职责开展监督调查处置，按照干部管理权限和属地管辖相结合的原则，实行分级分工负责。

第五条 国家监察委员会履行监督职责应当与党内监督有机统一，加强日常监督，运用党章党规党纪和宪法法律法规，了解掌握公职人员思想、工作、作风、生活等情况，加强教育和检查，贯彻惩前毖后、治病救人的方针，深化运用监督执纪"四种形态"，抓早抓小、防微杜渐。

第七条 中央纪律检查委员会、国家监察委员会要把日常监督管理、巡视监督和派驻监督有机结合,对监督中发现的问题,要及时分类处置,了解和督促被巡视地区和单位整改落实工作。加强对派驻纪检监察组的领导和建设,督促其落实监督责任,定期约谈主要负责人,将监督工作做实做细。

3.7《中国共产党党内监督条例》(2016年10月27日)(节录)

第二十六条 党的各级纪律检查委员会是党内监督的专责机关,履行监督执纪问责职责,加强对所辖范围内党组织和领导干部遵守党章党规党纪、贯彻执行党的路线方针政策情况的监督检查,承担下列具体任务:

(一)加强对同级党委特别是常委会委员、党的工作部门和直接领导的党组织、党的领导干部履行职责、行使权力情况的监督;

(二)落实纪律检查工作双重领导体制,执纪审查工作以上级纪委领导为主,线索处置和执纪审查情况在向同级党委报告的同时向上级纪委报告,各级纪委书记、副书记的提名和考察以上级纪委会同组织部门为主;

(三)强化上级纪委对下级纪委的领导,纪委发现同级党委主要领导干部的问题,可以直接向上级纪委报告;下级纪委至少每半年向上级纪委报告1次工作,每年向上级纪委进行述职。

第二十七条 纪律检查机关必须把维护党的政治纪律和政治规矩放在首位,坚决纠正和查处上有政策、下有对策,有令不行、有禁不止,口是心非、阳奉阴违,搞团团伙伙、拉帮结派,欺骗组织、对抗组织等行为。

第二十八条 纪委派驻纪检组对派出机关负责,加强对被监督单位领导班子及其成员、其他领导干部的监督,发现问题应当及时向派出机关和被监督单位党组织报告,认真负责调查处置,对需要问责的提出建议。

派出机关应当加强对派驻纪检组工作的领导,定期约谈被监督单位党组织主要负责人、派驻纪检组组长,督促其落实管党治党责任。

派驻纪检组应当带着实际情况和具体问题,定期向派出机关汇报工作,至少每半年会同被监督单位党组织专题研究1次党风廉政建设和反腐败工作。对能发现的问题没有发现是失职,发现问题不报告、不处置是渎职,都必须严肃问责。

第二十九条 认真处理信访举报,做好问题线索分类处置,早发现早报告,对社会反映突出、群众评价较差的领导干部情况及时报告,对重要检举事项应当集体研究。定期分析研判信访举报情况,对信访反映的典型性、普遍性问题提出有针对性的处置意见,督促信访举报比较集中的地方和部门查找分析原因并认真整改。

第三十条 严把干部选拔任用"党风廉洁意见回复"关,综合日常工作中掌握的情况,加强分析研判,实事求是评价干部廉洁情况,防止"带病提拔"、"带病上岗"。

第三十一条 接到对干部一般性违纪问题的反映,应当及时找本人核实,谈话提醒、约谈函询,让干部把问题讲清楚。约谈被反映人,可以与其所在党组织主要负责人一同进行;被反映人对函询问题的说明,应当由其所在党组织主要负责人签字后报上级纪委。谈话记录和函询回复应当认真核实,存档备查。没有发现问题的应当了结澄清，对不如实说明情况的给予严肃处理。

第三十二条 依规依纪进行执纪审查，重点审查不收敛不收手，问题线索反映集中、群众反映强烈，现在重要岗位且可能还要提拔使用的领导干部，三类情况同时具备的是重中之重。执纪审查应当查清违纪事实，让审查对象从学习党章入手，从理想信念宗旨、党性原则、作风纪律等方面检查剖析自己，审理报告应当事实清楚、定性准确，反映审查对象思想认识情况。

第三十三条 对违反中央八项规定精神的，严重违纪被立案审查开除党籍的，严重失职失责被问责的，以及发生在群众身边、影响恶劣的不正之风和腐败问题，应当点名道姓通报曝光。

第三十四条 加强对纪律检查机关的监督。发现纪律检查机关及其工作人员有违反纪律问题的，必须严肃处理。各级纪律检查机关必须加强自身建设，健全内控机制，自觉接受党内监督、社会监督、群众监督，确保权力受到严格约束。

3.8《中共中央纪律检查委员会关于重申和建立党内监督五项制度的实施办法》

（1997年2月4日）（节录）

为了进一步健全和加强党内监督机制，充分发挥党的纪律检查委员会对党政领导干部，特别是对省（部）级领导干部的监督作用，按照对干部严格要求、严格管理、严格监督的精神，在坚持党的纪律检查委员会现行领导体制的前提下，重申和建立党内监督五项制度，并据此制定以下实施办法。

……

二、党的地方和部门的纪委（纪检组）发现同级党委（党组）或它的成员有违反党的纪律的情况，有权进行初步核实，并直接向上级纪律检查委员会报告，任何组织和个人不得干预和阻挠。需要立案检查的，按党章和有关规定报批。纪委（纪检组）遇到此类问题不报告就是失职，严重的要受到追究。

（一）本条规定所称"党委（党组）或它的成员"，是指地方和部门各级党委、党工委，国家机关、人民团体、经济组织、文化组织和其他非党组织中的党组，以及上述党组织中的书记、副书记、常委、委员、党组成员。

（二）纪委（纪检组）发现同级党委（党组）或它的成员有违反党纪的情况，应及时进行研究，作出是否进行初核的决定，并在作出决定后将同级党委（党组）或其成员的违纪情况、是否初核和如何初核的意见以书面形式报告上级纪委，同时报党委（党组）主要领导同志（涉及本人的除外）。

（三）对同级党委（党组）违反党纪的情况，以及对同级党委（党组）成员同时又是上级党委成员违反党纪的情况进行初核，应先向上级纪委报告；对同级党委（党组）的其他成员违反党纪的情况进行初核，在报告上级纪委的同时即可进行。上级纪委接到下级纪委（纪检组）的报告后，应及时研究，并对初核工作给予指示。必要时，上级纪委可以与下级纪委共同进行初核工作。

（四）纪委（纪检组）应按照《中国共产党纪律检查机关案件检查工作条例》（以下称《案件检查工作条例》）规定的程序完成初核工作，并将初核结果和意见书面报告上级纪委。上级纪委应根据初核结果和《案件检查工作条例》等有关规定作出处理。需要立案检查的，按照党章和《案件检查工作条例》规定的程序和权限报批。

……

五、各级纪检监察机关领导干部的提名、任免、兼职、调动，各级组织、人事部门必须事先征得上级纪检监察机关的同意。

（一）本条规定所称"各级纪检监察机关领导干部"，是指各级纪委书记、副书记、常委（不设常委的为委员），纪检组正、副组长，监察机关及其派出机构的正、副职负责人。

（二）各级纪检监察机关领导干部的提名、任免和调动，组织、人事部门必须在征得上级纪检监察机关同意后，按照干部管理权限和规定的程序进行。任免或调动通知应报上级纪检监察机关备案。

（三）拟安排纪检监察机关领导干部兼任与纪检监察机关的职责无直接关系的职务（包括常设职务和临时职务）的，组织、人事部门必须事先征得上级纪检监察机关的同意，然后按照干部管理权限和有关规定办理任职手续。任职通知应报上级纪检监察机关备案。

各级党委（党组）、纪委（纪检组）要认真贯彻执行本办法，各级组织、人事部门要积极配合，共同落实好有关加强党内监督的各项制度。凡拒不执行或违反本办法的，干预、阻挠执行本办法的，打击报复执行本办法的有关人员的，均属违纪行为，有关组织和人员应向上级党委、纪委报告，上级党委、纪委应迅速查明情况，责令予以纠正，并按照有关党纪条规追究责任，严肃处理。

本办法由中共中央纪律检查委员会负责解释。

本办法自发布之日起施行。以往发布的有关规定与本办法相抵触的，以本办法为准。

第四条 【独立行使职权和互相配合、互相制约】监察委员会依照法律规定独立行使监察权，不受行政机关、社会团体和个人的干涉。

监察机关办理职务违法和职务犯罪案件，应当与审判机关、检察机关、执法部门互相配合，互相制约。

监察机关在工作中需要协助的，有关机关和单位应当根据监察机关的要求依法予以协助。

【宪法】

4.1《中华人民共和国宪法》（修正后 2018 年 3 月 11 日施行）（节录）

第一百二十七条　监察委员会依照法律规定独立行使监察权，不受行政机关、社会团体和个人的干涉。

监察机关办理职务违法和职务犯罪案件，应当与审判机关、检察机关、执法部门互相配合，互相制约。

【纪检监察法规】

4.2 《中国共产党党内监督条例》（2016 年 10 月 27 日）（节录）

第三十七条 各级党委应当支持和保证同级人大、政府、监察机关、司法机关等对国家机关及公职人员依法进行监督，人民政协依章程进行民主监督，审计机关依法进行审计监督。有关国家机关发现党的领导干部违反党规党纪、需要党组织处理的，应当及时向有关党组织报告。审计机关发现党的领导干部涉嫌违纪的问题线索，应当向同级党组织报告，必要时向上级党组织报告，并按照规定将问题线索移送相关纪律检查机关处理。

在纪律审查中发现党的领导干部严重违纪涉嫌违法犯罪的，应当先作出党纪处分决定，再移送行政机关、司法机关处理。执法机关和司法机关依法立案查处涉及党的领导干部案件，应当向同级党委、纪委通报；该干部所在党组织应当根据有关规定，中止其相关党员权利；依法受到刑事责任追究，或者虽不构成犯罪但涉嫌违纪的，应当移送党委依纪处理。

4.3 《公职人员政务处分暂行规定》（2018 年 4 月 16 日）（节录）

第七条 公职人员中的中共党员严重违犯党纪涉嫌犯罪的，应当由党组织先作出党纪处分决定，并由监察机关依法给予政务处分后，再依法追究其刑事责任。

非中共党员的公职人员涉嫌犯罪的，应当先由监察机关依法给予政务处分，再依法追究其刑事责任。

公职人员中的中共党员先依法受到行政处罚和刑事责任追究的，党组织、监察机关可以根据生效的行政处罚决定和司法机关的生效判决、裁定、决定及其认定的事实、性质和情节，依纪依法给予党纪、政务处分。

第十一条 对公职人员给予政务处分，由监察机关按照管理权限依法作出决定。有下列情形的，应当履行有关手续：

（一）对经各级人民代表大会及其常务委员会选举或者决定任命的公职人员给予撤职、开除处分的，应当先由人民代表大会及其常务委员会依法罢免、撤销或者免去其职务，再由监察机关依法作出处分决定。

（二）对经中国人民政治协商会议各级委员会全体会议及其常务委员会选举或者决定任命的公职人员给予撤职、开除处分的，应当先由政协全体会议及其常务委员会免去其职务后，再由监察机关依法作出处分决定。

（三）对各级人大代表、政协委员给予政务处分，应当向其所在的人大常委会或者政协常委会通报。

（四）对基层群众性自治组织中从事管理的人员给予责令辞职等处理的，由县级监察机关向其所在的基层群众性自治组织及上级管理单位（机构）提出建议。

第十二条 公职人员有违法行为，已经被立案调查，不宜继续履行职责的，监察机关可以决定暂停其履行职务。被调查的公职人员在被监察机关立案调查期间，不得交流、出境、辞去公职或者办理退休手续。监察机关应当在立案决定书中写明上述要求，并告知被调查人所在单位。

第十九条 公职人员有违法行为的,任免机关、单位可以履行主体责任,依照《中华人民共和国公务员法》等规定,对公职人员给予处分。对公职人员的同一违法行为,监察机关已经给予政务处分的,任免机关、单位不再给予处分;任免机关、单位已经给予处分的,监察机关不再给予政务处分。

4.4《关于纪委协助党组织协调反腐败工作的规定(试行)》(2005年7月26日)

第一章 总 则

第一条 为了切实保障纪委履行协助党委组织协调反腐败工作的职责,充分发挥有关部门在反腐败工作中的职能作用,形成反腐败合力,促进反腐败工作深入开展,根据《中国共产党章程》和其他有关党内法规,制定本规定。

第二条 纪委协助党委组织协调反腐败工作(以下简称组织协调工作),是指纪委在同级党委的领导下,按照同级党委和上级纪委的总体部署和要求,协助同级党委研究、部署、协调、督促检查反腐败各项工作。

第三条 纪委开展组织协调工作,应当坚持党要管党、从严治党,坚持标本兼治、综合治理、惩防并举、注重预防,坚持依照党内法规和国家法律,各司其职。

第二章 组织协调的主要任务

第四条 贯彻落实《建立健全教育、制度、监督并重的惩治和预防腐败体系实施纲要》,围绕领导干部廉洁从政,纠正损害群众利益的不正之风,查办违纪违法案件,从源头上预防和治理腐败等开展工作。

第五条 根据同级党委的要求和实际情况,研究反腐败工作的重要问题,及时向同级党委提出意见和建议。

第六条 根据同级党委和上级纪委关于反腐败工作的总体部署和要求,按照有关部门的职责进行任务分解,明确责任,提出要求,组织落实。

第七条 加强与各方面的联系和沟通,协调有关部门的关系,解决工作中的矛盾和问题。

第八条 对有关部门承担的反腐败任务落实情况进行督促检查。

第三章 组织协调的程序

第九条 纪委进行组织协调工作应当遵循以下步骤:
(一)确定需要组织协调的事项;
(二)召集有关部门研究、制定实施方案;
(三)组织实施;
(四)督促检查有关部门承担任务的进展情况;
(五)要求有关部门书面报告承担任务的落实情况;
(六)向党委报告组织协调事项完成情况。

第十条 纪委组织协调的事项除同级党委和上级纪委交办的以外,根据需要,由纪委常委会或者纪委分管领导确定；纪委认为重要的组织协调事项，应当报同级党委或者党委主要负责人批准并报上一级纪委备案。

有关部门认为需要纪委组织协调的事项，可以向纪委提出建议，由纪委决定或者由纪委报党委决定。

第十一条　经纪委组织协调确定的事项，应当以实施意见、工作安排意见、会议纪要等书面形式交有关部门实施；在查办案件中，因紧急或者保密等特殊情况，经纪委分管办案工作的领导同意，也可以采取当面通知或者电话通知等方式向有关部门提出，但应当作好记录，留案备查，事后应当及时补办相关手续。

实施意见、工作安排意见、会议纪要等文件的内容应当包括：部署或确定的事项、牵头部门和参与部门、工作任务分工和要求等。

第十二条　纪委对有关部门承担的反腐败任务落实情况的督促检查，可以采取听取汇报、按规定调阅有关材料、听取有关人员意见、实地了解情况、要求书面报告等方式定期或者不定期进行。

对在督促检查中发现的问题，纪委应当采取相应措施帮助解决或者及时纠正，重要问题应当及时向党委报告。

第十三条　有关部门在落实所承担的反腐败任务中遇到的问题，应当及时向纪委报告。纪委应当根据情况，采取相应措施，必要时可以召开由有关部门参加的协调会议加以解决；经协调不能取得一致意见的，由纪委提请党委决定。

第四章　组织协调的保障

第十四条　党委应当加强对纪委组织协调工作的领导，明确任务和要求，支持纪委履行组织协调职责。

第十五条　纪委应当依照党内法规和国家法律开展组织协调工作，正确处理与有关部门在反腐败工作中的关系，支持、配合有关部门的工作，保证反腐败各项任务的落实。

第十六条　有关部门应当支持、配合纪委履行组织协调职责，对经纪委组织协调确定的任务和要求，应当依照法定职责和程序各司其职，各负其责，加强协作配合，并接受纪委的督促检查。

第十七条　有关部门党政领导班子和领导干部应当按照《关于实行党风廉政建设责任制的规定》，对本部门承担的反腐败任务切实负起领导责任，并组织实施。

第十八条　巡视工作机构应当把纪委组织协调事项落实情况作为巡视工作的一项重要内容，加强监督。

第十九条　违反本规定不履行或者不正确履行职责的，由党委或者纪委对责任人给予批评教育或者予以组织处理，并责令限期改正；情节严重或者造成严重后果的，依纪依法追究纪律责任，涉嫌犯罪的，移送司法机关依法处理。

第五章　附　则

第二十条　各省、自治区、直辖市党委，国务院国有资产监督管理委员会党委，中国银行业监督管理委员会、中国证券监督管理委员会、中国保险监督管理委员会以及其他实行垂直管理部门的党委（党组），可以根据本规定，结合各自工作的实际情况，制定实施办法，报中共中央纪律检查委员会备案。

中国人民解放军和中国人民武装警察部队的纪委协助党委组织协调反腐败工作的规定，由中央军委参照本规定制定。

第二十一条　本规定由中共中央纪律检查委员会负责解释。

第二十二条　本规定自发布之日起施行。

4.5《关于纪检监察机关和审计机关在查处案件中加强协作配合的通知》（2003年8月26日）

为了加强纪检监察机关和审计机关在查处案件中的协作配合，充分发挥纪检监察机关和审计机关在查处案件中的职能作用，维护社会主义市场经济秩序，促进党风廉政建设，现将有关事项通知如下：

一、各级纪检监察机关和审计机关应当分别依照党章和其他党内法规、《中华人民共和国行政监察法》和《中华人民共和国审计法》规定的职权范围，充分发挥各自的职能作用，在查处案件工作中互通情况，相互支持，加强协作配合，并可以根据需要召开联席会议研究相关问题，建立相应的沟通、协调机制。

二、纪检监察机关和审计机关共同立案查处的案件，案件查清后，对党纪政纪责任的追究，由纪检监察机关负责；对违反国家规定的财政收支、财务收支行为的审计处理、处罚，由审计机关负责。

三、纪检监察机关在查处案件中，发现有关单位有违反国家规定的财政收支、财务收支行为，属于审计机关管辖范围的，应当将案件线索及时移送审计机关，任何人不得隐瞒或者阻挠。

四、审计机关在审计监督中，发现有关单位和人员有违反党纪政纪的行为，属于纪检监察机关管辖范围的，应当将案件线索及时移送纪检监察机关，任何人不得隐瞒或者阻挠。

五、纪检监察机关在查处案件中，需要审计机关协助配合的，可以商请审计机关予以协助，审计机关应当予以配合。

六、审计机关在审计监督中，需要纪检监察机关协助配合的，可以商请纪检监察机关予以协助，纪检监察机关应当予以配合。

七、纪检监察机关根据检查、调查结果，认为应当给予审计处理、处罚的，可以向审计机关提出建议或者监察建议。审计机关应当依法及时查处，并将结果书面通知纪检监察机关。

八、审计机关根据审计结果，认为应当追究党纪政纪责任的，可以向纪检监察机关提出建议或者审计建议。纪检监察机关应当依纪依法及时查处，监察机关应将结果书面通知审计机关。

第一章 总 则

4.6《党政主要领导干部和国有企业领导人员经济责任审计规定》(2010 年 10 月 12 日)(节录)

第二条 党政主要领导干部经济责任审计的对象包括:

(一)地方各级党委、政府、审判机关、检察机关的正职领导干部或者主持工作一年以上的副职领导干部;

(二)中央和地方各级党政工作部门、事业单位和人民团体等单位的正职领导干部或者主持工作一年以上的副职领导干部;上级领导干部兼任部门、单位的正职领导干部,且不实际履行经济责任时,实际负责本部门、本单位常务工作的副职领导干部。

第三条 国有企业领导人员经济责任审计的对象包括国有和国有控股企业(含国有和国有控股金融企业)的法定代表人。

第四条 本规定所称经济责任,是指领导干部在任职期间因其所任职务,依法对本地区、本部门(系统)、本单位的财政收支、财务收支以及有关经济活动应当履行的职责、义务。

第五条 领导干部履行经济责任的情况,应当依法接受审计监督。

根据干部管理监督的需要,可以在领导干部任职期间进行任中经济责任审计,也可以在领导干部不再担任所任职务时进行离任经济责任审计。

第六条 领导干部的经济责任审计依照干部管理权限确定。

地方审计机关主要领导干部的经济责任审计,由本级党委与上一级审计机关协商后,由上一级审计机关组织实施。

审计署审计长的经济责任审计,报请国务院总理批准后实施。

第七条 审计机关依法独立实施经济责任审计,任何组织和个人不得拒绝、阻碍、干涉,不得打击报复审计人员。

第八条 审计机关和审计人员对经济责任审计工作中知悉的国家秘密、商业秘密,负有保密义务。

第九条 各级党委和政府应当保证审计机关履行经济责任审计职责所必需的机构、人员和经费。

第十条 各级党委和政府应当加强对经济责任审计工作的领导,建立经济责任审计工作联席会议(以下简称联席会议)制度。联席会议由纪检、组织、审计、监察、人力资源社会保障和国有资产监督管理等部门组成。

联席会议下设办公室,与同级审计机关内设的经济责任审计机构合署办公,负责日常工作。联席会议办公室主任为同级审计机关的副职领导或者同职级领导。

第十一条 联席会议的主要职责是研究制定有关经济责任审计的政策和制度,监督检查、交流通报经济责任审计工作开展情况,协调解决工作中出现的问题。

第十二条 联席会议办公室的主要职责是研究起草有关经济责任审计的法规、制度和文件,研究提出年度经济责任审计计划草案,总结推广经济责任审计工作经验,督促落实联席会议决定的有关事项。

第二十八条 审计机关按照《中华人民共和国审计法》及相关法律法规规定的程序，对审计组的审计报告进行审议，出具审计机关的经济责任审计报告和审计结果报告。

第二十九条 审计机关应当将经济责任审计报告送达被审计领导干部及其所在单位。

第三十条 审计机关应当将经济责任审计结果报告等结论性文书报送本级政府行政首长，必要时报送本级党委主要负责同志；提交委托审计的组织部门；抄送联席会议有关成员单位。

第三十一条 被审计领导干部所在单位存在违反国家规定的财政收支、财务收支行为，依法应当给予处理、处罚的，由审计机关在法定职权范围内作出审计决定。

审计机关在经济责任审计中发现的应当由其他部门处理的问题，依法移送有关部门处理。

4.7《中国共产党纪律检查机关案件检查工作条例》及《中国共产党纪律检查机关案件检查工作条例实施细则》（以下简称《实施细则》）（1994年5月1日）（节录）

第三条 纪检机关依照党章和本条例行使案件检查权，不受国家机关、社会组织和个人的干涉。

《实施细则》第二条 《条例》第三条所称"纪检机关依照党章和本条例行使案件检查权"，是指纪律检查机关在党章和《条例》规定的职权范围内，对党员和党组织的违纪问题有权进行初步核实、立案和调查。

任何国家机关、社会组织和个人均不得以违反法律、法规和党章、《条例》的手段，干扰、阻挠纪检机关的办案活动。对妨碍案件检查工作的，应照《中共中央纪律检查委员会关于对妨碍违纪案件查处的党组织和党员党纪处分的规定（试行）》作出处理。

第五条 【工作原则】国家监察工作严格遵照宪法和法律，以事实为根据，以法律为准绳；在适用法律上一律平等，保障当事人的合法权益；权责对等，严格监督；惩戒与教育相结合，宽严相济。

【宪法】

5.1《中华人民共和国宪法》（修正后2018年3月11日施行）（节录）

第五条 中华人民共和国实行依法治国，建设社会主义法治国家。

国家维护社会主义法制的统一和尊严。

一切法律、行政法规和地方性法规都不得同宪法相抵触。

一切国家机关和武装力量、各政党和各社会团体、各企业事业组织都必须遵守宪法和法律。一切违反宪法和法律的行为，必须予以追究。

任何组织或者个人都不得有超越宪法和法律的特权。

第五十一条 中华人民共和国公民在行使自由和权利的时候，不得损害国家的、社会的、集体的利益和其他公民的合法的自由和权利。

第一章 总 则

【党章】

5.2《中国共产党章程》（修正后 2017 年 10 月 24 日施行）（节录）

第三十九条 党的纪律是党的各级组织和全体党员必须遵守的行为规则，是维护党的团结统一、完成党的任务的保证。党组织必须严格执行和维护党的纪律，共产党员必须自觉接受党的纪律的约束。

第四十条 党的纪律主要包括政治纪律、组织纪律、廉洁纪律、群众纪律、工作纪律、生活纪律。

坚持惩前毖后、治病救人，执纪必严、违纪必究，抓早抓小、防微杜渐，按照错误性质和情节轻重，给以批评教育直至纪律处分。运用监督执纪"四种形态"，让"红红脸、出出汗"成为常态，党纪处分、组织调整成为管党治党的重要手段，严重违纪、严重触犯刑律的党员必须开除党籍。

党内严格禁止用违反党章和国家法律的手段对待党员，严格禁止打击报复和诬告陷害。违反这些规定的组织或个人必须受到党的纪律和国家法律的追究。

【行为规制法规】

5.3《关于新形势下党内政治生活的若干准则》（2016 年 10 月 27 日）（节录）

四、严明党的政治纪律

纪律严明是全党统一意志、统一行动、步调一致前进的重要保障，是党内政治生活的重要内容。必须严明党的纪律，把纪律挺在前面，用铁的纪律从严治党。

坚持纪律面前一律平等，遵守纪律没有特权，执行纪律没有例外，党内决不允许存在不受纪律约束的特殊组织和特殊党员。每一个党员对党的纪律都要心存敬畏、严格遵守，任何时候任何情况下都不能违反党的纪律。党的各级组织和全体党员要坚决同一切违反党的纪律的行为作斗争。

政治纪律是党最根本、最重要的纪律，遵守党的政治纪律是遵守党的全部纪律的基础。全党特别是高级干部必须严格遵守党的政治纪律和政治规矩。党员不准散布违背党的理论和路线方针政策的言论，不准公开发表违背党中央决定的言论，不准泄露党和国家秘密，不准参与非法组织和非法活动，不准制造、传播政治谣言及丑化党和国家形象的言论。党员不准搞封建迷信，不准信仰宗教，不准参与邪教，不准纵容和支持宗教极端势力、民族分裂势力、暴力恐怖势力及其活动。

党员、干部特别是高级干部不准在党内搞小山头、小圈子、小团伙，严禁在党内拉私人关系、培植个人势力、结成利益集团。对那些投机取巧、拉帮结派、搞团团伙伙的人，要严格防范，依纪依规处理。坚决防止野心家、阴谋家窃取党和国家权力。

党的各级组织和全体党员必须对党忠诚老实、光明磊落，说老实话、办老实事、做老实人，如实向党反映和报告情况，反对搞两面派、做"两面人"，反对弄虚作假、虚报浮夸，反对隐瞒实情、报喜不报忧。领导机关和领导干部不准以任何理由和名义纵容、唆使、暗示或强迫下级说假话。凡因弄虚作假、隐瞒实情给党和人民事业造成重大损失的，凡因弄虚作假、隐瞒实情骗取荣誉、地位、奖励或其他利益的，凡因纵容、唆使、暗示或强迫下级弄虚作假、隐瞒实情的，都要依纪依规严肃问责追责。对坚持原则、敢于说真话的同志，要给予支持、保护、鼓励。

党内不准搞拉拉扯扯、吹吹拍拍、阿谀奉承。对领导人的宣传要实事求是，禁止吹捧，禁止给领导人祝寿、送礼、发致敬函电，禁止在领导干部国内考察工作时组织迎送、张贴标语、敲锣打鼓、铺红地毯、举行宴会等。

党的各级组织必须担负起执行和维护政治纪律和政治规矩的责任，对违反政治纪律的行为要坚决批评制止，不能听之任之。党的各级组织和纪律检查机关要加强纪律执行情况的监督和检查，坚决防止和纠正执行纪律宽松软的问题。

八、坚持正确选人用人导向

……

干部是党的宝贵财富，必须既严格教育、严格管理、严格监督，又在政治上、思想上、工作上、生活上真诚关爱，鼓励干部干事创业、大胆作为。

建立容错纠错机制，宽容干部在工作中特别是改革创新中的失误。坚持惩前毖后、治病救人，正确对待犯错误的干部，帮助其认识和改正错误。不得混淆干部所犯错误性质或夸大错误程度对干部作出不适当的处理，不得利用干部所犯错误泄私愤、打击报复。

党的各级组织和领导干部必须牢记空谈误国、实干兴邦，践行正确政绩观，发扬钉钉子精神，力戒空谈，察实情、出实招、办实事、求实效，做到守土尽责。各级领导干部要无私无畏，做到面对矛盾敢于迎难而上，面对危险敢于挺身而出，面对失误敢于承担责任。党的各级组织要旗帜鲜明为敢于担当的干部担当，为敢于负责的干部负责。对不担当、不作为、敷衍塞责的干部要严肃批评，必要时给予组织处理或党纪处分；对失职渎职的要严肃问责，造成严重后果的要严肃追责，依纪依法处理。

十一、加强对权力运行的制约和监督

监督是权力正确运行的根本保证，是加强和规范党内政治生活的重要举措。必须加强对领导干部的监督，党内不允许有不受制约的权力，也不允许有不受监督的特殊党员。

完善权力运行制约和监督机制，形成有权必有责、用权必担责、滥权必追责的制度安排。实行权力清单制度，公开权力运行过程和结果，健全不当用权问责机制，把权力关进制度笼子，让权力在阳光下运行。

党的各级组织和领导干部必须在宪法法律范围内活动，增强法治意识、弘扬法治精神，自觉按法定权限、规则、程序办事，决不能以言代法、以权压法、徇私枉法，决不能违规干预司法。

营造党内民主监督环境，畅通党内民主监督渠道。党的各级组织和全体党员要增强监督意识，既履行监督责任，又接受各方面监督。

党内监督必须突出党的领导机关和领导干部特别是主要领导干部。领导干部要正确对待监督，主动接受监督，习惯在监督下开展工作，决不能拒绝监督、逃避监督。

领导干部特别是高级干部必须加强自律、慎独慎微，自觉检查和及时纠正在行使权力、廉政勤政方面存在的问题，做到可以行使的权力按规则正确行使，该由上级组

第一章 总 则

织行使的权力下级组织不能行使,该由领导班子集体行使的权力班子成员个人不能擅自行使,不该由自己行使的权力决不能行使。

对涉及违纪违法行为的举报,对党员反映的问题,任何党组织和领导干部都不准隐瞒不报、拖延不办。涉及所反映问题的领导干部应该回避,不准干预或插手组织调查。

党员、干部反映他人的问题,应该出于党性,通过党内正常渠道实名进行,不准散布小道消息,不准散发匿名信,不准诬告陷害等。对通过正常渠道反映问题的党员,任何组织和个人都不准打击报复,不准擅自进行追查,不准采取调离工作岗位、降格使用等惩罚措施。

坚持授权者要负责监督,发现问题要及时处置。强化上级组织对下级组织特别是主要领导干部行使权力的监督,防止权力失控和滥用。

对党组织和党员、干部行使权力进行监督,必须依纪依法进行。纪检监察、司法机关严格依纪依法按程序对涉嫌严重违纪违法行为进行调查。任何组织和个人不得自行决定或受指使对党员、干部采取非法调查手段。对违反规定的,要严肃追究纪律和法律责任。

十二、保持清正廉洁的政治本色

建设廉洁政治,坚决反对腐败,是加强和规范党内政治生活的重要任务。必须筑牢拒腐防变的思想防线和制度防线,着力构建不敢腐、不能腐、不想腐的体制机制,保持党的肌体健康和队伍纯洁。

各级领导干部必须严以修身、严以用权、严以律己,谋事要实、创业要实、做人要实,经得起权力、金钱、美色考验,用党和人民赋予的权力为人民服务。

领导干部特别是高级干部必须带头践行社会主义核心价值观,继承和发扬党的优良传统和作风,弘扬中华民族传统美德,讲修养、讲道德、讲诚信、讲廉耻,养成共产党人的高风亮节,自觉远离低级趣味。

各级领导干部是人民公仆,没有搞特殊化的权利。中央政治局要带头执行中央八项规定。各级领导干部特别是高级干部要坚持立党为公、执政为民,坚持公私分明、先公后私、克己奉公,带头保持谦虚、谨慎、不骄、不躁的作风,保持艰苦奋斗的作风,带头执行廉洁自律准则,自觉同特权思想和特权现象作斗争,不准利用权力为自己和他人谋取私利,禁止违反财经制度批钱批物批项目,禁止用各种借口或巧立名目侵占、挥霍国家和集体财物,禁止违反规定提高干部待遇标准。

领导干部特别是高级干部必须注重家庭、家教、家风,教育管理好亲属和身边工作人员。严格执行领导干部个人有关事项报告制度,进一步规范领导干部配偶子女从业行为。禁止利用职权或影响力为家属亲友谋求特殊照顾,禁止领导干部家属亲友插手领导干部职权范围内的工作、插手人事安排。各级领导班子和领导干部对来自领导干部家属亲友的违规干预行为要坚决抵制,并将有关情况报告党组织。

全体党员、干部特别是高级干部必须拒腐蚀、永不沾,坚决同消极腐败现象作斗争,坚决抵制潜规则,自觉净化社交圈、生活圈、朋友圈,决不能把商品交换那一套搬到党内政治生活和工作中来。党的各级组织要担负起反腐倡廉政治责任，坚持有腐必反、有贪必肃，坚持"老虎"、"苍蝇"一起打，坚持无禁区、全覆盖、零容忍，党内决不允许有腐败分子藏身之地。

加强和规范党内政治生活是全党的共同任务，必须全党一起动手。各级党委（党组）要全面履行加强和规范党内政治生活的领导责任，着力解决突出问题，建立健全党内政治生活制度体系，把加强和规范党内政治生活各项任务落到实处。深入开展党内政治生活准则宣传教育，把党内政治生活准则列为党员、干部教育培训的必修内容。

落实党委主体责任和纪委监督责任，强化责任追究。党委（党组）主要负责人要认真履行第一责任人责任。党的各级组织要强化对党内政治生活准则落实情况的督促检查，建立健全问责机制，上级党组织要加强对下级党组织的指导监督检查，各级组织部门和机关党组织要加强日常管理，各级纪律检查机关要严肃查处违反党内政治生活准则的各种行为。

加强和规范党内政治生活，要从中央委员会、中央政治局、中央政治局常务委员会做起。高级干部要清醒认识自己岗位对党和国家的特殊重要性，职位越高越要自觉按照党提出的标准严格要求自己，越要做到党性坚强、党纪严明，做到对党始终忠诚、永不叛党。制定高级干部贯彻落实本准则的实施意见，指导和督促高级干部在遵守和执行党内政治生活准则上作全党表率。

全面从严治党永远在路上。全党要坚持不懈努力，共同营造风清气正的政治生态，确保党始终成为中国特色社会主义事业的坚强领导核心。

5.4《中国共产党党员权利保障条例》（2004年9月22日）（节录）

第二条　党员享有的党章规定的各项权利必须受到尊重和保护，党的任何一级组织、任何党员都无权剥夺。

第三条　坚持在党的纪律面前人人平等，不允许任何党员享有特权。

第四条　坚持权利与义务相统一。党员应当正确行使党章规定的各项权利，并在宪法和法律的范围内活动，同时必须履行党章规定的义务，不得侵犯其他党员的权利。

第五条　对任何侵犯党员权利的行为，都应当予以追究；情节严重的，必须给予党纪处分。对侵犯党员权利行为的认定和处理，应当以事实为根据，以党章和其他党内法规为准绳。

【纪检监察法规】

5.5《中国共产党党内监督条例》（2016年10月27日）（节录）

第二十七条　纪律检查机关必须把维护党的政治纪律和政治规矩放在首位，坚决纠正和查处上有政策、下有对策，有令不行、有禁不止，口是心非、阳奉阴违，搞团团伙伙、拉帮结派，欺骗组织、对抗组织等行为。

第三十二条　依规依纪进行执纪审查，重点审查不收敛不收手，问题线索反映集中、群众反映强烈，现在重要岗位且可能还要提拔使用的领导干部，三类情况同时具备的是重中之重。执纪审查应当查清违纪事实，让审查对象从学习党章入手，从理想信念宗旨、党性原则、作风纪律等方面检查剖析自己，审理报告应当事实清楚、定性准确，反映审查对象思想认识情况。

第三十三条 对违反中央八项规定精神的，严重违纪被立案审查开除党籍的，严重失职失责被问责的，以及发生在群众身边、影响恶劣的不正之风和腐败问题，应当点名道姓通报曝光。

5.6《中国共产党问责条例》（2016年7月8日）（节录）

第三条 党的问责工作应当坚持的原则：依规依纪、实事求是，失责必问、问责必严，惩前毖后、治病救人，分级负责、层层落实责任。

第五条 问责应当分清责任。党组织领导班子在职责范围内负有全面领导责任，领导班子主要负责人和直接主管的班子成员承担主要领导责任，参与决策和工作的班子其他成员承担重要领导责任。

5.7《中国共产党纪律处分条例》（修正后2018年10月1日施行）（节录）

第四条 党的纪律处分工作应当坚持以下原则：

（一）坚持党要管党、全面从严治党。加强对党的各级组织和全体党员的教育、管理和监督，把纪律挺在前面，注重抓早抓小、防微杜渐。

（二）党纪面前一律平等。对违犯党纪的党组织和党员必须严肃、公正执行纪律，党内不允许有任何不受纪律约束的党组织和党员。

（三）实事求是。对党组织和党员违犯党纪的行为，应当以事实为依据，以党章、其他党内法规和国家法律法规为准绳，准确认定违纪性质，区别不同情况，恰当予以处理。

（四）民主集中制。实施党纪处分，应当按照规定程序经党组织集体讨论决定，不允许任何个人或者少数人擅自决定和批准。上级党组织对违犯党纪的党组织和党员作出的处理决定，下级党组织必须执行。

（五）惩前毖后、治病救人。处理违犯党纪的党组织和党员，应当实行惩戒与教育相结合，做到宽严相济。

第五条 运用监督执纪"四种形态"，经常开展批评和自我批评、约谈函询，让"红红脸、出出汗"成为常态；党纪轻处分、组织调整成为违纪处理的大多数；党纪重处分、重大职务调整的成为少数；严重违纪涉嫌违法立案审查的成为极少数。

5.8《中国共产党纪律检查机关监督执纪工作规则（试行）》（2017年1月8日）（节录）

第三条 监督执纪工作应当遵循以下原则：

（一）坚持以习近平同志为核心的党中央集中统一领导，牢固树立政治意识、大局意识、核心意识、看齐意识，体现监督执纪的政治性，严守政治纪律和政治规矩；

（二）坚持纪律检查工作双重领导体制，监督执纪工作以上级纪委领导为主，线索处置、立案审查在向同级党委报告的同时必须向上级纪委报告；

（三）坚持以事实为依据，以党规党纪为准绳，把握政策、宽严相济，惩前毖后、

治病救人;

（四）坚持信任不能代替监督,严格工作程序、有效管控风险点,强化对监督执纪各环节的监督制约。

5.9 《中国共产党纪律检查机关案件检查工作条例》及《中国共产党纪律检查机关案件检查工作条例实施细则》（以下简称《实施细则》）（1994年5月1日）（节录）

第一条 检查中国共产党内违纪案件是中国共产党的纪律检查机关的一项重要工作,是严肃党纪的中心环节。为使案件检查工作规范化、制度化,提高办案质量和效率,根据中国共产党章程有关规定,结合案件检查工作的实践,制定本条例。

《实施细则》第一条 根据《中国共产党纪律检查机关案件检查工作条例》（以下简称《条例》）第四十九条的规定,制定本细则。

第二条 案件检查工作的指导思想是,通过执纪办案,维护党的章程和其他党内法规,严肃党的纪律,加强党风廉政建设,保护改革开放,促进经济发展,保证党的基本路线的贯彻执行。

第四条 案件检查必须坚持实事求是的原则,以事实为根据,以党纪为准绳,做到事实清楚,证据确凿,定性准确,处理恰当,手续完备。

《实施细则》第三条 《条例》第四条所称"事实清楚、证据确凿、定性准确、处理恰当、手续完备"是指:

1. 案件发生的时间、地点、手段、情节、后果和有关人员的责任等应清楚明确;

2. 认定的每一案件事实都应有经过鉴别属实的充分证据;

3. 确定错误性质和提出处理建议,均应以事实为依据,以党章、党纪和国家法律、法规为准绳;

4. 案件检查的各个环节都应符合《条例》和本细则规定的程序,并履行相应的手续;收集的证据和形成的案件材料也应符合规定的要求。

第五条 案件检查要坚持在党的纪律面前人人平等的原则,对任何党员和党组织违犯党的纪律的行为,都必须依据本条例进行检查。

第六条 案件检查要依靠党的各级组织,走群众路线,加强纪检系统内部以及与有关部门的协调配合。

第七条 案件检查要贯彻惩前毖后、治病救人的方针,达到既维护党纪的严肃性,又教育本人和广大党员的目的。

第八条 案件检查中,要切实保障党员包括被检查的党员行使党章所赋予的各项权利。

《实施细则》第四条 根据《条例》第八条的规定,在案件检查中,纪检机关要切实保障党员和群众提出批评、检举、控告等项权利,保障被调查党员行使申辩、申诉等项权利,保障检举控告人、证人、被调查人和办案人不受打击报复。

5.10 《公职人员政务处分暂行规定》（2018年4月16日）（节录）

第四条 公职人员依法履行职务的行为受法律保护,非因法定事由,非经法定程序,不受政务处分。

第五条 给予公职人员政务处分，应当坚持法律面前一律平等，实事求是、公正公平，做到事实清楚、证据确凿、定性准确、处理恰当、程序合法、手续完备；坚持民主集中制，集体讨论决定；坚持惩前毖后、治病救人方针，与违法行为的性质、情节、危害程度相适应。

第八条 监察机关对公职人员中的中共党员给予政务处分，一般应当与党纪处分的轻重程度相匹配，其中，受到撤销党内职务、留党察看处分的，如果担任公职，应当依法给予其撤职等政务处分。严重违犯党纪、严重触犯刑律的公职人员必须依法开除公职。

5.11《行政机关公务员处分条例》（2007年6月1日）（节录）

第三条 行政机关公务员依法履行职务的行为受法律保护，非因法定事由，非经法定程序，不受处分。

第四条 给予行政机关公务员处分，应当坚持公正、公平和教育与惩处相结合的原则。

给予行政机关公务员处分，应当与其违法违纪行为的性质、情节、危害程度相适应。

给予行政机关公务员处分，应当事实清楚、证据确凿、定性准确、处理恰当、程序合法、手续完备。

5.12《事业单位工作人员处分暂行规定》（2012年9月1日）（节录）

第三条 给予事业单位工作人员处分，应当坚持公正、公平和教育与惩处相结合的原则。

给予事业单位工作人员处分，应当与其违法违纪行为的性质、情节、危害程度相适应。

给予事业单位工作人员处分，应当事实清楚、证据确凿、定性准确、处理恰当、程序合法、手续完备。

第六条 【工作方针】 国家监察工作坚持标本兼治、综合治理，强化监督问责，严厉惩治腐败；深化改革、健全法治，有效制约和监督权力；加强法治教育和道德教育，弘扬中华优秀传统文化，构建不敢腐、不能腐、不想腐的长效机制。

【组织人事法规】

6.1《党政领导干部选拔任用工作条例》（2014年1月14日）（节录）

第六十一条 选拔任用党政领导干部，必须严格执行本条例的各项规定，并遵守下列纪律：

（一）不准超职数配备、超机构规格提拔领导干部，或者违反规定擅自设置职务名称、提高干部职级待遇；

（二）不准采取不正当手段为本人或者他人谋取职位；

（三）不准违反规定程序推荐、考察、酝酿、讨论决定任免干部；

（四）不准私自泄露动议、民主推荐、民主测评、考察、酝酿、讨论决定干部等

有关情况;

(五) 不准在干部考察工作中隐瞒或者歪曲事实真相;

(六) 不准在民主推荐、民主测评、组织考察和选举中搞拉票等非组织活动;

(七) 不准利用职务便利私自干预下级或者原任职地区、单位干部选拔任用工作;

(八) 不准在工作调动、机构变动时,突击提拔、调整干部;

(九) 不准在干部选拔任用工作中封官许愿,任人唯亲,营私舞弊;

(十) 不准涂改干部档案,或者在干部身份、年龄、工龄、党龄、学历、经历等方面弄虚作假。

第六十二条 加强干部选拔任用工作全程监督,严肃查处违反组织人事纪律的行为。对违反本条例规定的事项,按照有关规定对党委(党组)主要领导成员和有关领导成员、组织(人事)部门有关领导成员以及其他直接责任人作出组织处理或者纪律处分。

对无正当理由拒不服从组织调动或者交流决定的,依照法律及有关规定予以免职或者降职使用。

第六十三条 实行党政领导干部选拔任用工作责任追究制度。凡用人失察失误造成严重后果的,本地区本部门用人上的不正之风严重、干部群众反映强烈以及对违反组织人事纪律的行为查处不力的,应当根据具体情况,追究党委(党组)主要领导成员、有关领导成员、组织(人事)部门和纪检监察机关有关领导成员以及其他直接责任人的责任。

第六十四条 党委(党组)及其组织(人事)部门对干部选拔任用工作和贯彻执行本条例的情况进行监督检查,受理有关干部选拔任用工作的举报、申诉,制止、纠正违反本条例的行为,并对有关责任人提出处理意见或者处理建议。

纪检监察机关、巡视机构按照有关规定,对干部选拔任用工作进行监督检查。

第六十五条 实行组织(人事)部门与纪检监察机关等有关单位联席会议制度,就加强对干部选拔任用工作的监督,沟通信息,交流情况,提出意见和建议。联席会议由组织(人事)部门召集。

第六十六条 党委(党组)及其组织(人事)部门在干部选拔任用工作中,必须严格执行本条例,自觉接受组织监督和群众监督。下级机关和党员、干部、群众对干部选拔任用工作中的违纪违规行为,有权向上级党委(党组)及其组织(人事)部门、纪检监察机关举报、申诉,受理部门和机关应当按照有关规定查核处理。

6.2 《党政领导干部选拔任用工作监督检查办法(试行)》(2003年6月19日)(节录)

第三条 党政领导干部选拔任用工作的监督检查遵循下列原则:

(一) 党委(党组)领导、分级负责;

(二) 实事求是、客观公正;

(三) 发扬民主、群众参与;

(四) 预防为主、违规必纠。

第一章　总　则

第四条　党委（党组）及其组织（人事）部门对党政领导干部选拔任用工作的情况进行监督检查，受理有关党政领导干部选拔任用工作的举报、申诉，制止、纠正违反党政领导干部选拔任用工作有关规定的行为，并对有关责任人作出处理或者提出处理意见。组织（人事）部门干部监督机构具体负责党政领导干部选拔任用工作监督检查的组织实施。

第五条　纪检机关（监察部门）按照有关规定对党政领导干部选拔任用工作进行监督检查。

第六条　监督检查的对象是《干部任用条例》适用和参照范围内的党委（党组）；党政领导干部特别是主要领导成员。

第七条　监督检查的主要内容：

（一）学习宣传《干部任用条例》的情况；

（二）坚持选拔任用党政领导干部的原则、基本条件，遵守任职资格规定的情况；

（三）执行党政领导干部选拔任用工作程序，重点是民主推荐、组织考察、讨论决定的情况；

（四）执行公开选拔和竞争上岗规定的情况；

（五）执行干部交流、回避和免职、辞职、降职等制度的情况；

（六）遵守党政领导干部选拔任用工作纪律的情况；

（七）对党政领导干部选拔任用工作开展监督检查的情况；

（八）对群众反映的有关党政领导干部选拔任用方面问题调查处理的情况；

（九）其他需要监督检查的情况。

第十六条　坚持和完善组织（人事）部门与纪检机关（监察部门）等有关单位的联席会议制度，就加强党政领导干部选拔任用工作的监督，沟通信息，交流情况，研究提出意见和建议。

第十七条　纪检机关和组织部门联合派出的巡视组，发现党政领导干部选拔任用工作中的问题，应及时向派出单位报告。

第二十一条　调查核实违反《干部任用条例》的问题，原则上按照干部管理权限，实行分级负责。

第二十二条　纪检机关（监察部门）和组织（人事）部门要加强对违反《干部任用条例》问题的调查和处理工作。

（一）对于在监督检查中发现的或群众举报的严重违反《干部任用条例》的行为，组织（人事）部门要认真调查核实，必要时可与纪检机关（监察部门）组成联合调查组进行调查，并提出处理意见或建议。

（二）对于严重违反《干部任用条例》行为的责任人，纪检机关（监察部门）应当立案查处。

（三）纪检机关（监察部门）在查办案件等工作中发现有关违反《干部任用条例》的问题，应当适时与组织（人事）部门沟通情况。

第二十四条　落实党政领导干部选拔任用工作责任追究制度。对违反《干部任用条例》选拔任用干部、用人失察失误造成严重后果的责任人员,按照违反《干部任用条例》行为的处理规定进行处理。

第二十五条 纪检机关(监察部门)和组织(人事)部门对违反《干部任用条例》的案件,要认真剖析,总结教训。典型案例可进行通报。

6.3 《县以上党和国家机关党员领导干部民主生活会若干规定》(2016年12月23日)(节录)

第六条 民主生活会应当围绕主题,就以下基本内容进行对照检查,开展批评和自我批评:

(一)遵守党章,坚定理想信念,贯彻党的理论路线方针政策和决议,执行党的政治纪律和政治规矩,维护党中央权威的情况。

(二)加强领导班子自身建设,实行民主集中制,维护领导班子团结,严格党的组织生活制度,坚持正确用人导向,开展批评和自我批评的情况。

(三)正确行使权力,履职尽责、积极作为,坚持科学决策、民主决策、依法决策,反对特权、秉公用权的情况。

(四)带头践行社会主义核心价值观,艰苦奋斗,清正廉洁,遵纪守法,注重家庭、家教、家风,教育管理好亲属和身边工作人员的情况。

(五)执行党的群众路线,站稳人民立场,改进领导作风,深入调查研究,密切联系群众的情况。

(六)履行全面从严治党主体责任和监督责任,加强党风廉洁建设和反腐败工作的情况。

受到诫勉谈话的,应当说明整改情况。

第七条 民主生活会每年召开1次,一般安排在第四季度。因特殊情况需要提前或者延期召开的,应当报上级党组织同意。

民主生活会到会人数必须达到应到会人数的三分之二以上。

第八条 领导班子遇到重要或者普遍性问题,出现重大决策失误或者对突发事件处置失当,经纪律检查、巡视和审计发现重要问题,以及发生违纪违法案件等情况的,应当专门召开民主生活会,及时剖析整改。

第十三条 民主生活会应当切实解决问题,对检查和反映出来的问题,领导班子及其成员应当制定整改措施,确定整改目标和完成时限。对群众反映强烈的突出问题进行专项整治。需要上级党组织帮助解决的,应当及时向上级党组织报告。反映领导班子成员的违纪问题,由党的纪律检查机关处理。

第十四条 在民主生活会上提出的重要问题,党组织没有及时研究解决和向上级党组织报告的,应当追究主要负责人责任;造成严重后果的,依纪依规严肃处理。

第十五条 民主生活会结束后15日内,应当将会议情况报告和会议记录报上级党组织,并报送上级党委和党委组织部门。报告的主要内容是征求意见的情况、开展批评和自我批评的情况、检查和反映出来的主要问题及整改措施。省部级单位召开民主生活会的情况,由中央组织部会同中央纪委机关形成综合报告,报党中央。

民主生活会召开情况应当向下级党组织或者本单位通报。对于群众普遍关心问题的整改措施，以适当方式公布。

第十六条　中央政治局带头开好民主生活会。各级党委（党组）履行组织开好民主生活会的领导责任。上级党组织应当通过派出督导组、派人列席等方式，对下级单位召开的民主生活会进行督促检查和指导，具体工作由组织部门会同纪律检查机关负责。对问题突出的领导班子，上级党组织主要负责人应当亲自过问，派出得力的负责人列席民主生活会，严肃指出问题、深入分析原因、切实帮助解决。党的机关工作委员会参与对同级直属机关召开的民主生活会的督促检查和指导。党中央主要负责督促检查和指导省部级单位召开的民主生活会。

第十七条　上级党组织负责人，纪律检查机关、组织部门负责人每年应当随机参加一定数量的下级单位召开的民主生活会，了解情况，进行指导，发现问题及时纠正。纪律检查机关、组织部门派人列席下一级各单位召开的民主生活会。

第十八条　执行民主生活会制度情况，纳入领导班子及其成员履行全面从严治党责任考核内容，作为考核评价领导班子的重要依据。对不按规定召开民主生活会的应当严肃指出、限期整改，对走过场的责令重新召开，并在一定范围通报批评，情节严重的追究主要负责人责任。对无正当理由不参加民主生活会的党员领导干部，给予严肃批评教育。

第十九条　国有企业党组织、高等学校党组织、乡镇党委等基层党组织领导干部民主生活会，参照本规定执行。

第二十条　中国人民解放军和中国人民武装警察部队党组织的民主生活会制度，由中央军委参照本规定作出规定。

第二十一条　本规定由中央组织部负责解释。

【行为规制法规】

6.4《中国共产党廉洁自律准则》（2016年1月1日）

中国共产党全体党员和各级党员领导干部必须坚定共产主义理想和中国特色社会主义信念，必须坚持全心全意为人民服务根本宗旨，必须继承发扬党的优良传统和作风，必须自觉培养高尚道德情操，努力弘扬中华民族传统美德，廉洁自律，接受监督，永葆党的先进性和纯洁性。

党员廉洁自律规范

第一条　坚持公私分明，先公后私，克己奉公。

第二条　坚持崇廉拒腐，清白做人，干净做事。

第三条　坚持尚俭戒奢，艰苦朴素，勤俭节约。

第四条　坚持吃苦在前，享受在后，甘于奉献。

党员领导干部廉洁自律规范

第五条　廉洁从政，自觉保持人民公仆本色。

第六条　廉洁用权，自觉维护人民根本利益。

第七条　廉洁修身，自觉提升思想道德境界。

第八条 廉洁齐家，自觉带头树立良好家风。

6.5《关于实行党风廉政建设责任制的规定》（2010年11月10日）（节录）

第一章 总 则

第一条 为了加强党风廉政建设，明确领导班子、领导干部在党风廉政建设中的责任，推动科学发展，促进社会和谐，提高党的执政能力，保持和发展党的先进性，根据《中华人民共和国宪法》和《中国共产党章程》，制定本规定。

第二条 本规定适用于各级党的机关、人大机关、行政机关、政协机关、审判机关、检察机关的领导班子、领导干部。

人民团体、国有和国有控股企业（含国有和国有控股金融企业）、事业单位的领导班子、领导干部参照执行本规定。

第三条 实行党风廉政建设责任制，要以邓小平理论和"三个代表"重要思想为指导，深入贯彻落实科学发展观，坚持党要管党、从严治党，坚持标本兼治、综合治理、惩防并举、注重预防，扎实推进惩治和预防腐败体系建设，保证党中央、国务院关于党风廉政建设的决策和部署的贯彻落实。

第四条 实行党风廉政建设责任制，要坚持党委统一领导，党政齐抓共管，纪委组织协调，部门各负其责，依靠群众的支持和参与。要把党风廉政建设作为党的建设和政权建设的重要内容，纳入领导班子、领导干部目标管理，与经济建设、政治建设、文化建设、社会建设以及生态文明建设和业务工作紧密结合，一起部署，一起落实，一起检查，一起考核。

第五条 实行党风廉政建设责任制，要坚持集体领导与个人分工负责相结合，谁主管、谁负责，一级抓一级、层层抓落实。

第二章 责任内容

第六条 领导班子对职责范围内的党风廉政建设负全面领导责任。

领导班子主要负责人是职责范围内的党风廉政建设第一责任人，应当重要工作亲自部署、重大问题亲自过问、重点环节亲自协调、重要案件亲自督办。

领导班子其他成员根据工作分工，对职责范围内的党风廉政建设负主要领导责任。

第七条 领导班子、领导干部在党风廉政建设中承担以下领导责任：

（一）贯彻落实党中央、国务院以及上级党委（党组）、政府和纪检监察机关关于党风廉政建设的部署和要求，结合实际研究制定党风廉政建设工作计划、目标要求和具体措施，每年召开专题研究党风廉政建设的党委常委会议（党组会议）和政府廉政建设工作会议，对党风廉政建设工作任务进行责任分解，明确领导班子、领导干部在党风廉政建设中的职责和任务分工，并按照计划推动落实；

（二）开展党性党风党纪和廉洁从政教育，组织党员、干部学习党风廉政建设理论和法规制度，加强廉政文化建设；

（三）贯彻落实党风廉政法规制度，推进制度创新，深化体制机制改革，从源头上预防和治理腐败；

（四）强化权力制约和监督，建立健全决策权、执行权、监督权既相互制约又相互协调的权力结构和运行机制，推进权力运行程序化和公开透明；

（五）监督检查本地区、本部门、本系统的党风廉政建设情况和下级领导班子、领导干部廉洁从政情况；

（六）严格按照规定选拔任用干部，防止和纠正选人用人上的不正之风；

（七）加强作风建设，纠正损害群众利益的不正之风，切实解决党风政风方面存在的突出问题；

（八）领导、组织并支持执纪执法机关依纪依法履行职责，及时听取工作汇报，切实解决重大问题。

第三章　检查考核与监督

第八条 党委（党组）应当建立党风廉政建设责任制的检查考核制度，建立健全检查考核机制，制定检查考核的评价标准、指标体系，明确检查考核的内容、方法、程序。

第九条 党委（党组）应当建立健全党风廉政建设责任制领导小组，负责对下一级领导班子、领导干部党风廉政建设责任制执行情况的检查考核。

第十条 检查考核工作每年进行一次。检查考核可以与领导班子、领导干部工作目标考核、年度考核、惩治和预防腐败体系建设检查工作等结合进行，也可以组织专门检查考核。

检查考核情况应当及时向同级党委（党组）报告。

第十一条 党委（党组）应当将检查考核情况在适当范围内通报。对检查考核中发现的问题，要及时研究解决，督促整改落实。

第十二条 党委（党组）应当建立和完善检查考核结果运用制度。检查考核结果作为对领导班子总体评价和领导干部业绩评定、奖励惩处、选拔任用的重要依据。

第十三条 纪检监察机关（机构）、组织人事部门协助同级党委（党组）开展对党风廉政建设责任制执行情况的检查考核，或者根据职责开展检查工作。

第十四条 党委常委会应当将执行党风廉政建设责任制的情况，作为向同级党的委员会全体会议报告工作的一项重要内容。

第十五条 领导干部执行党风廉政建设责任制的情况，应当列为民主生活会和述职述廉的重要内容，并在本单位、本部门进行评议。

第十六条 党委（党组）应当将贯彻落实党风廉政建设责任制的情况，每年专题报告上一级党委（党组）和纪委。

第十七条 中央和省、自治区、直辖市党委巡视组应当依照巡视工作的有关规定，加强对有关党组织领导班子及其成员执行党风廉政建设责任制情况的巡视监督。

第十八条 党委（党组）应当结合本地区、本部门、本系统实际，建立走访座谈、社会问卷调查等党风廉政建设社会评价机制，动员和组织党员、群众有序参与，广泛接受监督。

6.6《国有企业领导人员廉洁从业若干规定》（2009年7月1日）（节录）

第一章 总 则

第一条 为规范国有企业领导人员廉洁从业行为，加强国有企业反腐倡廉建设，维护国家和出资人利益，促进国有企业科学发展，依据国家有关法律法规和党内法规，制定本规定。

第二条 本规定适用于国有独资企业、国有控股企业（含国有独资金融企业和国有控股金融企业）及其分支机构的领导班子成员。

第三条 国有企业领导人员应当遵守国家法律法规和企业规章制度，依法经营、开拓创新、廉洁从业、诚实守信，切实维护国家利益、企业利益和职工合法权益，努力实现国有企业又好又快发展。

第二章 廉洁从业行为规范

第四条 国有企业领导人员应当切实维护国家和出资人利益。不得有滥用职权、损害国有资产权益的下列行为：

（一）违反决策原则和程序决定企业生产经营的重大决策、重要人事任免、重大项目安排及大额度资金运作事项；

（二）违反规定办理企业改制、兼并、重组、破产、资产评估、产权交易等事项；

（三）违反规定投资、融资、担保、拆借资金、委托理财、为他人代开信用证、购销商品和服务、招标投标等；

（四）未经批准或者经批准后未办理保全国有资产的法律手续，以个人或者其他名义用企业资产在国（境）外注册公司、投资入股、购买金融产品、购置不动产或者进行其他经营活动；

（五）授意、指使、强令财会人员进行违反国家财经纪律、企业财务制度的活动；

（六）未经履行国有资产出资人职责的机构和人事主管部门批准，决定本级领导人员的薪酬和住房补贴等福利待遇；

（七）未经企业领导班子集体研究，决定捐赠、赞助事项，或者虽经企业领导班子集体研究但未经履行国有资产出资人职责的机构批准，决定大额捐赠、赞助事项；

（八）其他滥用职权、损害国有资产权益的行为。

第五条 国有企业领导人员应当忠实履行职责。不得有利用职权谋取私利以及损害本企业利益的下列行为：

（一）个人从事营利性经营活动和有偿中介活动，或者在本企业的同类经营企业、关联企业和与本企业有业务关系的企业投资入股；

（二）在职或者离职后接受、索取本企业的关联企业、与本企业有业务关系的企业，以及管理和服务对象提供的物质性利益；

（三）以明显低于市场的价格向请托人购买或者以明显高于市场的价格向请托人出售房屋、汽车等物品，以及以其他交易形式非法收受请托人财物；

（四）委托他人投资证券、期货或者以其他委托理财名义，未实际出资而获取收益，或者虽然实际出资，但获取收益明显高于出资应得收益；

（五）利用企业上市或者上市公司并购、重组、定向增发等过程中的内幕消息、商业秘密以及企业的知识产权、业务渠道等无形资产或者资源，为本人或者配偶、子女及其他特定关系人谋取利益；

（六）未经批准兼任本企业所出资企业或者其他企业、事业单位、社会团体、中介机构的领导职务，或者经批准兼职的，擅自领取薪酬及其他收入；

（七）将企业经济往来中的折扣费、中介费、佣金、礼金，以及因企业行为受到有关部门和单位奖励的财物等据为己有或者私分；

（八）其他利用职权谋取私利以及损害本企业利益的行为。

第六条 国有企业领导人员应当正确行使经营管理权，防止可能侵害公共利益、企业利益行为的发生。不得有下列行为：

（一）本人的配偶、子女及其他特定关系人，在本企业的关联企业、与本企业有业务关系的企业投资入股；

（二）将国有资产委托、租赁、承包给配偶、子女及其他特定关系人经营；

（三）利用职权为配偶、子女及其他特定关系人从事营利性经营活动提供便利条件；

（四）利用职权相互为对方及其配偶、子女和其他特定关系人从事营利性经营活动提供便利条件；

（五）本人的配偶、子女及其他特定关系人投资或者经营的企业与本企业或者有出资关系的企业发生可能侵害公共利益、企业利益的经济业务往来；

（六）按照规定应当实行任职回避和公务回避而没有回避；

（七）离职或者退休后三年内，在与原任职企业有业务关系的私营企业、外资企业和中介机构担任职务、投资入股，或者在上述企业或者机构从事、代理与原任职企业经营业务相关的经营活动；

（八）其他可能侵害公共利益、企业利益的行为。

第七条 国有企业领导人员应当勤俭节约，依据有关规定进行职务消费。不得有下列行为：

（一）超出报履行国有资产出资人职责的机构备案的预算进行职务消费；

（二）将履行工作职责以外的费用列入职务消费；

（三）在特定关系人经营的场所进行职务消费；

（四）不按照规定公开职务消费情况；

（五）用公款旅游或者变相旅游；

（六）在企业发生非政策性亏损或者拖欠职工工资期间，购买或者更换小汽车、公务包机、装修办公室、添置高档办公设备等；

（七）使用信用卡、签单等形式进行职务消费，不提供原始凭证和相应的情况说明；

（八）其他违反规定的职务消费以及奢侈浪费行为。

第八条 国有企业领导人员应当加强作风建设，注重自身修养，增强社会责任意识，树立良好的公众形象。不得有下列行为：

（一）弄虚作假，骗取荣誉、职务、职称、待遇或者其他利益；

（二）大办婚丧喜庆事宜，造成不良影响，或者借机敛财；

（三）默许、纵容配偶、子女和身边工作人员利用本人的职权和地位从事可能造成不良影响的活动；

（四）用公款支付与公务无关的娱乐活动费用；

（五）在有正常办公和居住场所的情况下用公款长期包租宾馆；

（六）漠视职工正当要求，侵害职工合法权益；

（七）从事有悖社会公德的活动。

第三章 实施与监督

第九条 国有企业应当依据本规定制定规章制度或者将本规定的要求纳入公司章程，建立健全监督制约机制，保证本规定的贯彻执行。

国有企业党委（党组）书记、董事长、总经理为本企业实施本规定的主要责任人。

第十条 国有企业领导人员应当将贯彻落实本规定的情况作为民主生活会对照检查、年度述职述廉和职工代表大会民主评议的重要内容，接受监督和民主评议。

第十一条 国有企业应当明确决策原则和程序，在规定期限内将生产经营的重大决策、重要人事任免、重大项目安排及大额度资金运作事项的决策情况报告履行国有资产出资人职责的机构，将涉及职工切身利益的事项向职工代表大会报告。

需经职工代表大会讨论通过的事项，应当经职工代表大会讨论通过后实施。

第十二条 国有企业应当完善以职工代表大会为基本形式的企业民主管理制度，实行厂务公开制度，并报履行国有资产出资人职责的机构备案。

第十三条 国有企业应当按照有关规定建立健全职务消费制度，报履行国有资产出资人职责的机构备案，并将职务消费情况作为厂务公开的内容向职工公开。

第十四条 国有企业领导人员应当按年度向履行国有资产出资人职责的机构报告兼职、投资入股、国（境）外存款和购置不动产情况，配偶、子女从业和出国（境）定居及有关情况，以及本人认为应当报告的其他事项，并以适当方式在一定范围内公开。

第十五条 国有企业应当结合本规定建立领导人员从业承诺制度，规范领导人员从业行为以及离职和退休后的相关行为。

第十六条 履行国有资产出资人职责的机构和人事主管部门应当结合实际，完善国有企业领导人员的薪酬管理制度，规范和完善激励和约束机制。

第一章 总 则

第十七条 纪检监察机关、组织人事部门和履行国有资产出资人职责的机构，应当对国有企业领导人员进行经常性的教育和监督。

第十八条 履行国有资产出资人职责的机构和审计部门应当依法开展各项审计监督，严格执行国有企业领导人员任期和离任经济责任审计制度，建立健全纪检监察和审计监督工作的协调运行机制。

第十九条 各级纪检监察机关、组织人事部门和履行国有资产出资人职责机构的纪检监察机构，应当对所管辖的国有企业领导人员执行本规定的情况进行监督检查。

国有企业的纪检监察机构应当结合年度考核，每年对所管辖的国有企业领导人员执行本规定的情况进行监督检查，并作出评估，向企业党组织和上级纪检监察机构报告。

对违反本规定行为的检举和控告，有关机构应当及时受理，并作出处理决定或者提出处理建议。

对违反本规定行为的检举和控告符合函询条件的，应当按规定进行函询。

对检举、控告违反本规定行为的职工进行打击报复的，应当追究相关责任人的责任。

第二十条 各级组织人事部门和履行国有资产出资人职责的机构，应当将廉洁从业情况作为对国有企业领导人员考察、考核的重要内容和任免的重要依据。

第二十一条 国有企业的监事会应当依照有关规定加强对国有企业领导人员廉洁从业情况的监督。

按照本规定第十一条至第十四条向履行国有资产出资人职责的机构报告、备案的事项，应当同时抄报本企业监事会。

【纪检监察法规】
6.7《中国共产党党内监督条例》（2016年10月27日）（节录）

第一章 总 则

第五条 党内监督的任务是确保党章党规党纪在全党有效执行，维护党的团结统一，重点解决党的领导弱化、党的建设缺失、全面从严治党不力，党的观念淡漠、组织涣散、纪律松弛，管党治党宽松软问题，保证党的组织充分履行职能、发挥核心作用，保证全体党员发挥先锋模范作用，保证党的领导干部忠诚干净担当。

党内监督的主要内容是：

（一）遵守党章党规，坚定理想信念，践行党的宗旨，模范遵守宪法法律情况；

（二）维护党中央集中统一领导，牢固树立政治意识、大局意识、核心意识、看齐意识，贯彻落实党的理论和路线方针政策，确保全党令行禁止情况；

（三）坚持民主集中制，严肃党内政治生活，贯彻党员个人服从党的组织，少数服从多数，下级组织服从上级组织，全党各个组织和全体党员服从党的全国代表大会和中央委员会原则情况；

（四）落实全面从严治党责任，严明党的纪律特别是政治纪律和政治规矩，推进党风廉政建设和反腐败工作情况；

（五）落实中央八项规定精神，加强作风建设，密切联系群众，巩固党的执政基础情况；

（六）坚持党的干部标准，树立正确选人用人导向，执行干部选拔任用工作规定情况；

（七）廉洁自律、秉公用权情况；

（八）完成党中央和上级党组织部署的任务情况。

第六条 党内监督的重点对象是党的领导机关和领导干部特别是主要领导干部。

第七条 党内监督必须把纪律挺在前面，运用监督执纪"四种形态"，经常开展批评和自我批评、约谈函询，让"红红脸、出出汗"成为常态；党纪轻处分、组织调整成为违纪处理的大多数；党纪重处分、重大职务调整的成为少数；严重违纪涉嫌违法立案审查的成为极少数。

第八条 党的领导干部应当强化自我约束，经常对照党章检查自己的言行，自觉遵守党内政治生活准则、廉洁自律准则，加强党性修养，陶冶道德情操，永葆共产党人政治本色。

第九条 建立健全党中央统一领导，党委（党组）全面监督，纪律检查机关专责监督，党的工作部门职能监督，党的基层组织日常监督，党员民主监督的党内监督体系。

第二章 党的中央组织的监督

第十条 党的中央委员会、中央政治局、中央政治局常务委员会全面领导党内监督工作。中央委员会全体会议每年听取中央政治局工作报告，监督中央政治局工作，部署加强党内监督的重大任务。

第十一条 中央政治局、中央政治局常务委员会定期研究部署在全党开展学习教育，以整风精神查找问题、纠正偏差；听取和审议全党落实中央八项规定精神情况汇报，加强作风建设情况监督检查；听取中央纪律检查委员会常务委员会工作汇报；听取中央巡视情况汇报，在一届任期内实现中央巡视全覆盖。中央政治局每年召开民主生活会，进行对照检查和党性分析，研究加强自身建设措施。

第十二条 中央委员会成员必须严格遵守党的政治纪律和政治规矩，发现其他成员有违反党章、破坏党的纪律、危害党的团结统一的行为应当坚决抵制，并及时向党中央报告。对中央政治局委员的意见，署真实姓名以书面形式或者其他形式向中央政治局常务委员会或者中央纪律检查委员会常务委员会反映。

第十三条 中央政治局委员应当加强对直接分管部门、地方、领域党组织和领导班子成员的监督，定期同有关地方和部门主要负责人就其履行全面从严治党责任、廉洁自律等情况进行谈话。

第十四条 中央政治局委员应当严格执行中央八项规定，自觉参加双重组织生活，如实向党中央报告个人重要事项。带头树立良好家风，加强对亲属和身边工作人员的教育和约束，严格要求配偶、子女及其配偶不得违规经商办企业，不得违规任职、兼职取酬。

第三章 党委（党组）的监督

第十五条 党委（党组）在党内监督中负主体责任，书记是第一责任人，党委常委会委员（党组成员）和党委委员在职责范围内履行监督职责。党委（党组）履行以下监督职责：

（一）领导本地区本部门本单位党内监督工作，组织实施各项监督制度，抓好督促检查；

（二）加强对同级纪委和所辖范围内纪律检查工作的领导，检查其监督执纪问责工作情况；

（三）对党委常委会委员（党组成员）、党委委员，同级纪委、党的工作部门和直接领导的党组织领导班子及其成员进行监督；

（四）对上级党委、纪委工作提出意见和建议，开展监督。

第十六条 党的工作部门应当严格执行各项监督制度，加强职责范围内党内监督工作，既加强对本部门本单位的内部监督，又强化对本系统的日常监督。

第十七条 党内监督必须加强对党组织主要负责人和关键岗位领导干部的监督，重点监督其政治立场、加强党的建设、从严治党，执行党的决议，公道正派选人用人，责任担当、廉洁自律，落实意识形态工作责任制情况。

上级党组织特别是其主要负责人，对下级党组织主要负责人应当平时多过问、多提醒，发现问题及时纠正。领导班子成员发现班子主要负责人存在问题，应当及时向其提出，必要时可以直接向上级党组织报告。

党组织主要负责人个人有关事项应当在党内一定范围公开，主动接受监督。

第十八条 党委（党组）应当加强对领导干部的日常管理监督，掌握其思想、工作、作风、生活状况。党的领导干部应当经常开展批评和自我批评，敢于正视、深刻剖析、主动改正自己的缺点错误；对同志的缺点错误应当敢于指出，帮助改进。

第十九条 巡视是党内监督的重要方式。中央和省、自治区、直辖市党委一届任期内，对所管理的地方、部门、企事业单位党组织全面巡视。巡视党的组织和党的领导干部尊崇党章、党的领导、党的建设和党的路线方针政策落实情况，履行全面从严治党责任、执行党的纪律、落实中央八项规定精神、党风廉政建设和反腐败工作以及选人用人情况。发现问题、形成震慑，推动改革、促进发展，发挥从严治党利剑作用。

中央巡视工作领导小组应当加强对省、自治区、直辖市党委，中央有关部委，中央国家机关部门党组（党委）巡视工作的领导。省、自治区、直辖市党委应当推动党的市（地、州、盟）和县（市、区、旗）委员会建立巡察制度，使从严治党向基层延伸。

第二十条 严格党的组织生活制度，民主生活会应当经常化，遇到重要或者普遍性问题应当及时召开。民主生活会重在解决突出问题，领导干部应当在会上把群众反映、巡视反馈、组织约谈函询的问题说清楚、谈透彻，开展批评和自我批评，提出整改措施，接受组织监督。上级党组织应当加强对下级领导班子民主生活会的指导和监督，提高民主生活会质量。

第二十一条 坚持党内谈话制度，认真开展提醒谈话、诫勉谈话。发现领导干部有思想、作风、纪律等方面苗头性、倾向性问题的，有关党组织负责人应当及时对其提醒谈话；发现轻微违纪问题的，上级党组织负责人应当对其诫勉谈话，并由本人作出说明或者检讨，经所在党组织主要负责人签字后报上级纪委和组织部门。

第二十二条 严格执行干部考察考核制度，全面考察德、能、勤、绩、廉表现，既重政绩又重政德，重点考察贯彻执行党中央和上级党组织决策部署的表现，履行管党治党责任，在重大原则问题上的立场，对待人民群众的态度，完成急难险重任务的情况。考察考核中党组织主要负责人应当对班子成员实事求是作出评价。考核评语在同本人见面后载入干部档案。落实党组织主要负责人在干部选任、考察、决策等各个环节的责任，对失察失责的应当严肃追究责任。

第二十三条 党的领导干部应当每年在党委常委会（或党组）扩大会议上述责述廉，接受评议。述责述廉重点是执行政治纪律和政治规矩、履行管党治党责任、推进党风廉政建设和反腐败工作以及执行廉洁纪律情况。述责述廉报告应当载入廉洁档案，并在一定范围内公开。

第二十四条 坚持和完善领导干部个人有关事项报告制度，领导干部应当按规定如实报告个人有关事项，及时报告个人及家庭重大情况，事先请示报告离开岗位或者工作所在地等。有关部门应当加强抽查核实。对故意虚报瞒报个人重大事项、篡改伪造个人档案资料的，一律严肃查处。

第二十五条 建立健全党的领导干部插手干预重大事项记录制度，发现利用职务便利违规干预干部选拔任用、工程建设、执纪执法、司法活动等问题，应当及时向上级党组织报告。

第四章 党的纪律检查委员会的监督

第二十六条 党的各级纪律检查委员会是党内监督的专责机关，履行监督执纪问责职责，加强对所辖范围内党组织和领导干部遵守党章党规党纪、贯彻执行党的路线方针政策情况的监督检查，承担下列具体任务：

（一）加强对同级党委特别是常委会委员、党的工作部门和直接领导的党组织、党的领导干部履行职责、行使权力情况的监督；

（二）落实纪律检查工作双重领导体制，执纪审查工作以上级纪委领导为主，线索处置和执纪审查情况在向同级党委报告的同时向上级纪委报告，各级纪委书记、副书记的提名和考察以上级纪委会同组织部门为主；

（三）强化上级纪委对下级纪委的领导，纪委发现同级党委主要领导干部的问题，可以直接向上级纪委报告；下级纪委至少每半年向上级纪委报告1次工作，每年向上级纪委进行述职。

第二十七条　纪律检查机关必须把维护党的政治纪律和政治规矩放在首位，坚决纠正和查处上有政策、下有对策，有令不行、有禁不止，口是心非、阳奉阴违，搞团团伙伙、拉帮结派、欺骗组织、对抗组织等行为。

第二十八条　纪委派驻纪检组对派出机关负责，加强对被监督单位领导班子及其成员、其他领导干部的监督，发现问题应当及时向派出机关和被监督单位党组织报告，认真负责调查处置，对需要问责的提出建议。

派出机关应当加强对派驻纪检组工作的领导，定期约谈被监督单位党组织主要负责人、派驻纪检组组长，督促其落实主管党治党责任。

派驻纪检组应当带着实际情况和具体问题，定期向派出机关汇报工作，至少每半年会同被监督单位党组织专题研究1次党风廉政建设和反腐败工作。对能发现的问题没有发现是失职，发现问题不报告、不处置是渎职，都必须严肃问责。

第二十九条　认真处理信访举报，做好问题线索分类处置，早发现早报告，对社会反映突出、群众评价较差的领导干部情况及时报告，对重要检举事项应当集体研究。定期分析研判信访举报情况，对信访反映的典型性、普遍性问题提出有针对性的处置意见，督促信访举报比较集中的地方和部门查找分析原因并认真整改。

第三十条　严把干部选拔任用"党风廉洁意见回复"关，综合日常工作中掌握的情况，加强分析研判，实事求是评价干部廉洁情况，防止"带病提拔"、"带病上岗"。

第三十一条　接到对干部一般性违纪问题的反映，应当及时找本人核实，谈话提醒、约谈函询，让干部把问题讲清楚。约谈被反映人，可以与其所在党组织主要负责人一同进行；被反映人对函询问题的说明，应当由其所在党组织主要负责人签字后报上级纪委。谈话记录和函询回复应当认真核实，存档备查。没有发现问题的应当了结澄清，对不如实说明情况的给予严肃处理。

第三十二条　依规依纪进行执纪审查，重点审查不收敛不收手，问题线索反映集中、群众反映强烈，现在重要岗位且可能还要提拔使用的领导干部，三类情况同时具备的是重中之重。执纪审查应当查清违纪事实，让审查对象从学习党章入手，从理想信念宗旨、党性原则、作风纪律等方面检查剖析自己，审理报告应当事实清楚、定性准确，反映审查对象思想认识情况。

第三十三条　对违反中央八项规定精神的，严重违纪被立案审查开除党籍的，严重失职失责被问责的，以及发生在群众身边、影响恶劣的不正之风和腐败问题，应当点名道姓通报曝光。

第三十四条　加强对纪律检查机关的监督。发现纪律检查机关及其工作人员有违反纪律问题的，必须严肃处理。各级纪律检查机关必须加强自身建设，健全内控机制，自觉接受党内监督、社会监督、群众监督，确保权力受到严格约束。

第七章　整改和保障

第四十条　党组织应当如实记录、集中管理党内监督中发现的问题和线索，及时了解核实，作出相应处理；不属于本级办理范围的应当移送有权限的党组织处理。

第四十一条 党组织对监督中发现的问题应当做到条条要整改、件件有着落。整改结果应当及时报告上级党组织，必要时可以向下级党组织和党员通报，并向社会公开。

对于上级党组织交办以及巡视等移交的违纪问题线索，应当及时处理，并在3个月内反馈办理情况。

第四十二条 党委（党组）、纪委（纪检组）应当加强对履行党内监督责任和问题整改落实情况的监督检查，对不履行或者不正确履行党内监督职责，以及纠错、整改不力的，依照《中国共产党纪律处分条例》、《中国共产党问责条例》等规定处理。

第四十三条 党组织应当保障党员知情权和监督权，鼓励和支持党员在党内监督中发挥积极作用。提倡署真实姓名反映违纪事实，党组织应当为检举控告者严格保密，并以适当方式向其反馈办理情况。对干扰妨碍监督、打击报复监督者的，依纪严肃处理。

第四十四条 党组织应当保障监督对象的申辩权、申诉权等相关权利。经调查，监督对象没有不当行为的，应当予以澄清和正名。对以监督为名侮辱、诽谤、诬陷他人的，依纪严肃处理；涉嫌犯罪的移送司法机关处理。监督对象对处理决定不服的，可以依照党章规定提出申诉。有关党组织应当认真复议复查，并作出结论。

第八章 附 则

第四十五条 中央军事委员会可以根据本条例，制定相关规定。

第四十六条 本条例由中央纪律检查委员会负责解释。

第四十七条 本条例自发布之日起施行。

第二章 监察机关及其职责

第七条 【监察机构设置】中华人民共和国国家监察委员会是最高监察机关。

省、自治区、直辖市、自治州、县、自治县、市、市辖区设立监察委员会。

【宪法】

7.1《中华人民共和国宪法》(修正后2018年3月11日施行)(节录)

第一百二十四条第一款 中华人民共和国设立国家监察委员会和地方各级监察委员会。

第一百二十五条第一款 中华人民共和国国家监察委员会是最高监察机关。

【组织人事法规】

7.2《中国共产党工作机关条例(试行)》(2017年3月1日)(节录)

第一条 为了规范党的工作机关的设立和运行,提高党的工作机关履职能力和工作水平,保证党的理论和路线方针政策得到有效贯彻执行,根据《中国共产党章程》,制定本条例。

第二条 党的工作机关是党实施政治、思想和组织领导的政治机关,是落实党中央和地方各级党委决策部署,实施党的领导、加强党的建设、推进党的事业的执行机关,主要包括办公厅(室)、职能部门、办事机构和派出机关。

第三条 本条例适用于中央和地方党的工作机关。

党委直属事业单位、设在党的工作机关或者由党的工作机关管理的机关,参照本条例执行,法律法规和中央另有规定的除外。

党的纪律检查机关的产生和运行,按照党章和中央有关规定执行。

第四条 党的工作机关开展工作应当遵循以下原则:

(一)坚持加强党的领导,坚决维护党中央权威;

(二)坚持党的政治路线、思想路线、组织路线、群众路线;

(三)坚持贯彻民主集中制,增强党的团结统一和机关工作活力;

(四)坚持各司其职、相互配合,确保党的各项工作协调一致、协同推进;

(五)坚持全面从严治党、依规治党,依照党章党规履行职责;

(六)坚持在宪法法律范围内活动,支持同级国家机关和其他组织依法依章程开展工作。

第五条 党的工作机关的设立，应当适应加强党的领导和党的建设的需要，遵循精简、统一、效能原则，实行总量控制和限额管理。

根据工作需要，党的工作机关可以与职责相近的国家机关等合并设立或者合署办公。合并设立或者合署办公仍由党委主管。

严格控制议事协调机构常设办事机构的设立。议事协调机构负责的事项，可以交由现有工作机关牵头协调或者建立协调配合机制解决的，不另设常设办事机构。

7.3《中国共产党纪律检查机关监督执纪工作规则（试行）》（2017年1月8日）（节录）

第四条 监督执纪工作应当把纪律挺在前面，把握"树木"与"森林"的关系，运用监督执纪"四种形态"，让"红红脸、出出汗"成为常态；党纪轻处分、组织调整成为违纪处理的大多数；党纪重处分、重大职务调整的成为少数；严重违纪涉嫌违法立案审查的成为极少数。

第八条 【国家监察委产生、组成和监督】国家监察委员会由全国人民代表大会产生，负责全国监察工作。

国家监察委员会由主任、副主任若干人、委员若干人组成，主任由全国人民代表大会选举，副主任、委员由国家监察委员会主任提请全国人民代表大会常务委员会任免。

国家监察委员会主任每届任期同全国人民代表大会每届任期相同，连续任职不得超过两届。

国家监察委员会对全国人民代表大会及其常务委员会负责，并接受其监督。

【宪法】

8.1《中华人民共和国宪法》（修正后2018年3月11日施行）（节录）

第三条 中华人民共和国的国家机构实行民主集中制的原则。

全国人民代表大会和地方各级人民代表大会都由民主选举产生，对人民负责，受人民监督。

国家行政机关、监察机关、审判机关、检察机关都由人民代表大会产生，对它负责，受它监督。

中央和地方的国家机构职权的划分，遵循在中央的统一领导下，充分发挥地方的主动性、积极性的原则。

第六十条 全国人民代表大会每届任期五年。

全国人民代表大会任期届满的两个月以前，全国人民代表大会常务委员会必须完成下届全国人民代表大会代表的选举。如果遇到不能进行选举的非常情况，由全国人民代表大会常务委员会以全体组成人员的三分之二以上的多数通过，可以推迟选举，延长本届全国人民代表大会的任期。在非常情况结束后一年内，必须完成下届全国人民代表大会代表的选举。

第六十二条　全国人民代表大会行使下列职权：

……

（七）选举国家监察委员会主任；

第六十三条　全国人民代表大会有权罢免下列人员：

……

（四）国家监察委员会主任；

第六十七条　全国人民代表大会常务委员会行使下列职权：

……

（六）监督国务院、中央军事委员会、国家监察委员会、最高人民法院和最高人民检察院的工作；

……

（十一）根据国家监察委员会主任的提请，任免国家监察委员会副主任、委员；

第一百二十四条第二、三款　监察委员会由下列人员组成：主任，副主任若干人，委员若干人。

监察委员会主任每届任期同本级人民代表大会每届任期相同。国家监察委员会主任连续任职不得超过两届。

第一百二十六条　国家监察委员会对全国人民代表大会和全国人民代表大会常务委员会负责。地方各级监察委员会对产生它的国家权力机关和上一级监察委员会负责。

【党章】

8.2《中国共产党章程》（修正后2017年10月24日施行）（节录）

第十九条　党的全国代表大会每五年举行一次，由中央委员会召集。中央委员会认为有必要，或者有三分之一以上的省一级组织提出要求，全国代表大会可以提前举行；如无非常情况，不得延期举行。

全国代表大会代表的名额和选举办法，由中央委员会决定。

第二十条　党的全国代表大会的职权是：

（一）听取和审查中央委员会的报告；

（二）审查中央纪律检查委员会的报告；

（三）讨论并决定党的重大问题；

（四）修改党的章程；

（五）选举中央委员会；

（六）选举中央纪律检查委员会。

第二十六条　党的地方各级代表大会的职权是：

（一）听取和审查同级委员会的报告；

（二）审查同级纪律检查委员会的报告；

（三）讨论本地区范围内的重大问题并作出决议；

（四）选举同级党的委员会，选举同级党的纪律检查委员会。

第四十五条　党的中央纪律检查委员会在党的中央委员会领导下进行工作。党的地方各级纪律检查委员会和基层纪律检查委员会在同级党的委员会和上级纪律检查委员会双重领导下进行工作。上级党的纪律检查委员会加强对下级纪律检查委员会的领导。

党的各级纪律检查委员会每届任期和同级党的委员会相同。

党的中央纪律检查委员会全体会议，选举常务委员会和书记、副书记，并报党的中央委员会批准。党的地方各级纪律检查委员会全体会议，选举常务委员会和书记、副书记，并由同级党的委员会通过，报上级党的委员会批准。党的基层委员会是设立纪律检查委员会，还是设立纪律检查委员，由它的上一级党组织根据具体情况决定。党的总支部委员会和支部委员会设纪律检查委员。

党的中央和地方纪律检查委员会向同级党和国家机关全面派驻党的纪律检查组。纪律检查组组长参加驻在部门党的领导组织的有关会议。他们的工作必须受到该机关党的领导组织的支持。

第九条 【地方监察委产生、组成和人大监督】地方各级监察委员会由本级人民代表大会产生，负责本行政区域内的监察工作。

地方各级监察委员会由主任、副主任若干人、委员若干人组成，主任由本级人民代表大会选举，副主任、委员由监察委员会主任提请本级人民代表大会常务委员会任免。

地方各级监察委员会主任每届任期同本级人民代表大会每届任期相同。

地方各级监察委员会对本级人民代表大会及其常务委员会和上一级监察委员会负责，并接受其监督。

【宪法】

9.1《中华人民共和国宪法》（修正后2018年3月11日施行）（节录）

第一百零一条第二款 县级以上的地方各级人民代表大会选举并且有权罢免本级监察委员会主任、本级人民法院院长和本级人民检察院检察长。选出或者罢免人民检察院检察长，须报上级人民检察院检察长提请该级人民代表大会常务委员会批准。

第一百零四条 县级以上的地方各级人民代表大会常务委员会讨论、决定本行政区域内各方面工作的重大事项；监督本级人民政府、监察委员会、人民法院和人民检察院的工作；撤销本级人民政府的不适当的决定和命令；撤销下一级人民代表大会的不适当的决议；依照法律规定的权限决定国家机关工作人员的任免；在本级人民代表大会闭会期间，罢免和补选上一级人民代表大会的个别代表。

第一百二十六条 国家监察委员会对全国人民代表大会和全国人民代表大会常务委员会负责。地方各级监察委员会对产生它的国家权力机关和上一级监察委员会负责。

【党章】

9.2《中国共产党章程》（修正后2017年10月24日施行）（节录）

第二十五条 党的省、自治区、直辖市的代表大会，设区的市和自治州的代表大会，县（旗）、自治县、不设区的市和市辖区的代表大会，每五年举行一次。

党的地方各级代表大会由同级党的委员会召集。在特殊情况下，经上一级委员会批准，可以提前或延期举行。

党的地方各级代表大会代表的名额和选举办法，由同级党的委员会决定，并报上一级党的委员会批准。

第四十五条第二款　党的各级纪律检查委员会每届任期和同级党的委员会相同。

第十条　【领导关系】国家监察委员会领导地方各级监察委员会的工作，上级监察委员会领导下级监察委员会的工作。

【宪法】

10.1《中华人民共和国宪法》（修正后2018年3月11日施行）（节录）

第一百二十五条第二款　国家监察委员会领导地方各级监察委员会的工作，上级监察委员会领导下级监察委员会的工作。

【党章】

10.2《中国共产党章程》（修正后2017年10月24日施行）（节录）

第四十五条第一款　党的中央纪律检查委员会在党的中央委员会领导下进行工作。党的地方各级纪律检查委员会和基层纪律检查委员会在同级党的委员会和上级纪律检查委员会双重领导下进行工作。上级党的纪律检查委员会加强对下级纪律检查委员会的领导。

第四十六条第三款　各级纪律检查委员会要把处理特别重要或复杂的案件中的问题和处理的结果，向同级党的委员会报告。党的地方各级纪律检查委员会和基层纪律检查委员会要同时向上级纪律检查委员会报告。

第四十七条　上级纪律检查委员会有权检查下级纪律检查委员会的工作，并且有权批准和改变下级纪律检查委员会对于案件所作的决定。如果所要改变的该下级纪律检查委员会的决定，已经得到它的同级党的委员会的批准，这种改变必须经过它的上一级党的委员会批准。

党的地方各级纪律检查委员会和基层纪律检查委员会如果对同级党的委员会处理案件的决定有不同意见，可以请求上一级纪律检查委员会予以复查；如果发现同级党的委员会或它的成员有违犯党的纪律的情况，在同级党的委员会不给予解决或不给予正确解决的时候，有权向上级纪律检查委员会提出申诉，请求协助处理。

【党的纲领性文件及其他重要文件】

10.3《深化党和国家机构改革方案》（2018年2月28日）（节录）

一、深化党中央机构改革

（一）组建国家监察委员会。为加强党对反腐败工作的集中统一领导，实现党内监督和国家机关监督、党的纪律检查和国家监察有机统一，实现对所有行使公权力的公职人员监察全覆盖，将监察部、国家预防腐败局的职责，最高人民检察院查处贪污贿赂、失职渎职以及预防职务犯罪等反腐败相关职责整合，组建国家监察委员会，同中央纪律检查委员会合署办公，履行纪检、监察两项职责，实行一套工作机构、两个机关名称。

主要职责是，维护党的章程和其他党内法规，检查党的路线方针政策和决议执行情况，对党员领导干部行使权力进行监督，维护宪法法律，对公职人员依法履职、秉公用权、廉洁从政以及道德操守情况进行监督检查，对涉嫌职务违法和职务犯罪的行为进行调查并作出政务处分决定，对履行职责不力、失职失责的领导人员进行问责，负责组织协调党风廉政建设和反腐败宣传等。

国家监察委员会由全国人民代表大会产生，接受全国人民代表大会及其常务委员会的监督。

不再保留监察部、国家预防腐败局。

【组织人事法规】

10.4《中国共产党地方委员会工作条例》（2015年12月25日）（节录）

第二条 本条例适用于党的省、自治区、直辖市，设区的市和自治州，县（旗）、自治县、不设区的市和市辖区委员会及其常务委员会。

第三条 党的地方委员会在本地区发挥总揽全局、协调各方的领导核心作用，按照协调推进"四个全面"战略布局，对本地区经济建设、政治建设、文化建设、社会建设、生态文明建设实行全面领导，对本地区党的建设全面负责。

第四条 党的地方委员会工作必须遵循以下原则：

（一）坚持高举中国特色社会主义伟大旗帜，坚决贯彻党的理论和路线方针政策。

（二）坚持立党为公、执政为民，认真践行党的宗旨和群众路线。

（三）坚持解放思想、实事求是、与时俱进、求真务实，结合本地区实际创造性开展工作。

（四）坚持民主集中制，增强党的地方委员会领导集体活力和党的团结统一。

（五）坚持党要管党、从严治党，始终保持党的先进性和纯洁性。

（六）坚持在宪法和法律范围内活动，依据党章和其他党内法规履职尽责。

第五条 党的地方委员会主要实行政治、思想和组织领导，把方向、管大局、作决策、保落实：

（一）对本地区重大问题作出决策。

（二）通过法定程序使党组织的主张成为地方性法规、地方政府规章或者其他政令。

（三）加强对本地区宣传思想文化工作的领导，牢牢掌握意识形态工作领导权、话语权。

（四）按照干部管理权限任免和管理干部，向地方国家机关、政协组织、人民团体、国有企事业单位等推荐重要干部。

（五）支持和保证人大、政府、政协、法院、检察院、人民团体等依法依章程独立负责、协调一致地开展工作，发挥这些组织中党组的领导核心作用。

（六）加强对本地区群团工作和统一战线工作的领导。

（七）动员、组织所属党组织和广大党员，团结带领群众实现党的目标任务。

第九条 党的地方委员会在党代表大会闭会期间，执行上级党组织的指示和同级党代表大会的决议、决定，领导本地区的工作。

党的地方委员会应当通过召开全会的方式履行以下职责：

（一）制定贯彻执行党中央和上级党组织决策部署以及同级党代表大会决议、决定的重大措施。

（二）讨论和决定本地区经济社会发展战略、重大改革事项、重大民生保障等经济社会发展重大问题。

（三）讨论和决定本地区党的建设方面的重大问题，审议通过重要党内法规或者规范性文件。

（四）决定召开同级党代表大会或者党代表会议，并对提议事项先行审议、提出意见。

（五）听取和审议常委会工作报告或者专项工作报告。

（六）选举书记、副书记和常委会其他委员；通过同级党的纪律检查委员会全体会议选举产生的书记、副书记和常委会其他委员。

（七）决定递补党委委员；批准辞去或者决定免去党委委员、候补委员；决定改组或者解散下一级党组织；决定或者追认给予党委委员、候补委员撤销党内职务以上党纪处分。

（八）研究讨论本地区行政区划调整以及有关党政群机构设立、变更和撤销方案。

（九）对常委会提请决定的事项或者应当由全会决定的其他重要事项作出决策。

第十条 常委会在全会闭会期间行使党的地方委员会职权，主持经常工作。其主要职责是：

（一）召集全会，向全会报告工作并接受监督；对拟提交全会讨论和决定的事项先行审议、提出意见。

（二）组织实施上级党组织决策部署和全会决议、决定。

（三）向上级党组织请示报告工作，讨论和决定下级党组织请示报告的重要事项。

（四）对本地区经济社会发展和宣传思想文化工作、组织工作、纪律检查工作、群众工作、统一战线工作、政法工作等方面经常性工作中的重要问题作出决定。

（五）按照有关规定推荐、提名、任免干部，必要时对重要干部的任免可以征求党委委员意见；教育、管理、监督干部；研究决定党员干部纪律处分有关事项。

（六）对应当由常委会决定的其他重要事项作出决定。

第十一条 党委书记主持党的地方委员会全面工作，组织常委会活动，协调常委会委员的工作，对党委工作负主要责任。

担任政府正职的党委副书记主持政府全面工作，组织政府党组活动。不担任政府职务的党委副书记主要协助书记抓党的建设工作，同时可以根据需要协调和负责其他方面工作。

常委会其他委员根据分工负责有关工作，履行分管领域从严治党责任。

第十二条 党的地方委员会应当建立职责清单制度，明确常委会及其成员职责，并在一定范围内公开。

第十三条 党的地方委员会必须认真履行全面从严治党主体责任，书记必须履行抓党建第一责任人职责。常委会应当定期研究党建工作，每年至少向全会和上一级党委专题报告1次抓党建工作情况。充分发挥党的建设工作领导小组职能作用。加强基层党组织建设，实行市、县两级党委书记抓基层党建工作述职评议考核制度，完善党建工作考核综合评价体系，确保党建各项部署落到实处。

党的地方委员会应当认真履行党风廉政建设主体责任，领导和支持纪律检查机关履行监督责任，坚持纪在法前、纪严于法，严格执行和维护党的纪律，推动形成不敢腐、不能腐、不想腐的廉洁从政环境。

第十四条 党的地方委员会及其成员应当加强思想政治建设，坚持用马克思列宁主义、毛泽东思想、中国特色社会主义理论体系武装头脑，深入学习贯彻习近平总书记系列重要讲话精神，坚定理想信念，严守政治纪律和政治规矩。严肃党内政治生活，按照规定参加民主生活会和组织生活会。严格落实中央关于改进工作作风、密切联系群众的各项规定，坚决反对形式主义、官僚主义、享乐主义和奢靡之风。切实增强践行"三严三实"要求的思想自觉和行动自觉，带头营造良好政治生态。严格遵守《中国共产党廉洁自律准则》等有关规定，切实做到为民、务实、清廉。

第二十七条 党的地方委员会向同级党代表大会负责并报告工作，应当自觉接受上级党委领导和工作监督，并接受上级和同级纪律检查机关监督，接受下级党组织和党员群众的监督，接受各民主党派和无党派人士的民主监督。

党的地方委员会应当有计划地邀请同级党代表大会代表列席全会或者常委会会议等重要会议，适当增加列席的人员数量和频次。定期组织党代表大会代表进行专题调研，组织党代表大会代表开展提案提议，充分听取意见建议。

【纪检监察法规】

10.5《国家监察委员会管辖规定（试行）》（2018年4月16日）（节录）

第三条 国家监察委员会同中央纪律检查委员会合署办公，在党中央集中统一领导下，按照管辖职责开展监督调查处置，按照干部管理权限和属地管辖相结合的原则，实行分级分工负责。

第十一条 【监察职责】监察委员会依照本法和有关法律规定履行监督、调查、处置职责：

（一）对公职人员开展廉政教育，对其依法履职、秉公用权、廉洁从政从业以及道德操守情况进行监督检查；

（二）对涉嫌贪污贿赂、滥用职权、玩忽职守、权力寻租、利益输送、徇私舞弊以及浪费国家资财等职务违法和职务犯罪进行调查；

（三）对违法的公职人员依法作出政务处分决定；对履行职责不力、失职失责的领导人员进行问责；对涉嫌职务犯罪的，将调查结果移送人民检察院依法审查、提起公诉；向监察对象所在单位提出监察建议。

【党章】

11.1《中国共产党章程》（修正后2017年10月24日施行）（节录）

第四十一条 对党员的纪律处分有五种：警告、严重警告、撤销党内职务、留党察看、开除党籍。

留党察看最长不超过两年。党员在留党察看期间没有表决权、选举权和被选举权。党员经过留党察看,确已改正错误的,应当恢复其党员的权利;坚持错误不改的,应当开除党籍。

开除党籍是党内的最高处分。各级党组织在决定或批准开除党员党籍的时候,应当全面研究有关的材料和意见,采取十分慎重的态度。

第四十六条第二款 党的各级纪律检查委员会的职责是监督、执纪、问责,要经常对党员进行遵守纪律的教育,作出关于维护党纪的决定;对党的组织和党员领导干部履行职责、行使权力进行监督,受理处置党员群众检举举报,开展谈话提醒、约谈函询;检查和处理党的组织和党员违反党的章程和其他党内法规的比较重要或复杂的案件,决定或取消这些案件中的党员的处分;进行问责或提出责任追究的建议;受理党员的控告和申诉;保障党员的权利。

【纪检监察法规】

11.2 《中国共产党纪律检查机关监督执纪工作规则(试行)》(2017年1月8日)(节录)

第二条 监督执纪工作以马克思列宁主义、毛泽东思想、邓小平理论、"三个代表"重要思想、科学发展观为指导,深入贯彻习近平总书记系列重要讲话精神,坚持依规治党、依规执纪,把监督执纪权力关进制度笼子,落实打铁还需自身硬要求,建设忠诚干净担当的纪检干部队伍。

第三条 监督执纪工作应当遵循以下原则:

(一)坚持以习近平同志为核心的党中央集中统一领导,牢固树立政治意识、大局意识、核心意识、看齐意识,体现监督执纪的政治性,严守政治纪律和政治规矩;

(二)坚持纪律检查工作双重领导体制,监督执纪工作以上级纪委领导为主,线索处置、立案审查在向同级党委报告的同时必须向上级纪委报告;

(三)坚持以事实为依据,以党规党纪为准绳,把握政策、宽严相济,惩前毖后、治病救人;

(四)坚持信任不能代替监督,严格工作程序、有效管控风险点,强化对监督执纪各环节的监督制约。

第四条 监督执纪工作应当把纪律挺在前面,把握"树木"与"森林"的关系,运用监督执纪"四种形态",让"红红脸、出出汗"成为常态;党纪轻处分、组织调整成为违纪处理的大多数;党纪重处分、重大职务调整的成为少数;严重违纪涉嫌违法立案审查的成为极少数。

11.3 《中国共产党纪律处分条例》(修正后2018年10月1日施行)(节录)

第五条 运用监督执纪"四种形态",经常开展批评和自我批评、约谈函询,让"红红脸、出出汗"成为常态;党纪轻处分、组织调整成为违纪处理的大多数;党纪重处分、重大职务调整的成为少数;严重违纪涉嫌违法立案审查的成为极少数。

第六条 本条例适用于违犯党纪应当受到党纪责任追究的党组织和党员。

第七条　党组织和党员违反党章和其他党内法规，违反国家法律法规，违反党和国家政策，违反社会主义道德，危害党、国家和人民利益的行为，依照规定应当给予纪律处理或者处分的，都必须受到追究。

重点查处党的十八大以来不收敛、不收手，问题线索反映集中、群众反映强烈，政治问题和经济问题交织的腐败案件，违反中央八项规定精神的问题。

第八条　对党员的纪律处分种类：

（一）警告；

（二）严重警告；

（三）撤销党内职务；

（四）留党察看；

（五）开除党籍。

第九条　对于违犯党的纪律的党组织，上级党组织应当责令其作出检查或者进行通报批评。对于严重违犯党的纪律、本身又不能纠正的党组织，上一级党的委员会在查明核实后，根据情节严重的程度，可以予以：

（一）改组；

（二）解散。

11.4《国家监察委员会管辖规定（试行）》（2018年4月16日）（节录）

第五条　国家监察委员会履行监督职责应当与党内监督有机统一，加强日常监督，运用党章党规党纪和宪法法律法规，了解掌握公职人员思想、工作、作风、生活等情况，加强教育和检查，贯彻惩前毖后、治病救人的方针，深化运用监督执纪"四种形态"，抓早抓小、防微杜渐。

第七条　中央纪律检查委员会、国家监察委员会要把日常监督管理、巡视监督和派驻监督有机结合，对监督中发现的问题，要及时分类处置，了解和督促被巡视地区和单位整改落实工作。加强对派驻纪检监察组的领导和建设，督促其落实监督责任，定期约谈主要负责人，将监督工作做实做细。

第九条　国家监察委员会调查公职人员在行使公权力过程中，利用职务便利实施的或者与其职务相关联的违法行为，重点调查公职人员涉嫌贪污贿赂、滥用职权、玩忽职守、权力寻租、利益输送、徇私舞弊以及浪费国家资财等职务违法行为。

第十条　国家监察委员会根据监督和调查的结果，依法对公职人员进行处置，政务处分一般应当与党纪处理有效衔接和匹配，防止畸轻畸重。

11.5《公职人员政务处分暂行规定》（2018年4月16日）（节录）

第三条　监察机关实施政务处分的依据，主要包括《中华人民共和国监察法》《中华人民共和国公务员法》《中华人民共和国法官法》《中华人民共和国检察官法》《中华人民共和国企业国有资产法》《行政机关公务员处分条例》《事业单位人事管理条例》《事业单位工作人员处分暂行规定》《国有企业领导人员廉洁从业若干规定》以及《农村基层干部廉洁履行职责若干规定（试行)》等。

第六条　监察机关对违法的公职人员可以依法作出警告、记过、记大过、降级、撤职、开除等政务处分决定。

公职人员政务处分的期间、政务处分适用规则，可以根据被调查的公职人员的具体身份等情况，适用有关法律、法规、国务院决定和规章。

第七条 公职人员中的中共党员严重违犯党纪涉嫌犯罪的，应当由党组织先作出党纪处分决定，并由监察机关依法给予政务处分后，再依法追究其刑事责任。

非中共党员的公职人员涉嫌犯罪的，应当先由监察机关依法给予政务处分，再依法追究其刑事责任。

公职人员中的中共党员先依法受到行政处罚和刑事责任追究的，党组织、监察机关可以根据生效的行政处罚决定和司法机关的生效判决、裁定、决定及其认定的事实、性质和情节，依纪依法给予党纪、政务处分。

第八条 监察机关对公职人员中的中共党员给予政务处分，一般应当与党纪处分的轻重程度相匹配，其中，受到撤销党内职务、留党察看处分的，如果担任公职，应当依法给予其撤职等政务处分。严重违犯党纪、严重触犯刑律的公职人员必须依法开除公职。

第九条 对基层群众性自治组织、国有企业等单位中从事管理的人员，或者未列入国家机关人员编制的受国家机关依法委托管理公共事务的组织中从事公务的人员、其他依法履行公职的人员，监察机关可以依法采取下列处理措施：

（一）依据《中华人民共和国监察法》采取谈话提醒、批评教育、责令检查、诫勉；

（二）依据本规定第三条有关法规采取警示谈话、通报批评、停职检查、责令辞职。

对前款人员，监察机关可以依法向有关机关、单位提出下列监察建议：

（一）取消当选资格或者担任相应职务资格；

（二）调离岗位、降职、免职、罢免。

上述处理措施可以单独使用，也可以合并使用。

第十七条 对公职人员不履行或者不正确履行职责负有管理责任的领导人员，监察机关可以依据或者参照《中国共产党问责条例》《关于实行党政领导干部问责的暂行规定》等规定，按照管理权限对其作出通报批评、诫勉、停职检查、责令辞职等问责决定，或者向有权作出问责决定的机关提出降职、免职等问责建议。

第十八条 有违法行为应当受到政务处分的公职人员，在监察机关作出处分决定前已经退休的，不再给予处分；监察机关可以对其立案调查，依法应当给予降级、撤职、开除处分的，应当按照规定相应降低或者取消其享受的待遇。有违法行为应当受到政务处分的公职人员，在监察机关作出处分决定前已经辞去公职或者死亡的，不再给予处分，但是监察机关可以立案调查，对其违法取得的财物和用于违法的财物，依照本规定第二十一条处理。

【编者注】监察建议一般适用于下列情形：(1) 拒不执行法律、法规或者违反法律、法规，应当予以纠正的；(2) 有关单位作出的决定、命令、指示违反法律、法规或者国家政策，应当予以纠正或者撤销的；(3) 给国家利益、集体利益或者公民合法权益造成损害，需要采取补救措施的；(4) 录用、任免、奖惩决定明显不适当，应当予以纠正的；(5) 依照有关法律、法规的规定，应当给予处罚的；(6) 需要完善廉政建设制度的；等等。

11.6《行政机关公务员处分条例》（2007年6月1日）（节录）

第二条 行政机关公务员违反法律、法规、规章以及行政机关的决定和命令，应当承担纪律责任的，依照本条例给予处分。

法律、其他行政法规、国务院决定对行政机关公务员处分有规定的，依照该法律、行政法规、国务院决定的规定执行；法律、其他行政法规、国务院决定对行政机关公务员应当受到处分的违法违纪行为做了规定，但是未对处分幅度做规定的，适用本条例第三章与其最相类似的条款有关处分幅度的规定。

地方性法规、部门规章、地方政府规章可以补充规定本条例第三章未作规定的应当给予处分的违法违纪行为以及相应的处分幅度。除国务院监察机关、国务院人事部门外，国务院其他部门制定处分规章，应当与国务院监察机关、国务院人事部门联合制定。

除法律、法规、规章以及国务院决定外，行政机关不得以其他形式设定行政机关公务员处分事项。

第六条 行政机关公务员处分的种类为：

（一）警告；

（二）记过；

（三）记大过；

（四）降级；

（五）撤职；

（六）开除。

第七条 行政机关公务员受处分的期间为：

（一）警告，6个月；

（二）记过，12个月；

（三）记大过，18个月；

（四）降级、撤职，24个月。

11.7《事业单位工作人员处分暂行规定》（2012年9月1日）（节录）

第二条 事业单位工作人员违法违纪，应当承担纪律责任的，依照本规定给予处分。

对法律、法规授权的具有公共事务管理职能的事业单位中经批准参照《中华人民共和国公务员法》管理的工作人员给予处分，参照《行政机关公务员处分条例》的有关规定办理。

对行政机关任命的事业单位工作人员，法律、法规授权的具有公共事务管理职能的事业单位中不参照《中华人民共和国公务员法》管理的工作人员，国家行政机关依法委托从事公共事务管理活动的事业单位工作人员给予处分，适用本规定；但监察机关对上述人员违法违纪行为进行调查处理的程序和作出处分决定的权限，以及作为监察对象的事业单位工作人员对处分决定不服向监察机关提出申诉的，依照《中华人民共和国行政监察法》及其实施条例办理。

第五条　处分的种类为：

（一）警告；

（二）记过；

（三）降低岗位等级或者撤职；

（四）开除。

其中，撤职处分适用于行政机关任命的事业单位工作人员。

第六条　受处分的期间为：

（一）警告，6个月；

（二）记过，12个月；

（三）降低岗位等级或者撤职，24个月。

第十二条　【派驻或者派出监察机构、监察专员】各级监察委员会可以向本级中国共产党机关、国家机关、法律法规授权或者委托管理公共事务的组织和单位以及所管辖的行政区域、国有企业等派驻或者派出监察机构、监察专员

监察机构、监察专员对派驻或者派出它的监察委员会负责。

【党章】

12.1《中国共产党章程》（修正后2017年10月24日施行）（节录）

第四十五条第四款　党的中央和地方纪律检查委员会向同级党和国家机关全面派驻党的纪律检查组。纪律检查组组长参加驻在部门党的领导组织的有关会议。他们的工作必须受到该机关党的领导组织的支持。

【纪检监察法规】

12.2《中国共产党纪律检查机关监督执纪工作规则（试行）》（2017年1月8日）（节录）

第十一条　派出机关应当加强对派驻纪检组监督执纪工作的领导，经常听取工作汇报。派驻纪检组依据有关规定和派出机关授权，对被监督单位党的组织和党员干部开展监督执纪工作，重要问题应当向派出机关请示报告，必要时可以向被监督单位党组织通报。

12.3《关于中共中央纪委派驻纪检组履行监督职责的意见》（2006年4月6日）

《中国共产党党内监督条例（试行）》第八条规定："派驻纪检组按照有关规定对驻在部门的党组织和党员领导干部进行监督。"为使中央纪委派驻纪检组更好地履行对驻在部门党组及其成员的监督职责，经商中央组织部，提出如下意见。

一、派驻纪检组应当协助驻在部门党组建立健全规范党组及其成员正确履行职责和行使权力、加强自我约束和互相监督的措施和制度。

二、派驻纪检组组长参加驻在部门党组会议和有关行政领导会议，对领导班子执行议事规则的情况进行监督，对有关问题负责任地提出意见或建议。

三、派驻纪检组按照有关规定对驻在部门干部选拔任用工作进行监督。

派驻纪检组在驻在部门按规定征求对拟选拔任用干部人选的意见时，应当按时以书面形式反馈意见。

四、派驻纪检组应当了解汇总驻在部门党组成员在用车、住房、出国（境）、休假、兼职、配偶子女从业和收受礼品登记等方面执行廉洁自律规定及个人家庭发生重大变化的情况。

派驻纪检组了解驻在部门党组成员执行个人重大事项报告制度的情况，并报中央纪委。

五、派驻纪检组通过了解驻在部门党组成员分管范围内的党风廉政建设和反腐败工作情况、参加对驻在部门的党风廉政建设责任制考核等方式，对驻在部门党组及其成员抓党风廉政建设和反腐败工作的情况进行监督。

派驻纪检组定期向中央纪委报告驻在部门党组及其成员贯彻落实党风廉政建设责任制的情况。

六、派驻纪检组应当派员参加驻在部门党组成员述职述廉会议，了解相关的民主评议或民主测评情况。

派驻纪检组要将驻在部门党组成员的述职述廉情况向中央纪委作综合报告。

七、派驻纪检组通过参与民主生活会前征集对驻在部门党组及其成员意见的工作、参加党组民主生活会、了解党组及其成员制定和落实整改措施情况等方式，对驻在部门党组民主生活会的情况进行监督。

对驻在部门党组成员在民主生活会上所作的检查或说明，需要查明事实的，按照有关程序办理。

八、派驻纪检组应当严格按照中央纪委的规定，办理涉及驻在部门党组及其成员的信访举报件。

九、派驻纪检组组长要主动与驻在部门党组成员就贯彻执行党风廉政建设责任制、廉洁自律规定等方面的情况交换意见。

十、派驻纪检组根据工作需要，可以查阅驻在部门的有关文件、资料，派员参加有关会议和活动，召开座谈会，与有关人员谈话，组织专项检查或者专项调研等。

派驻纪检组需要采取上述方式开展工作，涉及重要事项的，一般应事先与驻在部门党组主要负责人沟通，特殊情况应当事先报经中央纪委批准。

十一、在履行监督职责过程中，有下列情况的，派驻纪检组必须及时向中央纪委报告，并根据中央纪委的要求向驻在部门党组主要负责人通报：

（一）直接收到反映驻在部门党组及其成员违反党纪问题的信访举报；

（二）发现驻在部门党组及其成员严重违反有关制度、涉嫌违反党纪问题及其他非正常情况；

（三）派驻纪检组在履行监督职责中提出纠正意见，驻在部门无正当理由不纠正的；

（四）中央纪委要求报告的其他事项。

十二、派驻纪检组按规定向中央纪委报告发现的情况和问题时，可以提出以下建议：

（一）建议由中央纪委发函请驻在部门党组成员说明有关情况；

（二）建议由中央纪委领导同志或者由中央纪委委托驻在部门党组主要负责人与驻在部门党组成员进行谈话；

（三）建议对反映驻在部门党组成员违反党纪的问题进行初步核实。

十三、派驻纪检组在履行监督职责过程中发现问题，除必须向中央纪委报告的外，应当及时向驻在部门党组提出纠正意见或建议。

十四、各省、自治区、直辖市纪委的派驻纪检组参照执行本意见。

12.4《中共中央纪委监察部派驻机构干部工作管理暂行办法》（2004年4月1日）

为规范和加强派驻机构实行统一管理后的干部管理工作，根据《关于对中央纪委监察部派驻机构实行统一管理的实施意见》和干部管理工作的有关规定，制定本办法。

一、考察任免

（一）纪检组组长由中央纪委商中央组织部提名并进行考察，经中央纪委常委会议研究决定，由中央纪委报中央任免。

（二）纪检组副组长、监察局（监察专员办公室）局长（专员）由中央纪委监察部提名并进行考察，经中央纪委书记办公会议研究决定，报中央组织部备案，由中央纪委监察部任免。

（三）监察局（监察专员办公室）副局长（副专员）由中央纪委监察部提名并进行考察，经监察部部长办公会议讨论决定，报中央组织部备案，由监察部任免。

（四）局级纪律检查员、监察专员和副局级室主任由中央纪委干部室商派驻机构提名并进行考察，派驻机构组局办公会议讨论通过后，经中央纪委干部室报中央纪委监察部领导审批，由中央纪委任免。

（五）处级及以下职务由派驻机构领导班子在规定职数内提名，与中央纪委干部室沟通后组织考察，经派驻机构组局办公会议研究同意，报中央纪委干部室审核并办理任免职手续。

（六）派驻机构干部可参加中央纪委监察部机关和驻在部门组织的竞争上岗；派驻监察局（监察专员办公室）副局长（副专员）职位空缺时，可面向该派驻机构及其驻在部门、中央纪委监察部机关以及其他派驻机构进行竞争上岗，具体工作由中央纪委干部室统一组织。

二、交流和录用

（一）派驻机构干部可在驻在部门及所属系统、中央纪委监察部机关、其他派驻机构和国有企业事业单位等范围内进行交流。干部交流工作由中央纪委监察部商驻在部门实施，驻在部门应予以支持。

（二）纪检组组长、监察局（监察专员办公室）局长（专员）的交流由中央纪委监察部统筹安排。

（三）其他局级干部的交流由中央纪委干部室商派驻机构提出建议，报分管该派驻机构的中央纪委监察部领导和分管干部工作的中央纪委领导同意后，由中央纪委干部室按程序办理。

（四）处级及其以下干部的交流由派驻机构领导班子提出建议，经中央纪委干部室审核后，按程序办理。

（五）派驻机构干部的挂职锻炼由中央纪委监察部统一安排，驻在部门也可在征得中央纪委监察部同意后予以安排。

（六）派驻机构干部的招考录用由派驻机构领导班子提出用人需求，中央纪委干部室统一组织实施。

三、教育培训

（一）派驻机构干部的教育培训由中央纪委监察部和驻在部门共同负责，培训经费由驻在部门负责。

（二）纪检组组长、监察局（监察专员办公室）局长（专员）参加中央党校、国家行政学院进修培训，由中央纪委监察部商驻在部门安排；派驻机构干部参加纪检监察业务培训，由中央纪委监察部负责。

（三）派驻机构干部参加驻在部门的业务培训、党员教育等，由驻在部门负责。驻在部门继续安排派驻机构的干部参加出国（境）培训、考察等活动。

四、年度考核和奖惩

（一）中管干部的年度考核按照中央组织部统一安排和要求，由中央纪委负责组织。纪检组组长、监察局（监察专员办公室）局长（专员）按照规定向中央纪委监察部述职述廉。

派驻机构其他干部的年度考核按照中央纪委监察部机关统一部署进行，其年度考核结果由中央纪委干部室向派驻机构及驻在部门通报。

（二）派驻机构及其干部在纪检监察工作中取得显著成绩或做出突出贡献的，由中央纪委监察部给予表彰奖励；其他方面的表彰、奖励，由驻在部门负责。

（三）派驻机构及其干部有违反党纪政纪行为的，由中央纪委监察部会同驻在部门进行调查处理。

五、其他事项

（一）派驻机构的干部按照规定范围参加中央纪委监察部机关和驻在部门的后备干部推荐；符合被推荐条件和资格的，列入被推荐范围；符合后备干部条件和资格的，中央纪委监察部机关和驻在部门均可将其列为后备干部人选。

（二）派驻机构干部的工资关系、党（团）组织关系、群团关系仍在驻在部门，由驻在部门负责管理。派驻机构干部享受驻在部门同职级干部待遇,工资外津(补)贴、补助(奖金),以及生活福利、住房、医疗、退休等事宜由驻在部门负责。

(三)派驻机构干部(不含中管干部)档案正本由中央纪委监察部机关管理,驻在部门建立派驻机构干部档案副本。

(四)派驻机构干部持有中央纪委监察部机关的工作证件和驻在部门的工作证件。

上述干部管理事项的具体程序和本办法未涉及的其他干部管理事项,参照中央纪委监察部机关干部管理的有关规定执行。

第十三条 【派驻或者派出监察机构、监察专员的监察职责】 派驻或者派出的监察机构、监察专员根据授权,按照管理权限依法对公职人员进行监督,提出监察建议,依法对公职人员进行调查、处置。

【组织人事法规】

13.1《中国共产党工作机关条例(试行)》(2017年3月1日)(节录)

第二十三条 党的工作机关接受党委的全面监督,每年至少向党委作1次全面工作情况报告,遇有重要情况及时请示报告。执行党中央和上级党组织某项重要指示和决定的情况,应当进行专题报告。对党的工作机关作出的不适当决定,本级党委或者上级党的工作机关有权撤销或者变更。

党的工作机关应当自觉接受党的纪律检查机关及其派驻机构、党委直属机关纪工委以及机关纪委的监督。

第二十四条 党的工作机关领导班子应当自觉接受党内监督和群众监督。领导班子成员应当如实向党组织报告个人有关事项、述职述廉述德,接受组织监督。

13.2《中国共产党党组工作条例(试行)》(2015年6月11日)(节录)

第二条 党组是党在中央和地方国家机关、人民团体、经济组织、文化组织、社会组织和其他组织领导机关中设立的领导机构,在本单位发挥领导核心作用。

第三条 党组工作应当遵循以下原则:

(一)坚持党的领导,保证党的理论和路线方针政策贯彻落实;

(二)坚持全面从严治党,依据党章和其他党内法规开展工作,落实党组管党治党责任;

(三)坚持民主集中制,确保党组的活力和党的团结统一;

(四)坚持党组发挥领导核心作用与本单位领导班子依法依章程履行职责相统一,把党的主张通过法定、民主程序转化为本单位领导班子的决定。

第四条 党组必须服从批准其设立的党组织领导。党的中央委员会和地方各级委员会应当加强对党组工作的领导。党委组织部门负责党组设立审核、日常管理等方面的具体工作,纪律检查机关、党委其他工作部门和有关派出机构根据职责分工做好相关工作。

第十三条 党组应当认真履行党要管党、从严治党责任,加强对本单位党的建设的领导,落实党建工作责任制。党组书记应当履行抓党建第一责任人的职责,其他党组成员根据分工抓好职责范围内党的建设工作。

党组应当加强对本机关和直属单位党组织工作的指导，支持党的机关工作委员会履行对机关和直属单位党组织工作的领导职责。

党组应当认真履行党风廉政建设主体责任，支持纪检监察机构履行监督责任。

第十四条 党组及其成员应当加强思想政治建设，坚定理想信念，严守政治纪律和政治规矩。严肃党内政治生活，按照规定召开民主生活会，开展严肃认真的批评和自我批评。严格落实中央关于改进工作作风、密切联系群众的各项规定，坚决反对形式主义、官僚主义、享乐主义和奢靡之风。切实增强践行"三严三实"要求的思想自觉和行动自觉。严格遵守党员领导干部廉洁从政有关规定，自觉接受党组织和党员群众的监督。

第二十九条 建立党组书记述职制度。批准设立党组的党组织根据需要可以听取党组书记报告履职情况。

建立党组及其成员履职考核制度，由批准设立党组的党组织负责，纪律检查机关、党委有关工作部门、党的机关工作委员会参与。考核应当每年开展1次，可以与党组工作报告和领导班子年度考核、民主生活会结合开展。

党组及其成员执行本条例情况，应当自觉接受纪律检查机关及其派驻机构、本单位基层党组织和党员群众的监督，纳入巡视监督范围和党员定期评议内容。

【纪检监察法规】

13.3《国家监察委员会管辖规定（试行）》（2018年4月16日）（节录）

第七条 中央纪律检查委员会、国家监察委员会要把日常监督管理、巡视监督和派驻监督有机结合，对监督中发现的问题，要及时分类处置，了解和督促被巡视地区和单位整改落实工作。加强对派驻纪检监察组的领导和建设，督促其落实监督责任，定期约谈主要负责人，将监督工作做实做细。

第八条 派驻纪检监察组依法对被监督单位的领导班子和公职人员进行日常监督，善于运用谈话提醒和诫勉谈话等监督方式。发现领导班子和中央管理的公职人员存在问题的，应当及时向中央纪律检查委员会、国家监察委员会报告；发现其他公职人员的问题，应当会同被监督单位党组织开展调查处置，强化监督职责，发挥"探头"作用。

第二十七条 中央纪律检查委员会、国家监察委员会派驻纪检监察组负责调查被监督单位非中央管理的局级及以下公职人员的职务违法和职务犯罪案件，派驻纪检监察组可以与北京市监察委员会联合开展调查。

第二十八条 派驻纪检监察组调查其所管辖的职务犯罪案件，认为由北京市监察委员会调查更为适宜的，应当经驻在单位党组（党委）同意，并向国家监察委员会报备后，移交北京市监察委员会调查。北京市监察委员会根据具体情况决定自行调查或者指定下级监察机关调查。

北京市监察委员会认为有依法需要回避等情形的，应当报请国家监察委员会指定其他监察机关管辖。

北京市监察委员会作出立案调查决定的，对调查过程中的重要情况，应当及时通报派驻纪检监察组；作出不予立案调查或者撤销案件等决定的，应当征求派驻纪检监察组的意见。派驻纪检监察组应当将上述情况及时向国家监察委员会对口联系纪检监察室报备，纪检监察室接报后，应当及时向分管领导同志报告。

第二十九条　工作地点在地方、干部管理权限在主管部门的公职人员涉嫌职务违法或者职务犯罪的，由派驻该单位的纪检监察组管辖。派驻纪检监察组认为由其工作所在地监察机关调查更为适宜的，应当及时同其工作所在地有关监察机关协商决定，并履行相应的审批程序。

13.4《中共中央纪委监察部派驻机构业务工作管理暂行办法》（2004年4月1日）

为规范和加强派驻机构统一管理后的业务管理工作，根据《关于对中央纪委监察部派驻机构实行统一管理的实施意见》和纪检监察工作有关规定，制定本办法。

一、中央纪委监察部的派驻机构受中央纪委监察部直接领导，业务工作由中央纪委监察部统一管理。

二、中央纪委监察部领导按照分工分管派驻机构的工作。中央纪委第一至第四纪检监察室协助委部领导联系派驻机构日常工作，其他职能部门协助委部领导联系派驻机构相关工作。必要时，派驻机构主要负责人可直接向中央纪委监察部领导请示、报告工作。

三、派驻机构通过参与驻在部门的重要工作，参加有关会议和活动，以及其他有效的方式，履行对驻在部门党组和行政领导班子及其成员监督检查的职责，并向中央纪委监察部报告监督检查工作情况。

四、派驻机构协助驻在部门党组和行政领导班子抓好反腐倡廉工作部署和任务分解，健全和完善组织协调机制；督促检查驻在部门及所属系统反腐倡廉各项工作的落实；开展调查研究，提出改进或加强工作的意见和建议；及时总结驻在部门及所属系统党风廉政建设和反腐败工作经验。派驻机构应适时与驻在部门党组和行政领导班子沟通有关工作情况，并向中央纪委监察部报告。

五、中央纪委信访室（监察部举报中心）收到的信访举报，涉及驻在部门党组和行政领导班子及其成员的，报中央纪委监察部领导阅批，抄送有关纪检监察室主要负责人，有关情况适时向派驻机构主要负责人通报；涉及驻在部门司局级干部重要问题的信访举报，主送派驻机构主要负责人阅批，抄送有关纪检监察室主要负责人；其他有关的信访举报，转派驻机构处理。

派驻机构直接收到反映驻在部门党组和行政领导班子及其成员违反党纪政纪问题的信访举报，或者发现驻在部门党组和行政领导班子及其成员违反党纪政纪的问题及其他重要情况，可直接向中央纪委监察部领导报告。

六、经中央纪委监察部领导批准，派驻机构可对反映驻在部门党组和行政领导班子及其成员违反党纪政纪的问题进行初步核实；需要立案调查的，由中央纪委监察部有关纪检监察室按规定程序办理，派驻机构可参与调查。

七、派驻机构负责调查驻在部门司局级干部违反党纪政纪的案件及其他重要案件，可以决定立案，但在决定立案前应征求驻在部门党组主要负责人的意见，意见不一致的，报中央纪委监察部决定；调查结束后提出处理建议，其审理及处分的程序和批准权限按有关规定办理。

八、中央纪委监察部印发的文件，及时发派驻机构；派驻机构参加中央纪委监察部机关有关会议。

九、派驻机构按照有关规定，向中央纪委监察部报送年度工作计划、总结、统计报表、工作信息等文件和材料。

十、中央纪委监察部机关有关职能部门可以根据本办法，结合实际情况，商派驻机构制定相应的工作联系办法。

13.5《中央纪委监察部派驻机构工作汇报暂行办法》（2007年7月23日）

第一章 总 则

第一条 为进一步加强对中央纪委监察部派驻机构（以下简称派驻机构）的管理，根据《中央纪委、中央组织部、中央编办、监察部关于对中央纪委监察部派驻机构实行统一管理的实施意见》等有关规定，制定本办法。

第二条 本办法所称工作汇报，是指派驻机构向中央纪委监察部所作的关于全面履行职责情况的汇报。

第三条 派驻机构工作汇报的方式主要包括：年中汇报、年度汇报和谈话汇报。

第二章 年中汇报

第四条 派驻机构每年年中向中央纪委监察部作上半年工作汇报。

第五条 年中汇报的主要内容：

（一）派驻机构上半年履行职责情况；

（二）派驻机构上半年自身建设情况；

（三）有关意见与建议。

第六条 年中汇报一般由中央纪委监察部分管领导听取派驻机构主要负责人汇报。

第七条 年中汇报一般通过召开会议进行。会议由中央纪委第一至第四纪检监察室按归口联系单位分别组织筹备，监察综合室、干部室派员参加。

第八条 派驻机构年中汇报的情况由中央纪委监察综合室汇总后呈报中央纪委监察部主要领导，并通报有关厅室局。派驻机构反映的问题与建议，由中央纪委监察综合室协调有关厅室局予以解决或回复。

第三章 年度汇报

第九条 派驻机构每年年底向中央纪委监察部作年度工作汇报。

第十条 年度汇报的主要内容：

（一）派驻机构履行职责的情况，重点是加强对驻在部门党组和行政领导班子及其成员监督工作情况、驻在部门及所属系统党风廉政建设和反腐败工作情况；

(二) 派驻机构自身建设的情况及派驻机构干部执行廉洁自律规定情况;
(三) 派驻机构主要负责人述职述廉;
(四) 有关意见与建议。

第十一条 年度汇报一般通过召开派驻机构工作汇报会和派驻机构工作总结会进行。

第十二条 中央纪委监察部分管领导在重点走访部分驻在部门和派驻机构基础上,分别主持召开派驻机构工作汇报会,听取所分管的派驻机构主要负责人年度工作汇报、述职述廉。

派驻机构工作汇报会由中央纪委第一至第四纪检监察室按归口联系单位分别组织筹备,监察综合室、干部室派员参加。

第十三条 在派驻机构工作汇报会之后,召开派驻机构年度工作总结会,中央纪委监察部主要领导对派驻机构年度工作进行总结,对下一步工作提出要求,派驻机构交流工作经验。

派驻机构工作总结会由中央纪委监察综合室会同办公厅、干部室、机关事务管理局组织筹备。中央纪委监察部领导出席,中央纪委副秘书长、各厅室局负责人、各派驻机构主要负责人参加。

第十四条 派驻机构年度汇报应提交书面材料,由中央纪委监察综合室分送有关厅室局。对派驻机构年度汇报反映的问题与建议,由中央纪委监察综合室负责汇总,并协调有关厅室局予以解决或回复。

第四章 谈话汇报

第十五条 除年中汇报和年度汇报外,中央纪委监察部领导可不定期与派驻机构主要负责人进行谈话;派驻机构主要负责人根据工作需要也可主动约请中央纪委监察部领导听取汇报。

第十六条 谈话汇报的主要内容:
(一) 派驻机构主要负责人贯彻落实中央纪委监察部工作部署及本人廉政勤政情况;
(二) 派驻机构履行监督职责情况;
(三) 其他需要汇报的情况。

第十七条 谈话汇报根据中央纪委监察部领导意见由有关厅室局协助安排,相关材料按领导要求办理。

13.6 《中央纪委监察部向派驻机构通报情况暂行办法》(2007年7月23日)

第一条 为进一步加强对中央纪委监察部派驻机构(以下简称派驻机构)工作的指导和服务,增进派驻机构对全局工作的了解,制定本办法。

第二条 中央纪委监察部每年不定期召开情况通报会,向派驻机构通报有关情况。根据工作需要,派驻机构也可以向中央纪委监察部提出通报有关情况的建议。

第三条 情况通报会一般由中央纪委监察综合室组织筹备,有关厅室局予以配合。中央纪委监察部领导要求有关厅室局通报情况的，由有关厅室局组织筹备。

第四条 情况通报会通报的主要内容是：

（一）中共中央、国务院的重要决定和有关会议精神；

（二）中央纪委监察部重要工作部署和进展情况；

（三）中央纪委监察部重要案件查办工作情况；

（四）中央纪委监察部干部管理工作有关情况；

（五）中央纪委监察部机关建设工作有关情况；

（六）需要通报的其他情况。

第五条 情况通报会出席人员为：中央纪委监察部有关领导，派驻机构负责人，中央纪委监察部有关厅室局负责人。

第六条 情况通报会有关材料由中央纪委监察部有关厅室局根据要求准备，监察综合室负责组织协调。

13.7《关于纪检监察机关和审计机关在查处案件中加强协作配合的通知》（2003年8月26日）（节录）

为了加强纪检监察机关和审计机关在查处案件中的协作配合，充分发挥纪检监察机关和审计机关在查处案件中的职能作用，维护社会主义市场经济秩序，促进党风廉政建设，现将有关事项通知如下：

……

七、纪检监察机关根据检查、调查结果，认为应当给予审计处理、处罚的，可以向审计机关提出建议或者监察建议。审计机关应当依法及时查处，并将结果书面通知纪检监察机关。

13.8 中共中央纪委、国家监察委《公职人员政务处分暂行规定》（2018年4月16日）（节录）

第九条 对基层群众性自治组织、国有企业等单位中从事管理的人员，或者未列入国家机关人员编制的受国家机关依法委托管理公共事务的组织中从事公务的人员、其他依法履行公职的人员，监察机关可以依法采取下列处理措施：

（一）依据《中华人民共和国监察法》采取谈话提醒、批评教育、责令检查、诫勉；

（二）依据本规定第三条有关法规采取警示谈话、通报批评、停职检查、责令辞职。

对前款人员，监察机关可以依法向有关机关、单位提出下列监察建议：

（一）取消当选资格或者担任相应职务资格；

（二）调离岗位、降职、免职、罢免。

上述处理措施可以单独使用，也可以合并使用。

第十四条 【监察官制度】国家实行监察官制度，依法确定监察官的等级设置、任免、考评和晋升等制度。

第三章 监察范围和管辖

第十五条 【监察对象】监察机关对下列公职人员和有关人员进行监察：

（一）中国共产党机关、人民代表大会及其常务委员会机关、人民政府、监察委员会、人民法院、人民检察院、中国人民政治协商会议各级委员会机关、民主党派机关和工商业联合会机关的公务员，以及参照《中华人民共和国公务员法》管理的人员；

（二）法律、法规授权或者受国家机关依法委托管理公共事务的组织中从事公务的人员；

（三）国有企业管理人员；

（四）公办的教育、科研、文化、医疗卫生、体育等单位中从事管理的人员；

（五）基层群众性自治组织中从事管理的人员；

（六）其他依法履行公职的人员。

【组织人事法规】

15.1《中华人民共和国公务员法》(修正后2018年1月1日施行)（节录）

第二条 本法所称公务员，是指依法履行公职、纳入国家行政编制、由国家财政负担工资福利的工作人员。

第三条 公务员的义务、权利和管理，适用本法。

法律对公务员中的领导成员的产生、任免、监督以及法官、检察官等的义务、权利和管理另有规定的，从其规定。

第九十五条 机关根据工作需要，经省级以上公务员主管部门批准，可以对专业性较强的职位和辅助性职位实行聘任制。

前款所列职位涉及国家秘密的，不实行聘任制。

第一百零六条 法律、法规授权的具有公共事务管理职能的事业单位中除工勤人员以外的工作人员，经批准参照本法进行管理。

15.2《〈中华人民共和国公务员法〉实施方案》(2006年4月9日)（节录）

二、实施范围

根据公务员法的规定，下列机关列入公务员法实施范围：

（一）中国共产党各级机关；

（二）各级人民代表大会及其常务委员会机关；

（三）各级行政机关；

（四）中国人民政治协商会议各级委员会机关；

（五）各级审判机关；

（六）各级检察机关；

（七）各民主党派和工商联的各级机关。

三、实施方法和步骤

自2006年1月1日起，列入公务员法实施范围的机关，要按照公务员法及其配套政策法规的规定，全面实施录用、考核、职务任免、职务升降、奖励、惩戒、培训、交流与回避、工资福利保险、辞职辞退、退休、申诉控告等公务员各项管理制度。

2006年要重点做好公务员登记、职务与级别确定和工资套改等项工作。按照自上而下、先易后难的原则，第一步先在中央机关和省级机关进行，第二步在市（地）级以下机关进行。

（一）公务员登记。公务员登记是实施公务员法的基础性工作。要在规定范围内，严格按照《公务员登记实施办法》规定的对象、条件、程序和管理权限，自上而下、积极稳妥地进行。公务员登记必须符合公务员法规定的基本条件，必须在国家行政编制限额内进行，不得超编登记。登记工作采取各机关统一组织的形式，实行逐级负责制。各级机关要以对党和国家高度负责、对机关工作人员高度负责的精神，按照规定的程序确定登记对象、填写《公务员登记表》，报审核、审批及备案机关。今后，新进入公务员队伍的人员都要按照规定进行登记。《公务员登记表》作为确认公务员身份的依据装入公务员档案。在公务员登记工作的基础上，各级公务员主管部门要建立公务员管理信息系统。

（二）确定职务与级别。确定职务与级别是实施公务员法的重要环节。要在规定的编制和职数限额内合理设置职位，根据《公务员职务与级别管理规定》、《综合管理类公务员非领导职务设置管理办法》和有关文件规定，确定公务员的职务和级别。对超出规定职数的，要采取措施，逐步消化，达到规定的领导和非领导职务职数。

在国家有关专业技术类、行政执法类公务员分类管理规定出台前，各级机关公务员按照综合管理类公务员进行管理。

（三）进行工资套改。改革公务员工资制度是实施公务员法的一项重要内容。公务员登记和职务与级别确定完成后，按照公务员工资制度改革实施办法进行工资套改。公务员按照确定的职务执行相应的职务工资标准；按照确定的级别和级别工资档次，执行相应的级别工资标准。

五、参照公务员法管理

参照公务员法管理工作是公务员法实施工作的重要组成部分。要按照《参照〈中华人民共和国公务员法〉管理的单位审批办法》规定的条件、审批权限和程序，确定列入参照管理单位。对于公务员法实施以前列入参照、依照《国家公务员暂行条例》

管理范围的事业单位,要重新进行审批。经批准实行参照管理的单位,要认真执行公务员法及其配套政策法规,不实行事业单位的专业技术职务、工资、奖金等人事管理制度。

使用国家行政编制的人民团体和群众团体机关参照公务员法管理的工作,由中央另行发文明确,原则上与公务员法实施工作同步进行。

附件:

一、《公务员范围规定》

二、《公务员登记实施办法》

三、《公务员职务与级别管理规定》

四、《综合管理类公务员非领导职务设置管理办法》

五、《参照〈中华人民共和国公务员法〉管理的单位审批办法》

附件一:《公务员范围规定》

第一条 为明确公务员范围,加强公务员管理,根据《中华人民共和国公务员法》,制定本规定。

第二条 列入公务员范围的工作人员必须同时符合下列条件:

(一)依法履行公职;

(二)纳入国家行政编制;

(三)由国家财政负担工资福利。

第三条 下列机关中除工勤人员以外的工作人员列入公务员范围:

(一)中国共产党各级机关;

(二)各级人民代表大会及其常务委员会机关;

(三)各级行政机关;

(四)中国人民政治协商会议各级委员会机关;

(五)各级审判机关;

(六)各级检察机关;

(七)各民主党派和工商联的各级机关。

第四条 中国共产党各级机关中列入公务员范围的人员:

(一)中央和地方各级党委、纪律检查委员会的领导人员;

(二)中央和地方各级党委工作部门、办事机构和派出机构的工作人员;

(三)中央和地方各级纪律检查委员会机关和派出机构的工作人员;

(四)街道、乡、镇党委机关的工作人员。

第五条 各级人民代表大会及其常务委员会机关中列入公务员范围的人员:

(一)县级以上各级人民代表大会常务委员会领导人员,乡、镇人民代表大会主席、副主席;

(二)县级以上各级人民代表大会常务委员会工作机构和办事机构的工作人员;

(三)各级人民代表大会专门委员会办事机构的工作人员。

第六条 各级行政机关中列入公务员范围的人员:

（一）各级人民政府的领导人员；

（二）县级以上各级人民政府工作部门和派出机构的工作人员；

（三）乡、镇人民政府机关的工作人员。

第七条 中国人民政治协商会议各级委员会机关中列入公务员范围的人员：

（一）中国人民政治协商会议各级委员会的领导人员；

（二）中国人民政治协商会议各级委员会工作机构的工作人员。

第八条 各级审判机关中列入公务员范围的人员：

（一）最高人民法院和地方各级人民法院的法官、审判辅助人员；

（二）最高人民法院和地方各级人民法院的司法行政人员。

第九条 各级检察机关中列入公务员范围的人员：

（一）最高人民检察院和地方各级人民检察院的检察官、检察辅助人员；

（二）最高人民检察院和地方各级人民检察院的司法行政人员。

第十条 各民主党派和工商联的各级机关中列入公务员范围的人员：

（一）中国国民党革命委员会中央和地方各级委员会的领导人员，工作机构的工作人员；

（二）中国民主同盟中央和地方各级委员会的领导人员，工作机构的工作人员；

（三）中国民主建国会中央和地方各级委员会的领导人员，工作机构的工作人员；

（四）中国民主促进会中央和地方各级委员会的领导人员，工作机构的工作人员；

（五）中国农工民主党中央和地方各级委员会的领导人员，工作机构的工作人员；

（六）中国致公党中央和地方各级委员会的领导人员，工作机构的工作人员；

（七）九三学社中央和地方各级委员会的领导人员，工作机构的工作人员；

（八）台湾民主自治同盟中央和地方各级委员会的领导人员，工作机构的工作人员。

中华全国工商业联合会和地方各级工商联的领导人员，工作机构的工作人员。

第十一条 下列人员人事关系所在部门和单位不属于本规定第三条所列机关的，不列入公务员范围：

（一）中国共产党的各级代表大会代表、委员会委员、纪律检查委员会委员；

（二）各级人民代表大会代表、常务委员会组成人员、专门委员会成员；

（三）中国人民政治协商会议各级委员会常务委员、委员；

（四）各民主党派中央和地方各级委员会委员、常委和专门委员会成员。中华全国工商业联合会和地方工商联执行委员、常务委员会成员和专门委员会成员。

第十二条 列入公务员范围的人员按照有关规定登记后，方可确定为公务员。

第十三条 本规定由中共中央组织部、人事部负责解释。

附件二：《公务员登记实施办法》

第一条 为做好公务员登记工作，确保公务员法的实施，根据《中华人民共和国公务员法》，制定本办法。

第二条 公务员登记采取各机关统一组织的形式，由各机关按照规定的程序确定登记对象、填写《公务员登记表》，报审核、审批及备案机关。

第三条 公务员登记应当在国家行政编制限额内，严格按照规定的范围、对象、条件和程序进行。

第四条 登记的对象和条件：

（一）依法履行公职、纳入国家行政编制、由国家财政负担工资福利且在编在职的除工勤人员以外的工作人员；

（二）具备公务员法第十一条规定的条件。

试用期内的新录用公务员暂缓登记，试用期满考核合格的予以登记。

纪检、监察机关或者司法机关立案审查尚未结案的人员暂缓登记，结案后符合登记条件的予以登记。

第五条 不予登记的对象：

（一）实施国家公务员制度以来，违反《国家公务员暂行条例》有关规定进入机关的人员；

（二）违反《中华人民共和国法官法》、《中华人民共和国检察官法》有关规定担任法官、检察官以及违反国家有关选拔审判机关、检察机关的司法行政人员和书记员的规定进入机关的人员；

（三）被判处有期徒刑并宣告缓刑在缓刑考验期限内或者正在被劳动教养的人员。

第六条 登记工作的程序：

（一）所在机关确定登记对象，填写《公务员登记表》，报审核机关；

（二）审核机关签署意见，报审批机关；

（三）审批机关签署意见，需要备案的报备案机关。

第七条 登记工作的管理权限：

（一）各级党委组织部门和政府人事部门作为公务员主管部门，按照职责分工负责公务员登记的审核、审批、备案工作。领导成员的公务员登记按照干部管理权限进行。

（二）县级以下机关公务员登记，由所在机关确定登记对象、填写《公务员登记表》，县级公务员主管部门审核，市（地）级公务员主管部门审批后，报省级公务员主管部门备案。

市（地）级机关公务员登记，由所在机关干部人事部门确定登记对象、填写《公务员登记表》，所在机关审核，同级公务员主管部门审批后，报省级公务员主管部门备案。

省级机关公务员登记，由所在机关干部人事部门确定登记对象、填写《公务员登记表》，所在机关审核，同级公务员主管部门审批。

（三）中央机关公务员登记，由所在机关干部人事部门确定登记对象、填写《公务员登记表》并审核，所在机关审批后，报中央公务员主管部门备案。

（四）中央垂直管理部门公务员登记，由所在机关确定登记对象、填写《公务员登记表》，省级机关审核，中央垂直管理机关审批后，报中央公务员主管部门备案。

省以下垂直管理部门公务员登记,由所在机关确定登记对象、填写《公务员登记表》,省垂直管理机关审核,省级公务员主管部门审批。

第八条 登记备案的内容包括:登记备案说明,机关的国家行政编制数、实有人员数、登记人员数、暂缓登记人员数、登记和暂缓登记人员名单等。

第九条 公务员登记实行逐级负责制,由各机关按照管理权限和程序,经领导班子成员集体讨论决定后,逐级上报。

第十条 各级公务员主管部门要加强对登记工作的督查指导,严肃登记工作纪律。对不按照国家行政编制限额和规定条件、程序登记的,由公务员主管部门宣布无效,并责令按照规定予以纠正;对在登记过程中违反工作纪律、弄虚作假的,由公务员主管部门追究有关领导人员的责任。

第十一条 自本办法下发之日起,公务员均按照本办法进行登记。《公务员登记表》装入公务员档案。

第十二条 各省、自治区、直辖市和中央机关要按照本办法,结合实际,制定公务员登记实施方案,并报中央公务员主管部门备案。

第十三条 本办法所称国家行政编制,是指中央机构编制部门下达给各地区各部门的行政编制。

第十四条 本办法由中共中央组织部、人事部负责解释。

附件三:《公务员职务与级别管理规定》

第一章 总 则

第一条 为完善公务员职务与级别相结合的制度,健全公务员激励和保障机制,根据《中华人民共和国公务员法》,制定本规定。

第二条 国家根据公务员职位类别设置公务员职务序列。公务员职务对应相应的级别。

第三条 职务和级别设置遵循科学、规范、效能的原则。

第四条 职务和级别是实施公务员管理,确定公务员政治待遇、工作待遇和生活待遇的依据。

第二章 职务与级别设置

第五条 公务员职务根据规定的机构规格、编制限额、职位等设置。
公务员职务名称应当与机构规格相一致。

第六条 公务员职务分为领导职务和非领导职务。

第七条 领导职务层次由高至低依次为:国家级正职、国家级副职、省部级正职、省部级副职、厅局级正职、厅局级副职、县处级正职、县处级副职、乡科级正职、乡科级副职。

第八条 综合管理类的领导职务根据宪法、有关法律法规、职务层次和机构规格设置确定。

第九条 非领导职务在厅局级以下设置。

第十条 综合管理类的非领导职务由高至低依次为：巡视员、副巡视员、调研员、副调研员、主任科员、副主任科员、科员、办事员。

第十一条 公务员级别由低至高依次为二十七级至一级。

第十二条 公务员领导职务层次与级别的对应关系是：

（一）国家级正职：一级；

（二）国家级副职：四级至二级；

（三）省部级正职：八级至四级；

（四）省部级副职：十级至六级；

（五）厅局级正职：十三级至八级；

（六）厅局级副职：十五级至十级；

（七）县处级正职：十八级至十二级；

（八）县处级副职：二十级至十四级；

（九）乡科级正职：二十二级至十六级；

（十）乡科级副职：二十四级至十七级。

副部级机关内设机构、副省级市机关的司局级正职对应十五级至十级；司局级副职对应十八级至十二级。

第十三条 综合管理类公务员非领导职务与级别的对应关系是：

（一）巡视员：十三级至八级；

（二）副巡视员：十五级至十级；

（三）调研员：十八级至十二级；

（四）副调研员：二十级至十四级；

（五）主任科员：二十二级至十六级；

（六）副主任科员：二十四级至十七级；

（七）科员：二十六级至十八级；

（八）办事员：二十七级至十九级。

副部级机关内设机构、副省级市机关的巡视员对应十五级至十级；副巡视员对应十八级至十二级。

第三章 职务确定

第十四条 确定公务员职务，应当在国家规定的职务序列和职数限额内，按照职务任职条件和程序进行。

第十五条 新录用的公务员试用期满考核合格后，根据本人学历、资历等，结合职位要求确定职务。

第十六条 晋升、降低职务或者调任、转任以及因其他原因需要明确职务的公务员，按照拟任职务任职条件等确定职务。

第四章 级别确定

第十七条 公务员级别应当根据其所任职务、德才表现、工作实绩和资历确定。

第十八条 公务员累计5年定期考核结果均为称职以上等次的，可以在职务对应级别范围内晋升一个级别。

第十九条 厅局级副职及以下职务层次的公务员，在任职时间和级别达到规定条件后，经考核合格，可以享受上一职务层次非领导职务的工资、住房、医疗等生活待遇。

第二十条 担任县（市）委书记、县（市）长和乡（镇）党委书记、乡（镇）长的公务员，任现职每满5年并考核合格的，除执行第十八条规定外，再晋升一个级别。

第二十一条 新录用的公务员试用期满考核合格后，其级别按照初任职务及本人学历、资历等确定。

第二十二条 公开选拔或者调任的公务员，其级别按照新任职务及工作年限等，参照机关同类人员确定。

第二十三条 公务员职务晋升后，原级别低于新任职务对应最低级别的，晋升到新任职务对应的最低级别；原级别已在新任职务对应范围内的，在原级别的基础上晋升一个级别。

第二十四条 公务员在受处分期间不晋升级别。受处分后，级别变动按照有关规定执行。

第二十五条 担任领导职务的公务员辞去领导职务或者公务员降职后，其级别确定按照有关规定执行。

第二十六条 公务员级别的确定、晋升或者降低，按照管理权限，由决定其职务任免的机关批准。

第五章 管理与监督

第二十七条 县级以上公务员主管部门负责职务与级别设置、确定工作的组织实施和监督管理。

第二十八条 对不按照规定的职务职数要求、资格条件及程序等设置职务、确定公务员职务与级别的，不予批准或者备案；已经作出的决定一律无效，由公务员主管部门按照管理权限予以纠正。

第二十九条 对违反规定进行公务员职务、级别确定的，应当根据具体情况，依法追究主要责任人以及其他直接责任人的责任。

第六章 附则

第三十条 专业技术类、行政执法类公务员职务设置、与级别的对应关系等，由中央公务员主管部门另行规定。

第三十一条 本规定由中共中央组织部、人事部负责解释。

附件四：《综合管理类公务员非领导职务设置管理办法》

第一条 为规范综合管理类公务员非领导职务（以下简称非领导职务）的设置与管理，根据《中华人民共和国公务员法》，制定本办法。

第二条 非领导职务应当根据工作需要设置，职务层次不得高于所在机关或者所在内设机构的机构规格，职数不得突破规定的比例限额。

第三条 担任非领导职务的公务员接受所在同级机构担任领导职务公务员的领导，经领导授权或者委托可负责某一方面的工作。

第四条 非领导职务由高至低分为巡视员、副巡视员、调研员、副调研员、主任科员、副主任科员、科员、办事员。

各级机关的非领导职务不再使用其他职务名称。因职业特点需要的，经中央公务员主管部门批准，可以使用其他非领导职务名称。

第五条 中央机关和省、自治区、直辖市机关，副部级机关和副省级市机关设置巡视员以下非领导职务；直辖市的区、副省级市的区、设区的市、自治州机关设置调研员以下非领导职务；县、自治县、不设区的市、市辖区机关设置主任科员以下非领导职务；乡镇机关设置科员、办事员非领导职务。

副部级机关的巡视员和副巡视员相当于本机关内设机构的正司级和副司级；副省级市机关的巡视员和副巡视员相当于本市市直机关的正局级和副局级。

第六条 中央机关的巡视员和副巡视员职数，不得超过该机关厅局级领导职务职数的三分之一，其中巡视员不得超过巡视员和副巡视员职数的40%；调研员和副调研员职数，不得超过县处级领导职务职数的75%。

副部级机关的非领导职务职数按照上述比例确定。

第七条 省、自治区、直辖市机关的巡视员和副巡视员职数，不得超过厅局级领导职务职数的三分之一，其中巡视员不得超过巡视员和副巡视员职数的30%；调研员和副调研员职数，不得超过县处级领导职务职数的50%。

副省级市机关的非领导职务职数按照上述比例确定。

第八条 直辖市的区、副省级市的区、设区的市、自治州机关的调研员和副调研员职数，不得超过县处级领导职务职数的三分之一，其中调研员不得超过调研员和副调研员职数的30%；主任科员和副主任科员职数，不得超过乡科级领导职务职数的50%。

第九条 县、自治县、不设区的市、市辖区机关的主任科员和副主任科员职数，不得超过乡科级领导职务职数的50%。

第十条 担任非领导职务的，必须坚持德才兼备的标准，其思想政治素质、工作能力、文化程度应当达到相应的任职要求，身体健康，并具备规定的任职条件。非领导职务人员的任用，按照管理权限和规定程序进行。

第十一条 晋升非领导职务须具备下列任职年限条件：

（一）巡视员应当任厅局级副职领导职务或者副巡视员五年以上；

（二）副巡视员应当任县处级正职领导职务或者调研员五年以上；

（三）调研员应当任县处级副职领导职务或者副调研员四年以上；

（四）副调研员应当任乡科级正职领导职务或者主任科员四年以上；

（五）主任科员应当任乡科级副职领导职务或者副主任科员三年以上；

（六）副主任科员应当任科员三年以上；

（七）科员应当任办事员三年以上。

第十二条 新录用公务员担任非领导职务的，按照有关规定执行。

第十三条 非领导职务公务员因定期考核不称职或者受处分等原因，需要降低职务的，降为下级非领导职务。

第十四条 中央机关及其直属机构非领导职务设置，由各机关提出具体方案，报中央公务员主管部门备案；省级机关及其直属机构非领导职务设置，由各机关提出具体方案，报省级公务员主管部门审批；市（地）级机关非领导职务设置，由各机关提出具体方案，经市（地）级公务员主管部门审核后，报省级公务员主管部门审批；县级机关非领导职务设置，由县级公务员主管部门提出具体方案，经市（地）级公务员主管部门审核后，报省级公务员主管部门审批。

第十五条 县级以上公务员主管部门负责非领导职务设置管理情况的监督检查。对违反本办法擅自扩大设置范围、突破职数比例限额、放宽任职条件的，不予批准或者备案；已经作出的决定一律无效，由同级公务员主管部门或者上级机关按照管理权限予以纠正，并按照规定对主要责任人以及其他直接责任人作出处理或者处分。

第十六条 对工作特别需要的机关，由中央公务员主管部门提出意见，报中共中央或者国务院批准，其非领导职务职数比例可适当高于本办法规定的比例。

第十七条 本办法由中共中央组织部、人事部负责解释。

15.3 《事业单位人事管理条例》（2014年7月1日）（节录）

第二条 事业单位人事管理，坚持党管干部、党管人才原则，全面准确贯彻民主、公开、竞争、择优方针。

国家对事业单位工作人员实行分级分类管理。

第三条 中央事业单位人事综合管理部门负责全国事业单位人事综合管理工作。

县级以上地方各级事业单位人事综合管理部门负责本辖区事业单位人事综合管理工作。

事业单位主管部门具体负责所属事业单位人事管理工作。

第四条 事业单位应当建立健全人事管理制度。

事业单位制定或者修改人事管理制度，应当通过职工代表大会或者其他形式听取工作人员意见。

第五条 国家建立事业单位岗位管理制度，明确岗位类别和等级。

第六条 事业单位根据职责任务和工作需要，按照国家有关规定设置岗位。

岗位应当具有明确的名称、职责任务、工作标准和任职条件。

第七条 事业单位拟订岗位设置方案，应当报人事综合管理部门备案。

【刑事法律文件】

15.4《中华人民共和国刑法》（修正后 2017 年 11 月 4 日施行）（节录）

第九十三条【国家工作人员的范围】 本法所称国家工作人员,是指国家机关中从事公务的人员。

国有公司、企业、事业单位、人民团体中从事公务的人员和国家机关、国有公司、企业、事业单位委派到非国有公司、企业、事业单位、社会团体从事公务的人员,以及其他依照法律从事公务的人员,以国家工作人员论。

第九十四条【司法工作人员的范围】 本法所称司法工作人员,是指有侦查、检察、审判、监管职责的工作人员。

15.5《关于〈中华人民共和国刑法〉第九十三条第二款的解释》（2009 年 8 月 27 日）

全国人民代表大会常务委员会讨论了村民委员会等村基层组织人员在从事哪些工作时属于刑法第九十三条第二款规定的"其他依照法律从事公务的人员",解释如下：

村民委员会等村基层组织人员协助人民政府从事下列行政管理工作,属于刑法第九十三条第二款规定的"其他依照法律从事公务的人员"：

（一）救灾、抢险、防汛、优抚、扶贫、移民、救济款物的管理；

（二）社会捐助公益事业款物的管理；

（三）国有土地的经营和管理；

（四）土地征收、征用补偿费用的管理；

（五）代征、代缴税款；

（六）有关计划生育、户籍、征兵工作；

（七）协助人民政府从事的其他行政管理工作。

村民委员会等村基层组织人员从事前款规定的公务,利用职务上的便利,非法占有公共财物、挪用公款、索取他人财物或者非法收受他人财物,构成犯罪的,适用刑法第三百八十二条和第三百八十三条贪污罪、第三百八十四条挪用公款罪、第三百八十五条和第三百八十六条受贿罪的规定。

现予公告。

15.6 最高人民法院《全国法院审理经济犯罪案件工作座谈会纪要》（2003 年 11 月 13 日）（节录）

一、关于贪污贿赂犯罪和渎职犯罪的主体

（一）国家机关工作人员的认定

刑法中所称的国家机关工作人员,是指在国家机关中从事公务的人员,包括在各级国家权力机关、行政机关、司法机关和军事机关中从事公务的人员。

根据有关立法解释的规定,在依照法律、法规规定行使国家行政管理职权的组织中从事公务的人员,或者在受国家机关委托代表国家行使职权的组织中从事公务的人员,或者虽未列入国家机关人员编制但在国家机关中从事公务的人员,视为国家机关工作人员。在乡（镇）以上中国共产党机关、人民政协机关中从事公务的人员,司法实践中也应当视为国家机关工作人员。

（二）国家机关、国有公司、企业、事业单位委派到非国有公司、企业、事业单位、社会团体从事公务的人员的认定

所谓委派，即委任、派遣，其形式多种多样，如任命、指派、提名、批准等。不论被委派的人身份如何，只要是接受国家机关、国有公司、企业、事业单位委派，代表国家机关、国有公司、企业、事业单位在非国有公司、企业、事业单位、社会团体中从事组织、领导、监督、管理等工作，都可以认定为国家机关、国有公司、企业、事业单位委派到非国有公司、企业、事业单位、社会团体从事公务的人员。如国家机关、国有公司、企业、事业单位委派在国有控股或者参股的股份有限公司从事组织、领导、监督、管理等工作的人员，应当以国家工作人员论。国有公司、企业改制为股份有限公司后，原国有公司、企业的工作人员和股份有限公司新任命的人员中，除代表国有投资主体行使监督、管理职权的人外，不以国家工作人员论。

（三）"其他依照法律从事公务的人员"的认定

刑法第九十三条第二款规定的"其他依照法律从事公务的人员"应当具有两个特征：一是在特定条件下行使国家管理职能；二是依照法律规定从事公务。具体包括：（1）依法履行职责的各级人民代表大会代表；（2）依法履行审判职责的人民陪审员；（3）协助乡镇人民政府、街道办事处从事行政管理工作的村民委员会、居民委员会等农村和城市基层组织人员；（4）其他由法律授权从事公务的人员。

（四）关于"从事公务"的理解

从事公务，是指代表国家机关、国有公司、企业、事业单位、人民团体等履行组织、领导、监督、管理等职责。公务主要表现为与职权相联系的公共事务以及监督、管理国有财产的职务活动。如国家机关工作人员依法履行职责，国有公司的董事、经理、监事、会计、出纳人员等管理、监督国有财产等活动，属于从事公务。那些不具备职权内容的劳务活动、技术服务工作，如售货员、售票员等所从事的工作，一般不认为是公务。

15.7 最高人民法院、最高人民检察院《关于办理国家出资企业中职务犯罪案件具体应用法律若干问题的意见》（2010年11月26日）（节录）

五、关于改制前后主体身份发生变化的犯罪的处理

国家工作人员在国家出资企业改制前利用职务上的便利实施犯罪，在其不再具有国家工作人员身份后又实施同种行为，依法构成不同犯罪的，应当分别定罪，实行数罪并罚。

国家工作人员利用职务上的便利，在国家出资企业改制过程中隐匿公司、企业财产，在其不再具有国家工作人员身份后将所隐匿财产据为己有的，依照刑法第三百八十二条、第三百八十三条的规定，以贪污罪定罪处罚。

国家工作人员在国家出资企业改制过程中利用职务上的便利为请托人谋取利益，事先约定在其不再具有国家工作人员身份后收受请托人财物，或者在身份变化前后连续收受请托人财物的，依照刑法第三百八十五条、第三百八十六条的规定，以受贿罪

定罪处罚。

六、关于国家出资企业中国家工作人员的认定

经国家机关、国有公司、企业、事业单位提名、推荐、任命、批准等，在国有控股、参股公司及其分支机构中从事公务的人员，应当认定为国家工作人员。具体的任命机构和程序，不影响国家工作人员的认定。

经国家出资企业中负有管理、监督国有资产职责的组织批准或者研究决定，代表其在国有控股、参股公司及其分支机构中从事组织、领导、监督、经营、管理工作的人员，应当认定为国家工作人员。

国家出资企业中的国家工作人员，在国家出资企业中持有个人股份或者同时接受非国有股东委托的，不影响其国家工作人员身份的认定。

七、关于国家出资企业的界定

本意见所称"国家出资企业"，包括国家出资的国有独资公司、国有独资企业，以及国有资本控股公司、国有资本参股公司。

是否属于国家出资企业不清楚的，应遵循"谁投资、谁拥有产权"的原则进行界定。企业注册登记中的资金来源与实际出资不符的，应根据实际出资情况确定企业的性质。企业实际出资情况不清楚的，可以综合工商注册、分配形式、经营管理等因素确定企业的性质。

15.8 最高人民检察院《对〈关于中国证监会主体认定的请示〉的答复函》（2000年4月30日）（节录）

北京市人民检察院：

你院京检字（2000）41号《关于中国证监会主体认定的请示》收悉，经我院发函向中央机构编制委员会办公室查询核定，中央机构编制委员会办公室已作出正式复函，答复如下："中国证券监督管理委员会为国务院直属事业单位，是全国证券期货市场的主管部门。其主要职责是统一管理证券期货市场，按规定对证券期货监管机构实行垂直领导，所以，它是具有行政职责的事业单位。据此，北京证券监督管理委员会干部应视同为国家机关工作人员。"请你们按中编办答复意见办。

附：2000年4月14日中编办《关于中国证券监督管理委员会机构性质问题的复函》（中编办函〔2000〕84号）

最高人民检察院：

《关于中国证券监督管理委员会是否属于国家机关的函》（高检发法字〔2000〕5号）收悉，现答复如下：

根据国办发（1998）131号文件的规定，中国证券监督管理委员会为国务院直属事业单位，是全国证券期货市场的主管部门。其主要职责是统一管理证券期货市场，按规定对证券期货监管机构实行垂直领导，所以，它是具有行政职责的事业单位。据此，北京证券监督管理委员会干部应视同为国家机关工作人员。

15.9 最高人民检察院法律政策研究室《关于国家机关、国有公司、企业委派到非国有公司、企业从事公务但尚未依照规定程序获取该单位职务的人员是否适用刑法

第九十三条第二款问题的答复》(2004年11月3日)(节录)

重庆市人民检察院法律政策研究室：

你院《关于受委派的国家工作人员未按法定程序取得非国有公司职务是否适用刑法第九十二条第二款以国家工作人员论的请示》(渝检(研)[2003]6号)收悉。经研究，答复如下：

对于国家机关、国有公司、企业委派到非国有公司、企业从事公务但尚未依照规定程序获取该单位职务的人员，涉嫌职务犯罪的，可以依照刑法第九十三条第二款关于"国家机关、国有公司、企业委派到非国有公司、企业、事业单位、社会团体从事公务的人员"，"以国家工作人员论"的规定追究刑事责任。

15.10《关于〈中华人民共和国刑法〉第九章渎职罪主体适用问题的解释》(2002年12月28日)

全国人大常委会根据司法实践中遇到的情况，讨论了刑法第九章渎职罪主体的适用问题，解释如下：

在依照法律、法规规定行使国家行政管理职权的组织中从事公务的人员，或者在受国家机关委托代表国家机关行使职权的组织中从事公务的人员，或者虽未列入国家机关人员编制但在国家机关中从事公务的人员，在代表国家机关行使职权时，有渎职行为，构成犯罪的，依照刑法关于渎职罪的规定追究刑事责任。

现予公告。

【纪检监察法规】

15.11《国家监察委员会管辖规定(试行)》(2018年4月16日)(节录)

第二章 监察对象

第四条 监察委员会监察的对象是《中华人民共和国监察法》第十五条规定的行使公权力的公职人员和有关人员，主要是指：

(一)公务员和参照公务员法管理的人员，包括中国共产党各级机关的公务员；各级人民代表大会及其常务委员会机关、人民政府、监察委员会、人民法院、人民检察院的公务员；中国人民政治协商会议各级委员会机关的公务员；民主党派机关和工商业联合会机关的公务员；参照《中华人民共和国公务员法》管理的人员。

(二)法律、法规授权或者受国家机关依法委托管理公共事务的组织中从事公务的人员，包括银行保险、证券等监督管理机构的工作人员，注册会计师协会、医师协会等具有公共事务管理职能的行业协会的工作人员，以及法定检验检测检疫鉴定机构的工作人员等。

(三)国有企业管理人员，包括国有独资、控股、参股企业及其分支机构等国家出资企业中，由党组织或者国家机关、国有公司、企业、事业单位提名、推荐、任命、批准等，从事领导、组织、管理、监督等活动的人员。

(四)公办的教育、科研、文化、医疗卫生、体育等单位中从事管理的人员，包括这类单位及其分支机构中从事领导、组织、管理、监督等活动的人员。

（五）基层群众性自治组织中从事管理的人员，包括农村村民委员会、城市居民委员会等基层群众性自治组织中从事集体事务管理的人员，以及协助人民政府从事行政管理工作的人员。

（六）其他依法履行公职的人员，包括人大代表、政协委员、党代会代表、人民陪审员、人民监督员、仲裁员等；其他在国家机关、国有公司、企业、事业单位、群团组织中依法从事领导、组织、管理、监督等公务活动的人员。

15.12《公职人员政务处分暂行规定》（2018年4月16日）（节录）

第一条　为了规范监察机关的政务处分工作，促进所有行使公权力的公职人员（以下简称公职人员）依法履职、秉公用权，廉洁从政从业、坚持道德操守，根据《中华人民共和国监察法》，制定本规定。

第二条　公职人员有违法违规行为应当承担法律责任的，在国家有关公职人员政务处分的法律出台前，监察机关可以根据被调查的公职人员的具体身份，依照相关法律、法规、国务院决定和规章对违法行为及其适用处分的规定，给予政务处分。

第三条　监察机关实施政务处分的依据，主要包括《中华人民共和国监察法》《中华人民共和国公务员法》《中华人民共和国法官法》《中华人民共和国检察官法》《中华人民共和国企业国有资产法》《行政机关公务员处分条例》《事业单位人事管理条例》《事业单位工作人员处分暂行规定》《国有企业领导人员廉洁从业若干规定》以及《农村基层干部廉洁履行职责若干规定（试行）》等。

第九条　对基层群众性自治组织、国有企业等单位中从事管理的人员，或者未列入国家机关人员编制的受国家机关依法委托管理公共事务的组织中从事公务的人员、其他依法履行公职的人员，监察机关可以依法采取下列处理措施：

（一）依据《中华人民共和国监察法》采取谈话提醒、批评教育、责令检查、诫勉；

（二）依据本规定第三条有关法规采取警示谈话、通报批评、停职检查、责令辞职。

对前款人员，监察机关可以依法向有关机关、单位提出下列监察建议：

（一）取消当选资格或者担任相应职务资格；

（二）调离岗位、降职、免职、罢免。

上述处理措施可以单独使用，也可以合并使用。

第十六条　【管辖原则】 各级监察机关按照管理权限管辖本辖区内本法第十五条规定的人员所涉监察事项。

上级监察机关可以办理下一级监察机关管辖范围内的监察事项，必要时也可以办理所辖各级监察机关管辖范围内的监察事项。

监察机关之间对监察事项的管辖有争议的，由其共同的上级监察机关确定。

【纪检监察法规】

16.1《中国共产党纪律检查机关监督执纪工作规则（试行）》（2017年1月8日）（节录）

第六条　监督执纪工作实行分级负责制：

（一）中央纪律检查委员会受理和审查中央委员、候补中央委员，中央纪委委员，中央管理的党员领导干部，以及党中央工作部门、党中央批准设立的党组（党委），各省、自治区、直辖市党委、纪委等党组织的违纪问题。

（二）地方各级纪律检查委员会受理和审查同级党委委员、候补委员，同级纪委委员，同级党委管理的党员干部，以及同级党委工作部门、党委批准设立的党组（党委），下一级党委、纪委等党组织的违纪问题。

（三）基层纪律检查委员会受理和审查同级党委管理的党员，以及同级党委下属的各级党组织的违纪问题；未设立纪律检查委员会的党的基层委员会，由该委员会负责监督执纪工作。

第七条　对党的组织关系在地方、干部管理权限在主管部门的党员干部违纪问题，应当按照谁主管谁负责的原则进行监督执纪，并及时向对方通报情况。

第八条　上级纪检机关有权指定下级纪检机关对其他下级纪检机关管辖的党组织和党员干部违纪问题进行执纪审查，必要时也可直接进行执纪审查。

16.2《中国共产党纪律检查机关案件检查工作条例》及《中国共产党纪律检查机关案件检查工作条例实施细则》（以下简称《实施细则》）（1994年5月1日）（节录）

第一章　总　则

第九条　案件检查实行分级办理、各负其责的工作制度。

第二章　受理和初步核实

第十条　纪检机关对检举、控告以及发现的下列违纪问题，予以受理：

（一）同级党委委员、纪委委员的违纪问题；

《实施细则》第五条　根据《条例》第十条第一项的规定，纪检机关受理同级党委委员、纪委委员的违纪问题，如被反映人同时担任两个以上党委或纪委委员职务的，一般应由与其最高职务同级的纪检机关受理。

（二）属上级党委管理在本地区、本部门工作的党员干部的违纪问题；

（三）同级党委管理的党员干部的违纪问题；

（四）下一级党组织的违纪问题；

（五）领导交办的反映其他党员和党组织的违纪问题。

《实施细则》第六条　《条例》第十条第五项所称"领导交办的"，是指：

1. 上级党委（党工委、党组）、纪委（纪工委、纪检组）及其负责人交办的；

2. 同级党委（党工委、党组）及其负责人和本级纪委（纪工委、纪检组）负责人交办的。

上述领导交办的反映党员和党组织的违纪问题，必须经分管纪检室领导阅批后，才予以受理。

属下级党委管理的党员和党组织重大、典型的违纪问题，必要时也可以受理。

16.3《行政机关公务员处分条例》（2007 年 6 月 1 日）（节录）

第四章 处分的权限

第三十四条 对行政机关公务员给予处分，由任免机关或者监察机关（以下统称处分决定机关）按照管理权限决定。

第三十五条 对经全国人民代表大会及其常务委员会决定任命的国务院组成人员给予处分，由国务院决定。其中，拟给予撤职、开除处分的，由国务院向全国人民代表大会提出罢免建议，或者向全国人民代表大会常务委员会提出免职建议。罢免或者免职前，国务院可以决定暂停其履行职务。

第三十六条 对经地方各级人民代表大会及其常务委员会选举或者决定任命的地方各级人民政府领导人员给予处分，由上一级人民政府决定。

拟给予经县级以上地方人民代表大会及其常务委员会选举或者决定任命的县级以上地方人民政府领导人员撤职、开除处分的，应当先由本级人民政府向同级人民代表大会提出罢免建议。其中，拟给予县级以上地方人民政府副职领导人员撤职、开除处分的，也可以向同级人民代表大会常务委员会提出撤销职务的建议。拟给予乡镇人民政府领导人员撤职、开除处分的，应当先由本级人民政府向同级人民代表大会提出罢免建议。罢免或者撤销职务前，上级人民政府可以决定暂停其履行职务；遇有特殊紧急情况，省级以上人民政府认为必要时，也可以对其作出撤职或者开除的处分，同时报告同级人民代表大会常务委员会，并通报下级人民代表大会常务委员会。

第三十七条 对地方各级人民政府工作部门正职领导人员给予处分，由本级人民政府决定。其中，拟给予撤职、开除处分的，由本级人民政府向同级人民代表大会常务委员会提出免职建议。免去职务前，本级人民政府或者上级人民政府可以决定暂停其履行职务。

第三十八条 行政机关公务员违法违纪，已经被立案调查，不宜继续履行职责的，任免机关可以决定暂停其履行职务。

被调查的公务员在违法违纪案件立案调查期间，不得交流、出境、辞去公职或者办理退休手续。

16.4《关于处分违犯党纪的党员批准权限的具体规定》（1983 年 7 月 6 日）

党的第十二次全国代表大会通过的党章，对各级纪律检查委员会的职责，对给予违犯党纪的党员和党组织纪律处分的批准权限，都作了新的规定，各级党委和纪律检查委员会应贯彻执行。为了便利工作，根据党章中有关规定的原则，结合实际情况，作如下具体规定：

一、对党的中央委员会和地方各级委员会委员、候补委员，给予撤销党内职务、留党察看、开除党籍处分，按党章第四十条规定执行。特殊情况下，给予中央委员会委员、候补委员的上述处分，由中央决定；给予党的地方各级委员会委员、候补委员的上述处分，由同级党的常务委员会决定，报上级党委批准，待下一次全体会议追认。

给中央委员会委员、候补委员以警告、严重警告处分,报中央和中央纪律检查委员会批准,凡经中央纪律检查委员会批准的,要报中央备案。

给党的地方各级委员会委员、候补委员以警告、严重警告处分,报上一级党的纪律检查委员会批准,然后由这一级纪律检查委员会报同级党委备案。

二、对党的中央顾问委员会委员,党的中央纪律检查委员会委员,给予警告、严重警告处分,由中央纪律检查委员会批准,报中央备案;给予撤销党内职务、留党察看、开除党籍处分,由本人所在的委员会三分之二以上的多数决定,报中央批准。

对各省、市、自治区党的顾问委员会委员,党的地方各级纪律检查委员会委员,给予警告、严重警告处分,由各级纪律检查委员会批准,报同级党的委员会和上一级纪律检查委员会备案。给予撤销党内职务、留党察看、开除党籍处分,由本人所在委员会的三分之二以上的多数决定,报告同级党委,同时报上一级纪律检查委员会批准;各省、市、自治区顾问委员会的主任、副主任、常委,纪律检查委员会的书记、副书记、党委,报中央纪律检查委员会审核,报中央批准;地、市以下纪律检查委员会的书记、副书记、常委,报上一级纪律检查委员会审核,由这一级纪律检查委员会报同级党委批准。

三、对中央直属单位的部长、副部长、主任、副主任等,对最高人民检察院、最高人民法院和国务院各部、委、办党组成员,国务院直属局、总局党组书记、副书记,给予警告、严重警告处分,由中纪律检查委员会批准,报中央备案;给予撤销党内职务、留党察看、开除党籍处分,报中央批准。

对上述单位的副司、局长以上干部,以及上述单位的直属企业、事业单位中,现属中央管理的干部,给予党纪处分,由中央纪律检查委员会批准,报中央备案。

四、对各省、市、自治区的厅长、局长、主任、部长以上干部,以及所属企业、事业单位中现属中央管理的干部,对市、地、州委书记、行署专员、市长、州长、中央直辖市的区委书记、区长,给予党纪处分,由中央纪律检查委员会批准,报中央备案。

五、受留党察看处分的党员,经过留党察看,事实证明他已改正了错误,由支部大会作出恢复他的党员权利的决定,报党的基层委员会或上一级党的纪律检查委员会批准;本人坚持错误不改,应当开除党籍时,根据他的现任职务履行批准手续。

六、对于党员和党的组织的处分,如处分不当,需要改变,或者处分错了,需要取消的,改变或取消处分,由原决定和批准处分的组织办理。原决定和批准处分的组织如已撤销,由本人现在的组织办理。

七、根据党章第四十条、第四十六条的规定,党组不再决定和批准对党员的党纪处分。机关党委(支部)在作出决定时,应征求党组的意见。

八、各省、市、自治区党的纪律检查委员会和军委纪律检查委员会,应根据党章有关规定的原则,参照本规定,作出相应的补充规定,分别报各省、市、自治区党的委员会和军委批准执行,并报中央纪律检查委员会备案。

16.5 《关于修改〈关于处分违犯党纪的党员批准权限的具体规定〉的通知》
(1987年3月28日)

根据中央改革干部管理体制、下放干部管理权限的决定，现对中央纪律检查委员会《关于处分违犯党纪的党员批准权限的具体规定》（中纪发〔1983〕12号）作如下几点修改：

一、对各省、自治区、直辖市党的顾问委员会主任、副主任、纪律检查委员会书记、副书记，给予撤销党内职务、留党察看、开除党籍处分，仍报中央批准；给予顾问委员会常委、纪律检查委员会常委上述处分，由中央纪律检查委员会批准，报中央备案；给予顾问委员会、纪律检查委员会的其他委员上述处分，由省、自治区、直辖市党的委员会批准，报中央纪律检查委员会备案。对各省、自治区、直辖市党的顾问委员会主任、副主任、常委、纪律检查委员会书记、副书记、常委，给予警告、严重警告处分，报中央纪律检查委员会批准，报中央备案；给予顾问委员会、纪律检查委员会的其他委员上述处分，由省、自治区、直辖市党的纪律检查委员会批准，报中央纪律检查委员会备案。

二、对《中央管理干部职务名称表》中所列中央直属机关、中央国家机关以及企业、事业单位，高等院校的副部长级以上干部，各部委、办以及属于这一级的中央直属机关、中央国家机关、企业、事业单位的党组成员，国务院直属局局长、党组书记，给予撤销党内职务、留党察看、开除党籍处分，报中央批准；给予警告、严重警告处分，由中央纪律检查委员会批准，报中央备案。对上述机关中列入《中央管理干部职务名称表》的不是副部长级的干部，给予党纪处分，由中央纪律检查委员会批准，报中央备案。

三、对各省、自治区、直辖市人民政府省长、副省长，主席、副主席，市长、副市长，顾问，人大常委会主任、副主任，政协主席、副主席，高级人民法院院长、人民检察院检察长，给予撤销党内职务、留党察看、开除党籍处分，报中央批准；给予警告、严重警告处分，由中央纪律检查委员会批准，报中央备案。

四、对中央直属机关、中央国家机关以及企业、事业单位、高等院校列入《向中央备案的干部职务名单》的党员干部，各省、自治区、直辖市的正部、厅、局级党员干部，地、市、州、盟委书记、专员、市长、州长、盟长，直辖市区委书记、区长，所受撤销党内职务、留党察看、开除党籍处分，经有关党组织批准后，向中央纪律检查委员会备案。本通知对中纪发〔1983〕12号文所作的改变，自通知下发之日起，开始执行。未作改变的，仍按中纪发〔1983〕12号文执行。

16.6 《关于中央、中央纪委决定或批准的对犯错误党员的处分执行程序的通知》
(1992年9月5日)（节录）

近年来，各级党组织对执行上级党组织决定或批准的对犯错误党员的处分，是严肃认真的。但是，个别单位在执行中仍然存在一些问题。为了加强对有关党组织执行中央、中央纪委决定或批准的对犯错误党员处分的监督，维护党纪的严肃性，根据《中国共产党章程》和中央纪委《党的纪律检查机关案件审理工作条例》的精神，特做如下通知：

一、对中央、中央纪委决定或批准的对犯错误党员的处分，有关党组织应在犯错误党员所在的基层党委或党支部的范围内予以宣布，并将处分决定及批复给犯错误党员一份。

二、中央纪委直接做出的对犯错误党员的处分决定，由中央纪委或中央纪委委托有关党组织宣布执行。

有关党组织做出的对犯错误党员的处分决定，呈报中央或中央纪委审批的，中央或中央纪委批准后，由呈报单位党组织宣布执行。

三、有关党组织接到中央或中央纪委的批复之日起，必须在一个月内予以宣布执行。并在两个月内将执行情况填写《处分决定执行情况报告表》报中央纪委。

有关党组织如有特殊原因不能按规定时间宣布中央、中央纪委的决定或批复的，应向中央纪委申明原因。对既不按规定时间宣布中央、中央纪委的决定或批复，又不向中央纪委申明原因的，应追究有关责任者和领导者的责任。

四、有关党组织报给中央纪委的《处分决定执行情况报告表》，由中央纪委案件审理室承办。

五、各级纪委可结合本地区、本部门的实际情况，参照本通知的精神，制定相应的规定，并报上一级纪委备案。

16.7《国家监察委员会管辖规定（试行）》（2018年4月16日）

第一章　总　则

第一条　为明确国家监察委员会管辖范围，根据《中华人民共和国监察法》，结合工作实际，制定本规定。

第二条　本规定所称管辖，是指国家监察委员会对监察对象职务违法和职务犯罪进行监督调查处置的权限和分工。

第三条　国家监察委员会同中央纪律检查委员会合署办公，在党中央集中统一领导下，按照管辖职责开展监督调查处置，按照干部管理权限和属地管辖相结合的原则，实行分级分工负责。

第二章　监察对象

第四条　监察委员会监察的对象是《中华人民共和国监察法》第十五条规定的行使公权力的公职人员和有关人员，主要是指：

（一）公务员和参照公务员法管理的人员，包括中国共产党各级机关的公务员；各级人民代表大会及其常务委员会机关、人民政府、监察委员会、人民法院、人民检察院的公务员；中国人民政治协商会议各级委员会机关的公务员；民主党派机关和工商业联合会机关的公务员；参照《中华人民共和国公务员法》管理的人员。

（二）法律、法规授权或者受国家机关依法委托管理公共事务的组织中从事公务的人员，包括银行保险、证券等监督管理机构的工作人员，注册会计师协会、医师协会等具有公共事务管理职能的行业协会的工作人员,以及法定检验检测检疫鉴定机构的工作人员等。

(三)国有企业管理人员,包括国有独资、控股、参股企业及其分支机构等国家出资企业中,由党组织或者国家机关、国有公司、企业、事业单位提名、推荐、任命、批准等,从事领导、组织、管理、监督等活动的人员。

(四)公办的教育、科研、文化、医疗卫生、体育等单位中从事管理的人员,包括这类单位及其分支机构中从事领导、组织、管理、监督等活动的人员。

(五)基层群众性自治组织中从事管理的人员,包括农村村民委员会、城市居民委员会等基层群众性自治组织中从事集体事务管理的人员,以及协助人民政府从事行政管理工作的人员。

(六)其他依法履行公职的人员,包括人大代表、政协委员、党代会代表、人民陪审员、人民监督员、仲裁员等;其他在国家机关、国有公司、企业、事业单位、群团组织中依法从事领导、组织、管理、监督等公务活动的人员。

第三章 监督检查和调查职务违法

第五条 国家监察委员会履行监督职责应当与党内监督有机统一,加强日常监督,运用党章党规党纪和宪法法律法规,了解掌握公职人员思想、工作、作风、生活等情况,加强教育和检查,贯彻惩前毖后、治病救人的方针,深化运用监督执纪"四种形态",抓早抓小、防微杜渐。

第六条 中央纪律检查委员会、国家监察委员会应当把握监督重点,坚定维护习近平总书记党中央的核心、全党的核心地位,维护党中央权威和集中统一领导;检查贯彻执行党和国家的路线方针政策,落实全面从严治党责任、民主集中制原则以及中央八项规定精神的情况;监督检查依法履职、秉公用权、廉洁从政以及恪守社会道德规范的情况。

第七条 中央纪律检查委员会、国家监察委员会要把日常监督管理、巡视监督和派驻监督有机结合,对监督中发现的问题,要及时分类处置,了解和督促被巡视地区和单位整改落实工作。加强对派驻纪检监察组的领导和建设,督促其落实监督责任,定期约谈主要负责人,将监督工作做实做细。

第八条 派驻纪检监察组依法对被监督单位的领导班子和公职人员进行日常监督,善于运用谈话提醒和诫勉谈话等监督方式。发现领导班子和中央管理的公职人员存在问题的,应当及时向中央纪律检查委员会、国家监察委员会报告;发现其他公职人员的问题,应当会同被监督单位党组织开展调查处置,强化监督职责,发挥"探头"作用。

第九条 国家监察委员会调查公职人员在行使公权力过程中,利用职务便利实施的或者与其职务相关联的违法行为,重点调查公职人员涉嫌贪污贿赂、滥用职权、玩忽职守、权力寻租、利益输送、徇私舞弊以及浪费国家资财等职务违法行为。

第十条 国家监察委员会根据监督和调查的结果,依法对公职人员进行处置,政务处分一般应当与党纪处理有效衔接和匹配,防止畸轻畸重。

第四章 职务犯罪案件管辖范围

第十一条 国家监察委员会负责调查行使公权力的公职人员涉嫌贪污贿赂、滥用职权、玩忽职守、权力寻租、利益输送、徇私舞弊以及浪费国家资财等职务犯罪案件。

第十二条 贪污贿赂犯罪案件,包括贪污罪;挪用公款罪;受贿罪;单位受贿罪;利用影响力受贿罪;行贿罪;对有影响力的人行贿罪;对单位行贿罪;介绍贿赂罪;单位行贿罪;巨额财产来源不明罪;隐瞒境外存款罪;私分国有资产罪;私分罚没财物罪;非国家工作人员受贿罪;对非国家工作人员行贿罪;对外国公职人员、国际公共组织官员行贿罪。

第十三条 滥用职权犯罪案件,包括滥用职权罪;国有公司、企业、事业单位人员滥用职权罪;滥用管理公司、证券职权罪;食品监管渎职罪;故意泄露国家秘密罪;报复陷害罪;阻碍解救被拐卖、绑架妇女、儿童罪;帮助犯罪分子逃避处罚罪;违法发放林木采伐许可证罪;办理偷越国(边)境人员出入境证件罪;放行偷越国(边)境人员罪;挪用特定款物罪;非法剥夺公民宗教信仰自由罪;侵犯少数民族风俗习惯罪;打击报复会计、统计人员罪。

第十四条 玩忽职守犯罪案件,包括玩忽职守罪;国有公司、企业、事业单位人员失职罪;签订、履行合同失职被骗罪;国家机关工作人员签订、履行合同失职被骗罪;环境监管失职罪;传染病防治失职罪;商检失职罪;动植物检疫失职罪;不解救被拐卖、绑架妇女、儿童罪;失职造成珍贵文物损毁、流失罪;过失泄露国家秘密罪。

第十五条 徇私舞弊犯罪案件,包括徇私舞弊低价折股、出售国有资产罪;非法批准征收、征用、占用土地罪;非法低价出让国有土地使用权罪;非法经营同类营业罪;为亲友非法牟利罪;枉法仲裁罪;徇私舞弊发售发票、抵扣税款、出口退税罪;商检徇私舞弊罪;动植物检疫徇私舞弊罪;放纵走私罪;放纵制售伪劣商品犯罪行为罪;招收公务员、学生徇私舞弊罪;徇私舞弊不移交刑事案件罪;违法提供出口退税凭证罪;徇私舞弊不征、少征税款罪。

第十六条 公职人员在行使公权力过程中发生的重大责任事故犯罪案件,包括重大责任事故罪;教育设施重大安全事故罪;消防责任事故罪;重大劳动安全事故罪;强令违章冒险作业罪;不报、谎报安全事故罪;铁路运营安全事故罪;重大飞行事故罪;大型群众性活动重大安全事故罪;危险物品肇事罪;工程重大安全事故罪。

第十七条 公职人员在行使公权力过程中发生的其他犯罪案件,包括破坏选举罪;背信损害上市公司利益罪;金融工作人员购买假币、以假币换取货币罪;利用未公开信息交易罪;诱骗投资者买卖证券、期货合约罪;背信运用受托财产罪;违法运用资金罪;违法发放贷款罪;吸收客户资金不入账罪;违规出具金融票证罪;对违法票据承兑、付款、保证罪;非法转让、倒卖土地使用权罪;私自开拆、隐匿、毁弃邮

第三章 监察范围和管辖

件、电报罪；职务侵占罪；挪用资金罪；故意延误投递邮件罪；泄露不应公开的案件信息罪；披露、报道不应公开的案件信息罪；接送不合格兵员罪。

第十八条 公职人员在行使公权力的过程中，违反职务廉洁等规定进行权力寻租，或者为谋取政治、经济等方面的特定利益进行利益输送，构成犯罪的，适用受贿罪、行贿罪、为亲友非法牟利罪等规定。

公职人员违反科学决策、民主决策、依法决策程序，违反财经制度，浪费国家资财构成犯罪的，适用贪污罪、徇私舞弊低价折股出售国有资产罪等规定。

第十九条 公职人员既涉嫌严重职务违法或者职务犯罪，又涉嫌其他违法犯罪的案件，由国家监察委员会与最高人民检察院、公安部等机关协商解决管辖问题，一般应当由国家监察委员会为主调查，其他机关予以配合。

第二十条 几个省级监察机关都有管辖权的案件，由最初受理的监察机关管辖。必要时，可以由主要犯罪地的监察机关管辖。省级监察机关之间对案件管辖有争议的，应当指请国家监察委员会解决。

具有下列情形之一的，国家监察委员会可以在职责范围内并案调查：

（一）一人犯数罪的；

（二）共同犯罪的；

（三）共同犯罪的公职人员还实施其他犯罪的；

（四）多人实施的犯罪存在关联，并案处理有利于查明事实的。

第二十一条 在诉讼监督活动中发现的司法工作人员利用职权实施的侵犯公民权利、损害司法公正的犯罪，由人民检察院管辖更为适宜的可以由人民检察院管辖。

公职人员以外的其他人员涉嫌第十六条、第十七条所列犯罪和非国家工作人员受贿罪，对非国家工作人员行贿罪，对外国公职人员、国际公共组织官员行贿罪的，由公安机关管辖。

第五章 管辖分工和协调

第二十二条 国家监察委员会调查中央管理的公职人员职务违法和职务犯罪案件；有全国性影响的其他重大职务违法和职务犯罪案件。

第二十三条 国家监察委员会可以直接调查或者领导、指挥调查省级监察机关管辖的案件，必要时也可以直接办理地方各级监察机关管辖的案件。

第二十四条 国家监察委员会可以将其管辖案件指定省级监察机关管辖，也可以将省级监察机关管辖的案件指定给其他省级监察机关管辖。

地方监察机关办理国家监察委员会指定管辖的案件过程中，发现新的涉嫌职务违法或者职务犯罪线索，应当及时报送国家监察委员会。对案件涉及的重要情况、重大问题，应当及时请示报告。

第二十五条 省级监察机关认为所管辖的案件重大、复杂，需要由国家监察委员会管辖的，可以报请移送国家监察委员会管辖。国家监察委受理后，认为需要调查的，可以自行调查，也可以指定其他省级监察机关办理。

第二十六条　国家监察委员会在调查中指定异地管辖，需要在异地起诉、审判的，应当在移送审查起诉前与人民检察院、人民法院协商指定管辖等相关事宜。

第二十七条　中央纪律检查委员会、国家监察委员会派驻纪检监察组负责调查被监督单位非中央管理的局级及以下公职人员的职务违法和职务犯罪案件，派驻纪检监察组可以与北京市监察委员会联合开展调查。

第二十八条　派驻纪检监察组调查其所管辖的职务犯罪案件，认为由北京市监察委员会调查更为适宜的，应当经驻在单位党组（党委）同意，并向国家监察委员会报备后，移交北京市监察委员会调查。北京市监察委员会根据具体情况决定自行调查或者指定下级监察机关调查。

北京市监察委员会认为有依法需要回避等情形的，应当报请国家监察委员会指定其他监察机关管辖。

北京市监察委员会作出立案调查决定的，对调查过程中的重要情况，应当及时通报派驻纪检监察组；作出不予立案调查或者撤销案件等决定的，应当征求派驻纪检监察组的意见。派驻纪检监察组应当将上述情况及时向国家监察委员会对口联系纪检监察室报备，纪检监察室接报后，应当及时向分管领导同志报告。

第二十九条　工作地点在地方、干部管理权限在主管部门的公职人员涉嫌职务违法或者职务犯罪的，由派驻该单位的纪检监察组管辖。派驻纪检监察组认为由其工作所在地监察机关调查更为适宜的，应当及时同其工作所在地有关监察机关协商决定，并履行相应的审批程序。

第三十条　本规定由国家监察委员会负责解释。

第三十一条　本规定自发布之日起施行。

16.8 根据《国家监察委员会管辖规定（试行）》和《刑法》及相关司法解释，应由监察机关管辖的88个罪名的立案标准

第一类　贪污贿赂犯罪（涉及《刑法》条文24条、17个罪名）

（一）贪污罪（《刑法》第三百八十二条、第三百九十四条、第二百七十一条二款、第一百八十三条第二款）

贪污罪是指国家工作人员利用职务上的便利，侵吞、窃取、骗取或者以其他手段非法占有公共财物的行为。

1. 贪污数额在三万元以上不满二十万元的，属于刑法的"数额较大"，依法判处三年以下有期徒刑或者拘役，并处罚金。

2. 贪污数额在一万元以上不满三万元，具有下列情形之一的，属于刑法规定的"其他较重情节"，依法判处三年以下有期徒刑或者拘役，并处罚金：

（1）贪污救灾、抢险、防汛、优抚、扶贫、移民、救济、防疫、社会捐助等特定款物的；

（2）曾因贪污、受贿、挪用公款受过党纪、行政处分的；

（3）曾因故意犯罪受过刑事追究的；

（4）赃款赃物用于非法活动的；

(5) 拒不交待赃款赃物去向或者拒不配合追缴工作，致使无法追缴的；

(6) 造成恶劣影响或者其他严重后果的。

3. 贪污数额在二十万元以上不满三百万元的，属于刑法规定的"数额巨大"，依法判处三年以上十年以下有期徒刑，并处罚金或者没收财产。

4. 贪污数额在十万元以上不满二十万元，具有前述2中六种情形之一的，属于刑法规定的"其他严重情节"，依法判处三年以上十年以下有期徒刑，并处罚金或者没收财产。

5. 贪污数额在三百万元以上的，属于刑法规定的"数额特别巨大"，依法判处十年以上有期徒刑、无期徒刑或者死刑，并处罚金或者没收财产。

6. 贪污数额在一百五十万元以上不满三百万元，具有前述2中六种情形之一的，属于刑法规定的"其他特别严重情节"，依法判处十年以上有期徒刑、无期徒刑或者死刑，并处罚金或没收财产。

7. 贪污数额特别巨大，犯罪情节特别严重、社会影响特别恶劣、给国家和人民利益造成特别重大损失的，可以判处死刑。

符合前述规定的情形，但具有自首、立功，如实供述自己罪行、真诚悔罪、积极退赃，或者避免、减少损害结果的发生等情节，不是必须立即执行的，可以判处死刑缓期二年执行。

符合第一款规定情形的，根据犯罪情节等情况可以判处死刑缓期二年执行，同时裁判决定在其死刑缓期执行二年期满依法减为无期徒刑后，终身监禁，不得减刑、假释。

(二) 挪用公款罪（《刑法》第三百八十四条、第一百八十五条第二款）

国家工作人员利用职务上的便利，挪用公款归个人使用，进行非法活动的，或者挪用公款数额较大、进行营利活动的，或者挪用公款数额较大、超过三个月未还的，是挪用公款罪。

1. 挪用公款归个人使用，进行非法活动，数额在三万元以上的，应当以挪用公款罪追究刑事责任。

2. 挪用公款数额在三百万元以上的，属于刑法规定的"数额巨大"。

3. 具有下列情形之一的，属于刑法规定的"情节严重"：

(1) 挪用公款数额在一百万元以上的；

(2) 挪用救灾、抢险、防汛、优抚、扶贫、移民、救济特定款物，数额在五十万元以上不满一百万元的；

(3) 挪用公款不退还，数额在五十万元以上不满一百万元的；

(4) 其他严重的情节。

4. 挪用公款归个人使用，进行营利活动或者超过三个月未还，数额在五万元以上的，属于刑法第三百八十四条第一款规定的"数额较大"。

5. 数额在五百万元以上的，属于刑法第三百八十四条第一款规定的"数额巨大"。

6. 具有下列情形之一的,属于刑法第三百八十四条第一款规定的"情节严重":

(1) 挪用公款数额在二百万元以上的;

(2) 挪用救灾、抢险、防汛、优抚、扶贫、移民、救济特定款物,数额在一百万元以上不满二百万元的;

(3) 挪用公款不退还,数额在一百万元以上不满二百万元的;

(4) 其他严重的情节。

(三) 受贿罪(《刑法》第三百八十五条、第三百八十八条、第一百八十四条二款、第一百六十三条第三款)

受贿罪是指国家工作人员利用职务上的便利,索取他人财物的,或者非法权受他人财物,为他人谋取利益的行为。

1. 受贿数额在三万元以上不满二十万元的,属于刑法规定的"数额较大",依法判处三年以下有期徒刑或者拘役,并处罚金。

2. 受贿数额在一万元以上不满三万元,具有下列情形之一的,属于刑法规定的"其他较重情节",依法判处三年以下有期徒刑或者拘役,并处罚金:

(1) 曾因贪污、受贿、挪用公款受过党纪、行政处分的;

(2) 曾因故意犯罪受过刑事追究的;

(3) 赃款赃物用于非法活动的;

(4) 拒不交待赃款赃物去向或者拒不配合追缴工作,致使无法追缴的;

(5) 造成恶劣影响或者其他严重后果的;

(6) 多次索贿的;

(7) 为他人谋取不正当利益,致使公共财产、国家和人民利益遭受损失的;

(8) 为他人谋取职务提拔、调整的。

3. 受贿数额在二十万元以上不满三百万元的,属于刑法规定的"数额巨大",依法判处三年以上十年以下有期徒刑,并处罚金或者没收财产。

4. 受贿数额在十万元以上不满二十万元,具有前述 2 中八种情形之一的,属于刑法规定的"其他严重情节",依法判处三年以上十年以下有期徒刑,并处罚金或者没收财产。

5. 受贿数额在三百万元以上的,属于刑法规定的"数额特别巨大",依法判处十年以上有期徒刑、无期徒刑或者死刑,并处罚金或者没收财产。

6. 受贿数额在一百五十万元以上不满三百万元,具有前述 2 中八种情形之一的,属于刑法规定的"其他特别严重情节",依法判处十年以上有期徒刑、无期徒刑或者死刑,并处罚金或者没收财产。

7. 受贿数额特别巨大,犯罪情节特别严重、社会影响特别恶劣、给国家和人民利益造成特别重大损失的,可以判处死刑。

符合前述规定的情形,但具有自首、立功,如实供述自己罪行、真诚悔罪、积极退赃,或者避免、减少损害结果的发生等情节,不是必须立即执行的,可以判处死刑缓期二年执行。

符合第一款规定情形的,根据犯罪情节等情况可以判处死刑缓期二年执行,同时裁判决定在其死刑缓期执行二年期满依法减为无期徒刑后,终身监禁,不得减刑、假释。

(四)单位受贿罪(《刑法》第三百八十七条)

单位受贿罪是指国家机关、国有公司、企业、事业单位、人民团体,索取、非法收受他人财物,为他人谋取利益,情节严重的行为,或者在经济往来中,在帐外暗中收受各种名义的回扣、手续费的行为。

涉嫌下列情形之一的,应予立案:

1. 单位受贿数额在10万元以上的;

2. 单位受贿数额不满10万元,但具有下列情形之一的:

(1)故意刁难、要挟有关单位、个人,造成恶劣影响的;

(2)强行索取财物的;

(3)致使国家或者社会利益遭受重大损失的。

(五)利用影响力受贿罪(《刑法》第三百八十八条之一)

利用影响力受贿罪的定罪量刑适用标准,参照受贿罪的规定执行。

(六)行贿罪(《刑法》第三百八十九条)

1. 为谋取不正当利益,向国家工作人员行贿,数额在三万元以上的,应当以行贿罪追究刑事责任。

2. 行贿数额在一万元以上不满三万元,具有下列情形之一的,应当以行贿罪追究刑事责任:

(1)向三人以上行贿的;

(2)将违法所得用于行贿的;

(3)通过行贿谋取职务提拔、调整的;

(4)向负有食品、药品、安全生产、环境保护等监督管理职责的国家工作人员行贿,实施非法活动的;

(5)向司法工作人员行贿,影响司法公正的;

(6)造成经济损失数额在五十万元以上不满一百万元的。

3. 犯行贿罪,具有下列情形之一的,属于刑法规定的"情节严重":

(1)行贿数额在一百万元以上不满五百万元的;

(2)行贿数额在五十万元以上不满一百万元,并具有本解释第七条第二款第一项至第五项规定的情形之一的;

(3)其他严重的情节。

4. 为谋取不正当利益,向国家工作人员行贿,造成经济损失数额在一百万元以上不满五百万元的,属于刑法规定的"使国家利益遭受重大损失"。

5. 犯行贿罪,具有下列情形之一的,属于刑法规定的"情节特别严重":

(1)行贿数额在五百万元以上的;

(2)行贿数额在二百五十万元以上不满五百万元,并具有本解释第七条第二款第一项至第五项规定的情形之一的;

（3）其他特别严重的情节。

6. 为谋取不正当利益，向国家工作人员行贿，造成经济损失数额在五百万元以上的，属于刑法规定的"使国家利益遭受特别重大损失"。

（七）为利用影响力行贿罪（《刑法》第三百九十条之一）

为利用影响力行贿罪的定罪量刑适用标准，参照本解释关于行贿罪的规定执行。

（八）对单位行贿罪（《刑法》第三百九十一条）

对单位行贿罪是指为谋取不正当利益，给予国家机关、国有公司、企业、事业单位、人民团体以财物，或者在经济往来中，违反国家规定，给予上述单位各种名义的回扣、手续费的行为。

涉嫌下列情形之一的，应予立案：

1. 个人行贿数额在10万元以上、单位行贿数额在20万元以上5的；

2. 个人行贿数额不满10万元、单位行贿数额在10万元以上不满20万元，但具有下列情形之一的：

（1）为谋取非法利益而行贿的；

（2）向3个以上单位行贿的；

（3）向党政机关、司法机关、行政执法机关行贿的；

（4）致使国家或者社会利益遭受重大损失的。

（九）介绍贿赂罪（《刑法》第三百九十二条）

介绍贿赂罪是指在行贿人与受贿人之间沟通关系、撮合条件，使贿赂行为得以实现情节严重的行为。

涉嫌下列情形之一的，应予立案：

1. 介绍个人向国家工作人员行贿，数额在2万元以上的；介绍单位向国空工作人员行贿，数额在20万元以上的；

2. 介绍贿赂数额不满上述标准，但具有下列情形之一的：

（1）为使行贿人获取非法利益而介绍贿赂的；

（2）3次以上或者为3人以上介绍贿赂的；

（3）向党政领导、司法工作人员、行政执法人员介绍贿赂的；

（4）致使国家或者社会利益遭受大损失的。

（十）单位行贿罪（《刑法》第三百九十三条）

单位行贿罪是指公司、企业、事业单位、机关、团体为谋取不正当利益而行贿，或者违反国家规定，给予国家工作人员以回扣、手续费，情节严重的行为。

涉嫌下列情形之一的，应予以立案：

1. 单位行贿数额在20万元以上的；

2. 单位为谋取不正当利益而行贿，数额在10万元以上不满20万元，但具有下列情形之一的：

（1）为谋取非法利益而行贿的；

（2）向3人以上行贿的；

(3) 向党政领导、司法工作人员、行政执法人员行贿的;
(4) 致使国家或者社会利益遭受重大损失的。

(十一) 巨额财产来源不明罪(《刑法》第三百九十五条第一款)

巨额财产来源不明罪是指国家工作人员的财产或者支出明显超出合法收入,差额巨大,而本人又不能说明其来源是合法的行为。

涉嫌巨额财产来源不明,数额在30万元以上的,应予立案。

(十二) 隐瞒境外存款罪(《刑法》第三百九十五条第二款)

隐瞒境外存款罪是指国家工作人员违反国家规定,故意隐瞒不报在境外的存款,数额较大的行为。

涉嫌隐瞒境外存款,折合人民币数额在30万元以上的,应予立案。

(十三) 私分国有资产罪(《刑法》第三百九十六条第一款)

私分国有资产罪是指国家机关、国有公司、企业、事业单位、人民团体,违反国家规定,以单位名义将国有资产集体私分给个人,数额较大的行为。

涉嫌私分国有资产,累计数额在10万元以上的,应予立案。

(十四) 私分罚没财物罪(《刑法》第三百九十六条第二款)

私分罚没财物罪是指司法机关、行政执法机关违反国家规定,将应当上缴国家的罚没财物,以单位名义集体私分给个人的行为。

涉嫌私分罚没财物,累计数额在10万元以上,应予立案。

(十五) 非国家工作人员受贿罪(《刑法》第一百六十三条)

非国家工作人员受贿罪中的"数额较大""数额巨大"的数额起点,按照《最高人民法院、最高人民检察院关于办理贪污贿赂刑事案件适用法律若干问题的解释》关于受贿罪相对应的数额标准规定的二倍、五倍执行。

(十六) 对非国家工作人员行贿罪(《刑法》第一百六十四条)

对非国家工作人员行贿罪中的"数额较大""数额巨大"的数额起点,按照《最高人民法院、最高人民检察院关于办理贪污贿赂刑事案件适用法律若干问题的解释》第七条、第八条第一款关于行贿罪的数额标准规定的二倍执行。

(十七) 对外国公职人员、国际公共组织官员行贿罪(《刑法》第一百六十四条)

追诉立案标准参照行贿罪立案标准。

第二类 滥用职权犯罪(涉及《刑法》条文15条、15个罪名)

(十八) 滥用职权罪(《刑法》第三百九十七条、《关于惩治骗购外汇、逃汇和非法买卖外汇犯罪的决定》第六条)

滥用职权罪是指国家机关工作人员超越职权,违法决定、处理其无权决定、处理的事项,或者违反规定处理公务,致使公共财产、国家和人民利益遭受重大损失的行为。

涉嫌下列情形之一的,应予立案:

1. 国家机关工作人员滥用职权,涉嫌下列情形之一的,属于"致使公共财产、国家和人民利益遭受重大损失",处三年以下有期徒刑或者拘役:

(1) 造成死亡1人以上，或者重伤3人以上，或者轻伤9人以上，或者重伤2人、轻伤3人以上，或者重伤1人、轻伤6人以上的；

(2) 造成经济损失30万元以上的；

(3) 造成恶劣社会影响的；

(4) 其他致使公共财产、国家和人民利益遭受重大损失的情形。

2. 涉嫌下列情形之一的，属于"情节特别严重"，处三年以上七年以下有期徒刑：

(1) 造成伤亡达到前款第1项规定人数3倍以上的；

(2) 造成经济损失150万元以上的；

(3) 造成前款规定的损失后果，不报、迟报、谎报或者授意、指使、强令他人不报、迟报、谎报事故情况，致使损失后果持续、扩大或者抢救工作延误的；

(4) 造成特别恶劣社会影响的；

(5) 其他特别严重的情节。

3. 国家机关工作人员滥用职权，有下列情形之一，致使盗窃、抢劫、诈骗、抢夺的机动车被办理登记手续，数量达到3辆以上或者价值总额达到30万元以上的，以滥用职权罪定罪，处三年以下有期徒刑或者拘役：

(1) 明知是登记手续不全或者不符合规定的机动车而办理登记手续的；

(2) 指使他人为明知是登记手续不全或者不符合规定的机动车办理登记手续的；

(3) 违规或者指使他人违规更改、调换车辆档案的；

(4) 其他滥用职权的行为。

国家机关工作人员实施前款行为，致使盗窃、抢劫、诈骗、抢夺的机动车被办理登记手续，达到前款规定数量、数额标准5倍以上的，或者明知是盗窃、抢劫、诈骗、抢夺的机动车而办理登记手续的，属于"情节特别严重"，处三年以上七年以下有期徒刑。

国家机关工作人员徇私舞弊，实施上述行为，构成犯罪的，依照刑法第三百九十七条第二款的规定定罪处罚。

4. 林业主管部门工作人员之外的国家机关工作人员，违反森林法的规定，滥用职权，致使林木被滥伐40立方米以上或者幼树被滥伐2000株以上，或者致使防护林、特种用途林被滥伐10立方米以上或者幼树被滥伐400株以上，或者致使珍贵树木被采伐、毁坏4立方米或者4株以上，或者致使国家重点保护的其他植物被采伐、毁坏后果严重的，或者致使国家严禁采伐的林木被采伐、毁坏情节恶劣的，按照刑法第397条的规定以滥用职权罪追究刑事责任。

(十九) 国有公司、企业、事业单位人员滥用职权罪（《刑法》第一百六十八条）

国有公司、企业、事业单位人员滥用职权罪，是指国有公司、企业、事业单位的工作人员，由于滥用职权，造成国有公司、企业破产或者严重亏损，致使国家利益遭受重大损失，以及国有事业单位的工作人员由于滥用职权，致使国家利益遭受重大损失的行为。

国有公司、企业、事业单位的工作人员,滥用职权,涉嫌下列情形之一的,应予追诉,处三年以下有期徒刑或者拘役:

1. 造成国家直接经济损失数额在30万元以上的;

2. 造成有关单位破产,停业、停产6个月以上,或者被吊销许可证和营业执照、责令关闭、撤销、解散的;

3. 其他致使国家利益遭受重大损失的情形。

(二十)滥用管理公司、证券职权罪(《刑法》第四百零三条)

滥用管理公司、证券职权罪是指工商行政管理、证券管理等国家有关主管部门的工作人员徇私舞弊,滥用职权,对不符合法律规定条件的公司设立、登记申请或者股票、债券发行、上市申请予以批准或者登记,致使公共财产、国家和人民利益遭受重大损失的行为,以及上级部门、当地政府强令登记机关及其工作人员实施上述行为的行为。

涉嫌下列情形之一的,应予立案:

1. 造成直接经济损失50万元以上的;

2. 工商管理部门的工作人员对不符合法律规定条件的公司设立、登记申请,违法予以批准、登记,严重扰乱市场秩序的;

3. 金融证券管理机构工作人员对不符合法律规定条件的股票、债券发行、上市申请,违法予以批准,严重损害公众利益,或者严重扰乱金融秩序的;

4. 工商管理部门、金融证券管理机构的工作人员对不符合法律规定条件的公司设立、登记申请或者股票、债券发行、上市申请违法予以批准或者登记,致使犯罪行为得逞的;

5. 上级部门、当地政府直接负责的主管人员强令登记机关及其工作人员,对不符合法律规定条件的公司设立、登记申请或者股票、债券发行、上市申请予以批准或者登记,致使公共财产、国家或者人民利益遭受重大损失的;

6. 其他致使公共财产、国家和人民利益遭受重大损失的情形。

(二十一)食品监管渎职罪(《刑法》第四百零八条之一)

目前还没有具体的关于立案标准的司法解释,可参照玩忽职守等相关罪名。

负有食品安全监督管理职责的国家机关工作人员,滥用职权或者玩忽职守,导致发生重大食品安全事故或者造成其他严重后果,同时构成食品监管渎职罪和徇私舞弊不移交刑事案件罪、商检徇私舞弊罪、动植物检疫徇私舞弊罪、放纵制售伪劣商品犯罪行为罪等其他渎职犯罪的,依照处罚较重的规定定罪处罚。

负有食品安全监督管理职责的国家机关工作人员滥用职权或者玩忽职守,不构成食品监管渎职罪,但构成前款规定的其他渎职犯罪的,依照该其他犯罪定罪处罚。

负有食品安全监督管理职责的国家机关工作人员与他人共谋,利用其职务行为帮助他人实施危害食品安全犯罪行为,同时构成渎职犯罪和危害食品安全犯罪共犯的,依照处罚较重的规定定罪处罚。

(二十二)故意泄露国家秘密罪(《刑法》第三百九十八条)

故意泄露国家秘密罪是指国家机关工作人员违反保守国家秘密法,故意使国家秘密被不应知悉者知悉，或者故意使国家秘密超出了限定的接触范围，情节严重的行为。

国家机关工作人员涉嫌故意泄露国家秘密行为，具有下列情形之一的，应予立案：

1. 泄露绝密级国家秘密1项（件）以上的；
2. 泄露机密级国家秘密2项（件）以上的；
3. 泄露秘密级国家秘密3项（件）以上的；
4. 向非境外机构、组织、人员泄露国家秘密，造成或者可能造成危害社会稳定、经济发展、国防安全或者其他严重危害后果的；
5. 通过口头、书面或者网络等方式向公众散布、传播国家秘密的；
6. 利用职权指使或者强迫他人违反国家保守秘密法的规定泄露国家秘密的；
7. 以牟取私利为目的泄露国家秘密的；
8. 其他情节严重的情形。

（二十三）报复陷害罪（《刑法》第二百五十四条）

报复陷害罪是指国家机关工作人员滥用职权、假公济私，对控告人、申诉人、批评人、举报人实行打击报复、陷害的行为。

涉嫌下列情形之一的，应予立案：

1. 报复陷害，情节严重，导致控告人、申诉人、批评人、举报人或者其近亲属自杀、自残造成重伤、死亡，或者精神失常的；
2. 致使控告人、申诉人、批评人、举报人或者其近亲属的其他合法权利受到严重损害的；
3. 其他报复陷害应予追究刑事责任的情形。

（二十四）阻碍解救被拐卖、绑架妇女、儿童罪（《刑法》第四百一十六条第二款）

阻碍解救被拐卖、绑架妇女、儿童罪是指对被拐卖、绑架的妇女、儿童负有解救职责的公安、司法等国家机关工作人员利用职务阻碍解救被拐卖、绑架的妇女、儿童的行为。

涉嫌下列情形之一的，应予立案：

1. 利用职权，禁止、阻止或者妨碍有关部门、人员解救被拐卖、绑架的妇女、儿童的；
2. 利用职务上的便利，向拐卖、绑架者或者收买者通风报信，妨碍解救工作正常进行的；
3. 其他利用职务阻碍解救被拐卖、绑架的妇女、儿童应予追究刑事责任的情形。

（二十五）帮助犯罪分子逃避处罚罪（《刑法》第四百一十七条）

帮助犯罪分子逃避处罚罪是指有查禁犯罪活动职责的司法及公安、国家安全、海关、税务等国家机关工作人员，向犯罪分子通风报信、提供便利，帮助犯罪分子逃避处罚的行为。

涉嫌下列情形之一的，应予立案：

1. 向犯罪分子泄漏有关部门查禁犯罪活动的部署、人员、措施、时间、地点等情况的；
2. 向犯罪分子提供钱物、交通工具、通讯设备、隐藏处所等便利条件的；
3. 向犯罪分子泄漏案情的；
4. 帮助、示意犯罪分子隐匿、毁灭、伪造证据，或者串供、翻供的；
5. 其他帮助犯罪分子逃避处罚应予追究刑事责任的情形。

（二十六）违法发放林木采伐许可证罪（《刑法》第四百零七条）

违法发放林木采伐许可证罪是指林业主管部门的工作人员违反森林法的规定，超过批准的年采伐限额发放林木采伐许可证或者违反规定滥发林木采伐许可证，情节严重，致使森林遭受严重破坏的行为。

涉嫌下列情形之一的，应予立案：

1. 发放林木采伐许可证允许采伐数量累计超过批准的年采伐限额，导致林木被超限额采伐10立方米以上的；
2. 滥发林木采伐许可证，导致林木被滥伐20立方米以上，或者导致幼树被滥伐1000株以上的；
3. 滥发林木采伐许可证，导致防护林、特种用途林被滥伐5立方米以上，或者幼树被滥伐200株以上的；
4. 滥发林木采伐许可证，导致珍贵树木或者国家重点保护的其他树木被滥伐的；
5. 滥发林木采伐许可证，导致国家禁止采伐的林木被采伐的；
6. 其他情节严重，致使森林遭受严重破坏的情形。

林业主管部门工作人员之外的国家机关工作人员，违反森林法的规定，滥用职权或者玩忽职守，致使林木被滥伐40立方米以上或者幼树被滥伐2000株以上，或者致使防护林、特种用途林被滥伐10立方米以上或者幼树被滥伐400株以上，或者致使珍贵树木被采伐、毁坏4立方米或者4株以上，或者致使国家重点保护的其他植物被采伐、毁坏后果严重的，或者致使国家严禁采伐的林木被采伐、毁坏情节恶劣的，按照刑法第397条的规定以滥用职权罪或者玩忽职守罪追究刑事责任。

（二十七）办理偷越国（边）境人员出入境证件罪（《刑法》第四百一十五条）

办理偷越国（边）境人员出入境证件罪是指负责办理护照、签证以及其他出入境证件的国家机关工作人员，对明知是企图偷越国（边）境的人员，予以办理出入境证件的行为。

负责办理护照、签证以及其他出入境证件的国家机关工作人员涉嫌在办理护照、签证以及其他出入境证件的过程中，对明知是企图偷越国（边）境的人员而予以办理出入境证件的，应予立案。

（二十八）放行偷越国（边）境人员罪《（刑法》第四百一十五条）

放行偷越国（边）境人员罪是指边防、海关等国家机关工作人员，对明知是偷越国（边）境的人员予以放行的行为。

边防、海关等国家机关工作人员涉嫌在履行职务过程中，对明知是偷越国（边）

境的人员而予以放行的，应予立案。

（二十九）挪用特定款物罪（《刑法》第二百七十三条）

立案标准与挪用公款罪、挪用资金罪立案标准相同。

挪用用于救灾、抢险、防汛、优抚、扶贫、移民、救济款物归个人使用的，从重处罚。

（三十）非法剥夺公民宗教信仰自由罪（《刑法》第二百五十一条）

非法剥夺公民宗教信仰自由罪，是指国家机关工作人员非法剥夺公民的宗教信仰自由，情节严重的行为。情节严重，是指非法剥夺宗教信仰自由的手段恶劣，造成被害人精神失常或自杀等严重后果的情况，应当立案追究。

（三十一）侵犯少数民族风俗习惯罪（《刑法》第二百五十一条）

是指国家机关工作人员侵犯少数民族风俗习惯，情节严重的行为。情节严重，即多次或多人侵犯、手段恶劣、引起民族纠纷、民族矛盾的，造成骚乱、示威游行或社会秩序严重混乱，产生恶劣的政治影响的，应立案追究。

（三十二）打击报复会计、统计人员罪（《刑法》第二百五十五条）

打击报复会计、统计人员罪是指公司、企业、事业单位、机关、团体的领导人员，对依法履行职责，抵制违反会计法、统计法行为的会计、统计人员实行打击报复，情节恶劣的行为。

可参照报复陷害罪立案标准。

第三类　玩忽职守犯罪（涉及《刑法》条文11条、11个罪名）

（三十三）玩忽职守罪（《刑法》第三百九十七条、《关于惩治骗购外汇、逃汇和非法买卖外汇犯罪的决定》第六条）

玩忽职守罪是指国家机关工作人员严重不负责任，不履行或者不认真履行职责，致使公共财产、国家和人民利益遭受重大损失的行为。

涉嫌下列情形之一的，应予立案：

1. 国家机关工作人员滥用职权，涉嫌下列情形之一的，属于"致使公共财产、国家和人民利益遭受重大损失"，处三年以下有期徒刑或者拘役：

（1）造成死亡1人以上，或者重伤3人以上，或者轻伤9人以上，或者重伤2人、轻伤3人以上，或者重伤1人、轻伤6人以上的；

（2）造成经济损失30万元以上的；

（3）造成恶劣社会影响的；

（4）其他致使公共财产、国家和人民利益遭受重大损失的情形。

2. 涉嫌下列情形之一的，属于"情节特别严重"，处三年以上七年以下有期徒刑：

（1）造成伤亡达到前款第1项规定人数3倍以上的；

（2）造成经济损失150万元以上的；

（3）造成前款规定的损失后果，不报、迟报、谎报或者授意、指使、强令他人不报、迟报、谎报事故情况，致使损失后果持续、扩大或者抢救工作延误的；

（4）造成特别恶劣社会影响的；

（5）其他特别严重的情节。

3. 国家机关工作人员疏于审查或者审查不严，致使盗窃、抢劫、诈骗、抢夺的机动车被办理登记手续，数量达到 5 辆以上或者价值总额达到 50 万元以上的，以玩忽职守罪定罪，处三年以下有期徒刑或者拘役。

国家机关工作人员实施前款行为，致使盗窃、抢劫、诈骗、抢夺的机动车被办理登记手续，达到前款规定数量、数额标准 5 倍以上的，或者明知是盗窃、抢劫、诈骗、抢夺的机动车而办理登记手续的，属于"情节特别严重"，处三年以上七年以下有期徒刑。

国家机关工作人员徇私舞弊，实施上述行为，构成犯罪的，依照刑法第三百九十七条第二款的规定定罪处罚。

4. 林业主管部门工作人员之外的国家机关工作人员，违反森林法的规定，滥用职权，致使林木被滥伐 40 立方米以上或者幼树被滥伐 2000 株以上，或者致使防护林、特种用途林被滥伐 10 立方米以上或者幼树被滥伐 400 株以上，或者致使珍贵树木被采伐、毁坏 4 立方米或者 4 株以上，或者致使国家重点保护的其他植物被采伐、毁坏后果严重的，或者致使国家严禁采伐的林木被采伐、毁坏情节恶劣的，按照刑法第 397 条的规定以滥用职权罪追究刑事责任。

（三十四）国有公司、企业、事业单位人员失职罪（《刑法》第一百六十八条）

国有公司、企业、事业单位人员失职罪，是指国有公司、企业、事业单位的工作人员，由于严重不负责任，造成国有公司、企业破产或者严重亏损，致使国家利益遭受重大损失，以及国有事业单位的工作人员由于严重不负责任，致使国家利益遭受重大损失的行为。

国有公司、企业、事业单位的工作人员，严重不负责任，涉嫌下列情形之一的，应予追诉，处三年以下有期徒刑或者拘役：

1. 造成国家直接经济损失数额在 50 万元以上的；

2. 造成有关单位破产，停业、停产 1 年以上，或者被吊销许可证和营业执照、责令关闭、撤销、解散的；

3. 其他致使国家利益遭受重大损失的情形。

（三十五）签订、履行合同失职被骗罪（《刑法》第一百六十七条）

签订、履行合同失职被骗罪，是指国有公司、企业、事业单位直接负责的主管人员，在签订、履行合同过程中，因严重不负责任而被诈骗，致使国家利益遭受重大损失的行为。

国有公司、企业、事业单位直接负责的主管人员，在签订、履行合同过程中，因严重不负责任被诈骗，涉嫌下列情形之一的，应予立案追诉，处三年以下有期徒刑或者拘役：

1. 造成国家直接经济损失数额在 50 万元以上的；

2. 造成有关单位破产，停业、停产 6 个月以上，或者被吊销许可证和营业执照、

责令关闭、撤销、解散的;

3. 其他致使国家利益遭受重大损失的情形。

金融机构、从事对外贸易经营活动的公司、企业的工作人员严重不负责任,造成100万美元以上外汇被骗购或者逃汇1000万美元以上的,应予立案追诉。

本条规定的"诈骗",是指对方当事人的行为已经涉嫌诈骗犯罪,不以对方当事人已经被人民法院判决构成诈骗犯罪作为立案追诉的前提。

(三十六)国家机关工作人员签订、履行合同失职被骗罪(《刑法》第四百零六条)

国家机关工作人员签订、履行合同失职被骗罪是指国家机关工作人员在签订、履行合同过程中,因严重不负责任,不履行或者不认真履行职责被诈骗,致使国家利益遭受重大损失的行为。

涉嫌下列情形之一的,应予立案:

1. 造成直接经济损失30万元以上,或者直接经济损失不满30万元,但间接经济损失150万元以上的;

2. 其他致使国家利益遭受重大损失的情形。

(三十七)环境监管失职罪(《刑法》第四百零八条)

负有环境保护监督管理职责的国家机关工作人员严重不负责任,不履行或者不认真履行环境保护监管职责导致发生重大环境污染事故,致使公私财产损失30万元以上,或者涉嫌下列情形之一的,属于"致使公私财产遭受重大损失或者造成人身伤亡的严重后果",应予立案,处三年以下有期徒刑或者拘役:

1. 造成生态环境严重损害的;

2. 致使乡镇以上集中式饮用水水源取水中断12小时以上的;

3. 致使基本农田、防护林地、特种用途林地5亩以上,其他农用地10亩以上,其他土地20亩以上基本功能丧失或者遭受永久性破坏的;

4. 致使森林或者其他林木死亡50立方米以上,或者幼树死亡2500株以上的;

5. 致使疏散、转移群众5000人以上的;

6. 致使30人以上中毒的;

7. 致使3人以上轻伤、轻度残疾或者器官组织损伤导致一般功能障碍的;

8. 致使1人以上重伤、中度残疾或者器官组织损伤导致严重功能障碍的;

9. 其他严重污染环境的情形。

(三十八)传染病防治失职罪(《刑法》第四百零九条)

传染病防治失职罪是指从事传染病防治的政府卫生行政部门的工作人员严重不负责任,不履行或者不认真履行传染病防治监管职责,导致传染病传播或者流行,情节严重的行为。

1. 涉嫌下列情形之一的,应予立案:

(1) 导致甲类传染病传播的;

(2) 导致乙类、丙类传染病流行的;

(3) 因传染病传播或者流行，造成人员重伤或者死亡的；

(4) 因传染病传播或者流行，严重影响正常的生产、生活秩序的；

(5) 在国家对突发传染病疫情等灾害采取预防、控制措施后，对发生突发传染病疫情等灾害的地区或者突发传染病病人、病原携带者、疑似突发传染病病人，未按照预防、控制突发传染病疫情等灾害工作规范的要求做好防疫、检疫、隔离、防护、救治等工作，或者采取的预防、控制措施不当，造成传染范围扩大或者疫情、灾情加重的；

(6) 在国家对突发传染病疫情等灾害采取预防、控制措施后，隐瞒、缓报、谎报或者授意、指使、强令他人隐瞒、缓报、谎报疫情、灾情，造成传染范围扩大或者疫情、灾情加重的；

(7) 在国家对突发传染病疫情等灾害采取预防、控制措施后，拒不执行突发传染病疫情等灾害应急处理指挥机构的决定、命令，造成传染范围扩大或者疫情、灾情加重的；

(8) 其他情节严重的情形。

2. 在预防、控制突发传染病疫情等灾害期间，从事传染病防治的政府卫生行政部门的工作人员，或者在受政府卫生行政部门委托代表政府卫生行政部门行使职权的组织中从事公务的人员，或者虽未列入政府卫生行政部门人员编制但在政府卫生行政部门从事公务的人员，在代表政府卫生行政部门行使职权时，严重不负责任，导致传染病传播或者流行，情节严重的，依照刑法第四百零九条的规定，以传染病防治失职罪定罪处罚。

在国家对突发传染病疫情等灾害采取预防、控制措施后，具有下列情形之一的，属于刑法第四百零九条规定的"情节严重"，应予立案，处三年以下有期徒刑或者拘役：

(1) 对发生突发传染病疫情等灾害的地区或者突发传染病病人、病原携带者、疑似突发传染病病人，未按照预防、控制突发传染病疫情等灾害工作规范的要求做好防疫、检疫、隔离、防护、救治等工作，或者采取的预防、控制措施不当，造成传染范围扩大或者疫情、灾情加重的；

(2) 隐瞒、缓报、谎报或者授意、指使、强令他人隐瞒、缓报、谎报疫情、灾情，造成传染范围扩大或者疫情、灾情加重的；

(3) 拒不执行突发传染病疫情等灾害应急处理指挥机构的决定、命令，造成传染范围扩大或者疫情、灾情加重的；

(4) 具有其他严重情节的。

(三十九) 商检失职罪（《刑法》第四百一十二条第二款）

商检失职罪是指出入境检验检疫机关、检验检疫机构工作人员严重不负责任，对应当检验的物品不检验，或者延误检验出证、错误出证，致使国家利益遭受重大损失的行为。

涉嫌下列情形之一的，应予立案：

1. 致使不合格的食品、药品、医疗器械等商品出入境,严重危害生命健康的;

2. 造成个人财产直接经济损失15万元以上,或者直接经济损失不满15万元,但间接经济损失75万元以上的;

3. 造成公共财产、法人或者其他组织财产直接经济损失30万元以上,或者直接经济损失不满30万元,但间接经济损失150万元以上的;

4. 未经检验,出具合格检验结果,致使国家禁止进口的固体废物、液态废物和气态废物等进入境内的;

5. 不检验或者延误检验出证、错误出证,引起国际经济贸易纠纷,严重影响国家对外经贸关系,或者严重损害国家声誉的;

6. 其他致使国家利益遭受重大损失的情形。

(四十)动植物检疫失职罪(《刑法》第四百一十三条第二款)

动植物检疫失职罪是指出入境检验检疫机关、检验检疫机构工作人员严重不负责任,对应当检疫的检疫物不检疫,或者延误检疫出证、错误出证,致使国家利益遭受重大损失的行为。

涉嫌下列情形之一的,应予立案:

1. 导致疫情发生,造成人员重伤或者死亡的;

2. 导致重大疫情发生、传播或者流行的;

3. 造成个人财产直接经济损失15万元以上,或者直接经济损失不满15万元,但间接经济损失75万元以上的;

4. 造成公共财产或者法人、其他组织财产直接经济损失30万元以上,或者直接经济损失不满30万元,但间接经济损失150万元以上的;

5. 不检疫或者延误检疫出证、错误出证,引起国际经济贸易纠纷,严重影响国家对外经贸关系,或者严重损害国家声誉的;

6. 其他致使国家利益遭受重大损失的情形。

(四十一)不解救被拐卖、绑架妇女、儿童罪(《刑法》第四百一十六条第一款)

不解救被拐卖、绑架妇女、儿童罪是指对被拐卖、绑架的妇女、儿童负有解救职责的公安、司法等国家机关工作人员接到被拐卖、绑架的妇女、儿童及其家属的解救要求或者接到其他人的举报,而对被拐卖、绑架的妇女、儿童不进行解救,造成严重后果的行为。

涉嫌下列情形之一的,应予立案:

1. 导致被拐卖、绑架的妇女、儿童或者其家属重伤、死亡或者精神失常的;

2. 导致被拐卖、绑架的妇女、儿童被转移、隐匿、转卖,不能及时进行解救的;

3. 对被拐卖、绑架的妇女、儿童不进行解救3人次以上的;

4. 对被拐卖、绑架的妇女、儿童不进行解救,造成恶劣社会影响的;

5. 其他造成严重后果的情形。

(四十二)失职造成珍贵文物损毁、流失罪(《刑法》第四百一十九条)

失职造成珍贵文物损毁、流失罪是指文物行政部门、公安机关、工商行政管理部门、海关、城乡建设规划部门等国家机关工作人员严重不负责任,造成珍贵文物损毁或者流失,后果严重的行为。

涉嫌下列情形之一的,应予立案:

1. 导致国家一、二、三级珍贵文物损毁或者流失的;
2. 导致全国重点文物保护单位或者省、自治区、直辖市级文物保护单位损毁的;
3. 其他后果严重的情形。

(四十三)过失泄露国家秘密罪(《刑法》第三百九十八条)

过失泄露国家秘密罪是指国家机关工作人员违反保守国家秘密法,过失泄露国家秘密,或者遗失秘密文件,致使国家秘密被不应知悉者知悉或者超出了限定的接触范围,情节严重的行为。

国家机关工作人员涉嫌过失泄露国家秘密行为,具有下列情形之一的,应予立案:

1. 泄露绝密级国家秘密1项(件)以上的;
2. 泄露机密级国家秘密3项(件)以上的;
3. 泄露秘密级国家秘密4项(件)以上的;
4. 违反保密规定,将涉及国家秘密的计算机或者计算机信息系统与互联网相连接,泄露国家秘密的;
5. 泄露国家秘密或者遗失国家秘密载体,隐瞒不报、不如实提供有关情况或者不采取补救措施的;
6. 其他情节严重的情形。

第四类 徇私舞弊犯罪(涉及《刑法》条文15条、15个罪名)

(四十四)徇私舞弊低价折股、出售国有资产罪(《刑法》第一百六十九条)

徇私舞弊低价折股、出售国有资产罪,是指国有公司、企业或者其上级主管部门直接负责的主管人员,徇私舞弊,将国有资产低价折股或者低价出售,致使国家利益遭受重大损失的行为。

国有公司、企业或者其上级主管部门直接负责的主管人员,徇私舞弊,将国有资产低价折股或者低价出售,涉嫌下列情形之一的,应予立案追诉,处三年以下有期徒刑或者拘役:

1. 造成国家直接经济损失数额在30万元以上的;
2. 造成有关单位破产、停业、停产6个月以上,或者被吊销许可证和营业执照、责令关闭、撤销、解散的;
3. 其他致使国家利益遭受重大损失的情形。

(四十五)非法批准征收、征用、占用土地罪(《刑法》第四百一十条)

非法批准征用、占用土地罪是指国家机关工作人员徇私舞弊,违反土地管理法、森林法、草原法等法律以及有关行政法规中关于土地管理的规定,滥用职权,非法批准征用、占用耕地、林地等农用地以及其他土地,情节严重的行为。

1. 涉嫌下列情形之一的,属于"情节严重",应予立案,处三年以下有期徒刑或者拘役：

(1) 非法批准征用、占用基本农田 10 亩以上的；

(2) 非法批准征用、占用基本农田以外的耕地 30 亩以上的；

(3) 非法批准征用、占用其他土地 50 亩以上的；

(4) 虽未达到上述数量标准，但造成有关单位、个人直接经济损失 30 万元以上，或者造成耕地大量毁坏或者植被遭到严重破坏的；

(5) 非法批准征用、占用土地，影响群众生产、生活，引起纠纷，造成恶劣影响或者其他严重后果的；

(6) 非法批准征用、占用防护林地、特种用途林地分别或者合计 10 亩以上的；

(7) 非法批准征用、占用其他林地 20 亩以上的；

(8) 非法批准征用、占用林地造成直接经济损失 30 万元以上，或者造成防护林地、特种用途林地分别或者合计 5 亩以上或者其他林地 10 亩以上毁坏的；

(9) 非法批准征收、征用、占用草原 40 亩以上的；

(10) 非法批准征收、征用、占用草原，造成 20 亩以上草原被毁坏的；

(11) 其他情节严重的情形。

2. 涉嫌下列情形之一的，属于"致使国家或者集体利益遭受特别重大损失"，处三年以上七年以下有期徒刑：

(1) 非法批准征用、占用基本农田 20 亩以上的；

(2) 非法批准征用、占用基本农田以外的耕地 60 亩以上的；

(3) 非法批准征用、占用其他土地 100 亩以上的；

(4) 非法批准征用、占用土地，造成基本农田 5 亩以上，其他耕地 10 亩以上严重毁坏的；

(5) 非法批准征用、占用土地造成直接经济损失 50 万元以上等恶劣情节的；

(6) 非法批准征用、占用防护林地、特种用途林地数量分别或者合计达到 20 亩以上；

(7) 非法批准征用、占用其他林地数量达到 40 亩以上；

(8) 非法批准征用、占用林地造成直接经济损失数额达到 60 万元以上，或者造成前述 1 项规定的林地数量分别或者合计达到 10 亩以上或者本条第 (2) 项规定的林地数量达到 20 亩以上毁坏；

(9) 非法批准征收、征用、占用草原 80 亩以上的；

(10) 非法批准征收、征用、占用草原，造成 40 亩以上草原被毁坏的；

(11) 非法批准征收、征用、占用草原，造成直接经济损失 60 万元以上，或者具有其他特别恶劣情节的。

(四十六) 非法低价出让国有土地使用权罪 (《刑法》第四百一十条)

非法低价出让国有土地使用权罪是指国家机关工作人员徇私舞弊，违反土地管理法规，滥用职权，非法低价出让国有土地使用权，情节严重的行为。

涉嫌下列情形之一的，应予立案：

1. 非法低价（包括无偿）出让国有土地使用权 2 公顷（30 亩）以上，并且价格低于规定的最低价格的 60% 的；

2. 非法低价出让国有土地使用权的数量虽未达到上述标准，但造成国有土地资产流失价值 20 万元以上或者植被遭到严重破坏的；

3. 非法低价出让国有土地使用权，影响群众生产、生活，引起纠纷，造成恶劣影响或者其他严重后果的。

（四十七）非法经营同类营业罪（《刑法》第一百六十五条）

非法经营同类营业罪，是指国有公司、企业的董事、经理利用职务便利，自己经营或者为他人经营与其所任职公司、企业同类的营业，谋取非法利益、数额巨大的行为。

国有公司、企业的董事、经理利用职务便利，自己经营或者为他人经营与其所任职公司、企业同类的营业，获取非法利益，数额在 10 万元以上的，应予立案追诉，处三年以下有期徒刑或者拘役，并处或者单处罚金。

（四十八）为亲友非法牟利罪（《刑法》第一百六十六条）

为亲友非法牟利罪，是指国有公司、企业、事业单位的工作人员，利用职务便利，将本单位的盈利业务交由自己的亲友进行经营，或者以明显高于市场的价格向自己的亲友经营管理的单位采购商品或者以明显低于市场的价格向自己的亲友经营管理的单位销售商品，或者向自己的亲友经营管理的单位采购不合格商品，使国家利益遭受重大损失的行为。

国有公司、企业、事业单位的工作人员，利用职务便利，为亲友非法牟利，涉嫌下列情形之一的，应予追诉，处三年以下有期徒刑或者拘役，并处或者单处罚金：

1. 造成国家直接经济损失数额在 10 万元以上的；

2. 使其亲友非法获利数额在 20 万元以上的；

3. 致使有关单位破产、停产、停业 6 个月以上或者被吊销许可证和营业执照、责令关闭、撤销、解散的；

4. 其他致使国家利益遭受重大损失的情形。

（四十九）枉法仲裁罪（《刑法》第三百九十九条之一）

枉法仲裁罪是指依法承担仲裁职责的人员，在仲裁活动中故意违背事实和法律做出枉法裁决，情节严重的行为。

目前还没有具体的关于立案标准的司法解释，可以参照滥用职权等相关罪名把握立案条件。

（五十）徇私舞弊发售发票、抵扣税款、出口退税罪（《刑法》第四百零五条第一款）

徇私舞弊发售发票、抵扣税款、出口退税罪是指税务机关工作人员违反法律、行政法规的规定，在办理发售发票、抵扣税款、出口退税工作中徇私舞弊，致使国家利益遭受重大损失的行为。

涉嫌下列情形之一的，应予立案：

1. 徇私舞弊，致使国家税收损失累计达 10 万元以上的；

2. 徇私舞弊，致使国家税收损失累计不满 10 万元，但发售增值税专用发票 25 份以上或者其他发票 50 份以上或者增值税专用发票与其他发票合计 50 份以上，或者具有索取、收受贿赂或者其他恶劣情节的；

3. 其他致使国家利益遭受重大损失的情形。

（五十一）商检徇私舞弊罪（《刑法》第四百一十二条第一款）

商检徇私舞弊罪是指出入境检验检疫机关、检验检疫机构工作人员徇私舞弊，伪造检验结果的行为。

涉嫌下列情形之一的，应予立案：

1. 采取伪造、变造的手段对报检的商品的单证、印章、标志、封识、质量认证标志等作虚假的证明或者出具不真实的证明结论的；

2. 将送检的合格商品检验为不合格，或者将不合格商品检验为合格的；

3. 对明知是不合格的商品，不检验而出具合格检验结果的；

4. 其他伪造检验结果应予追究刑事责任的情形。

（五十二）动植物检疫徇私舞弊罪（《刑法》第四百一十三条第一款）

动植物检疫徇私舞弊罪是指出入境检验检疫机关、检验检疫机构工作人员徇私舞弊，伪造检疫结果的行为。

涉嫌下列情形之一的，应予立案：

1. 采取伪造、变造的手段对检疫的单证、印章、标志、封识等作虚假的证明或者出具不真实的结论的；

2. 将送检的合格动植物检疫为不合格，或者将不合格动植物检疫为合格的；

3. 对明知是不合格的动植物，不检疫而出具合格检疫结果的；

4. 其他伪造检疫结果应予追究刑事责任的情形。

（五十三）放纵走私罪（《刑法》第四百一十一条）

放纵走私罪是指海关工作人员徇私舞弊，放纵走私，情节严重的行为。

涉嫌下列情形之一的，应予立案：

1. 放纵走私犯罪的；

2. 因放纵走私致使国家应收税额损失累计达 10 万元以上的；

3. 放纵走私行为 3 起次以上的；

4. 放纵走私行为，具有索取或者收受贿赂情节的；

5. 其他情节严重的情形。

（五十四）放纵制售伪劣商品犯罪行为罪（《刑法》第四百一十四条）

放纵制售伪劣商品犯罪行为罪是指对生产、销售伪劣商品犯罪行为负有追究责任的国家机关工作人员徇私舞弊，不履行法律规定的追究职责，情节严重的行为。

涉嫌下列情形之一的，应予立案：

1. 放纵生产、销售假药或者有毒、有害食品犯罪行为的；

2. 放纵生产、销售伪劣农药、兽药、化肥、种子犯罪行为的；

3. 放纵依法可能判处 3 年有期徒刑以上刑罚的生产、销售伪劣商品犯罪行为的;

4. 对生产、销售伪劣商品犯罪行为不履行追究职责,致使生产、销售伪劣商品犯罪行为得以继续的;

5. 3 次以上不履行追究职责,或者对 3 个以上有生产、销售伪劣商品犯罪行为的单位或者个人不履行追究职责的;

6. 其他情节严重的情形。

(五十五)招收公务员、学生徇私舞弊罪(《刑法》第四百一十八条)

招收公务员、学生徇私舞弊罪是指国家机关工作人员在招收公务员、省级以上教育行政部门组织招收的学生工作中徇私舞弊,情节严重的行为。

涉嫌下列情形之一的,应予立案:

1. 徇私舞弊,利用职务便利,伪造、变造人事、户口档案、考试成绩或者其他影响招收工作的有关资料,或者明知是伪造、变造的上述材料而予以认可的;

2. 徇私舞弊,利用职务便利,帮助 5 名以上考生作弊的;

3. 徇私舞弊招收不合格的公务员、学生 3 人次以上的;

4. 因徇私舞弊招收不合格的公务员、学生,导致被排挤的合格人员或者其近亲属自杀、自残造成重伤、死亡,或者精神失常的;

5. 因徇私舞弊招收公务员、学生,导致该项招收工作重新进行的;

6. 其他情节严重的情形。

(五十六)徇私舞弊不移交刑事案件罪(《刑法》第四百零二条)

徇私舞弊不移交刑事案件罪是指工商行政管理、税务、监察等行政执法人员,徇私舞弊,对依法应当移交司法机关追究刑事责任的案件不移交,情节严重的行为。

涉嫌下列情形之一的,应予立案:

1. 对依法可能判处 3 年以上有期徒刑、无期徒刑、死刑的犯罪案件不移交的;

2. 不移交刑事案件涉及 3 人次以上的;

3. 司法机关提出意见后,无正当理由仍然不予移交的;

4. 以罚代刑,放纵犯罪嫌疑人,致使犯罪嫌疑人继续进行违法犯罪活动的;

5. 行政执法部门主管领导阻止移交的;

6. 隐瞒、毁灭证据,伪造材料,改变刑事案件性质的;

7. 直接负责的主管人员和其他直接责任人员为牟取本单位私利而不移交刑事案件,情节严重的;

8. 其他情节严重的情形。

(五十七)违法提供出口退税凭证罪(《刑法》第四百零五条第二款)

违法提供出口退税凭证罪是指海关、外汇管理等国家机关工作人员违反国家规定,在提供出口货物报关单、出口收汇核销单等出口退税凭证的工作中徇私舞弊,致使国家利益遭受重大损失的行为。

涉嫌下列情形之一的,应予立案:

1. 徇私舞弊,致使国家税收损失累计达 10 万元以上的;

2. 徇私舞弊,致使国家税收损失累计不满 10 万元,但具有索取、收受贿赂或者其他恶劣情节的;

3. 其他致使国家利益遭受重大损失的情形。

(五十八)徇私舞弊不征、少征税款罪(《刑法》第四百零四条)

徇私舞弊不征、少征税款罪是指税务机关工作人员徇私舞弊,不征、少征应征税款,致使国家税收遭受重大损失的行为。

涉嫌下列情形之一的,应予立案:

1. 徇私舞弊不征、少征应征税款,致使国家税收损失累计达 10 万元以上的;

2. 上级主管部门工作人员指使税务机关工作人员徇私舞弊不征、少征应征税款,致使国家税收损失累计达 10 万元以上的;

3. 徇私舞弊不征、少征应征税款不满 10 万元,但具有索取或者收受贿赂或者其他恶劣情节的;

4. 其他致使国家税收遭受重大损失的情形。

第五类　重大责任事故犯罪(涉及刑法条文 11 条、11 个罪名)

(五十九)重大责任事故罪(《刑法》第一百三十四条第一款)

在生产、作业中违反有关安全管理的规定,涉嫌下列情形之一的,应予立案追诉:

1. 造成死亡一人以上,或者重伤三人以上;

2. 造成直接经济损失五十万元以上的;

3. 发生矿山生产安全事故,造成直接经济损失一百万元以上的;

4. 其他造成严重后果的情形。

(六十)教育设施重大安全事故罪(《刑法》第一百三十八条)

明知校舍或者教育教学设施有危险,而不采取措施或者不及时报告,涉嫌下列情形之一的,应予立案追诉:

造成死亡一人以上、重伤三人以上或者轻伤十人以上的;

其他致使发生重大伤亡事故的情形。

(六十一)消防责任事故罪(《刑法》第一百三十九条)

违反消防管理法规,经消防监督机构通知采取改正措施而拒绝执行,涉嫌下列情形之一的,应予立案追诉:

1. 造成死亡一人以上,或者重伤三人以上;

2. 造成直接经济损失五十万元以上的;

3. 造成森林火灾,过火有林地面积二公顷以上,或者过火疏林地、灌木林地、未成林地、苗圃地面积四公顷以上的;

4. 其他造成严重后果的情形。

(六十二)重大劳动安全事故罪(《刑法》第一百三十五条)

安全生产设施或者安全生产条件不符合国家规定,涉嫌下列情形之一的,应予立案追诉:

1. 造成死亡一人以上,或者重伤三人以上;
2. 造成直接经济损失五十万元以上的;
3. 发生矿山生产安全事故,造成直接经济损失一百万元以上的;
4. 其他造成严重后果的情形。

(六十三)强令违章冒险作业罪(《刑法》第一百三十四条第二款)

强令他人违章冒险作业,涉嫌下列情形之一的,应予立案追诉:
1. 造成死亡一人以上,或者重伤三人以上;
2. 造成直接经济损失五十万元以上的;
3. 发生矿山生产安全事故,造成直接经济损失一百万元以上的;
4. 其他造成严重后果的情形。

(六十四)不报、谎报安全事故罪(《刑法》第一百三十九条之一)

《最高人民法院、最高人民检察院关于办理危害矿山生产安全刑事案件具体应用法律若干问题的解释》第六条在矿山生产安全事故发生后,负有报告职责人员不报或谎报事故情况,贻误事故抢救,具有下列情形之一的,应当认定为刑法第一百三十九条之一规定的"情节严重":

1. 导致事故后果扩大,增加了死亡一人以上,或者加重伤三人以上,或增加直接经济损失一百万元以上;
2. 实施下列行为之一,致使不能及时有效开展事故抢救的:
   a. 决定不报与谎报事故情况或者指使、串通有关人员不报及谎报事故情况的;
   b. 在事故抢救期间擅离职守或者逃匿的;
   c. 伪造及破坏事故现场,或者转移以及藏匿、毁灭遇难人员尸体,或者转移与藏匿受伤人员的;
   d. 毁灭和伪造、隐匿与事故有关的图纸与记录及计算机数据等资料以及其他证据的;
3. 其他严重的情节。

具有下列情形之一的,应当认定为刑法第一百三十九条之一规定的"情节特别严重":

1. 导致事故后果扩大,增加死亡三人以上,或者增加重伤十人以上,或者增加直接经济损失三百万元以上的;
2. 采用暴力、胁迫、命令等方式阻止他人报告事故情况导致事故后果扩大的;
3. 其他特别严重的情节。

(六十五)铁路运营安全事故罪(《刑法》第一百三十二条)

铁路职工违反规章制度,致使发生铁路运营安全事故,造成严重后果的,处三年以下有期徒刑或者拘役;造成特别严重后果的,处三年以上七年以下有期徒刑。可参照重大责任事故罪立案标准。

(六十六)重大飞行事故罪(《刑法》第一百三十一条)

重大飞行事故,根据民航飞行事故划分标准,是指造成死亡三十九人以下,或者飞机失踪,该机机上人员在三十九人以下;或者飞机迫降到无法运出的地方。所谓严重后果,一般是指飞机等航空器或者其他航空设施受到严重损坏,航空器上人员遭受重伤,公私财产受到严重损失等。

(六十七)大型群众性活动重大安全事故罪(《刑法》第一百三十五条之一)

举办大型群众性活动违反安全管理规定,涉嫌下列情形之一的,应予立案追诉:

1. 造成死亡一人以上,或者重伤三人以上;
2. 造成直接经济损失五十万元以上的;
3. 其他造成严重后果的情形。

(六十八)危险物品肇事罪(《刑法》第一百三十六条)

违反爆炸性、易燃性、放射性、毒害性、腐蚀性物品的管理规定,在生产、储存、运输、使用中发生重大事故,涉嫌下列情形之一的,应予立案追诉:

1. 造成死亡一人以上,或者重伤三人以上;
2. 造成直接经济损失五十万元以上的;
3. 其他造成严重后果的情形。

(六十九)工程重大安全事故罪(《刑法》第一百三十七条)

建设单位、设计单位、施工单位、工程监理单位违反国家规定,降低工程质量标准,涉嫌下列情形之一的,应予立案追诉:

1. 造成死亡一人以上,或者重伤三人以上;
2. 造成直接经济损失五十万元以上的;
3. 其他造成严重后果的情形。

第六类 公职人员其他犯罪(涉及《刑法》条文19条、19个罪名)

(七十)破坏选举罪(《刑法》第二百五十六条)

国家机关工作人员利用职权,在选举各级人民代表大会代表和国家机关领导人员时,以暴力、威胁、欺骗、贿赂、伪造选举文件、虚报选举票数或者编造选举结果等手段破坏选举或者妨害选民和代表自由行使选举权和被选举权,涉嫌下列情形之一的,属于"情节严重",应予立案:

1. 以暴力、威胁、欺骗、贿赂等手段,妨害选民、各级人民代表大会代表自由行使选举权和被选举权,致使选举无法正常进行,或者选举无效,或者选举结果不真实的;
2. 以暴力破坏选举场所或者选举设备,致使选举无法正常进行的;
3. 伪造选民证、选票等选举文件,虚报选举票数,产生不真实的选举结果或者强行宣布合法选举无效、非法选举有效的;
4. 聚众冲击选举场所或者故意扰乱选举场所秩序,使选举工作无法进行的;
5. 其他情节严重的情形。

(七十一)背信损害上市公司利益罪(《刑法》第一百六十九条之一)

上市公司的董事、监事、高级管理人员违背对公司的忠实义务,利用职务便利,操纵上市公司从事损害上市公司利益的行为,以及上市公司的控股股东或者实际控人，指使上市公司董事、监事、高级管理人员实施损害上市公司利益的行为，涉嫌下列情形之一的，应予立案追诉：

1. 无偿向其他单位或者个人提供资金、商品、服务或者其他资产，致使上市公司直接经济损失数额在一百五十万元以上的；

2. 以明显不公平的条件，提供或者接受资金、商品、服务或者其他资产，致使上市公司直接经济损失数额在一百五十万元以上的；

3. 向明显不具有清偿能力的单位或者个人提供资金、商品、服务或者其他资产，致使上市公司直接经济损失数额在一百五十万元以上的；

4. 为明显不具有清偿能力的单位或者个人提供担保，或者无正当理由为其他单位或者个人提供担保，致使上市公司直接经济损失数额在一百五十万元以上的；

5. 无正当理由放弃债权、承担债务，致使上市公司直接经济损失数额在一百五十万元以上的；

6. 致使公司发行的股票、公司债券或者国务院依法认定的其他证券被终止上市交易或者多次被暂停上市交易的；

7. 其他致使上市公司利益遭受重大损失的情形。

（七十二）金融工作人员购买假币、以假币换取货币罪（《刑法》第一百七十一条第二款）

银行或者其他金融机构的工作人员购买伪造的货币或者利用职务上的便利，以伪造的货币换取货币，总面额在二千元以上或者币量在二百张（枚）以上的，应予立案追诉。

（七十三）利用未公开信息交易罪（《刑法》第一百八十条第四款）

证券交易所、期货交易所、证券公司、期货公司、基金管理公司、商业银行、保险公司等金融机构的从业人员以及有关监管部门或者行业协会的工作人员，利用因职务便利获取的内幕信息以外的其他未公开的信息，违反规定，从事与该信息相关的证券、期货交易活动，或者明示、暗示他人从事相关交易活动，涉嫌下列情形之一的，应予立案追诉：

1. 证券交易成交额累计在五十万元以上的；
2. 期货交易占用保证金数额累计在三十万元以上的；
3. 获利或者避免损失数额累计在十五万元以上的；
4. 多次利用内幕信息以外的其他未公开信息进行交易活动的；
5. 其他情节严重的情形。

（七十四）诱骗投资者买卖证券、期货合约罪（《刑法》第一百八十一条第二款）

证券交易所、期货交易所、证券公司、期货公司的从业人员，证券业协会、期货业协会或者证券期货监督管理部门的工作人员，故意提供虚假信息或者伪造、变造、销毁交易记录，诱骗投资者买卖证券、期货合约，涉嫌下列情形之一的，应予立案追诉：

1. 获利或者避免损失数额累计在五万元以上的；

2. 造成投资者直接经济损失数额在五万元以上的;

3. 致使交易价格和交易量异常波动的;

4. 其他造成严重后果的情形。

(七十五) 背信运用受托财产罪 (《刑法》第一百八十五条之一第一款)

商业银行、证券交易所、期货交易所、证券公司、期货公司、保险公司或者其他金融机构,违背受托义务,擅自运用客户资金或者其他委托、信托的财产,涉嫌下列情形之一的,应予立案追诉:

1. 擅自运用客户资金或者其他委托、信托的财产数额在三十万元以上的;

2. 虽未达到上述数额标准,但多次擅自运用客户资金或者其他委托、信托的财产,或者擅自运用多个客户资金或者其他委托、信托的财产的;

3. 其他情节严重的情形。

(七十六) 违法运用资金罪 (《刑法》第一百八十五条之一第二款)

社会保障基金管理机构、住房公积金管理机构等公众资金管理机构,以及保险公司、保险资产管理公司、证券投资基金管理公司,违反国家规定运用资金,涉嫌下列情形之一的,应予立案追诉:

1. 违反国家规定运用资金数额在三十万元以上的;

2. 虽未达到上述数额标准,但多次违反国家规定运用资金的;

3. 其他情节严重的情形。

(七十七) 违法发放贷款罪 (《刑法》第一百八十六条)

银行或者其他金融机构及其工作人员违反国家规定发放贷款,涉嫌下列情形之一的,应予立案追诉:

1. 违法发放贷款,数额在一百万元以上的;

2. 违法发放贷款,造成直接经济损失数额在二十万元以上的。

(七十八) 吸收客户资金不入账罪 (《刑法》第一百八十七条)

银行或者其他金融机构及其工作人员吸收客户资金不入账,涉嫌下列情形之一的,应予立案追诉:

1. 吸收客户资金不入账,数额在一百万元以上的;

2. 吸收客户资金不入账,造成直接经济损失数额在二十万元以上的。

(七十九) 违规出具金融票证罪 (《刑法》第一百八十八条)

银行或者其他金融机构及其工作人员违反规定,为他人出具信用证或者其他保函、票据、存单、资信证明,涉嫌下列情形之一的,应予立案追诉:

1. 违反规定为他人出具信用证或者其他保函、票据、存单、资信证明,数额在一百万元以上的;

2. 违反规定为他人出具信用证或者其他保函、票据、存单、资信证明,造成直接经济损失数额在二十万元以上的;

3. 多次违规出具信用证或者其他保函、票据、存单、资信证明的;

4. 接受贿赂违规出具信用证或者其他保函、票据、存单、资信证明的;

5. 其他情节严重的情形。

（八十）对违法票据承兑、付款、保证罪（《刑法》第一百八十九条）

银行或者其他金融机构及其工作人员在票据业务中，对违反票据法规定的票据予以承兑、付款或者保证，造成直接经济损失数额在二十万元以上的，应予立案追诉。

（八十一）非法转让、倒卖土地使用权罪（《刑法》第二百二十八条）

以牟利为目的，违反土地管理法规，非法转让、倒卖土地使用权，涉嫌下列情形之一的，应予立案追诉：

1. 非法转让、倒卖基本农田五亩以上的；

2. 非法转让、倒卖基本农田以外的耕地十亩以上的；

3. 非法转让、倒卖其他土地二十亩以上的；

4. 违法所得数额在五十万元以上的；

5. 虽未达到上述数额标准，但因非法转让、倒卖土地使用权受过行政处罚，又非法转让、倒卖土地的；

6. 其他情节严重的情形。

（八十二）私自开拆、隐匿、毁弃邮件、电报罪（《刑法》第二百五十三条）

具有下列情形之一的，应予立案：

1. 私拆或者隐匿、毁弃邮件、电报，次数较多或数量较大的；

2. 私拆或者隐匿、毁弃邮件，并从中窃取财物的；

3. 私拆或者隐匿、毁弃邮件、电报，虽然次数不多，数量不大，但给国家、集体利益以及公民合法权益造成严重后果的；

4. 私拆或者隐匿、毁弃邮件、电报，造成其他危害后果的。

（八十三）职务侵占罪（《刑法》第二百七十一条第一款）

职务侵占罪中的"数额较大""数额巨大"的数额起点，按照《最高人民法院、最高人民检察院关于办理贪污贿赂刑事案件适用法律若干问题的解释》关于贪污罪相对应的数额标准规定的二倍、五倍执行。

（八十四）挪用资金罪（《刑法》第二百七十二条）

公司、企业或者其他单位的工作人员，利用职务上的便利，挪用本单位资金归个人使用或者借贷给他人，涉嫌下列情形之一的，应予立案追诉：

1. 挪用本单位资金数额在一万元至三万元以上，超过三个月未还的；

2. 挪用本单位资金数额在一万元至三万元以上，进行营利活动的；

3. 挪用本单位资金数额在五千元至二万元以上，进行非法活动的。

具有下列情形之一的，属于本条规定的"归个人使用"：

1. 将本单位资金供本人、亲友或者其他自然人使用的；

2. 以个人名义将本单位资金供其他单位使用的；

3. 个人决定以单位名义将本单位资金供其他单位使用，谋取个人利益的。

对于受国家机关、国有公司、企业、事业单位、人民团体委托，管理、经营国有财产的非国家工作人员，利用职务上的便利，挪用国有资金归个人使用构成犯罪的，应当依照刑法第二百七十二条第一款的规定定罪处罚。

（八十五）故意延误投递邮件罪（《刑法》第三百零四条）

邮政工作人员严重不负责任，故意延误投递邮件，涉嫌下列情形之一的，应予立案追诉：

1. 造成直接经济损失二万元以上的；

2. 延误高校录取通知书或者其他重要邮件投递，致使他人失去高校录取资格或者造成其他无法挽回的重大损失的；

3. 严重损害国家声誉或者造成其他恶劣社会影响的；

4. 其他致使公共财产、国家和人民利益遭受重大损失的情形。

（八十六）泄露不应公开的案件信息罪（《刑法》第三百零八条之一第一款）

司法工作人员、辩护人、诉讼代理人或者其他诉讼参与人，泄露依法不公开审理的案件中不应当公开的信息，造成信息公开传播或者其他严重后果的，处三年以下有期徒刑、拘役或者管制，并处或者单处罚金。

（八十七）披露、报道不应公开的案件信息罪（《刑法》第三百零八条之一第三款）

本罪的客观方面表现为行为人公开披露、报道依法不公开审理的案件中不应当公开的信息，情节严重的。所谓"披露"，是指发表、公布。所谓"报道"，是指通过报纸、杂志、广播、电视或其他形式把信息告诉公众。

披露、报道的案件信息为第308条之一第1款中所规定的不公开审理案件的不应公开的信息，包括国家秘密、商业秘密、个人隐私等信息。"情节严重"，应指造成信息公开传播或者因信息泄露而给利益相关者所带来的严重损失。

（八十八）接送不合格兵员罪（《刑法》第三百七十四条）

在征兵工作中徇私舞弊，接送不合格兵员，情节严重的，处三年以下有期徒刑或者拘役；造成特别严重后果的，处二年以上七年以下有期徒刑。

第十七条 【指定管辖和提级管辖】 上级监察机关可以将其所管辖的监察事项指定下级监察机关管辖，也可以将下级监察机关有管辖权的监察事项指定给其他监察机关管辖。

监察机关认为所管辖的监察事项重大、复杂，需要由上级监察机关管辖的，可以报请上级监察机关管辖。

【纪检监察法规】

17.1《国家监察委员会管辖规定（试行）》（2018年4月16日）（节录）

第五章　管辖分工和协调

第二十四条　国家监察委员会可以将其管辖案件指定省级监察机关管辖，也可以将省级监察机关管辖的案件指定给其他省级监察机关管辖。

地方监察机关办理国家监察委员会指定管辖的案件过程中，发现新的涉嫌职务违法或者职务犯罪线索,应当及时报送国家监察委员会。对案件涉及的重要情况、重大问题,应当及时请示报告。

第二十五条 省级监察机关认为所管辖的案件重大、复杂,需要由国家监察委员会管辖的,可以报请移送国家监察委员会管辖。国家监察委受理后,认为需要调查的,可以自行调查,也可以指定其他省他省级监察机关办理。

第二十六条 国家监察委员会在调查中指定异地管辖,需更在异地起诉、审判的,应当在移送审查起诉前与人民检察院、人民法院协商指定管辖等相关事宜。

17.2《公职人员政务处分暂行规定》(2018年4月16日)(节录)

第二十条 下级监察机关根据上级监察机关的指定管辖决定,对不属于本监察机关管辖范围内的监察对象立案调查的,应当按照管理权限交有处分权的监察机关依法作出政务处分决定,或者交由其任免机关、单位给予处分。

第四章 监察权限

第十八条 【一般权限】监察机关行使监督、调查职权,有权依法向有关单位和个人了解情况,收集、调取证据。有关单位和个人应当如实提供。

监察机关及其工作人员对监督、调查过程中知悉的国家秘密、商业秘密、个人隐私,应当保密。

任何单位和个人不得伪造、隐匿或者毁灭证据。

【纪检监察法规】

18.1《中国共产党纪律处分条例》(修正后 2018 年 10 月 1 日施行)(节录)

第二编 分则

第六章 对违反政治纪律行为的处分

第五十一条 对党不忠诚不老实,表里不一,阳奉阴违,欺上瞒下,搞两面派,做两面人,情节较轻的,给予警告或者严重警告处分;情节较重的,给予撤销党内职务或者留党察看处分;情节严重的,给予开除党籍处分。

第五十二条 制造、散布、传播政治谣言,破坏党的团结统一的,给予警告或者严重警告处分;情节较重的,给予撤销党内职务或者留党察看处分;情节严重的,给予开除党籍处分。

政治品行恶劣,匿名诬告,有意陷害或者制造其他谣言,造成损害或者不良影响的,依照前款规定处理。

第五十六条 对抗组织审查,有下列行为之一的,给予警告或者严重警告处分;情节较重的,给予撤销党内职务或者留党察看处分;情节严重的,给予开除党籍处分:

(一)串供或者伪造、销毁、转移、隐匿证据的;

(二)阻止他人揭发检举、提供证据材料的;

(三)包庇同案人员的;

(四)向组织提供虚假情况,掩盖事实的;

(五)有其他对抗组织审查行为的。

第七章 对违反组织纪律行为的处分

第七十一条 下级党组织拒不执行或者擅自改变上级党组织决定的,对直接责任者和领导责任者，给予警告或者严重警告处分；情节严重的，给予撤销党内职务或者留党察看处分。

第七十二条 拒不执行党组织的分配、调动、交流等决定的，给予警告、严重警告或者撤销党内职务处分。

在特殊时期或者紧急状况下，拒不执行党组织决定的，给予留党察看或者开除党籍处分。

第七十三条 有下列行为之一，情节较重的，给予警告或者严重警告处分：

（一）违反个人有关事项报告规定，隐瞒不报的；

（二）在组织进行谈话、函询时，不如实向组织说明问题的；

（三）不按要求报告或者不如实报告个人去向的；

（四）不如实填报个人档案资料的。

篡改、伪造个人档案资料的，给予严重警告处分；情节严重的，给予撤销党内职务或者留党察看处分。

隐瞒入党前严重错误的，一般应当予以除名；对入党后表现尚好的，给予严重警告、撤销党内职务或者留党察看处分。

第七十九条 有下列行为之一的，给予警告或者严重警告处分；情节较重的，给予撤销党内职务或者留党察看处分；情节严重的，给予开除党籍处分：

（一）对批评、检举、控告进行阻挠、压制，或者将批评、检举、控告材料私自扣压、销毁，或者故意将其泄露给他人的；

（二）对党员的申辩、辩护、作证等进行压制，造成不良后果的；

（三）压制党员申诉，造成不良后果的，或者不按照有关规定处理党员申诉的；

（四）有其他侵犯党员权利行为，造成不良后果的。

对批评人、检举人、控告人、证人及其他人员打击报复的，从重或者加重处分。

党组织有上述行为的，对直接责任者和领导责任者，依照第一款规定处理。

18.2《中国共产党纪律检查机关案件检查工作条例》及《中国共产党纪律检查机关案件检查工作条例实施细则（以下简称《实施细则》)》（1994年5月1日）（节录）

第二十八条 凡是知道案件情况的组织和个人都有提供证据的义务。调查组有权按照规定程序，采取以下措施调查取证，有关组织和个人必须如实提供证据，不得拒绝和阻挠。

（一）查阅、复制与案件有关的文件、资料、账册、单据、会议记录、工作笔记等书面材料；

（二）要求有关组织提供与案件有关的文件、资料等书面材料以及其他必要的情况；

（三）要求有关人员在规定的时间、地点就案件所涉及的问题作出说明；

（四）必要时可以对与案件有关的人员和事项，进行录音、拍照、摄像；

（五）对案件所涉及的专门性问题，提请有关的专门机构或人员作出鉴定结论；

（六）经县级以上（含县级）纪检机关负责人批准，暂予扣留、封存可以证明违纪行为的文件、资料、账册、单据、物品和非法所得；

（七）经县级以上（含县级）纪检机关负责人批准，可以对被调查对象在银行或其他金融机构的存款进行查核，并可以通知银行或其他金融机构暂停支付；

（八）收集其他能够证明案件真实情况的一切证据。

第十九条【谈话、要求说明情况】对可能发生职务违法的监察对象，监察机关按照管理权限，可以直接或者委托有关机关、人员进行谈话或者要求说明情况。

【纪检监察法规】

19.1《中国共产党纪律检查机关监督执纪工作规则（试行）》（2017年1月8日）（节录）

第四章 谈话函询

第十八条 采取谈话函询方式处置问题线索，应当拟订谈话函询方案和相关工作预案，按程序报批。对需要谈话函询的下一级党委（党组）主要负责人，应当报纪检机关主要负责人批准，必要时向同级党委主要负责人报告。

第十九条 谈话应当由纪检机关相关负责人或者承办部门主要负责人进行，可以由被谈话人所在党委（党组）或者纪委（纪检组）主要负责人陪同；经批准也可以委托被谈话人所在党委（党组）主要负责人进行。

谈话过程应当形成工作记录，谈话后可视情况由被谈话人写出书面说明。

第二十条 函询应当以纪检机关办公厅（室）名义发函给被反映人，并抄送其所在党委（党组）主要负责人。被函询人应当在收到函件后15个工作日内写出说明材料，由其所在党委（党组）主要负责人签署意见后发函回复。

被函询人为常委（党组）主要负责人的，或者被函询人所作说明涉及党委（党组）主要负责人的，应当直接回复发函纪检机关。

第二十一条 谈话函询工作应当在谈话结束或者收到函询回复后30日内办结，由承办部门写出情况报告和处置意见后报批。根据不同情形作出相应处理：

（一）反映不实，或者没有证据证明存在问题的，予以了结澄清；

（二）问题轻微，不需要追究党纪责任的，采取谈话提醒、批评教育、责令检查、诫勉谈话等方式处理；

（三）反映问题比较具体，但被反映人予以否认，或者说明存在明显问题的，应当再次谈话函询或者进行初步核实。

谈话函询材料应当存入个人廉政档案。

19.2《关于查处党员违纪案件中收集、鉴别、使用证据的具体规定》（1991年7月23日）（节录）

第八条 收集受审查党员的陈述包括：受审查党员对自己所犯错误的交待或申辩；揭发同案违纪人员的材料。

第四章 监察权限

受审查党员应对党忠诚老实,如实向组织交待自己的问题,同时也有依据党章的规定为自己申辩的权利。受审查党员对"处分所依据的事实材料"如提出不同意见,有关党组织应认真研究并作出说明,一并归入案卷。

第十六条 对受审查党员陈述的鉴别,要审查其交待或申辩前后是否一致,有无矛盾,将交待或申辩与其他证据相对照,看其是否合情合理,是否属实。

第二十条 【要求作出陈述、讯问】在调查过程中,对涉嫌职务违法的被调查人,监察机关可以要求其就涉嫌违法行为作出陈述,必要时向被调查人出具书面通知。

对涉嫌贪污贿赂、失职渎职等职务犯罪的被调查人,监察机关可以进行讯问,要求其如实供述涉嫌犯罪的情况。

【纪检监察法规】

20.1 《中国共产党纪律检查机关案件检查工作条例》及《中国共产党纪律检查机关案件检查工作条例实施细则》(以下简称《实施细则》)(1994年5月1日)(节录)

第二十五条 调查开始时,在一般情况下,调查组应会同被调查人所在单位党组织与被调查人谈话,宣布立案决定和应遵守的纪律,要求其正确对待组织调查。调查中,应认真听取被调查人的陈述和意见,做好思想教育工作。

《实施细则》第二十四条 根据《条例》第二十五条的规定,调查开始时,在一般情况下,调查组应会同被调查人所在单位党组织负责人与被调查人谈话,宣布立案决定,进行思想教育,并提出应遵守的纪律:

1. 自觉接受组织的调查,如实说明情况,主动交待问题,认真检查错误,配合组织尽快查清问题;

2. 不得与同案人或知情人串通情况、订立攻守同盟,不得对抗调查或进行反调查;

3. 不得对检举控告人、证人及上述人员家属等进行打击报复。

如调查组认为,调查开始时与被调查人谈话和宣布立案决定,会影响案件调查工作的,可根据案情,在适当时机谈话和宣布立案决定。

被调查对象是一级党组织的,调查开始时,调查组应会同其上一级党组织负责人,与被调查党组织的主要负责人谈话。

第二十六条 调查组认为被调查的党员干部确犯有严重错误,已不适宜担任现任职务或妨碍案件调查时,可建议对其采取停职检查措施。停止党内职务,属党委批准立案的,停职检查由党委决定;属纪检机关直接立案的,停职检查由纪检机关征求同级党委意见后决定。停止党外职务的,由纪检机关向有关党外组织提出建议。

《实施细则》第二十五条 《条例》第二十六条所称"已不适宜担任现任职务",是指具有下列情形之一的:

1. 被调查人犯有严重错误,已无法继续履行其职责;

2. 被调查人犯有严重错误,担任现任职务已严重影响调查工作。

本条所称"妨碍案件调查",是指被调查人具有下列行为之一的:

1. 本人或指使他人对办案人、检举控告人、证明人及上述人员的家属进行侮辱、诽谤、诬陷、威胁、围攻、殴打以及其他形式的打击报复;

2. 本人或指使他人出伪证、不出证、隐匿、篡改、销毁证据,或嫁祸于人;

3. 利用职权或工作之便,采取欺骗、威胁、贿赂等手段阻止知情人如实反映情况、提供证据,或唆使知情人变证;

4. 本人或指使他人与同案人或知情人串通情况,订立攻守同盟,对抗调查或进行反调查。

《实施细则》第二十六条 根据《条例》第二十六条的规定,停止被调查人党内职务的,党委或纪检机关在作出停职检查决定后,应制作《停职检查决定书》(附式7)。纪检机关作出的停职检查决定,应将《停职检查决定书》报同级党委、党组备案,并通报同级党委组织部门。

属于停止被调查人党外职务的,纪检机关应制作《停职检查建议书》(附式8),送达有关党外组织。但由党委批准立案的,停职检查建议应在报经党委同意后提出。对纪检机关的建议,有关党外组织如无正当理由应予采纳,并应将结果及时报告或告知纪检机关。

停职检查的期限,不得超过办案期限。

20.2 《关于查处党员违纪案件中收集、鉴别、使用证据的具体规定》(1991年7月23日)(节录)

第八条 收集受审查党员的陈述包括:受审查党员对自己所犯错误的交待或申辩;揭发同案违纪人员的材料。

受审查党员应对党忠诚老实,如实向组织交待自己的问题,同时也有依据党章的规定为自己申辩的权利。受审查党员对"处分所依据的事实材料"如提出不同意见,有关党组织应认真研究并作出说明,一并归入案卷。

第十六条 对受审查党员陈述的鉴别,要审查其交待或申辩前后是否一致,有无矛盾,将交待或申辩与其他证据相对照,看其是否合情合理,是否属实。

【刑事法律文件】

20.3 最高人民法院《关于适用〈中华人民共和国刑事诉讼法〉的解释》(2013年1月1日)(节录)

第四章 证 据

第四节 被告人供述和辩解的审查与认定

第八十条 对被告人供述和辩解应当着重审查以下内容:

(一)讯问的时间、地点,讯问人的身份、人数以及讯问方式等是否符合法律、有关规定;

(二)讯问笔录的制作、修改是否符合法律、有关规定,是否注明讯问的具体起止时间和地点，首次讯问时是否告知被告人相关权利和法律规定，被告人是否核对确认；

（三）讯问未成年被告人时，是否通知其法定代理人或者有关人员到场，其法定代理人或者有关人员是否到场；

（四）被告人的供述有无以刑讯逼供等非法方法收集的情形；

（五）被告人的供述是否前后一致，有无反复以及出现反复的原因；被告人的所有供述和辩解是否均已随案移送；

（六）被告人的辩解内容是否符合案情和常理，有无矛盾；

（七）被告人的供述和辩解与同案被告人的供述和辩解以及其他证据能否相互印证，有无矛盾。

必要时，可以调取讯问过程的录音录像、被告人进出看守所的健康检查记录、笔录，并结合录音录像、记录、笔录对上述内容进行审查。

第八十一条 被告人供述具有下列情形之一的，不得作为定案的根据：

（一）讯问笔录没有经被告人核对确认的；

（二）讯问聋、哑人，应当提供通晓聋、哑手势的人员而未提供的；

（三）讯问不通晓当地通用语言、文字的被告人，应当提供翻译人员而未提供的。

第八十二条 讯问笔录有下列瑕疵，经补正或者作出合理解释的，可以采用；不能补正或者作出合理解释的，不得作为定案的根据：

（一）讯问笔录填写的讯问时间、讯问人、记录人、法定代理人等有误或者存在矛盾的；

（二）讯问人没有签名的；

（三）首次讯问笔录没有记录告知被讯问人相关权利和法律规定的。

第八十三条 审查被告人供述和辩解，应当结合控辩双方提供的所有证据以及被告人的全部供述和辩解进行。

被告人庭审中翻供，但不能合理说明翻供原因或者其辩解与全案证据矛盾，而其庭前供述与其他证据相互印证的，可以采信其庭前供述。

被告人庭前供述和辩解存在反复，但庭审中供认，且与其他证据相互印证的，可以采信其庭审供述；被告人庭前供述和辩解存在反复，庭审中不供认，且无其他证据与庭前供述印证的，不得采信其庭前供述。

第九节 证据的综合审查与运用

第一百零六条 根据被告人的供述、指认提取到了隐蔽性很强的物证、书证，且被告人的供述与其他证明犯罪事实发生的证据相互印证，并排除串供、逼供、诱供等可能性的，可以认定被告人有罪。

第一百零九条 下列证据应当慎重使用，有其他证据印证的，可以采信：

（一）生理上、精神上有缺陷，对案件事实的认知和表达存在一定困难，但尚未丧失正确认知、表达能力的被害人、证人和被告人所作的陈述、证言和供述；

（二）与被告人有亲属关系或者其他密切关系的证人所作的有利被告人的证言，或者与被告人有利害冲突的证人所作的不利被告人的证言。

20.4 最高人民法院、最高人民检察院、公安部、国家安全部、司法部《关于办理刑事案件严格排除非法证据若干问题的规定》（2017年6月27日）（节录）

一、一般规定

第一条 严禁刑讯逼供和以威胁、引诱、欺骗以及其他非法方法收集证据，不得强迫任何人证实自己有罪。对一切案件的判处都要重证据，重调查研究，不轻信口供。

第二条 采取殴打、违法使用戒具等暴力方法或者变相肉刑的恶劣手段，使犯罪嫌疑人、被告人遭受难以忍受的痛苦而违背意愿作出的供述，应当予以排除。

第三条 采用以暴力或者严重损害本人及其近亲属合法权益等进行威胁的方法，使犯罪嫌疑人、被告人遭受难以忍受的痛苦而违背意愿作出的供述，应当予以排除。

第四条 采用非法拘禁等非法限制人身自由的方法收集的犯罪嫌疑人、被告人供述，应当予以排除。

第五条 采用刑讯逼供方法使犯罪嫌疑人、被告人作出供述，之后犯罪嫌疑人、被告人受该刑讯逼供行为影响而作出的与该供述相同的重复性供述，应当一并排除，但下列情形除外：

（一）侦查期间，根据控告、举报或者自己发现等，侦查机关确认或者不能排除以非法方法收集证据而更换侦查人员，其他侦查人员再次讯问时告知诉讼权利和认罪的法律后果，犯罪嫌疑人自愿供述的；

（二）审查逮捕、审查起诉和审判期间，检察人员、审判人员讯问时告知诉讼权利和认罪的法律后果，犯罪嫌疑人、被告人自愿供述的。

20.5 最高人民法院、最高人民检察院、公安部、国家安全部、司法部《关于办理死刑案件审查判断证据若干问题的规定》（2010年7月1日）（节录）

二、证据的分类审查与认定

4. 被告人供述和辩解

第十八条 对被告人供述和辩解应当着重审查以下内容：

（一）讯问的时间、地点、讯问人的身份等是否符合法律及有关规定，讯问被告人的侦查人员是否不少于二人，讯问被告人是否个别进行等。

（二）讯问笔录的制作、修改是否符合法律及有关规定，讯问笔录是否注明讯问的起止时间和讯问地点，首次讯问时是否告知被告人申请回避、聘请律师等诉讼权利，被告人是否核对确认并签名（盖章）、捺指印，是否有不少于二人的讯问人签名等。

（三）讯问聋哑人、少数民族人员、外国人时是否提供了通晓聋、哑手势的人员或者翻译人员，讯问未成年同案犯时，是否通知了其法定代理人到场，其法定代理人是否在场。

（四）被告人的供述有无以刑讯逼供等非法手段获取的情形，必要时可以调取被告人进出看守所的健康检查记录、笔录。

（五）被告人的供述是否前后一致，有无反复以及出现反复的原因；被告人的所有供述和辩解是否均已收集入卷；应当入卷的供述和辩解没有入卷的，是否出具了相关说明。

（六）被告人的辩解内容是否符合案情和常理，有无矛盾。

（七）被告人的供述和辩解与同案犯的供述和辩解以及其他证据能否相互印证，有无矛盾。

对于上述内容，侦查机关随案移送有录音录像资料的，应当结合相关录音录像资料进行审查。

第十九条 采用刑讯逼供等非法手段取得的被告人供述，不能作为定案的根据。

第二十条 具有下列情形之一的被告人供述，不能作为定案的根据：

（一）讯问笔录没有经被告人核对确认并签名（盖章）、捺指印的；

（二）讯问聋哑人、不通晓当地通用语言、文字的人员时，应当提供通晓聋、哑手势的人员或者翻译人员而未提供的。

第二十一条 讯问笔录有下列瑕疵，通过有关办案人员的补正或者作出合理解释的，可以采用：

（一）笔录填写的讯问时间、讯问人、记录人、法定代理人等有误或者存在矛盾的；

（二）讯问人没有签名的；

（三）首次讯问笔录没有记录告知被讯问人诉讼权利内容的。

第二十二条 对被告人供述和辩解的审查，应当结合控辩双方提供的所有证据以及被告人本人的全部供述和辩解进行。

被告人庭前供述一致，庭审中翻供，但被告人不能合理说明翻供理由或者其辩解与全案证据相矛盾，而庭前供述与其他证据能够相互印证的，可以采信被告人庭前供述。

被告人庭前供述和辩解出现反复，但庭审中供认的，且庭审中的供述与其他证据能够印证的，可以采信庭审中的供述；被告人庭前供述和辩解出现反复，庭审中不供认，且无其他证据与庭前供述印证的，不能采信庭前供述。

20.6 最高人民法院、最高人民检察院、公安部、国家安全部、司法部《关于办理刑事案件排除非法证据若干问题的规定》（2010年7月1日）（节录）

第七条 经审查，法庭对被告人审判前供述取得的合法性有疑问的，公诉人应当向法庭提供讯问笔录、原始的讯问过程录音录像或者其他证据，提请法庭通知讯问时其他在场人员或者其他证人出庭作证，仍不能排除刑讯逼供嫌疑的，提请法庭通知讯问人员出庭作证，对该供述取得的合法性予以证明。公诉人当庭不能举证的，可以根据刑事诉讼法第一百六十五条的规定，建议法庭延期审理。

经依法通知，讯问人员或者其他人员应当出庭作证。

公诉人提交加盖公章的说明材料，未经有关讯问人员签名或者盖章的，不能作为证明取证合法性的证据。

控辩双方可以就被告人审判前供述取得的合法性问题进行质证、辩论。

第十条 经法庭审查，具有下列情形之一的，被告人审判前供述可以当庭宣读、质证：

（一）被告人及其辩护人未提供非法取证的相关线索或者证据的；

（二）被告人及其辩护人已提供非法取证的相关线索或者证据，法庭对被告人审判前供述取得的合法性没有疑问的；

（三）公诉人提供的证据确实、充分，能够排除被告人审判前供述属非法取得的。

对于当庭宣读的被告人审判前供述，应当结合被告人当庭供述以及其他证据确定能否作为定案的根据。

第十一条 对被告人审判前供述的合法性，公诉人不提供证据加以证明，或者已提供的证据不够确实、充分的，该供述不能作为定案的根据。

第十二条 对于被告人及其辩护人提出的被告人审判前供述是非法取得的意见，第一审人民法院没有审查，并以被告人审判前供述作为定案根据的，第二审人民法院应当对被告人审判前供述取得的合法性进行审查。检察人员不提供证据加以证明，或者已提供的证据不够确实、充分的，被告人该供述不能作为定案的根据。

20.7 最高人民法院《人民法院办理刑事案件排除非法证据规程（试行）》（2018年1月1日）（节录）

第一条 采用下列非法方法收集的被告人供述，应当予以排除：

（一）采用殴打、违法使用戒具等暴力方法或者变相肉刑的恶劣手段，使被告人遭受难以忍受的痛苦而违背意愿作出的供述；

（二）采用以暴力或者严重损害本人及其近亲属合法权益等进行威胁的方法，使被告人遭受难以忍受的痛苦而违背意愿作出的供述；

（三）采用非法拘禁等非法限制人身自由的方法收集的被告人供述。

采用刑讯逼供方法使被告人作出供述，之后被告人受该刑讯逼供行为影响而作出的与该供述相同的重复性供述，应当一并排除，但下列情形除外：

（一）侦查期间，根据控告、举报或者自己发现等，侦查机关确认或者不能排除以非法方法收集证据而更换侦查人员，其他侦查人员再次讯问时告知诉讼权利和认罪的法律后果，被告人自愿供述的；

（二）审查逮捕、审查起诉和审判期间，检察人员、审判人员讯问时告知诉讼权利和认罪的法律后果，被告人自愿供述的。

第四条 依法予以排除的非法证据，不得宣读、质证，不得作为定案的根据。

第二十条 公诉人对证据收集的合法性加以证明，可以出示讯问笔录、提讯登记、体检记录、采取强制措施或者侦查措施的法律文书、侦查终结前对讯问合法性的核查材料等证据材料，也可以针对被告人及其辩护人提出异议的讯问时段播放讯问录音录像，提请法庭通知侦查人员或者其他人员出庭说明情况。不得以侦查人员签名并加盖公章的说明材料替代侦查人员出庭。

第四章 监察权限

庭审中，公诉人当庭不能举证或者为提供新的证据需要补充侦查，建议延期审理的，法庭可以同意。

第二十一条 被告人及其辩护人可以出示相关线索或者材料，并申请法庭播放特定讯问时段的讯问录音录像。

被告人及其辩护人向人民法院申请调取侦查机关、人民检察院收集但未提交的讯问录音录像、体检记录等证据材料，人民法院经审查认为该证据材料与证据收集的合法性有关的，应当予以调取；认为与证据收集的合法性无关的，应当决定不予调取，并向被告人及其辩护人说明理由。

被告人及其辩护人申请人民法院通知侦查人员或者其他人员出庭说明情况，人民法院认为确有必要的，可以通知上述人员出庭。

第二十二条 法庭对证据收集的合法性进行调查的，应当重视对讯问录音录像的审查，重点审查以下内容：

（一）讯问录音录像是否依法制作。对于可能判处无期徒刑、死刑的案件或者其他重大犯罪案件，是否对讯问过程进行录音录像；

（二）讯问录音录像是否完整。是否对每一次讯问过程录音录像，录音录像是否全程不间断进行，是否有选择性录制、剪接、删改等情形；

（三）讯问录音录像是否同步制作。录音录像是否自讯问开始时制作，至犯罪嫌疑人核对讯问笔录、签字确认后结束；讯问笔录记载的起止时间是否与讯问录音录像反映的起止时间一致；

（四）讯问录音录像与讯问笔录的内容是否存在差异。对与定罪量刑有关的内容，讯问笔录记载的内容与讯问录音录像是否存在实质性差异，存在实质性差异的，以讯问录音录像为准。

第二十三条 侦查人员或者其他人员出庭的，应当向法庭说明证据收集过程，并就相关情况接受发问。对发问方式不当或者内容与证据收集的合法性无关的，法庭应当制止。

经人民法院通知，侦查人员不出庭说明情况，不能排除以非法方法收集证据情形的，对有关证据应当予以排除。

第二十四条 人民法院对控辩双方提供的证据来源、内容等有疑问的，可以告知控辩双方补充证据或者作出说明；必要时，可以宣布休庭，对证据进行调查核实。法庭调查核实证据，可以通知控辩双方到场，并将核实过程记录在案。

对于控辩双方补充的和法庭庭外调查核实取得的证据，未经当庭出示、质证等法庭调查程序查证属实，不得作为证明证据收集合法性的根据。

第二十五条 人民法院对证据收集的合法性进行调查后，应当当庭作出是否排除有关证据的决定。必要时，可以宣布休庭，由合议庭评议或者提交审判委员会讨论，再次开庭时宣布决定。

第二十六条 经法庭审理，具有下列情形之一的，对有关证据应当予以排除：

（一）确认以非法方法收集证据的；

（二）应当对讯问过程录音录像的案件没有提供讯问录音录像，或者讯问录音录像存在选择性录制、剪接、删改等情形，现有证据不能排除以非法方法收集证据的；

（三）侦查机关除紧急情况外没有在规定的办案场所讯问，现有证据不能排除以非法方法收集证据的；

（四）驻看守所检察人员在重大案件侦查终结前未对讯问合法性进行核查，或者未对核查过程同步录音录像，或者录音录像存在选择性录制、剪接、删改等情形，现有证据不能排除以非法方法收集证据的；

（五）其他不能排除存在以非法方法收集证据的。

第二十七条 人民法院对证人证言、被害人陈述、物证、书证等证据收集合法性的审查、调查程序，参照上述规定。

第二十八条 人民法院对证据收集合法性的审查、调查结论，应当在裁判文书中写明，并说明理由。

20.8 最高人民法院《人民法院办理刑事案件第一审普通程序法庭调查规程（试行）》（2018年1月1日）（节录）

二、宣布开庭和讯问、发问程序

第七条 公诉人宣读起诉书后，审判长应当询问被告人对起诉书指控的犯罪事实是否有异议，听取被告人的供述和辩解。对于被告人当庭认罪的案件，应当核实被告人认罪的自愿性和真实性，听取其供述和辩解。

在审判长主持下，公诉人可以就起诉书指控的犯罪事实讯问被告人，为防止庭审过分迟延，就证据问题向被告人的讯问可在举证、质证环节进行。经审判长准许，被害人及其法定代理人、诉讼代理人可以就公诉人讯问的犯罪事实补充发问；附带民事诉讼原告人及其法定代理人、诉讼代理人可以就附带民事部分的事实向被告人发问；被告人的法定代理人、辩护人，附带民事诉讼被告人及其法定代理人、诉讼代理人可以在控诉一方就某一问题讯问完毕后向被告人发问。有多名被告人的案件，辩护人对被告人的发问，应当在审判长主持下，先由被告人本人的辩护人进行，再由其他被告人的辩护人进行。

第八条 有多名被告人的案件，对被告人的讯问应当分别进行。

被告人供述之间存在实质性差异的，法庭可以传唤有关被告人到庭对质。审判长可以分别讯问被告人，就供述的实质性差异进行调查核实。经审判长准许，控辩双方可以向被告人讯问、发问。审判长认为有必要的，可以准许被告人之间相互发问。

根据案件审理需要，审判长可以安排被告人与证人、被害人依照前款规定的方式进行对质。

第九条 申请参加庭审的被害人众多，且案件不属于附带民事诉讼范围的，被害人可以推选若干代表人参加或者旁听庭审，人民法院也可以指定若干代表人。

对被告人讯问、发问完毕后，其他证据出示前，在审判长主持下，参加庭审的被害人可以就起诉书指控的犯罪事实作出陈述。经审判长准许，控辩双方可以在被害人陈述后向被害人发问。

第十条 为解决被告人供述和辩解中的疑问，审判人员可以讯问被告人，也可以向被害人、附带民事诉讼当事人发问。

第十一条 有多起犯罪事实的案件，对被告人不认罪的事实，法庭调查一般应当分别进行。

被告人不认罪或者认罪后又反悔的案件，法庭应当对与定罪和量刑有关的事实、证据进行全面调查。

被告人当庭认罪的案件，法庭核实被告人认罪的自愿性和真实性，确认被告人知悉认罪的法律后果后，可以重点围绕量刑事实和其他有争议的问题进行调查。

五、认证规则

第四十五条 经过控辩双方质证的证据，法庭应当结合控辩双方质证意见，从证据与待证事实的关联程度、证据之间的印证联系、证据自身的真实性程度等方面，综合判断证据能否作为定案的根据。

证据与待证事实没有关联，或者证据自身存在无法解释的疑问，或者证据与待证事实以及其他证据存在无法排除的矛盾的，不得作为定案的根据。

第五十条 被告人的当庭供述与庭前供述、自书材料存在矛盾，被告人能够作出合理解释，并与相关证据印证的，应当采信其当庭供述；不能作出合理解释，而其庭前供述、自书材料与相关证据印证的，可以采信其庭前供述、自书材料。

法庭应当结合讯问录音录像对讯问笔录进行全面审查。讯问笔录记载的内容与讯问录音录像存在实质性差异的，以讯问录音录像为准。

20.9 最高人民检察院《关于适用〈关于办理死刑案件审查判断证据若干问题的规定〉和〈关于办理刑事案件排除非法证据若干问题的规定〉的指导意见》（2010年12月30日）（节录）

三、严格审查、判断证据，确保办案质量

10. 对犯罪嫌疑人供述和证人证言、被害人陈述，要结合全案的其他证据，综合审查其内容的客观真实性，同时审查侦查机关（部门）是否将每一次讯问、询问笔录全部移送。对以刑讯逼供等非法手段取得的犯罪嫌疑人供述和采用暴力、威胁等非法手段取得的证人证言、被害人陈述，应当依法排除；对于使用其他非法手段获取的犯罪嫌疑人供述、证人证言、被害人陈述，根据其违法危害程度与刑讯逼供和暴力、威胁手段是否相当，决定是否依法排除。

11. 审查逮捕、审查起诉过程中第一次讯问犯罪嫌疑人，应当讯问其供述是否真实，并记入笔录。对被羁押的犯罪嫌疑人要结合提讯凭证的记载，核查提讯时间、讯问人与讯问笔录的对应关系；对押至看守所以外的场所讯问的，应当要求侦查机关（部门）提供必要性的说明，审查其理由是否成立。要审查犯罪嫌疑人是否通晓当地通用语言。

12. 对犯罪嫌疑人的供述和辩解，应当结合其全部供述和辩解及其他证据进行审查；犯罪嫌疑人的有罪供述，无其他证据相互印证，不能作为批准或者决定逮捕、提起公诉的根据；有其他证据相互印证，无罪辩解理由不能成立的，该供述可以作为批准或者决定逮捕、提起公诉的根据。

13. 犯罪嫌疑人或者其聘请的律师提出受到刑讯逼供的，应当告知其如实提供相关的证据或者线索，并认真予以核查。认为有刑讯逼供嫌疑的，应当要求侦查机关（部门）提供全部讯问笔录、原始的讯问过程录音录像、出入看守所的健康检查情况、看守管教人员的谈话记录以及讯问过程合法性的说明；必要时，可以询问讯问人员、其他在场人员、看守管教人员或者证人，调取驻所检察室的相关材料。发现犯罪嫌疑人有伤情的，应当及时对伤势的成因和程度进行必要的调查和鉴定。对同步录音录像有疑问的，可以要求侦查机关（部门）对不连贯部分的原因予以说明，必要时可以协同检察技术部门进行审查。

18. 对于根据犯罪嫌疑人的供述、指认，提取到隐蔽性很强的物证、书证的，既要审查与其他证明犯罪事实发生的证据是否相互印证，也要审查侦查机关（部门）在犯罪嫌疑人供述、指认之前是否掌握该证据的情况，综合全案证据，判断是否作为批准或者决定逮捕、提起公诉的根据。

20. 发现侦查人员以刑讯逼供或者暴力、威胁等非法手段收集犯罪嫌疑人供述、被害人陈述、证人证言的，应当提出纠正意见，同时应当要求侦查机关（部门）另行指派侦查人员重新调查取证，必要时也可以自行调查取证。侦查机关（部门）未另行指派侦查人员重新调查取证的，可以依法退回补充侦查。经审查发现存在刑讯逼供、暴力取证等非法取证行为，该非法言词证据被排除后，其他证据不能证明犯罪嫌疑人实施犯罪行为的，应当不批准或者决定逮捕，已经移送审查起诉的，可以将案件退回侦查机关（部门）或者不起诉。办案人员排除非法证据的，应当在审查报告中说明。

四、做好证据合法性证明工作，提高依法指控犯罪的能力

21. 对证据的合法性进行证明，是检察机关依法指控犯罪、强化诉讼监督、保证办案质量的一项重要工作。要坚持对证据的合法性进行严格审查，依法排除非法证据，进一步提高出庭公诉水平，做好证据合法性证明工作。

22. 收到人民法院送交的反映被告人庭前供述是非法取得的书面意见或者告诉笔录复印件等有关材料后，应当及时根据提供的相关证据或者线索进行审查。审查逮捕、审查起诉期间已经提出并经查证不存在非法取证行为的，按照查证的情况做好庭审应对准备。提起公诉后提出新的证据或者线索的，应当要求侦查机关（部门）提供相关证明，必要时可以自行调查核实。

23. 庭审中，被告人及其辩护人提出被告人庭前供述是非法取得，没有提供相关证据或者线索的，公诉人应当根据全案证据情况综合说明该证据的合法性。被告人及其辩护人提供了相关证据或者线索，法庭经审查对被告人审判前供述取得的合法性有疑问的，公诉人应当向法庭提供讯问笔录、出入看守所的健康检查记录、看守管教人员的谈话记录以及侦查机关（部门）对讯问过程合法性的说明，讯问过程有录音录像

的，应当提供。必要时提请法庭通知讯问时其他在场人员或者其他证人出庭作证，仍不能证明的，提请法庭通知讯问人员出庭作证。对被告人及其辩护人庭审中提出的新证据或者线索，当庭不能举证证明的，应当依法建议法庭延期审理，要求侦查机关（部门）提供相关证明，必要时可以自行调查核实。

24. 对于庭审中经综合举证、质证后认为被告人庭前供述取得的合法性已经能够证实，但法庭仍有疑问的，可以建议法庭休庭对相关证据进行：调查核实。法庭进行庭外调查通知检察人员到场的，必要时检察人员应当到场。对法庭调查核实后的证据持有异议的，应当建议法庭重新开庭进行调查。

25. 对于庭审中被告人及其辩护人提出未到庭证人的书面证言、未到庭被害人的书面陈述是非法取得的，可以从证人或者被害人的作证资格、询问人员、询问程序和方式以及询问笔录的法定形式等方面对合法性作出说明；有原始询问过程录音录像或者其他证据能证明合法性的，可以在法庭上宣读或者出示。被告人及其辩护人提出明确的新证据或者线索，需要进一步调查核实的，应当依法建议法庭延期审理，要求侦查机关（部门）提供相关证明，必要时可以自行调查核实。对被告人及其辩护人所提供的证人证言、被害人陈述等证据取得的合法性有疑问的，应当建议法庭要求其提供证明。

26. 被告人及其辩护人在提起公诉后提出证据不合法的新证据或者线索，侦查机关（部门）对证据的合法性不能提供证据予以证明，或者提供的证据不够确实、充分，且其他证据不能充分证明被告人有罪的，可以撤回起诉，将案件退回侦查机关（部门）或者不起诉。

第二十一条　【询问】在调查过程中，监察机关可以询问证人等人员。
【纪检监察法规】
21.1《关于查处党员违纪案件中收集、鉴别、使用证据的具体规定》（1991 年 7 月 23 日）（节录）

第七条　凡是知道案件情况的党员和群众，都应及时地、如实地提供证言，不得拒绝作证。党员故意提供虚假情况，情节严重的给予必要的纪律处分。

收集证人证言，不要采取座谈会的形式。证人证言要一人一证，一般情况下一事一证。由证人用钢笔或毛笔书写。没有书写能力的，由他人或调查取证人根据证人的讲述代写，写好后读给证人听，并按证人意见进行修改，然后由证人签字、盖章或按手印。书写证人证言，应把所要证明的事实发生的时间、地点、当事人、原因、情节、手段、结果等书写清楚。调查人员要做好询问笔录，并应由被询问人签字。

对证人证言，应由取证人注明证人工作单位、职务，并由取证人签字。不必由所在单位加盖公章或加注"属实"、"供参考"之类的文字。

证人作证后，如有补充、更正，可另行书写，并说明更正的理由。办案人员应将补充、更正的证人证言与该证人原出具的证言一并归入案卷。

证人作证后，党组织应为其保密。如发现受审查党员及其亲友对证人打击报复，从严处理。

第十五条　对证人证言的鉴别，要注意审查证言的内容与案件事实是否有联系，来源有无问题，是否受到外界不正常因素的干扰，是否属实，证言前后是否一致，有无矛盾。不得采用对质的方法鉴别证言。

第十八条　对受侵害人员陈述的鉴别，要注意受侵害人员感情因素对其陈述真实性的影响。

【刑事法律文件】

21.2 最高人民法院《关于适用〈中华人民共和国刑事诉讼法〉的解释》（2013年1月1日）（节录）

第四章　证　据

第三节　证人证言、被害人陈述的审查与认定

第七十四条　对证人证言应当着重审查以下内容：

（一）证言的内容是否为证人直接感知；

（二）证人作证时的年龄，认知、记忆和表达能力，生理和精神状态是否影响作证；

（三）证人与案件当事人、案件处理结果有无利害关系；

（四）询问证人是否个别进行；

（五）询问笔录的制作、修改是否符合法律、有关规定，是否注明询问的起止时间和地点，首次询问时是否告知证人有关作证的权利义务和法律责任，证人对询问笔录是否核对确认；

（六）询问未成年证人时，是否通知其法定代理人或者有关人员到场，其法定代理人或者有关人员是否到场；

（七）证人证言有无以暴力、威胁等非法方法收集的情形；

（八）证言之间以及与其他证据之间能否相互印证，有无矛盾。

第七十五条　处于明显醉酒、中毒或者麻醉等状态，不能正常感知或者正确表达的证人所提供的证言，不得作为证据使用。

证人的猜测性、评论性、推断性的证言，不得作为证据使用，但根据一般生活经验判断符合事实的除外。

第七十六条　证人证言具有下列情形之一的，不得作为定案的根据：

（一）询问证人没有个别进行的；

（二）书面证言没有经证人核对确认的；

（三）询问聋、哑人，应当提供通晓聋、哑手势的人员而未提供的；

（四）询问不通晓当地通用语言、文字的证人，应当提供翻译人员而未提供的。

第七十七条　证人证言的收集程序、方式有下列瑕疵，经补正或者作出合理解释的，可以采用；不能补正或者作出合理解释的，不得作为定案的根据：

（一）询问笔录没有填写询问人、记录人、法定代理人姓名以及询问的起止时间、

地点的；

（二）询问地点不符合规定的；

（三）询问笔录没有记录告知证人有关作证的权利义务和法律责任的；

（四）询问笔录反映出在同一时段，同一询问人员询问不同证人的。

第七十八条 证人当庭作出的证言，经控辩双方质证、法庭查证属实的，应当作为定案的根据。

证人当庭作出的证言与其庭前证言矛盾，证人能够作出合理解释，并有相关证据印证的，应当采信其庭审证言；不能作出合理解释，而其庭前证言有相关证据印证的，可以采信其庭前证言。

经人民法院通知，证人没有正当理由拒绝出庭或者出庭后拒绝作证，法庭对其证言的真实性无法确认的，该证人证言不得作为定案的根据。

第七十九条 对被害人陈述的审查与认定，参照适用本节的有关规定。

第九节 证据的综合审查与运用

第一百零九条 下列证据应当慎重使用，有其他证据印证的，可以采信：

（一）生理上、精神上有缺陷，对案件事实的认知和表达存在一定困难，但尚未丧失正确认知、表达能力的被害人、证人和被告人所作的陈述、证言和供述；

（二）与被告人有亲属关系或者其他密切关系的证人所作的有利被告人的证言，或者与被告人有利害冲突的证人所作的不利被告人的证言。

21.3 最高人民法院《人民法院办理刑事案件排除非法证据规程（试行）》（2018年1月1日）（节录）

第二条 采用暴力、威胁以及非法限制人身自由等非法方法收集的证人证言、被害人陈述，应当予以排除。

第四条 依法予以排除的非法证据，不得宣读、质证，不得作为定案的根据。

21.4 最高人民法院、最高人民检察院、公安部、国家安全部、司法部《关于办理刑事案件严格排除非法证据若干问题的规定》（2017年6月27日）（节录）

一、一般规定

第一条 严禁刑讯逼供和以威胁、引诱、欺骗以及其他非法方法收集证据，不得强迫任何人证实自己有罪。对一切案件的判处都要重证据，重调查研究，不轻信口供。

第六条 采用暴力、威胁以及非法限制人身自由等非法方法收集的证人证言、被害人陈述，应当予以排除。

21.5 最高人民法院、最高人民检察院、公安部、国家安全部、司法部《关于办理死刑案件审查判断证据若干问题的规定》（2010年7月1日）（节录）

二、证据的分类审查与认定

2. 证人证言

第十一条 对证人证言应当着重审查以下内容：

（一）证言的内容是否为证人直接感知。

（二）证人作证时的年龄、认知水平、记忆能力和表达能力，生理上和精神上的状态是否影响作证。

（三）证人与案件当事人、案件处理结果有无利害关系。

（四）证言的取得程序、方式是否符合法律及有关规定：有无使用暴力、威胁、引诱、欺骗以及其他非法手段取证的情形；有无违反询问证人应当个别进行的规定；笔录是否经证人核对确认并签名（盖章）、捺指印；询问未成年证人，是否通知了其法定代理人到场，其法定代理人是否在场等。

（五）证人证言之间以及与其他证据之间能否相互印证，有无矛盾。

第十二条 以暴力、威胁等非法手段取得的证人证言，不能作为定案的根据。

处于明显醉酒、麻醉品中毒或者精神药物麻醉状态，以致不能正确表达的证人所提供的证言，不能作为定案的根据。

证人的猜测性、评论性、推断性的证言，不能作为证据使用，但根据一般生活经验判断符合事实的除外。

第十三条 具有下列情形之一的证人证言，不能作为定案的根据：

（一）询问证人没有个别进行而取得的证言；

（二）没有经证人核对确认并签名（盖章）、捺指印的书面证言；

（三）询问聋哑人或者不通晓当地通用语言、文字的少数民族人员、外国人，应当提供翻译而未提供的。

第十四条 证人证言的收集程序和方式有下列瑕疵，通过有关办案人员的补正或者作出合理解释的，可以采用：

（一）没有填写询问人、记录人、法定代理人姓名或者询问的起止时间、地点的；

（二）询问证人的地点不符合规定的；

（三）询问笔录没有记录告知人应当如实提供证言和有意作伪证或者隐匿罪证要负法律责任内容的；

（四）询问笔录反映出在同一时间段内，同一询问人员询问不同证人的。

第十五条 具有下列情形的证人，人民法院应当通知出庭作证；经依法通知不出庭作证证人的书面证言经质证无法确认的，不能作为定案的根据：

（一）人民检察院、被告人及其辩护人对证人证言有异议，该证人证言对定罪量刑有重大影响的；

（二）人民法院认为其他应当出庭作证的。

证人在法庭上的证言与其庭前证言相互矛盾，如果证人当庭能够对其翻证作出合理解释，并有相关证据印证的，应当采信庭审证言。

对未出庭作证证人的书面证言，应当听取出庭检察人员、被告人及其辩护人的意见，并结合其他证据综合判断。未出庭作证证人的书面证言出现矛盾，不能排除矛盾且无证据印证的，不能作为定案的根据。

第十六条 证人作证，涉及国家秘密或者个人隐私的，应当保守秘密。

证人出庭作证，必要时，人民法院可以采取限制公开证人信息、限制询问、遮蔽容貌、改变声音等保护性措施。

3. 被害人陈述

第十七条 对被害人陈述的审查与认定适用前述关于证人证言的有关规定。

8. 其他规定

第三十条 侦查机关组织的辨认,存在下列情形之一的,应当严格审查,不能确定其真实性的,辨认结果不能作为定案的根据:

(一)辨认不是在侦查人员主持下进行的;

(二)辨认前使辨认人见到辨认对象的;

(三)辨认人的辨认活动没有个别进行的;

(四)辨认对象没有混杂在具有类似特征的其他对象中,或者供辨认的对象数量不符合规定的;尸体、场所等特定辨认对象除外;

(五)辨认中给辨认人明显暗示或者明显有指认嫌疑的。

有下列情形之一的,通过有关办案人员的补正或者作出合理解释的,辨认结果可以作为证据使用:

(一)主持辨认的侦查人员少于二人的;

(二)没有向辨认人详细询问辨认对象的具体特征的;

(三)对辨认经过和结果没有制作专门的规范的辨认笔录,或者辨认笔录没有侦查人员、辨认人、见证人的签名或者盖章的;

(四)辨认记录过于简单,只有结果没有过程的;

(五)案卷中只有辨认笔录,没有被辨认对象的照片、录像等资料,无法获悉辨认的真实情况的。

三、证据的综合审查和运用

第三十七条 对于有下列情形的证据应当慎重使用,有其他证据印证的,可以采信:

(一)生理上、精神上有缺陷的被害人、证人和被告人,在对案件事实的认知和表达上存在一定困难,但尚未丧失正确认知、正确表达能力而作的陈述、证言和供述;

(二)与被告人有亲属关系或者其他密切关系的证人所作的对该被告人有利的证言,或者与被告人有利害冲突的证人所作的对该被告人不利的证言。

21.6 最高人民法院《人民法院办理刑事案件第一审普通程序法庭调查规程(试行)》(2018年1月1日)(节录)

三、出庭作证程序

第十二条 控辩双方可以申请法庭通知证人、鉴定人、侦查人员和有专门知识的人等出庭。

被害人及其法定代理人、诉讼代理人,附带民事诉讼原告人及其诉讼代理人也可以提出上述申请。

第十三条 控辩双方对证人证言、被害人陈述有异议,申请证人、被害人出庭,人民法院经审查认为证人证言、被害人陈述对案件定罪量刑有重大影响的，应当通知证人、被害人出庭。

控辩双方对鉴定意见有异议，申请鉴定人或者有专门知识的人出庭，人民法院经审查认为有必要的，应当通知鉴定人或者有专门知识的人出庭。

控辩双方对侦破经过、证据来源、证据真实性或者证据收集合法性等有异议，申请侦查人员或者有关人员出庭，人民法院经审查认为有必要的，应当通知侦查人员或者有关人员出庭。

为查明案件事实、调查核实证据，人民法院可以依职权通知上述人员到庭。

人民法院通知证人、被害人、鉴定人、侦查人员、有专门知识的人等出庭的，控辩双方协助有关人员到庭。

第十四条 应当出庭作证的证人，在庭审期间因身患严重疾病等客观原因确实无法出庭的，可以通过视频等方式作证。

证人视频作证的，发问、质证参照证人出庭作证的程序进行。

前款规定适用于被害人、鉴定人、侦查人员。

第十五条 人民法院通知出庭的证人，无正当理由拒不出庭的，可以强制其出庭，但是被告人的配偶、父母、子女除外。

强制证人出庭的，应当由院长签发强制证人出庭令，并由法警执行。必要时，可以商请公安机关协助执行。

第十六条 证人、鉴定人、被害人因出庭作证，本人或者其近亲属的人身安全面临危险的，人民法院应当采取不公开其真实姓名、住址和工作单位等个人信息，或者不暴露其外貌、真实声音等保护措施。

决定对出庭作证的证人、鉴定人、被害人采取不公开个人信息的保护措施的，审判人员应当在开庭前核实其身份，对证人、鉴定人如实作证的保证书不得公开，在判决书、裁定书等法律文书中可以使用化名等代替其个人信息。

审判期间，证人、鉴定人、被害人提出保护请求的，人民法院应当立即审查，确有必要的，应当及时决定采取相应的保护措施。必要时，可以商请公安机关采取专门性保护措施。

第十七条 证人、鉴定人和有专门知识的人出庭作证所支出的交通、住宿、就餐等合理费用，除由控辩双方支付的以外，列入出庭作证补助专项经费，在出庭作证后由人民法院依照规定程序发放。

第十八条 证人、鉴定人出庭，法庭应当当庭核实其身份、与当事人以及本案的关系，审查证人、鉴定人的作证能力、专业资质，并告知其有关作证的权利义务和法律责任。

证人、鉴定人作证前，应当保证向法庭如实提供证言、说明鉴定意见，并在保证书上签名。

第十九条 证人出庭后，先向法庭陈述证言，然后先由举证方发问；发问完毕后，对方也可以发问。根据案件审理需要，也可以先由申请方发问。

控辩双方向证人发问完毕后,可以发表本方对证人证言的质证意见。控辩双方如有新的问题,经审判长准许,可以再行向证人发问。

审判人员认为必要时,可以询问证人。法庭依职权通知证人出庭的情形,审判人员应当主导对证人的询问。经审判长准许,被告人可以向证人发问。

第二十条　向证人发问应当遵循以下规则:
(一) 发问内容应当与案件事实有关;
(二) 不得采用诱导方式发问;
(三) 不得威胁或者误导证人;
(四) 不得损害证人人格尊严;
(五) 不得泄露证人个人隐私。

第二十一条　控辩一方发问方式不当或者内容与案件事实无关,违反有关发问规则的,对方可以提出异议。对方当庭提出异议的,发问方应当说明发问理由,审判长判明情况予以支持或者驳回;对方未当庭提出异议的,审判长也可以根据情况予以制止。

第二十二条　审判长认为证人当庭陈述的内容与案件事实无关或者明显重复的,可以进行必要的提示。

第二十三条　有多名证人出庭作证的案件,向证人发问应当分别进行。

多名证人出庭作证的,应当在法庭指定的地点等候,不得谈论案情,必要时可以采取隔离等候措施。证人出庭作证后,审判长应当通知法警引导其退庭。证人不得旁听对案件的审理。

被害人没有列为当事人参加法庭审理,仅出庭陈述案件事实的,参照适用前款规定。

第二十四条　证人证言之间存在实质性差异的,法庭可以传唤有关证人到庭对质。

审判长可以分别询问证人,就证言的实质性差异进行调查核实。经审判长准许,控辩双方可以向证人发问。审判长认为有必要的,可以准许证人之间相互发问。

第二十五条　证人出庭作证的,其庭前证言一般不再出示、宣读,但下列情形除外:
(一) 证人出庭作证时遗忘或者遗漏庭前证言的关键内容,需要向证人作出必要提示的;
(二) 证人的当庭证言与庭前证言存在矛盾,需要证人作出合理解释的。

为核实证据来源、证据真实性等问题,或者帮助证人回忆,经审判长准许,控辩双方可以在询问证人时向其出示物证、书证等证据。

第二十六条　控辩双方可以申请法庭通知有专门知识的人出庭,协助本方就鉴定意见进行质证。有专门知识的人可以与鉴定人同时出庭,在鉴定人作证后向鉴定人发问,并对案件中的专门性问题提出意见。

申请有专门知识的人出庭,应当提供人员名单,并不得超过二人。有多种类鉴定意见的，可以相应增加人数。

第二十七条 对被害人、鉴定人、侦查人员、有专门知识的人的发问，参照适用证人的有关规定。

同一鉴定意见由多名鉴定人作出，有关鉴定人以及对该鉴定意见进行质证的有专门知识的人，可以同时出庭，不受分别发问规则的限制。

五、认证规则

第四十五条 经过控辩双方质证的证据，法庭应当结合控辩双方质证意见，从证据与待证事实的关联程度、证据之间的印证联系、证据自身的真实性程度等方面，综合判断证据能否作为定案的根据。

证据与待证事实没有关联，或者证据自身存在无法解释的疑问，或者证据与待证事实以及其他证据存在无法排除的矛盾的，不得作为定案的根据。

第四十八条 证人没有出庭作证，其庭前证言真实性无法确认的，不得作为定案的根据。

证人当庭作出的证言与其庭前证言矛盾，证人能够作出合理解释，并与相关证据印证的，应当采信其庭审证言；不能作出合理解释，而其庭前证言与相关证据印证的，可以采信其庭前证言。

21.7 最高人民检察院《关于适用〈关于办理死刑案件审查判断证据若干问题的规定〉和〈关于办理刑事案件排除非法证据若干问题的规定〉的指导意见》（2010年12月30日）（节录）

三、严格审查、判断证据，确保办案质量

10. 对犯罪嫌疑人供述和证人证言、被害人陈述，要结合全案的其他证据，综合审查其内容的客观真实性，同时审查侦查机关（部门）是否将每一次讯问、询问笔录全部移送。对以刑讯逼供等非法手段取得的犯罪嫌疑人供述和采用暴力、威胁等非法手段取得的证人证言、被害人陈述，应当依法排除；对于使用其他非法手段获取的犯罪嫌疑人供述、证人证言、被害人陈述，根据其违法危害程度与刑讯逼供和暴力、威胁手段是否相当，决定是否依法排除。

15. 审查证人证言、被害人陈述，应当注意对询问程序、方式、内容以及询问笔录形式的审查。发现不符合规定的，应当要求侦查机关（部门）补正或者说明。注意审查证人、被害人能否辨别是非、正确表达，必要时进行询问、了解，同时审查证人、被害人作证是否个别进行；对证人、被害人在法律规定以外的地点接受询问的，应当审查其原因，必要时对该证言或者陈述进行复核。对证人证言、被害人陈述的内容是否真实，应当结合其他证据综合判断。对于犯罪嫌疑人及其辩护人或者证人、被害人提出侦查机关（部门）采用暴力、威胁等非法手段取证的，应当告知其要如实提供相关证据或者线索，并认真核查。

20. 发现侦查人员以刑讯逼供或者暴力、威胁等非法手段收集犯罪嫌疑人供述、被害人陈述、证人证言的，应当提出纠正意见，同时应当要求侦查机关（部门）另行指派侦查人员重新调查取证，必要时也可以自行调查取证。侦查机关（部门）未另行指派侦查人员重新调查取证的，可以依法退回补充侦查。经审查发现存在刑讯逼供、暴力取证等非法取证行为，该非法言词证据被排除后，其他证据不能证明犯罪嫌疑人实施犯罪行为的，应当不批准或者决定逮捕，已经移送审查起诉的，可以将案件退回侦查机关（部门）或者不起诉。办案人员排除非法证据的，应当在审查报告中说明。

四、做好证据合法性证明工作，提高依法指控犯罪的能力

21. 对证据的合法性进行证明，是检察机关依法指控犯罪、强化诉讼监督、保证办案质量的一项重要工作。要坚持对证据的合法性进行严格审查，依法排除非法证据，进一步提高出庭公诉水平，做好证据合法性证明工作。

25. 对于庭审中被告人及其辩护人提出未到庭证人的书面证言、未到庭被害人的书面陈述是非法取得的，可以从证人或者被害人的作证资格、询问人员、询问程序和方式以及询问笔录的法定形式等方面对合法性作出说明；有原始询问过程录音录像或者其他证据能证明合法性的，可以在法庭上宣读或者出示。被告人及其辩护人提出明确的新证据或者线索，需要进一步调查核实的，应当依法建议法庭延期审理，要求侦查机关（部门）提供相关证明，必要时可以自行调查核实。对被告人及其辩护人所提供的证人证言、被害人陈述等证据取得的合法性有疑问的，应当建议法庭要求其提供证明。

26. 被告人及其辩护人在提起公诉后提出证据不合法的新证据或者线索，侦查机关（部门）对证据的合法性不能提供证据予以证明，或者提供的证据不够确实、充分，且其他证据不能充分证明被告人有罪的，可以撤回起诉，将案件退回侦查机关（部门）或者不起诉。

第二十二条　【留置】被调查人涉嫌贪污贿赂、失职渎职等严重职务违法或者职务犯罪，监察机关已经掌握其部分违法犯罪事实及证据，仍有重要问题需要进一步调查，并有下列情形之一的，经监察机关依法审批，可以将其留置在特定场所：

（一）涉及案情重大、复杂的；

（二）可能逃跑、自杀的；

（三）可能串供或者伪造、隐匿、毁灭证据的；

（四）可能有其他妨碍调查行为的。

对涉嫌行贿犯罪或者共同职务犯罪的涉案人员，监察机关可以依照前款规定采取留置措施。

留置场所的设置、管理和监督依照国家有关规定执行。

【党的纲领性文件及其他重要文件】

22.1《决胜全面建成小康社会夺取新时代中国特色社会主义伟大胜利》（2017年10月18日）（节录）

（七）健全党和国家监督体系。增强党自我净化能力，根本靠强化党的自我监督和群众监督。要加强对权力运行的制约和监督，让人民监督权力，让权力在阳光下运

行，把权力关进制度的笼子。强化自上而下的组织监督，改进自下而上的民主监督，发挥同级相互监督作用，加强对党员领导干部的日常管理监督。深化政治巡视，坚持发现问题、形成震慑不动摇，建立巡视巡察上下联动的监督网。深化国家监察体制改革，将试点工作在全国推开，组建国家、省、市、县监察委员会，同党的纪律检查机关合署办公，实现对所有行使公权力的公职人员监察全覆盖。制定国家监察法，依法赋予监察委员会职责权限和调查手段，用留置取代"两规"措施。改革审计管理体制，完善统计体制。构建党统一指挥、全面覆盖、权威高效的监督体系，把党内监督同国家机关监督、民主监督、司法监督、群众监督、舆论监督贯通起来，增强监督合力。

【纪检监察法规】

> 【编者注】党的十九大报告明确提出用留置取代"两规"措施，且《中华人民共和国行政监察法》现已废止，此前有关"两规"措施的文件应不再适用。但是，《中国共产党纪律检查机关案件检查工作条例》的相关条款尚未修正，且有关"两规"措施的适用条件、使用权限、审批程序、执行规范等规定对于正确把握"留置"的执法尺度仍有借鉴意义，故就"两规"措施相关规定仍予以摘录，以供参考。

22.2《关于纪检监察机关依法采用"两指""两规"措施若干问题的通知》（1998年6月5日）（节录）

《中华人民共和国行政监察法》第二十条第（三）项规定的"责令有违反行政纪律嫌疑的人员在指定的时间、地点就调查事项涉及的问题作出解释和说明，但是不得对其实行拘禁或者变相拘禁"（即"两指"），以及《中国共产党纪律检查机关案件检查工作条例》第二十八条第（三）项规定的"要求有关人员在规定的时间、地点就案件所涉及的问题作出说明"（即"两规"），是国家法律和党内法规规定的纪检监察机关查处党纪、政纪案件的必要措施。实践证明，正确采用这项措施对于突破案件具有十分重要的作用，应当继续依法采用。当前，各级纪检监察机关采用"两指""两规"措施情况总是好的，同时也存在一些不容忽视的问题。为保证纪检监察机关正确采用这项措施，进一步加强查办案件工作，防止发生违纪违法行为，特作以下规定：

一、不准使用司法手段，不准使用司法机关的办公、羁押场所和行政部门的收容遣送场所。

二、不准修建用于采用"两指""两规"措施的专门场所。

三、严禁搞逼供、诱供，严禁体罚或者变相体罚，严禁打骂、侮辱人格和使用械具。

各级纪检监察机关要严格遵守上述规定。对执行中的情况和问题，要及时向中央纪委、监察部报告。

22.3《关于正确使用"两规""两指"措施的通知》（2001年2月19日）

各省、自治区、直辖市纪委、监察厅（局），中央各部委，中央国家机关各部委纪检组（纪委）、监察局，中央纪委各派驻纪检组，监察部各派驻监察局、监察专员办公室，中央直属机关纪工委，中央国家机关纪工委，中央金融纪工委，中央企业纪工委，军委纪委：

　　为贯彻落实江泽民总书记重要批示，严格依法依纪使用"两规""两指"措施，继续加大查办违纪违法案件的力度，推进反腐败斗争深入开展，现就贯彻落实江总书记的重要批示，正确使用"两规""两指"措施的几个问题通知如下：

　　一、认真学习、深刻领会江总书记重要批示的精神

　　2000年12月16日，江总书记对浙江省台州市纪检监察机关在使用"两规""两指"措施过程中发生的一起严重违纪违法事件作了重要批示，指出："建国以来，我们一贯反对搞逼供信。但也要看到案犯抗拒审查的情况。如何做到既坚决执行政策法律，又能查清问题。特别在社会主义市场经济条件下，是我们所面临的一个大问题。从这份材料看，确实存在逼供信现象，需要引起十分注意，也要研究一些切实可行的措施。"中央纪委常委专门召开会议认真学习了江总书记的重要批示，一致认为，这一重要批示深刻全面，辩证客观，政治性、政策性很强，既重申了我们党一贯反对搞逼供信的重要原则，指出要正视当前存在的问题，又明确提出要研究一些切实可行的措施，做到既坚决执行政策法律，又能查清问题的要求，给我们指明了使用"两规""两指"措施必须遵循的方针。江总书记的重要批示既是对我们的严肃批评，也是对我们的关心和爱护。各级纪检监察机关必须认真学习、深刻领会江总书记批示的精神实质，提高认识，总结教训，研究并采取切实可行的措施，确保用好"两规""两指"措施，继续加大查办大案要案的力度，深入开展反腐败斗争。

　　二、认真对照检查，找出存在的问题、分析原因、提出解决办法

　　中央纪委多次反复强调各级纪检监察机关要慎重、正确使用"两规""两指"措施。1998年6月中央纪委、监察部下发了《关于纪检监察机关依法采用"两指""两规"措施若干问题的通知》（中纪发〔1998〕7号）；1999年10月全国纪检监察机关办案工作经验交流会议明确指出，使用"两规""两指"措施必须按照党内法规和国家法律的规定来进行，重申了正确使用这一措施的四点要求；2000年1月中央纪委办公厅下发了《关于纪检机关使用"两规"措施的办法（试行）》（中纪办发〔2000〕1号），对正确使用"两规"措施作了明确规定。但是，由于我们对各地使用"两规""两指"措施的具体指导不够，监督检查不力，对已经发生的问题处理不严，以致个别纪检监察机关在使用"两规""两指"措施过程中不能依纪依法办事，发生了像台州这种违法乱纪的问题，造成严重的社会影响。

　　从目前掌握的情况看，使用"两规""两指"措施过程中存在的问题主要有：一是违反规定，不经批准，超越职权，擅自使用"两规""两指"措施；二是在使用"两规""两指"措施过程中，疏于防范，管理不严，责任不到位，发生被审查人员自杀、自伤和逃跑、串供等问题；三是个别办案人员在办案中，搞诱供、逼供，甚至打、骂被审查人员造成严重后果。发生这些问题的主要原因，一是个别人员法纪观念淡漠，只强调"两规""两指"措施的必要性，而忽视使用这一措施的严肃性；二是对使用

"两规""两指"措施管理不严、监督不力，缺乏周密的安全防范措施；三是个别人员素质不高，责任心不强，工作失职渎职，造成严重后果。

各级纪检监察机关要认真学习贯彻江总书记重要批示，紧密结合办案实际，对照前面指出的三个问题，对中纪发〔1998〕7号文件发布以来，本地区、本部门使用"两规""两指"措施的情况，进行一次认真、全面的检查。总结经验教训，提出有针对性的解决问题的措施。各省、自治区、直辖市纪检监察机关和实行垂直管理的中央国家机关的纪检监察机构，要在2001年5月1日之前，将本地区、本系统对照检查情况向中央纪委、监察部写出报告。

三、加强领导，强化管理，依纪依法用好"两规""两指"措施

使用"两规""两指"措施是《中国共产党纪律检查机关案件检查工作条例》和《中华人民共和国行政监察法》赋予纪检监察机关在查办案件中的一项重要权限。几年来，全国纪检监察机关运用"两规""两指"措施，突破了包括陈希同、成克杰、胡长清案件在内的一大批重要案件，严惩了腐败分子，振奋了党心民心。实践证明，正确使用"两规""两指"措施，对于突破重要案件，严惩腐败分子发挥了十分重要的作用，成为纪检监察机关查处大案要案，与腐败分子作斗争的一项重要手段。

根据江总书记重要批示的精神，各级纪检监察机关领导班子要切实加强对使用"两规""两指"措施的领导。各级纪检监察机关要采取切实可行的措施，建立健全规章制度，在查办重大案件中，既要及时地对涉案对象有条件地、适时地使用"两规""两指"措施，又要防止在使用"两规""两指"措施过程中发生违纪违法行为。对使用"两规""两指"措施过程中发生的违纪违法行为，要及时查明情况，严肃处理，并将处理情况及时报告上级纪检监察机关。上级纪检监察机关对下级机关使用"两规""两指"措施要切实加强指导和监督检查。

为强化管理，保证严格依纪依法使用"两规""两指"措施，再次提出和重申以下几点要求：

1. 严格把握条件。凡使用"两规""两指"措施的，必须具备以下两个条件：（1）已经掌握了违纪案件中涉嫌违反党纪的党员或涉嫌违反政纪的行政监察对象的部分严重违法违纪事实及证据，已具备给予其纪律处分的条件，但仍有重要问题尚待查清；（2）涉嫌违反党纪的党员或涉嫌违反政纪的行政监察对象有串供、翻供或者外逃的嫌疑，或者可能隐匿、销毁证据，或者有其他妨碍案件调查的行为。

2. 严格使用权限。按照中纪办发〔2000〕1号文件规定："两规"措施只能由县级以上（含）纪检机关和地市级以上（含）纪委的派驻纪检组，党和国家机关内设的处级以上（含）纪检组，国有大型企业，中共中央和国务院直属事业单位的纪委（纪检组）使用。自本通知下发之日起，县处级以下纪检机关如乡镇纪委、中小型企业事业单位纪检机构等不准使用"两规"措施。"两指"措施只能由各级行政监察机关使用。"两规""两指"措施只能由纪检监察机关使用，其他任何机关均无权使用。纪检监察机关与其他机关协同办案中经批准使用该措施的，必须由纪检监察机关的办案人员领导、组织实施。

3. 严格审批程序。使用"两规""两指"措施，必须严格按规定进行审批。纪检机关决定对所辖地方或者部门的领导班子成员和其他重要领导干部实行"两规"措施的，应由纪委书记或分管案件的副书记批准，并及时向同级党委、政府报告，其中对担任人大代表、政协委员的党员领导干部实行"两规"的，还要及时向人大、政协党组通报；对实行垂直管理部门的领导班子成员使用"两规"措施的，应向其上级主管部门通报。确需使用"两指"措施的，必须经过监察机关主要负责人批准，并及时向本级政府主要负责人或分管监察工作的负责人报告。遇紧急情况确需立即对被审查对象使用"两规""两指"措施的，必须随即补办审批手续。

4. 严格工作制度。使用"两规""两指"措施，应由分管案件的领导主持制定周密的工作方案、工作制度，充分做好各方面的准备。要挑选政治思想好、法制观念强、业务水平高的领导干部和工作人员参加"两规""两指"工作。要对参加"两规""两指"工作的人员进行必要的培训，组织他们认真学习中央纪委、监察部关于"两规""两指"的有关规定，增强纪律性，提高思想政策水平。要明确各个岗位的具体责任，加强管理、检查和监督，防止发生违纪违法行为和意外事故。

5. 严明工作纪律。严禁对被审查人员逼供、诱供、体罚或者变相体罚，严禁打骂和侮辱人格，不准使用司法手段，不准使用司法机关的办公、羁押场所和行政部门的收容遣送场所。要保证被审查人员的人身安全，生活上给予关心照顾，患有疾病的要及时给予治疗。要通过深入细致的思想政治工作，促使被审查人员交待问题。对在办案中发生的刑讯逼供行为，必须严肃处理。

6. 严格控制期限。在查清案件的前提下，要从严掌握"两规""两指"时间。要制定纪检监察机关与司法机关相互移送案件的制度和程序，一旦发现被审查人员有较充分的涉嫌犯罪的事实和证据，就应当及时移送司法机关采取法律措施。

7. 严格责任追究。使用"两规""两指"措施要实行严格的责任制。在使用"两规""两指"措施过程中，因失职渎职、违反规定造成严重后果的，要追究直接责任人和负有领导责任人员的责任。

各级纪检监察机关要以学习、贯彻江总书记重要批示为契机，认真总结几年来办案工作的经验教训，进一步严格规范"两规""两指"措施的使用，使这一措施在查办案件中更好地发挥作用，切实做到既要严格执行政策法律，又能及时有效地查处大案要案，促进反腐败斗争的顺利进行。

第二十三条 【查询、冻结】 监察机关调查涉嫌贪污贿赂、失职渎职等严重职务违法或者职务犯罪，根据工作需要，可以依照规定查询、冻结涉案单位和个人的存款、汇款、债券、股票、基金份额等财产。有关单位和个人应当配合。

冻结的财产经查明与案件无关的，应当在查明后三日内解除冻结，予以退还。

【纪检监察法规】

23.1 《中国共产党纪律检查机关案件检查工作条例》及《中国共产党纪律检查机

关案件检查工作条例实施细则》（以下简称《实施细则》）（1994年5月1日）（节录）

第十二条 初步核实的任务是，了解所反映的主要问题是否存在，为立案与否提供依据。

第十三条 初步核实可以采用本条例第二十八条中（一）、（二）、（三）、（四）、（五）、（八）的方法收集证据。

《实施细则》**第八条** 根据《条例》第十二条、十三条的规定，初步核实应当尽力收集证据，并抓住主要问题进行，注意保守秘密。

23.2 中共中央纪委办公厅、监察部办公厅《关于查办案件中需查询或者冻结被调查对象存款时应以监察机关名义使用监察文书的通知》（1999年12月27日）

各省、自治区、直辖市纪委、监察厅（局），中央和国家机关各部委纪检组（纪委）、监察局，中央纪委各派驻纪检组，监察部各派驻监察局、监察专员办公室，中直机关和中央国家机关纪工委，中央金融纪工委，中央企业纪工委，军委纪委：

《中华人民共和国商业银行法》发布后，一些地区和单位的纪检机关来电来函询问："纪检机关办案中确需到银行或者其他金融机构查询或者冻结被调查对象的存款时，应如何办理？"现就此问题通知如下：

《中华人民共和国行政监察法》第二十一条规定："监察机关在调查贪污、贿赂、挪用公款等违反行政纪律的行为时，经县级以上监察机关领导人员批准，可以查询案件涉嫌单位和涉嫌人员在银行或者其他金融机构的存款；必要时，可以提请人民法院采取保全措施，依法冻结涉嫌人员在银行或者其他金融机构的存款。"根据这一规定，最高人民法院、监察部1998年10月13日印发了《关于执行〈中华人民共和国行政监察法〉第二十一条若干问题的规定》，明确了依法冻结涉嫌人员存款的操作程序并附有文书格式；监察部1999年6月7日印发了《监察机关监察文书格式标准文本式样》，其中式样10即为"查询存款通知书"。根据纪检、监察机关合署办公、行使两种职能的实际，各级纪检监察机关今后在办案中确实需要到银行或者其他金融机构查询存款或者冻结存款时，无论是以纪检机关名义立案的，还是以监察机关名义立案的，均应以监察机关名义使用上述监察文书，并应按规定严格履行审批程序。未设监察机关的部门、单位或者系统，纪检机关需要到银行或者其他金融机构查询和冻结存款的，可到所在行政区监察机关或者上级主管部门监察机关开具监察文书。

特此通知。

【行为规制法规】

23.3 中国人民银行《金融机构协助查询、冻结、扣划工作管理规定》（2002年2月1日）

第一条 为规范金融机构协助有权机关查询、冻结和扣划单位、个人在金融机构存款的行为，根据《中华人民共和国商业银行法》及其它有关法律、行政法规的规定，制定本规定。

第二条 本规定所称"协助查询、冻结、扣划"是指金融机构依法协助有权机关查询、冻结、扣划单位或个人在金融机构存款的行为。

第四章　监察权限

协助查询是指金融机构依照有关法律或行政法规的规定以及有权机关查询的要求，将单位或个人存款的金额、币种以及其它存款信息告知有权机关的行为。

协助冻结是指导金融机构依照法律的规定以及有权机关冻结的要求，在一定时期内禁止单位或个人提取其存款账户内的全部或部分存款的行为。

协助扣划是指金融机构依照法律的规定以及有权机关扣划的要求，将单位或个人存款账户内的全部或部分存款资金划拨到指定账户上的行为。

第三条　本规定所称金融机构是指依法经营存款业务的金融机构（含外资金融机构），包括政策性银行、商业银行、城市和农村信用合作社、财务公司、邮政储蓄机构等。

金融机构协助查询、冻结和扣划存款，应当在存款人开户的营业分支机构具体办理。

第四条　本规定所称有权机关是指依照法律、行政法规的明确规定，有权查询、冻结、扣划单位或个人在金融机构存款的司法机关、行政机关、军事机关及行使行政职能的事业单位（详见附表）。

第五条　协助查询、冻结和扣划工作应当遵循依法合规、不损害客户合法权益的原则。第六条 金融机构应当依法做好协助工作，建立健全有关规章制度，切实加强协助查询、冻结、扣划的管理工作。

第七条　金融机构应当在其营业机构确定专职部门或专职人员，负责接待要求协助查询、冻结、扣划的有权机关，及时处理协助事宜，并注意保守国家秘密。

第八条　办理协助查询业务时，经办人员应当核实执法人员的工作证件，以及有权机关县团级以上（含，下同）机构签发的协助查询存款通知书。

第九条　办理协助冻结业务时，金融机构经办人员应当核实以下证件和法律文书：

（一）有权机关执法人员的工作证件；

（二）有权机关县团级以上机构签发的协助冻结存款通知书，法律、行政法规规定应当由有权机关主要负责人签字的，应当由主要负责人签字；

（三）人民法院出具的冻结存款裁定书、其它有权机关出具的冻结存款决定书。

第十条　办理协助扣划业务时，金融机构经办人员应当核实以下证件和法律文书：

（一）有权机关执法人员的工作证件；

（二）有权机关县团级以上机构签发的协助扣划存款通知书，法律、行政法规规定应当由有权机关主要负责人签字的，应当由主要负责人签字；

（三）有关生效法律文书或行政机关的有关决定书。

第十一条　金融机构在协助冻结、扣划单位或个人存款时，应当审查以下内容：

（一）"协助冻结、扣划存款通知书"填写的需被冻结或扣划存款的单位或个人开户金融机构名称、户名和账号、大小写金额；

（二）协助冻结或扣划存款通知书上的义务人应与所依据的法律文书上的义务人相同；

（三）协助冻结或扣划存款通知书上的冻结或扣划金额应当是确定的。如发现缺少应附的法律文书，以及法律文书有关内容与"协助冻结、扣划存款通知书"的内容不符，应说明原因，退回"协助冻结、扣划存款通知书"或所附的法律文书。

有权机关对个人存款户不能提供账户的，金融机构应当要求有权机关提供该个人的居民身份证号码或其它足以确定该个人存款账户的情况。

第十二条 金融机构应当按照内控制度的规定建立和完善协助查询、冻结和扣划工作的登记制度。

金融机构在协助有权机关办理查询、冻结和扣划手续时，应对下列情况进行登记：有权机关名称，执法人员姓名和证件号码，金融机构经办人员姓名，被查询、冻结、扣划单位或个人的名称或姓名，协助查询、冻结、扣划的时间和金额，相关法律文书名称及文号，协助结果等。

登记表应当在协助办理查询、冻结、扣划手续时填写，并由有权机关执法人员和金融机构经办人签字。

金融机构应当妥善保存登记表，并严格保守有关国家秘密。

金融机构协助查询、冻结、扣划存款，涉及内控制度中的核实、授权和审批工作时，应当严格按内控制度及时办理相关手续，不得拖延推诿。

第十三条 金融机构对有权机关办理查询、冻结和扣划手续完备的，应当认真协助办理。在接到协助冻结、扣划存款通知书后，不得再扣划应当协助执行的款项用于收贷收息，不得向被查询、冻结、扣划单位或个人通风报信，帮助隐匿或转移存款。

金融机构在协助有权机关办理完毕查询存款手续后，有权机关要求予以保密的，金融机构应当保守秘密。金融机构在协助有权机关办理完毕冻结、扣划存款手续后，根据业务需要可以通知存款单位或个人。

第十四条 金融机构协助有权机关查询的资料应限于存款资料，包括被查询单位或个人开户、存款情况以及与存款有关的会计凭证、账簿、对账单等资料。对上述资料，金融机构应当如实提供，有权机关根据需要可以抄录、复制、照相，但不得带走原件。

金融机构协助复制存款资料等支付了成本费用的，可以按相关规定收取工本费。

第十五条 有权机关在查询单位存款情况时，只提供被查询单位名称而未提供账号的，金融机构应当根据账户管理档案积极协助查询，没有所查询的账户的，应如实告知有权机关。

第十六条 冻结单位或个人存款的期限最长为六个月，期满后可以续冻。有权机关应在冻结期满前办理续冻手续，逾期未办理续冻手续的，视为自动解除冻结措施。

第十七条 有权机关要求对已被冻结的存款再行冻结的，金融机构不予办理并应当说明情况。

第十八条 在冻结期限内，只有在原作出冻结决定的有权机关作出解冻决定并出具解除冻结存款通知书的情况下，金融机构才能对已经冻结的存款予以解冻。被冻结存款的单位或个人对冻结提出异议的，金融机构应告知其与作出冻结决定的有权机关

第四章 监察权限

联系,在存款冻结期限内金融机构不得自行解冻。

第十九条 有权机关在冻结、解冻工作中发生错误,其上级机关直接作出变更决定或裁定的,金融机构接到变更决定书或裁定书后,应当予以办理。

第二十条 金融机构协助扣划时,应当将扣划的存款直接划入有权机关指定的账户。有权机关要求提取现金的,金融机构不予协助。

第二十一条 查询、冻结、扣划存款通知书与解除冻结、扣划存款通知书均应由有权机关执法人员依法送达,金融机构不接受有权机关执法人员以外的人员代为送达的上述通知书。

第二十二条 两个以上有权机关对同一单位或个人的同一笔存款采取冻结或扣划措施时,金融机构应当协助最先送达协助冻结、扣划存款通知书的有权机关办理冻结、扣划手续。

两个以上有权机关对金融机构协助冻结、扣划的具体措施有争议的,金融机构应当按照有关争议机关协商后的意见办理。

第二十三条 本规定由中国人民银行负责解释。

第二十四条 本规定自2002年2月1日起施行。

附表:有权查询、冻结、扣划单位、个人存款的执法机关一览表

单位名称	查询		冻结		扣划	
	单位	个人	单位	个人	单位	个人
人民法院	有权	有权	有权	有权	有权	有权
税务机关	有权	有权	有权	有权	有权	有权
海关	有权	有权	有权	有权	有权	有权
人民检察院	有权	有权	有权	有权	无权	无权
公安机关	有权	有权	有权	有权	无权	无权
国家安全机关	有权	有权	有权	有权	无权	无权
军队保卫部门	有权	有权	有权	有权	无权	无权
监狱	有权	有权	有权	有权	无权	无权
走私犯罪侦查机关	有权	有权	有权	有权	无权	无权
监察机关(包括军队监察机关)	有权	有权	无权	无权	无权	无权
审计机关	有权	有权	无权	无权	无权	无权
工商行政管理机关	有权	无权	暂停结算	暂停结算	无权	无权
证券监管管理机关	有权	无权	无权	无权	无权	无权

注:本表所列机关是《金融机构查询、冻结、扣划工作管理规定》发布之日前有关法

律、行政法规明确规定具有查询、冻结或者扣划存款权力的机关。规定发布实施之后，法律、行政法规有新规定的，从其规定。

【编者注】上述规定中的查询、冻结、扣划机关及权限应依法作出相应调整。

第二十四条 【搜查】 监察机关可以对涉嫌职务犯罪的被调查人以及可能隐藏被调查人或者犯罪证据的人的身体、物品、住处和其他有关地方进行搜查。在搜查时，应当出示搜查证，并有被搜查人或者其家属等见证人在场。

搜查女性身体，应当由女性工作人员进行。

监察机关进行搜查时，可以根据工作需要提请公安机关配合。公安机关应当依法予以协助。

【宪法】

24.1《中华人民共和国宪法》（修正后2018年3月11日施行）（节录）

第三十九条 中华人民共和国公民的住宅不受侵犯。禁止非法搜查或者非法侵入公民的住宅。

第二十五条 【调取、查封、扣押】 监察机关在调查过程中，可以调取、查封、扣押用以证明被调查人涉嫌违法犯罪的财物、文件和电子数据等信息。采取调取、查封、扣押措施，应当收集原物原件，会同持有人或者保管人、见证人，当面逐一拍照、登记、编号，开列清单，由在场人员当场核对、签名，并将清单副本交财物、文件的持有人或者保管人。

对调取、查封、扣押的财物、文件，监察机关应当设立专用账户、专门场所，确定专门人员妥善保管，严格履行交接、调取手续，定期对账核实，不得毁损或者用于其他目的。对价值不明物品应当及时鉴定，专门封存保管。

查封、扣押的财物、文件经查明与案件无关的，应当在查明后三日内解除查封、扣押，予以退还。

【宪法】

25.1《中华人民共和国宪法》（修正后2018年3月11日施行）（节录）

第四十条 中华人民共和国公民的通信自由和通信秘密受法律的保护。除因国家安全或者追查刑事犯罪的需要，由公安机关或者检察机关依照法律规定的程序对通信进行检查外，任何组织或者个人不得以任何理由侵犯公民的通信自由和通信秘密。

【编者注】由于本次《宪法》修正未对通信检查权的行使主体作出相应修改，在实践中对于监察机关是否享有通信检查权存在争议。基于《宪法》第124条第4款规定：“监察委员会的组织和职权由法律规定"，且《监察法》第18条第1款、第3款规定："监察机关行使监督、调查职权，有权依法向有关单位和个人了解情况，收集、调取证据。有关单位和个人应当如实提供。任何单位和个人不得伪造、隐匿或者毁灭证据。"《监察法》第 28 条第 1 款规定："监察机关调查涉嫌重大贪污贿赂等职务犯罪，根据需要，经过严格的批准手续，可以采取技术调查措施，按照规定交有关机关执行。"监察机关采取技术调查措施，其实质是在行使通信检查权，且是对公民通信自由权影响极大的调查权限。编者认为，依照体系解释的方式推论，监察机关可以依法行使通信检查权，但应严格审批程序并限定适用条件。

【纪检监察法规】

25.2《中国共产党纪律检查机关案件检查工作条例》及《中国共产党纪律检查机关案件检查工作条例实施细则》（以下简称《实施细则》）(1994 年 5 月 1 日)(节录)

第十二条 初步核实的任务是，了解所反映的主要问题是否存在，为立案与否提供依据。

第十三条 初步核实可以采用本条例第二十八条中（一）、（二）、（三）、（四）、（五）、（八）的方法收集证据。

《实施细则》第八条 根据《条例》第十二条、十三条的规定，初步核实应当尽力收集证据，并抓住主要问题进行，注意保守秘密。

【编者注】本条例第 28 条中（一）、（二）、（三）、（四）、（五）、（八）的方法是指："（一）查阅、复制与案件有关的文件、资料、账册、单据、会议记录、工作笔记等书面材料；（二）要求有关组织提供与案件有关的文件、资料等书面材料以及其他必要的情况；（三）要求有关人员在规定的时间、地点就案件所涉及的问题作出说明；（四）必要时可以对与案件有关的人员和事项，进行录音、拍照、摄像；（五）对案件所涉及的专门性问题，提请有关的专门机构或人员作出鉴定结论；（八）收集其他能够证明案件真实情况的一切证据。"

本条例第 28 条中另有两项收集证据方法未授权初步核实可以采取："（六）经县级以上（含县级）纪检机关负责人批准，暂予扣留、封存可以证明违纪行为的文件、资料、账册、单据、物品和非法所得；（七）经县级以上（含县级）纪检机关负责人批准，可以对被调查对象在银行或其他金融机构的存款进行查核，并可以通知银行或其他金融机构暂停支付"。编者认为，"举轻以明重"，在初核阶段应禁止采取查扣财产及限制人身自由的调查措施。

25.3《中国共产党纪律检查机关监督执纪工作规则（试行）》(2017 年 1 月 8 日)(节录)

第三十三条 暂扣、封存、冻结、移交涉案款物，应当严格履行审批手续。

执行暂扣、封存措施，执纪人员应当会同原款物持有人或者保管人、见证人，当面逐一拍照、登记、编号，现场填写登记表，由在场人员签名。对价值不明物品应当及时鉴定，专门封存保管。

纪检机关应当设立专用账户、专门场所，确定专门人员保管涉案款物，严格履行交接、调取手续，定期对账核实。严禁私自占有、处置涉案款物及其孳息。

25.4《关于查处党员违纪案件中收集、鉴别、使用证据的具体规定》（1991 年 7 月 23 日）（节录）

第五条 收集物证应尽可能提取原物。物证能随卷保存的即随卷保存，不能提取的原物或不能随卷保存的原物应拍成照片入卷，并注明原物存放何处。

第六条 收集书证采用提取会议记录、介绍信、文件、个人记录、私人信件、日记等方法，并尽可能提取原件。如不能提取原件的，用摘抄或复印的方法提取，但应注明出处、原件保存单位，并应由原件保存单位加盖公章。摘抄或复印会议记录、个人记录、私人日记时，要注意时间的连续性，节录材料不得断章取义。

对可作为书证的原始材料或复制件，党的各级组织不得以任何借口拒绝提供。收集的材料涉及机密事项应履行一定的批准手续。党员有义务向组织提供记载有与案情有关系的工作记录本。

对可作为书证的私人日记、信件等原始材料的收集只能采取动员的方法，不得强行收集，涉及个人隐私的，有关党组织应为其保密。

第十三条 对物证的鉴别，要审查是否错误地收集了疑似的物品和痕迹，收集的物证是否伪造，有无栽赃陷害的情况。研究、分析所取物证与案件事实的联系，确定其有无证明作用。

第十四条 对书证的鉴别，要查清其原始制作人，是在何种情况下制作的，是否伪造，节录材料是否断章取义，所记载的内容有无差错，联系其他证据判断所取书证的真实性。

25.5《中国共产党纪律检查机关查办案件涉案款物管理暂行规定》（2008 年 10 月 15 日）（节录）

第一章 总 则

第一条 为规范中国共产党纪律检查机关（以下简称纪检机关）查办案件涉案款物的管理工作，根据《中国共产党纪律处分条例》、《中国共产党纪律检查机关案件检查工作条例》及其他党内法规，结合纪检机关查办案件的实际，制定本规定。

第二条 本规定所称涉案款物，是指可以证明违纪违法行为的款物和违纪违法所得的款物，包括现金、有价证券、支付凭证、房产、金银珠宝、文物古玩、字画、家具、电器、交通工具、通信工具等。

第三条 纪检机关查办案件中涉案款物的暂予扣留、封存以及移交、保管、处理，适用本规定。

第四条 涉案款物的管理必须依纪依法、准确及时、保管妥善、处置得当、手续完备。

第五条 纪检机关应当加强对涉案款物的管理和监督，有关部门各司其职、相互配合、相互监督。

第六条 任何部门和人员不得擅自使用、处理涉案款物。

第二章 涉案款物的暂予扣留、封存

第七条 案件检查部门或者调查组暂予扣留、封存涉案款物，应当填写暂予扣留、封存涉案款物呈批表，经案件检查部门或者调查组负责人审核并报纪检机关分管领导批准后执行。

紧急或者其他特殊情况，经案件检查部门或者调查组负责人审核批准，可以先予执行，但应当在执行后十个工作日内补办报批手续。

第八条 执行暂予扣留、封存涉案款物措施的案件承办人不得少于二人。执行时应当与原款物持有人或者保管人、见证人共同对暂予扣留、封存涉案款物当面逐件清点，当场填写暂予扣留、封存涉案款物登记表，分别由案件承办人、原款物持有人或者保管人、见证人签名或者盖章。

原款物持有人或者保管人无法或者拒绝在登记表上签名或者盖章的，承办人应当注明原因。

第九条 暂予扣留的金银珠宝、文物古玩、字画及其他贵重物品，除当场摄影、摄像或者制作谈话笔录外，案件检查部门或者调查组应当及时委托纪检机关指定的具有专业资质的鉴定机构进行鉴定并出具鉴定书，鉴定结果及时告知原物持有人或保管人。

因特殊原因不能及时进行鉴定的，可以先封存保管，条件允许时再进行鉴定。所需鉴定费用从办案经费中列支。

原物持有人或者保管人对鉴定机构的资质或者鉴定结果有异议，并提出重新鉴定的，经案件检查部门或者调查组负责人同意后，可以重新进行鉴定。

第十条 调查过程中认定不是违纪违法所得的款物或者不能证明违纪违法行为的款物的，经纪检机关分管领导批准，应当及时解除暂予扣留、封存措施。由案件检查部门或者调查组填写解除暂予扣留、封存款物清单，将解除暂予扣留、封存的款物发还原款物持有人或者保管人。发还时应当按清单与原款物持有人或者保管人当面清点，并办理签收手续。

第三章 涉案款物的移交

第十一条 案件检查部门或者调查组对涉案款物采取暂予扣留、封存措施后，应当及时与纪检机关财务（保管）部门办理移交手续。

特殊原因不能按时移交的，经纪检机关分管领导批准，可以由案件检查部门或者调查组暂时保管，但应当在特殊原因消除后十个工作日内办理移交手续。

第十二条 案件检查部门或者调查组与纪检机关财务（保管）部门办理移交手续前，必须明确专人负责统一保管涉案款物。

第十三条 在异地采取暂予扣留、封存措施，移交涉案款物确有困难的，经案件检查部门或者调查组负责人同意，可以委托当地纪检机关或者纪检部门保管。案件检查部门或者调查组应当出具委托书，并与受委托单位办理交接手续。涉案款物移交保管清单应当报双方案件监督管理部门或者其他相关职能部门备案。

第十四条 涉案款物移交保管时，案件承办人与保管工作人员均不得少于二人，案件承办人应当填写暂予扣留、封存涉案款物移交清单，经案件检查部门或者调查组负责人签字后与保管工作人员办理移交。保管工作人员应当对移交款物逐项核对，查验无误后双方在移交清单上签字。

第四章 涉案款物的保管

第十五条 涉案款物应当由纪检机关的财务部门集中统一保管。

未设财务部门的纪检机关，涉案款应当交由本级财政部门统一保管。涉案物品应当由纪检机关指定的部门集中统一保管。

第十六条 派驻（出）机构涉案款交由派出它的纪检机关财务部门统一保管；涉案物品由派驻（出）机构集中统一保管。

地方纪检机关派驻（出）机构集中统一保管涉案物品有困难的，可以由派出它的纪检机关财务部门统一保管。

第十七条 财务（保管）部门应当设立专用账户、专门场所，严格办理涉案款物交接手续，指定专人对涉案款物进行妥善保管，防止涉案款物的毁损和灭失。

第十八条 财务（保管）部门对案件检查部门或者调查组移交的涉案款，应当在复核无误后，开具专用收据交涉案款物移送承办人。

财务（保管）部门应当将涉案款设立明细账，及时存入银行专用账户，严格收付手续。

第十九条 财务（保管）部门对涉案物品应当建账设卡，注明案件名称、物品名称、移交时间及经办人等，做到一案一账，一物一卡。

小件物品可以根据物品种类分袋、分件、分箱设卡。对大件物品，应当集中保管或者委托有关专业部门封存保管。贵重小件物品应当装入透明袋封存。对交通工具、通信工具等需要定期保养和维护的物品要做好日常养护工作，防止损坏。

大宗物品、特殊物品应当指定有关专业部门进行封存保管。对危险品、违禁品应当按照有关规定及时送交有关部门，或者根据办案需要严格封存，不得以任何理由使用和扩散。

不宜长期保存的物品，可以与原物持有人协商或者按国家有关规定，经案件检查部门或者调查组负责人同意后，及时委托有关机构变卖或者拍卖，所得价款按本规定第十八条办理，并将清单、照片、变卖或者拍卖结果存入案卷归档，委托程序应当严格按照相关规定进行。

保管费用以及保管过程中发生的相关费用从办案经费中列支。

第二十条 具有数码特征或者其他特征并能证明案情的钱币、有价证券、支付凭证等，应当作为物证进行封存保管，并注明特征、编号、种类、面值、张数、金额等。

第二十一条 案件检查部门或者调查组在移送案件或者因案件需要调取暂予扣

留、封存的涉案款物时，应当经纪检机关分管领导书面批准。加封的涉案款物启封时，案件承办人与保管工作人员应当同时在场，当面查验。归还时，应当重新封存，双方在封条上签字。

第八章 附 则

第四十二条 本规定适用于县级以上纪检机关及其派驻（出）机构。

军委纪委可参照本规定制定有关规定，报中央纪委备案。

第四十三条 本规定要求填写的有关文书和单据，应当送案件监督管理部门或者其他相关职能部门备案，并入案卷归档。

第四十四条 本规定由中央纪委负责解释。

第四十五条 本规定自发布之日起施行。凡此前有关涉案款物管理的规定与本规定不一致的，执行本规定。

25.6 《纪检监察机关查办案件涉案财物价格认定工作暂行办法》（2010年12月10日）

第一章 总 则

第一条 为规范纪检监察机关查办案件涉案财物价格认定工作，保证查办案件工作的顺利进行，根据《中国共产党纪律检查机关案件检查工作条例》、《中华人民共和国行政监察法》、《中华人民共和国价格法》等法律法规，制定本办法。

第二条 纪检监察机关查办案件涉案财物价格认定工作，适用本办法。

本办法所称价格认定，是指纪检监察机关在查办案件中，对价格不明，价格有争议的涉案财物，向人民政府价格主管部门设立的价格认证机构（以下简称价格认证机构）提出价格认定，由价格认证机构依法对涉案财物的价格进行测算，并作出认定结论的行为。

本办法所称涉案财物，是指可以证明违纪违法行为的财物和违纪违法所得的财物，包括房地产、金银珠宝、文物、艺术品、家具、电器、交通工具、通信工具、有价证券等。

第三条 纪检监察机关查办案件涉案财物价格认定工作，应当遵循依法、公正、科学、合理、保密的原则，按照规定的程序进行。

第四条 纪检监察机关工作人员和价格认证机构工作人员在价格认定工作中应当遵守保密法律、法规和纪律，不得泄露国家秘密、工作秘密，以及因工作掌握的商业秘密和个人隐私。

第五条 办理价格认定事项的纪检监察机关工作人员和价格认定人员，有下列情形之一的，应当自行回避，案件被调查人以及与价格认定事项有利害关系的公民、法人或者其他组织有权要求其回避：

（一）是被调查人近亲属的；

（二）办理的价格认定事项与本人有利害关系的；

（三）与办理的价格认定事项有其他关系，可能影响价格认定工作公正进行的。

纪检监察机关和价格认证机构发现其所属人员有应当回避的情形，可以直接决定该人员回避。

第二章 提出与受理

第六条 纪检监察机关查办案件，需要进行价格认定的，应当向本级价格认证机构提出协助请求；案件被调查人要求价格认定的，可以向承办案件的纪检监察机关提出。

涉案财物在外地的，承办案件的纪检监察机关可以向涉案财物所在地的纪检监察机关提请协助，并由涉案财物所在地的纪检监察机关向其本级价格认证机构提出并办理相关手续。

纪检监察机关派驻机构查办案件需要进行价格认定的，依照本条第一款、第二款的规定办理。

未设立价格认证机构的乡（镇），其纪委查处案件需要查行价格认定的，应当提请上一级纪检监察机关办理。

第七条 纪检监察机关向价格认证机构提出对涉案财物进行价格认定的，应当出具价格认定协助书以及价格认定所需的材料。

第八条 在价格认定过程中，需要对涉案财物先行作出技术、质量检测报告的，价格认证机构应当向纪检监察机关提出，纪检监察机关应当委托有关检测机构进行技术、质量检测；必要时，价格认证机构应当积极予以配合。

第九条 价格认证机构接到价格认定协助书和相关材料后，应当予以受理，经审查认为内容不完整的，应及时向纪检监察机关提出，由纪检监察机关予以补充。

第三章 价格认定

第十条 价格认定机构受理协助请求后，应当指派两名以上价格认定人员共同进行价格认定。

第十一条 价格认定人员应当对需要进行价格认定的涉案财物进行勘验。如勘验结果与价格认定协助书所载事项不符，应及时向纪检监察机关提出，由纪检监察机关重新出具价格认定协助书。

第十二条 价格认定机构一般不留存涉案财物，如确需留存，应当征得纪检监察机关同意并办理交接手续。

价格认证机构对留存的涉案财物应当妥善保管，不得调换、灭失和私自使用。价格认定工作结束后，应当将涉案财物退回纪检监察机关。

第十三条 价格认定机构在勘验、调查等价格认定过程中，确需纪检监察机关配合的，纪检监察机关应当配合。

第十四条 价格认定的期限，由纪检监察机关与价格认定机构约定，补充或者重新提取认定材料等，可以由双方商定延长期限。

第十五条 因不可抗力或者其他原因致使价格认定暂时无法进行的，应当中止价格认定;确实无法进行的,应当终止价格认定。

价格认证机构中止或者终止价格认定的,应当向纪检监察机关出具通知书,纪检监察机关提出中止或者终止价格认定的,应当以书面形式通知价格认证机构。

价格认定中止事项消除后,应当恢复价格认定工作。终止价格认定的,价格认证机构应当将全部材料退还纪检监察机关。

第十六条 纪检监察机关增加与原价格认定有关的内容的,可以向原价格认证机构提出补充价格认定。

第十七条 价格认证机构完成价格认定后,应当向纪检监察机关出具价格认定结论书。结论书应载明复核裁定的受理机构。

第四章 重新认定和复核裁定

第十八条 纪检监察机关对价格认定结论有异议的,可以向原价格认证机构提出重新认定,也可以直接向价格认定结论书中告知的复核裁定受理机构提出复核裁定。

对重新认定仍有异议的,应当向复核裁定受理机构提出复核裁定。

第十九条 纪检监察机关对复核裁定结论仍有异议的,可以向国务院价格主管部门设立的价格认证机构再次提出复核裁定。

国务院价格主管部门设立的价格认证机构作出的复核裁定为最终复核裁定。

第二十条 纪检监察机关在收到价格认定、重新认定或者复核裁定结论书后,应当告知案件被调查人。

案件被调查人对结论有异议的,应当在收到结论书之日起3日内向纪检监察机关提出。纪检监察机关根据具体情况决定是否向价格认证机构提出重新认定、复核裁定或者再次复核裁定。

第五章 纪律责任

第二十一条 纪检监察机关及其工作人员违反本办法,构成违纪的,对有关责任人员,依照有关规定给予党纪政纪处分;涉嫌犯罪的,移送司法机关依法处理。

第二十二条 价格认证机构及其工作人员违反本办法,有下列行为之一的,对有关责任人员,依照有关规定给予党纪政纪处分;涉嫌犯罪的,移送司法机关依法处理:

(一)出具虚假价格认定结论的;

(二)违反规定造成价格认定结论严重失实的;

(三)泄露价格认定工作中所掌握的国家秘密、工作秘密、商业秘密和个人隐私,造成不良后果的;

(四)有其他滥用职权、徇私舞弊、玩忽职守行为的。

第六章 附 则

第二十三条 价格认定机构对纪检监察机关查办案件涉案财物进行价格认定不收费,该项经费由同级财政预算安排。

第二十四条　本办法由中央纪委、国家发展改革委、监察部、财政部负责解释。

第二十五条　本办法自发布之日起施行。

【刑事法律文件】

25.7 最高人民法院《关于适用〈中华人民共和国刑事诉讼法〉的解释》（2013年1月1日）（节录）

第四章　证　据

第二节　物证、书证的审查与认定

第六十九条　对物证、书证应当着重审查以下内容：

（一）物证、书证是否为原物、原件，是否经过辨认、鉴定；物证的照片、录像、复制品或者书证的副本、复制件是否与原物、原件相符，是否由二人以上制作，有无制作人关于制作过程以及原物、原件存放于何处的文字说明和签名；

（二）物证、书证的收集程序、方式是否符合法律、有关规定；经勘验、检查、搜查提取、扣押的物证、书证，是否附有相关笔录、清单，笔录、清单是否经侦查人员、物品持有人、见证人签名，没有物品持有人签名的，是否注明原因；物品的名称、特征、数量、质量等是否注明清楚；

（三）物证、书证在收集、保管、鉴定过程中是否受损或者改变；

（四）物证、书证与案件事实有无关联；对现场遗留与犯罪有关的具备鉴定条件的血迹、体液、毛发、指纹等生物样本、痕迹、物品，是否已作DNA鉴定、指纹鉴定等，并与被告人或者被害人的相应生物检材、生物特征、物品等比对；

（五）与案件事实有关联的物证、书证是否全面收集。

第七十条　据以定案的物证应当是原物。原物不便搬运，不易保存，依法应当由有关部门保管、处理，或者依法应当返还的，可以拍摄、制作足以反映原物外形和特征的照片、录像、复制品。

物证的照片、录像、复制品，不能反映原物的外形和特征的，不得作为定案的根据。

物证的照片、录像、复制品，经与原物核对无误、经鉴定为真实或者以其他方式确认为真实的，可以作为定案的根据。

第七十一条　据以定案的书证应当是原件。取得原件确有困难的，可以使用副本、复制件。

书证有更改或者更改迹象不能作出合理解释，或者书证的副本、复制件不能反映原件及其内容的，不得作为定案的根据。

书证的副本、复制件，经与原件核对无误、经鉴定为真实或者以其他方式确认为真实的，可以作为定案的根据。

第七十二条　对与案件事实可能有关联的血迹、体液、毛发、人体组织、指纹、足迹、字迹等生物样本、痕迹和物品，应当提取而没有提取，应当检验而没有检验，导致案件事实存疑的,人民法院应当向人民检察院说明情况,由人民检察院依法补充收集、调取证据或者作出合理说明。

第七十三条 在勘验、检查、搜查过程中提取、扣押的物证、书证,未附笔录或者清单,不能证明物证、书证来源的,不得作为定案的根据。

物证、书证的收集程序、方式有下列瑕疵,经补正或作出合理解释的,可以采用:

(一)勘验、检查、搜查、提取笔录或者扣押清单上没有侦查人员、物品持有人、见证人签名,或者对物品的名称、特征、数量、质量等注明不详的;

(二)物证的照片、录像、复制品,书证的副本、复制件未注明与原件核对无异,无复制时间,或者无被收集、调取人签名、盖章的;

(三)物证的照片、录像、复制品,书证的副本、复制件没有制作人关于制作过程和原物、原件存放地点的说明,或者说明中无签名的;

(四)有其他瑕疵的。

对物证、书证的来源、收集程序有疑问,不能作出合理解释的,该物证、书证不得作为定案的根据。

25.8 最高人民法院、最高人民检察院、公安部、国家安全部、司法部《关于办理刑事案件严格排除非法证据若干问题的规定》(2017年6月27日)(节录)

一、一般规定

第一条 严禁刑讯逼供和以威胁、引诱、欺骗以及其他非法方法收集证据,不得强迫任何人证实自己有罪。对一切案件的判处都要重证据,重调查研究,不轻信口供。

第七条 收集物证、书证不符合法定程序,可能严重影响司法公正的,应当予以补正或者作出合理解释;不能补正或者作出合理解释的,对有关证据应当予以排除。

25.9 最高人民法院《人民法院办理刑事案件排除非法证据规程(试行)》(2018年1月1日)(节录)

第三条 采用非法搜查、扣押等违反法定程序的方法收集物证、书证,可能严重影响司法公正的,应当予以补正或者作出合理解释;不能补正或者作出合理解释的,对有关证据应当予以排除。

第四条 依法予以排除的非法证据,不得宣读、质证,不得作为定案的根据。

25.10 最高人民法院、最高人民检察院、公安部、国家安全部、司法部《关于办理刑事案件排除非法证据若干问题的规定》(2010年7月1日)(节录)

第十四条 物证、书证的取得明显违反法律规定,可能影响公正审判的,应当予以补正或者作出合理解释,否则,该物证、书证不能作为定案的根据。

25.11 最高人民法院、最高人民检察院、公安部、国家安全部、司法部《关于办理死刑案件审查判断证据若干问题的规定》(2010年7月1日)(节录)

二、证据的分类审查与认定

1. 物证、书证

第六条 对物证、书证应当着重审查以下内容:

（一）物证、书证是否为原物、原件，物证的照片、录像或者复制品及书证的副本、复制件与原物、原件是否相符；物证、书证是否经过辨认、鉴定；物证的照片、录像或者复制品和书证的副本、复制件是否由二人以上制作，有无制作人关于制作过程及原件、原物存放于何处的文字说明及签名。

（二）物证、书证的收集程序、方式是否符合法律及有关规定；经勘验、检查、搜查提取、扣押的物证、书证，是否附有相关笔录或者清单；笔录或者清单是否有侦查人员、物品持有人、见证人签名，没有物品持有人签名的，是否注明原因；对物品的特征、数量、质量、名称等注明是否清楚。

（三）物证、书证在收集、保管及鉴定过程中是否受到破坏或者改变。

（四）物证、书证与案件事实有无关联。对现场遗留与犯罪有关的具备检验鉴定条件的血迹、指纹、毛发、体液等生物物证、痕迹、物品，是否通过 DNA 鉴定、指纹鉴定等鉴定方式与被告人或者被害人的相应生物检材、生物特征、物品等作同一认定。

（五）与案件事实有关联的物证、书证是否全面收集。

第七条 对在勘验、检查、搜查中发现与案件事实可能有关联的血迹、指纹、足迹、字迹、毛发、体液、人体组织等痕迹和物品应当提取而没有提取，应当检验而没有检验，导致案件事实存疑的，人民法院应当向人民检察院说明情况，人民检察院依法可以补充收集、调取证据，作出合理的说明或者退回侦查机关补充侦查，调取有关证据。

第八条 据以定案的物证应当是原物。只有在原物不便搬运、不易保存或者依法应当由有关部门保管、处理或者依法应当返还时，才可以拍摄或者制作足以反映原物外形或者内容的照片、录像或者复制品。物证的照片、录像或者复制品，经与原物核实无误或者经鉴定证明为真实的，或者以其他方式确能证明其真实的，可以作为定案的根据。原物的照片、录像或者复制品，不能反映原物的外形和特征的，不能作为定案的根据。

据以定案的书证应当是原件。只有在取得原件确有困难时，才可以使用副本或者复制件。书证的副本、复制件，经与原件核实无误或者经鉴定证明为真实的，或者以其他方式确能证明其真实的，可以作为定案的根据。书证有更改或者更改迹象不能作出合理解释的，书证的副本、复制件不能反映书证原件及其内容的，不能作为定案的根据。

第九条 经勘验、检查、搜查提取、扣押的物证、书证，未附有勘验、检查笔录、搜查笔录，提取笔录，扣押清单，不能证明物证、书证来源的，不能作为定案的根据。

物证、书证的收集程序、方式存在下列瑕疵，通过有关办案人员的补正或者作出合理解释的，可以采用：

（一）收集调取的物证、书证，在勘验、检查笔录，搜查笔录，提取笔录，扣押清单上没有侦查人员、物品持有人、见证人签名或者物品特征、数量、质量、名称等注明不详的；

（二）收集调取物证照片、录像或者复制品，书证的副本、复制件未注明与原件

核对无异,无复制时间、无被收集、调取人(单位)签名(盖章)的;

(三)物证照片、录像或者复制品,书证的副本、复制件没有制作人关于制作过程及原物、原件存放于何处的说明或者说明中无签名的;

(四)物证、书证的收集程序、方式存在其他瑕疵的。

对物证、书证的来源及收集过程有疑问,不能作出合理解释的,该物证、书证不能作为定案的根据。

第十条 具备辨认条件的物证、书证应当交由当事人或者证人进行辨认,必要时应当进行鉴定。

8. 其他规定

第二十九条 对于电子邮件、电子数据交换、网上聊天记录、网络博客、手机短信、电子签名、域名等电子证据,应当主要审查以下内容:

(一)该电子证据存储磁盘、存储光盘等可移动存储介质是否与打印件一并提交;

(二)是否载明该电子证据形成的时间、地点、对象、制作人、制作过程及设备情况等;

(三)制作、储存、传递、获得、收集、出示等程序和环节是否合法,取证人、制作人、持有人、见证人等是否签名或者盖章;

(四)内容是否真实,有无剪裁、拼凑、篡改、添加等伪造、变造情形;

(五)该电子证据与案件事实有无关联性。

对电子证据有疑问的,应当进行鉴定。

对电子证据,应当结合案件其他证据,审查其真实性和关联性。

第三十一条 对侦查机关出具的破案经过等材料,应当审查是否有出具该说明材料的办案人、办案机关的签字或者盖章。

对破案经过有疑问,或者对确定被告人有重大嫌疑的根据有疑问的,应当要求侦查机关补充说明。

25.12 最高人民检察院《关于适用〈关于办理死刑案件审查判断证据若干问题的规定〉和〈关于办理刑事案件排除非法证据若干问题的规定〉的指导意见》(2010年12月30日)(节录)

三、严格审查、判断证据,确保办案质量

16. 对物证、书证以及勘验、检查笔录、搜查笔录、视听资料、电子证据等,既要审查其是否客观、真实反映案件事实,也要加强对证据的收集、制作程序和证据形式的审查。发现物证、书证和视听资料、电子证据等来源及收集、制作过程不明,或者勘验、检查笔录、搜查笔录的形式不符合规定或者记载内容有矛盾的,应当要求侦查机关(部门)补正,无法补正的应当作出说明或者合理解释,无法作出合理说明或者解释的,不能作为证据使用;发现侦查机关(部门)在勘验、检查、搜查过程中对与案件事实可能有关联的相关痕迹、物品应当提取而没有提取,应当要求侦查机关(部门)补充收集、调取;对物证的照片、录像或者复制品不能反映原物的外形和特征,或者书证的副本、复制件不能反映原件特征及其内容的,应当要求侦查机关(部门）重新制作；发现在案的物证、书证以及视听资料、电子证据等应当鉴定而没有鉴定的，应当要求侦查机关（部门）鉴定，必要时自行委托鉴定。

17. 对侦查机关（部门）的补正、说明，以及重新收集、制作的情况，应当认真审查，必要时可以进行复核。对于经侦查机关（部门）依法重新收集、及时补正或者能够作出合理解释，不影响物证、书证真实性的，可以作为批准或者决定逮捕、提起公诉的根据。侦查机关（部门）没有依法重新收集、补正，或者无法补正、重新制作且没有作出合理的解释或者说明，无法认定证据真实性的，该证据不能作为批准或者决定逮捕、提起公诉的根据。

18. 对于根据犯罪嫌疑人的供述、指认，提取到隐蔽性很强的物证、书证的，既要审查与其他证明犯罪事实发生的证据是否相互印证，也要审查侦查机关（部门）在犯罪嫌疑人供述、指认之前是否掌握该证据的情况，综合全案证据，判断是否作为批准或者决定逮捕、提起公诉的根据。

第二十六条 【勘验检查】监察机关在调查过程中，可以直接或者指派、聘请具有专门知识、资格的人员在调查人员主持下进行勘验检查。勘验检查情况应当制作笔录，由参加勘验检查的人员和见证人签名或者盖章。

【纪检监察法规】

26.1《关于查处党员违纪案件中收集、鉴别、使用证据的具体规定》（1991年7月23日）（节录）

第九条 纪律检查机关在需要时，可以运用公安机关、人民检察院、人民法院的鉴定结论、勘验检查笔录等。

从公安机关、人民检察院、人民法院取得证据，按有关规定办理。

纪律检查人员对有作案现场的非刑事案件，应注意对现场作出检查，并作好笔录。

【刑事法律文件】

26.2 最高人民法院《关于适用〈中华人民共和国刑事诉讼法〉的解释》（2013年1月1日）（节录）

第四章 证 据

第六节 勘验、检查、辨认、侦查实验等笔录的审查与认定

第八十八条 对勘验、检查笔录应当着重审查以下内容：

（一）勘验、检查是否依法进行，笔录的制作是否符合法律、有关规定，勘验、检查人员和见证人是否签名或者盖章；

（二）勘验、检查笔录是否记录了提起勘验、检查的事由，勘验、检查的时间、地点、在场人员、现场方位、周围环境等，现场的物品、人身、尸体等的位置、特征等情况，以及勘验、检查、搜查的过程；文字记录与实物或者绘图、照片、录像是否相符；现场、物品、痕迹等是否伪造、有无破坏；人身特征、伤害情况、生理状态有

无伪装或者变化等；

（三）补充进行勘验、检查的，是否说明了再次勘验、检查的原因，前后勘验、检查的情况是否矛盾。

第八十九条 勘验、检查笔录存在明显不符合法律、有关规定的情形，不能作出合理解释或者说明的，不得作为定案的根据。

第九十条 对辨认笔录应当着重审查辨认的过程、方法，以及辨认笔录的制作是否符合有关规定。

辨认笔录具有下列情形之一的，不得作为定案的根据：

（一）辨认不是在侦查人员主持下进行的；

（二）辨认前使辨认人见到辨认对象的；

（三）辨认活动没有个别进行的；

（四）辨认对象没有混杂在具有类似特征的其他对象中，或者供辨认的对象数量不符合规定的；

（五）辨认中给辨认人明显暗示或者明显有指认嫌疑的；

（六）违反有关规定、不能确定辨认笔录真实性的其他情形。

第九十一条 对侦查实验笔录应当着重审查实验的过程、方法，以及笔录的制作是否符合有关规定。

侦查实验的条件与事件发生时的条件有明显差异，或者存在影响实验结论科学性的其他情形的，侦查实验笔录不得作为定案的根据。

26.3 最高人民法院、最高人民检察院、公安部、国家安全部、司法部《关于办理死刑案件审查判断证据若干问题的规定》（2010年7月1日）（节录）

二、证据的分类审查与认定

6. 勘验、检查笔录

第二十五条 对勘验、检查笔录应当着重审查以下内容：

（一）勘验、检查是否依法进行，笔录的制作是否符合法律及有关规定的要求，勘验、检查人员和见证人是否签名或者盖章等。

（二）勘验、检查笔录的内容是否全面、详细、准确、规范：是否准确记录了提起勘验、检查的事由，勘验、检查的时间、地点，在场人员、现场方位、周围环境等情况；是否准确记载了现场、物品、人身、尸体等的位置、特征等详细情况以及勘验、检查、搜查的过程；文字记载与实物或者绘图、录像、照片是否相符；固定证据的形式、方法是否科学、规范；现场、物品、痕迹等是否被破坏或者伪造，是否是原始现场；人身特征、伤害情况、生理状况有无伪装或者变化等。

（三）补充进行勘验、检查的，前后勘验、检查的情况是否有矛盾，是否说明了再次勘验、检查的原因。

（四）勘验、检查笔录中记载的情况与被告人供述、被害人陈述、鉴定意见等其他证据能否印证，有无矛盾。

第二十六条 勘验、检查笔录存在明显不符合法律及有关规定的情形，并且不能作出合理解释或者说明的,不能作为证据使用。

勘验、检查笔录存在勘验、检查没有见证人的,勘验、检查人员和见证人没有签名、盖章的,勘验、检查人员违反回避规定的等情形,应当结合案件其他证据,审查其真实性和关联性。

第二十七条 【鉴定】 监察机关在调查过程中,对于案件中的专门性问题,可以指派、聘请有专门知识的人进行鉴定。鉴定人进行鉴定后,应当出具鉴定意见,并且签名。

【纪检监察法规】

27.1 《关于查处党员违纪案件中收集、鉴别、使用证据的具体规定》(1991 年 7 月 23 日)(节录)

第九条 纪律检查机关在需要时,可以运用公安机关、人民检察院、人民法院的鉴定结论、勘验检查笔录等。

从公安机关、人民检察院、人民法院取得证据,按有关规定办理。

纪律检查人员对有作案现场的非刑事案件,应注意对现场作出检查,并作好笔录。

【刑事法律文件】

27.2 最高人民法院《关于适用〈中华人民共和国刑事诉讼法〉的解释》(2013 年 1 月 1 日)(节录)

第四章 证 据

第五节 鉴定意见的审查与认定

第八十四条 对鉴定意见应当着重审查以下内容:

(一)鉴定机构和鉴定人是否具有法定资质;

(二)鉴定人是否存在应当回避的情形;

(三)检材的来源、取得、保管、送检是否符合法律、有关规定,与相关提取笔录、扣押物品清单等记载的内容是否相符,检材是否充足、可靠;

(四)鉴定意见的形式要件是否完备,是否注明提起鉴定的事由、鉴定委托人、鉴定机构、鉴定要求、鉴定过程、鉴定方法、鉴定日期等相关内容,是否由鉴定机构加盖司法鉴定专用章并由鉴定人签名、盖章;

(五)鉴定程序是否符合法律、有关规定;

(六)鉴定的过程和方法是否符合相关专业的规范要求;

(七)鉴定意见是否明确;

(八)鉴定意见与案件待证事实有无关联;

(九)鉴定意见与勘验、检查笔录及相关照片等其他证据是否矛盾;

(十)鉴定意见是否依法及时告知相关人员,当事人对鉴定意见有无异议。

第八十五条 鉴定意见具有下列情形之一的,不得作为定案的根据:

（一）鉴定机构不具备法定资质，或者鉴定事项超出该鉴定机构业务范围、技术条件的；

（二）鉴定人不具备法定资质，不具有相关专业技术或者职称，或者违反回避规定的；

（三）送检材料、样本来源不明，或者因污染不具备鉴定条件的；

（四）鉴定对象与送检材料、样本不一致的；

（五）鉴定程序违反规定的；

（六）鉴定过程和方法不符合相关专业的规范要求的；

（七）鉴定文书缺少签名、盖章的；

（八）鉴定意见与案件待证事实没有关联的；

（九）违反有关规定的其他情形。

第八十六条 经人民法院通知，鉴定人拒不出庭作证的，鉴定意见不得作为定案的根据。

鉴定人由于不能抗拒的原因或者有其他正当理由无法出庭的，人民法院可以根据情况决定延期审理或者重新鉴定。

对没有正当理由拒不出庭作证的鉴定人，人民法院应当通报司法行政机关或者有关部门。

第八十七条 对案件中的专门性问题需要鉴定，但没有法定司法鉴定机构，或者法律、司法解释规定可以进行检验的，可以指派、聘请有专门知识的人进行检验，检验报告可以作为定罪量刑的参考。

对检验报告的审查与认定，参照适用本节的有关规定。

经人民法院通知，检验人拒不出庭作证的，检验报告不得作为定罪量刑的参考。

27.3 最高人民法院、最高人民检察院、公安部、国家安全部、司法部《关于办理死刑案件审查判断证据若干问题的规定》（2010年7月1日）（节录）

二、证据的分类审查与认定

5. 鉴定意见

第二十三条 对鉴定意见应当着重审查以下内容：

（一）鉴定人是否存在应当回避而未回避的情形。

（二）鉴定机构和鉴定人是否具有合法的资质。

（三）鉴定程序是否符合法律及有关规定。

（四）检材的来源、取得、保管、送检是否符合法律及有关规定，与相关提取笔录、扣押物品清单等记载的内容是否相符，检材是否充足、可靠。

（五）鉴定的程序、方法、分析过程是否符合本专业的检验鉴定规程和技术方法要求。

（六）鉴定意见的形式要件是否完备，是否注明提起鉴定的事由、鉴定委托人、鉴定机构、鉴定要求、鉴定过程、检验方法、鉴定文书的日期等相关内容，是否由鉴定机构加盖鉴定专用章并由鉴定人签名盖章。

（七）鉴定意见是否明确。

（八）鉴定意见与案件待证事实有无关联。

（九）鉴定意见与其他证据之间是否有矛盾，鉴定意见与检验笔录及相关照片是否有矛盾。

（十）鉴定意见是否依法及时告知相关人员，当事人对鉴定意见是否有异议。

第二十四条　鉴定意见具有下列情形之一的，不能作为定案的根据：

（一）鉴定机构不具备法定的资格和条件，或者鉴定事项超出本鉴定机构项目范围或者鉴定能力的；

（二）鉴定人不具备法定的资格和条件、鉴定人不具有相关专业技术或者职称、鉴定人违反回避规定的；

（三）鉴定程序、方法有错误的；

（四）鉴定意见与证明对象没有关联的；

（五）鉴定对象与送检材料、样本不一致的；

（六）送检材料、样本来源不明或者确实被污染且不具备鉴定条件的；

（七）违反有关鉴定特定标准的；

（八）鉴定文书缺少签名、盖章的；

（九）其他违反有关规定的情形。

对鉴定意见有疑问的，人民法院应当依法通知鉴定人出庭作证或者由其出具相关说明，也可以依法补充鉴定或者重新鉴定。

27.4 最高人民法院《人民法院办理刑事案件第一审普通程序法庭调查规程（试行）》（2018年1月1日）（节录）

四、举证、质证程序

第二十六条　控辩双方可以申请法庭通知有专门知识的人出庭，协助本方就鉴定意见进行质证。有专门知识的人可以与鉴定人同时出庭，在鉴定人作证后向鉴定人发问，并对案件中的专门性问题提出意见。

申请有专门知识的人出庭，应当提供人员名单，并不得超过二人。有多种类鉴定意见的，可以相应增加人数。

第二十七条　对被害人、鉴定人、侦查人员、有专门知识的人的发问，参照适用证人的有关规定。

同一鉴定意见由多名鉴定人作出，有关鉴定人以及对该鉴定意见进行质证的有专门知识的人，可以同时出庭，不受分别发问规则的限制。

五、认证规则

第四十九条　经人民法院通知，鉴定人拒不出庭作证的，鉴定意见不得作为定案的根据。

有专门知识的人当庭对鉴定意见提出质疑，鉴定人能够作出合理解释，并与相关证据印证的，应当采信鉴定意见；不能作出合理解释，无法确认鉴定意见可靠性的，有关鉴定意见不能作为定案的根据。

27.5 最高人民检察院《关于适用〈关于办理死刑案件审查判断证据若干问题的规定〉和〈关于办理刑事案件排除非法证据若干问题的规定〉的指导意见》（2010年12月30日）（节录）

三、严格审查、判断证据，确保办案质量

19. 审查鉴定意见，要重审查检材的来源、提取、保管、送检是否符合法律及有关规定，鉴定机构或者鉴定人员是否具备法定资格和鉴定条件，鉴定意见的形式要件是否完备，鉴定程序是否合法，鉴定结论是否科学合理。检材来源不明或者可能被污染导致鉴定意见存疑的，应当要求侦查机关（部门）进行重新鉴定或者补充鉴定，必要时检察机关可以另行委托进行重新鉴定或者补充鉴定；鉴定机构或者鉴定人员不具备法定资格和鉴定条件，或者鉴定事项超出其鉴定范围以及违反回避规定的，应当要求侦查机关（部门）另行委托重新鉴定，必要时检察机关可以另行委托进行重新鉴定；鉴定意见形式要件不完备的，应当通过侦查机关（部门）要求鉴定机构补正；对鉴定程序、方法、结论等涉及专门技术问题的，必要时听取检察技术部门或者其他具有专门知识的人员的意见。

第二十八条　【技术调查】 监察机关调查涉嫌重大贪污贿赂等职务犯罪，根据需要，经过严格的批准手续，可以采取技术调查措施，按照规定交有关机关执行。

批准决定应当明确采取技术调查措施的种类和适用对象，自签发之日起三个月以内有效；对于复杂、疑难案件，期限届满仍有必要继续采取技术调查措施的，经过批准，有效期可以延长，每次不得超过三个月。对于不需要继续采取技术调查措施的，应当及时解除。

【纪检监察法规】

28.1《中国共产党纪律检查机关监督执纪工作规则（试行）》（2017年1月8日）（节录）

第二十三条　核查组经批准可采取必要措施收集证据，与相关人员谈话了解情况，要求相关组织作出说明，调取个人有关事项报告，查阅复制文件、账目、档案等资料，查核资产情况和有关信息，进行鉴定勘验。

需要采取技术调查或者限制出境等措施的，纪检机关应当严格履行审批手续，交有关机关执行。

【刑事法律文件】

28.2 最高人民法院《关于适用〈中华人民共和国刑事诉讼法〉的解释》（2013年1月1日）（节录）

第四章　证　据

第九节　证据的综合审查与运用

第一百零七条　采取技术侦查措施收集的证据材料，经当庭出示、辨认、质证等法庭调查程序查证属实的，可以作为定案的根据。

使用前款规定的证据可能危及有关人员的人身安全，或者可能产生其他严重后果的，法庭应当采取不暴露有关人员身份、技术方法等保护措施，必要时，审判人员可以在庭外核实。

28.3 最高人民法院《人民法院办理刑事案件第一审普通程序法庭调查规程（试行）》（2018年1月1日）（节录）

四、举证、质证程序

第三十五条 采用技术侦查措施收集的证据，应当当庭出示。当庭出示、辨认、质证可能危及有关人员的人身安全，或者可能产生其他严重后果的，应当采取不暴露有关人员身份、不公开技术侦查措施和方法等保护措施。

法庭决定在庭外对技术侦查证据进行核实的，可以召集公诉人和辩护律师到场。在场人员应当履行保密义务。

第三十六条 法庭对证据有疑问的，可以告知控辩双方补充证据或者作出说明；必要时，可以在其他证据调查完毕后宣布休庭，对证据进行调查核实。法庭调查核实证据，可以通知控辩双方到场，并将核实过程记录在案。

对于控辩双方补充的和法庭庭外调查核实取得的证据，应当经过庭审质证才能作为定案的根据。但是，对于不影响定罪量刑的非关键性证据和有利于被告人的量刑证据，经庭外征求意见，控辩双方没有异议的除外。

28.4《中华人民共和国刑事诉讼法》（修正后2012年3月14日施行）（节录）

第一百四十八条 公安机关在立案后，对于危害国家安全犯罪、恐怖活动犯罪、黑社会性质的组织犯罪、重大毒品犯罪或者其他严重危害社会的犯罪案件，根据侦查犯罪的需要，经过严格的批准手续，可以采取技术侦查措施。

人民检察院在立案后，对于重大的贪污、贿赂犯罪案件以及利用职权实施的严重侵犯公民人身权利的重大犯罪案件，根据侦查犯罪的需要，经过严格的批准手续，可以采取技术侦查措施，按照规定交有关机关执行。

追捕被通缉或者批准、决定逮捕的在逃的犯罪嫌疑人、被告人，经过批准，可以采取追捕所必需的技术侦查措施。

第一百四十九条 批准决定应当根据侦查犯罪的需要，确定采取技术侦查措施的种类和适用对象。批准决定自签发之日起三个月以内有效。对于不需要继续采取技术侦查措施的，应当及时解除；对于复杂、疑难案件，期限届满仍有必要继续采取技术侦查措施的，经过批准，有效期可以延长，每次不得超过三个月。

第一百五十条 采取技术侦查措施，必须严格按照批准的措施种类、适用对象和期限执行。

侦查人员对采取技术侦查措施过程中知悉的国家秘密、商业秘密和个人隐私，应当保密；对采取技术侦查措施获取的与案件无关的材料，必须及时销毁。

采取技术侦查措施获取的材料，只能用于对犯罪的侦查、起诉和审判，不得用于其他用途。

公安机关依法采取技术侦查措施,有关单位和个人应当配合,并对有关情况予以保密。

第一百五十三条 应当逮捕的犯罪嫌疑人如果在逃,公安机关可以发布通缉令,采取有效措施,追捕归案。

各级公安机关在自己管辖的地区以内,可以直接发布通缉令;超出自己管辖的地区,应当报请有权决定的上级机关发布。

28.5《公安机关办理刑事案件程序规定》(2013年1月1日)(节录)

第二百五十四条 公安机关在立案后,根据侦查犯罪的需要,可以对下列严重危害社会的犯罪案件采取技术侦查措施:

(一)危害国家安全犯罪、恐怖活动犯罪、黑社会性质的组织犯罪、重大毒品犯罪案件;

(二)故意杀人、故意伤害致人重伤或者死亡、强奸、抢劫、绑架、放火、爆炸、投放危险物质等严重暴力犯罪案件;

(三)集团性、系列性、跨区域性重大犯罪案件;

(四)利用电信、计算机网络、寄递渠道等实施的重大犯罪案件,以及针对计算机网络实施的重大犯罪案件;

(五)其他严重危害社会的犯罪案件,依法可能判处七年以上有期徒刑的。

公安机关追捕被通缉或者批准、决定逮捕的在逃的犯罪嫌疑人、被告人,可以采取追捕所必需的技术侦查措施。

第二百五十五条 技术侦查措施是指由设区的市一级以上公安机关负责技术侦查的部门实施的记录监控、行踪监控、通信监控、场所监控等措施。

技术侦查措施的适用对象是犯罪嫌疑人、被告人以及与犯罪活动直接关联的人员。

第二百五十六条 需要采取技术侦查措施的,应当制作呈请采取技术侦查措施报告书,报设区的市一级以上公安机关负责人批准,制作采取技术侦查措施决定书。

人民检察院等部门决定采取技术侦查措施,交公安机关执行的,由设区的市一级以上公安机关按照规定办理相关手续后,交负责技术侦查的部门执行,并将执行情况通知人民检察院等部门。

第二百五十七条 批准采取技术侦查措施的决定自签发之日起三个月以内有效。

在有效期限内,对不需要继续采取技术侦查措施的,办案部门应当立即书面通知负责技术侦查的部门解除技术侦查措施;负责技术侦查的部门认为需要解除技术侦查措施的,报批准机关负责人批准,制作解除技术侦查措施决定书,并及时通知办案部门。

对复杂、疑难案件,采取技术侦查措施的有效期限届满仍需要继续采取技术侦查措施的,经负责技术侦查的部门审核后,报批准机关负责人批准,制作延长技术侦查措施期限决定书。批准延长期限,每次不得超过三个月。

有效期限届满,负责技术侦查的部门应当立即解除技术侦查措施。

第二百五十八条　采取技术侦查措施，必须严格按照批准的措施种类、适用对象和期限执行。

在有效期限内，需要变更技术侦查措施种类或者适用对象的，应当按照本规定第二百五十六条规定重新办理批准手续。

第二百五十九条　采取技术侦查措施收集的材料在刑事诉讼中可以作为证据使用。使用技术侦查措施收集的材料作为证据时，可能危及有关人员的人身安全，或者可能产生其他严重后果的，应当采取不暴露有关人员身份和使用的技术设备、侦查方法等保护措施。

采取技术侦查措施收集的材料作为证据使用的，采取技术侦查措施决定书应当附卷。

第二百六十条　采取技术侦查措施收集的材料，应当严格依照有关规定存放，只能用于对犯罪的侦查、起诉和审判，不得用于其他用途。

采取技术侦查措施收集的与案件无关的材料，必须及时销毁，并制作销毁记录。

第二百六十一条　侦查人员对采取技术侦查措施过程中知悉的国家秘密、商业秘密和个人隐私，应当保密。

公安机关依法采取技术侦查措施，有关单位和个人应当配合，并对有关情况予以保密。

第二十九条　【通缉】依法应当留置的被调查人如果在逃，监察机关可以决定在本行政区域内通缉，由公安机关发布通缉令，追捕归案。通缉范围超出本行政区域的，应当报请有权决定的上级监察机关决定。

【刑事法律文件】

29.1《中华人民共和国刑事诉讼法》（修正后2012年3月14日施行）（节录）

第一百五十三条　应当逮捕的犯罪嫌疑人如果在逃，公安机关可以发布通缉令，采取有效措施，追捕归案。

各级公安机关在自己管辖的地区以内，可以直接发布通缉令；超出自己管辖的地区，应当报请有权决定的上级机关发布。

29.2《公安机关办理刑事案件程序规定》（2013年1月1日）（节录）

第二百六十五条　应当逮捕的犯罪嫌疑人如果在逃，公安机关可以发布通缉令，采取有效措施，追捕归案。

县级以上公安机关在自己管辖的地区内，可以直接发布通缉令；超出自己管辖的地区，应当报请有权决定的上级公安机关发布。

通缉令的发送范围，由签发通缉令的公安机关负责人决定。

第二百六十六条　通缉令中应当尽可能写明被通缉人的姓名、别名、曾用名、绰号、性别、年龄、民族、籍贯、出生地、户籍所在地、居住地、职业、身份证号码、衣着和体貌特征、口音、行为习惯，并附被通缉人近期照片，可以附指纹及其他物证的照片。除了必须保密的事项以外，应当写明发案的时间、地点和简要案情。

第二百六十七条 通缉令发出后，如果发现新的重要情况可以补发通报。通报必须注明原通缉令的编号和日期。

第二百六十八条 公安机关接到通缉令后，应当及时布置查缉。抓获犯罪嫌疑人后，报经县级以上公安机关负责人批准，凭通缉令或者相关法律文书羁押，并通知通缉令发布机关进行核实，办理交接手续。

第二百六十九条 需要对犯罪嫌疑人在口岸采取边控措施的，应当按照有关规定制作边控对象通知书，经县级以上公安机关负责人审核后，层报省级公安机关批准，办理全国范围内的边控措施。需要限制犯罪嫌疑人人身自由的，应当附有关法律文书。

紧急情况下，需要采取边控措施的，县级以上公安机关可以出具公函，先向当地边防检查站交控，但应当在七日以内按照规定程序办理全国范围内的边控措施。

第二百七十条 为发现重大犯罪线索，追缴涉案财物、证据，查获犯罪嫌疑人，必要时，经县级以上公安机关负责人批准，可以发布悬赏通告。

悬赏通告应当写明悬赏对象的基本情况和赏金的具体数额。

第二百七十一条 通缉令、悬赏通告应当广泛张贴，并可以通过广播、电视、报刊、计算机网络等方式发布。

第二百七十二条 经核实，犯罪嫌疑人已经自动投案、被击毙或者被抓获，以及发现有其他不需要采取通缉、边控、悬赏通告的情形的，发布机关应当在原通缉、通知、通告范围内，撤销通缉令、边控通知、悬赏通告。

第二百七十三条 通缉越狱逃跑的犯罪嫌疑人、被告人或者罪犯，适用本节的有关规定。

第三十条 【限制出境】 监察机关为防止被调查人及相关人员逃匿境外，经省级以上监察机关批准，可以对被调查人及相关人员采取限制出境措施，由公安机关依法执行。对于不需要继续采取限制出境措施的，应当及时解除。

【纪检监察法规】

30.1《中国共产党纪律检查机关监督执纪工作规则（试行）》（2017年1月8日）（节录）

第二十三条 核查组经批准可采取必要措施收集证据，与相关人员谈话了解情况，要求相关组织作出说明，调取个人有关事项报告，查阅复制文件、账目、档案等资料，查核资产情况和有关信息，进行鉴定勘验。

需要采取技术调查或者限制出境等措施的，纪检机关应当严格履行审批手续，交有关机关执行。

【刑事法律文件】

30.2《公安机关办理刑事案件程序规定》（2013年1月1日）（节录）

第二百六十九条 需要对犯罪嫌疑人在口岸采取边控措施的，应当按照有关规定制作边控对象通知书，经县级以上公安机关负责人审核后，层报省级公安机关批准，办理全国范围内的边控措施。需要限制犯罪嫌疑人人身自由的,应当附有关法律文书。

紧急情况下,需要采取边控措施的,县级以上公安机关可以出具公函,先向当地边防检查站交控,但应当在七日以内按照规定程序办理全国范围内的边控措施。

附: 十二项调查措施(实有13类17种)明细表

序号	种类	适用对象	审批及执行的特殊规定
1	谈话或要求说明情况(《监察法》第19条)	可能发生职务违法的监察对象	采取谈话函询方式处置问题线索,应当拟订谈话函询方案和相关工作预案,按程序报批。对于谈话函询的下一级党委(党组)主要负责人,应当报纪检机关主要负责人批准,必要时向同级党委主要负责人报告。(《监督执纪工作规则(试行)》第18条) 可以直接或者委托有关机关、人员进行谈话或者要求说明情况。("咬耳扯袖、红脸出汗",与"四种形态"的第一种形态相匹配)
2	询问(《监察法》第21条、第41条第1款)	证人等人员	调查人员采取询问措施,应当依照规定出示证件,出具书面通知,由二人以上进行,形成笔录、报告等书面材料,并由相关人员签名、盖章。
3-4	查询、冻结(《监察法》第23条)	涉案单位和个人(涉嫌贪污贿赂、失职渎职等严重职务违法或者职务犯罪)的存款、汇款、债券、股票、基金份额等财产	经监察机关相关负责人审批。 调查人员采取查询措施,应当依照规定出示证件,出具查询文书,由二人以上进行等。有关单位和个人应当配合。 (第41条第1款就查询、冻结要求未作明确限定)
5-7	调取、查封、扣押(《监察法》第25条、第41条)	调取、查封、扣押用以证明被调查人涉嫌违法犯罪的财物、文件和电子数据等信息	经监察机关相关负责人审批。 调查人员采取调取、查封、扣押措施,应当依照规定出示证件,出具书面通知,由二人以上进行,形成笔录、报告等书面材料,并由相关人员签名、盖章。 调查人员采取查封、扣押措施,应当对全过程进行录音录像,留存备查。 调查人员应当收集原物原件,会同持有人或

续表

序号	种类	适用对象	审批及执行的特殊规定
			者保管人、见证人，当面逐一拍照、登记、编号，开列清单，由在场人员当场核对、签名，并将清单副本交财物、文件的持有人或者保管人。 对调取、查封、扣押的财物、文件，监察机关应当设立专用账户、专门场所，确定专门人员妥善保管，严格履行交接、调取手续，定期对账核实，不得毁损或者用于其他目的。对价值不明物品应当及时鉴定，专门封存保管。 查封、扣押的财物、文件经查明与案件无关的，应当在查明后三日内解除查封、扣押，予以退还。
8	勘验检查（《监察法》第26条、第41条第1款）	与职务违法犯罪行为有关的场所、物品、人身等（包括现场勘验，物证、书证检验，人身检查等）	经监察机关相关负责人审批，调查人员应当依照规定出示证件，出具书面通知，由二人以上进行。监察机关可以直接或者指派、聘请具有专门知识、资格的人员在调查人员主持下进行勘验检查。勘验检查情况应当制作笔录，由参加勘验检查的人员和见证人签名或者盖章。
9	鉴定（《监察法》第27条）	必须运用专门的知识和经验作出科学判断的问题	经监察机关相关负责人审批，制作委托鉴定文书。 监察机关在调查过程中，对于案件中的专门性问题，可以指派、聘请有专门知识的人进行鉴定。鉴定人进行鉴定后，应当出具鉴定意见，并且签名。
10	搜查（《监察法》第24条、第41条）	对涉嫌职务犯罪的被调查人以及可能隐藏被调查人或者犯罪证据的人的身体、物品、住处和其他有关地方	监察机关应经过严格的审批程序，才可进行搜查。 调查人员采取搜查措施，应当出示搜查证，并有被搜查人或者其家属等见证人在场（调查人员不得少于2人，搜查时应制作搜查笔录）。应当对全过程进行录音录像，留存备查。搜查女性身体，应当由女性工作人员进行。 监察机关进行搜查时，可以根据工作需要提

续表

序号	种类	适用对象	审批及执行的特殊规定
			请公安机关配合。公安机关应当依法予以协助。
11.1	要求就涉嫌违法行为作出陈述（《监察法》第20条第1款）	涉嫌职务违法（尚不构成犯罪）的被调查人	必要时向被调查人出具书面通知。
11.2	讯问（《监察法》第20条第2款、第41条第1款）	涉嫌贪污贿赂、失职渎职等职务犯罪的被调查人	调查人员采取讯问措施，应当依照规定出示证件，出具书面通知，由二人以上进行，形成笔录、报告等书面材料，并由相关人员签名、盖章；应当对全过程进行录音录像，留存备查。
12.1	留置（《监察法》第22条、第41条第1款、第43条、第44条）	涉嫌贪污贿赂、失职渎职等严重职务违法或者职务犯罪的被调查人；涉嫌行贿犯罪或者共同职务犯罪的涉案人员	监察机关采取留置措施，应当由监察机关领导人员集体研究决定。设区的市级以下监察机关采取留置措施，应当报上一级监察机关批准。省级监察机关采取留置措施，应当报国家监察委员会备案。监察机关已经掌握其部分违法犯罪事实及证据，仍有重要问题需要进一步调查，并有下列情形之一的，可以将其留置在特定场所：（一）涉及案情重大、复杂的；（二）可能逃跑、自杀的；（三）可能串供或者伪造、隐匿、毁灭证据的；（四）可能有其他妨碍调查行为的。（"涉案要件、证据要件、四种情形之一"共三个条件应同时具备）调查人员采取留置措施，应当依照规定出示证件，出具书面通知，由二人以上进行，形成笔录、报告等书面材料，并由相关人员签名、盖章。留置时间不得超过三个月。在特殊情况下，可以延长一次，延长时间不得超过三个月。省级以下监察机关采取留置措施的，延长留置时间应当报上一级监察机关批准。监察机关发现采取留置措施不当的，应当及时解除。监察机关采取留置措施，可以根据工作需要提请公安机关配合。公安机关应当依法予以协助。

续表

序号	种类	适用对象	审批及执行的特殊规定
			对被调查人采取留置措施后,应当在二十四小时以内,通知被留置人员所在单位和家属,但有可能毁灭、伪造证据,干扰证人作证或者串供等有碍调查情形的除外。有碍调查的情形消失后,应当立即通知被留置人员所在单位和家属。 监察机关应当保障被留置人员的饮食、休息和安全,提供医疗服务。讯问被留置人员应当合理安排讯问时间和时长,讯问笔录由被讯问人阅看后签名。
12.2	通缉(《监察法》第29条)	在逃的依法应当留置的被调查人	监察机关可以决定在本行政区域内通缉,由公安机关发布通缉令,追捕归案。通缉范围超出本行政区域的,应当报请有权决定的上级监察机关决定。
12.3	限制出境(《监察法》第30条)	有可能逃匿境外的被调查人及相关人员	经省级以上监察机关批准,可以对被调查人及相关人员采取限制出境措施,由公安机关依法执行。对于不需要继续采取限制出境措施的,应当及时解除。
13	技术侦查(《监察法》第28条)	涉嫌重大贪污贿赂等职务犯罪	根据需要(使用常规调查手段无法达到调查目的),经过严格的批准手续,可采取技术调查措施(含电话监听、电子监控、拍照或者录像等),按照规定交有关机关执行。批准决定应明确采取技术调查措施的种类和适用对象,自签发之日起三个月以内有效;对于复杂、疑难案件,期限届满仍有必要继续采取技术调查措施的,经过批准,有效期可以延长,每次不得超过三个月。对于不需要继续采取技术调查措施的,应当及时解除。

第三十一条 【对被调查人提出从宽处罚建议】 涉嫌职务犯罪的被调查人主动认罪认罚,有下列情形之一的,监察机关经领导人员集体研究,并报上一级监察机关批准,可以在移送人民检察院时提出从宽处罚的建议:

(一)自动投案,真诚悔罪悔过的;

(二)积极配合调查工作,如实供述监察机关还未掌握的违法犯罪行为的;

（三）积极退赃，减少损失的；

（四）具有重大立功表现或者案件涉及国家重大利益等情形的。

> 【编者注】关于"从宽处罚建议"的适用。
>
> 第一，从宽处罚建议的适用标准。《监察法》第31条、第32条规定监察机关可以向人民检察院提出对被调查人及涉案人员从宽处罚的建议。首先，适用条件非常严格。以建议对被调查人从宽处罚的条件为例，须同时具备四项"实体+程序"要件：一是被调查人认罪认罚；二是监察机关经领导人员集体研究并报上一级监察机关批准；三是在移送检察机关审查起诉时提出；四是具备自动投案、供述"余罪"、积极退赃、重大立功或涉及国家重大利益等从宽情形之一。其次，从宽幅度外延较广。从语义上分析，"从宽处罚"可包括从轻处罚、减轻处罚及免除处罚，应当按照职务犯罪事实和相应量刑情节综合掌握。最后，实践操作尚待探索。《监察法》单独设置"从宽处罚建议"的上提一级审批程序，体现了监察机关对此从严掌握。但"从宽处罚建议"与《起诉意见书》是一体表述还是单独成文，与《起诉意见书》中从轻、减轻等量刑情节的认定如何界分等，均有待进一步明确。
>
> 第二，"从宽处罚建议"是否包括"建议免除处罚"？从宽处罚的建议包括从轻处罚、减轻处罚及免除处罚①，应当按照职务犯罪事实和相应量刑情节综合掌握。有观点认为，建议从宽处罚应不包括免除处罚，免除处罚的法律效果实质等同于移送审查不起诉，《监察法》第45条第（四）项之规定监察机关向检察机关提出的应是起诉意见而非不起诉意见，故建议从宽处罚应不包括免除处罚。编者不赞同该观点：一是"免除处罚"不等于不构成犯罪，仍是提起公诉认定有罪之后的刑罚裁量结果之一，也是提起公诉后检察机关提出量刑建议的方式之一。二是具体案件的复杂性、特殊性，个别案件其情可悯，但免除处罚又于法无据，需要根据《刑法》第63条第1款规定报最高人民法院核准"在法定刑以下判处刑罚"才能适用免除处罚；个别案件案情疑难复杂且涉及引发普遍争议的司法适用问题，如《监察法》第45条规定的"案件涉及国家重大利益"如何认定，须通过司法裁判来统一确立法律适用标准，等等。因此，故建议从宽处罚也可包括建议免除处罚，但适用条件应当严格限制。

【刑事法律文件】

31.1《中华人民共和国刑法》（修正后2017年11月4日施行）（节录）

第六十一条【量刑的事实根据与法律依据】 对于犯罪分子决定刑罚的时候，应当根据犯罪的事实、犯罪的性质、情节和对于社会的危害程度，依照本法的有关规定判处。

第六十二条【从重处罚与从轻处罚】 犯罪分子具有本法规定的从重处罚、从轻处罚情节的，应当在法定刑的限度以内判处刑罚。

---

① 参见中共中央纪委检查委员会、中华人民共和国国家监察委员会《〈中华人民共和国监察法〉释义》，中国方正出版社2018年版，第163页。

第六十三条 【减轻处罚】 犯罪分子具有本法规定的减轻处罚情节的,应当在法定刑以下判处刑罚;本法规定有数个量刑幅度的,应当在法定量刑幅度的下一个量刑幅度内判处刑罚。

犯罪分子虽然不具有本法规定的减轻处罚情节,但是根据案件的特殊情况,经最高人民法院核准,也可以在法定刑以下判处刑罚。

第六十七条 【自首】 犯罪以后自动投案,如实供述自己的罪行的,是自首。对于自首的犯罪分子,可以从轻或者减轻处罚。其中,犯罪较轻的,可以免除处罚。

被采取强制措施的犯罪嫌疑人、被告人和正在服刑的罪犯,如实供述司法机关还未掌握的本人其他罪行的,以自首论。

犯罪嫌疑人虽不具有前两款规定的自首情节,但是如实供述自己罪行的,可以从轻处罚;因其如实供述自己罪行,避免特别严重后果发生的,可以减轻处罚。

第六十八条 【立功】 犯罪分子有揭发他人犯罪行为,查证属实的,或者提供重要线索,从而得以侦破其他案件等立功表现的,可以从轻或者减轻处罚;有重大立功表现的,可以减轻或者免除处罚。

第七十八条 【适用条件与限度】 被判处管制、拘役、有期徒刑、无期徒刑的犯罪分子,在执行期间,如果认真遵守监规,接受教育改造,确有悔改表现的,或者有立功表现的,可以减刑;有下列重大立功表现之一的,应当减刑:

(一) 阻止他人重大犯罪活动的;

(二) 检举监狱内外重大犯罪活动,经查证属实的;

(三) 有发明创造或者重大技术革新的;

(四) 在日常生产、生活中舍己救人的;

(五) 在抗御自然灾害或者排除重大事故中,有突出表现的;

(六) 对国家和社会有其他重大贡献的。

减刑以后实际执行的刑期不能少于下列期限:

(一) 判处管制、拘役、有期徒刑的,不能少于原判刑期的二分之一;

(二) 判处无期徒刑的,不能少于十三年;

(三) 人民法院依照本法第五十条第二款规定限制减刑的死刑缓期执行的犯罪分子,缓期执行期满后依法减为无期徒刑的,不能少于二十五年,缓期执行期满后依法减为二十五年有期徒刑的,不能少于二十年。

31.2 最高人民法院《关于常见犯罪的量刑指导意见》(2017 年 4 月 1 日)(节录)

为进一步规范刑罚裁量权,落实宽严相济刑事政策,增强量刑的公开性,实现量刑公正,根据刑法和刑事司法解释等有关规定,结合审判实践,制定本指导意见。

一、量刑的指导原则

1. 量刑应当以事实为根据,以法律为准绳,根据犯罪的事实、性质、情节和对于社会的危害程度,决定判处的刑罚。

2. 量刑既要考虑被告人所犯罪行的轻重,又要考虑被告人应负刑事责任的大小,做到罪责刑相适应,实现惩罚和预防犯罪的目的。

3. 量刑应当贯彻宽严相济的刑事政策,做到该宽则宽,当严则严,宽严相济,罚当其罪,确保裁判法律效果和社会效果的统一。

4. 量刑要客观、全面把握不同时期不同地区的经济社会发展和治安形势的变化,确保刑法任务的实现;对于同一地区同一时期、案情相似的案件,所判处的刑罚应当基本均衡。

二、量刑的基本方法

量刑时,应以定性分析为主,定量分析为辅,依次确定量刑起点、基准刑和宣告刑。

1. 量刑步骤

(1) 根据基本犯罪构成事实在相应的法定刑幅度内确定量刑起点;

(2) 根据其他影响犯罪构成的犯罪数额、犯罪次数、犯罪后果等犯罪事实,在量刑起点的基础上增加刑罚量确定基准刑;

(3) 根据量刑情节调节基准刑,并综合考虑全案情况,依法确定宣告刑。

2. 调节基准刑的方法

(1) 具有单个量刑情节的,根据量刑情节的调节比例直接调节基准刑。

(2) 具有多个量刑情节的,一般根据各个量刑情节的调节比例,采用同向相加、逆向相减的方法调节基准刑;具有未成年人犯罪、老年人犯罪、限制行为能力的精神病人犯罪、又聋又哑的人或者盲人犯罪,防卫过当、避险过当、犯罪预备、犯罪未遂、犯罪中止,从犯、胁从犯和教唆犯等量刑情节的,先适用该刑情节对基准刑进行调节,在此基础上,再适用其他量刑情节进行调节。

(3) 被告人犯数罪,同时具有适用于各个罪的立功、累犯等量刑情节的,先适用该量刑情节调节个罪的基准刑,确定个罪所应判处的刑罚,再依法实行数罪并罚,决定执行的刑罚。

3. 确定宣告刑的方法

(1) 量刑情节对基准刑的调节结果在法定刑幅度内,且罪责刑相适应的,可以直接确定为宣告刑;如果具有应当减轻处罚情节的,应依法在法定最低刑以下确定宣告刑。

(2) 量刑情节对基准刑的调节结果在法定最低刑以下,具有法定减轻处罚情节,且罪责刑相适应的,可以直接确定为宣告刑;只有从轻处罚情节的,可以依法确定法定最低刑为宣告刑;但是根据案件的特殊情况,经最高人民法院核准,也可以在法定刑以下判处刑罚。

(3) 量刑情节对基准刑的调节结果在法定最高刑以上的,可以依法确定法定最高刑为宣告刑。

(4) 综合考虑全案情况,独任审判员或合议庭可以在20%的幅度内对调节结果进行调整,确定宣告刑。当调节后的结果仍不符合罪责刑相适应原则的,应提交审判委员会讨论,依法确定宣告刑。

(5) 综合全案犯罪事实和量刑情节,依法应当判处无期徒刑以上刑罚、管制或者单处附加刑、缓刑、免刑的,应当依法适用。

三、常见量刑情节的适用

量刑时要充分考虑各种法定和酌定量刑情节,根据案件的全部犯罪事实以及量刑情节的不同情形,依法确定量刑情节的适用及其调节比例。对严重暴力犯罪、毒品犯罪等严重危害社会治安犯罪,在确定从宽的幅度时,应当从严掌握;对犯罪情节较轻的犯罪,应当充分体现从宽。具体确定各个量刑情节的调节比例时,应当综合平衡调节幅度与实际增减刑罚量的关系,确保罪责刑相适应。

1. 对于未成年人犯罪,应当综合考虑未成年人对犯罪的认识能力、实施犯罪行为的动机和目的、犯罪时的年龄、是否初犯、偶犯、悔罪表现、个人成长经历和一贯表现等情况,予以从宽处罚。

(1) 已满十四周岁不满十六周岁的未成年人犯罪,减少基准刑的30%-60%;

(2) 已满十六周岁不满十八周岁的未成年人犯罪,减少基准刑的10%-50%。

2. 对于未遂犯,综合考虑犯罪行为的实行程度、造成损害的大小、犯罪未得逞的原因等情况,可以比照既遂犯减少基准刑的50%以下。

3. 对于从犯,应当综合考虑其在共同犯罪中的地位、作用等情况,予以从宽处罚,减少基准刑的20%-50%;犯罪较轻的,减少基准刑的50%以上或者依法免除处罚。

4. 对于自首情节,综合考虑自首的动机、时间、方式、罪行轻重、如实供述罪行的程度以及悔罪表现等情况,可以减少基准刑的40%以下;犯罪较轻的,可以减少基准刑的40%以上或者依法免除处罚。恶意利用自首规避法律制裁等不足以从宽处罚的除外。

5. 对于坦白情节,综合考虑如实供述罪行的阶段、程度、罪行轻重以及悔罪程度等情况,确定从宽的幅度。

(1) 如实供述自己罪行的,可以减少基准刑的20%以下;

(2) 如实供述司法机关尚未掌握的同种较重罪行的,可以减少基准刑的10%-30%;

(3) 因如实供述自己罪行,避免特别严重后果发生的,可以减少基准刑的30%-50%。

6. 对于当庭自愿认罪的,根据犯罪的性质、罪行的轻重、认罪程度以及悔罪表现等情况,可以减少基准刑的10%以下。依法认定自首、坦白的除外。

7. 对于立功情节,综合考虑立功的大小、次数、内容、来源、效果以及罪行轻重等情况,确定从宽的幅度。

(1) 一般立功的,可以减少基准刑的20%以下;

(2) 重大立功的,可以减少基准刑的20%-50%;犯罪较轻的,减少基准刑的50%以上或者依法免除处罚。

8. 对于退赃、退赔的,综合考虑犯罪性质,退赃、退赔行为对损害结果所能弥补的程度,退赃、退赔的数额及主动程度等情况,可以减少基准刑的30%以下;其中抢劫等严重危害社会治安犯罪的应从严掌握。

9. 对于积极赔偿被害人经济损失并取得谅解的,综合考虑犯罪性质、赔偿数额、赔偿能力以及认罪、悔罪程度等情况,可以减少基准刑的40%以下;积极赔偿但没有取得谅解的,可以减少基准刑的30%以下;尽管没有赔偿,但取得谅解的,可以减少基准刑的20%以下。其中抢劫、强奸等严重危害社会治安犯罪的应从严掌握。

10. 对于当事人根据刑事诉讼法第二百七十七条达成刑事和解协议的,综合考虑犯罪性质、赔偿数额、赔礼道歉以及真诚悔罪等情况,可以减少基准刑的50%以下;犯罪较轻的,可以减少基准刑的50%以上或者依法免除处罚。

11. 对于累犯,应当综合考虑前后罪的性质、刑罚执行完毕或赦免以后至再犯罪时间的长短以及前后罪罪行轻重等情况,增加基准刑的10%-40%,一般不少于3个月。

12. 对于有前科的,综合考虑前科的性质、时间间隔长短、次数、处罚轻重等情况,可以增加基准刑的10%以下。前科犯罪为过失犯罪和未成年人犯罪的除外。

13. 对于犯罪对象为未成年人、老年人、残疾人、孕妇等弱势人员的,综合考虑犯罪的性质、犯罪的严重程度等情况,可以增加基准刑的20%以下。

14. 对于在重大自然灾害、预防、控制突发传染病疫情等灾害期间故意犯罪的,根据案件的具体情况,可以增加基准刑的20%以下。

四、常见犯罪的量刑

……

(九)职务侵占罪

1. 构成职务侵占罪的,可以根据下列不同情形在相应的幅度内确定量刑起点:

(1)达到数额较大起点的,可以在二年以下有期徒刑、拘役幅度内确定量刑起点。

(2)达到数额巨大起点的,可以在五年至六年有期徒刑幅度内确定量刑起点。

2. 在量刑起点的基础上,可以根据职务侵占数额等其他影响犯罪构成的犯罪事实增加刑罚量,确定基准刑。

……

五、附则

1. 本指导意见规范上列十五种犯罪判处有期徒刑、拘役的案件。其他判处有期徒刑、拘役的案件,可以参照量刑的指导原则、基本方法和常见量刑情节的适用规范量刑。

2. 各高级人民法院应当结合当地实际制定实施细则。

3. 本指导意见自2017年4月1日起实施。《最高人民法院关于实施量刑规范化工作的通知》(法发〔2013〕14号)同时废止。

31.3 最高人民法院、最高人民检察院《关于办理职务犯罪案件认定自首、立功等量刑情节若干问题的意见》(2009年3月12日)(节录)

一、关于自首的认定和处理

根据刑法第六十七条第一款的规定,成立自首需同时具备自动投案和如实供述自己的罪行两个要件。犯罪事实或者犯罪分子未被办案机关掌握，或者虽被掌握，但犯罪分子尚未受到调查谈话、讯问，或者未被宣布采取调查措施或者强制措施时，向办案机关投案的，是自动投案。在此期间如实交代自己的主要犯罪事实的，应当认定为自首。

犯罪分子向所在单位等办案机关以外的单位、组织或者有关负责人员投案的，应当视为自动投案。

没有自动投案，在办案机关调查谈话、讯问、采取调查措施或者强制措施期间，犯罪分子如实交代办案机关掌握的线索所针对的事实的，不能认定为自首。

没有自动投案，但具有以下情形之一的，以自首论：

（1）犯罪分子如实交代办案机关未掌握的罪行，与办案机关已掌握的罪行属不同种罪行的；

（2）办案机关所掌握线索针对的犯罪事实不成立，在此范围外犯罪分子交代同种罪行的。

单位犯罪案件中，单位集体决定或者单位负责人决定而自动投案，如实交代单位犯罪事实的，或者单位直接负责的主管人员自动投案，如实交代单位犯罪事实的，应当认定为单位自首。单位自首的，直接负责的主管人员和直接责任人员未自动投案，但如实交代自己知道的犯罪事实的，可以视为自首；拒不交代自己知道的犯罪事实或者逃避法律追究的，不应当认定为自首。单位没有自首，直接责任人员自动投案并如实交代自己知道的犯罪事实的，对该直接责任人员应当认定为自首。

对于具有自首情节的犯罪分子，办案机关移送案件时应当予以说明并移交相关证据材料。

对于具有自首情节的犯罪分子，应当根据犯罪的事实、性质、情节和对于社会的危害程度，结合自动投案的动机、阶段、客观环境，交代犯罪事实的完整性、稳定性以及悔罪表现等具体情节，依法决定是否从轻、减轻或者免除处罚以及从轻、减轻处罚的幅度。

二、关于立功的认定和处理

立功必须是犯罪分子本人实施的行为。为使犯罪分子得到从轻处理，犯罪分子的亲友直接向有关机关揭发他人犯罪行为，提供侦破其他案件的重要线索，或者协助司法机关抓捕其他犯罪嫌疑人的，不应当认定为犯罪分子的立功表现。

据以立功的他人罪行材料应当指明具体犯罪事实；据以立功的线索或者协助行为对于侦破案件或者抓捕犯罪嫌疑人要有实际作用。犯罪分子揭发他人犯罪行为时没有指明具体犯罪事实的；揭发的犯罪事实与查实的犯罪事实不具有关联性的；提供的线索或者协助行为对于其他案件的侦破或者其他犯罪嫌疑人的抓捕不具有实际作用的，不能认定为立功表现。

犯罪分子揭发他人犯罪行为，提供侦破其他案件重要线索的，必须经查证属实，才能认定为立功。审查是否构成立功，不仅要审查办案机关的说明材料，还要审查有关事实和证据以及与案件定性处罚相关的法律文书，如立案决定书、逮捕决定书、侦查终结报告、起诉意见书、起诉书或者判决书等。

据以立功的线索、材料来源有下列情形之一的，不能认定为立功：

（1）本人通过非法手段或者非法途径获取的；

（2）本人因原担任的查禁犯罪等职务获取的；

（3）他人违反监管规定向犯罪分子提供的；

（4）负有查禁犯罪活动职责的国家机关工作人员或者其他国家工作人员利用职务便利提供的。

犯罪分子检举、揭发的他人犯罪，提供侦破其他案件的重要线索，阻止他人的犯罪活动，或者协助司法机关抓捕的其他犯罪嫌疑人，犯罪嫌疑人、被告人依法可能被判处无期徒刑以上刑罚的，应当认定为有重大立功表现。其中，可能被判处无期徒刑以上刑罚，是指根据犯罪行为的事实、情节可能判处无期徒刑以上刑罚。案件已经判决的，以实际判处的刑罚为准。但是，根据犯罪行为的事实、情节应当判处无期徒刑以上刑罚，因被判刑人有法定情节经依法从轻、减轻处罚后判处有期徒刑的，应当认定为重大立功。

对于具有立功情节的犯罪分子，应当根据犯罪的事实、性质、情节和对于社会的危害程度，结合立功表现所起作用的大小、所破获案件的罪行轻重、所抓获犯罪嫌疑人可能判处的法定刑以及立功的时机等具体情节，依法决定是否从轻、减轻或者免除处罚以及从轻、减轻处罚的幅度。

三、关于如实交代犯罪事实的认定和处理

犯罪分子依法不成立自首，但如实交代犯罪事实，有下列情形之一的，可以酌情从轻处罚：

（1）办案机关掌握部分犯罪事实，犯罪分子交代了同种其他犯罪事实的；

（2）办案机关掌握的证据不充分，犯罪分子如实交代有助于收集定案证据的。

犯罪分子如实交代犯罪事实，有下列情形之一的，一般应当从轻处罚：

（1）办案机关仅掌握小部分犯罪事实，犯罪分子交代了大部分未被掌握的同种犯罪事实的；

（2）如实交代对于定案证据的收集有重要作用的。

四、关于赃款赃物追缴等情形的处理

贪污案件中赃款赃物全部或者大部分追缴的，一般应当考虑从轻处罚。

受贿案件中赃款赃物全部或者大部分追缴的，视具体情况可以酌定从轻处罚。

犯罪分子及其亲友主动退赃或者在办案机关追缴赃款赃物过程中积极配合的，在量刑时应当与办案机关查办案件过程中依职权追缴赃款赃物的有所区别。

职务犯罪案件立案后，犯罪分子及其亲友自行挽回的经济损失，司法机关或者犯罪分子所在单位及其上级主管部门挽回的经济损失，或者因客观原因减少的经济损失，不予扣减，但可以作为酌情从轻处罚的情节。

31.4 最高人民法院《关于办理减刑、假释案件具体应用法律的规定》（2017年1月1日）（节录）

第四条 具有下列情形之一的，可以认定为有"立功表现"：

（一）阻止他人实施犯罪活动的；

（二）检举、揭发监狱内外犯罪活动，或者提供重要的破案线索，经查证属实的；

（三）协助司法机关抓捕其他犯罪嫌疑人的；

（四）在生产、科研中进行技术革新，成绩突出的；

（五）在抗御自然灾害或者排除重大事故中，表现积极的；

（六）对国家和社会有其他较大贡献的。

第（四）项、第（六）项中的技术革新或者其他较大贡献应当由罪犯在刑罚执行期间独立或者为主完成，并经省级主管部门确认。

第五条 具有下列情形之一的，应当认定为有"重大立功表现"：

（一）阻止他人实施重大犯罪活动的；

（二）检举监狱内外重大犯罪活动，经查证属实的；

（三）协助司法机关抓捕其他重大犯罪嫌疑人的；

（四）有发明创造或者重大技术革新的；

（五）在日常生产、生活中舍己救人的；

（六）在抗御自然灾害或者排除重大事故中，有突出表现的；

（七）对国家和社会有其他重大贡献的。

第（四）项中的发明创造或者重大技术革新应当是罪犯在刑罚执行期间独立或者为主完成并经国家主管部门确认的发明专利，且不包括实用新型专利和外观设计专利；第（七）项中的其他重大贡献应当由罪犯在刑罚执行期间独立或者为主完成，并经国家主管部门确认。

31.5 最高人民法院、最高人民检察院《关于办理渎职刑事案件适用法律若干问题的解释（一）》（2013年1月9日）

为依法惩治渎职犯罪，根据刑法有关规定，现就办理渎职刑事案件适用法律的若干问题解释如下：

第一条 国家机关工作人员滥用职权或者玩忽职守，具有下列情形之一的，应当认定为第三百九十七条规定的"致使公共财产、国家和人民利益遭受重大损失"：

（一）造成死亡1人以上，或者重伤3人以上，或者轻伤9人以上，或者重伤2人、轻伤3人以上，或者重伤1人、轻伤6人以上的；

（二）造成经济损失30万元以上的；

（三）造成恶劣社会影响的；

（四）其他致使公共财产、国家和人民利益遭受重大损失的情形。

具有下列情形之一的，应当认定为刑法第三百九十七条规定的"情节特别严重"：

（一）造成伤亡达到前款第（一）项规定人数3倍以上的；

（二）造成经济损失150万元以上的；

（三）造成前款规定的损失后果，不报、迟报、谎报或者授意、指使、强令他人不报、迟报、谎报事故情况，致使损失后果持续、扩大或者抢救工作延误的；

（四）造成特别恶劣社会影响的；

（五）其他特别严重的情节。

第二条 国家机关工作人员实施滥用职权或者玩忽职守犯罪行为，触犯刑法分则第九章第三百九十八条至第四百一十九条规定的，依照该规定定罪处罚。

国家机关工作人员滥用职权或者玩忽职守，因不具备徇私舞弊等情形，不符合刑法分则第九章第三百九十八条至第四百一十九条的规定，但依法构成第三百九十七条规定的犯罪的，以滥用职权罪或者玩忽职守罪定罪处罚。

第三条 国家机关工作人员实施渎职犯罪并收受贿赂，同时构成受贿罪的，除刑法另有规定外，以渎职犯罪和受贿罪数罪并罚。

第四条 国家机关工作人员实施渎职行为，放纵他人犯罪或者帮助他人逃避刑事处罚，构成犯罪的，依照渎职罪的规定定罪处罚。

国家机关工作人员与他人共谋，利用其职务行为帮助他人实施其他犯罪行为，同时构成渎职犯罪和共谋实施的其他犯罪共犯的，依照处罚较重的规定定罪处罚。

国家机关工作人员与他人共谋，既利用其职务行为帮助他人实施其他犯罪，又以非职务行为与他人共同实施该其他犯罪行为，同时构成渎职犯罪和其他犯罪的共犯的，依照数罪并罚的规定定罪处罚。

第五条 国家机关负责人员违法决定，或者指使、授意、强令其他国家机关工作人员违法履行职务或者不履行职务，构成刑法分则第九章规定的渎职犯罪的，应当依法追究刑事责任。

以"集体研究"形式实施的渎职犯罪，应当依照刑法分则第九章的规定追究国家机关负有责任的人员的刑事责任。对于具体执行人员，应当在综合认定其行为性质、是否提出反对意见、危害结果大小等情节的基础上决定是否追究刑事责任和应当判处的刑罚。

第六条 以危害结果为条件的渎职犯罪的追诉期限，从危害结果发生之日起计算；有数个危害结果的，从最后一个危害结果发生之日起计算。

第七条 依法或者受委托行使国家行政管理职权的公司、企业、事业单位的工作人员，在行使行政管理职权时滥用职权或者玩忽职守，构成犯罪的，应当依照《全国人民代表大会常务委员会关于〈中华人民共和国刑法〉第九章渎职罪主体适用问题的解释》的规定，适用渎职罪的规定追究刑事责任。

第八条 本解释规定的"经济损失"，是指渎职犯罪或者与渎职犯罪相关联的犯罪立案时已经实际造成的财产损失，包括为挽回渎职犯罪所造成损失而支付的各种开支、费用等。立案后至提起公诉前持续发生的经济损失，应一并计入渎职犯罪造成的经济损失。

债务人经法定程序被宣告破产，债务人潜逃、去向不明，或者因行为人的责任超过诉讼时效等，致使债权已经无法实现的，无法实现的债权部分应当认定为渎职犯罪的经济损失。

渎职犯罪或者与渎职犯罪相关联的犯罪立案后,犯罪分子及其亲友自行挽回的经济损失,司法机关或者犯罪分子所在单位及其上级主管部门挽回的经济损失,或者因客观原因减少的经济损失,不予扣减,但可以作为酌定从轻处罚的情节。

第九条 负有监督管理职责的国家机关工作人员滥用职权或者玩忽职守,致使不符合安全标准的食品、有毒有害食品、假药、劣药等流入社会,对人民群众生命、健康造成严重危害后果的,依照渎职罪的规定从严惩处。

第十条 最高人民法院、最高人民检察院此前发布的司法解释与本解释不一致的,以本解释为准。

31.6 最高人民法院、最高人民检察院《关于办理职务犯罪案件严格适用缓刑、免予刑事处罚若干问题的意见》(2012 年 8 月 8 日)

为进一步规范贪污贿赂、渎职等职务犯罪案件缓刑、免予刑事处罚的适用,确保办理职务犯罪案件的法律效果和社会效果,根据刑法有关规定并结合司法工作实际,就职务犯罪案件缓刑、免予刑事处罚的具体适用问题,提出以下意见:

一、严格掌握职务犯罪案件缓刑、免予刑事处罚的适用。职务犯罪案件的刑罚适用直接关系反腐败工作的实际效果。人民法院、人民检察院要深刻认识职务犯罪的严重社会危害性,正确贯彻宽严相济刑事政策,充分发挥刑罚的惩治和预防功能。要在全面把握犯罪事实和量刑情节的基础上严格依照刑法规定的条件适用缓刑、免予刑事处罚,既要考虑从宽情节,又要考虑从严情节;既要做到刑罚与犯罪相当,又要做到刑罚执行方式与犯罪相当,切实避免缓刑、免予刑事处罚不当适用造成的消极影响。

二、具有下列情形之一的职务犯罪分子,一般不适用缓刑或者免予刑事处罚:

(一)不如实供述罪行的;

(二)不予退缴赃款赃物或者将赃款赃物用于非法活动的;

(三)属于共同犯罪中情节严重的主犯的;

(四)犯有数个职务犯罪依法实行并罚或者以一罪处理的;

(五)曾因职务违纪违法行为受过行政处分的;

(六)犯罪涉及的财物属于救灾、抢险、防汛、优抚、扶贫、移民、救济、防疫等特定款物的;

(七)受贿犯罪中具有索贿情节的;

(八)渎职犯罪中徇私舞弊情节或者滥用职权情节恶劣的;

(九)其他不应适用缓刑、免予刑事处罚的情形。

三、不具有本意见第二条规定的情形,全部退缴赃款赃物,依法判处三年有期徒刑以下刑罚,符合刑法规定的缓刑适用条件的贪污、受贿犯罪分子,可以适用缓刑;符合刑法第三百八十三条第一款第(三)项的规定,依法不需要判处刑罚的,可以免予刑事处罚。

不具有本意见第二条所列情形,挪用公款进行营利活动或者超过三个月未还构成犯罪,一审宣判前已将公款归还,依法判处三年有期徒刑以下刑罚,符合刑法规定的缓刑适用条件的,可以适用缓刑;在案发前已归还,情节轻微,不需要判处刑罚的,可以免予刑事处罚。

四、人民法院审理职务犯罪案件时应当注意听取检察机关、被告人、辩护人提出的量刑意见,分析影响性案件案发前后的社会反映,必要时可以征求案件查办等机关的意见。对于情节恶劣、社会反映强烈的职务犯罪案件,不得适用缓刑、免予刑事处罚。

五、对于具有本意见第二条规定的情形之一,但根据全案事实和量刑情节,检察机关认为确有必要适用缓刑或者免予刑事处罚并据此提出量刑建议的,应经检察委员会讨论决定;审理法院认为确有必要适用缓刑或者免予刑事处罚的,应经审判委员会讨论决定。

31.7 最高人民法院、最高人民检察院《关于办理国家出资企业中职务犯罪案件具体应用法律若干问题的意见》(2010年11月26日)(节录)

八、关于宽严相济刑事政策的具体贯彻

办理国家出资企业中的职务犯罪案件时,要综合考虑历史条件、企业发展、职工就业、社会稳定等因素,注意具体情况具体分析,严格把握犯罪与一般违规行为的区分界限。对于主观恶意明显、社会危害严重、群众反映强烈的严重犯罪,要坚决依法从严惩处;对于特定历史条件下、为了顺利完成企业改制而实施的违反国家政策法律规定的行为,行为人无主观恶意或者主观恶意不明显,情节较轻,危害不大的,可以不作为犯罪处理。

对于国家出资企业中的职务犯罪,要加大经济上的惩罚力度,充分重视财产刑的适用和执行,最大限度地挽回国家和人民利益遭受的损失。不能退赃的,在决定刑罚时,应当作为重要情节予以考虑。

31.8 最高人民法院研究室《关于如何理解"在法定刑以下判处刑罚"问题的答复》(2012年5月30日)

广东省高级人民法院:

你院粤高法〔2012〕120号《关于对具有减轻处罚情节的案件在法定刑以下判处刑罚问题的请示》收悉。经研究,答复如下:

刑法第六十三条第一款规定的"在法定刑以下判处刑罚",是指在法定量刑幅度的最低刑以下判处刑罚。刑法分则中规定的"处十年以上有期徒刑、无期徒刑或者死刑",是一个量刑幅度,而不是"十年以上有期徒刑"、"无期徒刑"和"死刑"三个量刑幅度。

此复。

附:最高人民法院研究室《关于如何理解"在法定刑以下判处刑罚"问题的答复的解读》

广东省高级人民法院就具有减轻处罚情节的案件在法定刑,以下判处刑罚问题请示最高人民法院。经认真研究,并征求了有关部门的意见,最高人民法院研究室于2012年5月30日作出《关于如何理解"在法定刑以下判处刑罚"问题的答复》(法研〔2012〕67号，以下简称《答复》）。现就《答复》所涉问题由来、相关考虑及经过解读如下。

一、问题由来

减轻处罚是指在法定刑以下判处刑罚。但是，在审判实践中，对于如何理解"法定量刑幅度"、"在法定刑以下判处刑罚"的问题，存在不同意见。广东省高级人民法院就此问题向最高人民法院请示。

二、主要争议问题

一种意见认为，对被告人减轻处罚，应在根据被告人罪行轻重应当判处的刑罚以下量刑，如刑法第二百六十三条对抢劫罪规定的是"死刑"、"无期徒刑"、"十年以上有期徒刑"和"三年以上十年以下有期徒刑"四个量刑幅度。如果被告人犯抢劫罪本应判处死刑，而其又具有自首、重大立功等情节，对其减轻处罚即为判处无期徒刑；如果本应判处无期徒刑，对其减轻处罚即为判处十年以上有期徒刑。另一种意见认为，对被告人减轻处罚，应在据其罪行应当适用的法定刑幅度的最低刑以下判处刑罚。刑法第二百六十三条对抢劫罪规定的是"十年以上有期徒刑、无期徒刑或者死刑"和"三年以上十年以下有期徒刑"两个量刑幅度。如果根据被告人所犯罪行应当判处"十年以上有期徒刑、无期徒刑或者死刑"，在对其减轻处罚时，就应在十年有期徒刑以下，即在"三年以上十年以下有期徒刑"的幅度内判处刑罚。

三、答复意见及其理由

经慎重研究，我们同意第二种意见，认为刑法第六十三条第一款规定的"在法定刑以下判处刑罚"，是指在法定量刑幅度的最低刑以下判处刑罚。刑法分则中规定的"处十年以上有期徒刑、无期徒刑或者死刑"，是一个量刑幅度，而不是"十年以上有期徒刑"、"无期徒刑"和"死刑"三个量刑幅度。主要理由如下：

1. "法定量刑幅度"是"法定刑"的一种。根据有无幅度，"法定刑"可分为二种：一是没有幅度的法定刑，法官量刑时没有选择余地，也称绝对确定的法定刑；二是具有一定幅度的法定刑，法官量刑时可以在法定幅度内酌情裁量，可称为"法定量刑幅度"。比如，刑法第二百三十九条规定："以勒索财物为目的绑架他人的，或者绑架他人作为人质的，处十年以上有期徒刑或者无期徒刑，并处罚金或者没收财产；情节较轻的，处五年以上十年以下有期徒刑，并处罚金。""犯前款罪，致使被绑架人死亡或者杀害被绑架人的，处死刑，并处没收财产。"该法条根据绑架罪的轻重不同，规定了三个法定刑，其中，"处十年以上有期徒刑或者无期徒刑"和"处五年以上十年以下有期徒刑"就是"法定量刑幅度"；而"处死刑"就是绝对确定的刑罚，只能称"法定刑"，而不宜称"法定量刑幅度"。而且，该法条中的"处十年以上有期徒刑或者无期徒刑"，是一个法定量刑幅度，而非"无期徒刑"和"十年以上有期徒刑"两个法定量刑幅度。

2. "在法定刑以下判处刑罚"是指在法定量刑幅度的最低刑以下判处刑罚。《最高人民法院研究室关于如何理解和掌握"在法定刑以下减轻"处罚问题的电话答复》（1990年4月27日）曾经明确规定：减轻处罚是指"应当在法定刑以下判处刑罚"。

这里所说的"法定刑",是指根据被告人所犯罪行的轻重,应当分别适用的刑法规定的不同条款或者相应的量刑幅度。在同一法定刑幅度中适用较轻的刑种或者较低的刑期,是"从轻处罚",不是"减轻处罚"。所以,当法定刑有幅度时,"在法定刑以下判处刑罚",就是指在法定量刑幅度的最低刑以下判处刑罚。

另外,关于特殊情况下的酌定减轻处罚能否下二档处罚的问题。刑法第六十三条第二款规定:"犯罪分子虽然不具有本法规定的减轻处罚情节,但是根据案件的特殊情况,经最高人民法院核准,也可以在法定刑以下判处刑罚。"有意见认为,鉴于报最高人民法院核准是个特殊程序,为了政治、外交、国防、宗教、统战等国家利益的需要,以及为了实现极特殊个案的公正,确有必要的,也可以下二档处罚。正如许霆虽没有法定减轻处罚情节,但经最高人民法院核准,对其下二档处罚,取得了很好的社会效果。但因该问题不属于请示内容,故未在答复中涉及。

【刑事法律文件】

31.9 最高人民法院《人民法院办理刑事案件第一审普通程序法庭调查规程(试行)》(2018年1月1日)(节录)

四、举证、质证程序

第四十三条 审判期间,被告人及其辩护人提出有自首、坦白、立功等法定量刑情节,或者人民法院发现被告人可能有上述法定量刑情节,而人民检察院移送的案卷中没有相关证据材料的,应当通知人民检察院移送。

审判期间,被告人及其辩护人提出新的立功情节,并提供相关线索或者材料的,人民法院可以建议人民检察院补充侦查。

31.10 最高人民法院、最高人民检察院、公安部、国家安全部、司法部《关于办理死刑案件审查判断证据若干问题的规定》(2010年7月1日)(节录)

三、证据的综合审查和运用

第三十九条 被告人及其辩护人提出有自首的事实及理由,有关机关未予认定的,应当要求有关机关提供证明材料或者要求相关人员作证,并结合其他证据判断自首是否成立。

被告人是否协助或者如何协助抓获同案犯的证明材料不全,导致无法认定被告人构成立功的,应当要求有关机关提供证明材料或者要求相关人员作证,并结合其他证据判断立功是否成立。

被告人有检举揭发他人犯罪情形的,应当审查是否已经查证属实;尚未查证的,应当及时查证。

被告人累犯的证明材料不全,应当要求有关机关提供证明材料。

【纪检监察法规】

【编者注】下列有关作出党纪政纪处分时如何实现宽严相济的具体规定,虽不能作为移送审查起诉时"提出从宽处罚建议"的直接依据,但对于如何掌握"从宽处罚"的标准仍有重要的借鉴意义。

31.11《中国共产党纪律处分条例》（修正后 2018 年 10 月 1 日施行）（节录）

第一编 总 则

第三章 纪律处分运用规则

第十七条 有下列情形之一的，可以从轻或者减轻处分：

（一）主动交代本人应当受到党纪处分的问题的；

（二）在组织核实、立案审查过程中，能够配合核实审查工作，如实说明本人违纪违法事实的；

（三）检举同案人或者其他人应当受到党纪处分或者法律追究的问题，经查证属实的；

（四）主动挽回损失、消除不良影响或者有效阻止危害结果发生的；

（五）主动上交违纪所得的；

（六）有其他立功表现的。

第十八条 根据案件的特殊情况，由中央纪委决定或者经省（部）级纪委（不含副省级市纪委）决定并呈报中央纪委批准，对违纪党员也可以在本条例规定的处分幅度以外减轻处分。

第十九条 对于党员违犯党纪应当给予警告或者严重警告处分，但是具有本条例第十七条规定的情形之一或者本条例分则中另有规定的，可以给予批评教育、责令检查、诫勉或者组织处理，免予党纪处分。对违纪党员免予处分，应当作出书面结论。

第二十条 有下列情形之一的，应当从重或者加重处分：

（一）强迫、唆使他人违纪的；

（二）拒不上交或者退赔违纪所得的；

（三）违纪受处分后又因故意违纪应当受到党纪处分的；

（四）违纪受到党纪处分后，又被发现其受处分前的违纪行为应当受到党纪处分的；

（五）本条例另有规定的。

第二十一条 从轻处分，是指在本条例规定的违纪行为应当受到的处分幅度以内，给予较轻的处分。

从重处分，是指在本条例规定的违纪行为应当受到的处分幅度以内，给予较重的处分。

第二十二条 减轻处分，是指在本条例规定的违纪行为应当受到的处分幅度以外，减轻一档给予处分。

加重处分，是指在本条例规定的违纪行为应当受到的处分幅度以外，加重一档给予处分。

本条例规定的只有开除党籍处分一个档次的违纪行为，不适用第一款减轻处分的规定。

第二十三条 一人有本条例规定的两种以上（含两种）应当受到党纪处分的违纪

行为，应当合并处理，按其数种违纪行为中应当受到的最高处分加重一档给予处分；其中一种违纪行为应当受到开除党籍处分的，应当给予开除党籍处分。

第二十四条　一个违纪行为同时触犯本条例两个以上（含两个）条款的，依照处分较重的条款定性处理。

一个条款规定的违纪构成要件全部包含在另一个条款规定的违纪构成要件中，特别规定与一般规定不一致的，适用特别规定。

第二十五条　二人以上（含二人）共同故意违纪的，对为首者，从重处分，本条例另有规定的除外；对其他成员，按照其在共同违纪中所起的作用和应负的责任，分别给予处分。

对于经济方面共同违纪的，按照个人所得数额及其所起作用，分别给予处分。对违纪集团的首要分子，按照集团违纪的总数额处分；对其他共同违纪的为首者，情节严重的，按照共同违纪的总数额处分。

教唆他人违纪的，应当按照其在共同违纪中所起的作用追究党纪责任。

第二十六条　党组织领导机构集体作出违犯党纪的决定或者实施其他违犯党纪的行为，对具有共同故意的成员，按共同违纪处理；对过失违纪的成员，按照各自在集体违纪中所起的作用和应负的责任分别给予处分。

第五章　其他规定

第三十七条　违纪行为有关责任人员的区分：

（一）直接责任者，是指在其职责范围内，不履行或者不正确履行自己的职责，对造成的损失或者后果起决定性作用的党员或者党员领导干部。

（二）主要领导责任者，是指在其职责范围内，对直接主管的工作不履行或者不正确履行职责，对造成的损失或者后果负直接领导责任的党员领导干部。

（三）重要领导责任者，是指在其职责范围内，对应管的工作或者参与决定的工作不履行或者不正确履行职责，对造成的损失或者后果负次要领导责任的党员领导干部。

本条例所称领导责任者，包括主要领导责任者和重要领导责任者。

第三十八条　本条例所称主动交代，是指涉嫌违纪的党员在组织初核前向有关组织交代自己的问题，或者在初核和立案审查其问题期间交代组织未掌握的问题。

第三十九条　计算经济损失主要计算直接经济损失。直接经济损失，是指与违纪行为有直接因果关系而造成财产损失的实际价值。

第四十条　对于违纪行为所获得的经济利益，应当收缴或者责令退赔。

对于违纪行为所获得的职务、职称、学历、学位、奖励、资格等其他利益，应当由承办案件的纪检机关或者由其上级纪检机关建议有关组织、部门、单位按照规定予以纠正。

对于依照本条例第三十五条、第三十六条规定处理的党员，经调查确属其实施违纪行为获得的利益，依照本条规定处理。

31.12 《公职人员政务处分暂行规定》（2018 年 4 月 16 日）（节录）

第十三条 监察机关经调查、审理，决定给予公职人员政务处分或者免予处分的，按照下列程序办理：

（一）将调查认定的事实及拟给予政务处分的依据告知被调查的公职人员，听取其陈述和申辩，并对其陈述的事实、理由和证据进行复核，记录在案。被调查的公职人员提出的事实、理由和证据成立的，应予采信；

（二）按照处分决定权限，履行审批手续后，作出对该公职人员给予处分或者免予处分的决定；

（三）印发政务处分决定；

（四）将政务处分决定送达受处分人和所在单位，并在一定范围内宣布；

（五）对于受到降级以上政务处分的，应当在一个月内办理职务、工资及其他有关待遇等相应变更手续；

（六）将政务处分决定存入受处分公职人员的档案。政务处分决定的内容和生效日期，参照《行政机关公务员处分条例》有关规定执行。给予开除以外政务处分的，应当在处分决定中写明处分期间。

31.13 《行政机关公务员处分条例》（2007 年 6 月 1 日）（节录）

第二章 处分的种类和适用

第十一条 行政机关公务员 2 人以上共同违法违纪，需要给予处分的，根据各自应当承担的纪律责任，分别给予处分。

第十二条 有下列情形之一的，应当从重处分：

（一）在 2 人以上的共同违法违纪行为中起主要作用的；

（二）隐匿、伪造、销毁证据的；

（三）串供或者阻止他人揭发检举、提供证据材料的；

（四）包庇同案人员的；

（五）法律、法规、规章规定的其他从重情节。

第十三条 有下列情形之一的，应当从轻处分：

（一）主动交代违法违纪行为的；

（二）主动采取措施，有效避免或者挽回损失的；

（三）检举他人重大违法违纪行为，情况属实的。

第十四条 行政机关公务员主动交代违法违纪行为，并主动采取措施有效避免或者挽回损失的，应当减轻处分。

行政机关公务员违纪行为情节轻微，经过批评教育后改正的，可以免予处分。

第十五条 行政机关公务员有本条例第十二条、第十三条规定情形之一的，应当在本条例第三章规定的处分幅度以内从重或者从轻给予处分。

行政机关公务员有本条例第十四条第一款规定情形的，应当在本条例第三章规定的处分幅度以外，减轻一个处分的档次给予处分。应当给予警告处分，又有减轻处的情形的，免予处分。

第五章 处分的程序

第三十九条 任免机关对涉嫌违法违纪的行政机关公务员的调查、处理，按照下列程序办理：

（一）经任免机关负责人同意，由任免机关有关部门对需要调查处理的事项进行初步调查；

（二）任免机关有关部门经初步调查认为该公务员涉嫌违法违纪，需要进一步查证的，报任免机关负责人批准后立案；

（三）任免机关有关部门负责对该公务员违法违纪事实做进一步调查，包括收集、查证有关证据材料，听取被调查的公务员所在单位的领导成员、有关工作人员以及所在单位监察机构的意见，向其他有关单位和人员了解情况，并形成书面调查材料，向任免机关负责人报告；

（四）任免机关有关部门将调查认定的事实及拟给予处分的依据告知被调查的公务员本人，听取其陈述和申辩，并对其所提出的事实、理由和证据进行复核，记录在案。被调查的公务员提出的事实、理由和证据成立的，应予采信；

（五）经任免机关领导成员集体讨论，作出对该公务员给予处分、免予处分或者撤销案件的决定；

（六）任免机关应当将处分决定以书面形式通知受处分的公务员本人，并在一定范围内宣布；

（七）任免机关有关部门应当将处分决定归入受处分的公务员本人档案，同时汇集有关材料形成该处分案件的工作档案。

受处分的行政机关公务员处分期满解除处分的程序，参照前款第（五）项、第（六）项和第（七）项的规定办理。

任免机关应当按照管理权限，及时将处分决定或者解除处分决定报公务员主管部门备案。

31.14《事业单位工作人员处分暂行规定》（2012年9月1日）（节录）

第二章 处分的种类和适用

第十条 事业单位工作人员两人以上共同违法违纪，需要给予处分的，按照各自应当承担的责任，分别给予相应的处分。

第十一条 有下列情形之一的，应当从重处分：

（一）在两人以上的共同违法违纪行为中起主要作用的；

（二）隐匿、伪造、销毁证据的；

（三）串供或者阻止他人揭发检举、提供证据材料的；

（四）包庇同案人员的；

（五）法律、法规、规章规定的其他从重情节。

第四章 监察权限

第十二条 有下列情形之一的，应当从轻处分：

（一）主动交代违法违纪行为的；

（二）主动采取措施，有效避免或者挽回损失的；

（三）检举他人重大违法违纪行为，情况属实的。

第十三条 事业单位工作人员主动交代违法违纪行为，并主动采取措施有效避免或者挽回损失的，应当减轻处分或者免予处分。

事业单位工作人员违法违纪行为情节轻微，经过批评教育后改正的，可以免予处分。

第十四条 事业单位工作人员有本规定第十一条、第十二条规定情形之一的，应当在本规定第三章规定的处分幅度以内从重或者从轻给予处分。

事业单位工作人员有本规定第十三条第一款规定情形的，应当在本规定第三章规定的处分幅度以外，减轻一个处分的档次给予处分。应当给予警告处分，又有减轻处分的情形的，免予处分。

第十五条 事业单位有违法违纪行为，应当追究纪律责任的，依法对负有责任的领导人员和直接责任人员给予处分。

第四章 处分的权限和程序

第二十三条 对事业单位工作人员的处分，按照以下权限决定：

（一）警告、记过、降低岗位等级或者撤职处分，按照干部人事管理权限，由事业单位或者事业单位主管部门决定。其中，由事业单位决定的，应当报事业单位主管部门备案。

（二）开除处分由事业单位主管部门决定，并报同级事业单位人事综合管理部门备案。

对中央和地方直属事业单位工作人员的处分，按照干部人事管理权限，由本单位或者有关部门决定；其中，由本单位作出开除处分决定的，报同级事业单位人事综合管理部门备案。

第二十四条 对事业单位工作人员的处分，按照以下程序办理：

（一）对事业单位工作人员违法违纪行为初步调查后，需要进一步查证的，应当按照干部人事管理权限，经事业单位负责人批准或者有关部门同意后立案；

（二）对被调查的事业单位工作人员的违法违纪行为作进一步调查，收集、查证有关证据材料，并形成书面调查报告；

（三）将调查认定的事实及拟给予处分的依据告知被调查的事业单位工作人员，听取其陈述和申辩，并对其所提出的事实、理由和证据进行复核，记录在案。被调查的事业单位工作人员提出的事实、理由和证据成立的，应予采信；

（四）按照处分决定权限，作出对该事业单位工作人员给予处分、免予处分或者撤销案件的决定；

（五）处分决定单位印发处分决定；

（六）将处分决定以书面形式通知受处分事业单位工作人员本人和有关单位，并在一定范围内宣布；

（七）将处分决定存入受处分事业单位工作人员的档案。

处分决定自作出之日起生效。

第三十二条 【对涉案人员提出从宽处罚建议】 职务违法犯罪的涉案人员揭发有关被调查人职务违法犯罪行为，查证属实的，或者提供重要线索，有助于调查其他案件的，监察机关经领导人员集体研究，并报上一级监察机关批准，可以在移送人民检察院时提出从宽处罚的建议。

【刑事法律文件】

32.1《中华人民共和国刑法》（修正后2017年11月4日施行）（节录）

第三百八十九条【行贿罪】 为谋取不正当利益，给予国家工作人员以财物的，是行贿罪。

在经济往来中，违反国家规定，给予国家工作人员以财物，数额较大的，或者违反国家规定，给予国家工作人员以各种名义的回扣、手续费的，以行贿论处。

因被勒索给予国家工作人员以财物，没有获得不正当利益的，不是行贿。

第三百九十条【行贿罪的处罚】 对犯行贿罪的，处五年以下有期徒刑或者拘役，并处罚金；因行贿谋取不正当利益，情节严重的，或者使国家利益遭受重大损失的，处五年以上十年以下有期徒刑，并处罚金；情节特别严重的，或者使国家利益遭受特别重大损失的，处十年以上有期徒刑或者无期徒刑，并处罚金或者没收财产。

行贿人在被追诉前主动交待行贿行为的，可以从轻或者减轻处罚。其中，犯罪较轻的，对侦破重大案件起关键作用的，或者有重大立功表现的，可以减轻或者免除处罚。

第三百九十二条【介绍贿赂罪】 向国家工作人员介绍贿赂，情节严重的，处三年以下有期徒刑或者拘役，并处罚金。

介绍贿赂人在被追诉前主动交待介绍贿赂行为的，可以减轻处罚或者免除处罚。

【编者注】其他法律依据参照与《监察法》第31条相关之规定。

第三十三条 【刑事证据能力、取证要求、证明标准和非法证据排除规则】 监察机关依照本法规定收集的物证、书证、证人证言、被调查人供述和辩解、视听资料、电子数据等证据材料，在刑事诉讼中可以作为证据使用。

监察机关在收集、固定、审查、运用证据时，应当与刑事审判关于证据的要求和标准相一致。

以非法方法收集的证据应当依法予以排除，不得作为案件处置的依据。

【编者注】关于"证据能力"与"证明标准"的评价。

第一，证据能力，又称证据资格，是指一定的事实材料可以作为诉讼证据使用的法律上的准入资格。《刑事诉讼法》第52条第2款规定："行政机关在行政执法和查办案件过程中收集的物证、书证、视听资料、电子数据等证据材料，在刑事诉讼中可作为证据使用。"有观点认为，《刑事诉讼法》并未对监察机关调查获取的言词证据和实物证据的刑事证据资格作出规定，导致其证据能力存在法律障碍。编者不同意该观点，《监察法》第33条第1款规定："监察机关依照本法规定收集的物证、书证、证人证言、被调查人供述和辩解、视听资料、电子数据等证据材料，在刑事诉讼中可以作为证据使用。"《监察法》与《刑事诉讼法》在法律位阶上均系全国人大审议通过的国家基本法律。《监察法》明确规定监察机关依法收集的言词证据及实物证据等证据材料均可在刑事诉讼中作为证据使用即具备证据能力，其"刑事证据准入资格"不需要《刑事诉讼法》的再次确认，也不需要检察机关重新取证或履行证据转换手续。

第二，证明标准，是指法律要求的诉讼证明中运用证据证明案件事实所要达到的程度。《监察法》第33条明确规定，监察机关调查取证应与"刑事审判"的要求和标准保持一致，也体现了监察机关调查职务犯罪案件时应始终贯穿"以审判为中心"的证据理念。同时，监察委员会同纪律检查委员会合署办公，在查办职务犯罪案件时参照刑事审判的证明标准，是"倒逼"监察执法程序规范化和监察人员执法能力提升，对全面保障职务违法案件和执纪监督案件的办案质量大有裨益。

【纪检监察法规】

33.1《关于查处党员违纪案件中收集、鉴别、使用证据的具体规定》（1991年7月23日）（节录）

第一条 为正确收集、鉴别和使用证据，保证办案质量，正确执行党的纪律，特制定本规定。

第二条 证明案件真实情况的一切事实都是证据。证据包括：

1. 物证，指能够证明案件真实情况的物品和痕迹。

2. 书证，指以其记载的内容证明案件真实情况的文字（包括符号、图画）。

3. 证人证言，指证人就其所了解的案件情况所作的陈述。凡是知道案件真实情况的人都可以作为证人。不能辨别是非的人，不能正确表达的人，不能作证人。

4. 视听材料，指可以将重现的原始声响或形象的录音录像用作证明案件事实的材料。

5. 受侵害人员的陈述，指受违纪行为直接侵害的人员就案件事实情况所作的控告和述说。

6. 受审查党员的陈述，指受审查党员就案件事实所作的交待、申辩和对同案违纪人员的检举、揭发。

7. 鉴定结论，指鉴定人运用专门知识或技能对办案人员不能解决的专门事项进行科学鉴定后所作出的结论。

8. 勘验、检查笔录，指公安、司法人员对与案件有关的场所、物品及其他证据材料进行勘验、检查时所作的笔录。

9. 现场笔录，指纪律检查人员对案件（非刑事案件）有关的场所进行检查时所作的笔录。

证据必须经过审核属实，才能作为定案的根据。

第三条 收集、鉴别和使用证据必须实事求是，一切从客观实际出发，不得带框框、主观臆断、偏听偏信；必须尊重党员的民主权利和公民的合法权利。任何党员和群众都有向党组织提供自己所知道的案情的义务。严禁使用威胁、引诱、欺骗及其他非法手段收集证据。

第四条 收集违犯党纪案件的证据，由党的纪律检查工作人员或党组织委派的党员负责进行，收集证据必须两人以上。收集证据要及时、客观、全面。

证据的收集主要由案件检查人员进行。案件审理人员在审理案件时，发现证据不足或证据间存在矛盾，一般由报案单位补充调查取证，需要补充个别证据的也可以由案件审理部门补充收集。

第十一条 鉴别证据的任务是：根据各种证据材料的具体特征，逐个进行审查和分析研究，鉴别其真伪，判断其与案件事实有无内在联系，对查明和查实案情有无意义。经过鉴别，确实符合客观实际，与案件事实有内在联系的证据，才能作为定案的依据。

第十二条 鉴别证据，首先鉴别每个证据是否客观真实，是否伪造；是否与案件事实有联系；是原始证据还是传来证据，是直接证据还是间接证据，其来源有无问题，然后，综合分析证明案件的同一事实的各类证据之间有无矛盾；各种证据之间有无内在的联系，要注意时间、条件的变化对证据的影响，要把不同的证据摆到案件发生、发展的过程中去，考虑当时的历史背景，同其他证据联系起来综合分析。

第十九条 认定案件事实，证据必须确凿。证据经过鉴别，其真实性得到确认后，即成为有效证据，任何人无权涂改或弃毁，有关党组织在移送证据时，不得任意取舍。特别不得舍弃那些经过鉴别证明受审查党员无错的证据。要综合运用证据，证据之间矛盾时，不能仅凭数量多少决定其真实可靠性；认定主要错误事实所依据的证据之间的矛盾不能排除时，不能定案。

第二十条 在没有物证、书证的情况下，仅凭言词证据定案时，必须有两个以上（含两个）证据，才能定案。

第二十一条 没有直接证据而仅凭间接证据定案时，所有间接证据必须查证属实；每个证据与案件事实都有着客观联系；取得的证据必须形成一个完整的证明体系，这个证明体系足以排除其他可能性，才能定案。不能排除其他可能时，不能定案。

第二十二条 仅有受审查党员的交待，没有其他证据，不能定案；受审查党员拒不承认，其他证据确实充分，仍可定案。

33.2《党的纪律检查机关案件审理工作条例》(1987年7月14日)(节录)

第二条 案件审理工作,是对违犯党的纪律的案件的审核处理工作,是党的纪律检查工作的重要组成部分,是检查处理党员或党组织违犯党纪案件的重要环节。做好案件审理工作,对于正确地处理违犯党的纪律的案件,维护党的纪律的严肃性,端正党风;对于坚持四项基本原则,保证党的路线、方针、政策、决议的贯彻执行,促进社会主义物质文明和精神文明建设,有着积极的作用。

第三条 审理党员或党组织违犯党的纪律的案件,必须坚持实事求是的原则。以事实为依据,重证据,不主观臆断,不带框框。对于处理错了的案件,一经发现,坚决改正。

第四条 对犯错误的同志,必须坚持"惩前毖后,治病救人"的方针。对他们耐心地进行思想教育,根据其错误,恰当处理,既反对惩办主义,又不得姑息、迁就。

第五条 处理党员或党组织违犯党的纪律的案件,必须坚持严肃慎重、区别对待的原则。违纪必究,严肃处理,不能含糊敷衍。但在处理的时候,必须慎重从事。对具体案件,要具体分析其错误事实、性质、情节和危害,根据不同情况,做不同处理。

第六条 对于违犯党的纪律的党员,必须坚持在党的纪律面前人人平等的原则。不论其职位高低,贡献大小,资历长短,都要严肃查处,决不容许有不受党纪约束的特殊党员。

第三章 审理案件的基本要求

第十一条 事实清楚

事实是定案的基础。审理案件,必须将错误事实发生的时间、地点、情节、后果、本人应负的责任,以及产生错误的主客观原因等,审核清楚。如发现事实不清,要责成或协同原报案单位重新查证清楚,要使所认定的错误事实符合客观实际。

第十二条 证据确凿

证据是判断事实的依据。对证据必须认真地进行鉴别,去伪存真。认定错误的事实,一定要有充分的证据。没有证据或证据不充分、不确凿,不能认定。证据充分确凿,即使犯错误的人拒不承认,也可以认定。

第十三条 定性准确

认定问题的性质,必须在事实清楚、证据确凿的基础上,以党章、《关于党内政治生活的若干准则》、党的方针政策和国家的法律法规为准绳,进行具体分析,是什么性质的问题就定什么性质。性质难以确定的,用写实的办法作出结论。

第十四条 处理恰当

在事实清楚、证据确凿、定性准确的基础上,作出恰当处理。既不要处理过头,又不要姑息迁就。

在任何情况下都不得株连无辜。

第十五条 手续完备

处理案件要严格按照党章规定的手续办理,按照处分党员或党组织的批准权限审批。手续不完备的,原报案单位必须补办。

报请审批的案件,须报以下材料:
(1) 处分决定;
(2) 错误事实调查报告和主要证据材料;
(3) 本人检查材料和对处分决定的意见以及党组织对本人意见的说明;
(4) 党的纪律检查委员会或党组织的审查意见。

复查的案件须报:复查或复议报告和主要证据材料;处理决定及有关党组织的意见;本人意见和党组织对本人不同意见的说明;原处分决定和原定案的主要证据材料。

【刑事法律文件】

33.3《中华人民共和国刑事诉讼法》(修正后2012年3月14日施行)(节录)

第一章 任务和基本原则

第一条 为了保证刑法的正确实施,惩罚犯罪,保护人民,保障国家安全和社会公共安全,维护社会主义社会秩序,根据宪法,制定本法。

第二条 中华人民共和国刑事诉讼法的任务,是保证准确、及时地查明犯罪事实,正确应用法律,惩罚犯罪分子,保障无罪的人不受刑事追究,教育公民自觉遵守法律,积极同犯罪行为作斗争,维护社会主义法制,尊重和保障人权,保护公民的人身权利、财产权利、民主权利和其他权利,保障社会主义建设事业的顺利进行。

第三条 对刑事案件的侦查、拘留、执行逮捕、预审,由公安机关负责。检察、批准逮捕、检察机关直接受理的案件的侦查、提起公诉,由人民检察院负责。审判由人民法院负责。除法律特别规定的以外,其他任何机关、团体和个人都无权行使这些权力。

人民法院、人民检察院和公安机关进行刑事诉讼,必须严格遵守本法和其他法律的有关规定。

第四条 国家安全机关依照法律规定,办理危害国家安全的刑事案件,行使与公安机关相同的职权。

第五条 人民法院依照法律规定独立行使审判权,人民检察院依照法律规定独立行使检察权,不受行政机关、社会团体和个人的干涉。

第六条 人民法院、人民检察院和公安机关进行刑事诉讼,必须依靠群众,必须以事实为根据,以法律为准绳。对于一切公民,在适用法律上一律平等,在法律面前,不允许有任何特权。

第七条 人民法院、人民检察院和公安机关进行刑事诉讼,应当分工负责,互相配合,互相制约,以保证准确有效地执行法律。

第八条 人民检察院依法对刑事诉讼实行法律监督。

第九条 各民族公民都有用本民族语言文字进行诉讼的权利。人民法院、人民检察院和公安机关对于不通晓当地通用的语言文字的诉讼参与人,应当为他们翻译。在

第四章 监察权限

少数民族聚居或者多民族杂居的地区，应当用当地通用的语言进行审讯，用当地通用的文字发布判决书、布告和其他文件。

第十条 人民法院审判案件，实行两审终审制。

第十一条 人民法院审判案件，除本法另有规定的以外，一律公开进行。被告人有权获得辩护，人民法院有义务保证被告人获得辩护。

第十二条 未经人民法院依法判决，对任何人都不得确定有罪。

第十三条 人民法院审判案件，依照本法实行人民陪审员陪审的制度。

第十四条 人民法院、人民检察院和公安机关应当保障犯罪嫌疑人、被告人和其他诉讼参与人依法享有的辩护权和其他诉讼权利。

诉讼参与人对于审判人员、检察人员和侦查人员侵犯公民诉讼权利和人身侮辱的行为，有权提出控告。

第五章 证　据

第四十八条 可以用于证明案件事实的材料，都是证据。

证据包括：

（一）物证；

（二）书证；

（三）证人证言；

（四）被害人陈述；

（五）犯罪嫌疑人、被告人供述和辩解；

（六）鉴定意见；

（七）勘验、检查、辨认、侦查实验等笔录；

（八）视听资料、电子数据。

证据必须经过查证属实，才能作为定案的根据。

第四十九条 公诉案件中被告人有罪的举证责任由人民检察院承担，自诉案件中被告人有罪的举证责任由自诉人承担。

第五十条 审判人员、检察人员、侦查人员必须依照法定程序，收集能够证实犯罪嫌疑人、被告人有罪或者无罪、犯罪情节轻重的各种证据。严禁刑讯逼供和以威胁、引诱、欺骗以及其他非法方法收集证据，不得强迫任何人证实自己有罪。必须保证一切与案件有关或者了解案情的公民，有客观地充分地提供证据的条件，除特殊情况外，可以吸收他们协助调查。

第五十一条 公安机关提请批准逮捕书、人民检察院起诉书、人民法院判决书，必须忠实于事实真象。故意隐瞒事实真象的，应当追究责任。

第五十二条 人民法院、人民检察院和公安机关有权向有关单位和个人收集、调取证据。有关单位和个人应当如实提供证据。

行政机关在行政执法和查办案件过程中收集的物证、书证、视听资料、电子数据等证据材料，在刑事诉讼中可以作为证据使用。

对涉及国家秘密、商业秘密、个人隐私的证据，应当保密。

凡是伪造证据、隐匿证据或者毁灭证据的，无论属于何方，必须受法律追究。

第五十三条 对一切案件的判处都要重证据，重调查研究，不轻信口供。只有被告人供述，没有其他证据的，不能认定被告人有罪和处以刑罚；没有被告人供述，证据确实、充分的，可以认定被告人有罪和处以刑罚。

证据确实、充分，应当符合以下条件：

（一）定罪量刑的事实都有证据证明；

（二）据以定案的证据均经法定程序查证属实；

（三）综合全案证据，对所认定事实已排除合理怀疑。

第五十四条 采用刑讯逼供等非法方法收集的犯罪嫌疑人、被告人供述和采用暴力、威胁等非法方法收集的证人证言、被害人陈述，应当予以排除。收集物证、书证不符合法定程序，可能严重影响司法公正的，应当予以补正或者作出合理解释；不能补正或者作出合理解释的，对该证据应当予以排除。

在侦查、审查起诉、审判时发现有应当排除的证据的，应当依法予以排除，不得作为起诉意见、起诉决定和判决的依据。

第五十五条 人民检察院接到报案、控告、举报或者发现侦查人员以非法方法收集证据的，应当进行调查核实。对于确有以非法方法收集证据情形的，应当提出纠正意见；构成犯罪的，依法追究刑事责任。

第五十六条 法庭审理过程中，审判人员认为可能存在本法第五十四条规定的以非法方法收集证据情形的，应当对证据收集的合法性进行法庭调查。

当事人及其辩护人、诉讼代理人有权申请人民法院对以非法方法收集的证据依法予以排除。申请排除以非法方法收集的证据的，应当提供相关线索或者材料。

第五十七条 在对证据收集的合法性进行法庭调查的过程中，人民检察院应当对证据收集的合法性加以证明。

现有证据材料不能证明证据收集的合法性的，人民检察院可以提请人民法院通知有关侦查人员或者其他人员出庭说明情况；人民法院可以通知有关侦查人员或者其他人员出庭说明情况。有关侦查人员或者其他人员也可以要求出庭说明情况。经人民法院通知，有关人员应当出庭。

第五十八条 对于经过法庭审理，确认或者不能排除存在本法第五十四条规定的以非法方法收集证据情形的，对有关证据应当予以排除。

第五十九条 证人证言必须在法庭上经过公诉人、被害人和被告人、辩护人双方质证并且查实以后，才能作为定案的根据。法庭查明证人有意作伪证或者隐匿罪证的时候，应当依法处理。

第六十条 凡是知道案件情况的人，都有作证的义务。

生理上、精神上有缺陷或者年幼，不能辨别是非、不能正确表达的人，不能作证人。

第六十一条 人民法院、人民检察院和公安机关应当保障证人及其近亲属的安全。

对证人及其近亲属进行威胁、侮辱、殴打或者打击报复,构成犯罪的,依法追究刑事责任;尚不够刑事处罚的,依法给予治安管理处罚。

第六十二条 对于危害国家安全犯罪、恐怖活动犯罪、黑社会性质的组织犯罪、毒品犯罪等案件,证人、鉴定人、被害人因在诉讼中作证,本人或者其近亲属的人身安全面临危险的,人民法院、人民检察院和公安机关应当采取以下一项或者多项保护措施:

(一)不公开真实姓名、住址和工作单位等个人信息;

(二)采取不暴露外貌、真实声音等出庭作证措施;

(三)禁止特定的人员接触证人、鉴定人、被害人及其近亲属;

(四)对人身和住宅采取专门性保护措施;

(五)其他必要的保护措施。

证人、鉴定人、被害人认为因在诉讼中作证,本人或者其近亲属的人身安全面临危险的,可以向人民法院、人民检察院、公安机关请求予以保护。

人民法院、人民检察院、公安机关依法采取保护措施,有关单位和个人应当配合。

第六十三条 证人因履行作证义务而支出的交通、住宿、就餐等费用,应当给予补助。证人作证的补助列入司法机关业务经费,由同级政府财政予以保障。

有工作单位的证人作证,所在单位不得克扣或者变相克扣其工资、奖金及其他福利待遇。

33.4 最高人民法院《关于适用〈中华人民共和国刑事诉讼法〉的解释》(2013年1月1日)(节录)

第四章 证 据

第一节 一般规定

第六十一条 认定案件事实,必须以证据为根据。

第六十二条 审判人员应当依照法定程序收集、审查、核实、认定证据。

第六十三条 证据未经当庭出示、辨认、质证等法庭调查程序查证属实,不得作为定案的根据,但法律和本解释另有规定的除外。

第六十四条 应当运用证据证明的案件事实包括:

(一)被告人、被害人的身份;

(二)被指控的犯罪是否存在;

(三)被指控的犯罪是否为被告人所实施;

(四)被告人有无刑事责任能力,有无罪过,实施犯罪的动机、目的;

(五)实施犯罪的时间、地点、手段、后果以及案件起因等;

(六)被告人在共同犯罪中的地位、作用;

(七)被告人有无从重、从轻、减轻、免除处罚情节;

（八）有关附带民事诉讼、涉案财物处理的事实；
（九）有关管辖、回避、延期审理等的程序事实；
（十）与定罪量刑有关的其他事实。

认定被告人有罪和对被告人从重处罚，应当适用证据确实、充分的证明标准。

第六十五条 行政机关在行政执法和查办案件过程中收集的物证、书证、视听资料、电子数据等证据材料，在刑事诉讼中可以作为证据使用；经法庭查证属实，且收集程序符合有关法律、行政法规规定的，可以作为定案的根据。

根据法律、行政法规规定行使国家行政管理职权的组织，在行政执法和查办案件过程中收集的证据材料，视为行政机关收集的证据材料。

第六十六条 人民法院依照刑事诉讼法第一百九十一条的规定调查核实证据，必要时，可以通知检察人员、辩护人、自诉人及其法定代理人到场。上述人员未到场的，应当记录在案。

人民法院调查核实证据时，发现对定罪量刑有重大影响的新的证据材料的，应当告知检察人员、辩护人、自诉人及其法定代理人。必要时，也可以直接提取，并及时通知检察人员、辩护人、自诉人及其法定代理人查阅、摘抄、复制。

第六十七条 下列人员不得担任刑事诉讼活动的见证人：
（一）生理上、精神上有缺陷或者年幼，不具有相应辨别能力或者不能正确表达的人；
（二）与案件有利害关系，可能影响案件公正处理的人；
（三）行使勘验、检查、搜查、扣押等刑事诉讼职权的公安、司法机关的工作人员或者其聘用的人员。

由于客观原因无法由符合条件的人员担任见证人的，应当在笔录材料中注明情况，并对相关活动进行录像。

第六十八条 公开审理案件时，公诉人、诉讼参与人提出涉及国家秘密、商业秘密或者个人隐私的证据的，法庭应当制止。有关证据确与本案有关的，可以根据具体情况，决定将案件转为不公开审理，或者对相关证据的法庭调查不公开进行。

第八节 非法证据排除

第九十五条 使用肉刑或者变相肉刑，或者采用其他使被告人在肉体上或者精神上遭受剧烈疼痛或者痛苦的方法，迫使被告人违背意愿供述的，应当认定为刑事诉讼法第五十四条规定的"刑讯逼供等非法方法"。

认定刑事诉讼法第五十四条规定的"可能严重影响司法公正"，应当综合考虑收集物证、书证违反法定程序以及所造成后果的严重程度等情况。

第九十六条 当事人及其辩护人、诉讼代理人申请人民法院排除以非法方法收集的证据的，应当提供涉嫌非法取证的人员、时间、地点、方式、内容等相关线索或者材料。

第九十七条 人民法院向被告人及其辩护人送达起诉书副本时，应当告知其申请排除非法证据的，应当在开庭审理前提出，但在庭审期间才发现相关线索或者材料的除外。

第九十八条 开庭审理前,当事人及其辩护人、诉讼代理人申请人民法院排除非法证据的,人民法院应当在开庭前及时将申请书或者申请笔录及相关线索、材料的复制件送交人民检察院。

第九十九条 开庭审理前,当事人及其辩护人、诉讼代理人申请排除非法证据,人民法院经审查,对证据收集的合法性有疑问的,应当依照刑事诉讼法第一百八十二条第二款的规定召开庭前会议,就非法证据排除等问题了解情况,听取意见。人民检察院可以通过出示有关证据材料等方式,对证据收集的合法性加以说明。

第一百条 法庭审理过程中,当事人及其辩护人、诉讼代理人申请排除非法证据的,法庭应当进行审查。经审查,对证据收集的合法性有疑问的,应当进行调查;没有疑问的,应当当庭说明情况和理由,继续法庭审理。当事人及其辩护人、诉讼代理人以相同理由再次申请排除非法证据的,法庭不再进行审查。

对证据收集合法性的调查,根据具体情况,可以在当事人及其辩护人、诉讼代理人提出排除非法证据的申请后进行,也可以在法庭调查结束前一并进行。

法庭审理过程中,当事人及其辩护人、诉讼代理人申请排除非法证据,人民法院经审查,不符合本解释第九十七条规定的,应当在法庭调查结束前一并进行审查,并决定是否进行证据收集合法性的调查。

第一百零一条 法庭决定对证据收集的合法性进行调查的,可以由公诉人通过出示、宣读讯问笔录或者其他证据,有针对性地播放讯问过程的录音录像,提请法庭通知有关侦查人员或者其他人员出庭说明情况等方式,证明证据收集的合法性。

公诉人提交的取证过程合法的说明材料,应当经有关侦查人员签名,并加盖公章。未经有关侦查人员签名的,不得作为证据使用。上述说明材料不能单独作为证明取证过程合法的根据。

第一百零二条 经审理,确认或者不能排除存在刑事诉讼法第五十四条规定的以非法方法收集证据情形的,对有关证据应当排除。

人民法院对证据收集的合法性进行调查后,应当将调查结论告知公诉人、当事人和辩护人、诉讼代理人。

第一百零三条 具有下列情形之一的,第二审人民法院应当对证据收集的合法性进行审查,并根据刑事诉讼法和本解释的有关规定作出处理:

(一)第一审人民法院对当事人及其辩护人、诉讼代理人排除非法证据的申请没有审查,且以该证据作为定案根据的;

(二)人民检察院或者被告人、自诉人及其法定代理人不服第一审人民法院作出的有关证据收集合法性的调查结论,提出抗诉、上诉的;

(三)当事人及其辩护人、诉讼代理人在第一审结束后才发现相关线索或者材料,申请人民法院排除非法证据的。

第九节 证据的综合审查与运用

第一百零四条 对证据的真实性,应当综合全案证据进行审查。

对证据的证明力,应当根据具体情况,从证据与待证事实的关联程度、证据之间的联系等方面进行审查判断。

证据之间具有内在联系,共同指向同一待证事实,不存在无法排除的矛盾和无法解释的疑问的,才能作为定案的根据。

第一百零五条 没有直接证据,但间接证据同时符合下列条件的,可以认定被告人有罪:

(一)证据已经查证属实;

(二)证据之间相互印证,不存在无法排除的矛盾和无法解释的疑问;

(三)全案证据已经形成完整的证明体系;

(四)根据证据认定案件事实足以排除合理怀疑,结论具有唯一性;

(五)运用证据进行的推理符合逻辑和经验。

第一百零六条 根据被告人的供述、指认提取到了隐蔽性很强的物证、书证,且被告人的供述与其他证明犯罪事实发生的证据相互印证,并排除串供、逼供、诱供等可能性的,可以认定被告人有罪。

第一百零七条 采取技术侦查措施收集的证据材料,经当庭出示、辨认、质证等法庭调查程序查证属实的,可以作为定案的根据。

使用前款规定的证据可能危及有关人员的人身安全,或者可能产生其他严重后果的,法庭应当采取不暴露有关人员身份、技术方法等保护措施,必要时,审判人员可以在庭外核实。

第一百零八条 对侦查机关出具的被告人到案经过、抓获经过等材料,应当审查是否有出具该说明材料的办案人、办案机关的签名、盖章。

对到案经过、抓获经过或者确定被告人有重大嫌疑的根据有疑问的,应当要求侦查机关补充说明。

第一百零九条 下列证据应当慎重使用,有其他证据印证的,可以采信:

(一)生理上、精神上有缺陷,对案件事实的认知和表达存在一定困难,但尚未丧失正确认知、表达能力的被害人、证人和被告人所作的陈述、证言和供述;

(二)与被告人有亲属关系或者其他密切关系的证人所作的有利被告人的证言,或者与被告人有利害冲突的证人所作的不利被告人的证言。

第一百一十条 证明被告人自首、坦白、立功的证据材料,没有加盖接受被告人投案、坦白、检举揭发等的单位的印章,或者接受人员没有签名的,不得作为定案的根据。

对被告人及其辩护人提出有自首、坦白、立功的事实和理由,有关机关未予认定,或者有关机关提出被告人有自首、坦白、立功表现,但证据材料不全的,人民法院应当要求有关机关提供证明材料,或者要求相关人员作证,并结合其他证据作出认定。

第一百一十一条 证明被告人构成累犯、毒品再犯的证据材料,应当包括前罪的裁判文书、释放证明等材料;材料不全的,应当要求有关机关提供。

第一百一十二条 审查被告人实施被指控的犯罪时或者审判时是否达到相应法定责任年龄，应当根据户籍证明、出生证明文件、学籍卡、人口普查登记、无利害关系人的证言等证据综合判断。

证明被告人已满十四周岁、十六周岁、十八周岁或者不满七十五周岁的证据不足的，应当认定被告人不满十四周岁、不满十六周岁、不满十八周岁或者已满七十五周岁。

第九章 公诉案件第一审普通程序

第四节 评议案件与宣告判决

第二百四十一条 对第一审公诉案件，人民法院审理后，应当按照下列情形分别作出判决、裁定：

（一）起诉指控的事实清楚，证据确实、充分，依据法律认定指控被告人的罪名成立的，应当作出有罪判决；

（二）起诉指控的事实清楚，证据确实、充分，指控的罪名与审理认定的罪名不一致的，应当按照审理认定的罪名作出有罪判决；

（三）案件事实清楚，证据确实、充分，依据法律认定被告人无罪的，应当判决宣告被告人无罪；

（四）证据不足，不能认定被告人有罪的，应当以证据不足、指控的犯罪不能成立，判决宣告被告人无罪；

（五）案件部分事实清楚，证据确实、充分的，应当作出有罪或者无罪的判决；对事实不清、证据不足部分，不予认定；

（六）被告人因不满十六周岁，不予刑事处罚的，应当判决宣告被告人不负刑事责任；

（七）被告人是精神病人，在不能辨认或者不能控制自己行为时造成危害结果，不予刑事处罚的，应当判决宣告被告人不负刑事责任；

（八）犯罪已过追诉时效期限且不是必须追诉，或者经特赦令免除刑罚的，应当裁定终止审理；

（九）被告人死亡的，应当裁定终止审理；根据已查明的案件事实和认定的证据，能够确认无罪的，应当判决宣告被告人无罪。

具有前款第二项规定情形的，人民法院应当在判决前听取控辩双方的意见，保障被告人、辩护人充分行使辩护权。必要时，可以重新开庭，组织控辩双方围绕被告人的行为构成何罪进行辩论。

第二百四十二条 宣告判决前，人民检察院要求撤回起诉的，人民法院应当审查撤回起诉的理由，作出是否准许的裁定。

第二百四十三条 审判期间，人民法院发现新的事实，可能影响定罪的，可以建议人民检察院补充或者变更起诉；人民检察院不同意或者在七日内未回复意见的，人民法院应当就起诉指控的犯罪事实，依照本解释第二百四十一条的规定作出判决、裁定。

第二百四十四条 对依照本解释第一百八十一条第一款第四项规定受理的案件，人民法院应当在判决中写明被告人曾被人民检察院提起公诉，因证据不足，指控的犯罪不能成立，被人民法院依法判决宣告无罪的情况；前案依照刑事诉讼法第一百九十五条第三项规定作出的判决不予撤销。

第二百四十五条 合议庭成员应当在评议笔录上签名，在判决书、裁定书等法律文书上署名。

第二百四十六条 裁判文书应当写明裁判依据，阐释裁判理由，反映控辩双方的意见并说明采纳或者不予采纳的理由。

33.5 最高人民检察院《人民检察院刑事诉讼规则（试行）》（修正后2013年1月1日施行）（节录）

第五章 证 据

第六十一条 人民检察院在立案侦查、审查逮捕、审查起诉等办案活动中认定案件事实，应当以证据为根据。

公诉案件中被告人有罪的举证责任由人民检察院承担。人民检察院在提起公诉指控犯罪时，应当提出确实、充分的证据，并运用证据加以证明。

人民检察院提起公诉，应当遵循客观公正原则，对被告人有罪、罪重、罪轻的证据都应当向人民法院提出。

第六十二条 证据的审查认定，应当结合案件的具体情况，从证据与待证事实的关联程度、各证据之间的联系、是否依照法定程序收集等方面进行综合审查判断。

第六十三条 人民检察院侦查终结或者提起公诉的案件，证据应当确实、充分。证据确实、充分，应当符合以下条件：

（一）定罪量刑的事实都有证据证明；

（二）据以定案的证据均经法定程序查证属实；

（三）综合全案证据，对所认定事实已排除合理怀疑。

第六十四条 行政机关在行政执法和查办案件过程中收集的物证、书证、视听资料、电子数据证据材料，应当以该机关的名义移送，经人民检察院审查符合法定要求的，可以作为证据使用。

行政机关在行政执法和查办案件过程中收集的鉴定意见、勘验、检查笔录，经人民检察院审查符合法定要求的，可以作为证据使用。

人民检察院办理直接受理立案侦查的案件，对于有关机关在行政执法和查办案件过程中收集的涉案人员供述或者相关人员的证言、陈述，应当重新收集；确有证据证实涉案人员或者相关人员因路途遥远、死亡、失踪或者丧失作证能力，无法重新收集，但供述、证言或者陈述的来源、收集程序合法，并有其他证据相印证，经人民检察院审查符合法定要求的，可以作为证据使用。

根据法律、法规赋予的职责查处行政违法、违纪案件的组织属于本条规定的行政

第四章 监察权限

机关。

第六十五条 对采用刑讯逼供等非法方法收集的犯罪嫌疑人供述和采用暴力、威胁等非法方法收集的证人证言、被害人陈述，应当依法排除，不得作为报请逮捕、批准或者决定逮捕、移送审查起诉以及提起公诉的依据。

刑讯逼供是指使用肉刑或者变相使用肉刑，使犯罪嫌疑人在肉体或者精神上遭受剧烈疼痛或者痛苦以逼取供述的行为。

其他非法方法是指违法程度和对犯罪嫌疑人的强迫程度与刑讯逼供或者暴力、威胁相当而迫使其违背意愿供述的方法。

第六十六条 收集物证、书证不符合法定程序，可能严重影响司法公正的，人民检察院应当及时要求侦查机关补正或者作出书面解释；不能补正或者无法作出合理解释的，对该证据应当予以排除。

对侦查机关的补正或者解释，人民检察院应当予以审查。经侦查机关补正或者作出合理解释的，可以作为批准或者决定逮捕、提起公诉的依据。

本条第一款中的可能严重影响司法公正是指收集物证、书证不符合法定程序的行为明显违法或者情节严重，可能对司法机关办理案件的公正性造成严重损害；补正是指对取证程序上的非实质性瑕疵进行补救；合理解释是指对取证程序的瑕疵作出符合常理及逻辑的解释。

第六十七条 人民检察院经审查发现存在刑事诉讼法第五十四条规定的非法取证行为，依法对该证据予以排除后，其他证据不能证明犯罪嫌疑人实施犯罪行为的，应当不批准或者决定逮捕，已经移送审查起诉的，可以将案件退回侦查机关补充侦查或者作出不起诉决定。

第六十八条 在侦查、审查起诉和审判阶段，人民检察院发现侦查人员以非法方法收集证据的，应当报经检察长批准，及时进行调查核实。

当事人及其辩护人、诉讼代理人报案、控告、举报侦查人员采用刑讯逼供等非法方法收集证据并提供涉嫌非法取证的人员、时间、地点、方式和内容等材料或者线索的，人民检察院应当受理并进行审查，对于根据现有材料无法证明证据收集合法性的，应当报经检察长批准，及时进行调查核实。

上一级人民检察院接到对侦查人员采用刑讯逼供等非法方法收集证据的报案、控告、举报的，可以直接进行调查核实，也可以交由下级人民检察院调查核实。交由下级人民检察院调查核实的，下级人民检察院应当及时将调查结果报告上一级人民检察院。

人民检察院决定调查核实的，应当及时通知办案机关。

第六十九条 对于非法证据的调查核实，在侦查阶段由侦查监督部门负责；在审查起诉、审判阶段由公诉部门负责。必要时，渎职侵权检察部门可以派员参加。

第七十条 人民检察院可以采取以下方式对非法取证行为进行调查核实：

（一）讯问犯罪嫌疑人；

（二）询问办案人员；

（三）询问在场人员及证人；

（四）听取辩护律师意见；

（五）调取讯问笔录、讯问录音、录像；

（六）调取、查询犯罪嫌疑人出入看守所的身体检查记录及相关材料；

（七）进行伤情、病情检查或者鉴定；

（八）其他调查核实方式。

第七十一条 人民检察院调查完毕后，应当制作调查报告，根据查明的情况提出处理意见，报请检察长决定后依法处理。

办案人员在审查逮捕、审查起诉中经调查核实依法排除非法证据的，应当在调查报告中予以说明。被排除的非法证据应当随案移送。

对于确有以非法方法收集证据情形，尚未构成犯罪的，应当依法向被调查人所在机关提出纠正意见。对于需要补正或者作出合理解释的，应当提出明确要求。

经审查，认为非法取证行为构成犯罪需要追究刑事责任的，应当依法移送立案侦查。

第七十二条 人民检察院认为存在以非法方法收集证据情形的，可以书面要求侦查机关对证据收集的合法性进行说明。说明应当加盖单位公章，并由侦查人员签名。

第七十三条 对于公安机关立案侦查的案件，存在下列情形之一的，人民检察院在审查逮捕、审查起诉和审判阶段，可以调取公安机关讯问犯罪嫌疑人的录音、录像，对证据收集的合法性以及犯罪嫌疑人、被告人供述的真实性进行审查：

（一）认为讯问活动可能存在刑讯逼供等非法取证行为的；

（二）犯罪嫌疑人、被告人或者辩护人提出犯罪嫌疑人、被告人供述系非法取得，并提供相关线索或者材料的；

（三）犯罪嫌疑人、被告人对讯问活动合法性提出异议或者翻供，并提供相关线索或者材料的；

（四）案情重大、疑难、复杂的。

人民检察院直接受理立案侦查的案件，侦查部门移送审查逮捕、审查起诉时，应当将讯问录音、录像连同案卷材料一并移送审查。

第七十四条 对于提起公诉的案件，被告人及其辩护人提出审前供述系非法取得，并提供相关线索或者材料的，人民检察院可以将讯问录音、录像连同案卷材料一并移送人民法院。

第七十五条 在法庭审理过程中，被告人或者辩护人对讯问活动合法性提出异议，公诉人可以要求被告人及其辩护人提供相关线索或者材料。必要时，公诉人可以提请法庭当庭播放相关时段的讯问录音、录像，对有关异议或者事实进行质证。

需要播放的讯问录音、录像中涉及国家秘密、商业秘密、个人隐私或者含有其他不宜公开的内容的，公诉人应当建议在法庭组成人员、公诉人、侦查人员、被告人及其辩护人范围内播放。因涉及国家秘密、商业秘密、个人隐私或者其他犯罪线索等内容，人民检察院对讯问录音、录像的相关内容作技术处理的，公诉人应当向法庭作出说明。

第七十六条 对于危害国家安全犯罪、恐怖活动犯罪、黑社会性质的组织犯罪、毒品犯罪等案件，人民检察院在办理案件过程中，证人、鉴定人、被害人因在诉讼中作证，本人或者其近亲属人身安全面临危险，向人民检察院请求保护的，人民检察院应当受理并及时进行审查，对于确实存在人身安全危险的，应当立即采取必要的保护措施。人民检察院发现存在上述情形的，可以主动采取保护措施。

人民检察院可以采取以下一项或者多项保护措施：

（一）不公开真实姓名、住址和工作单位等个人信息；

（二）建议法庭采取不暴露外貌、真实声音等出庭作证措施；

（三）禁止特定的人员接触证人、鉴定人、被害人及其近亲属；

（四）对人身和住宅采取专门性保护措施；

（五）其他必要的保护措施。

人民检察院依法决定不公开证人、鉴定人、被害人的真实姓名、住址和工作单位等个人信息的，可以在起诉书、询问笔录等法律文书、证据材料中使用化名代替证人、鉴定人、被害人的个人信息。但是应当另行书面说明使用化名的情况并标明密级。

人民检察院依法采取保护措施，可以要求有关单位和个人予以配合。

对证人及其近亲属进行威胁、侮辱、殴打或者打击报复，构成犯罪或者应当给予治安管理处罚的，人民检察院应当移送公安机关处理；情节轻微的，予以批评教育、训诫。

33.6 最高人民法院、最高人民检察院、公安部、国家安全部、司法部《关于办理刑事案件严格排除非法证据若干问题的规定》（2017年6月27日）

为准确惩罚犯罪，切实保障人权，规范司法行为，促进司法公正，根据《中华人民共和国刑事诉讼法》及有关司法解释等规定，结合司法实际，制定如下规定。

一、一般规定

第一条 严禁刑讯逼供和以威胁、引诱、欺骗以及其他非法方法收集证据，不得强迫任何人证实自己有罪。对一切案件的判处都要重证据，重调查研究，不轻信口供。

第二条 采取殴打、违法使用戒具等暴力方法或者变相肉刑的恶劣手段，使犯罪嫌疑人、被告人遭受难以忍受的痛苦而违背意愿作出的供述，应当予以排除。

第三条 采用以暴力或者严重损害本人及其近亲属合法权益等进行威胁的方法，使犯罪嫌疑人、被告人遭受难以忍受的痛苦而违背意愿作出的供述，应当予以排除。

第四条 采用非法拘禁等非法限制人身自由的方法收集的犯罪嫌疑人、被告人供述，应当予以排除。

第五条 采用刑讯逼供方法使犯罪嫌疑人、被告人作出供述，之后犯罪嫌疑人、被告人受该刑讯逼供行为影响而作出的与该供述相同的重复性供述，应当一并排除，但下列情形除外：

(一)侦查期间,根据控告、举报或者自己发现等,侦查机关确认或者不能排除以非法方法收集证据而更换侦查人员,其他侦查人员再次讯问时告知诉讼权利和认罪的法律后果,犯罪嫌疑人自愿供述的;

(二)审查逮捕、审查起诉和审判期间,检察人员、审判人员讯问时告知诉讼权利和认罪的法律后果,犯罪嫌疑人、被告人自愿供述的。

第六条 采用暴力、威胁以及非法限制人身自由等非法方法收集的证人证言、被害人陈述,应当予以排除。

第七条 收集物证、书证不符合法定程序,可能严重影响司法公正的,应当予以补正或者作出合理解释;不能补正或者作出合理解释的,对有关证据应当予以排除。

二、侦查

第八条 侦查机关应当依照法定程序开展侦查,收集、调取能够证实犯罪嫌疑人有罪或者无罪、罪轻或者罪重的证据材料。

第九条 拘留、逮捕犯罪嫌疑人后,应当按照法律规定送看守所羁押。犯罪嫌疑人被送交看守所羁押后,讯问应当在看守所讯问室进行。因客观原因侦查机关在看守所讯问室以外的场所进行讯问的,应当作出合理解释。

第十条 侦查人员在讯问犯罪嫌疑人的时候,可以对讯问过程进行录音录像;对于可能判处无期徒刑、死刑的案件或者其他重大犯罪案件,应当对讯问过程进行录音录像。

侦查人员应当告知犯罪嫌疑人对讯问过程录音录像,并在讯问笔录中写明。

第十一条 对讯问过程录音录像,应当不间断进行,保持完整性,不得选择性地录制,不得剪接、删改。

第十二条 侦查人员讯问犯罪嫌疑人,应当依法制作讯问笔录。讯问笔录应当交犯罪嫌疑人核对,对于没有阅读能力的,应当向他宣读。对讯问笔录中有遗漏或者差错等情形,犯罪嫌疑人可以提出补充或者改正。

第十三条 看守所应当对提讯进行登记,写明提讯单位、人员、事由、起止时间以及犯罪嫌疑人姓名等情况。

看守所收押犯罪嫌疑人,应当进行身体检查。检查时,人民检察院驻看守所检察人员可以在场。检查发现犯罪嫌疑人有伤或者身体异常的,看守所应当拍照或者录像,分别由送押人员、犯罪嫌疑人说明原因,并在体检记录中写明,由送押人员、收押人员和犯罪嫌疑人签字确认。

第十四条 犯罪嫌疑人及其辩护人在侦查期间可以向人民检察院申请排除非法证据。对犯罪嫌疑人及其辩护人提供相关线索或者材料的,人民检察院应当调查核实。调查结论应当书面告知犯罪嫌疑人及其辩护人。对确有以非法方法收集证据情形的,人民检察院应当向侦查机关提出纠正意见。

侦查机关对审查认定的非法证据,应当予以排除,不得作为提请批准逮捕、移送审查起诉的根据。

对重大案件,人民检察院驻看守所检察人员应当在侦查终结前询问犯罪嫌疑人,核查是否存在刑讯逼供、非法取证情形,并同步录音录像。经核查,确有刑讯逼供、非法取证情形的,侦查机关应当及时排除非法证据,不得作为提请批准逮捕、移送审查起诉的根据。

第十五条 对侦查终结的案件,侦查机关应当全面审查证明证据收集合法性的证据材料,依法排除非法证据。排除非法证据后,证据不足的,不得移送审查起诉。

侦查机关发现办案人员非法取证的,应当依法作出处理,并可另行指派侦查人员重新调查取证。

三、审查逮捕、审查起诉

第十六条 审查逮捕、审查起诉期间讯问犯罪嫌疑人,应当告知其有权申请排除非法证据,并告知诉讼权利和认罪的法律后果。

第十七条 审查逮捕、审查起诉期间,犯罪嫌疑人及其辩护人申请排除非法证据,并提供相关线索或者材料的,人民检察院应当调查核实。调查结论应当书面告知犯罪嫌疑人及其辩护人。

人民检察院在审查起诉期间发现侦查人员以刑讯逼供等非法方法收集证据的,应当依法排除相关证据并提出纠正意见,必要时人民检察院可以自行调查取证。

人民检察院对审查认定的非法证据,应当予以排除,不得作为批准或者决定逮捕、提起公诉的根据。被排除的非法证据应当随案移送,并写明为依法排除的非法证据。

第十八条 人民检察院依法排除非法证据后,证据不足,不符合逮捕、起诉条件的,不得批准或者决定逮捕、提起公诉。

对于人民检察院排除有关证据导致对涉嫌的重要犯罪事实未予认定,从而作出不批准逮捕、不起诉决定,或者对涉嫌的部分重要犯罪事实决定不起诉的,公安机关、国家安全机关可要求复议、提请复核。

四、辩护

第十九条 犯罪嫌疑人、被告人申请提供法律援助的,应当按照有关规定指派法律援助律师。

法律援助值班律师可以为犯罪嫌疑人、被告人提供法律帮助,对刑讯逼供、非法取证情形代理申诉、控告。

第二十条 犯罪嫌疑人、被告人及其辩护人申请排除非法证据,应当提供涉嫌非法取证的人员、时间、地点、方式、内容等相关线索或者材料。

第二十一条 辩护律师自人民检察院对案件审查起诉之日起,可以查阅、摘抄、复制讯问笔录、提讯登记、采取强制措施或者侦查措施的法律文书等证据材料。其他辩护人经人民法院、人民检察院许可,也可以查阅、摘抄、复制上述证据材料。

第二十二条 犯罪嫌疑人、被告人及其辩护人向人民法院、人民检察院申请调取公安机关、国家安全机关、人民检察院收集但未提交的讯问录音录像、体检记录等证据材料,人民法院、人民检察院经审查认为犯罪嫌疑人、被告人及其辩护人申请调取的证据材料与证明证据收集的合法性有联系的,应当予以调取;认为与证明证据收集的合法性没有联系的，应当决定不予调取并向犯罪嫌疑人、被告人及其辩护人说明理由。

五、审判

第二十三条 人民法院向被告人及其辩护人送达起诉书副本时，应当告知其有权申请排除非法证据。

被告人及其辩护人申请排除非法证据，应当在开庭审理前提出，但在庭审期间发现相关线索或者材料等情形除外。人民法院应当在开庭审理前将申请书和相关线索或者材料的复制件送交人民检察院。

第二十四条 被告人及其辩护人在开庭审理前申请排除非法证据，未提供相关线索或者材料，不符合法律规定的申请条件的，人民法院对申请不予受理。

第二十五条 被告人及其辩护人在开庭审理前申请排除非法证据，按照法律规定提供相关线索或者材料的，人民法院应当召开庭前会议。人民检察院应当通过出示有关证据材料等方式，有针对性地对证据收集的合法性作出说明。人民法院可以核实情况，听取意见。

人民检察院可以决定撤回有关证据，撤回的证据，没有新的理由，不得在庭审中出示。

被告人及其辩护人可以撤回排除非法证据的申请。撤回申请后，没有新的线索或者材料，不得再次对有关证据提出排除申请。

第二十六条 公诉人、被告人及其辩护人在庭前会议中对证据收集是否合法未达成一致意见，人民法院对证据收集的合法性有疑问的，应当在庭审中进行调查；人民法院对证据收集的合法性没有疑问，且没有新的线索或者材料表明可能存在非法取证的，可以决定不再进行调查。

第二十七条 被告人及其辩护人申请人民法院通知侦查人员或者其他人员出庭，人民法院认为现有证据材料不能证明证据收集的合法性，确有必要通知上述人员出庭作证或者说明情况的，可以通知上述人员出庭。

第二十八条 公诉人宣读起诉书后，法庭应当宣布开庭审理前对证据收集合法性的审查及处理情况。

第二十九条 被告人及其辩护人在开庭审理前未申请排除非法证据，在法庭审理过程中提出申请的，应当说明理由。

对前述情形，法庭经审查，对证据收集的合法性有疑问的，应当进行调查；没有疑问的，应当驳回申请。

法庭驳回排除非法证据申请后，被告人及其辩护人没有新的线索或者材料，以相同理由再次提出申请的，法庭不再审查。

第三十条 庭审期间，法庭决定对证据收集的合法性进行调查的，应当先行当庭调查。但为防止庭审过分迟延，也可以在法庭调查结束前进行调查。

第三十一条 公诉人对证据收集的合法性加以证明，可以出示讯问笔录、提讯登记、体检记录、采取强制措施或者侦查措施的法律文书、侦查终结前对讯问合法性的核查材料等证据材料,有针对性地播放讯问录音录像,提请法庭通知侦查人员或者其他人员出庭说明情况。

被告人及其辩护人可以出示相关线索或者材料,并申请法庭播放特定时段的讯问录音录像。

侦查人员或者其他人员出庭,应当向法庭说明证据收集过程,并就相关情况接受发问。对发问方式不当或者内容与证据收集的合法性无关的,法庭应当制止。

公诉人、被告人及其辩护人可以对证据收集的合法性进行质证、辩论。

第三十二条 法庭对控辩双方提供的证据有疑问的,可以宣布休庭,对证据进行调查核实。必要时,可以通知公诉人、辩护人到场。

第三十三条 法庭对证据收集的合法性进行调查后,应当当庭作出是否排除有关证据的决定。必要时,可以宣布休庭,由合议庭评议或者提交审判委员会讨论,再次开庭时宣布决定。

在法庭作出是否排除有关证据的决定前,不得对有关证据宣读、质证。

第三十四条 经法庭审理,确认存在本规定所规定的以非法方法收集证据情形的,对有关证据应当予以排除。法庭根据相关线索或者材料对证据收集的合法性有疑问,而人民检察院未提供证据或者提供的证据不能证明证据收集的合法性,不能排除存在本规定所规定的以非法方法收集证据情形的,对有关证据应当予以排除。

对依法予以排除的证据,不得宣读、质证,不得作为判决的根据。

第三十五条 人民法院排除非法证据后,案件事实清楚,证据确实、充分,依据法律认定被告人有罪的,应当作出有罪判决;证据不足,不能认定被告人有罪的,应当作出证据不足、指控的犯罪不能成立的无罪判决;案件部分事实清楚,证据确实、充分的,依法认定该部分事实。

第三十六条 人民法院对证据收集合法性的审查、调查结论,应当在裁判文书中写明,并说明理由。

第三十七条 人民法院对证人证言、被害人陈述等证据收集合法性的审查、调查,参照上述规定。

第三十八条 人民检察院、被告人及其法定代理人提出抗诉、上诉,对第一审人民法院有关证据收集合法性的审查、调查结论提出异议的,第二审人民法院应当审查。

被告人及其辩护人在第一审程序中未申请排除非法证据,在第二审程序中提出申请的,应当说明理由。第二审人民法院应当审查。

人民检察院在第一审程序中未出示证据证明证据收集的合法性,第一审人民法院依法排除有关证据的,人民检察院在第二审程序中不得出示之前未出示的证据,但在第一审程序后发现的除外。

第三十九条 第二审人民法院对证据收集合法性的调查,参照上述第一审程序的规定。

第四十条 第一审人民法院对被告人及其辩护人排除非法证据的申请未予审查,

并以有关证据作为定案根据,可能影响公正审判的,第二审人民法院可以裁定撤销原判,发回原审人民法院重新审判。

第一审人民法院对依法应当排除的非法证据未予排除的,第二审人民法院可以依法排除非法证据。排除非法证据后,原判决认定事实和适用法律正确、量刑适当的,应当裁定驳回上诉或者抗诉,维持原判;原判决认定事实没有错误,但适用法律有错误,或者量刑不当的,应当改判;原判决事实不清楚或者证据不足的,可以裁定撤销原判,发回原审人民法院重新审判。

第四十一条 审判监督程序、死刑复核程序中对证据收集合法性的审查、调查,参照上述规定。

第四十二条 本规定自 2017 年 6 月 27 日起施行。

33.7 最高人民法院、最高人民检察院、公安部、国家安全部、司法部《关于办理刑事案件排除非法证据若干问题的规定》(2010 年 7 月 1 日)

为规范司法行为,促进司法公正,根据刑事诉讼法和相关司法解释,结合人民法院、人民检察院、公安机关、国家安全机关和司法行政机关办理刑事案件工作实际,制定本规定。

第一条 采用刑讯逼供等非法手段取得的犯罪嫌疑人、被告人供述和采用暴力、威胁等非法手段取得的证人证言、被害人陈述,属于非法言词证据。

第二条 经依法确认的非法言词证据,应当予以排除,不能作为定案的根据。

第三条 人民检察院在审查批准逮捕、审查起诉中,对于非法言词证据应当依法予以排除,不能作为批准逮捕、提起公诉的根据。

第四条 起诉书副本送达后开庭审判前,被告人提出其审判前供述是非法取得的,应当向人民法院提交书面意见。被告人书写确有困难的,可以口头告诉,由人民法院工作人员或者其辩护人作出笔录,并由被告人签名或者捺指印。

人民法院应当将被告人的书面意见或者告诉笔录复印件在开庭前交人民检察院。

第五条 被告人及其辩护人在开庭审理前或者庭审中,提出被告人审判前供述是非法取得的,法庭在公诉人宣读起诉书之后,应当先行当庭调查。

法庭辩论结束前,被告人及其辩护人提出被告人审判前供述是非法取得的,法庭也应当进行调查。

第六条 被告人及其辩护人提出被告人审判前供述是非法取得的,法庭应当要求其提供涉嫌非法取证的人员、时间、地点、方式、内容等相关线索或者证据。

第七条 经审查,法庭对被告人审判前供述取得的合法性有疑问的,公诉人应当向法庭提供讯问笔录、原始的讯问过程录音录像或者其他证据,提请法庭通知讯问时其他在场人员或者其他证人出庭作证,仍不能排除刑讯逼供嫌疑的,提请法庭通知讯问人员出庭作证,对该供述取得的合法性予以证明。公诉人当庭不能举证的,可以根据刑事诉讼法第一百六十五条的规定,建议法庭延期审理。

经依法通知,讯问人员或者其他人员应当出庭作证。

公诉人提交加盖公章的说明材料,未经有关讯问人员签名或者盖章的,不能作为

第四章 监察权限

证明取证合法性的证据。

控辩双方可以就被告人审判前供述取得的合法性问题进行质证、辩论。

第八条 法庭对于控辩双方提供的证据有疑问的，可以宣布休庭，对证据进行调查核实。必要时，可以通知检察人员、辩护人到场。

第九条 庭审中，公诉人为提供新的证据需要补充侦查，建议延期审理的，法庭应当同意。

被告人及其辩护人申请通知讯问人员、讯问时其他在场人员或者其他证人到庭，法庭认为有必要的，可以宣布延期审理。

第十条 经法庭审查，具有下列情形之一的，被告人审判前供述可以当庭宣读、质证：

（一）被告人及其辩护人未提供非法取证的相关线索或者证据的；

（二）被告人及其辩护人已提供非法取证的相关线索或者证据，法庭对被告人审判前供述取得的合法性没有疑问的；

（三）公诉人提供的证据确实、充分，能够排除被告人审判前供述属非法取得的。

对于当庭宣读的被告人审判前供述，应当结合被告人当庭供述以及其他证据确定能否作为定案的根据。

第十一条 对被告人审判前供述的合法性，公诉人不提供证据加以证明，或者已提供的证据不够确实、充分的，该供述不能作为定案的根据。

第十二条 对于被告人及其辩护人提出的被告人审判前供述是非法取得的意见，第一审人民法院没有审查，并以被告人审判前供述作为定案根据的，第二审人民法院应当对被告人审判前供述取得的合法性进行审查。检察人员不提供证据加以证明，或者已提供的证据不够确实、充分的，被告人该供述不能作为定案的根据。

第十三条 庭审中，检察人员、被告人及其辩护人提出未到庭证人的书面证言、未到庭被害人的书面陈述是非法取得的，举证方应当对其取证的合法性予以证明。

对前款所述证据，法庭应当参照本规定有关规定进行调查。

第十四条 物证、书证的取得明显违反法律规定，可能影响公正审判的，应当予以补正或者作出合理解释，否则，该物证、书证不能作为定案的根据。

第十五条 本规定自二〇一〇年七月一日起施行。

33.8 最高人民法院《人民法院办理刑事案件排除非法证据规程（试行）》（2018年1月1日）

为贯彻落实最高人民法院、最高人民检察院、公安部、国家安全部、司法部《关于推进以审判为中心的刑事诉讼制度改革的意见》和《关于办理刑事案件严格排除非法证据若干问题的规定》，规范非法证据排除程序，准确惩罚犯罪，切实保障人权，有效防范冤假错案，根据法律规定，结合司法实际，制定本规程。

第一条 采用下列非法方法收集的被告人供述，应当予以排除：

（一）采用殴打、违法使用戒具等暴力方法或者变相肉刑的恶劣手段，使被告人遭受难以忍受的痛苦而违背意愿作出的供述；

(二)采用以暴力或者严重损害本人及其近亲属合法权益等进行威胁的方法,使被告人遭受难以忍受的痛苦而违背意愿作出的供述;

(三)采用非法拘禁等非法限制人身自由的方法收集的被告人供述。

采用刑讯逼供方法使被告人作出供述,之后被告人受该刑讯逼供行为影响而作出的与该供述相同的重复性供述,应当一并排除,但下列情形除外:

(一)侦查期间,根据控告、举报或者自己发现等,侦查机关确认或者不能排除以非法方法收集证据而更换侦查人员,其他侦查人员再次讯问时告知诉讼权利和认罪的法律后果,被告人自愿供述的;

(二)审查逮捕、审查起诉和审判期间,检察人员、审判人员讯问时告知诉讼权利和认罪的法律后果,被告人自愿供述的。

第二条 采用暴力、威胁以及非法限制人身自由等非法方法收集的证人证言、被害人陈述,应当予以排除。

第三条 采用非法搜查、扣押等违反法定程序的方法收集物证、书证,可能严重影响司法公正的,应当予以补正或者作出合理解释;不能补正或者作出合理解释的,对有关证据应当予以排除。

第四条 依法予以排除的非法证据,不得宣读、质证,不得作为定案的根据。

第五条 被告人及其辩护人申请排除非法证据,应当提供相关线索或者材料。"线索"是指内容具体、指向明确的涉嫌非法取证的人员、时间、地点、方式等;"材料"是指能够反映非法取证的伤情照片、体检记录、医院病历、讯问笔录、讯问录音录像或者同监室人员的证言等。

被告人及其辩护人申请排除非法证据,应当向人民法院提交书面申请。被告人书写确有困难的,可以口头提出申请,但应当记录在案,并由被告人签名或者捺印。

第六条 证据收集合法性的举证责任由人民检察院承担。

人民检察院未提供证据,或者提供的证据不能证明证据收集的合法性,经过法庭审理,确认或者不能排除以非法方法收集证据情形的,对有关证据应当予以排除。

第七条 开庭审理前,承办法官应当阅卷,并对证据收集的合法性进行审查:

(一)被告人在侦查、审查起诉阶段是否提出排除非法证据申请;提出申请的,是否提供相关线索或者材料;

(二)侦查机关、人民检察院是否对证据收集的合法性进行调查核实;调查核实的,是否作出调查结论;

(三)对于重大案件,人民检察院驻看守所检察人员在侦查终结前是否核查讯问的合法性,是否对核查过程同步录音录像;进行核查的,是否作出核查结论;

(四)对于人民检察院在审查逮捕、审查起诉阶段排除的非法证据,是否随案移送并写明为依法排除的非法证据。

人民法院对证据收集的合法性进行审查后,认为需要补充证据材料的,应当通知人民检察院在三日内补送。

第八条 人民法院向被告人及其辩护人送达起诉书副本时,应当告知其有权在开庭审理前申请排除非法证据并同时提供相关线索或者材料。上述情况应当记录在案。

被告人申请排除非法证据，但没有辩护人的，人民法院应当通知法律援助机构指派律师为其提供辩护。

第九条 被告人及其辩护人申请排除非法证据，应当在开庭审理前提出，但在庭审期间发现相关线索或者材料等情形除外。

第十条 被告人及其辩护人申请排除非法证据，并提供相关线索或者材料的，人民法院应当召开庭前会议，并在召开庭前会议三日前将申请书和相关线索或者材料的复制件送交人民检察院。

被告人及其辩护人申请排除非法证据，未提供相关线索或者材料的，人民法院应当告知其补充提交。被告人及其辩护人未能补充的，人民法院对申请不予受理，并在开庭审理前告知被告人及其辩护人。上述情况应当记录在案。

第十一条 对于可能判处无期徒刑、死刑或者黑社会性质组织犯罪、严重毒品犯罪等重大案件，被告人在驻看守所检察人员对讯问的合法性进行核查询问时，明确表示侦查阶段没有刑讯逼供等非法取证情形，在审判阶段又提出排除非法证据申请的，应当说明理由。人民法院经审查对证据收集的合法性没有疑问的，可以驳回申请。

驻看守所检察人员在重大案件侦查终结前未对讯问的合法性进行核查询问，或者未对核查询问过程全程同步录音录像，被告人及其辩护人在审判阶段提出排除非法证据申请，提供相关线索或者材料，人民法院对证据收集的合法性有疑问的，应当依法进行调查。

第十二条 在庭前会议中，人民法院对证据收集的合法性进行审查的，一般按照以下步骤进行：

（一）被告人及其辩护人说明排除非法证据的申请及相关线索或者材料；

（二）公诉人提供证明证据收集合法性的证据材料；

（三）控辩双方对证据收集的合法性发表意见；

（四）控辩双方对证据收集的合法性未达成一致意见的，审判人员归纳争议焦点。

第十三条 在庭前会议中，人民检察院应当通过出示有关证据材料等方式，有针对性地对证据收集的合法性作出说明。人民法院可以对有关材料进行核实，经控辩双方申请，可以有针对性地播放讯问录音录像。

第十四条 在庭前会议中，人民检察院可以撤回有关证据。撤回的证据，没有新的理由，不得在庭审中出示。

被告人及其辩护人可以撤回排除非法证据的申请。撤回申请后，没有新的线索或者材料，不得再次对有关证据提出排除申请。

第十五条 控辩双方在庭前会议中对证据收集的合法性达成一致意见的，法庭应当在庭审中向控辩双方核实并当庭予以确认。对于一方在庭审中反悔的，除有正当理由外，法庭一般不再进行审查。

控辩双方在庭前会议中对证据收集的合法性未达成一致意见，人民法院应当在庭审中进行调查，但公诉人提供的相关证据材料确实、充分，能够排除非法取证情形，且没有新的线索或者材料表明可能存在非法取证的，庭审调查举证、质证可以简化。

第十六条　审判人员应当在庭前会议报告中说明证据收集合法性的审查情况，主要包括控辩双方的争议焦点以及就相关事项达成的一致意见等内容。

第十七条　被告人及其辩护人在开庭审理前未申请排除非法证据，在庭审过程中提出申请的，应当说明理由。人民法院经审查，对证据收集的合法性有疑问的，应当进行调查；没有疑问的，应当驳回申请。

人民法院驳回排除非法证据的申请后，被告人及其辩护人没有新的线索或者材料，以相同理由再次提出申请的，人民法院不再审查。

第十八条　人民法院决定对证据收集的合法性进行法庭调查的，应当先行当庭调查。对于被申请排除的证据和其他犯罪事实没有关联等情形，为防止庭审过分迟延，可以先调查其他犯罪事实，再对证据收集的合法性进行调查。

在对证据收集合法性的法庭调查程序结束前，不得对有关证据宣读、质证。

第十九条　法庭决定对证据收集的合法性进行调查的，一般按照以下步骤进行：

（一）召开庭前会议的案件，法庭应当在宣读起诉书后，宣布庭前会议中对证据收集合法性的审查情况，以及控辩双方的争议焦点；

（二）被告人及其辩护人说明排除非法证据的申请及相关线索或者材料；

（三）公诉人出示证明证据收集合法性的证据材料，被告人及其辩护人可以对相关证据进行质证，经审判长准许，公诉人、辩护人可以向出庭的侦查人员或者其他人员发问；

（四）控辩双方对证据收集的合法性进行辩论。

第二十条　公诉人对证据收集的合法性加以证明，可以出示讯问笔录、提讯登记、体检记录、采取强制措施或者侦查措施的法律文书、侦查终结对讯问合法性的核查材料等证据材料，也可以针对被告人及其辩护人提出异议的讯问时段播放讯问录音录像，提请法庭通知侦查人员或者其他人员出庭说明情况。不得以侦查人员签名并加盖公章的说明材料替代侦查人员出庭。

庭审中，公诉人当庭不能举证或者为提供新的证据需要补充侦查，建议延期审理的，法庭可以同意。

第二十一条　被告人及其辩护人可以出示相关线索或者材料，并申请法庭播放特定讯问时段的讯问录音录像。

被告人及其辩护人向人民法院申请调取侦查机关、人民检察院收集但未提交的讯问录音录像、体检记录等证据材料，人民法院经审查认为该证据材料与证据收集的合法性有关的，应当予以调取；认为与证据收集的合法性无关的，应当决定不予调取，并向被告人及其辩护人说明理由。

被告人及其辩护人申请人民法院通知侦查人员或者其他人员出庭说明情况，人民法院认为确有必要的，可以通知上述人员出庭。

第二十二条　法庭对证据收集的合法性进行调查的，应当重视对讯问录音录像的审查，重点审查以下内容：

第四章 监察权限

（一）讯问录音录像是否依法制作。对于可能判处无期徒刑、死刑的案件或者其他重大犯罪案件，是否对讯问过程进行录音录像；

（二）讯问录音录像是否完整。是否对每一次讯问过程录音录像，录音录像是否全程不间断进行，是否有选择性录制、剪接、删改等情形；

（三）讯问录音录像是否同步制作。录音录像是否自讯问开始时制作，至犯罪嫌疑人核对讯问笔录、签字确认后结束；讯问笔录记载的起止时间是否与讯问录音录像反映的起止时间一致；

（四）讯问录音录像与讯问笔录的内容是否存在差异。对与定罪量刑有关的内容，讯问笔录记载的内容与讯问录音录像是否存在实质性差异，存在实质性差异的，以讯问录音录像为准。

第二十三条 侦查人员或者其他人员出庭的，应当向法庭说明证据收集过程，并就相关情况接受发问。对发问方式不当或者内容与证据收集的合法性无关的，法庭应当制止。

经人民法院通知，侦查人员不出庭说明情况，不能排除以非法方法收集证据情形的，对有关证据应当予以排除。

第二十四条 人民法院对控辩双方提供的证据来源、内容等有疑问的，可以告知控辩双方补充证据或者作出说明；必要时，可以宣布休庭，对证据进行调查核实。法庭调查核实证据，可以通知控辩双方到场，并将核实过程记录在案。

对于控辩双方补充的和法庭庭外调查核实取得的证据，未经当庭出示、质证等法庭调查程序查证属实，不得作为证明证据收集合法性的根据。

第二十五条 人民法院对证据收集的合法性进行调查后，应当当庭作出是否排除有关证据的决定。必要时，可以宣布休庭，由合议庭评议或者提交审判委员会讨论，再次开庭时宣布决定。

第二十六条 经法庭审理，具有下列情形之一的，对有关证据应当予以排除：

（一）确认以非法方法收集证据的；

（二）应当对讯问过程录音录像的案件没有提供讯问录音录像，或者讯问录音录像存在选择性录制、剪接、删改等情形，现有证据不能排除以非法方法收集证据的；

（三）侦查机关除紧急情况外没有在规定的办案场所讯问，现有证据不能排除以非法方法收集证据的；

（四）驻看守所检察人员在重大案件侦查终结前未对讯问合法性进行核查，或者未对核查过程同步录音录像，或者录音录像存在选择性录制、剪接、删改等情形，现有证据不能排除以非法方法收集证据的；

（五）其他不能排除存在以非法方法收集证据的。

第二十七条 人民法院对证人证言、被害人陈述、物证、书证等证据收集合法性的审查、调查程序，参照上述规定。

第二十八条 人民法院对证据收集合法性的审查、调查结论，应当在裁判文书中写明，并说明理由。

第二十九条 人民检察院、被告人及其法定代理人提出抗诉、上诉,对第一审人民法院有关证据收集合法性的审查、调查结论提出异议的,第二审人民法院应当审查。

第三十条 被告人及其辩护人在第一审程序中未提出排除非法证据的申请,在第二审程序中提出申请,有下列情形之一的,第二审人民法院应当审查:

(一)第一审人民法院没有依法告知被告人申请排除非法证据的权利的;

(二)被告人及其辩护人在第一审庭审后发现涉嫌非法取证的相关线索或者材料的。

第三十一条 人民检察院应当在第一审程序中全面出示证明证据收集合法性的证据材料。

人民检察院在第一审程序中未出示证明证据收集合法性的证据,第一审人民法院依法排除有关证据的,人民检察院在第二审程序中不得出示之前未出示的证据,但在第一审程序后发现的除外。

第三十二条 第二审人民法院对证据收集合法性的调查,参照上述第一审程序的规定。

第三十三条 第一审人民法院对被告人及其辩护人排除非法证据的申请未予审查,并以有关证据作为定案的根据,可能影响公正审判的,第二审人民法院应当裁定撤销原判,发回原审人民法院重新审判。

第三十四条 第一审人民法院对依法应当排除的非法证据未予排除的,第二审人民法院可以依法排除相关证据。排除非法证据后,应当按照下列情形分别作出处理:

(一)原判决认定事实和适用法律正确、量刑适当的,应当裁定驳回上诉或者抗诉,维持原判;

(二)原判决认定事实没有错误,但适用法律有错误,或者量刑不当的,应当改判;

(三)原判决事实不清或者证据不足的,可以在查清事实后改判;也可以裁定撤销原判,发回原审人民法院重新审判。

第三十五条 审判监督程序、死刑复核程序中对证据收集合法性的审查、调查,参照上述规定。

第三十六条 本规程自2018年1月1日起试行。

33.9 最高人民法院、最高人民检察院、公安部、国家安全部、司法部《关于办理死刑案件审查判断证据若干问题的规定》(2010年7月1日)(节录)

为依法、公正、准确、慎重地办理死刑案件,惩罚犯罪,保障人权,根据《中华人民共和国刑事诉讼法》等有关法律规定,结合司法实际,制定本规定。

一、一般规定

第一条 办理死刑案件,必须严格执行刑法和刑事诉讼法,切实做到事实清楚,证据确实、充分,程序合法,适用法律正确,确保案件质量。

第二条 认定案件事实,必须以证据为根据。

第四章 监察权限

第三条 侦查人员、检察人员、审判人员应当严格遵守法定程序,全面、客观地收集、审查、核实和认定证据。

第四条 经过当庭出示、辨认、质证等法庭调查程序查证属实的证据,才能作为定罪量刑的根据。

第五条 办理死刑案件,对被告人犯罪事实的认定,必须达到证据确实、充分。

证据确实、充分是指:

(一) 定罪量刑的事实都有证据证明;

(二) 每一个定案的证据均已经法定程序查证属实;

(三) 证据与证据之间、证据与案件事实之间不存在矛盾或者矛盾得以合理排除;

(四) 共同犯罪案件中,被告人的地位、作用均已查清;

(五) 根据证据认定案件事实的过程符合逻辑和经验规则,由证据得出的结论为唯一结论。

办理死刑案件,对于以下事实的证明必须达到证据确实、充分:

(一) 被指控的犯罪事实的发生;

(二) 被告人实施了犯罪行为与被告人实施犯罪行为的时间、地点、手段、后果以及其他情节;

(三) 影响被告人定罪的身份情况;

(四) 被告人有刑事责任能力;

(五) 被告人的罪过;

(六) 是否共同犯罪及被告人在共同犯罪中的地位、作用;

(七) 对被告人从重处罚的事实。

三、证据的综合审查和运用

第三十二条 对证据的证明力,应当结合案件的具体情况,从各证据与待证事实的关联程度、各证据之间的联系等方面进行审查判断。

证据之间具有内在的联系,共同指向同一待证事实,且能合理排除矛盾的,才能作为定案的根据。

第三十三条 没有直接证据证明犯罪行为系被告人实施,但同时符合下列条件的可以认定被告人有罪:

(一) 据以定案的间接证据已经查证属实;

(二) 据以定案的间接证据之间相互印证,不存在无法排除的矛盾和无法解释的疑问;

(三) 据以定案的间接证据已经形成完整的证明体系;

(四) 依据间接证据认定的案件事实,结论是唯一的,足以排除一切合理怀疑;

(五) 运用间接证据进行的推理符合逻辑和经验判断。

根据间接证据定案的,判处死刑应当特别慎重。

第三十四条 根据被告人的供述、指认提取到了隐蔽性很强的物证、书证,且与其他证明犯罪事实发生的证据互相印证,并排除串供、逼供、诱供等可能性的,可以认定有罪。

第三十五条 侦查机关依照有关规定采用特殊侦查措施所收集的物证、书证及其他证据材料，经法庭查证属实，可以作为定案的根据。

法庭依法不公开特殊侦查措施的过程及方法。

第三十六条 在对被告人作出有罪认定后，人民法院认定被告人的量刑事实，除审查法定情节外，还应审查以下影响量刑的情节：

（一）案件起因；

（二）被害人有无过错及过错程度，是否对矛盾激化负有责任及责任大小；

（三）被告人的近亲属是否协助抓获被告人；

（四）被告人平时表现及有无悔罪态度；

（五）被害人附带民事诉讼赔偿情况，被告人是否取得被害人或者被害人近亲属谅解；

（六）其他影响量刑的情节。

既有从轻、减轻处罚等情节，又有从重处罚等情节的，应当依法综合相关情节予以考虑。

不能排除被告人具有从轻、减轻处罚等量刑情节的，判处死刑应当特别慎重。

第三十七条 对于有下列情形的证据应当慎重使用，有其他证据印证的，可以采信：

（一）生理上、精神上有缺陷的被害人、证人和被告人，在对案件事实的认知和表达上存在一定困难，但尚未丧失正确认知、正确表达能力而作的陈述、证言和供述；

（二）与被告人有亲属关系或者其他密切关系的证人所作的对该被告人有利的证言，或者与被告人有利害冲突的证人所作的对该被告人不利的证言。

第三十八条 法庭对证据有疑问的，可以告知出庭检察人员、被告人及其辩护人补充证据或者作出说明；确有核实必要的，可以宣布休庭，对证据进行调查核实。法庭进行庭外调查时，必要时，可以通知出庭检察人员、辩护人到场。出庭检察人员、辩护人一方或者双方不到场的，法庭记录在案。

人民检察院、辩护人补充的和法庭庭外调查核实取得的证据，法庭可以庭外征求出庭检察人员、辩护人的意见。双方意见不一致，有一方要求人民法院开庭进行调查的，人民法院应当开庭。

第三十九条 被告人及其辩护人提出有自首的事实及理由，有关机关未予认定的，应当要求有关机关提供证明材料或者要求相关人员作证，并结合其他证据判断自首是否成立。

被告人是否协助或者如何协助抓获同案犯的证明材料不全，导致无法认定被告人构成立功的，应当要求有关机关提供证明材料或者要求相关人员作证，并结合其他证据判断立功是否成立。

被告人有检举揭发他人犯罪情形的，应当审查是否已经查证属实；尚未查证的，应当及时查证。

被告人累犯的证明材料不全，应当要求有关机关提供证明材料。

第四十条 审查被告人实施犯罪时是否已满十八周岁，一般应当以户籍证明为依据；对户籍证明有异议，并有经查属实的出生证明文件、无利害关系人的证言等证据证明被告人不满十八周岁的，应认定被告人不满十八周岁；没有户籍证明以及出生证明文件的，应当根据人口普查登记、无利害关系人的证言等证据综合进行判断，必要时，可以进行骨龄鉴定，并将结果作为判断被告人年龄的参考。

未排除证据之间的矛盾，无充分证据证明被告人实施被指控的犯罪时已满十八周岁且确实无法查明的，不能认定其已满十八周岁。

第四十一条 本规定自二〇一〇年七月一日起施行。

33.10 最高人民法院《人民法院办理刑事案件庭前会议规程（试行）》（2018年1月1日）

为贯彻落实最高人民法院、最高人民检察院、公安部、国家安全部、司法部《关于推进以审判为中心的刑事诉讼制度改革的意见》，完善庭前会议程序，确保法庭集中持续审理，提高庭审质量和效率，根据法律规定，结合司法实际，制定本规程。

第一条 人民法院适用普通程序审理刑事案件，对于证据材料较多、案情疑难复杂、社会影响重大或者控辩双方对事实证据存在较大争议等情形的，可以决定在开庭审理前召开庭前会议。

控辩双方可以申请人民法院召开庭前会议。申请召开庭前会议的，应当说明需要处理的事项。人民法院经审查认为有必要的，应当决定召开庭前会议；决定不召开庭前会议的，应当告知申请人。

被告人及其辩护人在开庭审理前申请排除非法证据，并依照法律规定提供相关线索或者材料的，人民法院应当召开庭前会议。

第二条 庭前会议中，人民法院可以就与审判相关的问题了解情况，听取意见，依法处理回避、出庭证人名单、非法证据排除等可能导致庭审中断的事项，组织控辩双方展示证据，归纳争议焦点，开展附带民事调解。

第三条 庭前会议由承办法官主持，其他合议庭成员也可以主持或者参加庭前会议。根据案件情况，承办法官可以指导法官助理主持庭前会议。

公诉人、辩护人应当参加庭前会议。根据案件情况，被告人可以参加庭前会议；被告人申请参加庭前会议或者申请排除非法证据等情形的，人民法院应当通知被告人到场；有多名被告人的案件，主持人可以根据案件情况确定参加庭前会议的被告人。

被告人申请排除非法证据，但没有辩护人的，人民法院应当通知法律援助机构指派律师为被告人提供帮助。

庭前会议中进行附带民事调解的，人民法院应当通知附带民事诉讼当事人到场。

第四条 被告人不参加庭前会议的，辩护人应当在召开庭前会议前就庭前会议处理事项听取被告人意见。

第五条 庭前会议一般不公开进行。

根据案件情况，庭前会议可以采用视频会议等方式进行。

第六条 根据案件情况，庭前会议可以在开庭审理前多次召开；休庭后，可以在再次开庭前召开庭前会议。

第七条 庭前会议应当在法庭或者其他办案场所召开。被羁押的被告人参加的，可以在看守所办案场所召开。

被告人参加庭前会议，应当有法警在场。

第八条 人民法院应当根据案件情况，综合控辩双方意见，确定庭前会议需要处理的事项，并在召开庭前会议三日前，将会议的时间、地点、人员和事项等通知参会人员。通知情况应当记录在案。

被告人及其辩护人在开庭审理前申请排除非法证据的，人民法院应当在召开庭前会议三日前，将申请书及相关线索或者材料的复制件送交人民检察院。

第九条 庭前会议开始后，主持人应当核实参会人员情况，宣布庭前会议需要处理的事项。有多名被告人参加庭前会议，涉及事实证据问题的，应当组织各被告人分别参加，防止串供。

第十条 庭前会议中，主持人可以就下列事项向控辩双方了解情况，听取意见：

（一）是否对案件管辖有异议；

（二）是否申请有关人员回避；

（三）是否申请不公开审理；

（四）是否申请排除非法证据；

（五）是否申请提供新的证据材料；

（六）是否申请重新鉴定或者勘验；

（七）是否申请调取在侦查、审查起诉期间公安机关、人民检察院收集但未随案移送的证明被告人无罪或者罪轻的证据材料；

（八）是否申请向证人或有关单位、个人收集、调取证据材料；

（九）是否申请证人、鉴定人、侦查人员、有专门知识的人出庭，是否对出庭人员名单有异议；

（十）与审判相关的其他问题。

对于前款规定中可能导致庭审中断的事项，人民法院应当依法作出处理，在开庭审理前告知处理决定，并说明理由。控辩双方没有新的理由，在庭审中再次提出有关申请或者异议的，法庭应当依法予以驳回。

第十一条 被告人及其辩护人对案件管辖提出异议，应当说明理由。人民法院经审查认为异议成立的，应当依法将案件退回人民检察院或者移送有管辖权的人民法院；认为本院不宜行使管辖权的，可以请求上一级人民法院处理。人民法院经审查认为异议不成立的，应当依法驳回异议。

第十二条 被告人及其辩护人申请审判人员、书记员、翻译人员、鉴定人回避，应当说明理由。人民法院经审查认为申请成立的，应当依法决定有关人员回避；认为申请不成立的，应当依法驳回申请。

被告人及其辩护人申请回避被驳回的，可以在接到决定时申请复议一次。对于不属于刑事诉讼法第二十八条、第二十九条规定情形的，回避申请被驳回后，不得申请复议。

被告人及其辩护人申请检察人员回避的，人民法院应当通知人民检察院。

第十三条 被告人及其辩护人申请不公开审理，人民法院经审查认为案件涉及国家秘密或者个人隐私的，应当准许；认为案件涉及商业秘密的，可以准许。

第十四条 被告人及其辩护人在开庭审理前申请排除非法证据，并依照法律规定提供相关线索或者材料的，人民检察院应当在庭前会议中通过出示有关证据材料等方式，有针对性地对证据收集的合法性作出说明。人民法院可以对有关证据材料进行核实；经控辩双方申请，可以有针对性地播放讯问录音录像。

人民检察院可以撤回有关证据，撤回的证据，没有新的理由，不得在庭审中出示。被告人及其辩护人可以撤回排除非法证据的申请，撤回申请后，没有新的线索或者材料，不得再次对有关证据提出排除申请。

控辩双方在庭前会议中对证据收集的合法性未达成一致意见，人民法院应当开展庭审调查，但公诉人提供的相关证据材料确实、充分，能够排除非法取证情形，且没有新的线索或者材料表明可能存在非法取证的，庭审调查举证、质证可以简化。

第十五条 控辩双方申请重新鉴定或者勘验，应当说明理由。人民法院经审查认为理由成立，有关证据材料可能影响定罪量刑且不能补正的，应当准许。

第十六条 被告人及其辩护人书面申请调取公安机关、人民检察院在侦查、审查起诉期间收集但未随案移送的证明被告人无罪或者罪轻的证据材料，并提供相关线索或者材料的，人民法院应当调取，并通知人民检察院在收到调取决定书后三日内移交。

被告人及其辩护人申请向证人或有关单位、个人收集、调取证据材料，应当说明理由。人民法院经审查认为有关证据材料可能影响定罪量刑的，应当准许；认为有关证据材料与案件无关或者明显重复、没有必要的，可以不予准许。

第十七条 控辩双方申请证人、鉴定人、侦查人员、有专门知识的人出庭，应当说明理由。人民法院经审查认为理由成立的，应当通知有关人员出庭。

控辩双方对出庭证人、鉴定人、侦查人员、有专门知识的人的名单有异议，人民法院经审查认为异议成立的，应当依法作出处理；认为异议不成立的，应当依法驳回。

人民法院通知证人、鉴定人、侦查人员、有专门知识的人等出庭后，应当告知控辩双方协助有关人员到庭。

第十八条 召开庭前会议前，人民检察院应当将全部证据材料移送人民法院。被告人及其辩护人应当将收集的有关被告人不在犯罪现场、未达到刑事责任年龄、属于依法不负刑事责任的精神病人等证明被告人无罪或者依法不负刑事责任的全部证据材料提交人民法院。

人民法院收到控辩双方移送或者提交的证据材料后，应当通知对方查阅、摘抄、复制。

第十九条 庭前会议中，对于控辩双方决定在庭审中出示的证据，人民法院可以组织展示有关证据，听取控辩双方对在案证据的意见，梳理存在争议的证据。

对于控辩双方在庭前会议中没有争议的证据材料，庭审时举证、质证可以简化。

人民法院组织展示证据的，一般应当通知被告人到场，听取被告人意见；被告人不到场的，辩护人应当在召开庭前会议前听取被告人意见。

第二十条 人民法院可以在庭前会议中归纳控辩双方的争议焦点。对控辩双方没有争议或者达成一致意见的事项，可以在庭审中简化审理。

人民法院可以组织控辩双方协商确定庭审的举证顺序、方式等事项，明确法庭调查的方式和重点。协商不成的事项，由人民法院确定。

第二十一条 对于被告人在庭前会议前不认罪，在庭前会议中又认罪的案件，人民法院核实被告人认罪的自愿性和真实性后，可以依法适用速裁程序或者简易程序审理。

第二十二条 人民法院在庭前会议中听取控辩双方对案件事实证据的意见后，对于明显事实不清、证据不足的案件，可以建议人民检察院补充材料或者撤回起诉。建议撤回起诉的案件，人民检察院不同意的，人民法院开庭审理后，没有新的事实和理由，一般不准许撤回起诉。

第二十三条 庭前会议情况应当制作笔录，由参会人员核对后签名。

庭前会议结束后应当制作庭前会议报告，说明庭前会议的基本情况、与审判相关的问题的处理结果、控辩双方的争议焦点以及就相关事项达成的一致意见等。

第二十四条 对于召开庭前会议的案件，在宣读起诉书后，法庭应当宣布庭前会议报告的主要内容；有多起犯罪事实的案件，可以在有关犯罪事实的法庭调查开始前，分别宣布庭前会议报告的相关内容；对庭前会议处理管辖异议、申请回避、申请不公开审理等事项的，法庭可以在告知当事人诉讼权利后宣布庭前会议报告的相关内容。

第二十五条 宣布庭前会议报告后，对于庭前会议中达成一致意见的事项，法庭向控辩双方核实后当庭予以确认；对于未达成一致意见的事项，法庭可以归纳控辩双方争议焦点，听取控辩双方意见，依法作出处理。

控辩双方在庭前会议中就有关事项达成一致意见，在庭审中反悔的，除有正当理由外，法庭一般不再进行处理。

第二十六条 第二审人民法院召开庭前会议的，参照上述规定。

第二十七条 本规程自2018年1月1日起试行。

33.11 最高人民法院《人民法院办理刑事案件第一审普通程序法庭调查规程（试行）》（2018年1月1日）

为贯彻落实最高人民法院、最高人民检察院、公安部、国家安全部、司法部《关于推进以审判为中心的刑事诉讼制度改革的意见》，规范法庭调查程序，提高庭审质量和效率，确保诉讼证据出示在法庭、案件事实查明在法庭、诉辩意见发表在法庭、裁判结果形成在法庭,根据法律规定,结合司法实际,制定本规程。

一、一般规定

第一条 法庭应当坚持证据裁判原则。认定案件事实,必须以证据为根据。法庭调查应当以证据调查为中心,法庭认定并依法排除的非法证据,不得宣读、质证。证据未经当庭出示、宣读、辨认、质证等法庭调查程序查证属实,不得作为定案的根据。

第二条 法庭应当坚持程序公正原则。人民检察院依法承担被告人有罪的举证责任,被告人不承担证明自己无罪的责任。法庭应当居中裁判,严格执行法定的审判程序,确保控辩双方在法庭调查环节平等对抗,通过法庭审判的程序公正实现案件裁判的实体公正。

第三条 法庭应当坚持集中审理原则。规范庭前准备程序,避免庭审出现不必要的迟延和中断。承办法官应当在开庭前阅卷,确定法庭审理方案,并向合议庭通报开庭准备情况。召开庭前会议的案件,法庭可以依法处理可能导致庭审中断的事项,组织控辩双方展示证据,归纳控辩双方争议焦点。

第四条 法庭应当坚持诉权保障原则。依法保障当事人和其他诉讼参与人的知情权、陈述权、辩护辩论权、申请权、申诉权,依法保障辩护人发问、质证、辩论辩护等权利,完善便利辩护人参与诉讼的工作机制。

二、宣布开庭和讯问、发问程序

第五条 法庭宣布开庭后,应当告知当事人在法庭审理过程中依法享有的诉讼权利。

对于召开庭前会议的案件,在庭前会议中处理诉讼权利事项的,可以在开庭后告知诉讼权利的环节,一并宣布庭前会议对有关事项的处理结果。

第六条 公诉人宣读起诉书后,对于召开庭前会议的案件,法庭应当宣布庭前会议报告的主要内容。有多起犯罪事实的案件,法庭可以在有关犯罪事实的法庭调查开始前,分别宣布庭前会议报告的相关内容。

对于庭前会议中达成一致意见的事项,法庭可以向控辩双方核实后当庭予以确认;对于未达成一致意见的事项,法庭可以在庭审涉及该事项的环节归纳争议焦点,听取控辩双方意见,依法作出处理。

第七条 公诉人宣读起诉书后,审判长应当询问被告人对起诉书指控的犯罪事实是否有异议,听取被告人的供述和辩解。对于被告人当庭认罪的案件,应当核实被告人认罪的自愿性和真实性,听取其供述和辩解。

在审判长主持下,公诉人可以就起诉书指控的犯罪事实讯问被告人,为防止庭审过分迟延,就证据问题向被告人的讯问可在举证、质证环节进行。经审判长准许,被害人及其法定代理人、诉讼代理人可以就公诉人讯问的犯罪事实补充发问;附带民事诉讼原告人及其法定代理人、诉讼代理人可以就附带民事部分的事实向被告人发问;被告人的法定代理人、辩护人,附带民事诉讼被告人及其法定代理人、诉讼代理人可以在控诉一方就某一问题讯问完毕后向被告人发问。有多名被告人的案件,辩护人对被告人的发问,应当在审判长主持下,先由被告人本人的辩护人进行,再由其他被告人的辩护人进行。

第八条 有多名被告人的案件,对被告人的讯问应当分别进行。

被告人供述之间存在实质性差异的,法庭可以传唤有关被告人到庭对质。审判长可以分别讯问被告人,就供述的实质性差异进行调查核实。经审判长准许,控辩双方可以向被告人讯问、发问。审判长认为有必要的,可以准许被告人之间相互发问。

根据案件审理需要,审判长可以安排被告人与证人、被害人依照前款规定的方式进行对质。

第九条 申请参加庭审的被害人众多,且案件不属于附带民事诉讼范围的,被害人可以推选若干代表人参加或者旁听庭审,人民法院也可以指定若干代表人。

对被告人讯问、发问完毕后,其他证据出示前,在审判长主持下,参加庭审的被害人可以就起诉书指控的犯罪事实作出陈述。经审判长准许,控辩双方可以在被害人陈述后向被害人发问。

第十条 为解决被告人供述和辩解中的疑问,审判人员可以讯问被告人,也可以向被害人、附带民事诉讼当事人发问。

第十一条 有多起犯罪事实的案件,对被告人不认罪的事实,法庭调查一般应当分别进行。

被告人不认罪或者认罪后又反悔的案件,法庭应当对与定罪和量刑有关的事实、证据进行全面调查。

被告人当庭认罪的案件,法庭核实被告人认罪的自愿性和真实性,确认被告人知悉认罪的法律后果后,可以重点围绕量刑事实和其他有争议的问题进行调查。

三、出庭作证程序

第十二条 控辩双方可以申请法庭通知证人、鉴定人、侦查人员和有专门知识的人等出庭。

被害人及其法定代理人、诉讼代理人,附带民事诉讼原告人及其诉讼代理人也可以提出上述申请。

第十三条 控辩双方对证人证言、被害人陈述有异议,申请证人、被害人出庭,人民法院经审查认为证人证言、被害人陈述对案件定罪量刑有重大影响的,应当通知证人、被害人出庭。

控辩双方对鉴定意见有异议,申请鉴定人或者有专门知识的人出庭,人民法院经审查认为有必要的,应当通知鉴定人或者有专门知识的人出庭。

控辩双方对侦破经过、证据来源、证据真实性或者证据收集合法性等有异议,申请侦查人员或者有关人员出庭,人民法院经审查认为有必要的,应当通知侦查人员或者有关人员出庭。

为查明案件事实、调查核实证据,人民法院可以依职权通知上述人员到庭。

人民法院通知证人、被害人、鉴定人、侦查人员、有专门知识的人等出庭的,控辩双方协助有关人员到庭。

第四章 监察权限

第十四条 应当出庭作证的证人，在庭审期间因身患严重疾病等客观原因确实无法出庭的，可以通过视频等方式作证。

证人视频作证的，发问、质证参照证人出庭作证的程序进行。

前款规定适用于被害人、鉴定人、侦查人员。

第十五条 人民法院通知出庭的证人，无正当理由拒不出庭的，可以强制其出庭，但是被告人的配偶、父母、子女除外。

强制证人出庭的，应当由院长签发强制证人出庭令，并由法警执行。必要时，可以商请公安机关协助执行。

第十六条 证人、鉴定人、被害人因出庭作证，本人或者其近亲属的人身安全面临危险的，人民法院应当采取不公开其真实姓名、住址和工作单位等个人信息，或者不暴露其外貌、真实声音等保护措施。

决定对出庭作证的证人、鉴定人、被害人采取不公开个人信息的保护措施的，审判人员应当在开庭前核实其身份，对证人、鉴定人如实作证的保证书不得公开，在判决书、裁定书等法律文书中可以使用化名等代替其个人信息。

审判期间，证人、鉴定人、被害人提出保护请求的，人民法院应当立即审查，确有必要的，应当及时决定采取相应的保护措施。必要时，可以商请公安机关采取专门性保护措施。

第十七条 证人、鉴定人和有专门知识的人出庭作证所支出的交通、住宿、就餐等合理费用，除由控辩双方支付的以外，列入出庭作证补助专项经费，在出庭作证后由人民法院依照规定程序发放。

第十八条 证人、鉴定人出庭，法庭应当当庭核实其身份、与当事人以及本案的关系，审查证人、鉴定人的作证能力、专业资质，并告知其有关作证的权利义务和法律责任。

证人、鉴定人作证前，应当保证向法庭如实提供证言、说明鉴定意见，并在保证书上签名。

第十九条 证人出庭后，先向法庭陈述证言，然后先由举证方发问；发问完毕后，对方也可以发问。根据案件审理需要，也可以先由申请方发问。

控辩双方向证人发问完毕后，可以发表本方对证人证言的质证意见。控辩双方如有新的问题，经审判长准许，可以再行向证人发问。

审判人员认为必要时，可以询问证人。法庭依职权通知证人出庭的情形，审判人员应当主导对证人的询问。经审判长准许，被告人可以向证人发问。

第二十条 向证人发问应当遵循以下规则：

（一）发问内容应当与案件事实有关；

（二）不得采用诱导方式发问；

（三）不得威胁或者误导证人；

（四）不得损害证人人格尊严；

（五）不得泄露证人个人隐私。

第二十一条 控辩一方发问方式不当或者内容与案件事实无关,违反有关发问规则的,对方可以提出异议。对方当庭提出异议的,发问方应当说明发问理由,审判长判明情况予以支持或者驳回;对方未当庭提出异议的,审判长也可以根据情况予以制止。

第二十二条 审判长认为证人当庭陈述的内容与案件事实无关或者明显重复的,可以进行必要的提示。

第二十三条 有多名证人出庭作证的案件,向证人发问应当分别进行。

多名证人出庭作证的,应当在法庭指定的地点等候,不得谈论案情,必要时可以采取隔离等候措施。证人出庭作证后,审判长应当通知法警引导其退庭。证人不得旁听对案件的审理。

被害人没有列为当事人参加法庭审理,仅出庭陈述案件事实的,参照适用前款规定。

第二十四条 证人证言之间存在实质性差异的,法庭可以传唤有关证人到庭对质。

审判长可以分别询问证人,就证言的实质性差异进行调查核实。经审判长准许,控辩双方可以向证人发问。审判长认为有必要的,可以准许证人之间相互发问。

第二十五条 证人出庭作证的,其庭前证言一般不再出示、宣读,但下列情形除外:

(一)证人出庭作证时遗忘或者遗漏庭前证言的关键内容,需要向证人作出必要提示的;

(二)证人的当庭证言与庭前证言存在矛盾,需要证人作出合理解释的。

为核实证据来源、证据真实性等问题,或者帮助证人回忆,经审判长准许,控辩双方可以在询问证人时向其出示物证、书证等证据。

第二十六条 控辩双方可以申请法庭通知有专门知识的人出庭,协助本方就鉴定意见进行质证。有专门知识的人可以与鉴定人同时出庭,在鉴定人作证后向鉴定人发问,并对案件中的专门性问题提出意见。

申请有专门知识的人出庭,应当提供人员名单,并不得超过二人。有多种类鉴定意见的,可以相应增加人数。

第二十七条 对被害人、鉴定人、侦查人员、有专门知识的人的发问,参照适用证人的有关规定。

同一鉴定意见由多名鉴定人作出,有关鉴定人以及对该鉴定意见进行质证的有专门知识的人,可以同时出庭,不受分别发问规则的限制。

四、举证、质证程序

第二十八条 开庭讯问、发问结束后,公诉人先行举证。公诉人举证完毕后,被告人及其辩护人举证。

公诉人出示证据后,经审判长准许,被告人及其辩护人可以有针对性地出示证据予以反驳。

控辩一方举证后，对方可以发表质证意见。必要时，控辩双方可以对争议证据进行多轮质证。

被告人及其辩护人认为公诉人出示的有关证据对本方诉讼主张有利的，可以在发表质证意见时予以认可，或者在发表辩护意见时直接援引有关证据。

第二十九条 控辩双方随案移送或者庭前提交，但没有当庭出示的证据，审判长可以进行必要的提示；对于其中可能影响定罪量刑的关键证据，审判长应当提示控辩双方出示。

对于案件中可能影响定罪量刑的事实、证据存在疑问，控辩双方没有提及的，审判长应当引导控辩双方发表质证意见，并依法调查核实。

第三十条 法庭应当重视对证据收集合法性的审查，对证据收集的合法性有疑问的，应当调查核实证明取证合法性的证据材料。

对于被告人及其辩护人申请排除非法证据，依法提供相关线索或者材料，法庭对证据收集的合法性有疑问，决定进行调查的，一般应当先行当庭调查。

第三十一条 对于可能影响定罪量刑的关键证据和控辩双方存在争议的证据，一般应当单独举证、质证，充分听取质证意见。

对于控辩双方无异议的非关键性证据，举证方可以仅就证据的名称及其证明的事项作出说明，对方可以发表质证意见。

召开庭前会议的案件，举证、质证可以按照庭前会议确定的方式进行。根据案件审理需要，法庭可以对控辩双方的举证、质证方式进行必要的提示。

第三十二条 物证、书证、视听资料、电子数据等证据，应当出示原物、原件。取得原物、原件确有困难的，可以出示照片、录像、副本、复制件等足以反映原物、原件外形和特征以及真实内容的材料，并说明理由。

对于鉴定意见和勘验、检查、辨认、侦查实验等笔录，应当出示原件。

第三十三条 控辩双方出示证据，应当重点围绕与案件事实相关的内容或者控辩双方存在争议的内容进行。

出示证据时，可以借助多媒体设备等方式出示、播放或者演示证据内容。

第三十四条 控辩双方对证人证言、被害人陈述、鉴定意见无异议，有关人员不需要出庭的，或者有关人员因客观原因无法出庭且无法通过视频等方式作证的，可以出示、宣读庭前收集的书面证据材料或者作证过程录音录像。

被告人当庭供述与庭前供述的实质性内容一致的，可以不再出示庭前供述；当庭供述与庭前供述存在实质性差异的，可以出示、宣读庭前供述中存在实质性差异的内容。

第三十五条 采用技术侦查措施收集的证据，应当当庭出示。当庭出示、辨认、质证可能危及有关人员的人身安全，或者可能产生其他严重后果的，应当采取不暴露有关人员身份、不公开技术侦查措施和方法等保护措施。

法庭决定在庭外对技术侦查证据进行核实的，可以召集公诉人和辩护律师到场。在场人员应当履行保密义务。

第三十六条 法庭对证据有疑问的，可以告知控辩双方补充证据或者作出说明；必要时，可以在其他证据调查完毕后宣布休庭，对证据进行调查核实。法庭调查核实证据，可以通知控辩双方到场，并将核实过程记录在案。

对于控辩双方补充的和法庭庭外调查核实取得的证据，应当经过庭审质证才能作为定案的根据。但是，对于不影响定罪量刑的非关键性证据和有利于被告人的量刑证据，经庭外征求意见，控辩双方没有异议的除外。

第三十七条 控辩双方申请出示庭前未移送或提交人民法院的证据，对方提出异议的，申请方应当说明理由，法庭经审查认为理由成立并确有出示必要的，应当准许。

对方提出需要对新的证据作辩护准备的，法庭可以宣布休庭，并确定准备的时间。

第三十八条 法庭审理过程中，控辩双方申请通知新的证人到庭，调取新的证据，申请重新鉴定或者勘验的，应当提供证人的基本信息、证据的存放地点，说明拟证明的案件事实、要求重新鉴定或者勘验的理由。法庭认为有必要的，应当同意，并宣布延期审理；不同意的，应当说明理由并继续审理。

第三十九条 公开审理案件时，控辩双方提出涉及国家秘密、商业秘密或者个人隐私的证据的，法庭应当制止。有关证据确与本案有关的，可以根据具体情况，决定将案件转为不公开审理，或者对相关证据的法庭调查不公开进行。

第四十条 审判期间，公诉人发现案件需要补充侦查，建议延期审理的，法庭可以同意，但建议延期审理不得超过两次。

人民检察院将补充收集的证据移送人民法院的，人民法院应当通知辩护人、诉讼代理人查阅、摘抄、复制。辩护方提出需要对补充收集的证据作辩护准备的，法庭可以宣布休庭，并确定准备的时间。

补充侦查期限届满后，经人民法院通知，人民检察院未建议案件恢复审理，且未说明原因的，人民法院可以决定按人民检察院撤诉处理。

第四十一条 人民法院向人民检察院调取需要调查核实的证据材料，或者根据被告人及其辩护人的申请，向人民检察院调取在侦查、审查起诉期间收集的有关被告人无罪或者罪轻的证据材料，应当通知人民检察院在收到调取证据材料决定书后三日内移交。

第四十二条 法庭除应当审查被告人是否具有法定量刑情节外，还应当根据案件情况审查以下影响量刑的情节：

（一）案件起因；

（二）被害人有无过错及过错程度，是否对矛盾激化负有责任及责任大小；

（三）被告人的近亲属是否协助抓获被告人；

（四）被告人平时表现，有无悔罪态度；

（五）退赃、退赔及赔偿情况；

（六）被告人是否取得被害人或者其近亲属谅解；

（七）影响量刑的其他情节。

第四十三条 审判期间，被告人及其辩护人提出有自首、坦白、立功等法定量刑情节，或者人民法院发现被告人可能有上述法定量刑情节，而人民检察院移送的案卷中没有相关证据材料的，应当通知人民检察院移送。

审判期间，被告人及其辩护人提出新的立功情节，并提供相关线索或者材料的，人民法院可以建议人民检察院补充侦查。

第四十四条 被告人当庭不认罪或者辩护人作无罪辩护的，法庭对定罪事实进行调查后，可以对与量刑有关的事实、证据进行调查。被告人及其辩护人可以当庭发表质证意见，出示证明被告人罪轻或者无罪的证据。被告人及其辩护人参加量刑事实、证据的调查，不影响无罪辩解或者辩护。

五、认证规则

第四十五条 经过控辩双方质证的证据，法庭应当结合控辩双方质证意见，从证据与待证事实的关联程度、证据之间的印证联系、证据自身的真实性程度等方面，综合判断证据能否作为定案的根据。

证据与待证事实没有关联，或者证据自身存在无法解释的疑问，或者证据与待证事实以及其他证据存在无法排除的矛盾的，不得作为定案的根据。

第四十六条 通过勘验、检查、搜查等方式收集的物证、书证等证据，未通过辨认、鉴定等方式确定其与案件事实的关联的，不得作为定案的根据。

法庭对鉴定意见有疑问的，可以重新鉴定。

第四十七条 收集证据的程序、方式不符合法律规定，严重影响证据真实性的，人民法院应当建议人民检察院予以补正或者作出合理解释；不能补正或者作出合理解释的，有关证据不得作为定案的根据。

第四十八条 证人没有出庭作证，其庭前证言真实性无法确认的，不得作为定案的根据。

证人当庭作出的证言与其庭前证言矛盾，证人能够作出合理解释，并与相关证据印证的，应当采信其庭审证言；不能作出合理解释，而其庭前证言与相关证据印证的，可以采信其庭前证言。

第四十九条 经人民法院通知，鉴定人拒不出庭作证的，鉴定意见不得作为定案的根据。

有专门知识的人当庭对鉴定意见提出质疑，鉴定人能够作出合理解释，并与相关证据印证的，应当采信鉴定意见；不能作出合理解释，无法确认鉴定意见可靠性的，有关鉴定意见不能作为定案的根据。

第五十条 被告人的当庭供述与庭前供述、自书材料存在矛盾，被告人能够作出合理解释，并与相关证据印证的，应当采信其当庭供述；不能作出合理解释，而其庭前供述、自书材料与相关证据印证的，可以采信其庭前供述、自书材料。

法庭应当结合讯问录音录像对讯问笔录进行全面审查。讯问笔录记载的内容与讯问录音录像存在实质性差异的，以讯问录音录像为准。

第五十一条　对于控辩双方提出的事实证据争议，法庭应当当庭进行审查，经审查后作出处理的，应当当庭说明理由，并在裁判文书中写明；需要庭后评议作出处理的，应当在裁判文书中说明理由。

第五十二条　法庭认定被告人有罪，必须达到犯罪事实清楚，证据确实、充分，对于定罪事实应当综合全案证据排除合理怀疑。定罪证据不足的案件，不能认定被告人有罪，应当作出证据不足、指控的犯罪不能成立的无罪判决。定罪证据确实、充分，量刑证据存疑的，应当作出有利于被告人的认定。

第五十三条　本规程自2018年1月1日起试行。

第三十四条　【职务违法犯罪问题线索移送制度和共同管辖】 人民法院、人民检察院、公安机关、审计机关等国家机关在工作中发现公职人员涉嫌贪污贿赂、失职渎职等职务违法或者职务犯罪的问题线索，应当移送监察机关，由监察机关依法调查处置。

被调查人既涉嫌严重职务违法或者职务犯罪，又涉嫌其他违法犯罪的，一般应当由监察机关为主调查，其他机关予以协助。

【纪检监察法规】

34.1《中国共产党纪律检查机关监督执纪工作规则（试行）》（2017年1月8日）（节录）

第十二条　纪检机关信访部门归口受理同级党委管理的党组织和党员干部违反党纪的信访举报，统一接收下一级纪委和派驻纪检组报送的相关信访举报，分类摘要后移送案件监督管理部门。

执纪监督部门、执纪审查部门、干部监督部门发现的相关问题线索，属本部门受理范围的，应当送案件监督管理部门备案；不属本部门受理范围的，经审批后移送案件监督管理部门，由其按程序转交相关监督执纪部门。

案件监督管理部门统一受理巡视工作机构和审计机关、行政执法机关、司法机关等单位移交的相关问题线索。

34.2《党政机关厉行节约反对浪费条例》（2013年11月18日）（节录）

第五十二条　纪检监察机关应当加强对厉行节约反对浪费工作的监督检查，受理群众举报和有关部门移送的案件线索，及时查处违纪违法问题。

中央和省、自治区、直辖市党委巡视组应当按照有关规定，加强对有关党组织领导班子及其成员厉行节约反对浪费工作情况的巡视监督。

第五十三条　财政部门应当加强对党政机关预算编制、执行等财政、财务、政府采购和会计事项的监督检查，依法处理发现的违规问题，并及时向本级党委和政府汇报监督检查结果。

审计部门应当加大对党政机关公务支出和公款消费的审计力度，依法处理、督促整改违规问题，并将涉嫌违纪违法问题移送有关部门查处。

第四章 监察权限

【行为规制法规】

34.3 《中华人民共和国审计法》（修正后 2006 年 6 月 1 日施行）（节录）

第三十五条 审计机关认为被审计单位所执行的上级主管部门有关财政收支、财务收支的规定与法律、行政法规相抵触的，应当建议有关主管部门纠正；有关主管部门不予纠正的，审计机关应当提请有权处理的机关依法处理。

第三十六条 审计机关可以向政府有关部门通报或者向社会公布审计结果。

审计机关通报或者公布审计结果，应当依法保守国家秘密和被审计单位的商业秘密，遵守国务院的有关规定。

第三十七条 审计机关履行审计监督职责，可以提请公安、监察、财政、税务、海关、价格、工商行政管理等机关予以协助。

34.4 《中华人民共和国审计法实施条例》（2010 年 5 月 1 日）（节录）

第四十条 审计机关有关业务机构和专门机构或者人员对审计组的审计报告以及相关审计事项进行复核、审理后，由审计机关按照下列规定办理：

（一）提出审计机关的审计报告，内容包括：对审计事项的审计评价，对违反国家规定的财政收支、财务收支行为提出的处理、处罚意见，移送有关主管机关、单位的意见，改进财政收支、财务收支管理工作的意见；

（二）对违反国家规定的财政收支、财务收支行为，依法应当给予处理、处罚的，在法定职权范围内作出处理、处罚的审计决定；

（三）对依法应当追究有关人员责任的，向有关主管机关、单位提出给予处分的建议；对依法应当由有关主管机关处理、处罚的，移送有关主管机关；涉嫌犯罪的，移送司法机关。

第五章 监察程序

第三十五条 【报案、举报的处理】 监察机关对于报案或者举报,应当接受并按照有关规定处理。对于不属于本机关管辖的,应当移送主管机关处理。

【纪检监察法规】

35.1《中国共产党纪律检查机关监督执纪工作规则(试行)》(2017年1月8日)(节录)

第十二条 纪检机关信访部门归口受理同级党委管理的党组织和党员干部违反党纪的信访举报,统一接收下一级纪委和派驻纪检组报送的相关信访举报,分类摘要后移送案件监督管理部门。

执纪监督部门、执纪审查部门、干部监督部门发现的相关问题线索,属本部门受理范围的,应当送案件监督管理部门备案;不属本部门受理范围的,经审批后移送案件监督管理部门,由其按程序转交相关监察执纪部门。

案件监督管理部门统一受理巡视工作机构和审计机关、行政执法机关、司法机关等单位移交的相关问题线索。

第十三条 纪检机关对反映同级党委委员、纪委常委,以及所辖地区、部门主要负责人的问题线索和线索处置情况,应当向上级纪检机关报告。

35.2《中国共产党纪律检查机关控告申诉工作条例》(1993年9月1日)(节录)

第一章 总 则

第一条 受理对党员、党组织的检举、控告和党员、党组织的申诉,是党的纪律检查机关的一项重要职责。根据党章的有关规定,制定本条例。

第二条 控告申诉工作是党的纪律检查机关贯彻执行党的群众路线,依靠群众维护党的纪律、促进党风建设的一项重要工作;是保障党内外群众充分行使民主权利,对党组织、党员特别是党员领导干部进行监督的重要渠道;是纪律检查工作的基础性工作。

第三条 纪律检查机关受理检举、控告、申诉的范围是:对党员、党组织违反党章和其他党内法规,违反党的路线、方针、政策和决议,利用职权谋取私利和其他败坏党风行为的检举、控告;党员、党组织对所受党纪处分或纪律检查机关所作的其他处理不服的申诉;其他涉及党纪党风的问题。

第四条 控告申诉工作的指导思想是:贯彻执行党的基本路线,坚持从严治党方针，为党风廉政建设和维护安定团结服务，保证经济建设的顺利进行。

第五条 控告申诉工作的基本原则是：

（一）按照党章和政策规定处理问题。

（二）实事求是，以事实为依据。

（三）贯彻党的民主集中制。

（四）维护当事人的民主权利。

（五）分级负责、分工归口处理检举、控告和申诉。

（六）解决实际问题同思想教育相结合。

第六条 县以上（含县）纪律检查委员会，应建立控告申诉工作部门，配备专职干部，设置接待群众的场所，公布有关的规章制度，为党内外群众提供检举、控告、申诉的必要条件。

第二章 处理检举、控告、申诉的程序和方法

第一节 处理检举、控告的程序

第七条 中央纪律检查委员会收到对中央委员会、中央纪律检查委员会成员违犯党的纪律行为的检举、控告，应进行初步核实，需要立案检查的，报中央委员会批准。中央以下各级纪律检查委员会收到对上述成员的检举、控告，应及时报告中央纪律检查委员会。

第八条 中央以下各级纪律检查委员会收到对同级党的委员会、纪律检查委员会成员违犯党的纪律行为的检举、控告，应进行初步核实，需要立案检查的，报同级党的委员会批准；涉及常务委员的，经报告同级党的委员会后报上级纪律检查委员会批准。

第九条 对第七、第八条所列范围以外的党员干部违犯党的纪律行为的检举、控告，按照干部管理权限，属于哪一级党的委员会管理的党员干部的问题，就由哪一级纪律检查委员会调查处理。重要的问题，应向上级纪律检查委员会报告，上级纪律检查委员会认为需要时可以直接调查处理。

第十条 对一般党员的检举、控告，由该党员所在的党组织调查处理；上级纪律检查委员会认为需要时可以直接调查处理。

第十一条 中央以下各级纪律检查委员会收到对同级党的委员会的检举、控告，必须报上级纪律检查委员会处理。

第十二条 对党员、党组织的检举、控告，需要立案检查的，按照党的纪律检查机关案件检查工作的有关规定办理。不需立案而被检举、控告人确有缺点、错误的，可由承办的纪律检查机关或有关党组织责成被检举、控告人作出检讨或说明，或通过党内生活进行批评教育。

第十三条 对检举、控告的问题作出处理后，由承办的纪律检查机关或有关党组织将处理结果告知检举、控告人，听取其意见。匿名检举的问题，必要时可在适当范围内公布调查处理的结果。

……

第三节　处理检举、控告和申诉的基本方法

第二十条　对检举、控告、申诉中的重要情况和问题，可采取适当的书面形式，及时向党的有关领导机关、领导同志和有关部门反映。

第二十一条　对本级党的委员会管理的党员干部的检举、控告和本级党的委员会管理的党员干部的申诉，分别由本级纪律检查委员会的案件检查部门和案件审理部门办理。重要的可由本级纪律检查委员会领导批示办理。

第二十二条　涉及下级党的委员会管理的党员干部和一般党员的检举、控告、申诉，按照分级负责的原则，转交下级相应的纪律检查机关或有关党组织办理。重要的可函交下级纪律检查机关或有关党组织调查处理，有的可责成其报告调查处理的结果。

第二十三条　对转交下级纪律检查机关或有关党组织办理的检举、控告和申诉，交办的纪律检查机关可采取检查、催办、参与调查、参与研究处理意见等方法，促使问题及时、正确地得到处理。

第二十四条　对匿名的检举材料，要具体分析，区别对待，慎重处理：没有具体事实的，可不予置理；反映情节轻微的一般问题的，可将问题摘抄给被检举人，责成其作出检讨或说明；反映重要问题的，可先进行初步核实，再确定处理办法；内容反动的，可交公安部门处理。

第三章　受理机关的职责和工作要求

第二十五条　在控告申诉工作中，各级纪律检查机关的责任是：按照规定的范围受理检举、控告和申诉，从中了解党风党纪情况和违纪案件线索；直接办理或向下级纪律检查机关和有关党组织交办检举、控告和申诉；指导和协助下级纪律检查机关做好控告申诉工作。

第二十六条　各级纪律检查委员会的控告申诉工作部门承担处理检举、控告和申诉的日常工作，遵照本级纪律检查委员会的决定和有关规章制度，履行下列职责：

（一）通过处理群众来信和接待群众来访，受理检举、控告和申诉；

（二）向本级纪律检查委员会反映检举、控告和申诉的情况和问题；

（三）承办上级和本级纪律检查委员会交办的检举、控告、申诉和其他事项；

（四）向本级纪律检查委员会有关部门移送或向下级纪律检查机关、有关党组织交办检举、控告和申诉，向有关部门转办不属于纪律检查机关职责范围的信访问题；

（五）调查研究控告申诉工作情况，拟订控告申诉工作的规章制度，对下级纪律检查机关的控告申诉工作进行业务指导；

（六）协调处理信访问题，疏导上访群众，维护正常的工作秩序和社会秩序。

第二十七条　各级纪律检查机关对受理的检举、控告和申诉，应及时办理，不得延误。对应由上级处理的问题，应迅速报告上级处理；对应由本级处理的问题，本级有关领导或有关部门应及时处理；对应由下级处理的问题，应迅速转交下级处理。

第二十八条 对于上级纪律检查机关要求报告调查处理结果的检举、控告、申诉案件,承办的纪律检查机关或有关党组织一般应在三个月内报告结果;不能如期报告时,要说明理由和办理情况。对于没有要求报告结果的检举、控告、申诉,也应及时调查处理,不得置之不理或敷衍塞责。

第二十九条 向上级纪律检查机关报告检举、控告和申诉案件的处理结果,应当材料齐全。

报告检举、控告案件处理结果的必备材料是:

(一)调查报告和处理结论。

(二)检举、控告人和被检举、控告人对调查处理的意见。在检举、控告人或被检举、控告人提出不同意见时,应附有承办单位对其不同意见的说明。

(三)被检举、控告人有错误,组织上已令其检讨或给予组织处理的,应附有本人检讨或处理决定。

(四)呈报机关的审查意见。

报告申诉案件处理结果的必备材料是:

(一)原处理决定、复议结论或复查报告及结论。

(二)申诉人对复议、复查结论的意见。在申诉人提出不同意见时,应附有承办单位对其不同意见的说明。

(三)呈报机关的审查意见。

第三十条 上级纪律检查委员会对下级纪律检查委员会或有关党组织上报的调查处理结果审核后,对处理正确的要及时结案;对处理不当的,要及时提出意见或建议。上下级纪律检查委员会如果在重要问题上有不同意见,由上级纪律检查委员会决定;如果下级纪律检查委员会的处理确有错误又坚持不改的,上级纪律检查委员会有权改变下级纪律检查委员会对案件所作的决定。

第三十一条 对检举、控告和申诉调查处理完毕后,承办单位、交办单位应按档案工作的规定,及时立卷归档。

第三十二条 维护当事人的合法权利。对检举、控告人及检举、控告内容,应当保密。不准将检举、控告材料转给被检举、控告人;不得对检举、控告、申诉人歧视、刁难、压制。对打击报复检举、控告、申诉人的,必须追究责任,严肃处理。

第三十三条 对如实检举、控告或反映情况的,应予以支持、鼓励。对检举、控告不完全属实的,除对不属实的部分予以解释说明外,对属实的部分应予以处理。对检举、控告不实的,必须分清是错告还是诬告:如属错告,应在一定范围内澄清是非,消除对被错告者造成的影响,并教育错告者;如属诬告,必须对诬告者追究责任,严肃处理。

第三十四条 认定诬告,必须经过地、市级以上(含地、市级)党的委员会或纪律检查委员会批准。

第三十六条 发现党的组织或负责人对党员或党组织的申诉不认真复议、复查和对冤假错案坚持不纠,对受理的检举、控告不负责任,无故拖延不办,或为违纪者说情开脱，予以包庇的，都要给予批评教育，情节严重的，必须追究责任。

第三十七条 对检举、控告、申诉的问题已经得到正确处理，当事人仍无理纠缠，影响工作秩序的，应当进行批评教育；对不听劝告、屡教不改的，可请公安部门协助处理。

第三十八条 受理机关及其工作人员，在坚持原则、执行政策、秉公执纪、廉洁奉公、遵纪守法、工作作风等方面，必须接受党内外群众的监督。

第三十九条 各级纪律检查机关的领导对重要的检举、控告、申诉，应亲自阅批、接谈，进行处理；要支持承办人员履行职责，保护他们的合法权益不受侵害。

第四章 当事人的权利和义务

第四十条 检举、控告、申诉人在检举、控告、申诉活动中有下列权利：

（一）对党员、党组织违法乱纪的行为有权提出检举、控告。

（二）党员对所受党纪处分或纪律检查机关所作的其他处理不服，有权提出申诉，要求复议、复查。

（三）提出检举、控告、申诉后，在一定期限内得不到答复时，有权向受理机关提出询问，要求给予负责的答复。

（四）有权要求与检举、控告、申诉案情有关或有牵连的承办人员回避。

（五）对受理机关及承办人员的失职行为和其他违纪行为有权提出检举、控告。

（六）因进行检举、控告、申诉，其合法权利受到威胁或侵害时，有权要求受理机关给予保护。

第四十一条 检举、控告、申诉人在检举、控告、申诉活动中，必须履行下列义务：

（一）对所检举、控告、申诉的事实的真实性负责。接受调查、询问时，应如实提供情况和证据。如有诬陷、制造假证行为，须承担纪律责任。

（二）遵守党的纪律和控告申诉工作的有关规定，维护社会秩序和工作秩序。如有违犯，须接受教育、劝告，直至承担纪律责任。

（三）接受党组织的正确处理意见，不得提出党章、制度、政策规定以外的要求。

第四十二条 被检举、控告人在党组织处理对他的检举、控告过程中有下列权利：

（一）对被检举、控告的问题有权进行说明解释。

（二）基层党组织讨论决定对他的党纪处分或其他处理时，有权参加和进行申辩。

（三）有权要求党组织将调查处理结论同本人见面。

（四）对党组织认定本人所犯错误的事实、性质和所作处理决定有不同意见时，有权向上级党组织直至中央提出申诉。

（五）对受理机关及承办人员的失职行为和其他违纪行为有权提出检举、控告。

（六）当合法权利受到威胁或侵害时，有权要求受理机关给予保护。

第四十三条 被检举、控告人在党组织处理对他的检举、控告过程中，必须履行下列义务：

（一）配合党组织查清被检举、控告的问题，如实提供情况和证人，接受检查和询问，主动交代问题。如有隐瞒、诬陷、抗拒等行为，须承担纪律责任。

（二）对所犯错误，必须正确对待，认真检讨，接受处理，不得违反组织决定。

（三）尊重检举、控告人和承办人员的权利和职责，如有利用职权打击报复检举、控告人和承办人员的行为，须承担纪律责任。

第五章　附　则

第四十四条　本条例是党内处理检举、控告、申诉的规则，各级纪律检查机关和党组织必须严格执行。

第四十五条　各省、自治区、直辖市纪律检查委员会，中央直属机关和中央国家机关纪律检查工作委员会，可根据实际情况，制定实施本条例的细则或具体规定，报中共中央纪律检查委员会备案。

第四十六条　中国人民解放军的纪律检查机关的控告申诉工作，可参照本条例另作规定。

第四十七条　本条例由中共中央纪律检查委员会负责解释和修改。

第四十八条　本条例自一九九三年九月一日起施行。其他有关控告申诉工作的规定，如与本条例不一致时，按本条例执行。

35.3《关于加强纪检监察基层信访举报工作的意见》（2003年6月4日）

纪检监察基层信访举报工作（以下简称基层信访举报工作）是指县及县以下基层信访举报工作。基层信访举报工作是纪检监察机关联系群众、获取信息和案件线索的重要渠道，是一项十分重要的基础性工作。加强基层信访举报工作对于密切党同人民群众的血肉联系，推动党风廉政建设和反腐败斗争的深入开展，维护社会稳定有着十分重要的意义。近年来，基层信访举报工作不断进步和发展，取得了可喜的成绩。但随着民主法制的不断加强，党风廉政建设和反腐败斗争的不断深入，基层信访举报工作还不适应新的形势和要求，影响和制约着信访举报工作的深入开展和职能作用的发挥，亟待进一步改进和加强。

一、明确指导思想、基本任务

1. 基层信访举报工作的指导思想是：以邓小平理论和"三个代表"重要思想为指导，坚持与时俱进，执政为民，不断拓宽和畅通信访渠道，维护党员群众的合法权益，认真处理检举控告和申诉，化解矛盾，维护社会稳定，坚持信访举报工作的法制化方向，紧紧依靠人民群众，充分发挥职能作用，为改革、发展、稳定大局服务，为党风廉政建设和反腐败斗争服务。

2. 基层信访举报工作的基本任务是：受理检举、控告和申诉，为查办案件提供线索；提供信访信息，为领导科学决策提供依据；解决信访问题，切实维护和保障信访举报人的合法权益；化解矛盾，消除不安定因素，维护社会稳定。

3. 基层信访举报工作的总体要求是：县一级坚持多办少转，乡镇及街道社区等基层单位只办不转；狠抓初信初访，就地解决信访问题；解决信访问题实行综合治理。

二、加强领导、强化责任

4. 切实加强领导。纪检监察机关对信访举报工作负重要领导责任，要把信访举报工作纳入纪检监察工作总体部署，充分发挥各职能部门的作用。主要负责同志要亲自抓，要有一名副书记（常委、副局长）分管。要定期听取信访举报工作情况汇报，研究、部署工作，并加强检查指导。要及时阅批信访举报件，亲自处理信访问题。对重要的集体访，要亲自接待并组织、协调有关部门认真处理。要负责或参与同被举报人的谈话，负责或指导对疑难信访案件的调查处理。

5. 建立健全信访举报工作制度。要健全举报制度，切实保障基层党员、干部、群众的批评权、检举权、申诉权和控告权等合法权益。要建立信息报送和情况反馈制度，定期向同级党委、政府和上级纪检监察机关报告信访举报工作情况。上级纪检监察机关通报的信访举报情况或交办的信访举报事项，要尽快了解核实并予以反馈。要建立定期分析信访举报情况制度，针对不同情况，采取解决措施。要建立和坚持领导接待群众制度，署实名举报受理回复制度和举报有功奖励制度。要加强管理，对群众信访举报必须逐件登记，逐步建立和完善内部制约监督机制。

6. 加强基础建设。县一级要设立信访室（举报中心），配足配强与工作任务相适应的信访干部，要努力改善办公条件，及时解决存在的困难和问题。乡镇、街道社区、国有控股企业要有专兼职工作人员负责处理信访举报。要加大培训、考核力度，努力提高信访干部的政治素质和业务素质，教育、引导信访干部解放思想、与时俱进、勤政为民，依法开展工作。

三、正确对待和妥善处理群众信访举报

7. 正确认识和对待群众的信访举报行为。要从维护、保障群众民主权利，维护、实现群众根本利益，加强社会主义政治文明的高度来认识和对待群众的信访举报行为，任何组织和个人都不得以各种理由或借口压制、限制群众举报，不准对群众的检举控告和申诉敷衍塞责、对批评意见听而不闻、对群众疾苦视而不见。对群众揭发党和国家机关及其工作人员违法违纪和不正之风问题，应当支持、鼓励。对检举、控告或反映问题属实、部分属实的，要依法依纪实事求是分别予以处理。对失实的，要区分诬告与错告。认定诬告，必须经地、市（含地、市）级以上党委、政府或纪检监察机关批准。对错告的在必要时可由承办机关在一定场合予以澄清，并教育错告者；对诬告的一定要依法依纪严肃处理。要严肃保密纪律，信访举报的内容及举报人的情况不得向无关人员泄露。要保护群众举报，对打击报复举报人的行为要严肃查处。因查办案件确需对匿名举报材料进行文字检验的，必须经地（市）级以上纪检监察机关批准。对上访群众要满腔热情，文明接待，对言辞不当、情绪激烈的，要多做疏导工作。

8. 畅通、拓宽信访举报渠道。要努力营造良好的举报环境，进一步畅通信访举报受理渠道；要畅通解决问题的工作渠道，保证信访举报问题落到实处，以实际行动取信于民；要畅通双向反馈渠道，上情下达、下情上达，办理结果及时反馈。要拓宽举报渠道，有条件的地方可开通举报网站。

9. 认真办理信访举报事项。对信访举报件务必及时办理，凡属于纪检监察机关受理范围的，要件件有着落、事事有结果。涉及重要情况或问题的，可通过反映情况促使问题得到解决；要发挥纪检监察机关各业务职能部门的作用，整合处理信访举报力量；对急待查明、易查易结及打击报复举报人的问题，要注意发挥行政监察职能，加大直接查办的力度；对思想作风、工作作风、廉洁自律方面的一般问题以及轻微违纪问题，可实施信访监督。对下转的信访举报件要加强督促催办和检查指导，狠抓落实。对中央、省、地级纪检监察机关要求查报结果的，县一级要自办。对信访问题易发、多发或矛盾比较突出的基层单位，县一级要派专人指导，帮助建章立制，限期解决问题。

10. 高度重视、妥善处理群众集体上访。要立足妥善处理单个上访和初信初访，认真解决群众反映的问题。要认真分析集体上访的成因，制定应急预案。一旦出现群众集体上访，要立即组织有关人员迅速赶赴现场，区分不同情况，进行疏导，化解矛盾，尽快平息事态。要妥善处理人民内部矛盾特别是涉及群众切身利益的矛盾。对群众反映强烈的热点问题、倾向性问题，涉及群体利益的问题，可选派群众代表参与调查、核实，协助组织做疏导、化解工作。对重要集体上访，要向同级党委、政府、上级纪检监察机关报告。对越级集体上访，要按照上级机关要求，迅速赶赴现场或接待场所处理，并及时反馈处理结果。要强化目标责任，对因失职渎职造成集体上访影响恶劣的，要追究有关领导、有关部门的责任。对借集体上访而扰乱工作、生产、生活秩序，影响社会稳定的组织者和骨干分子，也要追究责任。

11. 认真对待信访老户。对纪检监察机关受理范围内的要认真分析不能终止信访的原因，凡属处理信访举报措施不力、方法欠妥的要立即纠正，凡属合理的要求要尽快解决；要求过高难以解决的，要做好耐心细致的思想教育工作；对少数无理取闹、影响正常工作秩序的，请有关部门协助处理。对业务范围外的，要宣传有关规定，明确受理单位，引导到有关部门处理。对信访老户，一律建信访档案，掌握反映的问题、解决落实的过程和结果、本人的要求及相关政策规定等。

四、加强信访协调

12. 充分发挥纪委组织协调作用，诚心诚意为群众谋利益。对群众反映强烈的重要问题或合理要求，要格外关注，重点帮助，积极帮助疏通办理渠道。必要时，要加强督办。

13. 依靠党委、政府协调处理问题。要经常向党委、政府反映信访举报情况，争取领导的重视与支持。对同时涉及几个部门的问题，要请示党委、政府，确定牵头和参加单位，共同处理解决。应由纪检监察机关牵头处理的问题，要主动协调有关部门共同研究解决。

14. 加强与职能部门密切合作。要主动通报情况，适时交办任务，并加强检查、督办。要虚心听取职能部门意见，共商解决办法。

15. 强化上下级之间的沟通协商。下级纪检监察机关遇到重要情况和问题要及时请示汇报;上级纪检监察机关要支持基层开展工作,在处理信访问题意见不一致时,应认真听取基层意见并主动与下级机关交换意见,求得共识。

五、加强预测预防,综合治理影响稳定的异常访、集体访

16. 加强宣传、教育、引导。要配合党委、政府对党员、干部进行宣传、教育,增强群众观念、民主意识,勤政为民;要依法行政,依法处理各种矛盾和问题;要科学决策,制定涉及全局和长远发展规划时注意广泛听取群众意见,充分考虑群众承受能力。要采取多种形式,宣传信访举报工作法规,宣传公民在信访举报活动中的权利和义务,教育群众正确行使权力,引导群众归口反映问题,依法信访、逐级信访、署名信访,严格禁止共产党员及国家工作人员煽动、组织、策划、参与集体上访。

17. 加强调查研究和情况分析。要转变作风,主动深入基层、深入群众,了解新形势下信访举报中出现的新情况、新问题,了解党的各项方针、政策在基层的贯彻执行情况,了解群众反映的热点问题,特别要注意集体访、越级访的苗头。要加强综合分析,及时把握信访态势,有针对性地开展工作。

18. 拓宽了解社情民意的渠道。要变群众上访为干部下访,随时掌握群众思想脉搏。要采取设接待站、领导挂牌接访、设点开展咨询、组织下访工作队等形式,千方百计为群众反映情况、解决问题提供便利条件。要和有关部门加强联系,主动收集信息,还可以通过建立联系点、信息点等途径了解情况。

19. 加强信访网络建设。县、乡两级要建立信访工作领导小组,有条件的行政村、街道社区、国有控股企业应设立信访接待场所,聘请信访监督员。信访监督员要选择党性强、作风正派、有威信的党员、群众来担任。信访监督员的职责是:对党员干部遵纪守法和依法行政的行为进行监督;向有关组织反映情况,特别是一些苗头性问题要及时反映;协助基层组织落实信访问题、做思想政治工作,化解矛盾。要采取措施,使信访网络真正发挥作用。

20. 增强工作的前瞻性。对重大方针、政策、决定出台后和重要节日、重大活动、重要工程的实施等过程中可能出现的不安定因素要进行预测、排查,并采取措施予以防范。

21. 以加强基层民主法制建设为契机,努力从源头上减少信访问题的发生。要协助党委、政府完善决策机制,实行民主决策和民主管理,充分反映民意。要配合有关部门搞好村务公开、厂务公开、政务公开,增加工作透明度和群众知情权。在干部的选拔、任用工作中,要充分发挥群众监督和组织监督的作用。

22. 建立快速反应、快速处理机制。对到纪检监察机关的重大集体访;采取静坐、围堵和冲击党政机关大门、拦截领导汽车等有过激行为的上访;行凶、自杀或携带危险品、爆炸物品上访等紧急、重要情况,在果断处置的同时,务必及时上报有关部门。对群众反映的问题,属于本级纪检监察机关受理范围的,及时作出处理;属于上级管辖的,立即上送;对不属于受理范围的,要尽快移送、疏导到有关部门。对故意扰乱工作秩序、不听劝告的,要立即请公安部门协助处理。

六、加强指导和督促检查

23. 中央、省级纪检监察机关对基层信访举报工作要加强指导。通过部署工作、制定计划、建立制度、建立联系点或跟踪点、总结推广经验、举办培训班、开展理论研究等形式搞好宏观指导。要通过督办案件、协调解决信访问题等方法进行具体指导。

24. 地（市）级纪检监察机关对基层信访举报工作要进行督促检查。检查基层对上级部署工作的落实情况、规章制度的执行情况、信访案件办理情况，检查基层受理的信访举报件的处理情况，检查基层信访机构、人员配备、网络建设情况等，发现问题，及时帮助解决。

25. 实行目标管理。各省要根据实际情况，以提高信访案件按期结案率、初信初访办结率，减少越级信访、重复信访、集体上访为重点，提出切实可行的数量、质量、效率等管理目标，努力把问题解决在基层，把矛盾化解在基层。

35.4《关于依纪依法规范纪检监察信访举报工作的若干意见》（2005年2月1日）

加强党的执政能力建设，提高依法执政水平，要求纪检监察机关及其工作人员不断提高依法执纪和依法监察的能力。信访举报工作是纪检监察工作的基础性工作，必须把依纪依法的要求贯穿于各个工作环节。根据党内法规和国家法律法规的有关规定，现就进一步规范信访举报工作提出如下意见。

一、规范信访举报工作的指导思想、基本原则和目标

以邓小平理论和"三个代表"重要思想为指导，按照建立健全与社会主义市场经济体制相适应的教育、制度、监督并重的惩治和预防腐败体系的要求，健全制度、规范程序，加强管理、强化监督，提高纪检监察机关依纪依法处理信访举报的能力和水平，切实保障信访举报当事人的合法权利，维护正常的信访秩序，为党风廉政建设和反腐败工作服务，为改革发展稳定的大局服务。

坚持注重制度建设的原则，建立健全法规制度，把信访举报工作纳入制度化、规范化轨道；坚持公开公正的原则，做到处理信访举报的程序依法公开，处理结果客观公正；坚持权利与义务统一的原则，保障信访举报当事人的合法权利不受侵犯，引导他们正确履行义务；坚持严格管理、严格监督的原则，明确职责，严明纪律，对滥用职权和失职渎职的行为实施责任追究。

经过努力，使信访举报工作法规制度基本健全，工作程序更加规范，处理信访举报的能力切实增强，信访举报当事人民主权利得到保障，信访举报环境明显改善。

二、加强制度建设，依纪依法处理信访举报

加强制度建设，必须适应完善社会主义市场经济体制、发展社会主义民主政治和构建社会主义和谐社会的要求，按照党和国家的有关方针政策和法律法规，结合本地区、本单位的实际，制定规章制度和行为规范，注重适时性、可行性和可操作性。

完善信访举报受理制度。各级纪检监察机关要增强政治意识、大局意识和责任意识，认真受理涉及党员、党组织及行政监察对象的检举、控告和申诉。对损害群众切身利益的问题，要认真对待，不得推诿、敷衍。各级纪检监察机关负责人要经常阅处

群众来信，定期接待群众来访。地方纪检监察机关应深入基层接待群众。在确保安全保密的前提下，逐步推广网上举报，拓宽信访举报受理渠道。

完善来信处理制度。建立健全收信登记、送阅审批、转办催办、查办结案、复信回访、立卷归档等规章制度，促进信访举报工作的规范化、程序化。建立健全信息反映制度，加强综合分析，定期向领导机关和有关部门反映苗头性、倾向性问题和群众反映的热点问题。完善处理重要来信的请示、报告制度，避免处理的随意性。对重复来信和人数众多的联名来信，要加强跟踪督办，必要时可直接调查核实。对署实名举报，要按照谁承办、谁答复的原则，以适当方式将处理结果答复举报人，并听取其意见。

建立健全来访接待制度。逐步建立完善首访责任制，坚持哪一级机关接谈、哪一级机关负责的原则，对应由本级纪检监察机关办理的问题，要一办到底，限期将办理结果或办理情况答复来访人；对应由下级办理的问题，要加强催办督办，直至问题妥善处理。建立健全集体访应急处理机制，明确纪检监察机关有关领导、部门的职责，并通过信息通报、召开联席会议等方式，加强与有关单位和部门的协调配合。出现重大集体访时，按照"谁主管、谁负责"和"属地管理"的原则，有关地区、部门和单位的领导及工作人员要立即赶赴现场，积极疏导，妥善处理。要增强预见性，针对群众上访中可能出现的问题制定工作预案。对严重扰乱信访秩序的行为，要采取果断措施予以处置。对重大重复集体访，要分析成因，注意查处少数党员干部可能存在的违纪违法问题。建立定期排查制度，对重点来访人员、集体访苗头和不稳定因素进行排查，及时就地解决。在基层，对影响面较大、反映侵犯群体利益问题的集体访，经批准可吸收群众代表参与调查。

健全举报电话处理制度。耐心接听举报电话，做好记录，重要情况、情节要向举报人复述确认，并按政策规定向举报人作出解释或答复。对紧急、重要的情况要及时向领导报告，并采取措施快速处理。对应由其他部门受理的问题，引导举报人向有关部门反映。

在县和县以下基层单位逐步推行信访举报办事公开制度。通过多种渠道，公布有关法规制度、处理程序，以及其他为信访举报人提供便利的相关事项。对涉及群体性利益以及重大、复杂的信访问题，可通过适当方式将调查结果在一定范围内向信访举报人反馈。必要时可要求有关组织或人员到场说明情况，有条件的可举行听证。通过公开，切实把矛盾化解在基层，把问题解决在基层。

三、保障信访举报当事人的合法权利

保障检举、控告人合法权利。认真贯彻执行《中央纪委、监察部关于保护检举、控告人的规定》。畅通受理、办理、反映、反馈渠道，严禁对检举、控告人压制、歧视、刁难。严禁泄漏检举、控告的有关情况，不得将检举、控告材料及有关情况转给被检举、控告人员或单位。严肃查处侵犯检举、控告人民主权利的行为，对打击报复检举、控告人的要严肃处理。受理机关工作人员应当回避的，要主动提出回避。检举、控告人有正当理由要求有关工作人员回避的，受理机关应作出回避决定。逐步建立和完善奖励制度，对检举、控告重大违纪违法行为的有功人员，应给予奖励。

保障被检举、控告人合法权利。要探索维护被检举、控告人权利的措施和办法，认真对待被检举、控告人的解释或说明，重视被检举、控告人对承办的纪检监察机关及其工作人员违纪行为的检举、控告。对未经调查或正在调查处理的举报内容，不得泄漏和扩散。对经调查未发现被检举、控告人有违纪问题的，必要时可在一定范围内通报情况，澄清是非，消除影响。对诬告者要严格依纪依法予以惩处。

保障申诉渠道畅通。要规范申诉信访的处理办法，对属于本级纪检监察机关直接受理范围的，由本级机关申诉复查部门处理；对不属于本级机关直接受理范围的，移送有权处理的机关。对不符合申诉条件的，应告知申诉人。要建立信访、审理等部门联席会议制度，加强沟通协调，及时研究和处理申诉复查中存在的突出问题，解决疑难、复杂的申诉复查案件。

四、引导群众依法有序进行信访举报

加强信访举报宣传工作。要把这项工作纳入反腐倡廉"大宣教"工作格局之中，统一部署，统筹安排。加强与新闻媒体的联系，通过多种形式宣传信访举报工作的方针政策和法规制度，使广大群众了解纪检监察机关的职责和受理范围、处理信访举报的程序和方法，明确在信访活动中的权利和义务。

引导信访举报人正确行使权利。要引导群众署实名举报、逐级举报。提倡实行双向承诺制度，受理机关承诺依法及时处理信访举报，信访举报人承诺维护信访秩序。对于已经或者依法应当通过诉讼、仲裁、行政复议等法定途径解决的，以及应由其他单位或部门受理的信访问题，要告知信访举报人受理的单位或部门。对少数妨碍信访秩序的，要进行批评教育。对违反治安管理规定的，要协调公安机关依法予以处理。

规范党员、国家机关工作人员的信访举报行为。党员、国家机关工作人员要按照组织原则和法定程序，负责任地进行检举、控告，实事求是地提出申诉，不得歪曲、捏造事实，诬告陷害。要正确对待组织的处理意见，不得无理纠缠。要维护信访秩序，不得带头参加集体访，严禁煽动、策划、组织集体访。对不听劝导，造成恶劣影响或严重后果的，要依纪依法予以严肃处理。

五、加强对信访举报工作及工作人员的管理和监督

加强内部管理。制定信访举报件内部归口管理办法，逐步实现信访举报件由信访举报部门统一受理、转办和管理。对分流到本机关其他部门的信访举报件，信访举报部门要掌握办理情况，定期汇总分析。建立健全信访案件办理和管理制度，对需要发函或直接查办的信访举报件，严格履行审批程序。定期催办督办信访案件，对重大、疑难案件的催办督办要制订方案，经批准后组织实施。对下级机关呈报的信访案件处理结果要严格审核，必要时可调卷审查或直接调查。对重要信访案件的处理，承办人和呈报单位意见不一致的，要集体研究决定。

加强监督制约。建立健全案件线索集体排查机制，重要案件线索由纪检监察机关的领导人组织纪检监察室、信访室等部门的负责人共同研究处理意见。信访举报部门内部要合理分工，形成受理、办理、督办、审核、结案归档等环节的相互制约机制。

信访举报工作人员应定期轮岗。逐步建立外部监督机制，重视群众对不依纪依法办理信访举报的反映，对违纪违法者要严肃处理。上级纪检监察机关要加强对下级机关依纪依法处理信访举报情况的督促检查，及时纠正存在的问题。

严格责任追究。建立健全纪检监察机关主要领导负总责，分管领导、信访举报等部门负责人及其工作人员各负其责的责任制。逐步实行信访举报工作过错追究制，对丢失、隐匿或者擅自销毁信访举报材料的，敷衍塞责、推诿扯皮导致重复信访、集体访或矛盾激化的，泄漏信访举报情况导致案件查处工作受阻或检举、控告人遭到打击报复的，处理重要信访及突发性事件不及时造成严重后果和恶劣影响的，以及有其他失职渎职行为的，要分清责任，依照党纪政纪严肃处理。构成犯罪的，移送司法机关处理。

各级纪检监察机关要高度重视依纪依法规范信访举报工作，切实加强领导，精心组织，周密安排。要结合实际，确定不同阶段的工作重点，分步骤推进。要加强调查研究，掌握新情况，解决新问题，确保依纪依法规范信访举报工作的各项任务和要求落到实处。

35.5 《中共中央纪律检查委员会关于重申和建立党内监督五项制度的实施办法》
（1997年2月4日）（节录）

为了进一步健全和加强党内监督机制，充分发挥党的纪律检查委员会对党政领导干部，特别是对省（部）级领导干部的监督作用，按照对干部严格要求、严格管理、严格监督的精神，在坚持党的纪律检查委员会现行领导体制的前提下，重申和建立党内监督五项制度，并据此制定以下实施办法。

……

三、党的地方和部门的纪委（纪检组）接到对下一级党委（党组）成员的检举和控告，必须报告上一级纪律检查委员会，任何人无权扣压。凡违反的必须追究责任，严肃处理。

（一）本条规定所称"下一级党委（党组）成员"，是指纪委（纪检组）的同级党委领导的下一级党委、党工委的书记、副书记、常委、委员；下一级国家机关、人民团体、经济组织、文化组织和其他非党组织中的党组书记、副书记、党组成员。

下一级纪委（纪检组）、同级党委所属工作部门中不是同级党委（党组）成员的正副职领导干部，适用本条规定。

（二）地方和部门的纪委（纪检组）从各种途径接到的对下一级党委（党组）成员的检举和控告，均需报告上一级纪委，任何组织和个人无权扣压。但是，下列检举和控告可以不报：上一级纪检机关下转交办的；已经上报并且内容重复的；没有任何具体事实和查核线索的；明显不属于违纪行为的。

（三）地方和部门的纪委（纪检组）接到需上报的检举和控告后，应填写《检举控告报表》（格式附后），按月上报上一级纪委。问题比较重大或紧急的，随时上报。对上报的问题，需要进行初步核实和立案检查的，按照《案件检查工作条例》规定的程序进行。

（四）上一级纪委收到《检举控告报表》后，对需要提出办理意见的，应及时提出并告知呈报的纪委（纪检组）。呈报的纪委（纪检组）必须执行，如有不同意见，应向上一级纪委书面申明理由，上一级纪委应及时给予答复。办理结果应报告上一级纪委。

35.6《中国共产党党员权利保障条例》（2004年9月22日）（节录）

第三十条 党的各级纪律检查机关在同级党委和上级纪委领导下，做好党员权利保障工作，受理有关党员权利保障方面的检举、控告和申诉，检查和处理侵犯党员权利方面的案件，对党的领导干部和下级党组织履行党员权利保障职责的情况进行监督检查。

第三十六条 【监察工作机制及内部监督管理】 监察机关应当严格按照程序开展工作，建立问题线索处置、调查、审理各部门相互协调、相互制约的工作机制。

监察机关应当加强对调查、处置工作全过程的监督管理，设立相应的工作部门履行线索管理、监督检查、督促办理、统计分析等管理协调职能。

【纪检监察法规】

36.1《中国共产党纪律检查机关监督执纪工作规则（试行）》（2017年1月8日）（节录）

第五条 创新组织制度，建立执纪监督、执纪审查、案件审理相互协调、相互制约的工作机制。市地级以上纪委可以探索执纪监督和执纪审查部门分设，执纪监督部门负责联系地区和部门的日常监督，执纪审查部门负责对违纪行为进行初步核实和立案审查；案件监督管理部门负责综合协调和监督管理，案件审理部门负责审核把关。

第十条 纪检机关案件监督管理部门负责对监督执纪工作全过程进行监督管理，履行线索管理、组织协调、监督检查、督促办理、统计分析等职能。

第十二条 纪检机关信访部门归口受理同级党委管理的党组织和党员干部违反党纪的信访举报，统一接收下一级纪委和派驻纪检组报送的相关信访举报，分类摘要后移送案件监督管理部门。

执纪监督部门、执纪审查部门、干部监督部门发现的相关问题线索，属本部门受理范围的，应当送案件监督管理部门备案；不属本部门受理范围的，经审批后移送案件监督管理部门，由其按程序转交相关监督执纪部门。

案件监督管理部门统一受理巡视工作机构和审计机关、行政执法机关、司法机关等单位移交的相关问题线索。

第十七条 承办部门应当定期汇总线索处置情况，及时向案件监督管理部门通报。案件监督管理部门定期汇总、核对问题线索及处置情况，向纪检机关主要负责人报告。

各部门应当做好线索处置归档工作，归档材料应当齐全完整，载明领导批示和处置过程。

36.2 《关于加强和改进新形势下案件管理工作的意见》（2005 年 8 月 17 日）

为贯彻党的十六大和十六届三中、四中全会精神，深入开展党风廉政建设和反腐败斗争，提高案件管理工作水平，促进严格依纪依法办案，现就加强和改进新形势下案件管理工作提出如下意见。

一、充分认识加强和改进新形势下案件管理工作的重要性和紧迫性

当前，反腐败斗争形势依然比较严峻，大案要案时有发生，查办案件任务十分繁重。随着依法治国基本方略的实施，全民法制意识的增强，社会法制化管理水平的提高，对查办案件工作提出了新的更高的要求。案件管理是查办案件的重要组成部分，加强和改进案件管理工作，对促进严格依纪依法办案，深入推进党风廉政建设和反腐败斗争，具有十分重要的作用。十多年来，各级纪检监察机关认真贯彻《中共中央纪委办公厅关于进一步加强案件管理工作的意见》，取得了明显的成绩。但也要清醒地看到，案件管理工作还存在一些与形势和任务不相适应的问题。一些地区的案件管理工作局限于单纯的数字统计，职能作用没有得到全面发挥；有的地区对办案工作的组织协调尚未形成有效的机制，对办案工作的管理和监督还存在薄弱环节；有的地区案件管理工作的机构设置、人员配备与担负的职责还不相适应。这些问题在一定程度上影响了案件管理工作的开展。各级纪检监察机关要从深入推进反腐倡廉工作的高度，充分认识加强和改进新形势下案件管理工作的重要性和紧迫性，进一步把案件管理工作抓紧抓好。

二、全面履行案件管理职能

案件管理工作要以邓小平理论和"三个代表"重要思想为指导，按照建立健全教育、制度、监督并重的惩治和预防腐败体系的要求，认真贯彻《关于纪检监察机关严格依纪依法办案的意见》，坚持为领导决策服务、为查办案件服务，全面履行统计汇总、综合分析、组织协调、跟踪督办和监督检查职能，加强对办案过程的管理和监督，促进依纪依法办案，推动办案工作深入开展。

加强案件统计工作。按照统计法规和案件管理的有关规定，做好案件统计资料的审核、汇总，全面、准确、及时地报送统计资料，不得迟报、虚报、瞒报、漏报和伪造、篡改统计资料。统一使用中央纪委"纪检监察机关案件管理系统"软件，按照中央纪委办公厅制定的统计指标体系进行统计，逐级报送。实行月报和季度备案制度。凡向上级机关报送、向其他部门提供或对外公开发表的案件统计数据，由案件管理部门统一负责。

加强对案件的分析和研究。对一个时期违纪违法案件的特点、发案原因和发案趋势等进行综合分析；结合一个阶段的工作重点，围绕领导和群众关注的热点问题进行专题分析；加强对办案工作新情况新问题的研究；加强典型案例剖析。通过分析和研究，提供有价值的综合情况，供领导决策参考。

加强对查办案件相关工作的组织协调。加强与查办案件相关部门的联系和沟通，协助做好查办案件组织协调工作的计划、组织和实施。注意掌握重要或复杂案件的定性、处理、移送情况，及时向领导提出需要协调的事项。畅通组织协调渠道，处理好

与各方面的工作关系，形成办案合力。

加强对重要案件的跟踪督办。对重要案件线索、领导交办案件和本级机关自办案件进行集中管理，全程跟踪督办，掌握案件的来源、去向、进展和结果，及时将案件查处情况向领导和有关部门反馈。明确责任，理顺关系，提高办案效率。

加强对办案工作的监督检查。监督检查的重点是：违纪线索的初核及立案、处分等审批手续是否符合有关规定；使用"两规""两指"措施情况；办案时限、办案工作安全保密和违纪暂扣款物收缴及管理情况；办案人员执行办案制度、遵守办案纪律情况等。

三、切实推进案件管理工作制度化

各级纪检监察机关要把制度建设作为推进规范化、程序化管理的一项基础性工作，抓好建章立制。

坚持和完善已有的各项制度。继续严格执行案件分析、办案情况通报和案件管理工作情况通报三项制度。完善统计制度，改进考评办法，提高统计填报质量。健全跟踪督办制度，重点规范上级机关要结果案件、领导批办案件、本级机关主办的重要或复杂案件、逾期未结案件和跨年度遗留案件的督办程序。

建立适应形势和任务需要的工作制度。认真总结案件管理和查办案件工作中的好经验、好做法，及时将经过实践检验、比较成熟的经验上升为制度。建立重要案件线索统一管理制度，对同级党委管理的党员干部违纪线索实行集中管理。建立重要案件线索集体排查制度，对重要案件线索的处置，须经集体研究后作出决定。建立案件备案制度，违纪线索的初步核实、案件的立案、使用和解除"两规"措施、涉嫌犯罪的案件移送司法机关，按规定履行报批手续后要及时向案件管理部门备案。建立办案工作安全保密制度，落实安全管理责任制。建立办案组织协调制度，明确组织协调案件的范围、组织协调的方式方法，健全工作机制。

积极探索制定纪检监察机关案件管理工作条例。省（区、市）纪检监察机关案件管理部门要加强调查研究，积极实践，努力创新，建立健全案件管理工作综合性制度，为制定全国案件管理工作条例积累经验。

四、建立健全案件管理组织机构

省（区、市）纪检监察机关要设置案件管理室，条件暂不具备的，可在有关部门设置案件管理机构。市（地）和县（市）纪检监察机关要明确案件管理负责部门，有条件的可设置案件管理专门机构。市（地）级以上（含市地级）纪检监察机关的派出机构要确定专人负责案件管理工作。

案件管理部门负责人应列席研究案件的有关会议，阅览有关文件。案件管理部门经领导批准，可以向本级机关有关部门和下级机关了解案件查办情况。案件管理部门应配备必需的办公设备。省（区、市）纪检监察机关案件管理部门要建立与中央纪委办公厅案件管理部门直接互通的内网邮件系统，市（地）与县（市）纪检监察机关之间应创造条件实现网络互通。

五、进一步加强对案件管理工作的领导

各级纪检监察机关要高度重视案件管理工作，加强组织领导。案件管理工作与办案工作要统一部署、统一检查、统一考核。健全纪检监察机关主要领导负总责，分管领导、案件管理等部门负责人及其工作人员各负其责的责任制。省（区、市）纪检监察机关要及时研究分析案件管理工作情况，确定不同阶段的工作重点，加强工作指导。

加强队伍建设。加强对案件管理干部的教育、管理和监督，严肃工作纪律特别是保密纪律。加强对案件管理部门负责人和业务骨干的培训，提高案件管理干部的政治素质、政策水平和业务能力，增强做好新形势下案件管理工作的本领。

加强督促检查。省（区、市）纪检监察机关每年要检查一次本部门和所属地区的案件管理工作，及时发现和解决工作中存在的问题，通报检查结果，并将本地区案件管理工作情况和检查情况向上级报告。市（地）和县（市）纪检监察机关每年要对本地区案件管理工作完成情况进行自查和总结，并向上级报告。

36.3《党的纪律检查机关案件审理工作条例》（1987年7月14日）（节录）

第一章 总 则

第一条 根据党章和《关于党内政治生活的若干准则》，结合案件审理工作的实践经验，制定本条例。

第二条 案件审理工作，是对违犯党的纪律的案件的审核处理工作，是党的纪律检查工作的重要组成部分，是检查处理党员或党组织违犯党纪案件的重要环节。做好案件审理工作，对于正确地处理违犯党的纪律的案件，维护党的纪律的严肃性，端正党风；对于坚持四项基本原则，保证党的路线、方针、政策、决议的贯彻执行，促进社会主义物质文明和精神文明建设，有着积极的作用。

第三条 审理党员或党组织违犯党的纪律的案件，必须坚持实事求是的原则。以事实为依据，重证据，不主观臆断，不带框框。对于处理错了的案件，一经发现，坚决改正。

第四条 对犯错误的同志，必须坚持"惩前毖后，治病救人"的方针。对他们耐心地进行思想教育，根据其错误，恰当处理，既反对惩办主义，又不得姑息、迁就。

第五条 处理党员或党组织违犯党的纪律的案件，必须坚持严肃慎重、区别对待的原则。违纪必究，严肃处理，不能含糊敷衍。但在处理的时候，必须慎重从事。对具体案件，要具体分析其错误事实、性质、情节和危害，根据不同情况，做不同处理。

第六条 对于违犯党的纪律的党员，必须坚持在党的纪律面前人人平等的原则。不论其职位高低，贡献大小，资历长短，都要严肃查处，决不容许有不受党纪约束的特殊党员。

第七条 对党员或党组织的处分，必须坚持民主集中制的原则，由党委或纪委集体讨论决定。不允许任何个人或少数人决定和批准对党员或党组织的处分。

第八条 审查处理违犯党的纪律的案件的人员，需要回避的，经批准后实行回避。

第二章 任务和职责范围

第九条 案件审理工作的任务是：审查处理党员、党组织违犯党的纪律的案件和复查的案件。实事求是地核对违犯党的纪律的案件的事实材料，审核鉴别证据，根据党的政策和国家的法律法规，分析认定问题的性质，按照党章的规定和党对犯错误党员的一贯政策以及规定的程序，正确地处理违犯党的纪律的党员或党组织。

第十条 职责范围：

（一）审理按照批准权限由本级纪委或同级党委批准的违犯党的纪律的案件；

（二）审理报送上级纪委或党委审批的案件；

（三）审理下级纪委报的特别重要或复杂的案件；

（四）审理下级纪委对同级党委处理案件的决定有不同意见请求予以复查或复议的案件；

（五）审理下级纪委报来的备案案件；

（六）审理领导同志交办的其他案件；

（七）受理本级党委、纪委及上级党委、纪委批准的案件中党员对所受处分或结论不服的申诉；

（八）调查研究案件审理工作和执行党纪的情况，拟定有关案件审理工作规范化的规定，对下级纪委的审理工作进行业务指导；

（九）为进行党性、党风、党纪教育选择典型案例。

第五章 审理案件工作程序

第二十条 凡需经本级党委、纪委决定或批准以及需报上级党委、纪委批准的案件，在正式决定或批准前，必须经过审理部门审理。

第二十一条 审理部门在接到需由本部门审理的案件后，应即指定承办人。除案情简单者外，每个案件应由二人共同承办，特别重大复杂的案件，应组成二人以上的审议组办理。

第二十二条 承办人员按照本条例第三章的基本要求，对案件认真审理，提出审理意见。对于重大或复杂的案件，必要时，对主要事实和证据直接进行复查核实。

第二十三条 审理部门集体审议案件。由承办人员汇报案情和审理意见。汇报案情要言必有据，不得随意扩大或缩小事实。讨论中充分发扬民主，畅所欲言，允许为犯错误者申辩。然后根据会议决定写出审理报告。讨论中如有不同意见，同时上报。

第二十四条 一般情况下，批准机关在审理过程中应派专人与受处分人谈话，认真听取受处分人的意见。同时根据情况对犯错误的党员进行必要的帮助教育。做好谈话记录。

第二十五条 需要征求有关部门意见的案件，在常委审定前进行。

第二十六条 经过审理部门集体审议的案件，将案件审理报告和下级纪委或党委报来的有关材料，一并提请本纪委常委会审批。

第二十七条　经本纪委常委会讨论决定后，按照批准权限，由本纪委批准的案件，立即办理批复手续；需报同级党委或上级党委、纪委审批的案件，及时办理请示手续。在接到同级党委或上级党委、纪委的批复后，及时办理给有关党组织的批复手续。

第二十八条　已经批复或同意备案的案件，及时抄送同级党委组织部门和其他有关部门。给予党员的处分决定中，有向党外组织建议撤销党外职务和给予其他行政处分时，应将处分决定送党外有关组织。

第二十九条　案件办理完结后，由承办人按照规定立卷归档。

36.4 《中共中央纪律检查委员会关于审理党员违纪案件工作程序的规定》（1991年7月13日）（节录）

第一章　总　则

第三条　案件检查结束后，必须移送案件审理部门或专兼职审理人员进行审理。

第四条　审理案件应按照处理违纪案件批准权限的规定，分级负责。

第五条　审理案件的人员是本案的当事人，或者是当事人的近亲属，或者与本案有利害关系的，应当回避，犯错误的党员也有权要求他们回避。审理案件人员的回避须经批准，未经批准之前不得停止对案件的审理。

案件审理部门负责人的回避，由本级纪委分管案件审理工作的常委决定；其他案件审理人员的回避，由审理部门负责人决定。

第二章　违纪案件的受理

第六条　案件审理部门受理下列案件：

（一）下级党委、纪委呈报的需由本级党委、纪委批准的案件；

（二）本级纪委检查部门直接检查的，并需由本级党委、纪委直接决定处理的案件；

（三）需呈报上级党委、纪委审批的案件；

（四）下级党委、纪委呈报的备案案件；

（五）本级纪委负责同志或上级党组织交办的案件；

（六）下级党委、纪委呈报的，原由本级纪委、同级党委及上级党委、纪委批准的案件中的申诉复查案件；

（七）原由下级党委、纪委批准经复查复议后申诉人对复查结论和复查处理决定仍不服，下级党委、纪委呈报请求复核的复查案件；

（八）行政监察机关、公安机关、人民检察院、人民法院移送的需给予党纪处分的案件。其中，需要进一步调查取证的，由受理案件的纪委检查部门或商请移送案件的机关补充调查后移送审理。需要个别调查补充证据的，由受理案件的纪委审理部门调查补证。

第三章 违纪案件的审理

第九条 各级纪委审理部门受理案件后,应及时指定承办人办理。除情节简单的案件外,一般应由两人办理,特别重大复杂的案件,应组成两人以上的审议组办理,并确定其中一人主办。

第十条 审理案件,要按照事实清楚、证据确凿、定性准确、处理恰当,手续完备的要求进行审理。

第十一条 承办人对处分决定中所列举的错误事实要认真审核,弄清犯错误党员犯有哪些错误,每一错误发生的时间、地点、起因、情节及造成的后果,有关人员的责任。审核认定的每一错误事实是否都有确凿的证据。犯错误党员对处分决定所依据的错误事实如提出不同意见,有关组织的说明能否将所提问题说明清楚。

第十二条 承办人根据《党章》、《关于党内政治生活的若干准则》、党的政策、党纪处分规定、国家的法律法规和社会主义道德规范,判断处分决定中所认定的错误性质是否准确,所给予的处分是否恰当。

第十三条 在审理过程中,如发现事实不清、证据不足、有关人员责任不明时,应主动听取报案单位的意见,确需补报材料时,应请报案单位补报材料。

第十四条 一般情况下,案件在提请本级纪委常委决定前,应派人与犯错误党员谈话,核对错误事实,听取本人意见。本人如对处分决定和所依据的事实材料提出不同意见,应写出书面材料。没有书写能力的,应由谈话人将其意见整理成书面材料,并交本人签字。

与犯错误党员谈话,应作好谈话记录。

第十五条 案件涉及专业技术问题或具体业务政策、规定的,必要时征求有关部门的意见。

第十六条 承办人审理后,草拟审理报告。报告中应写明错误事实、性质、政策法规依据、报案单位的意见和承办人的意见。

第十七条 承办人办理的案件,要经过案件审理部门室务会议审议。审议时,承办人根据起草的审理报告,如实清楚地汇报。会议要充分发扬民主,认真讨论,提出结论性意见。

第十八条 承办人根据集体审议的结论性意见修改审理报告,经审理部门负责同志审核后,连同报案单位呈报的有关材料一并提请本级纪委常委会审定。

由本级纪委参与检查或过问的案件在报本级纪委常委会审前,还要征求有关检查部门的意见,需要本级纪委直接决定的案件,经审理部门集体审议后代常委草拟处分决定,连同审理报告一并提请本级纪委常委会审定,如果检查部门有不同意见,应同时上报。

第十九条 常委会决定后,对由本级纪委批准的案件,审理部门即办理批复手续,其中需要向同级党委和上级党委、纪委备案的,同时办理备案手续;对需要由同级党委或上级党委、纪委批准的案件应及时办理报批手续,在接到同级党委或上级党委、纪委的批复后,及时通知犯错误党员所在单位的党组织宣布执行。

第二十条 凡给予党纪处分或免予党纪处分的案件,要按照干部管理权限,将处分决定或免予处分的结论、错误事实调查报告、上级批示、本人检讨及本人对处分决定或免予处分的结论的意见抄送组织部门;如建议给予行政处分的,抄送有关人事部门;如建议司法机关追究刑事责任的,抄送有关司法机关。

第二十一条 办理批复和备案手续后结案。承办人根据有关规定立卷归档。

第二十二条 给予党员的纪律处分,从处分决定批准之日起生效。处分决定和批复给受处分的党员一份。

第四章 复查案件的审理

第二十六条 审理复查案件除按审理违纪案件的要求进行外,还应注意审阅原处理案卷材料。对照原处分决定和证据,审核改变处理的依据是否充分。如果原证据和复查时取得的证据有矛盾,应认真鉴别。

第二十七条 对案件的复查复议决定,经原批准处分的机关批准后,申诉人对复查复议结论仍不服的,原批准处分的机关应将本人申诉和复查复议材料一并报上一级党委或纪委审查决定。一经上级党委、纪委审查决定后,申诉人仍然不服,继续申诉的,一般不再受理。

36.5《中国共产党巡视工作条例》(2017年7月10日)(节录)

第二条 党的中央和省、自治区、直辖市委员会实行巡视制度,建立专职巡视机构,在一届任期内对所管理的地方、部门、企事业单位党组织全面巡视。

中央有关部委、中央国家机关部门党组(党委)可以实行巡视制度,设立巡视机构,对所管理的党组织进行巡视监督。

党的市(地、州、盟)和县(市、区、旗)委员会建立巡察制度,设立巡察机构,对所管理的党组织进行巡察监督。

开展巡视巡察工作的党组织承担巡视巡察工作的主体责任。

第九条 党的中央和省、自治区、直辖市委员会设立巡视组,承担巡视任务。巡视组向巡视工作领导小组负责并报告工作。

第十条 巡视组设组长、副组长、巡视专员和其他职位。巡视组实行组长负责制,副组长协助组长开展工作。

巡视组组长根据每次巡视任务确定并授权。

第十三条 中央巡视组的巡视对象和范围是:

(一)省、自治区、直辖市党委和人大常委会、政府、政协党组领导班子及其成员,省、自治区、直辖市高级人民法院、人民检察院党组主要负责人,副省级城市党委和人大常委会、政府、政协党组主要负责人;

(二)中央部委领导班子及其成员,中央国家机关部委、人民团体党组(党委)领导班子及其成员;

(三)中央管理的国有重要骨干企业、金融企业、事业单位党委(党组)领导班

子及其成员;

(四) 中央要求巡视的其他单位的党组织领导班子及其成员。

第十四条 省、自治区、直辖市党委巡视组的巡视对象和范围是:

(一) 市 (地、州、盟)、县 (市、区、旗) 党委和人大常委会、政府、政协党组领导班子及其成员,市 (地、州、盟) 中级人民法院、人民检察院和县 (市、区、旗) 人民法院、人民检察院党组主要负责人;

(二) 省、自治区、直辖市党委工作部门领导班子及其成员,政府部门、人民团体党组 (党委、党工委) 领导班子及其成员;

(三) 省、自治区、直辖市管理的国有企业、事业单位党委 (党组) 领导班子及其成员;

(四) 省、自治区、直辖市党委要求巡视的其他单位的党组织领导班子及其成员。

第十五条 巡视组对巡视对象执行《中国共产党章程》和其他党内法规,遵守党的纪律,落实全面从严治党主体责任和监督责任等情况进行监督,着力发现党的领导弱化、党的建设缺失、全面从严治党不力,党的观念淡漠、组织涣散、纪律松弛,管党治党宽松软问题:

(一) 违反政治纪律和政治规矩,存在违背党的路线方针政策的言行,有令不行、有禁不止,阳奉阴违、结党营私、团团伙伙、拉帮结派,以及落实意识形态工作责任制不到位等问题;

(二) 违反廉洁纪律,以权谋私、贪污贿赂、腐化堕落等问题;

(三) 违反组织纪律,违规用人、任人唯亲、跑官要官、买官卖官、拉票贿选,以及独断专行、软弱涣散、严重不团结等问题;

(四) 违反群众纪律、工作纪律、生活纪律,落实中央八项规定精神不力,搞形式主义、官僚主义、享乐主义和奢靡之风等问题;

(五) 派出巡视组的党组织要求了解的其他问题。

第十六条 派出巡视组的党组织可以根据工作需要,针对所辖地方、部门、企事业单位的重点人、重点事、重点问题或者巡视整改情况,开展机动灵活的专项巡视。

第十七条 巡视组可以采取以下方式开展工作:

(一) 听取被巡视党组织的工作汇报和有关部门的专题汇报;

(二) 与被巡视党组织领导班子成员和其他干部群众进行个别谈话;

(三) 受理反映被巡视党组织领导班子及其成员和下一级党组织领导班子主要负责人问题的来信、来电、来访等;

(四) 抽查核实领导干部报告个人有关事项的情况;

(五) 向有关知情人询问情况;

(六) 调阅、复制有关文件、档案、会议记录等资料;

(七) 召开座谈会;

(八) 列席被巡视地区 (单位) 的有关会议;

(九) 进行民主测评、问卷调查;

（十）以适当方式到被巡视地区（单位）的下属地方、单位或者部门了解情况；

（十一）开展专项检查；

（十二）提请有关单位予以协助；

（十三）派出巡视组的党组织批准的其他方式。

第十八条　巡视组依靠被巡视党组织开展工作，不干预被巡视地区（单位）的正常工作，不履行执纪审查的职责。

第十九条　巡视组应当严格执行请示报告制度，对巡视工作中的重要情况和重大问题及时向巡视工作领导小组请示报告。

特殊情况下，中央巡视组可以直接向中央巡视工作领导小组组长报告，省、自治区、直辖市党委巡视组可以直接向省、自治区、直辖市党委书记报告。

第二十条　巡视期间，经巡视工作领导小组批准，巡视组可以将被巡视党组织管理的干部涉嫌违纪违法的具体问题线索，移交有关纪律检查机关或者政法机关处理；对群众反映强烈、明显违反规定并且能够及时解决的问题，向被巡视党组织提出处理建议。

第二十八条　对巡视发现的问题和线索，派出巡视组的党组织作出分类处置的决定后，依据干部管理权限和职责分工，按照以下途径进行移交：

（一）对领导干部涉嫌违纪的线索和作风方面的突出问题，移交有关纪律检查机关；

（二）对执行民主集中制、干部选拔任用等方面存在的问题，移交有关组织部门；

（三）其他问题移交相关单位。

第二十九条　有关纪律检查机关、组织部门收到巡视移交的问题或者线索后，应当及时研究提出谈话函询、初核、立案或者组织处理等意见，并于3个月内将办理情况反馈巡视工作领导小组办公室。

第三十四条　纪检监察机关、审计机关、政法机关和组织、信访等部门及其他有关单位，应当支持配合巡视工作。对违反规定不支持配合巡视工作，造成严重后果的，依据有关规定追究相关责任人员的责任。

36.6《中国共产党纪律检查机关查办案件涉案款物管理暂行规定》（2008年10月15日）（节录）

第六章　涉案款物的监督检查

第三十二条　纪检机关应当加强对涉案款物管理的监督检查，完善监督制约机制。

第三十三条　案件监督管理部门或者其他相关职能部门应当对管理过程中的文书使用和手续办理情况、涉案款物的保管和处理等情况定期进行监督检查，定期向本级纪检机关领导撰写专题情况报告。

第三十四条　涉案款物鉴定、拍卖机构的确定，纪检机关有规定的，按照规定执行；纪检机关没有规定的，由案件监督管理部门或者其他相关职能部门根据其资质、

第五章　监察程序

资格和专业技术水平等进行综合考察后指定。

第三十五条　案件监督管理部门或者其他相关职能部门应当对案件档案进行检查，确保所有涉案款物的处理文书存入档案。

第三十六条　涉案款物管理过程中使用的文书、表格统一由案件监督管理部门或者其他相关职能部门负责监制。

第三十七条　对移送司法机关并由司法机关认定与犯罪无关的涉案款物，案件监督管理部门或者其他相关职能部门应当督促司法机关予以退回。

第三十七条　【问题线索处置】监察机关对监察对象的问题线索，应当按照有关规定提出处置意见，履行审批手续，进行分类办理。线索处置情况应当定期汇总、通报，定期检查、抽查。

【纪检监察法规】

37.1《中国共产党纪律检查机关监督执纪工作规则（试行）》（2017年1月8日）（节录）

第九条　严格执行请示报告制度，对作出立案审查决定、给予党纪处分等重要事项，纪检机关应当向同级党委（党组）请示汇报并向上级纪委报告，形成明确意见后再正式行文请示。遇有重要事项应当及时报告，既要报告结果也要报告过程。

坚持民主集中制，线索处置、谈话函询、初步核实、立案审查、案件审理、处置执行中的重要问题，应当经集体研究后，报纪检机关主要负责人、相关负责人审批。

第十四条　案件监督管理部门对问题线索实行集中管理、动态更新、定期汇总核对，提出分办意见，报纪检机关主要负责人批准，按程序移送承办部门。承办部门应当指定专人负责管理问题线索，逐件编号登记、建立管理台账。线索管理处置各环节均须由经手人员签名，全程登记备查。

第十六条　承办部门应当结合问题线索所涉及地区、部门、单位总体情况，综合分析，按照谈话函询、初步核实、暂存待查、予以了结四类方式进行处置。

线索处置不得拖延和积压，处置意见应当在收到问题线索之日起30日内提出，并制定处置方案，履行审批手续。

第十七条　承办部门应当定期汇总线索处置情况，及时向案件监督管理部门通报。案件监督管理部门定期汇总、核对问题线索及处置情况，向纪检机关主要负责人报告。

各部门应当做好线索处置归档工作，归档材料应当齐全完整，载明领导批示和处置过程。

第三十八条　【初步核实】需要采取初步核实方式处置问题线索的，监察机关应当依法履行审批程序，成立核查组。初步核实工作结束后，核查组应当撰写初步核实情况报告，提出处理建议。承办部门应当提出分类处理意见。初步核实情况报告和分类处理意见报监察机关主要负责人审批。

【纪检监察法规】

38.1《中国共产党纪律检查机关监督执纪工作规则（试行）》（2017年1月8日）（节录）

第九条 严格执行请示报告制度，对作出立案审查决定、给予党纪处分等重要事项，纪检机关应当向同级党委（党组）请示汇报并向上级纪委报告，形成明确意见后再正式行文请示。遇有重要事项应当及时报告，既要报告结果也要报告过程。

坚持民主集中制，线索处置、谈话函询、初步核实、立案审查、案件审理、处置执行中的重要问题，应当经集体研究后，报纪检机关主要负责人、相关负责人审批。

第五章 初步核实

第二十二条 采取初步核实方式处置问题线索，应当制定工作方案，成立核查组，履行审批程序。被核查人为下一级党委（党组）主要负责人的，纪检机关应当报同级党委主要负责人批准。

第二十三条 核查组经批准可采取必要措施收集证据，与相关人员谈话了解情况，要求相关组织作出说明，调取个人有关事项报告，查阅复制文件、账目、档案等资料，查核资产情况和有关信息，进行鉴定勘验。

需要采取技术调查或者限制出境等措施的，纪检机关应当严格履行审批手续，交有关机关执行。

第二十四条 初步核实工作结束后，核查组应当撰写初核情况报告，列明被核查人基本情况、反映的主要问题、办理依据及初核结果、存在疑点、处理建议，由核查组全体人员签名备查。

承办部门应当综合分析初核情况，按照拟立案审查、予以了结、谈话提醒、暂存待查，或者移送有关党组织处理等方式提出处置建议。

初核情况报告报纪检机关主要负责人审批，必要时向同级党委（党组）主要负责人报告。

38.2《中国共产党纪律检查机关案件检查工作条例》及《中国共产党纪律检查机关案件检查工作条例实施细则》（以下简称《实施细则》）（1994年5月1日）（节录）

第二章 受理和初步核实

第十一条 纪检机关受理反映党员或党组织的违纪问题后，应根据情况决定是否进行初步核实。需初步核实的，应及时派人进行，必要时也可委托下级纪检机关办理。

《实施细则》第七条 根据《条例》第十一条的规定，凡纪检室认为需进行初步核实的，应填写《初步核实呈批表》（附式1）；凡委托下级纪检机关进行初步核实的，应当制作《委托初步核实通知书》（附式2）。受委托的纪检机关应及时办理，并将核实情况报告委托机关。

第五章　监察程序

第十二条　初步核实的任务是，了解所反映的主要问题是否存在，为立案与否提供依据。

第十三条　初步核实可以采用本条例第二十八条中（一）、（二）、（三）、（四）、（五）、（八）的方法收集证据。

《实施细则》第八条　根据《条例》第十二条、十三条的规定，初步核实应当尽力收集证据，并抓住主要问题进行，注意保守秘密。

【编者注】本条例第28条中（一）、（二）、（三）、（四）、（五）、（八）的方法是指："（一）查阅、复制与案件有关的文件、资料、账册、单据、会议记录、工作笔记等书面材料；（二）要求有关组织提供与案件有关的文件、资料等书面材料以及其他必要的情况；（三）要求有关人员在规定的时间、地点就案件所涉及的问题作出说明；（四）必要时可以对与案件有关的人员和事项，进行录音、拍照、摄像；（五）对案件所涉及的专门性问题，提请有关的专门机构或人员作出鉴定结论；（八）收集其他能够证明案件真实情况的一切证据。"

本条例第28条中另有两项收集证据方法未授权初步核实可以采取："（六）经县级以上（含县级）纪检机关负责人批准，暂予扣留、封存可以证明违纪行为的文件、资料、账册、单据、物品和非法所得；（七）经县级以上（含县级）纪检机关负责人批准，可以对被调查对象在银行或其他金融机构的存款进行查核，并可以通知银行或其他金融机构暂停支付"。

第十四条　初步核实后，由参与核实的人员写出初步核实情况报告，纪检机关区别不同情况作出处理：

（一）反映问题失实的，应向被反映人所在单位党组织说明情况，必要时还应向被反映人说明情况或在一定范围内予以澄清；

（二）有违纪事实，但情节轻微，不需追究党纪责任的，应建议有关党组织作出恰当处理；

（三）确有违纪事实，需要追究党纪责任的，应予立案。

《实施细则》第九条　《条例》第十四条所称"初步核实情况报告"，其内容应包括：被反映人的自然情况、反映的主要问题及初步核实的结果、存在的疑点、处理建议。参与核实的人员须在初核情况报告上签名。

承办纪检室应对初步核实情况报告进行审议并提出处理建议，由室主任（室主任不在时由副主任）签名后呈报分管纪检室领导审批。

《实施细则》第十条　根据《条例》第十四条第一项的规定，对经初步核实，反映问题不实的，纪检机关除应向被反映人所在单位党组织说明情况外，还应注意做好以下工作：

1. 在初核过程中如向被反映人作过了解或纪检机关认为有必要的，应向本人说明情况；

2. 因反映问题不实而对被反映人造成不良影响的，应采取适当方式在一定范围内予以澄清；

3. 发现被反映人在工作中做出显著成绩的,应向有关党组织反映;

4. 对检举人因了解情况不全面而错告的,应帮助其总结经验教训;

5. 对蓄意诬告、陷害的,应调查处理或建议有关组织严肃追究。

《实施细则》第十一条 根据《条例》第十四条第二项的规定,对经初步核实,虽有违纪事实,但情节轻微,不需追究党纪责任的,纪检机关应建议有关党组织按照以下办法做出处理:

1. 党组织负责人同被反映人谈话,进行批评教育;

2. 责成被反映人作出口头或书面检查;

3. 召开民主生活会,对被反映人进行批评帮助;

4. 纠正被反映人的违纪行为或责令其停止正在实施的违纪行为;

5. 对被反映人的工作或职务进行调整;

6. 在一定范围内进行通报批评;

7. 责成被反映人退出违纪所得。

上述处理办法对同一被反映人可以单独使用,也可合并使用。

纪检机关对党组织提出建议时,应制作《纪律检查建议书》(附式3),送达有关党组织。对纪检机关的建议,有关党组织如无正当理由,应予采纳,并应将办理结果及时报告或告知提出建议的纪检机关。

第十五条 初步核实的时限为两个月,必要时可延长一个月。重大或复杂的问题,在延长期内仍不能初核完毕的,经批准后可再适当延长。

《实施细则》第十二条 《条例》第十五条所称"初步核实的时限",从初步核实工作实际开始之日算起,至纪检室提出处理意见呈报分管领导审批时为止。

第三十九条 【立案】 经过初步核实,对监察对象涉嫌职务违法犯罪,需要追究法律责任的,监察机关应当按照规定的权限和程序办理立案手续。

监察机关主要负责人依法批准立案后,应当主持召开专题会议,研究确定调查方案,决定需要采取的调查措施。

立案调查决定应当向被调查人宣布,并通报相关组织。涉嫌严重职务违法或者职务犯罪的,应当通知被调查人家属,并向社会公开发布。

【党章】

39.1 《中国共产党章程》(修正后2017年10月24日施行)(节录)

第四十六条第四款 各级纪律检查委员会发现同级党的委员会委员有违犯党的纪律的行为,可以先进行初步核实,如果需要立案检查的,应当在向同级党的委员会报告的同时向上一级纪律检查委员会报告;涉及常务委员的,报告上一级纪律检查委员会,由上一级纪律检查委员会进行初步核实,需要审查的,由上一级纪律检查委员会报它的同级党的委员会批准。

【纪检监察法规】

39.2《中国共产党纪律检查机关监督执纪工作规则（试行）》（2017年1月8日）（节录）

第九条 严格执行请示报告制度，对作出立案审查决定、给予党纪处分等重要事项，纪检机关应当向同级党委（党组）请示汇报并向上级纪委报告，形成明确意见后再正式行文请示。遇有重要事项应当及时报告，既要报告结果也要报告过程。

坚持民主集中制，线索处置、谈话函询、初步核实、立案审查、案件审理、处置执行中的重要问题，应当经集体研究后，报纪检机关主要负责人、相关负责人审批。

第六章 立案审查

第二十五条 经过初步核实，对存在严重违纪需要追究党纪责任的，应当立案审查。

凡报请批准立案的，应当已经掌握部分违纪事实和证据，具备进行审查的条件。

第二十六条 对符合立案条件的，承办部门应当起草立案审查呈批报告，经纪检机关主要负责人审批，报同级党委（党组）主要负责人批准，予以立案审查。

纪检机关主要负责人主持召开执纪审查专题会议，研究确定审查方案，提出需要采取的审查措施。

立案审查决定应当向被审查人所在党委（党组）主要负责人通报。对严重违纪涉嫌犯罪人员采取审查措施，应当在24小时内通知被审查人亲属。

严重违纪涉嫌犯罪接受组织审查的，应当向社会公开发布。

第二十七条 纪检机关主要负责人批准审查方案。

纪检机关相关负责人批准成立审查组，确定审查谈话方案、外查方案，审批重要信息查询、涉案款物处置等事项。

执纪审查部门主要负责人研究提出审查谈话方案、外查方案和处置意见，审批一般信息查询，对调查取证审核把关。

审查组组长应当严格执行审查方案，不得擅自更改；以书面形式报告审查进展情况，遇重要事项及时请示。

第二十八条 审查组可以依照相关法律法规，经审批对相关人员进行调查谈话，查阅、复制有关文件资料，查询有关信息，暂扣、封存、冻结涉案款物，提请有关机关采取技术调查、限制出境等措施。

审查时间不得超过90日。在特殊情况下，经上一级纪检机关批准，可以延长一次，延长时间不得超过90日。

需要提请有关机关协助的，由案件监督管理部门统一办理手续，并随时核对情况，防止擅自扩大范围、延长时限。

第二十九条 审查谈话、执行审查措施、调查取证等审查事项，必须由2名以上执纪人员共同进行。与被审查人、重要涉案人员谈话，重要的外查取证，暂扣、封存涉案款物，应当以本机关人员为主，确需借调人员参与的，一般安排从事辅助性工作。

　　第三十条　立案审查后,应当由纪检机关相关负责人与被审查人谈话,宣布立案决定,讲明党的政策和纪律,要求被审查人端正态度、配合调查。

　　审查期间对被审查人以同志相称,安排学习党章党规党纪,对照理想信念宗旨,通过深入细致的思想政治工作,促使其深刻反省、认识错误、交代问题,写出忏悔和反思材料。

　　审查应当充分听取被审查人陈述,保障其饮食、休息,提供医疗服务。严格禁止使用违反党章党规党纪和国家法律的手段,严禁侮辱、打骂、虐待、体罚或者变相体罚。

　　第三十一条　外查工作必须严格按照外查方案执行,不得随意扩大调查范围、变更调查对象和事项,重要事项应当及时请示报告。

　　外查工作期间,执纪人员不得个人单独接触任何涉案人员及其特定关系人,不得擅自采取调查措施,不得从事与外查事项无关的活动。

　　第三十二条　严格依规收集、鉴别证据,做到全面、客观,形成相互印证、完整稳定的证据链。

　　调查取证应当收集原物原件,逐件清点编号,现场登记,由在场人员签字盖章;调查谈话应当现场制作谈话笔录并由被谈话人阅看后签字。已调取证据必须及时交审查组统一保管。

　　严禁以威胁、引诱、欺骗及其他违规违法方式收集证据;严禁隐匿、损毁、篡改、伪造证据。

　　第三十三条　暂扣、封存、冻结、移交涉案款物,应当严格履行审批手续。

　　执行暂扣、封存措施,执纪人员应当会同原款物持有人或者保管人、见证人,当面逐一拍照、登记、编号,现场填写登记表,由在场人员签名。对价值不明物品应当及时鉴定,专门封存保管。

　　纪检机关应当设立专用账户、专门场所,确定专门人员保管涉案款物,严格履行交接、调取手续,定期对账核实。严禁私自占有、处置涉案款物及其孳息。

　　第三十四条　审查谈话、重要的调查谈话和暂扣、封存涉案款物等调查取证环节应当全程录音录像。录音录像资料由案件监督管理部门和审查组分别保管,定期核查。

　　第三十五条　未经批准并办理相关手续,不得将被审查人或者其他谈话调查对象带离规定的谈话场所,不得在未配置监控设备的场所进行审查谈话或者重要的调查谈话,不得在谈话期间关闭录音录像设备。

　　第三十六条　执纪审查部门主要负责人、分管领导应当定期检查审查期间的录音录像、谈话笔录、涉案款物登记表,发现问题及时纠正并报告。

　　第三十七条　查明违纪事实后,审查组应当撰写违纪事实材料,与被审查人见面,听取意见。要求被审查人在违纪事实材料上签署意见,对签署不同意见或者拒不签署意见的,审查组应当作出说明或者注明情况。

审查工作结束，审查组应当集体讨论，形成审查报告，列明被审查人基本情况、问题线索来源及审查依据、审查过程、主要违纪事实、被审查人的态度和认识、处理建议及党纪依据，并由审查组组长及有关人员签名。

对执纪审查过程中发现的重要问题和意见建议，应当形成专题报告。

第三十八条 审查报告以及忏悔反思材料、违纪事实材料、涉案款物报告，应当报纪检机关主要负责人批准，连同全部证据和程序材料，依照规定移送审理。

审查全过程形成的材料应当案结卷成、事毕归档。

39.3《中国共产党纪律检查机关案件检查工作条例》及《中国共产党纪律检查机关案件检查工作条例实施细则》（以下简称《实施细则》）（1994年5月1日）（节录）

第三章 立 案

第十六条 对检举、控告以及发现的党员或党组织的违纪问题，经初步核实，确有违纪事实，并需追究党纪责任的，按照规定的权限和程序办理立案手续。

《实施细则》第十三条 《条例》所称"追究党纪责任"，是指给予纪律处分和免予纪律处分。

第十七条 对党员的违纪问题，实行分级立案。

（一）党的中央委员会委员、中央纪律检查委员会委员违犯党纪的问题，由中央纪委报请中央批准立案。

（二）党的中央以下各级委员会、纪律检查委员会常务委员（基层党委、纪委为书记、副书记）违犯党纪的问题，与党委常务委员同职级的党委委员违犯党纪的问题，由上一级纪委决定立案，上一级纪委在决定立案前，应征求同级党委的意见。其他委员违犯党纪的问题，由同级纪委报请同级党委批准立案。

（三）其他党员干部违犯党纪的问题，均按照干部管理权限，由相应的纪委或纪工委、纪检组决定立案，在决定立案前应征求同级党委或党工委、党组的意见。未设立纪委或纪工委、纪检组的，由相应的党委或党工委、党组决定立案。

（四）不是干部的党员违犯党纪的问题，由基层纪委决定立案。未设立纪委的，由基层党委决定立案。

第十八条 党的关系在地方、干部任免权限在主管部门的党员干部违犯党纪的问题，除另有规定的外，一般由地方纪检机关决定立案。

若地方纪检机关认为由部门纪检机关立案更为适宜的，经协商可由部门纪检机关立案；根据规定应由部门纪检机关立案的违纪问题，经协商也可由地方纪检机关立案。

《实施细则》第十四条 《条例》第十八条第一款所称"另有规定的"部门，是指铁路、外交、民航、海关、税务、新华社、人民日报社等部门。

《实施细则》第十五条 根据《条例》第十八条第二款的规定，对应由地方纪检机关立案的违纪问题，有下列情形之一的，可由部门纪检机关立案：

1. 违纪问题涉及几个地方，由一个地方纪检机关立案调查不便的；

2. 部门纪检机关已受理并经初步核实的。

第十九条　对于党组织严重违犯党纪的问题，由上一级纪检机关报请同级党委批准立案，再上一级纪委在征求同级党委意见后也可直接决定立案。

《实施细则》第十六条　根据《条例》第十九条的规定，对违纪党组织的立案，应由有立案权的党委、纪委常委会议研究决定。

第二十条　属于下级纪检机关立案范围的重大违纪问题，必要时上级纪检机关可直接决定立案。

第二十一条　上级纪检机关发现应由下级纪检机关立案的违纪问题，可责成下级纪检机关予以立案。

《实施细则》第十七条　根据《条例》第二十一条的规定，上级纪检机关责成下级纪检机关立案的，必须是上级纪检机关或有关部门经过初步核实，认为符合立案条件的。

凡责成立案的，上级纪检机关应制作《责成立案通知书》（附式4）并附核实材料；有关下级纪检机关应即立案，并将查处结果报告上级纪检机关。

第二十二条　凡需立案的，应写出立案呈批报告，并附检举材料和初步核实情况报告，按立案批准权限呈报审批。

立案审批时限不得超过一个月。

经批准立案的案件，纪检机关应通报同级党委组织部门。

《实施细则》第十八条　根据《条例》规定，党员违犯党纪需要立案的，一般由纪委常委会议或纪检组组务会议讨论决定；党委委员、纪委委员违犯党纪需同级党委批准立案的，一般由党委常委会议讨论决定。党委或纪委因常务委员不够常委会议法定人数而无法召开常委会的，可由二名以上常务委员批准立案，但事后应即向其他常务委员通报。

不设常委会的各级党工委、纪工委，地级党委、纪委，基层党委、纪委的立案问题，比照前款规定执行。

立案审批时限，从收到立案呈批报告之日算起，至批准立案之日止。

《实施细则》第十九条　根据《条例》第二十二条的规定，凡需立案的，由承办纪检室写出《立案呈批报告》（附式5）。经批准立案的案件，承办纪检室应填写《立案决定书》（附式6），通报同级党委组织部门。

《实施细则》第二十条　党员工作调动后，发现在原单位有违纪问题并需立案调查的，由其现所在单位承办，原单位应予配合。离退休后提高职级待遇的党员，其违纪问题需立案调查的，应按其提高待遇后的干部管理权限办理。

第四章　调　查

第二十三条　对已经立案的案件，立案机关应根据案情组织调查组。

《实施细则》第二十一条　《条例》所称"立案机关"，是指决定立案或经批准后决定立案的机关。

第二十四条　调查组要熟悉案情，了解与案件有关的政策、规定，研究制订调查方案，并将立案决定通知被调查人所在单位党组织。

被调查人所在单位党组织应积极支持办案工作，加强对被调查人和案件知情人的教育。未经立案机关或调查组同意，不得批准被调查人出境、出国、出差，或对其进行调动、提拔、奖励。

《实施细则》第二十二条　《条例》第二十四条第一款所称"调查方案"，其内容应包括：需查清的主要问题，调查步骤、方法，预计完成任务的时间，办案人员的组成和领导关系以及应注意的事项等。

调查方案应经分管纪检室领导批准后实施。

【编者注】调查方案审批权限已经《中国共产党纪律检查机关监督执纪工作规则（试行）》修正。

《实施细则》第二十三条　《条例》所称"被调查人（被反映人）所在单位党组织"，是指与被调查人（被反映人）在其工作单位担任的党内职务或党外职务相应的一级党组织。

根据《条例》第二十四条第一款的规定，将立案决定通知被调查人所在单位党组织，应填写《立案决定书》，送交被调查人所在单位党组织的主要负责人。

第二十五条　调查开始时，在一般情况下，调查组应会同被调查人所在单位党组织与被调查人谈话，宣布立案决定和应遵守的纪律，要求其正确对待组织调查。调查中，应认真听取被调查人的陈述和意见，做好思想教育工作。

《实施细则》第二十四条　根据《条例》第二十五条的规定，调查开始时，在一般情况下，调查组应会同被调查人所在单位党组织负责人与被调查人谈话，宣布立案决定，进行思想教育，并提出应遵守的纪律：

1. 自觉接受组织的调查，如实说明情况，主动交待问题，认真检查错误，配合组织尽快查清问题；

2. 不得与同案人或知情人串通情况、订立攻守同盟，不得对抗调查或进行反调查；

3. 不得对检举控告人、证人及上述人员家属等进行打击报复。

如调查组认为，调查开始时与被调查人谈话和宣布立案决定，会影响案件调查工作的，可根据案情，在适当时机谈话和宣布立案决定。

被调查对象是一级党组织的，调查开始时，调查组应会同其上一级党组织负责人，与被调查党组织的主要负责人谈话。

第二十六条　调查组认为被调查的党员干部确犯有严重错误，已不适宜担任现任职务或妨碍案件调查时，可建议对其采取停职检查措施。停止党内职务，属党委批准立案的，停职检查由党委决定；属纪检机关直接立案的，停职检查由纪检机关征求同级党委意见后决定。停止党外职务的，由纪检机关向有关党外组织提出建议。

《实施细则》第二十五条　《条例》第二十六条所称"已不适宜担任现任职务"，是指具有下列情形之一的：

1. 被调查人犯有严重错误，已无法继续履行其职责；
2. 被调查人犯有严重错误，担任现任职务已严重影响调查工作。

本条所称"妨碍案件调查"，是指被调查人具有下列行为之一的：

1. 本人或指使他人对办案人、检举控告人、证明人及上述人员的家属进行侮辱、诽谤、诬陷、威胁、围攻、殴打以及其他形式的打击报复；

2. 本人或指使他人出伪证、不出证、隐匿、篡改、销毁证据，或嫁祸于人；

3. 利用职权或工作之便，采取欺骗、威胁、贿赂等手段阻止知情人如实反映情况、提供证据，或唆使知情人变证；

4. 本人或指使他人与同案人或知情人串通情况、订立攻守同盟，对抗调查或进行反调查。

《实施细则》第二十六条 根据《条例》第二十六条的规定，停止被调查人党内职务的，党委或纪检机关在作出停职检查决定后，应制作《停职检查决定书》（附式7）。纪检机关作出的停职检查决定，应将《停职检查决定书》报同级党委、党组备案，并通报同级党委组织部门。

属于停止被调查人党外职务的，纪检机关应制作《停职检查建议书》（附式8），送达有关党外组织。但由党委批准立案的，停职检查建议应在报经党委同意后提出。对纪检机关的建议，有关党外组织如无正当理由应予采纳，并应将结果及时报告或告知纪检机关。

停职检查的期限，不得超过办案期限。

第四十条 【调查取证的一般要求】 监察机关对职务违法和职务犯罪案件，应当进行调查，收集被调查人有无违法犯罪以及情节轻重的证据，查明违法犯罪事实，形成相互印证、完整稳定的证据链。

严禁以威胁、引诱、欺骗及其他非法方式收集证据，严禁侮辱、打骂、虐待、体罚或者变相体罚被调查人和涉案人员。

【党章】

40.1《中国共产党章程》（修正后2017年10月24日施行）（节录）

第四十三条 党组织对党员作出处分决定，应当实事求是地查清事实。处分决定所依据的事实材料和处分决定必须同本人见面，听取本人说明情况和申辩。如果本人对处分决定不服，可以提出申诉，有关党组织必须负责处理或者迅速转递，不得扣压。对于确属坚持错误意见和无理要求的人，要给以批评教育。

【纪检监察法规】

40.2《中国共产党纪律检查机关监督执纪工作规则（试行）》（2017年1月8日）（节录）

第三十二条 严格依规收集、鉴别证据，做到全面、客观，形成相互印证、完整稳定的证据链。

调查取证应当收集原物原件，逐件清点编号，现场登记，由在场人员签字盖章；调查谈话应当现场制作谈话笔录并由被谈话人阅看后签字。已调取证据必须及时交审查组统一保管。

严禁以威胁、引诱、欺骗及其他违规违法方式收集证据；严禁隐匿、损毁、篡改、伪造证据。

第三十七条 查明违纪事实后，审查组应当撰写违纪事实材料，与被审查人见面，听取意见。要求被审查人在违纪事实材料上签署意见，对签署不同意见或者拒不签署意见的，审查组应当作出说明或者注明情况。

审查工作结束，审查组应当集体讨论，形成审查报告，列明被审查人基本情况、问题线索来源及审查依据、审查过程、主要违纪事实、被审查人的态度和认识、处理建议及党纪依据，并由审查组组长及有关人员签名。

对执纪审查过程中发现的重要问题和意见建议，应当形成专题报告。

第三十八条 审查报告以及忏悔反思材料、违纪事实材料、涉案款物报告，应当报纪检机关主要负责人批准，连同全部证据和程序材料，依照规定移送审理。

审查全过程形成的材料应当案结卷成、事毕归档。

40.3《中国共产党纪律检查机关案件检查工作条例》及《中国共产党纪律检查机关案件检查工作条例实施细则》（以下简称《实施细则》）（1994年5月1日）（节录）

第四章 调 查

第二十七条 证明案件真实情况的一切事实，都是证据。证据包括：物证、书证、证人证言、受侵害人的陈述、被调查人的陈述、视听材料、现场笔录、鉴定结论和勘验、检查笔录。

证据应经过鉴别属实，才能作为定案的根据。

《实施细则》第二十七条 《条例》第二十七条所称证据的种类分别指：

1. 物证：指能够证明案件真实情况的物品和物质痕迹。
2. 书证：指以其记载的内容证明案件真实情况的文字（包括符号、图画）。
3. 证人证言：指证人就其所了解的案件事实情况所作的陈述。凡是知道案件真实情况的人都可以作为证人。生理上、精神上有缺陷或者年幼，不能辨别是非、不能正确表达意志的人，不能作证人。
4. 受侵害人的陈述：指受违纪行为直接侵害的人员就案件事实情况所作的控告和诉说。
5. 被调查人的陈述：指被调查党员就案件事实所作的交待、申辩和对同案人员的检举。
6. 视听材料：指可以重现原始声响或形象的用作证明案件事实的材料。
7. 现场笔录：指调查人员对案件（非刑事案件）有关的场所进行检查时所作的笔录。
8. 鉴定结论：指鉴定人运用专门知识或技能对办案人员不能解决的专门事项进行科学鉴定后所作出的结论。
9. 勘验、检查笔录：指公安、司法人员对与案件有关的场所、物品及其他证据材料进行勘验、检查时所作的笔录。

第二十八条 凡是知道案件情况的组织和个人都有提供证据的义务。调查组有权按照规定程序，采取以下措施调查取证，有关组织和个人必须如实提供证据，不得拒绝和阻挠。

（一）查阅、复制与案件有关的文件、资料、账册、单据、会议记录、工作笔记等书面材料；

（二）要求有关组织提供与案件有关的文件、资料等书面材料以及其他必要的情况；

（三）要求有关人员在规定的时间、地点就案件所涉及的问题作出说明；

（四）必要时可以对与案件有关的人员和事项，进行录音、拍照、摄像；

（五）对案件所涉及的专门性问题，提请有关的专门机构或人员作出鉴定结论；

（六）经县级以上（含县级）纪检机关负责人批准，暂予扣留、封存可以证明违纪行为的文件、资料、账册、单据、物品和非法所得；

（七）经县级以上（含县级）纪检机关负责人批准，可以对被调查对象在银行或其他金融机构的存款进行查核，并可以通知银行或其他金融机构暂停支付；

（八）收集其他能够证明案件真实情况的一切证据。

《实施细则》第二十八条 《条例》第二十八条所称"知道案件情况的组织和个人"，包括党组织和党外组织、党员和党外人员。

党员拒绝作证或故意提供虚假情况，情节严重的应按照有关规定给予党纪处分；是党外人员的，应建议其主管机关予以追究。

《实施细则》第二十九条 根据《条例》第二十八条第四项的规定，对与案件有关的人员和事项进行录音、拍照、摄像，应严格掌握。与被调查人、受侵害人和证人谈话时，如进行录音、拍照、摄像，应事先告知本人。制作的录音带、录像带和照片，应严加保管，不得扩散外传。被调查人、证人等未经调查人员许可，不得对调查人员使用这些手段。

《实施细则》第三十条 根据《条例》第二十八条第五项的规定，对案件所涉及的专门性问题，调查组可以提请有关专门机构或人员作出鉴定结论。鉴定人员应在鉴定结论上签名，并由鉴定单位加盖公章。

用作证据的鉴定结论，应告知被调查人。如被调查人提出申请，或调查组认为必要时，可以补充鉴定或重新鉴定。调查人员使用鉴定结论时，要注意与其他证据相互印证。

《实施细则》第三十一条 根据《条例》第二十八条第六项的规定，纪检机关暂予扣留、封存可以证明违纪行为的文件、资料、账册、单据、物品和非法所得时，参加的调查人员不得少于二人，并要填写《暂予扣留、封存物品登记表》（附式9），调查人和文件、物品的保管或持有人均应在登记表上签名。对扣留封存的文件、物品等，要指定专人妥善保管。

扣留封存的期限不得超过办案期限。

《实施细则》第三十二条 根据《条例》第二十八条第七项的规定，查核和暂停支付被调查对象在银行或其他金融机构的存款，按照中央纪委、中国人民银行关于纪检机关查询和暂停支付被调查对象存款有关规定办理，并要分别填写《查核银行存款通知书》（附式10）、《暂停支付存款通知书》（附式11）、《解除暂停支付存款通知书》（附式12）。

暂停支付的期限不得超过办案期限。

第二十九条 调查取证要做到：

（一）收集物证、书证，应尽量收取原物、原件；不能收取原物、原件的，也可拍照、复制，但须注明保存单位和出处，书证还须由原件的保存单位或个人签字、盖章。

（二）收集证言，应对出证人提出要求，讲明责任。证言材料要一人一证，可由证人书写，也可由调查人员作笔录，并经本人认可。所有证言材料应注明证人身份、出证时间，并由证人签字、盖章或押印。证人要求对原证作出部分或全部更改时，应重新出证并注明更改原因，但不退原证。与证人谈话，调查人员不得少于两人。收集被侵害人的陈述、被调查人的陈述，适用本项规定。

（三）对于有关机关移送的调查材料，必须认真审核，经调查人员认定后才可作证据使用。

《实施细则》第三十三条 根据《条例》第二十九条的规定，调查取证还要注意做到：

1. 收集书证时，对可作书证的私人日记、信件等原始材料，应采取动员的方法，不能强行收集。涉及个人隐私的，应为其保密。

2. 收集证人证言，应个别进行，不得采取开座谈会的形式。证人作证后，应为其保密。

3. 调查人员与被调查人、证人、受侵害人谈话时，应制作《谈话笔录》（附式13）。

4. 对与案件（非刑事案件）有关的场所进行检查时，调查人员不得少于二人，并应制作现场笔录，调查人员应在现场笔录上签名。

第三十条 调查中，如需公安、司法机关和其他执法部门等提供与违纪案件有关的证据材料，有关机关应予积极配合。

第三十一条 应认真鉴别证据，严防伪证、错证。发现证据存在疑点或含糊不清的，应重新取证或补证。

第三十二条 认定错误事实须有确实、充分的证据。只有被调查人的交待，而无其他证据或无法查证的，不能认定；被调查人拒不承认而证据确实、充分的，可以认定。

《实施细则》第三十四条 根据《条例》第三十二条的规定，在没有物证、书证的情况下，仅凭言词证据认定错误事实时，必须有两个以上（含两个）直接证据，才能认定。

在没有直接证据的情况下，运用间接证据认定错误事实时，所有间接证据必须查证属实；每个证据与案件事实都有客观联系；所取得的证据必须形成一个完整的证明体系，并且这个证明体系足以排除其他可能性，才能认定。如不能排除其他可能性，或证据之间、证据与案件事实之间有矛盾的，不能认定。

第三十三条　调查组应将所认定的错误事实写成错误事实材料与被调查人进行核对。对被调查人的合理意见应予采纳，必要时还应作补充调查；对不合理的意见，应写出有事实根据的说明。

被调查人应在错误事实材料上签署意见。对拒不签署意见的，由调查组在错误事实材料上注明。

《实施细则》第三十五条　根据《条例》第三十三条的规定，与被调查人进行核对的错误事实材料，其内容应包括：被调查人的主要错误事实、错误性质及责任。错误事实材料不得泄露立案依据、调查过程、检举人、证明人等内容。错误事实材料，以调查组的名义落款。

错误事实材料与被调查人见面，应由二名以上调查人员进行，必要时可请被调查人所在单位党组织负责人参加。

第三十四条　调查取证基本结束后，调查组应经过集体讨论，写出调查报告。调查报告的基本内容是：立案依据，主要错误事实及性质；有关人员的责任；被调查人对错误的态度；处理建议。对调查否定的问题应交待清楚。对难以认定的重要问题用写实的方法予以反映。调查报告须由调查组全体成员签名。

如调查组内部对错误性质、有关人员的责任及处理建议等有较大分歧，经过讨论仍不能一致时，应按调查组长的意见写出调查报告。但对不同意见应在报告中作适当反映，或另以书面形式反映。

调查组应将调查报告的主要内容向被调查人所在单位党组织通报，并征求意见。

《实施细则》第三十六条　调查组在调查过程中，如发现被调查人有新的违纪问题，应一并查清，并及时向派出机关报告；如发现与本案无关的其他重大违纪问题，应即向派出机关报告。

第三十八条　经调查，属于检举失实的案件，由承办纪检室写出《销案呈批报告》（附式14），报请立案机关批准后销案，并向被调查人及其所在单位党组织说明情况。

第三十五条　调查中，发现检举人确属诬告或证人出具伪证等妨碍案件检查的行为，应予追究。

第三十六条　要保护办案人、检举人、证人。对上述人员进行诬告陷害、打击报复的，应予追究。

《实施细则》第三十七条　对署真实姓名的检举人，调查结束后，调查组应向其口头通报所检举问题的调查结果，并征求意见。对案情需要保密的，应要求检举人不得泄密或扩散。

第三十七条　调查中，若发现违纪党员同时又触犯刑律，应适时将案件材料移送有关司法机关处理。

第三十八条 调查结束后，调查组要总结工作，并应协助发案单位党组织总结经验教训。

第三十九条 案件调查的时限为三个月，必要时可延长一个月。案情重大或复杂的案件，在延长期内仍不能查结的，可报经立案机关批准后延长调查时间。

《实施细则》第三十九条　　《条例》第三十九条规定的案件调查时限，从批准立案之日算起，至承办纪检室将调查报告报送分管领导审议之日止。

第七章　附　则

第四十七条 本条例是党的纪律检查机关案件检查工作的规则，各级党组织和纪检机关都必须严格执行。

第四十八条 中国人民解放军党的纪律检查机关的案件检查工作，军委纪委可参照本条例的精神作出规定，报中央军委批准施行，并报中央纪律检查委员会备案。

第四十九条 本条例由中央纪律检查委员会负责解释；实施细则由中央纪律检查委员会制定。

《实施细则》第五十一条　　本细则由中央纪律检查委员会负责解释。

第五十条 本条例自1994年5月1日起施行，《中国共产党纪律检查机关案件检查工作条例（试行）》同时废止。

《实施细则》第五十二条　　本细则自1994年5月1日起施行。

40.4《关于查处党员违纪案件中收集、鉴别、使用证据的具体规定》（1991年7月23日）

第一条 为正确收集、鉴别和使用证据，保证办案质量，正确执行党的纪律，特制定本规定。

第二条 证明案件真实情况的一切事实都是证据。证据包括：

1. 物证，指能够证明案件真实情况的物品和痕迹。

2. 书证，指以其记载的内容证明案件真实情况的文字（包括符号、图画）。

3. 证人证言，指证人就其所了解的案件情况所作的陈述。凡是知道案件真实情况的人都可以作为证人。不能辨别是非的人，不能正确表达的人，不能作证人。

4. 视听材料，指可以将重现的原始声响或形象的录音录像用作证明案件事实的材料。

5. 受侵害人员的陈述，指受违纪行为直接侵害的人员就案件事实情况所作的控告和述说。

6. 受审查党员的陈述，指受审查党员就案件事实所作的交待、申辩和对同案违纪人员的检举、揭发。

7. 鉴定结论，指鉴定人运用专门知识或技能对办案人员不能解决的专门事项进行科学鉴定后所作出的结论。

8. 勘验、检查笔录，指公安、司法人员对与案件有关的场所、物品及其他证据材料进行勘验、检查时所作的笔录。

9. 现场笔录，指纪律检查人员对案件（非刑事案件）有关的场所进行检查时所作的笔录。

证据必须经过审核属实，才能作为定案的根据。

第三条 收集、鉴别和使用证据必须实事求是，一切从客观实际出发，不得带框框、主观臆断、偏听偏信；必须尊重党员的民主权利和公民的合法权利。任何党员和群众都有向党组织提供自己所知道的案情的义务。严禁使用威胁、引诱、欺骗及其他非法手段收集证据。

第四条 收集违犯党纪案件的证据，由党的纪律检查工作人员或党组织委派的党员负责进行，收集证据必须两人以上。收集证据要及时、客观、全面。

证据的收集主要由案件检查人员进行。案件审理人员在审理案件时，发现证据不足或证据间存在矛盾，一般由报案单位补充调查取证，需要补充个别证据的也可以由案件审理部门补充收集。

第五条 收集物证应尽可能提取原物。物证能随卷保存的即随卷保存，不能提取的原物或不能随卷保存的原物应拍成照片入卷，并注明原物存放何处。

第六条 收集书证采用提取会议记录、介绍信、文件、个人记录、私人信件、日记等方法，并尽可能提取原件。如不能提取原件的，用摘抄或复印的方法提取，但应注明出处、原件保存单位，并应由原件保存单位加盖公章。摘抄或复印会议记录、个人记录、私人日记时，要注意时间的连续性，节录材料不得断章取义。

对可作为书证的原始材料或复制件，党的各级组织不得以任何借口拒绝提供。收集的材料涉及机密事项应履行一定的批准手续。党员有义务向组织提供记载有与案情有关系的工作记录本。

对可作为书证的私人日记、信件等原始材料的收集只能采取动员的方法，不得强行收集，涉及个人隐私的，有关党组织应为其保密。

第七条 凡是知道案件情况的党员和群众，都应及时地、如实地提供证言，不得拒绝作证。党员故意提供虚假情况，情节严重的给予必要的纪律处分。

收集证人证言，不要采取座谈会的形式。证人证言要一人一证，一般情况下一事一证。由证人用钢笔或毛笔书写。没有书写能力的，由他人或调查取证人根据证人的讲述代写，写好后读给证人听，并按证人意见进行修改，然后由证人签字、盖章或按手印。书写证人证言，应把所要证明的事实发生的时间、地点、当事人、原因、情节、手段、结果等书写清楚。调查人员要做好询问笔录，并应由被询问人签字。

对证人证言，应由取证人注明证人工作单位、职务，并由取证人签字。不必由所在单位加盖公章或加注"属实"、"供参考"之类的文字。

证人作证后，如有补充、更正，可另行书写，并说明更正的理由。办案人员应将补充、更正的证人证言与该证人原出具的证言一并归入案卷。

证人作证后，党组织应为其保密。如发现受审查党员及其亲友对证人打击报复，从严处理。

第八条 收集受审查党员的陈述包括:受审查党员对自己所犯错误的交待或申辩;揭发同案违纪人员的材料。

受审查党员应对党忠诚老实,如实向组织交待自己的问题,同时也有依据党章的规定为自己申辩的权利。受审查党员对"处分所依据的事实材料"如提出不同意见,有关党组织应认真研究并作出说明,一并归入案卷。

第九条 纪律检查机关在需要时,可以运用公安机关、人民检察院、人民法院的鉴定结论、勘验检查笔录等。

从公安机关、人民检察院、人民法院取得证据,按有关规定办理。

纪律检查人员对有作案现场的非刑事案件,应注意对现场作出检查,并作好笔录。

第十条 对受到刑事处罚、政纪处分的党员作党纪处理,必须收集主要证据材料。

第十一条 鉴别证据的任务是:根据各种证据材料的具体特征,逐个进行审查和分析研究,鉴别其真伪,判断其与案件事实有无内在联系,对查明和证实案情有无意义。经过鉴别,确实符合客观实际,与案件事实有内在联系的证据,才能作为定案的依据。

第十二条 鉴别证据,首先鉴别每个证据是否客观真实,是否伪造;是否与案件事实有联系;是原始证据还是传来证据,是直接证据还是间接证据,其来源有无问题,然后,综合分析证明案件的同一事实的各类证据之间有无矛盾;各种证据之间有无内在的联系,要注意时间、条件的变化对证据的影响,要把不同的证据摆到案件发生、发展的过程中去,考虑当时的历史背景,同其他证据联系起来综合分析。

第十三条 对物证的鉴别,要审查是否错误地收集了疑似的物品和痕迹,收集的物证是否伪造,有无栽赃陷害的情况。研究、分析所取物证与案件事实的联系,确定其有无证明作用。

第十四条 对书证的鉴别,要查清其原始制作人,是在何种情况下制作的,是否伪造,节录材料是否断章取义,所记载的内容有无差错,联系其他证据判断所取书证的真实性。

第十五条 对证人证言的鉴别,要注意审查证言的内容与案件事实是否有联系,来源有无问题,是否受到外界不正常因素的干扰,是否属实,证言前后是否一致,有无矛盾。不得采用对质的方法鉴别证言。

第十六条 对受审查党员陈述的鉴别,要审查其交待或申辩前后是否一致,有无矛盾,将交待或申辩与其他证据相对照,看其是否合情合理,是否属实。

第十七条 对视听材料的鉴别,要注意是否伪造,是否被裁剪,是否拼接组合。

第十八条 对受侵害人员陈述的鉴别,要注意受侵害人员感情因素对其陈述真实性的影响。

第十九条 认定案件事实,证据必须确凿。证据经过鉴别,其真实性得到确认后,即成为有效证据,任何人无权涂改或弃毁,有关党组织在移送证据时,不得任意取舍。特别不得舍弃那些经过鉴别证明受审查党员无错的证据。要综合运用证据，证据之间矛盾时，不能仅凭数量多少决定其真实可靠性；认定主要错误事实所依据的证据之间的矛盾不能排除时，不能定案。

第二十条 在没有物证、书证的情况下，仅凭言词证据定案时，必须有两个以上（含两个）证据，才能定案。

第二十一条 没有直接证据而仅凭间接证据定案时，所有间接证据必须查证属实；每个证据与案件事实都有着客观联系；取得的证据必须形成一个完整的证明体系，这个证明体系足以排除其他可能性，才能定案。不能排除其他可能时，不能定案。

第二十二条 仅有受审查党员的交待，没有其他证据，不能定案；受审查党员拒不承认，其他证据确实充分，仍可定案。

第二十三条 本规定由中共中央纪律检查委员会案件审理室负责解释。

第二十四条 本规定自下发之日起施行。

【刑事法律文件】

40.5 最高人民法院《人民法院办理刑事案件排除非法证据规程（试行）》（2018年1月1日）（节录）

第一条 采用下列非法方法收集的被告人供述，应当予以排除：

（一）采用殴打、违法使用戒具等暴力方法或者变相肉刑的恶劣手段，使被告人遭受难以忍受的痛苦而违背意愿作出的供述；

（二）采用以暴力或者严重损害本人及其近亲属合法权益等进行威胁的方法，使被告人遭受难以忍受的痛苦而违背意愿作出的供述；

（三）采用非法拘禁等非法限制人身自由的方法收集的被告人供述。

采用刑讯逼供方法使被告人作出供述，之后被告人受该刑讯逼供行为影响而作出的与该供述相同的重复性供述，应当一并排除，但下列情形除外：

（一）侦查期间，根据控告、举报或者自己发现等，侦查机关确认或者不能排除以非法方法收集证据而更换侦查人员，其他侦查人员再次讯问时告知诉讼权利和认罪的法律后果，被告人自愿供述的；

（二）审查逮捕、审查起诉和审判期间，检察人员、审判人员讯问时告知诉讼权利和认罪的法律后果，被告人自愿供述的。

第二条 采用暴力、威胁以及非法限制人身自由等非法方法收集的证人证言、被害人陈述，应当予以排除。

第三条 采用非法搜查、扣押等违反法定程序的方法收集物证、书证，可能严重影响司法公正的，应当予以补正或者作出合理解释；不能补正或者作出合理解释的，对有关证据应当予以排除。

第四条 依法予以排除的非法证据，不得宣读、质证，不得作为定案的根据。

【编者注】其他有关调查取证要求的法律依据详见与《监察法》第33条相关之规定。

第五章 监察程序

第四十一条 【调查措施的程序规范】 调查人员采取讯问、询问、留置、搜查、调取、查封、扣押、勘验检查等调查措施，均应当依照规定出示证件，出具书面通知，由二人以上进行，形成笔录、报告等书面材料，并由相关人员签名、盖章。

调查人员进行讯问以及搜查、查封、扣押等重要取证工作，应当对全过程进行录音录像，留存备查。

【纪检监察法规】

41.1《中国共产党纪律检查机关监督执纪工作规则（试行）》（2017年1月8日）（节录）

第二十八条 审查组可以依照相关法律法规，经审批对相关人员进行调查谈话，查阅、复制有关文件资料，查询有关信息，暂扣、封存、冻结涉案款物，提请有关机关采取技术调查、限制出境等措施。

审查时间不得超过90日。在特殊情况下，经上一级纪检机关批准，可以延长一次，延长时间不得超过90日。

需要提请有关机关协助的，由案件监督管理部门统一办理手续，并随时核对情况，防止擅自扩大范围、延长时限。

第二十九条 审查谈话、执行审查措施、调查取证等审查事项，必须由2名以上执纪人员共同进行。与被审查人、重要涉案人员谈话，重要的外查取证，暂扣、封存涉案款物，应当以本机关人员为主，确需借调人员参与的，一般安排从事辅助性工作。

第三十四条 审查谈话、重要的调查谈话和暂扣、封存涉案款物等调查取证环节应当全程录音录像。录音录像资料由案件监督管理部门和审查组分别保管，定期核查。

第三十五条 未经批准并办理相关手续，不得将被审查人或者其他谈话调查对象带离规定的谈话场所，不得在未配置监控设备的场所进行审查谈话或者重要的调查谈话，不得在谈话期间关闭录音录像设备。

第三十六条 执纪审查部门主要负责人、分管领导应当定期检查审查期间的录音录像、谈话笔录、涉案款物登记表，发现问题及时纠正并报告。

41.2《行政机关公务员处分条例》（2007年6月1日）（节录）

第四十一条 对行政机关公务员违法违纪案件进行调查，应当由2名以上办案人员进行；接受调查的单位和个人应当如实提供情况。

严禁以暴力、威胁、引诱、欺骗等非法方式收集证据；非法收集的证据不得作为定案的依据。

41.3《事业单位工作人员处分暂行规定》（2012年9月1日）（节录）

第二十六条 对事业单位工作人员违法违纪案件进行调查，应当由两名以上办案人员进行；接受调查的单位和个人应当如实提供情况。

以暴力、威胁、引诱、欺骗等非法方式收集的证据不得作为定案的根据。

41.4《关于查处党员违纪案件中收集、鉴别、使用证据的具体规定》(1991 年 7 月 23 日)(节录)

第十七条 对视听材料的鉴别,要注意是否伪造,是否被裁剪,是否拼接组合。

【刑事法律文件】

41.5 最高人民法院《关于适用〈中华人民共和国刑事诉讼法〉的解释》(2013 年 1 月 1 日)(节录)

第四章 证 据

第七节 视听资料、电子数据的审查与认定

第九十二条 对视听资料应当着重审查以下内容:

(一)是否附有提取过程的说明,来源是否合法;

(二)是否为原件,有无复制及复制份数;是复制件的,是否附有无法调取原件的原因、复制件制作过程和原件存放地点的说明,制作人、原视听资料持有人是否签名或者盖章;

(三)制作过程中是否存在威胁、引诱当事人等违反法律、有关规定的情形;

(四)是否写明制作人、持有人的身份,制作的时间、地点、条件和方法;

(五)内容和制作过程是否真实,有无剪辑、增加、删改等情形;

(六)内容与案件事实有无关联。

对视听资料有疑问的,应当进行鉴定。

第九十三条 对电子邮件、电子数据交换、网上聊天记录、博客、微博客、手机短信、电子签名、域名等电子数据,应当着重审查以下内容:

(一)是否随原始存储介质移送;在原始存储介质无法封存、不便移动或者依法应当由有关部门保管、处理、返还时,提取、复制电子数据是否由二人以上进行,是否足以保证电子数据的完整性,有无提取、复制过程及原始存储介质存放地点的文字说明和签名;

(二)收集程序、方式是否符合法律及有关技术规范;经勘验、检查、搜查等侦查活动收集的电子数据,是否附有笔录、清单,并经侦查人员、电子数据持有人、见证人签名;没有持有人签名的,是否注明原因;远程调取境外或者异地的电子数据的,是否注明相关情况;对电子数据的规格、类别、文件格式等注明是否清楚;

(三)电子数据内容是否真实,有无删除、修改、增加等情形;

(四)电子数据与案件事实有无关联;

(五)与案件事实有关联的电子数据是否全面收集。

对电子数据有疑问的,应当进行鉴定或者检验。

第九十四条 视听资料、电子数据具有下列情形之一的,不得作为定案的根据:

(一)经审查无法确定真伪的;

(二)制作、取得的时间、地点、方式等有疑问,不能提供必要证明或者作出合

理解释的。

41.6 最高人民法院、最高人民检察院、公安部、国家安全部、司法部《关于办理死刑案件审查判断证据若干问题的规定》（2010年7月1日）（节录）

二、证据的分类审查与认定

7. 视听资料

第二十七条 对视听资料应当着重审查以下内容：

（一）视听资料的来源是否合法，制作过程中当事人有无受到威胁、引诱等违反法律及有关规定的情形；

（二）是否载明制作人或者持有人的身份，制作的时间、地点和条件以及制作方法；

（三）是否为原件，有无复制及复制份数；调取的视听资料是复制件的，是否附有无法调取原件的原因、制作过程和原件存放地点的说明，是否有制作人和原视听资料持有人签名或者盖章；

（四）内容和制作过程是否真实，有无经过剪辑、增加、删改、编辑等伪造、变造情形；

（五）内容与案件事实有无关联性。

对视听资料有疑问的，应当进行鉴定。

对视听资料，应当结合案件其他证据，审查其真实性和关联性。

41.7 最高人民法院《人民法院办理刑事案件排除非法证据规程（试行）》（2018年1月1日）（节录）

第二十二条 法庭对证据收集的合法性进行调查的，应当重视对讯问录音录像的审查，重点审查以下内容：

（一）讯问录音录像是否依法制作。对于可能判处无期徒刑、死刑的案件或者其他重大犯罪案件，是否对讯问过程进行录音录像；

（二）讯问录音录像是否完整。是否对每一次讯问过程录音录像，录音录像是否全程不间断进行，是否有选择性录制、剪接、删改等情形；

（三）讯问录音录像是否同步制作。录音录像是否自讯问开始时制作，至犯罪嫌疑人核对讯问笔录、签字确认后结束；讯问笔录记载的起止时间是否与讯问录音录像反映的起止时间一致；

（四）讯问录音录像与讯问笔录的内容是否存在差异。对与定罪量刑有关的内容，讯问笔录记载的内容与讯问录音录像是否存在实质性差异，存在实质性差异的，以讯问录音录像为准。

第二十六条 经法庭审理，具有下列情形之一的，对有关证据应当予以排除：

（一）确认以非法方法收集证据的；

（二）应当对讯问过程录音录像的案件没有提供讯问录音录像，或者讯问录音录像存在选择性录制、剪接、删改等情形，现有证据不能排除以非法方法收集证据的；

（三）侦查机关除紧急情况外没有在规定的办案场所讯问，现有证据不能排除以

非法方法收集证据的;

（四）驻看守所检察人员在重大案件侦查终结前未对讯问合法性进行核查，或者未对核查过程同步录音录像，或者录音录像存在选择性录制、剪接、删改等情形，现有证据不能排除以非法方法收集证据的;

（五）其他不能排除存在以非法方法收集证据的。

第二十七条　人民法院对证人证言、被害人陈述、物证、书证等证据收集合法性的审查、调查程序，参照上述规定。

第四十二条　【调查方案的执行效力】调查人员应当严格执行调查方案，不得随意扩大调查范围、变更调查对象和事项。

对调查过程中的重要事项，应当集体研究后按程序请示报告。

【纪检监察法规】

42.1《中国共产党纪律检查机关监督执纪工作规则（试行）》（2017年1月8日）（节录）

第二十七条　纪检机关主要负责人批准审查方案。

纪检机关相关负责人批准成立审查组，确定审查谈话方案、外查方案，审批重要信息查询、涉案款物处置等事项。

执纪审查部门主要负责人研究提出审查谈话方案、外查方案和处置意见，审批一般信息查询，对调查取证审核把关。

审查组组长应当严格执行审查方案，不得擅自更改；以书面形式报告审查进展情况，遇重要事项及时请示。

第三十一条　外查工作必须严格按照外查方案执行，不得随意扩大调查范围、变更调查对象和事项，重要事项应当及时请示报告。

外查工作期间，执纪人员不得个人单独接触任何涉案人员及其特定关系人，不得擅自采取调查措施，不得从事与外查事项无关的活动。

第五十一条　在监督执纪过程中，对谈话对象检举揭发与本案不直接相关人员并属于按程序应当报纪检机关主要负责人的问题线索，应当由其本人书写，不以问答、制作笔录方式记载，密封后交由部门主要负责人径送本机关主要负责人。

第四十三条　【留置措施的审批、时限、执行、解除】监察机关采取留置措施，应当由监察机关领导人员集体研究决定。设区的市级以下监察机关采取留置措施，应当报上一级监察机关批准。省级监察机关采取留置措施，应当报国家监察委员会备案。

留置时间不得超过三个月。在特殊情况下，可以延长一次，延长时间不得超过三个月。省级以下监察机关采取留置措施的，延长留置时间应当报上一级监察机关批准。监察机关发现采取留置措施不当的，应当及时解除。

监察机关采取留置措施，可以根据工作需要提请公安机关配合。公安机关应当依法予以协助。

第五章　监察程序

【纪检监察法规】

43.1《中国共产党纪律检查机关监督执纪工作规则（试行）》（2017年1月8日）（节录）

第二十八条　审查组可以依照相关法律法规，经审批对相关人员进行调查谈话，查阅、复制有关文件资料，查询有关信息，暂扣、封存、冻结涉案款物，提请有关机关采取技术调查、限制出境等措施。

审查时间不得超过90日。在特殊情况下，经上一级纪检机关批准，可以延长一次，延长时间不得超过90日。

需要提请有关机关协助的，由案件监督管理部门统一办理手续，并随时核对情况，防止擅自扩大范围、延长时限。

第五十七条　本规则自发布之日起施行。此前发布的有关纪检机关监督执纪工作的规定，凡与本规则不一致的，按照本规则执行。

43.2《中国共产党纪律检查机关案件检查工作条例》及《中国共产党纪律检查机关案件检查工作条例实施细则》（以下简称《实施细则》）（1994年5月1日）（节录）

第二十八条　凡是知道案件情况的组织和个人都有提供证据的义务。调查组有权按照规定程序，采取以下措施调查取证，有关组织和个人必须如实提供证据，不得拒绝和阻挠。

（一）查阅、复制与案件有关的文件、资料、账册、单据、会议记录、工作笔记等书面材料；

（二）要求有关组织提供与案件有关的文件、资料等书面材料以及其他必要的情况；

（三）要求有关人员在规定的时间、地点就案件所涉及的问题作出说明；

（四）必要时可以对与案件有关的人员和事项，进行录音、拍照、摄像；

（五）对案件所涉及的专门性问题，提请有关的专门机构或人员作出鉴定结论；

（六）经县级以上（含县级）纪检机关负责人批准，暂予扣留、封存可以证明违纪行为的文件、资料、账册、单据、物品和非法所得；

（七）经县级以上（含县级）纪检机关负责人批准，可以对被调查对象在银行或其他金融机构的存款进行查核，并可以通知银行或其他金融机构暂停支付；

（八）收集其他能够证明案件真实情况的一切证据。

《实施细则》第二十八条　《条例》第二十八条所称"知道案件情况的组织和个人"，包括党组织和党外组织、党员和党外人员。

党员拒绝作证或故意提供虚假情况，情节严重的应按照有关规定给予党纪处分；是党外人员的，应建议其主管机关予以追究。

第三十九条　案件调查的时限为三个月，必要时可延长一个月。案情重大或复杂的案件，在延长期内仍不能查结的，可报经立案机关批准后延长调查时间。

《实施细则》第三十九条　《条例》第三十九条规定的案件调查时限，从批准立案之日算起，至承办纪检室将调查报告报送分管领导审议之日止。

【编者注】《监察法》不仅对留置措施的适用条件、审批程序等作出严格限制，还对留置期限设定了最长 6 个月的"红线"，且未作出重大复杂案件可适当延长、发现另有重要职务违法犯罪事实可重新计算留置期限等例外规定。相比国家监察体制改革前查办职务犯罪案件适用调查措施和刑事强制措施的时限，已作出大幅度限制。以往纪委采取"两规"措施调查完毕后移送检察机关立案侦查，再由检察机关决定是否采取拘留、逮捕等刑事强制措施，侦查期间遇法定情形可延长侦查羁押期限或重新计算侦查羁押期限，案件查办周期的不可预知性较大。《监察法》对留置期限作出上述限制性规定，更加体现了党和国家依法惩治腐败的决心和力度。

附：《刑事诉讼法》相关条文

第一百六十五条 【自侦案件中决定逮捕的时限规定】人民检察院对直接受理的案件中被拘留的人，认为需要逮捕的，应当在十四日以内作出决定。在特殊情况下，决定逮捕的时间可以延长一日至三日。对不需要逮捕的，应当立即释放；对需要继续侦查，并且符合取保候审、监视居住条件的，依法取保候审或者监视居住。

第一百五十四条 【一般侦查羁押期限】对犯罪嫌疑人逮捕后的侦查羁押期限不得超过二个月。案情复杂、期限届满不能终结的案件，可以经上一级人民检察院批准延长一个月。

第一百五十五条 【特殊侦查羁押期限】因为特殊原因，在较长时间内不宜交付审判的特别重大复杂的案件，由最高人民检察院报请全国人民代表大会常务委员会批准延期审理。

第一百五十六条 【重大复杂案件的侦查羁押期限】下列案件在本法第一百五十四条规定的期限届满不能侦查终结的，经省、自治区、直辖市人民检察院批准或者决定，可以延长二个月：

（一）交通十分不便的边远地区的重大复杂案件；
（二）重大的犯罪集团案件；
（三）流窜作案的重大复杂案件；
（四）犯罪涉及面广，取证困难的重大复杂案件。

第一百五十七条 【重刑案件的侦查羁押期限】对犯罪嫌疑人可能判处十年有期徒刑以上刑罚，依照本法第一百五十六条规定延长期限届满，仍不能侦查终结的，经省、自治区、直辖市人民检察院批准或者决定，可以再延长二个月。

第一百五十八条 【侦查羁押期限的重新计算】在侦查期间，发现犯罪嫌疑人另有重要罪行的，自发现之日起依照本法第一百五十四条的规定重新计算侦查羁押期限。

【特殊侦查羁押期限的起算】犯罪嫌疑人不讲真实姓名、住址，身份不明的，应当对其身份进行调查，侦查羁押期限自查清其身份之日起计算，但是不得停止对其犯罪行为的侦查取证。对于犯罪事实清楚，证据确实、充分，确实无法查明其身份的，也可以按其自报的姓名起诉、审判。

第五章 监察程序

第四十四条 【留置措施的通知和被留置人权益保障】 对被调查人采取留置措施后,应当在二十四小时以内,通知被留置人员所在单位和家属,但有可能毁灭、伪造证据,干扰证人作证或者串供等有碍调查情形的除外。有碍调查的情形消失后,应当立即通知被留置人员所在单位和家属。

监察机关应当保障被留置人员的饮食、休息和安全,提供医疗服务。讯问被留置人员应当合理安排讯问时间和时长,讯问笔录由被讯问人阅看后签名。

被留置人员涉嫌犯罪移送司法机关后,被依法判处管制、拘役和有期徒刑的,留置一日折抵管制二日,折抵拘役、有期徒刑一日。

【党内法规】

44.1 《中国共产党纪律检查机关案件检查工作条例》及《中国共产党纪律检查机关案件检查工作条例实施细则》(以下简称《实施细则》)(1994年5月1日)(节录)

第二十五条 调查开始时,在一般情况下,调查组应会同被调查人所在单位党组织与被调查人谈话,宣布立案决定和应遵守的纪律,要求其正确对待组织调查。调查中,应认真听取被调查人的陈述和意见,做好思想教育工作。

《实施细则》第二十四条 根据《条例》第二十五条的规定,调查开始时,在一般情况下,调查组应会同被调查人所在单位党组织负责人与被调查人谈话,宣布立案决定,进行思想教育,并提出应遵守的纪律:

1. 自觉接受组织的调查,如实说明情况,主动交待问题,认真检查错误,配合组织尽快查清问题;

2. 不得与同案人或知情人串通情况、订立攻守同盟,不得对抗调查或进行反调查;

3. 不得对检举控告人、证人及上述人员家属等进行打击报复。

如调查组认为,调查开始时与被调查人谈话和宣布立案决定,会影响案件调查工作的,可根据案情,在适当时机谈话和宣布立案决定。

被调查对象是一级党组织的,调查开始时,调查组应会同其上一级党组织负责人,与被调查党组织的主要负责人谈话。

【编者注】《监察法》第39条第3款规定:"立案调查决定应当向被调查人宣布,并通报相关组织。涉嫌严重职务违法或者职务犯罪的,应当通知被调查人家属,并向社会公开发布。"该款关于"立案通知"的规定与《监察法》第44条第1款"关于留置通知"的规定,在适用条件、通知对象、通知时限、公开范围、有无延迟通知例外等方面均不相同,属互不相关的法律程序。但是,有观点主张二者存在冲突,认为立案通知有可能导致《监察法》设置留置延迟通知条款的立法目的无法实现。《监察法》规定"有碍调查"可延迟通知留置信息的例外,是为了保障调查顺利进行,这也与留置的法定适用条件中所包含的"四种情形"(其中属于"有碍调查的"情形有三种)相对应。而如果将立案信息予以公开,则导致留置信息延缓告知也将失去保密价值,且立案信息向社会公开发布则传播范围更广,导致有碍侦查的可能性更большей。因此,立案信息公开的规定将导致调查信息失密,与留置延缓告知的规定无法协调统一。

> 编者不同意上述观点。该观点存在逻辑判断的大前提错误，错误以立案调查决定作出后必须立即告知为论证的逻辑起点。《监察法》第39条第3款并未限定立案调查决定应当在作出后立即告知或者公开发布，另参照《中国共产党纪律检查机关案件检查工作条例实施细则》第24条第2款之规定，调查人员可根据案情在适当时机宣布立案决定。因此，"立案通知"与"留置通知"的时间、方式均可视案件调查工作面临的实际情况依法决断，二者并无冲突。

第四十五条 【处置方式】监察机关根据监督、调查结果，依法作出如下处置：

（一）对有职务违法行为但情节较轻的公职人员，按照管理权限，直接或者委托有关机关、人员，进行谈话提醒、批评教育、责令检查，或者予以诫勉；

（二）对违法的公职人员依照法定程序作出警告、记过、记大过、降级、撤职、开除等政务处分决定；

（三）对不履行或者不正确履行职责负有责任的领导人员，按照管理权限对其直接作出问责决定，或者向有权作出问责决定的机关提出问责建议；

（四）对涉嫌职务犯罪的，监察机关经调查认为犯罪事实清楚，证据确实、充分的，制作起诉意见书，连同案卷材料、证据一并移送人民检察院依法审查、提起公诉；

（五）对监察对象所在单位廉政建设和履行职责存在的问题等提出监察建议。

监察机关经调查，对没有证据证明被调查人存在违法犯罪行为的，应当撤销案件，并通知被调查人所在单位。

【党章】

45.1《中国共产党章程》（修正后2017年10月24日施行）（节录）

第四十一条　对党员的纪律处分有五种：警告、严重警告、撤销党内职务、留党察看、开除党籍。

留党察看最长不超过两年。党员在留党察看期间没有表决权、选举权和被选举权。党员经过留党察看，确已改正错误的，应当恢复其党员的权利；坚持错误不改的，应当开除党籍。

开除党籍是党内的最高处分。各级党组织在决定或批准开除党员党籍的时候，应当全面研究有关的材料和意见，采取十分慎重的态度。

第四十二条　对党员的纪律处分，必须经过支部大会讨论决定，报党的基层委员会批准；如果涉及的问题比较重要或复杂，或给党员以开除党籍的处分，应分别不同情况，报县级或县以上党的纪律检查委员会审查批准。在特殊情况下，县级和县级以上各级党的委员会和纪律检查委员会有权直接决定给党员以纪律处分。

对党的中央委员会委员、候补委员，给以警告、严重警告处分，由中央纪律检查委员会常务委员会审议后，报党中央批准。对地方各级党的委员会委员、候补委员，给以警告、严重警告处分，应由上一级纪律检查委员会批准，并报它的同级党的委员会备案。

对党的中央委员会和地方各级委员会的委员、候补委员，给以撤销党内职务、留党察看或开除党籍的处分，必须由本人所在的委员会全体会议三分之二以上的多数决定。在全体会议闭会期间，可以先由中央政治局和地方各级委员会常务委员会作出处理决定，待召开委员会全体会议时予以追认。对地方各级委员会委员和候补委员的上述处分，必须经过上级纪律检查委员会常务委员会审议，由这一级纪律检查委员会报同级党的委员会批准。

严重触犯刑律的中央委员会委员、候补委员，由中央政治局决定开除其党籍；严重触犯刑律的地方各级委员会委员、候补委员，由同级委员会常务委员会决定开除其党籍。

第四十四条 党组织如果在维护党的纪律方面失职，必须问责。

对于严重违犯党的纪律、本身又不能纠正的党组织，上一级党的委员会在查明核实后，应根据情节严重的程度，作出进行改组或予以解散的决定，并报再上一级党的委员会审查批准，正式宣布执行。

【纪检监察法规】
45.2《中国共产党纪律检查机关监督执纪工作规则（试行）》（2017年1月8日）（节录）

第九条 严格执行请示报告制度，对作出立案审查决定、给予党纪处分等重要事项，纪检机关应当向同级党委（党组）请示汇报并向上级纪委报告，形成明确意见后再正式行文请示。遇有重要事项应当及时报告，既要报告结果也要报告过程。

坚持民主集中制，线索处置、谈话函询、初步核实、立案审查、案件审理、处置执行中的重要问题，应当经集体研究后，报纪检机关主要负责人、相关负责人审批。

第七章　审　理

第三十九条 纪检机关案件审理部门对党组织和党员违反党纪、依照规定应当给予纪律处理或者处分的案件和复议复查案件进行审核处理。

审理工作应当严格依规依纪，提出纪律处理或者纪律处分的意见，做到事实清楚、证据确凿、定性准确、处理恰当、手续完备、程序合规。

坚持审查与审理分离，审查人员不得参与审理。

第四十条 审理工作按照以下程序进行：

（一）案件审理部门收到审查报告后，应当成立由2人以上组成的审理组，全面审理案卷材料，提出审理意见。

（二）对于重大、复杂、疑难案件，执纪审查部门已查清主要违纪事实并提出倾向性意见的；或者对违纪行为性质认定分歧较大的，经批准可提前介入审理。

（三）坚持集体审议，在民主讨论基础上形成处理意见；对争议较大的应当及时报告，形成一致意见后再作出决定。审理部门应当根据案件审理情况与被审查人谈话，核对违纪事实，听取辩解意见，了解有关情况。

（四）对主要事实不清、证据不足的，经纪检机关主要负责人批准，退回执纪审查部门重新调查；需要补充完善证据的，经纪检机关相关负责人批准，可以退回执纪审查部门补证。

（五）审理工作结束后形成审理报告，列明被审查人基本情况、线索来源、违纪事实、涉案款物、审查部门意见、审理意见。审理报告应当体现党内审查特色，依据《中国共产党纪律处分条例》认定违纪事实性质，分析被审查人违反党章、背离党的性质宗旨的错误本质，反映其态度、认识及思想转变过程。

对给予同级党委委员、候补委员，同级纪委委员纪律处分的，在同级党委审议前，应当同上级纪委沟通，形成处理意见。

审理工作应当自受理之日起30日内完成，重大复杂案件经批准可适当延长。

第四十一条　审理报告报纪检机关主要负责人批准后，提请纪委常委会会议审议。需报同级党委审批的，应当在报批前以办公厅（室）名义征求同级党委组织部门和被审查人所在党委（党组）意见。

处分决定作出后，应当通知受处分党员所在党委（党组），抄送同级党委组织部门，并在30日内向其所在党的基层组织中的全体党员及本人宣布。处分决定执行情况应当及时报告。

第四十二条　被审查人涉嫌犯罪的，应当由案件监督管理部门协调办理移送司法机关事宜。执纪审查部门应当在通知司法机关之日起7个工作日内，完成移送工作。

案件移送司法机关后，执纪审查部门应当跟踪了解处置情况，发现问题及时报告，不得违规过问、干预处置工作。

审理工作完成后，对涉及的其他党员、干部问题线索，经批准应当及时移送有关纪检机关处置。

第四十三条　对被审查人违纪所得款物，应当依规依纪予以没收、追缴、责令退赔或者登记上交。

对涉嫌犯罪所得款物，应当随案移送司法机关。

对经认定不属于违纪所得的，应当在案件审结后依纪依法予以返还，办理签收手续。

45.3《中国共产党纪律检查机关案件检查工作条例》及《中国共产党纪律检查机关案件检查工作条例实施细则》（以下简称《实施细则》）（1994年5月1日）（节录）

第五章　移送审理

第四十条　凡属立案调查需追究党纪责任的案件，调查终结后，都要移送审理。

个别重大复杂的案件，调查过程中，可提前介入审理。

《实施细则》第四十条　根据《条例》第四十条第二款的规定，凡需审理室提前介入审理的案件，应由调查组提出意见，经纪检室审议后，报分管纪检室、审理室领导批准；分管纪检室、审理室领导认为必要时，也可直接决定提前介入审理。

第四十一条 移送审理时，应移送下列材料，并办交接手续：

（一）分管领导同意移送审理的批示；

（二）立案依据；

（三）调查报告和承办纪检室的意见；

（四）全部证据材料；

（五）与被调查人见面的错误事实材料；

（六）被调查人对错误事实材料的书面意见和检讨材料；

（七）调查组对被调查人意见的说明。

《实施细则》第四十一条 根据《条例》第四十一条的规定，纪检室在向审理室移送案件材料时，应填写《案件移送审理登记表》（附式15）。

《实施细则》第四十二条 《条例》第四十一条所称"立案依据"包括：

1. 检举材料；

2. 有关领导关于进行初步核实的批示；

3. 初步核实情况报告；

4. 立案呈批报告；

5.《立案决定书》和其他批准立案的材料。

《实施细则》第四十三条 《条例》第四十一条所称"全部证据材料"，既包括对所调查的问题认定的证据材料，也包括对所调查的问题否定的证据材料。在移送以上材料时，应按调查报告中认定或否定问题的顺序编号。

第四十二条 案件经审理并报本级纪委常委会讨论后，应将调查报告、被调查人对错误事实材料的书面意见和检讨材料以及调查组对被调查人意见的说明材料的复制件，送交被调查人所在单位党组织作出处理决定。

被调查人所在单位党组织应在一个月内作出处理决定，并按照处分党员的批准权限呈报审批。

特殊情况下，由县以上纪检机关直接作出处分决定的，事前应征求被调查人所在单位党组织的意见。

《实施细则》第四十四条 根据《条例》第四十二条第一款的规定，将调查报告等案件有关材料的复制件送交被调查人所在单位党组织作出处理决定，由纪检室办理。

根据《条例》第四十二条第三款的规定，特殊情况下，由县以上纪检机关直接作出处分决定的，纪检室应将案件有关材料移送本级纪委审理室，由审理室审理后起草处分决定并征求被调查人所在单位党组织的意见，然后，报本级纪委常委会讨论。

第四十三条 审理过程中，发现证据不足的，应予补证；认为案件主要事实不清的，应补充调查。《实施细则》第四十五条根据《条例》第四十三条的规定，审理过程中，如需个别补证，由审理室直接办理；如审理室认为案件主要事实不清或需要由纪检室补证的，应提出意见，报经分管审理室和纪检室领导同意后，由纪检室补充调查。

第四十四条 对公安、司法机关已处理的案件中所涉及的党员，需要给予党纪处分的，由纪检机关直接审理。如需进一步调查的，应由纪检机关办理立案手续。

《实施细则》第四十六条 根据《条例》第四十四条的规定，对已经公安、司法机关处理的移送纪检机关的案件，由审理室直接受理，不再履行立案手续，但应作为本级纪检机关办理的案件予以统计。如需个别补证的，由审理室办理。需要进一步调查的，报经分管审理室和纪检室的领导同意后，由纪检室办理立案手续。

《实施细则》第四十七条 《条例》第四十四条所称"需进一步调查的案件"，是指主要事实不清，证据不足，需要补充调查或重新调查的案件。

45.4《党的纪律检查机关案件审理工作条例》(1987年7月14日)

第一章 总 则

第一条 根据党章和《关于党内政治生活的若干准则》，结合案件审理工作的实践经验，制定本条例。

第二条 案件审理工作，是对违犯党的纪律的案件的审核处理工作，是党的纪律检查工作的重要组成部分，是检查处理党员或党组织违犯党纪案件的重要环节。做好案件审理工作，对于正确地处理违犯党的纪律的案件，维护党的纪律的严肃性，端正党风；对于坚持四项基本原则，保证党的路线、方针、政策、决议的贯彻执行，促进社会主义物质文明和精神文明建设，有着积极的作用。

第三条 审理党员或党组织违犯党的纪律的案件，必须坚持实事求是的原则。以事实为依据，重证据，不主观臆断，不带框框。对于处理错了的案件，一经发现，坚决改正。

第四条 对犯错误的同志，必须坚持"惩前毖后，治病救人"的方针。对他们耐心地进行思想教育，根据其错误，恰当处理，既反对惩办主义，又不得姑息、迁就。

第五条 处理党员或党组织违犯党的纪律的案件，必须坚持严肃慎重、区别对待的原则。违纪必究，严肃处理，不能含糊敷衍。但在处理的时候，必须慎重从事。对具体案件，要具体分析其错误事实、性质、情节和危害，根据不同情况，做不同处理。

第六条 对于违犯党的纪律的党员，必须坚持在党的纪律面前人人平等的原则。不论其职位高低，贡献大小，资历长短，都要严肃查处，决不容许有不受党纪约束的特殊党员。

第七条 对党员或党组织的处分，必须坚持民主集中制的原则，由党委或纪委集体讨论决定。不允许任何个人或少数人决定和批准对党员或党组织的处分。

第八条 审查处理违犯党的纪律的案件的人员，需要回避的，经批准后实行回避。

第二章 任务和职责范围

第九条 案件审理工作的任务是：审查处理党员、党组织违犯党的纪律的案件和复查的案件。实事求是地核对违犯党的纪律的案件的事实材料，审核鉴别证据，根据党的政策和国家的法律法规，分析认定问题的性质，按照党章的规定和党对犯错误党员的一贯政策以及规定的程序，正确地处理违犯党的纪律的党员或党组织。

第十条 职责范围：

（一）审理按照批准权限由本级纪委或同级党委批准的违犯党的纪律的案件；

（二）审理报送上级纪委或党委审批的案件；

（三）审理下级纪委报的特别重要或复杂的案件；

（四）审理下级纪委对同级党委处理案件的决定有不同意见请求予以复查或复议的案件；

（五）审理下级纪委报来的备案案件；

（六）审理领导同志交办的其他案件；

（七）受理本级党委、纪委及上级党委、纪委批准的案件中党员对所受处分或结论不服的申诉；

（八）调查研究案件审理工作和执行党纪的情况，拟定有关案件审理工作规范化的规定，对下级纪委的审理工作进行业务指导；

（九）为进行党性、党风、党纪教育选择典型案例。

第三章 审理案件的基本要求

第十一条 事实清楚

事实是定案的基础。审理案件，必须将错误事实发生的时间、地点、情节、后果、本人应负的责任，以及产生错误的主客观原因等，审核清楚。如发现事实不清，要责成或协同原报案单位重新查证清楚，要使所认定的错误事实符合客观实际。

第十二条 证据确凿

证据是判断事实的依据。对证据必须认真地进行鉴别，去伪存真。认定错误的事实，一定要有充分的证据。没有证据或证据不充分、不确凿，不能认定。证据充分确凿，即使犯错误的人拒不承认，也可以认定。

第十三条 定性准确

认定问题的性质，必须在事实清楚、证据确凿的基础上，以党章、《关于党内政治生活的若干准则》、党的方针政策和国家的法律法规为准绳，进行具体分析，是什么性质的问题就定什么性质。性质难以确定的，用写实的办法作出结论。

第十四条 处理恰当

在事实清楚、证据确凿、定性准确的基础上，作出恰当处理。既不要处理过头，又不要姑息迁就。

在任何情况下都不得株连无辜。

第十五条　手续完备

处理案件要严格按照党章规定的手续办理，按照处分党员或党组织的批准权限审批。手续不完备的，原报案单位必须补办。

报请审批的案件，须报以下材料：

（1）处分决定；

（2）错误事实调查报告和主要证据材料；

（3）本人检查材料和对处分决定的意见以及党组织对本人意见的说明；

（4）党的纪律检查委员会或党组织的审查意见。

复查的案件须报：复查或复议报告和主要证据材料；处理决定及有关党组织的意见；本人意见和党组织对本人不同意见的说明；原处分决定和原定案的主要证据材料。

第四章　保障党员的合法权利

第十六条　基层党组织在讨论决定对党员的处分时，如无特殊情况，应通知本人出席会议，允许他在会上为自己申辩，也允许他人为之辩护。

第十七条　党组织对党员所要作出的处分决定和所依据的事实材料必须同本人见面，听取本人说明情况和申辩。当本人对党组织所认定的错误事实有不同意见时，要认真地进行复核，采纳其合理的意见。对事实清楚、证据确凿，本人坚持错误意见或拒不签署意见的，由党组织作出书面说明，并根据事实作出处理决定。需要报上级审批的案件，连同本人意见一并上报。

要切实保障检举人、证明人的权利，检举材料和证人证言，不能给犯错误的人看。

第十八条　党组织作出的处分决定（或结论），需由本人签字，经上级批准后，连同批复给本人一份，并在适当范围内宣布。

第十九条　处分决定一经批准即执行。如果本人不服提出申诉，有关党组织必须负责及时处理或迅速转递，不得扣压，承办单位不得推诿。对于申诉有理，需要改变的，要实事求是地予以改正；对于错误事实清楚，证据确凿，定性准确，处理恰当，而本人坚持错误和无理要求的，要批评教育；对于无理取闹的，要严肃处理。

第五章　审理案件工作程序

第二十条　凡需经本级党委、纪委决定或批准以及需报上级党委、纪委批准的案件，在正式决定或批准前，必须经过审理部门审理。

第二十一条　审理部门在接到需由本部门审理的案件后，应即指定承办人。除案情简单者外，每个案件应由二人共同承办，特别重大复杂的案件，应组成二人以上的审议组办理。

第二十二条　承办人员按照本条例第三章的基本要求，对案件认真审理，提出审理意见。对于重大或复杂的案件，必要时，对主要事实和证据直接进行复查核实。

第五章　监察程序

第二十三条　审理部门集体审议案件。由承办人员汇报案情和审理意见。汇报案情要言必有据，不得随意扩大或缩小事实。讨论中充分发扬民主，畅所欲言，允许为犯错误者申辩。然后根据会议决定写出审理报告。讨论中如有不同意见，同时上报。

第二十四条　一般情况下，批准机关在审理过程中应派专人与受处分人谈话，认真听取受处分人的意见。同时根据情况对犯错误的党员进行必要的帮助教育。做好谈话记录。

第二十五条　需要征求有关部门意见的案件，在常委审定前进行。

第二十六条　经过审理部门集体审议的案件，将案件审理报告和下级纪委或党委报来的有关材料，一并提请本纪委常委会审批。

第二十七条　经本纪委常委会讨论决定后，按照批准权限，由本纪委批准的案件，立即办理批复手续；需报同级党委或上级党委、纪委审批的案件，及时办理请示手续。在接到同级党委或上级党委、纪委的批复后，及时办理给有关党组织的批复手续。

第二十八条　已经批复或同意备案的案件，及时抄送同级党委组织部门和其他有关部门。给予党员的处分决定中，有向党外组织建议撤销党外职务和给予其他行政处分时，应将处分决定送党外有关组织

第二十九条　案件办理完结后，由承办人按照规定立卷归档。

第六章　对案件审理工作人员的要求

第三十条　案件审理工作人员应具有的党性原则和工作作风：

（一）要有坚强的党性和高度的责任感，坚持原则，刚正不阿，秉公办案，不徇私情，敢于同一切违反党纪国法的行为作坚决斗争。

（二）坚持实事求是，一切从实际出发，不主观臆断；坚持调查研究，走群众路线，不偏听偏信，善于听取不同意见。

（三）注意总结经验，努力提高工作质量和效率。

（四）模范地遵守党纪国法，严格遵守保密制度，不得向无关人员泄露所办案件的情况。

（五）认真学习党的各项方针政策、党规党法和国家的法律法规，不断提高自己的政治思想水平和政策、业务水平。

第三十一条　本条例是案件审理工作的法规。各级党组织和各级纪委审查处理案件，必须按照本条例办理。

45.5 《中共中央纪律检查委员会关于审理党员违纪案件工作程序的规定》（1991年7月13日）（节录）

第一章　总　则

第一条　根据《党的纪律检查机关案件审理工作条例》的有关规定，结合审理党员违纪案件工作的经验和实际情况，制定本规定。

第二条 为了保证办案质量，保障党员民主权利，正确执行党的纪律，各级纪律检查机关必须遵照本规定审理案件。

第三条 案件检查结束后，必须移送案件审理部门或专兼职审理人员进行审理。

第四条 审理案件应按照处理违纪案件批准权限的规定，分级负责。

第五条 审理案件的人员是本案的当事人，或者是当事人的近亲属，或者与本案有利害关系的，应当回避。犯错误的党员也有权要求他们回避。审理案件人员的回避须经批准，未经批准之前不得停止对案件的审理。

案件审理部门负责人的回避，由本级纪委分管案件审理工作的常委决定；其他案件审理人员的回避，由审理部门负责人决定。

第二章 违纪案件的受理

第六条 案件审理部门受理下列案件：

（一）下级党委、纪委呈报的需由本级党委、纪委批准的案件；

（二）本级纪委检查部门直接检查的，并需由本级党委、纪委直接决定处理的案件；

（三）需呈报上级党委、纪委审批的案件；

（四）下级党委、纪委呈报的备案案件；

（五）本级纪委负责同志或上级党组织交办的案件；

（六）下级党委、纪委呈报的，原由本级纪委、同级党委及上级党委、纪委批准的案件中的申诉复查案件；

（七）原由下级党委、纪委批准经复查复议后申诉人对复查结论和复查处理决定仍不服，下级党委、纪委呈报请求复核的复查案件；

（八）行政监察机关、公安机关、人民检察院、人民法院移送的需给予党纪处分的案件。其中，需要进一步调查取证的，由受理案件的纪委检查部门或商请移送案件的机关补充调查后移送审理。需要个别调查补充证据的，由受理案件的纪委审理部门调查补证。

第七条 下级党委、纪委呈报上级审批的案件，应具备下列材料：

（一）呈报审批的请示；

（二）处分决定和所依据的错误事实材料；

（三）调查报告和主要证据材料；

（四）有关的各级纪委和党组织的审查意见；

（五）犯错误党员的检查和对处分决定的意见；

（六）党组织对犯错误党员所提意见的说明。

本级纪委检查部门移送的案件，应具备下列材料：

（一）立案依据；

（二）错误事实材料、被检查人对错误事实材料的意见及检查组对其意见的说明；

（三）调查报告和主要证据材料；

（四）被检查人的书面检讨。

行政监察机关、公安机关、人民检察院、人民法院移送的案件，应具备下列材料：

（一）行政监察机关移送的案件应具备处理意见或决定、调查报告、主要证据材料、与本人见面材料、本人意见和有关组织的说明；

（二）公安机关移送的案件应具备行政处罚决定或行政强制措施决定、摘抄或复制的主要证据和本人检查交待等材料；

（三）人民检察院移送的案件应具备免予起诉或不予起诉决定书的副本、侦查终结报告、摘抄或复制的主要证据和本人交待等材料；

（四）人民法院移送的案件应具备起诉书、判决书或裁定书、摘抄或复制的主要证据和本人交待等材料。

第八条 案件审理部门或审理人员，接到下级纪委呈报的案件或本级纪委检查部门移送的案件或行政监察机关、公安机关、人民检察院、人民法院移送的案件后，经审查，符合本规定第六、七条规定的，给予受理。

第三章 违纪案件的审理

第九条 各级纪委审理部门受理案件后，应及时指定承办人办理。除情节简单的案件外，一般应由两人办理，特别重大复杂的案件，应组成两人以上的审议组办理，并确定其中一人主办。

第十条 审理案件，要按照事实清楚，证据确凿，定性准确，处理恰当，手续完备的要求进行审理。

第十一条 承办人对处分决定中所列举的错误事实要认真审核，弄清犯错误党员犯有哪些错误，每一错误发生的时间、地点、起因、情节及造成的后果，有关人员的责任。审核认定的每一错误事实是否都有确凿的证据。犯错误党员对处分决定所依据的错误事实如提出不同意见，有关组织的说明能否将所提问题说明清楚。

第十二条 承办人根据《党章》、《关于党内政治生活的若干准则》、党的政策、党纪处分规定、国家的法律法规和社会主义道德规范，判断处分决定中所认定的错误性质是否准确，所给予的处分是否恰当。

第十三条 在审理过程中，如发现事实不清、证据不足、有关人员责任不明时，应主动听取报案单位的意见，确需补报材料时，应请报案单位补报材料。

第十四条 一般情况下，案件在提请本级纪委常委决定前，应派人与犯错误党员谈话，核对错误事实，听取本人意见。本人如对处分决定和所依据的事实材料提出不同意见，应写出书面材料。没有书写能力的，应由谈话人将其意见整理成书面材料，并交本人签字。

与犯错误党员谈话，应作好谈话记录。

第十五条 案件涉及专业技术问题或具体业务政策、规定的，必要时征求有关部门的意见。

第十六条　承办人审理后，草拟审理报告。报告中应写明错误事实、性质、政策法规依据、报案单位的意见和承办人的意见。

第十七条　承办人办理的案件，要经过案件审理部门室务会议审议。审议时，承办人根据起草的审理报告，如实清楚地汇报。会议要充分发扬民主，认真讨论，提出结论性意见。

第十八条　承办人根据集体审议的结论性意见修改审理报告，经审理部门负责同志审核后，连同报案单位呈报的有关材料一并提请本级纪委常委会审定。

由本级纪委参与检查或过问的案件在报本级纪委常委会审议前，还要征求有关检查部门的意见，需要本级纪委直接决定的案件，经审理部门集体审议后代常委草拟处分决定，连同审理报告一并提请本级纪委常委会审定，如果检查部门有不同意见，应同时上报。

第十九条　常委会决定后，对由本级纪委批准的案件，审理部门即办理批复手续，其中需要向同级党委和上级党委、纪委备案的，同时办理备案手续；对需要由同级党委或上级党委、纪委批准的案件应及时办理报批手续，在接到同级党委或上级党委、纪委的批复后，及时通知犯错误党员所在单位的党组织宣布执行。

第二十条　凡给予党纪处分或免予党纪处分的案件，要按照干部管理权限，将处分决定或免予处分的结论、错误事实调查报告、上级批示、本人检讨及本人对处分决定或免予处分的结论的意见抄送组织部门；如建议给予行政处分的，抄送有关人事部门；如建议司法机关追究刑事责任的，抄送有关司法机关。

第二十一条　办理批复和备案手续后结案。承办人根据有关规定立卷归档。

第二十二条　给予党员的纪律处分，从处分决定批准之日起生效。处分决定和批复给受处分的党员一份。

第六章　执行监督

第三十一条　各级党委对同级纪委批准的案件，有权调卷审查，对审查结论和处理决定直接作出改变，也可以责成纪委重新审查。

第三十二条　上级党委对下级党委、纪委，上级纪委对下级纪委批准的案件，有权调卷审查，对审查结论和处理决定，直接作出改变，也可以责成下级党委或纪委重新审查。但是，如果上级纪委所要改变的下级纪委的决定是经过它的同级党委批准的，这种改变应尽量经过协商取得一致意见，由这一级党委自行改变；如果不能取得一致意见，应将双方的意见同时报上级党委决定。

第三十三条　上级党委或纪委对违纪案件作出的处理决定，下级党组织必须贯彻执行。如有不同意见，可以向上级党委或纪委提出，但是，当上级党委或纪委没有改变原处理决定时，不得停止执行，对拒不执行的要追究有关人员的责任。

第三十四条　党的地方各级纪委如果对同级党委处理的案件有不同意见，可以请求上一级纪委予以复查。上一级纪委应予受理。

第三十五条　各级党委或纪委对犯错误党员的处分决定中，如有建议给予行政处分的内容，有关部门的党组织应保证其得以贯彻，并将执行情况报告作出决定的党委或纪委。

第三十六条 本规定由中共中央纪律检查委员会负责解释。

第三十七条 本规定自下发之日起施行。

45.6《中国共产党党员权利保障条例》（2004年9月22日）（节录）

第十一条 在党组织讨论决定对党员的党纪处分或者作出鉴定时，本人有权参加和进行申辩，其他党员可以为其作证和辩护。

申辩、作证和辩护必须实事求是。

> 【编者注】该条涉及党员辩护的诸多具体问题。一是其他党员的辩护如何通过正规的程序表达意见、如何依程序对辩护意见进行客观评判；二是其他党员依法依规辩护与违法违规干预办案之间如何划定界限；三是在复核、申诉和再申诉期间是否仍然允许党员辩护。《公务员申诉规定（试行）》（2008年5月14日）第40条规定："公务员复核、申诉和再申诉，除本规定第十九条规定（复核、申诉、再申诉应当由受到人事处理的公务员本人提出；如本人丧失行为能力或者死亡，可以由其近亲属代为提出）的情形外，不得委托代理人代为进行。"该规定仅是代为提出复核申诉的规定，但对于其他党员如何依法依规提供帮助的制度设计，仍有进一步明确的空间。因此，如何发挥党员辩护制度的功效，依法依规保障党员权利、切实充分发扬党内民主，仍需要完善切实可行的操作制度。

第二十二条 党组织对党员作出处分决定所依据的事实材料和处分决定必须同本人见面，听取本人说明情况和申辩。对于党员的申辩及其他党员为其所作的证明和辩护，有关党组织要认真听取、如实记录，并进一步核实，采纳其合理意见；不予采纳的，要向本人说明理由。党员实事求是的申辩、作证和辩护，应当受到保护。

处分决定应当写明党员享有的申诉权以及受理申诉的组织等内容并由受处分党员签署意见。本人对处分决定有不同意见的，可以提出申诉；拒不签署意见或者因其他原因不能签署意见的，党组织要在处分决定上注明。

第二十三条 对于受到党纪处分的党员，党组织要帮助其正确认识和改正错误。对于受到留党察看处分的党员，留党察看期间确已改正错误的，期满后应当恢复其党员权利；坚持错误不改或者又发现其他应受党纪处分的错误的，应当开除其党籍。

45.7《中国共产党纪律处分条例》（修正后2018年10月1日施行）（节录）

第一编 总 则

第一章 指导思想、原则和适用范围

第六条 本条例适用于违犯党纪应当受到党纪责任追究的党组织和党员。

第二章 违纪与纪律处分

第七条 党组织和党员违反党章和其他党内法规，违反国家法律法规，违反党和

国家政策，违反社会主义道德，危害党、国家和人民利益的行为，依照规定应当给予纪律处分或者处分的，都必须受到追究。

重点查处党的十八大以来不收敛、不收手，问题线索反映集中、群众反映强烈，政治问题和经济问题交织的腐败案件，违反中央八项规定精神的问题。

第八条　对党员的纪律处分种类：

（一）警告；

（二）严重警告；

（三）撤销党内职务；

（四）留党察看；

（五）开除党籍。

第九条　对于违犯党的纪律的党组织，上级党组织应当责令其作出检查或者进行通报批评。对于严重违犯党的纪律、本身又不能纠正的党组织，上一级党的委员会在查明核实后，根据情节严重的程度，可以予以：

（一）改组；

（二）解散。

第十条　党员受到警告处分一年内、受到严重警告处分一年半内，不得在党内提升职务和向党外组织推荐担任高于其原任职务的党外职务。

第十一条　撤销党内职务处分，是指撤销受处分党员由党内选举或者组织任命的党内职务。对于在党内担任两个以上职务的，党组织在作处分决定时，应当明确是撤销其一切职务还是一个或者几个职务。如果决定撤销其一个职务，必须撤销其担任的最高职务。如果决定撤销其两个以上职务，则必须从其担任的最高职务开始依次撤销。对于在党外组织担任职务的，应当建议党外组织依照规定作出相应处理。

对于应当受到撤销党内职务处分，但是本人没有担任党内职务的，应当给予其严重警告处分。同时，在党外组织担任职务的，应当建议党外组织撤销其党外职务。

党员受到撤销党内职务处分，或者依照前款规定受到严重警告处分的，二年内不得在党内担任和向党外组织推荐担任与其原任职务相当或者高于其原任职务的职务。

第十二条　留党察看处分，分为留党察看一年、留党察看二年。对于受到留党察看处分一年的党员，期满后仍不符合恢复党员权利条件的，应当延长一年留党察看期限。留党察看期限最长不得超过二年。

党员受留党察看处分期间，没有表决权、选举权和被选举权。留党察看期间，确有悔改表现的，期满后恢复其党员权利；坚持不改或者又发现其他应当受到党纪处分的违纪行为的，应当开除党籍。

党员受到留党察看处分，其党内职务自然撤销。对于担任党外职务的，应当建议党外组织撤销其党外职务。受到留党察看处分的党员，恢复党员权利后二年内，不得在党内担任和向党外组织推荐担任与其原任职务相当或者高于其原任职务的职务。

第十三条　党员受到开除党籍处分，五年内不得重新入党，也不得推荐担任与其原任职务相当或者高于其原任职务的党外职务。另有规定不准重新入党的，依照规定。

第十四条　党的各级代表大会的代表受到留党察看以上（含留党察看）处分的，党组织应当终止其代表资格。

第十五条　对于受到改组处理的党组织领导机构成员，除应当受到撤销党内职务以上（含撤销党内职务）处分的外，均自然免职。

第十六条　对于受到解散处理的党组织中的党员，应当逐个审查。其中，符合党员条件的，应当重新登记，并参加新的组织过党的生活；不符合党员条件的，应当对其进行教育、限期改正，经教育仍无转变的，予以劝退或者除名；有违纪行为的，依照规定予以追究。

第四章　对违法犯罪党员的纪律处分

第二十七条　党组织在纪律审查中发现党员有贪污贿赂、滥用职权、玩忽职守、权力寻租、利益输送、徇私舞弊、浪费国家资财等违反法律涉嫌犯罪行为的，应当给予撤销党内职务、留党察看或者开除党籍处分。

第二十八条　党组织在纪律审查中发现党员有刑法规定的行为，虽不构成犯罪但须追究党纪责任的，或者有其他违法行为，损害党、国家和人民利益的，应当视具体情节给予警告直至开除党籍处分。

第二十九条　党组织在纪律审查中发现党员严重违纪涉嫌违法犯罪的，原则上先作出党纪处分决定，并按照规定给予政务处分后，再移送有关国家机关依法处理。

第三十条　党员被依法留置、逮捕的，党组织应当按照管理权限中止其表决权、选举权和被选举权等党员权利。根据监察机关、司法机关处理结果，可以恢复其党员权利的，应当及时予以恢复。

第三十一条　党员犯罪情节轻微，人民检察院依法作出不起诉决定的，或者人民法院依法作出有罪判决并免于刑事处罚，应当给予撤销党内职务、留党察看或者开除党籍处分。

党员犯罪，被单处罚金的，依照前款规定处理。

第三十二条　党员犯罪，有下列情形之一的，应当给予开除党籍处分：

（一）因故意犯罪被依法判处刑法规定的主刑（含宣告缓刑）的；

（二）被单处或者附加剥夺政治权利的；

（三）因过失犯罪，被依法判处三年以上（不含三年）有期徒刑的。

因过失犯罪被判处三年以下（含三年）有期徒刑或者被判处管制、拘役的，一般应当开除党籍。对于个别可以不开除党籍的，应当对照处分党员批准权限的规定，报请再上一级党组织批准。

第三十三条　党员依法受到刑事责任追究的，党组织应当根据司法机关的生效判决、裁定、决定及其认定的事实、性质和情节，依照本条例规定给予党纪处分，是公职人员的由监察机关给予相应政务处分。

党员依法受到政务处分、行政处罚，应当追究党纪责任的，党组织可以根据生效的政务处分、行政处罚决定认定的事实、性质和情节，经核实后依照规定给予党纪处分或者组织处理。

党员违反国家法律法规，违反企事业单位或者其他社会组织的规章制度受到其他纪律处分，应当追究党纪责任的，党组织在对有关方面认定的事实、性质和情节进行核实后，依照规定给予党纪处分或者组织处理。

党组织作出党纪处分或者组织处理决定后，司法机关、行政机关等依法改变原生效判决、裁定、决定等，对原党纪处分或者组织处理决定产生影响的，党组织应当根据改变后的生效判决、裁定、决定等重新作出相应处理。

第五章　其他规定

第三十四条　预备党员违犯党纪，情节较轻，可以保留预备党员资格的，党组织应当对其批评教育或者延长预备期；情节较重的，应当取消其预备党员资格。

第三十五条　对违纪后下落不明的党员，应当区别情况作出处理：

（一）对有严重违纪行为，应当给予开除党籍处分的，党组织应当作出决定，开除其党籍；

（二）除前项规定的情况外，下落不明时间超过六个月的，党组织应当按照党章规定对其予以除名。

第三十六条　违纪党员在党组织作出处分决定前死亡，或者在死亡之后发现其曾有严重违纪行为，对于应当给予开除党籍处分的，开除其党籍；对于应当给予留党察看以下（含留党察看）处分的，作出违犯党纪的书面结论和相应处理。

第三十七条　违纪行为有关责任人员的区分：

（一）直接责任者，是指在其职责范围内，不履行或者不正确履行自己的职责，对造成的损失或者后果起决定性作用的党员或者党员领导干部。

（二）主要领导责任者，是指在其职责范围内，对直接主管的工作不履行或者不正确履行职责，对造成的损失或者后果负直接领导责任的党员领导干部。

（三）重要领导责任者，是指在其职责范围内，对应管的工作或者参与决定的工作不履行或者不正确履行职责，对造成的损失或者后果负次要领导责任的党员领导干部。

本条例所称领导责任者，包括主要领导责任者和重要领导责任者。

第三十八条　本条例所称主动交代，是指涉嫌违纪的党员在组织初核前向有关组织交代自己的问题，或者在初核和立案审查其问题期间交代组织未掌握的问题。

第三十九条　计算经济损失主要计算直接经济损失。直接经济损失，是指与违纪行为有直接因果关系而造成财产损失的实际价值。

第四十条　对于违纪行为所获得的经济利益，应当收缴或者责令退赔。

对于违纪行为所获得的职务、职称、学历、学位、奖励、资格等其他利益，应当由承办案件的纪检机关或者由其上级纪检机关建议有关组织、部门、单位按照规定予以纠正。

对于依照本条例第三十五条、第三十六条规定处理的党员，经调查确属其实施违纪行为获得的利益，依照本条规定处理。

第四十一条 党纪处分决定作出后，应当在一个月内向受处分党员所在党的基层组织中的全体党员及其本人宣布，是领导班子成员的还应当向所在党组织领导班子宣布，并按照干部管理权限和组织关系将处分决定材料归入受处分者档案；对于受到撤销党内职务以上（含撤销党内职务）处分的，还应当在一个月内办理职务、工资、工作及其他有关待遇等相应变更手续；涉及撤销或者调整其党外职务的，应当建议党外组织及时撤销或者调整其党外职务。特殊情况下，经作出或者批准作出处分决定的组织批准，可以适当延长办理期限。办理期限最长不得超过六个月。

第四十二条 执行党纪处分决定的机关或者受处分党员所在单位，应当在六个月内将处分决定的执行情况向作出或者批准处分决定的机关报告。

党员对所受党纪处分不服的，可以依照党章及有关规定提出申诉。

第四十三条 本条例总则适用于有党纪处分规定的其他党内法规，但是中共中央发布或者批准发布的其他党内法规有特别规定的除外。

第三编　附　则

第一百三十九条 各省、自治区、直辖市党委可以根据本条例，结合各自工作的实际情况，制定单项实施规定。

第一百四十条 中央军事委员会可以根据本条例，结合中国人民解放军和中国人民武装警察部队的实际情况，制定补充规定或者单项规定。

第一百四十一条 本条例由中央纪律检查委员会负责解释。

第一百四十二条 本条例自2018年10月1日起施行。

本条例施行前，已结案的案件如需进行复查复议，适用当时的规定或者政策。尚未结案的案件，如果行为发生时的规定或者政策不认为是违纪，而本条例认为是违纪的，依照当时的规定或者政策处理；如果行为发生时的规定或者政策认为是违纪的，依照当时的规定或者政策处理，但是如果本条例不认为是违纪或者处理较轻的，依照本条例规定处理。

45.8《中国共产党问责条例》（2016年7月8日）

第一条 为全面从严治党，规范和强化党的问责工作，根据《中国共产党章程》，制定本条例。

第二条 党的问责工作以马克思列宁主义、毛泽东思想、邓小平理论、"三个代表"重要思想、科学发展观为指导，深入贯彻习近平总书记系列重要讲话精神，围绕协调推进"四个全面"战略布局，坚持党的领导，加强党的建设，全面从严治党，做到有权必有责、有责要担当、失责必追究，落实党组织管党治党政治责任，督促党的领导干部践行忠诚干净担当。

第三条 党的问责工作应当坚持的原则：依规依纪、实事求是，失责必问、问责必严，惩前毖后、治病救人，分级负责、层层落实责任。

第四条 党的问责工作是由党组织按照职责权限，追究在党的建设和党的事业中失职失责党组织和党的领导干部的主体责任、监督责任和领导责任。

问责对象是各级党委（党组）、党的工作部门及其领导成员，各级纪委（纪检组）及其领导成员，重点是主要负责人。

第五条 问责应当分清责任。党组织领导班子在职责范围内负有全面领导责任，领导班子主要负责人和直接主管的班子成员承担主要领导责任，参与决策和工作的班子其他成员承担重要领导责任。

第六条 党组织和党的领导干部违反党章和其他党内法规，不履行或者不正确履行职责，有下列情形之一的，应当予以问责：

（一）党的领导弱化，党的理论和路线方针政策、党中央的决策部署没有得到有效贯彻落实，在推进经济建设、政治建设、文化建设、社会建设、生态文明建设中，或者在处置本地区本部门本单位发生的重大问题中领导不力，出现重大失误，给党的事业和人民利益造成严重损失，产生恶劣影响的；

（二）党的建设缺失，党内政治生活不正常，组织生活不健全，党组织软弱涣散，党性教育特别是理想信念宗旨教育薄弱，中央八项规定精神不落实，作风建设流于形式，干部选拔任用工作中问题突出，党内和群众反映强烈，损害党的形象，削弱党执政的政治基础的；

（三）全面从严治党不力，主体责任、监督责任落实不到位，管党治党失之于宽松软，好人主义盛行、搞一团和气，不负责、不担当，党内监督乏力，该发现的问题没有发现，发现问题不报告不处置、不整改不问责，造成严重后果的；

（四）维护党的政治纪律、组织纪律、廉洁纪律、群众纪律、工作纪律、生活纪律不力，导致违规违纪行为多发，特别是维护政治纪律和政治规矩失职，管辖范围内有令不行、有禁不止、团团伙伙、拉帮结派问题严重，造成恶劣影响的；

（五）推进党风廉政建设和反腐败工作不坚决、不扎实，管辖范围内腐败蔓延势头没有得到有效遏制，损害群众利益的不正之风和腐败问题突出的；

（六）其他应当问责的失职失责情形。

第七条 对党组织的问责方式包括：

（一）检查。对履行职责不力、情节较轻的，应当责令其作出书面检查并切实整改。

（二）通报。对履行职责不力、情节较重的，应当责令整改，并在一定范围内通报。

（三）改组。对失职失责，严重违反党的纪律、本身又不能纠正的，应当予以改组。

对党的领导干部的问责方式包括：

（一）通报。对履行职责不力的，应当严肃批评，依规整改，并在一定范围内通报。

（二）诫勉。对失职失责、情节较轻的，应当以谈话或者书面方式进行诫勉。

（三）组织调整或者组织处理。对失职失责、情节较重，不适宜担任现职的，应当根据情况采取停职检查、调整职务、责令辞职、降职、免职等措施。

（四）纪律处分。对失职失责应当给予纪律处分的，依照《中国共产党纪律处分条例》追究纪律责任。

上述问责方式，可以单独使用，也可以合并使用。

第八条 问责决定应当由党中央或者有管理权限的党组织作出。其中对党的领导干部，纪委（纪检组）、党的工作部门有权采取通报、诫勉方式进行问责；提出组织调整或者组织处理的建议；采取纪律处分方式问责，按照党章和有关党内法规规定的权限和程序执行。

第九条 问责决定作出后，应当及时向被问责党组织或者党的领导干部及其所在党组织宣布并督促执行。有关问责情况应当向组织部门通报，组织部门应当将问责决定材料归入被问责领导干部个人档案，并报上一级组织部门备案；涉及组织调整或者组织处理的，应当在一个月内办理完毕相应手续。

受到问责的党的领导干部应当向问责决定机关写出书面检讨，并在民主生活会或者其他党的会议上作出深刻检查。建立健全问责典型问题通报曝光制度，采取组织调整或者组织处理、纪律处分方式问责的，一般应当向社会公开。

第十条 实行终身问责，对失职失责性质恶劣、后果严重的，不论其责任人是否调离转岗、提拔或者退休，都应当严肃问责。

第十一条 各省、自治区、直辖市党委，中央各部委，中央国家机关各部委党组（党委），可以根据本条例制定实施办法。

中央军事委员会可以根据本条例制定相关规定。

第十二条 本条例由中央纪律检查委员会负责解释。

第十三条 本条例自 2016 年 7 月 8 日起施行。此前发布的有关问责的规定，凡与本条例不一致的，按照本条例执行。

45.9《关于实行党政领导干部问责的暂行规定》（2009 年 6 月 30 日）

第一章 总 则

第一条 为加强对党政领导干部的管理和监督，增强党政领导干部的责任意识和大局意识，促进深入贯彻落实科学发展观，提高党的执政能力和执政水平，根据《中国共产党章程》、《党政领导干部选拔任用工作条例》等党内法规和《中华人民共和国行政监察法》、《中华人民共和国公务员法》等国家法律法规，制定本规定。

第二条 本规定适用于中共中央、国务院的工作部门及其内设机构的领导成员；县级以上地方各级党委、政府及其工作部门的领导成员，上列工作部门内设机构的领导成员。

第三条 对党政领导干部实行问责，坚持严格要求、实事求是、权责一致、惩教结合，依靠群众、依法有序的原则。

第四条 党政领导干部受到问责，同时需要追究纪律责任的，依照有关规定给予党纪政纪处分；涉嫌犯罪的，移送司法机关依法处理。

第二章　问责的情形、方式及适用

第五条　有下列情形之一的，对党政领导干部实行问责：

（一）决策严重失误，造成重大损失或者恶劣影响的；

（二）因工作失职，致使本地区、本部门、本系统或者本单位发生特别重大事故、事件、案件，或者在较短时间内连续发生重大事故、事件、案件，造成重大损失或者恶劣影响的；

（三）政府职能部门管理、监督不力，在其职责范围内发生特别重大事故、事件、案件，或者在较短时间内连续发生重大事故、事件、案件，造成重大损失或者恶劣影响的；

（四）在行政活动中滥用职权，强令、授意实施违法行政行为，或者不作为，引发群体性事件或者其他重大事件的；

（五）对群体性、突发性事件处置失当，导致事态恶化，造成恶劣影响的；

（六）违反干部选拔任用工作有关规定，导致用人失察、失误，造成恶劣影响的；

（七）其他给国家利益、人民生命财产、公共财产造成重大损失或者恶劣影响等失职行为的。

第六条　本地区、本部门、本系统或者本单位在贯彻落实党风廉政建设责任制方面出现问题的，按照《关于实行党风廉政建设责任制的规定》，追究党政领导干部的责任。

第七条　对党政领导干部实行问责的方式分为：责令公开道歉、停职检查、引咎辞职、责令辞职、免职。

第八条　党政领导干部具有本规定第五条所列情形，并且具有下列情节之一的，应当从重问责：

（一）干扰、阻碍问责调查的；

（二）弄虚作假、隐瞒事实真相的；

（三）对检举人、控告人打击、报复、陷害的；

（四）党内法规和国家法律法规规定的其他从重情节。

第九条　党政领导干部具有本规定第五条所列情形，并且具有下列情节之一的，可以从轻问责：

（一）主动采取措施，有效避免损失或者挽回影响的；

（二）积极配合问责调查，并且主动承担责任的。

第十条　受到问责的党政领导干部，取消当年年度考核评优和评选各类先进的资格。

引咎辞职、责令辞职、免职的党政领导干部，一年内不得重新担任与其原任职务相当的领导职务。

对引咎辞职、责令辞职、免职的党政领导干部，可以根据工作需要以及本人一贯表现、特长等情况，由党委（党组）、政府按照干部管理权限酌情安排适当岗位或者相应工作任务。

引咎辞职、责令辞职、免职的党政领导干部，一年后如果重新担任与其原任职务相当的领导职务，除应当按照干部管理权限履行审批手续外，还应当征求上一级党委组织部门的意见。

第三章 实行问责的程序

第十一条 对党政领导干部实行问责，按照干部管理权限进行。纪检监察机关、组织人事部门按照管理权限履行本规定中的有关职责。

第十二条 对党政领导干部实行问责，依照下列程序进行：

（一）对因检举、控告、处理重大事故事件、查办案件、审计或者其他方式发现的党政领导干部应当问责的线索，纪检监察机关按照权限和程序进行调查后，对需要实行问责的，按照干部管理权限向问责决定机关提出问责建议；

（二）对在干部监督工作中发现的党政领导干部应当问责的线索，组织人事部门按照权限和程序进行调查后，对需要实行问责的，按照干部管理权限向问责决定机关提出问责建议；

（三）问责决定机关可以根据纪检监察机关或者组织人事部门提出的问责建议作出问责决定；

（四）问责决定机关作出问责决定后，由组织人事部门办理相关事宜，或者由问责决定机关责成有关部门办理相关事宜。

第十三条 纪检监察机关、组织人事部门提出问责建议，应当同时向问责决定机关提供有关事实材料和情况说明，以及需要提供的其他材料。

第十四条 作出问责决定前，应当听取被问责的党政领导干部的陈述和申辩，并且记录在案；对其合理意见，应当予以采纳。

第十五条 对于事实清楚、不需要进行问责调查的，问责决定机关可以直接作出问责决定。

第十六条 问责决定机关按照干部管理权限对党政领导干部作出的问责决定，应当经领导班子集体讨论决定。

第十七条 对党政领导干部实行问责，应当制作《党政领导干部问责决定书》。《党政领导干部问责决定书》由负责调查的纪检监察机关或者组织人事部门代问责决定机关草拟。

《党政领导干部问责决定书》应当写明问责事实、问责依据、问责方式、批准机关、生效时间、当事人的申诉期限及受理机关等。作出责令公开道歉决定的，还应当写明公开道歉的方式、范围等。

第十八条 《党政领导干部问责决定书》应当送达被问责的党政领导干部本人及其所在单位。

问责决定机关作出问责决定后，应当派专人与被问责的党政领导干部谈话，做好其思想工作，督促其做好工作交接等后续工作。

第十九条 组织人事部门应当及时将被问责的党政领导干部的有关问责材料归入其个人档案，并且将执行情况报告问责决定机关，回复问责建议机关。

党政领导干部问责情况应当报上一级组织人事部门备案。

第二十条 问责决定一般应当向社会公开。

第二十一条 对经各级人民代表大会及其常务委员会选举或者决定任命的人员实行问责，按照有关法律规定的程序办理。

第二十二条 被问责的党政领导干部对问责决定不服的，可以自接到《党政领导干部问责决定书》之日起15日内，向问责决定机关提出书面申诉。问责决定机关接到书面申诉后，应当在30日内作出申诉处理决定。申诉处理决定应当以书面形式告知申诉人及其所在单位。

第二十三条 被问责的党政领导干部申诉期间，不停止问责决定的执行。

第四章 附 则

第二十四条 对乡（镇、街道）党政领导成员实行问责，适用本规定。

对县级以上党委、政府直属事业单位以及国有企业、国有金融企业领导人员实行问责，参照本规定执行。

第二十五条 本规定由中央纪委、中央组织部负责解释。

第二十六条 本规定自发布之日起施行。

45.10《关于对党员领导干部进行诫勉谈话和函询的暂行办法》（2005年12月19日）

第一条 为加强和改进对党员领导干部的日常教育和管理，根据《中国共产党党内监督条例（试行）》，制定本办法。

第二条 根据党委（党组）要求，纪律检查机关和组织（人事）部门按照干部管理权限，对党员领导干部进行诫勉谈话和函询。对下一级领导班子成员，根据具体情况，也可以委托其所在党委（党组）的主要负责人进行诫勉谈话。

第三条 党员领导干部有下列情况之一的，应当对其进行诫勉谈话：

（一）不能严格遵守党的政治纪律，贯彻落实党的路线方针政策和上级党组织决议、决定以及工作部署不力；

（二）不认真执行民主集中制，作风专断，或者在领导班子中闹无原则纠纷；

（三）不认真履行职责，给工作造成一定损失；

（四）搞华而不实和脱离实际的"形象工程"、"政绩工程"，铺张浪费，造成不良影响；

（五）不严格执行《党政领导干部选拔任用工作条例》，用人失察失误；

（六）不严格执行廉洁自律规定，造成不良影响；

（七）其他需要进行诫勉谈话的情况。

第四条 诫勉谈话时，应当向谈话对象说明谈话原因，认真听取其对有关问题的解释和说明，指出需要注意的问题，并要求其提出改正措施。

第五条 纪律检查机关和组织（人事）部门应当采取适当方式，对诚勉谈话对象存在的主要问题的改正情况进行了解。对于没有改正或者改正不明显的，应当根据党委（党组）的意见，予以批评教育并督促改正，或者作出组织处理。

第六条 纪律检查机关和组织（人事）部门针对群众反映的党员领导干部政治思想、道德品质、廉政勤政、选人用人等方面的问题，也可以用书面形式对被反映的党员领导干部进行函询。

第七条 党员领导干部在收到函询的十五个工作日内，应当实事求是地作出书面回复。如有特殊情况不能如期回复的，应当在规定期限内说明理由。对函询问题未讲清楚的，可再次对其进行函询或者采取其他方式进行了解。对无故不回复的，应当责令其尽快回复。

第八条 对党员领导干部进行诚勉谈话和函询，要严格履行审批程序。一般应当按照干部管理权限，由纪律检查机关或者组织（人事）部门的有关单位提出意见，报本机关或者本部门领导批准。

第九条 党员领导干部接受组织诚勉谈话和函询，要如实回答问题，不得隐瞒、编造、歪曲事实和回避问题，不得无故不回复组织函询，不得对反映问题的人进行追查，更不得打击报复。对违反者，应当进行批评教育，情节严重的给予组织处理或者纪律处分。

第十条 党员领导干部的诚勉谈话记录（需经本人核实）和回复组织函询的材料，由进行诚勉谈话和函询的机关或者部门留存。

第十一条 有关工作人员对党员领导干部进行的诚勉谈话和函询内容要严格保密。对失密、泄密者，按照有关规定处理。

第十二条 非中共党员领导干部，需要进行诚勉谈话和函询的，适用本办法。

第十三条 中国人民解放军和中国人民武装警察部队关于对党员领导干部进行诚勉谈话和函询的办法，由解放军总政治部参照本办法制定。

第十四条 本办法由中央组织部商中央纪委解释。

第十五条 本办法自发布之日起施行。

45.11《党政领导干部辞职暂行规定》（2004年4月8日）（节录）

第一章 总 则

第一条 为建立健全党政领导干部辞职制度，加强对党政领导干部的管理和监督，根据《党政领导干部选拔任用工作条例》和有关法律、法规，制定本规定。

第二条 党政领导干部辞职包括因公辞职、自愿辞职、引咎辞职和责令辞职。

第三条 本规定适用于中共中央、全国人大常委会、国务院、全国政协、中央纪律检查委员会的工作部门或者机关内设机构的领导成员，最高人民法院、最高人民检察院的领导成员（不含正职）和内设机构的领导成员；县级以上地方各级党委、人大常委会、政府、政协、纪委、人民法院、人民检察院及其工作部门或者机关内设机构的领导成员；上列工作部门的内设机构的领导成员。

第四条　党委（党组）及其组织（人事）部门，按照干部管理权限履行本规定中的有关职责，负责本规定的组织实施。

第三章　自愿辞职

第十二条　党政领导干部具有本规定第十一条所列情形之一的或者有下列情形之一的，不得辞去公职：

（一）在涉及国家安全、重要机密等特殊职位上任职或者离开上述职位不满解密期限的；

（二）未满最低服务年限的；

（三）有其他特殊原因的。

第四章　引咎辞职

第十四条　党政领导干部因工作严重失误、失职造成重大损失或者恶劣影响，或者对重大事故负有重要领导责任等，不宜再担任现职，本人应当引咎辞去现任领导职务。

第十五条　党政领导干部有下列情形之一的，应当引咎辞职：

（一）因工作失职，引发严重的群体性事件，或者对群体性、突发性事件处置失当，造成严重后果或者恶劣影响，负主要领导责任的；

（二）决策严重失误，造成巨大经济损失或者恶劣影响，负主要领导责任的；

（三）在抗灾救灾、防治疫情等方面严重失职，造成重大损失或者恶劣影响，负主要领导责任的；

（四）在安全工作方面严重失职，连续或者多次发生重大责任事故，或者发生特大责任事故，负主要领导责任的；连续或者多次发生特大责任事故，或者发生特别重大责任事故，负主要领导责任、重要领导责任的；

（五）在市场监管、环境保护、社会管理等方面管理、监督严重失职，连续或者多次发生重大事故、重大案件，造成巨大损失或者恶劣影响，负主要领导责任的；

（六）执行《党政领导干部选拔任用工作条例》不力，造成用人严重失察、失误，影响恶劣，负主要领导责任的；

（七）疏于管理监督，致使班子成员或者下属连续或多次出现严重违纪违法行为，造成恶劣影响，负主要领导责任的；

（八）对配偶、子女、身边工作人员严重违纪违法知情不管，造成恶劣影响的；

（九）有其他应当引咎辞职情形的。

第十六条　党政领导干部引咎辞职应当经过下列程序：

（一）干部本人按照干部管理权限，以书面形式向党委（党组）提出辞职申请。辞职申请应当说明辞职原因和思想认识等。

（二）组织（人事）部门对辞职原因等情况进行了解审核，并提出初步意见。审核中应当听取纪检机关（监察部门）的意见，并与干部本人谈话。

（三）按照干部管理权限，党委（党组）集体研究，作出同意辞职、不同意辞职或者暂缓辞职的决定。党委（党组）的决定应当及时通知干部所在单位和干部本人。

（四）党委（党组）作出同意辞职决定后，按照有关规定办理辞职手续。由人大、政协选举、任命、决定任命的领导干部，依照法律或者政协章程的有关规定办理。

第十七条 党委（党组）应当自接到干部引咎辞职申请三个月内予以答复。

第十八条 任免机关在同意干部引咎辞职后，一般应当将干部引咎辞职情况在一定范围内公布。

第五章 责令辞职

第十九条 党委（党组）及其组织（人事）部门根据党政领导干部任职期间的表现，认定其已不再适合担任现职，可以通过一定程序责令其辞去现任领导职务。

党政领导干部有本规定第十五条所列情形之一，应当引咎辞职而不提出辞职申请的，党委（党组）应当责令其辞职。

第二十条 责令辞职应当经过下列程序：

（一）党委（党组）作出责令干部辞职的决定，并指派专人与干部本人谈话。责令干部辞职的决定应当以书面形式通知干部本人。

（二）被责令辞职的干部应当在接到责令辞职通知后15日内向任免机关提出书面辞职申请。

（三）按照有关规定办理辞职手续。由人大、政协选举、任命、决定任命的领导干部，依照法律或者政协章程的有关规定办理。

第二十一条 被责令辞职的干部若对组织决定不服，可以在接到责令辞职通知后15日内，向作出决定的党委（党组）提出书面申诉。

第二十二条 党委（党组）接到申诉后，应当及时组织人员进行核查，并在一个月内作出复议决定。复议决定以书面形式通知干部本人。

复议决定仍维持原决定的，干部本人应当在接到复议决定后3日内向任免机关提出书面辞职申请。对复议决定仍有不同意见的，可以向上级党委（党组）反映，但应当执行复议决定。

第二十三条 被责令辞职的领导干部不服从组织决定、拒不辞职的，予以免职或者提请任免机关予以罢免。

第六章 相关事宜

第二十四条 党政领导干部辞职，按照有关规定需进行经济责任审计的，党委（党组）及其组织（人事）部门应当委托审计机关进行经济责任审计。

第二十五条 党政领导干部辞职，应当自任免机关批准之日起15日内，办理公务交接等相关手续。

对拒不办理公务交接手续的，按照有关规定给予相应的党纪政纪处分。

第二十六条 党政领导干部在辞职审批期间或者组织决定其暂缓辞职期间不得擅

自离职。对擅自离职的,按照有关规定给予相应的党纪政纪处分。

第二十七条 引咎辞职、责令辞职的干部同时提出辞去公职的,应当符合本规定第十二条所列的条件。其中,责令辞职的干部同时提出辞去公职的,须按自愿辞去公职的程序办理。

第二十八条 引咎辞职、责令辞职的干部构成违纪的,按照有关规定给予党纪政纪处分;触犯法律的,依法追究法律责任。

第二十九条 对引咎辞职、责令辞职以及自愿辞去领导职务的干部,根据辞职原因、个人条件、工作需要等情况予以适当安排。

第七章 附 则

第三十条 本规定所称主要领导责任,是指在其职责范围内,对直接主管的工作不负责、不履行或者不正确履行职责,对造成的损失和影响负直接领导责任;重要领导责任,是指在其职责范围内,对应管的工作或者参与决定的工作,不履行或者不正确履行职责,对造成的损失和影响负次要领导责任。

第三十一条 本规定对工作部门的规定,同时适用于办事机构、派出机构以及其他直属机构。

乡(镇、街道)的党政领导干部辞职,可以适用本规定。

县级以上党委、政府直属事业单位和工会、共青团、妇联等人民团体的领导成员辞职,参照本规定执行。

第三十二条 本规定第三条、第三十一条所列范围内,担任同级非领导职务的干部辞职,参照本规定执行。

第三十三条 国有企业领导人员的辞职,由有关部门根据本规定的精神,制定具体办法。

45.12 《推进领导干部能上能下若干规定(试行)》(2015年7月19日)(节录)

第一条 为贯彻落实党中央关于全面从严治党要求,严明党的政治纪律和政治规矩,完善从严管理干部队伍制度体系,形成能上能下的选人用人机制,建设信念坚定、为民服务、勤政务实、敢于担当、清正廉洁的高素质干部队伍,根据《党政领导干部选拔任用工作条例》等党内法规和《中华人民共和国公务员法》等有关法律法规,制定本规定。

第二条 本规定所称推进领导干部能上能下,重点是解决干部能下问题。必须坚持党要管党、从严治党,坚持实事求是、公道正派,坚持人岗相适、人尽其才,坚持依法依规、积极稳妥,着力解决为官不正、为官不为、为官乱为等问题,促使领导干部自觉践行"三严三实"要求,推动形成能者上、庸者下、劣者汰的用人导向和从政环境。

第三条 本规定适用于中央和国家机关各部门、地方县级以上党政机关的领导干部。

乡(镇、街道)党政领导干部,参照本规定执行。

本规定主要规范对有关领导干部的组织调整。涉及违纪违法行为的,按照党的纪律规定和有关法律法规办理。

第四条 推进领导干部能上能下,既要严格执行干部到龄免职(退休)、任期届满离任等制度规定,又要加大问责追究、调整不适宜担任现职干部等的工作力度。

第七条 加大领导干部问责力度。除《关于实行党政领导干部问责的暂行规定》第五条所列情形外,具有下列情形之一的,也应当对有关领导干部实行问责:

(一)落实从严治党责任不力,贯彻党风廉政建设责任制不到位,本地区本部门本单位或者分管领域在较短时间内连续出现违纪违法问题的;

(二)法治观念淡薄,不依法办事,不按法定程序决策,或者依法应当及时作出决策但久拖不决,造成不良影响和后果的;

(三)抓作风建设不力,本地区本部门本单位或者分管领域形式主义、官僚主义、享乐主义和奢靡之风比较突出的;

(四)在干部选拔任用工作中任人唯亲、营私舞弊,本地区本部门本单位或者分管领域用人上不正之风比较突出的;

(五)对配偶、子女及其配偶和身边工作人员教育管理不严、约束不力,甚至默许其利用自身职权或者职务上的影响谋取不正当利益的。

发生上述情形的,对有关领导干部实行问责的方式包括责令公开道歉、停职检查、引咎辞职、责令辞职、免职。问责程序按照《关于实行党政领导干部问责的暂行规定》执行。

第八条 对不适宜担任现职的干部应当进行调整。不适宜担任现职,主要指干部的德、能、勤、绩、廉与所任职务要求不符,不宜在现岗位继续任职。

干部具有下列情形之一,经组织提醒、教育或者函询、诫勉没有改正,被认定为不适宜担任现职的,必须及时予以调整:

(一)不严格遵守党的政治纪律和政治规矩,不坚决执行党的基本路线和各项方针政策,不能在思想上政治上行动上同党中央保持高度一致的;

(二)理想信念动摇,在重大原则问题上立场不坚定,关键时刻经不住考验的;

(三)违背党的民主集中制原则,独断专行或者软弱涣散,拒不执行或者擅自改变党组织作出的决定,在领导班子中闹无原则纠纷的;

(四)组织观念淡薄,不执行重要情况请示报告制度,或者个人有关事项不如实填报甚至隐瞒不报的;

(五)违背中央八项规定精神,不严格遵守廉洁从政有关规定的;

(六)不敢担当、不负责任,为官不为、庸懒散拖,干部群众意见较大的;

(七)不能有效履行职责、按要求完成工作任务,单位工作或者分管工作处于落后状态,或者出现较大失误的;

(八)品行不端,违背社会公德、职业道德、家庭伦理道德,造成不良影响的;

(九)配偶已移居国(境)外,或者没有配偶但子女均已移居国(境)外,不适宜担任其所任职务的;

（十）其他不适宜担任现职的情形。

第九条 调整不适宜担任现职干部，一般按照以下程序进行：

（一）考察核实。综合分析年度考核、平时考核、任职考察、巡视、审计、个人有关事项报告抽查核实、民主评议、信访举报核实等情况，有针对性地考察核实，作出客观公正评价和准确认定。要注重听取群众反映、了解群众口碑，特别是听取工作对象、服务对象等相关人员的意见。

（二）提出调整建议。党委（党组）或者组织（人事）部门根据考察核实结果，对不适宜担任现职干部提出调整建议。调整建议包括调整原因、调整方式等内容。提出调整建议前，应当与干部本人谈话，说明调整理由，听取其陈述意见。

（三）组织决定。党委（党组）召开会议集体研究，作出调整决定。作出决定前，应当听取有关方面意见。

（四）谈话。党委（党组）负责同志或者组织（人事）部门负责同志与调整对象进行谈话，宣布组织决定，认真细致做好思想工作。

（五）按照有关规定履行任免程序。对选举和依法任免的干部，按照有关法律法规规定的程序进行。

干部本人对调整决定不服的，可以按照有关规定申请复核或者向上级组织（人事）部门提出申诉。复核、申诉期间不停止调整决定的执行。从干部调整岗位的次月起，调整其级别和工资待遇。

第十条 对不适宜担任现职干部，应当根据其一贯表现和工作需要，区分不同情形，采取调离岗位、改任非领导职务、免职、降职等方式予以调整。对非个人原因不能胜任现职岗位的，应当予以妥善安排。

第十一条 因不适宜担任现职调离岗位、改任非领导职务、免职的，一年内不得提拔；降职的，两年内不得提拔。影响期满后，对德才表现和工作实绩突出，因工作需要且经考察符合任职条件的，可以提拔任职。

第十三条 干部因违纪违法应当免职的，按照规定程序及时予以免职。

第十四条 在推进领导干部能上能下工作中，严明工作纪律，不得搞好人主义，不得避重就轻、以纪律处分规避组织调整或者以组织调整代替纪律处分，不得借机打击报复。

第十五条 建立健全推进领导干部能上能下工作责任制，党委（党组）承担主体责任，党委（党组）书记是第一责任人，组织（人事）部门承担具体工作责任。把推进领导干部能上能下作为全面从严治党、从严管理干部的重要内容，坚持原则、敢于负责，做到真管真严、敢管敢严、长管长严。加强对干部的日常了解，定期分析研判领导班子和干部队伍情况，对应当调整的干部及时作出调整。对调整下来的干部，给予关心帮助，有针对性地加强教育管理。正确把握政策界限，注意保护干部干事创业、改革创新的积极性，宽容改革探索中的失误。

第十六条 各级党委（党组）及其组织（人事）部门应当加强对推进领导干部能上能下工作的督促检查，了解掌握相关工作情况。对工作不力的，应当根据具体情况，严格追究党委（党组）及其组织（人事）部门主要负责人和相关人员的责任。

第十七条 各地区各部门党委（党组）可以依据本规定，结合自身实际，制定具体实施细则。

第十八条 本规定由中央组织部负责解释。

45.13《党政领导干部选拔任用工作条例》（2014年1月14日）（节录）

第十一章 免职、辞职、降职

第五十七条 党政领导干部有下列情形之一的，一般应当免去现职：

（一）达到任职年龄界限或者退休年龄界限的。

（二）受到责任追究应当免职的。

（三）辞职或者调出的。

（四）非组织选派，离职学习期限超过一年的。

（五）因工作需要或者其他原因，应当免去现职的。

第五十八条 实行党政领导干部辞职制度。辞职包括因公辞职、自愿辞职、引咎辞职和责令辞职。

辞职应当符合有关规定，手续依照法律或者有关规定程序办理。

第五十九条 引咎辞职、责令辞职和因问责被免职的党政领导干部，一年内不安排职务，两年内不得担任高于原任职务层次的职务。同时受到党纪政纪处分的，按照影响期长的规定执行。

第六十条 实行党政领导干部降职制度。党政领导干部在年度考核中被确定为不称职的，因工作能力较弱、受到组织处理或者其他原因不适宜担任现职务层次的，应当降职使用。降职使用的干部，其待遇按照新任职务的标准执行。

降职使用的干部重新提拔，按照有关规定执行。

第十二章 纪律和监督

第六十一条 选拔任用党政领导干部，必须严格执行本条例的各项规定，并遵守下列纪律：

（一）不准超职数配备、超机构规格提拔领导干部，或者违反规定擅自设置职务名称、提高干部职级待遇；

（二）不准采取不正当手段为本人或者他人谋取职位；

（三）不准违反规定程序推荐、考察、酝酿、讨论决定任免干部；

（四）不准私自泄露动议、民主推荐、民主测评、考察、酝酿、讨论决定干部等有关情况；

（五）不准在干部考察工作中隐瞒或者歪曲事实真相；

（六）不准在民主推荐、民主测评、组织考察和选举中搞拉票等非组织活动；

（七）不准利用职务便利私自干预下级或者原任职地区、单位干部选拔任用工作；

（八）不准在工作调动、机构变动时，突击提拔、调整干部；

（九）不准在干部选拔任用工作中封官许愿，任人唯亲，营私舞弊；

（十）不准涂改干部档案，或者在干部身份、年龄、工龄、党龄、学历、经历等方面弄虚作假。

第六十二条 加强干部选拔任用工作全程监督，严肃查处违反组织人事纪律的行为。对违反本条例规定的事项，按照有关规定对党委（党组）主要领导成员和有关领导成员、组织（人事）部门有关领导成员以及其他直接责任人作出组织处理或者纪律处分。

对无正当理由拒不服从组织调动或者交流决定的，依照法律及有关规定予以免职或者降职使用。

第六十三条 实行党政领导干部选拔任用工作责任追究制度。凡用人失察失误造成严重后果的，本地区本部门用人上的不正之风严重、干部群众反映强烈以及对违反组织人事纪律的行为查处不力的，应当根据具体情况，追究党委（党组）主要领导成员、有关领导成员、组织（人事）部门和纪检监察机关有关领导成员以及其他直接责任人的责任。

第六十四条 党委（党组）及其组织（人事）部门对干部选拔任用工作和贯彻执行本条例的情况进行监督检查，受理有关干部选拔任用工作的举报、申诉，制止、纠正违反本条例的行为，并对有关责任人提出处理意见或者处理建议。

纪检监察机关、巡视机构按照有关规定，对干部选拔任用工作进行监督检查。

第六十五条 实行组织（人事）部门与纪检监察机关等有关单位联席会议制度，就加强对干部选拔任用工作的监督，沟通信息，交流情况，提出意见和建议。联席会议由组织（人事）部门召集。

第六十六条 党委（党组）及其组织（人事）部门在干部选拔任用工作中，必须严格执行本条例，自觉接受组织监督和群众监督。下级机关和党员、干部、群众对干部选拔任用工作中的违纪违规行为，有权向上级党委（党组）及其组织（人事）部门、纪检监察机关举报、申诉，受理部门和机关应当按照有关规定查核处理。

第十三章 附 则

第六十七条 本条例对工作部门的规定，同时适用于办事机构、派出机构、特设机构以及其他直属机构。

第六十八条 选拔任用乡（镇、街道）的党政领导干部，由省、自治区、直辖市党委根据本条例制定相应的实施办法。

第六十九条 中国人民解放军和中国人民武装警察部队领导干部的选拔任用办法，由中央军事委员会根据本条例的原则规定。

第七十条 本条例由中共中央组织部负责解释。

45.14《关于实行党风廉政建设责任制的规定》（2010年11月10日）（节录）

第四章 责任追究

第十九条 领导班子、领导干部违反或者未能正确履行本规定第七条规定的职责，

有下列情形之一的,应当追究责任:

(一)对党风廉政建设工作领导不力,以致职责范围内明令禁止的不正之风得不到有效治理,造成不良影响的;

(二)对上级领导机关交办的党风廉政建设责任范围内的事项不传达贯彻、不安排部署、不督促落实,或者拒不办理的;

(三)对本地区、本部门、本系统发现的严重违纪违法行为隐瞒不报、压案不查的;

(四)疏于监督管理,致使领导班子成员或者直接管辖的下属发生严重违纪违法问题的;

(五)违反规定选拔任用干部,或者用人失察、失误造成恶劣影响的;

(六)放任、包庇、纵容下属人员违反财政、金融、税务、审计、统计等法律法规,弄虚作假的;

(七)有其他违反党风廉政建设责任制行为的。

第二十条 领导班子有本规定第十九条所列情形,情节较轻的,责令作出书面检查;情节较重的,给予通报批评;情节严重的,进行调整处理。

第二十一条 领导干部有本规定第十九条所列情形,情节较轻的,给予批评教育、诫勉谈话、责令作出书面检查;情节较重的,给予通报批评;情节严重的,给予党纪政纪处分,或者给予调整职务、责令辞职、免职和降职等组织处理。涉嫌犯罪的,移送司法机关依法处理。

以上责任追究方式可以单独使用,也可以合并使用。

第二十二条 领导班子、领导干部具有本规定第十九条所列情形,并具有下列情节之一的,应当从重追究责任:

(一)对职责范围内发生的问题进行掩盖、袒护的;

(二)干扰、阻碍责任追究调查处理的。

第二十三条 领导班子、领导干部具有本规定第十九条所列情形,并具有下列情节之一的,可以从轻或者减轻追究责任:

(一)对职责范围内发生的问题及时如实报告并主动查处和纠正,有效避免损失或者挽回影响的;

(二)认真整改,成效明显的。

第二十四条 领导班子、领导干部违反本规定,需要查明事实、追究责任的,由有关机关或者部门按照职责和权限调查处理。其中需要追究党纪政纪责任的,由纪检监察机关按照党纪政纪案件的调查处理程序办理;需要给予组织处理的,由组织人事部门或者由负责调查的纪检监察机关会同组织人事部门,按照有关权限和程序办理。

第二十五条 实施责任追究,要实事求是,分清集体责任和个人责任、主要领导责任和重要领导责任。

追究集体责任时,领导班子主要负责人和直接主管的领导班子成员承担主要领导责任,参与决策的班子其他成员承担重要领导责任。对错误决策提出明确反对意见而没有被采纳的，不承担领导责任。

错误决策由领导干部个人决定或者批准的，追究该领导干部个人的责任。

第二十六条　实施责任追究不因领导干部工作岗位或者职务的变动而免予追究。已退休但按照本规定应当追究责任的，仍须进行相应的责任追究。

第二十七条　受到责任追究的领导班子、领导干部，取消当年年度考核评优和评选各类先进的资格。

单独受到责令辞职、免职处理的领导干部，一年内不得重新担任与其原任职务相当的领导职务；受到降职处理的，两年内不得提升职务。同时受到党纪政纪处分和组织处理的，按影响期较长的执行。

第二十八条　各级纪检监察机关应当加强对下级党委（党组）、政府实施责任追究情况的监督检查，发现有应当追究而未追究或者责任追究处理决定不落实等问题的，应当及时督促下级党委（党组）、政府予以纠正。

第五章　附　则

第二十九条　各省、自治区、直辖市，中央和国家机关各部委可以根据本规定制定实施办法。

第三十条　中央军委可以根据本规定，结合中国人民解放军和中国人民武装警察部队的实际情况，制定具体规定。

第三十一条　本规定由中央纪委、监察部负责解释。

第三十二条　本规定自发布之日起施行。1998年11月发布的《关于实行党风廉政建设责任制的规定》同时废止。

45.15《中国共产党工作机关条例（试行）》（2017年3月1日）（节录）

第二十六条　党的工作机关领导班子成员违反本条例有关规定的，根据情节轻重，给予批评教育、责令作出检查、诫勉、通报批评或者调离岗位、责令辞职、免职、降职等处理；应当追究党纪政纪责任的，依照有关规定给予相应处分。

45.16《中国共产党地方委员会工作条例》（2015年12月25日）（节录）

第二十九条　违反本条例有关规定的，根据情节轻重，给予批评教育、责令作出检查、诫勉谈话、通报批评或者调离岗位、责令辞职、免职、降职等处理；应当追究党纪政纪责任的，依照《中国共产党纪律处分条例》、《行政机关公务员处分条例》等有关规定给予相应处分；涉嫌违法犯罪的，按照国家有关法律规定处理。

45.17《中国共产党党组工作条例（试行）》（2015年6月11日）（节录）

第三十条　有下列情形之一的，应当追究有关党组成员的责任：

（一）贯彻执行党的理论和路线方针政策、上级党组织指示和决定不及时不得力的；

（二）因违反决策程序或者决策失误造成重大损失或者恶劣影响的；

（三）干部选拔任用方面出现重大问题的；

（四）不认真履行从严治党责任，造成本单位党组织软弱涣散、党建工作削弱的；

（五）不履行党风廉政建设主体责任，造成严重后果的；

（六）擅自公开发表或者出版同中央精神、党组决定不符的讲话、报告、文章、著作的，或者在互联网上发表同中央精神、党组决定不符的言论的；

（七）泄露应当保密的会议内容和讨论情况的；

（八）对其他造成严重后果或者恶劣社会影响的行为负有责任的。

对发生集体违反本条例行为的，或者在其他党组成员出现严重违反本条例行为上存在重大过失的，还应当追究党组书记的相关责任。

党组重大决策失误的，对参与决策的党组成员实行终身责任追究。

党组成员在讨论决定有关事项时，对重大失误决策明确持不赞成态度或者保留意见的，应当免除或者减轻责任。

第三十一条 对违反本条例的党组成员，根据情节轻重，给予批评教育、责令作出检查、诫勉谈话、通报批评或者调离岗位、责令辞职、免职、降职等处理。

应当追究党纪政纪责任的，依照《中国共产党纪律处分条例》、《行政机关公务员处分条例》等有关规定给予相应的党纪政纪处分。

涉嫌违法犯罪的，按照国家有关法律规定处理。

45.18《党政机关厉行节约反对浪费条例》（2013年11月18日）（节录）

第五十七条 建立党政机关厉行节约反对浪费工作责任追究制度。

对违反本条例规定造成浪费的，应当依纪依法追究相关人员的责任，对负有领导责任的主要负责人或者有关领导干部实行问责。

第五十八条 有下列情形之一的，追究相关人员的责任：

（一）未经审批列支财政性资金的；

（二）采取弄虚作假等手段违规取得审批的；

（三）违反审批要求擅自变通执行的；

（四）违反管理规定超标准或者以虚假事项开支的；

（五）利用职务便利假公济私的；

（六）有其他违反审批、管理、监督规定行为的。

第五十九条 有下列情形之一的，追究主要负责人或者有关领导干部的责任：

（一）本地区、本部门、本单位铺张浪费、奢侈奢华问题严重，对发现的问题查处不力，干部群众反映强烈的；

（二）指使、纵容下属单位或者人员违反本条例规定造成浪费的；

（三）不履行内部审批、管理、监督职责造成浪费的；

（四）不按规定及时公开本地区、本部门、本单位有关厉行节约反对浪费工作信息的；

（五）其他对铺张浪费问题负有领导责任的。

第六十条 违反本条例规定造成浪费的，根据情节轻重，由有关部门依照职责权限给予批评教育、责令作出检查、诫勉谈话、通报批评或者调离岗位、责令辞职、免职、降职等处理。

应当追究党纪政纪责任的,依照《中国共产党纪律处分条例》、《行政机关公务员处分条例》等有关规定给予相应的党纪政纪处分。

涉嫌违法犯罪的,依法追究法律责任。

第六十一条 违反本条例规定获得的经济利益,应当予以收缴或者纠正。

违反本条例规定,用公款支付、报销应由个人支付的费用,应当责令退赔。

第六十二条 受到责任追究的人员对处理决定不服的,可以按照相关规定向有关机关提出申诉。受理申诉机关应当依据有关规定认真受理并作出结论。

申诉期间,不停止处理决定的执行。

45.19《关于省、地两级党委、政府主要领导干部配偶、子女个人经商办企业的具体规定(试行)》(2001年2月8日)

为了贯彻落实中央纪委第四次全会提出的"省(部)、地(厅)级领导干部的配偶、子女,不准在该领导干部管辖的业务范围内个人从事可能与公共利益发生冲突的经商办企业活动"的要求,对省(自治区、直辖市)、地(市)两级党委、政府主要领导干部配偶、子女在该领导干部任职地区个人从事经商办企业活动作出如下规定:

一、不准从事房地产开发、经营及相关代理、评估、咨询等有偿中介活动。

二、不准从事广告代理、发布等经营活动。

三、不准开办律师事务所;受聘担任律师的,不准在领导干部管辖地区代理诉讼。

四、不准从事营业性歌厅、舞厅、夜总会等娱乐业,洗浴按摩等行业的经营活动。

五、不准从事其他可能与公共利益发生冲突的经商办企业活动。

已经从事上述经商办企业活动的,或者领导干部的配偶、子女退出所从事的经商办企业活动,或者领导干部本人辞去现任职务或给予组织处理。本规定发布后,再从事上述活动的,对领导干部本人以违纪论处。

各省、自治区、直辖市可根据实际情况制定补充规定。

45.20《公职人员政务处分暂行规定》(2018年4月16日)

第一条 为了规范监察机关的政务处分工作,促进所有行使公权力的公职人员(以下简称公职人员)依法履职、秉公用权、廉洁从政从业、坚持道德操守,根据《中华人民共和国监察法》,制定本规定。

第二条 公职人员有违法违规行为应当承担法律责任的,在国家有关公职人员政务处分的法律出台前,监察机关可以根据被调查的公职人员的具体身份,依照相关法律、法规、国务院决定和规章对违法行为及其适用处分的规定,给予政务处分。

第三条 监察机关实施政务处分的依据,主要包括《中华人民共和国监察法》《中华人民共和国公务员法》《中华人民共和国法官法》《中华人民共和国检察官法》《中华人民共和国企业国有资产法》《行政机关公务员处分条例》《事业单位人事管理条例》《事业单位工作人员处分暂行规定》《国有企业领导人员廉洁从业若干规定》以及《农村基层干部廉洁履行职责若干规定(试行)》等。

第四条 公职人员依法履行职务的行为受法律保护,非因法定事由,非经法定程序,不受政务处分。

第五条 给予公职人员政务处分,应当坚持法律面前一律平等,实事求是、公正公平,做到事实清楚、证据确凿、定性准确、处理恰当、程序合法、手续完备;坚持民主集中制,集体讨论决定;坚持惩前毖后、治病救人方针,与违法行为的性质、情节、危害程度相适应。

第六条 监察机关对违法的公职人员可以依法作出警告、记过、记大过、降级、撤职、开除等政务处分决定。

公职人员政务处分的期间、政务处分适用规则,可以根据被调查的公职人员的具体身份等情况,适用有关法律、法规、国务院决定和规章。

第七条 公职人员中的中共党员严重违犯党纪涉嫌犯罪的,应当由党组织先作出党纪处分决定,并由监察机关依法给予政务处分后,再依法追究其刑事责任。

非中共党员的公职人员涉嫌犯罪的,应当先由监察机关依法给予政务处分,再依法追究其刑事责任。

公职人员中的中共党员先依法受到行政处罚和刑事责任追究的,党组织、监察机关可以根据生效的行政处罚决定和司法机关的生效判决、裁定、决定及其认定的事实、性质和情节,依纪依法给予党纪、政务处分。

第八条 监察机关对公职人员中的中共党员给予政务处分,一般应当与党纪处分的轻重程度相匹配。其中,受到撤销党内职务、留党察看处分的,如果担任公职,应当依法给予其撤职等政务处分。严重违犯党纪、严重触犯刑律的公职人员必须依法开除公职。

第九条 对基层群众性自治组织、国有企业等单位中从事管理的人员,或者未列入国家机关人员编制的受国家机关依法委托管理公共事务的组织中从事公务的人员、其他依法履行公职的人员,监察机关可以依法采取下列处理措施:

(一)依据《中华人民共和国监察法》采取谈话提醒、批评教育、责令检查、诫勉;

(二)依据本规定第三条有关法规采取警示谈话、通报批评、停职检查、责令辞职。

对前款人员,监察机关可以依法向有关机关、单位提出下列监察建议:

(一)取消当选资格或者担任相应职务资格;

(二)调离岗位、降职、免职、罢免。

上述处理措施可以单独使用,也可以合并使用。

第十条 公职人员受到开除以外的政务处分,在受处分期间有悔改表现,并且没有再发生违法行为的,处分期满后自动解除。

事业单位工作人员在受处分期间有重大立功表现,按照有关规定给予个人记功以上奖励的,经作出处分决定的监察机关批准后,可以提前解除处分。

处分解除后,受处分的公职人员不再受原处分影响。受到降级或者撤职处分的,处分解除不视为恢复原级别、原职务。

第十一条 对公职人员给予政务处分,由监察机关按照管理权限依法作出决定。有下列情形的,应当履行有关手续:

（一）对经各级人民代表大会及其常务委员会选举或者决定任命的公职人员给予撤职、开除处分的，应当先由人民代表大会及其常务委员会依法罢免、撤销或者免去其职务，再由监察机关依法作出处分决定。

（二）对经中国人民政治协商会议各级委员会全体会议及其常务委员会选举或者决定任命的公职人员给予撤职、开除处分的，应当先由政协全体会议及其常务委员会免去其职务后，再由监察机关依法作出处分决定。

（三）对各级人大代表、政协委员给予政务处分，应当向其所在的人大常委会或者政协常委会通报。

（四）对基层群众性自治组织中从事管理的人员给予责令辞职等处理的，由县级监察机关向其所在的基层群众性自治组织及上级管理单位（机构）提出建议。

第十二条 公职人员有违法行为，已经被立案调查，不宜继续履行职责的，监察机关可以决定暂停其履行职务。被调查的公职人员在被监察机关立案调查期间，不得交流、出境、辞去公职或者办理退休手续。监察机关应当在立案决定书中写明上述要求，并告知被调查人所在单位。

第十三条 监察机关经调查、审理，决定给予公职人员政务处分或者免予处分的，按照下列程序办理：

（一）将调查认定的事实及拟给予政务处分的依据告知被调查的公职人员，听取其陈述和申辩，并对其陈述的事实、理由和证据进行复核，记录在案。被调查的公职人员提出的事实、理由和证据成立的，应予采信；

（二）按照处分决定权限，履行审批手续后，作出对该公职人员给予处分或者免予处分的决定；

（三）印发政务处分决定；

（四）将政务处分决定送达受处分人和所在单位，并在一定范围内宣布；

（五）对于受到降级以上政务处分的，应当在一个月内办理职务、工资及其他有关待遇等相应变更手续；

（六）将政务处分决定存入受处分公职人员的档案。政务处分决定的内容和生效日期，参照《行政机关公务员处分条例》有关规定执行。给予开除以外政务处分的，应当在处分决定中写明处分期间。

第十四条 监察机关对本级党委管理的公职人员依法作出政务处分决定后，除依照本规定第十三条送达受处分人所在单位执行外，还应当根据受处分人的具体身份函告相应的机关或者群团组织等单位。

受处分人系民主党派和无党派人士的，同时函告本级党委统战部以及相应的民主党派机关或者相关单位。

第十五条 公职人员受到开除处分后，其本人档案按照国家有关规定转递管理。

第十六条 对公职人员不服政务处分决定的复审、复核，按照《中华人民共和国监察法》的规定办理。变更、撤销政务处分的情形和法律后果，根据受处分的公职人员的具体身份，依照或者参照《行政机关公务员处分条例》《事业单位工作人员处分暂行规定》等规定执行。

第十七条 对公职人员不履行或者不正确履行职责负有管理责任的领导人员，监察机关可以依据或者参照《中国共产党问责条例》《关于实行党政领导干部问责的暂行规定》等规定，按照管理权限对其作出通报批评、诫勉、停职检查、责令辞职等问责决定，或者向有权作出问责决定的机关提出降职、免职等问责建议。

第十八条 有违法行为应当受到政务处分的公职人员，在监察机关作出处分决定前已经退休的，不再给予处分；监察机关可以对其立案调查，依法应当给予降级、撤职、开除处分的，应当按照规定相应降低或者取消其享受的待遇。有违法行为应当受到政务处分的公职人员，在监察机关作出处分决定前已经辞去公职或者死亡的，不再给予处分，但是监察机关可以立案调查，对其违法取得的财物和用于违法的财物，依照本规定第二十一条处理。

第十九条 公职人员有违法行为的，任免机关、单位可以履行主体责任，依照《中华人民共和国公务员法》等规定，对公职人员给予处分。对公职人员的同一违法行为，监察机关已经给予政务处分的，任免机关、单位不再给予处分；任免机关、单位已经给予处分的，监察机关不再给予政务处分。

第二十条 下级监察机关根据上级监察机关的指定管辖决定，对不属于本监察机关管辖范围内的监察对象立案调查的，应当按照管理权限交有处分权的监察机关依法作出政务处分决定，或者交由其任免机关、单位给予处分。

第二十一条 公职人员违法取得的财物和用于违法的财物，除依法应当由其他机关没收、追缴或者责令退赔的，由监察机关没收、追缴或者责令退赔。违法取得的财物应当退还原所有人或者原持有人的，予以退还；属于国家财产以及不应当退还或者无法退还原所有人或者原持有人的，上缴国库。

第二十二条 本规定由中央纪律检查委员会、国家监察委员会负责解释。

第二十三条 本规定自发布之日起施行。

45.21《中华人民共和国公务员法》（修正后2018年1月1日施行）（节录）

第十二条 公务员应当履行下列义务：

（一）模范遵守宪法和法律；

（二）按照规定的权限和程序认真履行职责，努力提高工作效率；

（三）全心全意为人民服务，接受人民监督；

（四）维护国家的安全、荣誉和利益；

（五）忠于职守，勤勉尽责，服从和执行上级依法作出的决定和命令；

（六）保守国家秘密和工作秘密；

（七）遵守纪律，恪守职业道德，模范遵守社会公德；

（八）清正廉洁，公道正派；

（九）法律规定的其他义务。

第十三条 公务员享有下列权利：

（一）获得履行职责应当具有的工作条件；

（二）非因法定事由、非经法定程序，不被免职、降职、辞退或者处分；

（三）获得工资报酬，享受福利、保险待遇；

（四）参加培训；

（五）对机关工作和领导人员提出批评和建议；

（六）提出申诉和控告；

（七）申请辞职；

（八）法律规定的其他权利。

第十四条 国家实行公务员职位分类制度。

公务员职位类别按照公务员职位的性质、特点和管理需要，划分为综合管理类、专业技术类和行政执法类等类别。国务院根据本法，对于具有职位特殊性，需要单独管理的，可以增设其他职位类别。各职位类别的适用范围由国家另行规定。

第十五条 国家根据公务员职位类别设置公务员职务序列。

第十六条 公务员职务分为领导职务和非领导职务。

领导职务层次分为：国家级正职、国家级副职、省部级正职、省部级副职、厅局级正职、厅局级副职、县处级正职、县处级副职、乡科级正职、乡科级副职。

非领导职务层次在厅局级以下设置。

第十七条 综合管理类的领导职务根据宪法、有关法律、职务层次和机构规格设置确定。

综合管理类的非领导职务分为：巡视员、副巡视员、调研员、副调研员、主任科员、副主任科员、科员、办事员。

综合管理类以外其他职位类别公务员的职务序列，根据本法由国家另行规定。

第十八条 各机关依照确定的职能、规格、编制限额、职数以及结构比例，设置本机关公务员的具体职位，并确定各职位的工作职责和任职资格条件。

第十九条 公务员的职务应当对应相应的级别。公务员职务与级别的对应关系，由国务院规定。

公务员的职务与级别是确定公务员工资及其他待遇的依据。

公务员的级别根据所任职务及其德才表现、工作实绩和资历确定。公务员在同一职务上，可以按照国家规定晋升级别。

第二十条 国家根据人民警察以及海关、驻外外交机构公务员的工作特点，设置与其职务相对应的衔级。

第五十三条 公务员必须遵守纪律，不得有下列行为：

（一）散布有损国家声誉的言论，组织或者参加旨在反对国家的集会、游行、示威等活动；

（二）组织或者参加非法组织，组织或者参加罢工；

（三）玩忽职守，贻误工作；

（四）拒绝执行上级依法作出的决定和命令；

（五）压制批评，打击报复；

（六）弄虚作假，误导、欺骗领导和公众；

（七）贪污、行贿、受贿，利用职务之便为自己或者他人谋取私利；

（八）违反财经纪律，浪费国家资财；

（九）滥用职权，侵害公民、法人或者其他组织的合法权益；

（十）泄露国家秘密或者工作秘密；

（十一）在对外交往中损害国家荣誉和利益；

（十二）参与或者支持色情、吸毒、赌博、迷信等活动；

（十三）违反职业道德、社会公德；

（十四）从事或者参与营利性活动，在企业或者其他营利性组织中兼任职务；

（十五）旷工或者因公外出、请假期满无正当理由逾期不归；

（十六）违反纪律的其他行为。

第五十四条 公务员执行公务时，认为上级的决定或者命令有错误的，可以向上级提出改正或者撤销该决定或者命令的意见；上级不改变该决定或者命令，或者要求立即执行的，公务员应当执行该决定或者命令，执行的后果由上级负责，公务员不承担责任；但是，公务员执行明显违法的决定或者命令的，应当依法承担相应的责任。

第五十五条 公务员因违法违纪应当承担纪律责任的，依照本法给予处分；违纪行为情节轻微，经批评教育后改正的，可以免于处分。

第五十六条 处分分为：警告、记过、记大过、降级、撤职、开除。

第五十七条 对公务员的处分，应当事实清楚、证据确凿、定性准确、处理恰当、程序合法、手续完备。

公务员违纪的，应当由处分决定机关决定对公务员违纪的情况进行调查，并将调查认定的事实及拟给予处分的依据告知公务员本人。公务员有权进行陈述和申辩。

处分决定机关认为对公务员应当给予处分的，应当在规定的期限内，按照管理权限和规定的程序作出处分决定。处分决定应当以书面形式通知公务员本人。

第五十八条 公务员在受处分期间不得晋升职务和级别，其中受记过、记大过、降级、撤职处分的，不得晋升工资档次。

受处分的期间为：警告，六个月；记过，十二个月；记大过，十八个月；降级、撤职，二十四个月。

受撤职处分的，按照规定降低级别。

第五十九条 公务员受开除以外的处分，在受处分期间有悔改表现，并且没有再发生违纪行为的，处分期满后，由处分决定机关解除处分并以书面形式通知本人。

解除处分后，晋升工资档次、级别和职务不再受原处分的影响。但是，解除降级、撤职处分的，不视为恢复原级别、原职务。

第八十二条 担任领导职务的公务员，因工作变动依照法律规定需要辞去现任职务的，应当履行辞职手续。

担任领导职务的公务员，因个人或者其他原因，可以自愿提出辞去领导职务。

领导成员因工作严重失误、失职造成重大损失或者恶劣社会影响的，或者对重大事故负有领导责任的，应当引咎辞去领导职务。

领导成员应当引咎辞职或者因其他原因不再适合担任现任领导职务，本人不提出辞职的，应当责令其辞去领导职务。

第八十三条 公务员有下列情形之一的，予以辞退：

（一）在年度考核中，连续两年被确定为不称职的；

（二）不胜任现职工作，又不接受其他安排的；

（三）因所在机关调整、撤销、合并或者缩减编制员额需要调整工作，本人拒绝合理安排的；

（四）不履行公务员义务，不遵守公务员纪律，经教育仍无转变，不适合继续在机关工作，又不宜给予开除处分的；

（五）旷工或者因公外出、请假期满无正当理由逾期不归连续超过十五天，或者一年内累计超过三十天的。

第一百零三条 机关因错误的具体人事处理对公务员造成名誉损害的，应当赔礼道歉、恢复名誉、消除影响；造成经济损失的，应当依法给予赔偿。

第一百零四条 公务员主管部门的工作人员，违反本法规定，滥用职权、玩忽职守、徇私舞弊，构成犯罪的，依法追究刑事责任；尚不构成犯罪的，给予处分。

第一百零五条 本法所称领导成员，是指机关的领导人员，不包括机关内设机构担任领导职务的人员。

第一百零六条 法律、法规授权的具有公共事务管理职能的事业单位中除工勤人员以外的工作人员，经批准参照本法进行管理。

45.22《行政机关公务员处分条例》（2007年6月1日）

第一章 总 则

第一条 为了严肃行政机关纪律，规范行政机关公务员的行为，保证行政机关及其公务员依法履行职责，根据《中华人民共和国公务员法》和《中华人民共和国行政监察法》，制定本条例。

第二条 行政机关公务员违反法律、法规、规章以及行政机关的决定和命令，应当承担纪律责任的，依照本条例给予处分。

法律、其他行政法规、国务院决定对行政机关公务员处分有规定的，依照该法律、行政法规、国务院决定的规定执行；法律、其他行政法规、国务院决定对行政机关公务员应当受到处分的违法违纪行为做了规定，但是未对处分幅度做规定的，适用本条例第三章与其最相类似的条款有关处分幅度的规定。

地方性法规、部门规章、地方政府规章可以补充规定本条例第三章未作规定的应当给予处分的违法违纪行为以及相应的处分幅度。除国务院监察机关、国务院人事部门外，国务院其他部门制定处分规章，应当与国务院监察机关、国务院人事部门联合制定。

除法律、法规、规章以及国务院决定外，行政机关不得以其他形式设定行政机关公务员处分事项。

第三条 行政机关公务员依法履行职务的行为受法律保护，非因法定事由，非经法定程序，不受处分。

第四条 给予行政机关公务员处分，应当坚持公正、公平和教育与惩处相结合的原则。

给予行政机关公务员处分，应当与其违法违纪行为的性质、情节、危害程度相适应。

给予行政机关公务员处分，应当事实清楚、证据确凿、定性准确、处理恰当、程序合法、手续完备。

第五条 行政机关公务员违法违纪涉嫌犯罪的，应当移送司法机关依法追究刑事责任。

第二章 处分的种类和适用

第六条 行政机关公务员处分的种类为：

（一）警告；

（二）记过；

（三）记大过；

（四）降级；

（五）撤职；

（六）开除。

第七条 行政机关公务员受处分的期间为：

（一）警告，6个月；

（二）记过，12个月；

（三）记大过，18个月；

（四）降级、撤职，24个月。

第八条 行政机关公务员在受处分期间不得晋升职务和级别，其中，受记过、记大过、降级、撤职处分的，不得晋升工资档次；受撤职处分的，应当按照规定降低级别。

第九条 行政机关公务员受开除处分的，自处分决定生效之日起，解除其与单位的人事关系，不得再担任公务员职务。

行政机关公务员受开除以外的处分，在受处分期间有悔改表现，并且没有再发生违法违纪行为的，处分期满后，应当解除处分。解除处分后，晋升工资档次、级别和职务不再受原处分的影响。但是，解除降级、撤职处分的，不视为恢复原级别、原职务。

第十条 行政机关公务员同时有两种以上需要给予处分的行为的，应当分别确定其处分。应当给予的处分种类不同的，执行其中最重的处分；应当给予撤职以下多个相同种类处分的，执行该处分，并在一个处分期以上、多个处分期之和以下，决定处分期。

行政机关公务员在受处分期间受到新的处分的,其处分期为原处分期尚未执行的期限与新处分期限之和。

处分期最长不得超过48个月。

第十一条 行政机关公务员2人以上共同违法违纪,需要给予处分的,根据各自应当承担的纪律责任,分别给予处分。

第十二条 有下列情形之一的,应当从重处分:

(一) 在2人以上的共同违法违纪行为中起主要作用的;

(二) 隐匿、伪造、销毁证据的;

(三) 串供或者阻止他人揭发检举、提供证据材料的;

(四) 包庇同案人员的;

(五) 法律、法规、规章规定的其他从重情节。

第十三条 有下列情形之一的,应当从轻处分:

(一) 主动交代违法违纪行为的;

(二) 主动采取措施,有效避免或者挽回损失的;

(三) 检举他人重大违法违纪行为,情况属实的。

第十四条 行政机关公务员主动交代违法违纪行为,并主动采取措施有效避免或者挽回损失的,应当减轻处分。

行政机关公务员违纪行为情节轻微,经过批评教育后改正的,可以免予处分。

第十五条 行政机关公务员有本条例第十二条、第十三条规定情形之一的,应当在本条例第三章规定的处分幅度以内从重或者从轻给予处分。

行政机关公务员有本条例第十四条第一款规定情形的,应当在本条例第三章规定的处分幅度以外,减轻一个处分的档次给予处分。应当给予警告处分,又有减轻处分的情形的,免予处分。

第十六条 行政机关经人民法院、监察机关、行政复议机关或者上级行政机关依法认定有行政违法行为或者其他违法违纪行为,需要追究纪律责任的,对负有责任的领导人员和直接责任人员给予处分。

第十七条 违法违纪的行政机关公务员在行政机关对其作出处分决定前,已经依法被判处刑罚、罢免、免职或者已经辞去领导职务,依法应当给予处分的,由行政机关根据其违法违纪事实,给予处分。

行政机关公务员依法被判处刑罚的,给予开除处分。

第三章 违法违纪行为及其适用的处分

第十八条 有下列行为之一的,给予记大过处分;情节较重的,给予降级或者撤职处分;情节严重的,给予开除处分:

(一) 散布有损国家声誉的言论,组织或者参加旨在反对国家的集会、游行、示威等活动的;

（二）组织或者参加非法组织，组织或者参加罢工的；

（三）违反国家的民族宗教政策，造成不良后果的；

（四）以暴力、威胁、贿赂、欺骗等手段，破坏选举的；

（五）在对外交往中损害国家荣誉和利益的；

（六）非法出境，或者违反规定滞留境外不归的；

（七）未经批准获取境外永久居留资格，或者取得外国国籍的；

（八）其他违反政治纪律的行为。

有前款第（六）项规定行为的，给予开除处分；有前款第（一）项、第（二）项或者第（三）项规定的行为，属于不明真相被裹挟参加，经批评教育后确有悔改表现的，可以减轻或者免予处分。

第十九条　有下列行为之一的，给予警告、记过或者记大过处分；情节较重的，给予降级或者撤职处分；情节严重的，给予开除处分：

（一）负有领导责任的公务员违反议事规则，个人或者少数人决定重大事项，或者改变集体作出的重大决定的；

（二）拒绝执行上级依法作出的决定、命令的；

（三）拒不执行机关的交流决定的；

（四）拒不执行人民法院对行政案件的判决、裁定或者监察机关、审计机关、行政复议机关作出的决定的；

（五）违反规定应当回避而不回避，影响公正执行公务，造成不良后果的；

（六）离任、辞职或者被辞退时，拒不办理公务交接手续或者拒不接受审计的；

（七）旷工或者因公外出、请假期满无正当理由逾期不归，造成不良影响的；

（八）其他违反组织纪律的行为。

第二十条　有下列行为之一的，给予记过、记大过处分；情节较重的，给予降级或者撤职处分；情节严重的，给予开除处分：

（一）不依法履行职责，致使可以避免的爆炸、火灾、传染病传播流行、严重环境污染、严重人员伤亡等重大事故或者群体性事件发生的；

（二）发生重大事故、灾害、事件或者重大刑事案件、治安案件，不按规定报告、处理的；

（三）对救灾、抢险、防汛、防疫、优抚、扶贫、移民、救济、社会保险、征地补偿等专项款物疏于管理，致使款物被贪污、挪用，或者毁损、灭失的；

（四）其他玩忽职守、贻误工作的行为。

第二十一条　有下列行为之一的，给予警告或者记过处分；情节较重的，给予记大过或者降级处分；情节严重的，给予撤职处分：

（一）在行政许可工作中违反法定权限、条件和程序设定或者实施行政许可的；

（二）违法设定或者实施行政强制措施的；

（三）违法设定或者实施行政处罚的；

（四）违反法律、法规规定进行行政委托的；

（五）对需要政府、政府部门决定的招标投标、征收征用、城市房屋拆迁、拍卖等事项违反规定办理的。

第二十二条 弄虚作假，误导、欺骗领导和公众，造成不良后果的，给予警告、记过或者记大过处分；情节较重的，给予降级或者撤职处分；情节严重的，给予开除处分。

第二十三条 有贪污、索贿、受贿、行贿、介绍贿赂、挪用公款、利用职务之便为自己或者他人谋取私利、巨额财产来源不明等违反廉政纪律行为的，给予记过或者记大过处分；情节较重的，给予降级或者撤职处分；情节严重的，给予开除处分。

第二十四条 违反财经纪律，挥霍浪费国家资财的，给予警告处分；情节较重的，给予记过或者记大过处分；情节严重的，给予降级或者撤职处分。

第二十五条 有下列行为之一的，给予记过或者记大过处分；情节较重的，给予降级或者撤职处分；情节严重的，给予开除处分：

（一）以殴打、体罚、非法拘禁等方式侵犯公民人身权利的；

（二）压制批评，打击报复，扣压、销毁举报信件，或者向被举报人透露举报情况的；

（三）违反规定向公民、法人或者其他组织摊派或者收取财物的；

（四）妨碍执行公务或者违反规定干预执行公务的；

（五）其他滥用职权，侵害公民、法人或者其他组织合法权益的行为。

第二十六条 泄露国家秘密、工作秘密，或者泄露因履行职责掌握的商业秘密、个人隐私，造成不良后果的，给予警告、记过或者记大过处分；情节较重的，给予降级或者撤职处分；情节严重的，给予开除处分。

第二十七条 从事或者参与营利性活动，在企业或者其他营利性组织中兼任职务的，给予记过或者记大过处分；情节较重的，给予降级或者撤职处分；情节严重的，给予开除处分。

第二十八条 严重违反公务员职业道德，工作作风懈怠、工作态度恶劣，造成不良影响的，给予警告、记过或者记大过处分。

第二十九条 有下列行为之一的，给予警告、记过或者记大过处分；情节较重的，给予降级或者撤职处分；情节严重的，给予开除处分：

（一）拒不承担赡养、抚养、扶养义务的；

（二）虐待、遗弃家庭成员的；

（三）包养情人的；

（四）严重违反社会公德的行为。

有前款第（三）项行为的，给予撤职或者开除处分。

第三十条 参与迷信活动，造成不良影响的，给予警告、记过或者记大过处分；组织迷信活动的，给予降级或者撤职处分，情节严重的，给予开除处分。

第三十一条 吸食、注射毒品或者组织、支持、参与卖淫、嫖娼、色情淫乱活动的，给予撤职或者开除处分。

第三十二条　参与赌博的，给予警告或者记过处分；情节较重的，给予记大过或者降级处分；情节严重的，给予撤职或者开除处分。

为赌博活动提供场所或者其他便利条件的，给予警告、记过或者记大过处分；情节严重的，给予撤职或者开除处分。

在工作时间赌博的，给予记过、记大过或者降级处分；屡教不改的，给予撤职或者开除处分。

挪用公款赌博的，给予撤职或者开除处分。

利用赌博索贿、受贿或者行贿的，依照本条例第二十三条的规定给予处分。

第三十三条　违反规定超计划生育的，给予降级或者撤职处分；情节严重的，给予开除处分。

第四章　处分的权限

第三十四条　对行政机关公务员给予处分，由任免机关或者监察机关（以下统称处分决定机关）按照管理权限决定。

第三十五条　对经全国人民代表大会及其常务委员会决定任命的国务院组成人员给予处分，由国务院决定。其中，拟给予撤职、开除处分的，由国务院向全国人民代表大会提出罢免建议，或者向全国人民代表大会常务委员会提出免职建议。罢免或者免职前，国务院可以决定暂停其履行职务。

第三十六条　对经地方各级人民代表大会及其常务委员会选举或者决定任命的地方各级人民政府领导人员给予处分，由上一级人民政府决定。

拟给予经县级以上地方人民代表大会及其常务委员会选举或者决定任命的县级以上地方人民政府领导人员撤职、开除处分的，应当先由本级人民政府向同级人民代表大会提出罢免建议。其中，拟给予县级以上地方人民政府副职领导人员撤职、开除处分的，也可以向同级人民代表大会常务委员会提出撤销职务的建议。拟给予乡镇人民政府领导人员撤职、开除处分的，应当先由本级人民政府向同级人民代表大会提出罢免建议。罢免或者撤销职务前，上级人民政府可以决定暂停其履行职务；遇有特殊紧急情况，省级以上人民政府认为必要时，也可以对其作出撤职或者开除的处分，同时报告同级人民代表大会常务委员会，并通报下级人民代表大会常务委员会。

第三十七条　对地方各级人民政府工作部门正职领导人员给予处分，由本级人民政府决定。其中，拟给予撤职、开除处分的，由本级人民政府向同级人民代表大会常务委员会提出免职建议。免去职务前，本级人民政府或者上级人民政府可以决定暂停其履行职务。

第三十八条　行政机关公务员违法违纪，已经被立案调查，不宜继续履行职责的，任免机关可以决定暂停其履行职务。

被调查的公务员在违法违纪案件立案调查期间，不得交流、出境、辞去公职或者办理退休手续。

第五章 处分的程序

第三十九条 任免机关对涉嫌违法违纪的行政机关公务员的调查、处理，按照下列程序办理：

（一）经任免机关负责人同意，由任免机关有关部门对需要调查处理的事项进行初步调查；

（二）任免机关有关部门经初步调查认为该公务员涉嫌违法违纪，需要进一步查证的，报任免机关负责人批准后立案；

（三）任免机关有关部门负责对该公务员违法违纪事实做进一步调查，包括收集、查证有关证据材料，听取被调查的公务员所在单位的领导成员、有关工作人员以及所在单位监察机构的意见，向其他有关单位和人员了解情况，并形成书面调查材料，向任免机关负责人报告；

（四）任免机关有关部门将调查认定的事实及拟给予处分的依据告知被调查的公务员本人，听取其陈述和申辩，并对其所提出的事实、理由和证据进行复核，记录在案。被调查的公务员提出的事实、理由和证据成立的，应予采信；

（五）经任免机关领导成员集体讨论，作出对该公务员给予处分、免予处分或者撤销案件的决定；

（六）任免机关应当将处分决定以书面形式通知受处分的公务员本人，并在一定范围内宣布；

（七）任免机关有关部门应当将处分决定归入受处分的公务员本人档案，同时汇集有关材料形成该处分案件的工作档案。

受处分的行政机关公务员处分期满解除处分的程序，参照前款第（五）项、第（六）项和第（七）项的规定办理。

任免机关应当按照管理权限，及时将处分决定或者解除处分决定报公务员主管部门备案。

第四十条 监察机关对违法违纪的行政机关公务员的调查、处理，依照《中华人民共和国行政监察法》规定的程序办理。

第四十一条 对行政机关公务员违法违纪案件进行调查，应当由2名以上办案人员进行；接受调查的单位和个人应当如实提供情况。

严禁以暴力、威胁、引诱、欺骗等非法方式收集证据；非法收集的证据不得作为定案的依据。

第四十二条 参与行政机关公务员违法违纪案件调查、处理的人员有下列情形之一的，应当提出回避申请；被调查的公务员以及与案件有利害关系的公民、法人或者其他组织有权要求其回避：

（一）与被调查的公务员是近亲属关系的；

（二）与被调查的案件有利害关系的；

（三）与被调查的公务员有其他关系，可能影响案件公正处理的。

第四十三条 处分决定机关负责人的回避,由处分决定机关的上一级行政机关负责人决定;其他违法违纪案件调查、处理人员的回避,由处分决定机关负责人决定。

处分决定机关或者处分决定机关的上一级行政机关,发现违法违纪案件调查、处理人员有应当回避的情形,可以直接决定该人员回避。

第四十四条 给予行政机关公务员处分,应当自批准立案之日起6个月内作出决定;案情复杂或者遇有其他特殊情形的,办案期限可以延长,但是最长不得超过12个月。

第四十五条 处分决定应当包括下列内容:
(一)被处分人员的姓名、职务、级别、工作单位等基本情况;
(二)经查证的违法违纪事实;
(三)处分的种类和依据;
(四)不服处分决定的申诉途径和期限;
(五)处分决定机关的名称、印章和作出决定的日期。

解除处分决定除包括前款第(一)项、第(二)项和第(五)项规定的内容外,还应当包括原处分的种类和解除处分的依据,以及受处分的行政机关公务员在受处分期间的表现情况。

第四十六条 处分决定、解除处分决定自作出之日起生效。

第四十七条 行政机关公务员受到开除处分后,有新工作单位的,其本人档案转由新工作单位管理;没有新工作单位的,其本人档案转由其户籍所在地人事部门所属的人才服务机构管理。

第六章　不服处分的申诉

第四十八条 受到处分的行政机关公务员对处分决定不服的,依照《中华人民共和国公务员法》和《中华人民共和国行政监察法》的有关规定,可以申请复核或者申诉。

复核、申诉期间不停止处分的执行。

行政机关公务员不因提出复核、申诉而被加重处分。

第四十九条 有下列情形之一的,受理公务员复核、申诉的机关应当撤销处分决定,重新作出决定或者责令原处分决定机关重新作出决定:
(一)处分所依据的违法违纪事实证据不足的;
(二)违反法定程序,影响案件公正处理的;
(三)作出处分决定超越职权或者滥用职权的。

第五十条 有下列情形之一的,受理公务员复核、申诉的机关应当变更处分决定,或者责令原处分决定机关变更处分决定:
(一)适用法律、法规、规章或者国务院决定错误的;
(二)对违法违纪行为的情节认定有误的;
(三)处分不当的。

第五十一条 行政机关公务员的处分决定被变更，需要调整该公务员的职务、级别或者工资档次的，应当按照规定予以调整；行政机关公务员的处分决定被撤销的，应当恢复该公务员的级别、工资档次，按照原职务安排相应的职务，并在适当范围内为其恢复名誉。

被撤销处分或者被减轻处分的行政机关公务员工资福利受到损失的，应当予以补偿。

第七章 附 则

第五十二条 有违法违纪行为应当受到处分的行政机关公务员，在处分决定机关作出处分决定前已经退休的，不再给予处分；但是，依法应当给予降级、撤职、开除处分的，应当按照规定相应降低或者取消其享受的待遇。

第五十三条 行政机关公务员违法违纪取得的财物和用于违法违纪的财物，除依法应当由其他机关没收、追缴或者责令退赔的，由处分决定机关没收、追缴或者责令退赔。违法违纪取得的财物应当退还原所有人或者原持有人的，退还原所有人或者原持有人；属于国家财产以及不应当退还或者无法退还原所有人或者原持有人的，上缴国库。

第五十四条 对法律、法规授权的具有公共事务管理职能的事业单位中经批准参照《中华人民共和国公务员法》管理的工作人员给予处分，参照本条例的有关规定办理。

第五十五条 本条例自 2007 年 6 月 1 日起施行。1988 年 9 月 13 日国务院发布的《国家行政机关工作人员贪污贿赂行政处分暂行规定》同时废止。

45.23《事业单位工作人员处分暂行规定》（2012 年 9 月 1 日）

第一章 总 则

第一条 为严肃事业单位纪律，规范事业单位工作人员行为，保证事业单位及其工作人员依法履行职责，制定本规定。

第二条 事业单位工作人员违法违纪，应当承担纪律责任的，依照本规定给予处分。

对法律、法规授权的具有公共事务管理职能的事业单位中经批准参照《中华人民共和国公务员法》管理的工作人员给予处分，参照《行政机关公务员处分条例》的有关规定办理。

对行政机关任命的事业单位工作人员，法律、法规授权的具有公共事务管理职能的事业单位中不参照《中华人民共和国公务员法》管理的工作人员，国家行政机关依法委托从事公共事务管理活动的事业单位工作人员给予处分，适用本规定；但监察机关对上述人员违法违纪行为进行调查处理的程序和作出处分决定的权限，以及作为监察对象的事业单位工作人员对处分决定不服向监察机关提出申诉的，依照《中华人民共和国行政监察法》及其实施条例办理。

第三条 给予事业单位工作人员处分,应当坚持公正、公平和教育与惩处相结合的原则。

给予事业单位工作人员处分,应当与其违法违纪行为的性质、情节、危害程度相适应。

给予事业单位工作人员处分,应当事实清楚、证据确凿、定性准确、处理恰当、程序合法、手续完备。

第四条 事业单位工作人员涉嫌犯罪的,应当移送司法机关依法追究刑事责任。

第二章 处分的种类和适用

第五条 处分的种类为:

(一) 警告;

(二) 记过;

(三) 降低岗位等级或者撤职;

(四) 开除。

其中,撤职处分适用于行政机关任命的事业单位工作人员。

第六条 受处分的期间为:

(一) 警告,6个月;

(二) 记过,12个月;

(三) 降低岗位等级或者撤职,24个月。

第七条 事业单位工作人员受到警告处分的,在受处分期间,不得聘用到高于现聘岗位等级的岗位;在作出处分决定的当年,年度考核不能确定为优秀等次。

事业单位工作人员受到记过处分的,在受处分期间,不得聘用到高于现聘岗位等级的岗位,年度考核不得确定为合格及以上等次。

事业单位工作人员受到降低岗位等级处分的,自处分决定生效之日起降低一个以上岗位等级聘用,按照事业单位收入分配有关规定确定其工资待遇;在受处分期间,不得聘用到高于受处分后所聘岗位等级的岗位,年度考核不得确定为基本合格及以上等次。

行政机关任命的事业单位工作人员在受处分期间的任命、考核、工资待遇按照干部人事管理权限,参照本条第一款、第二款、第三款规定执行。

事业单位工作人员受到开除处分的,自处分决定生效之日起,终止其与事业单位的人事关系。

第八条 事业单位工作人员受到记过以上处分的,在受处分期间不得参加本专业(技术、技能)领域专业技术职务任职资格或者工勤技能人员技术等级考试(评审)。应当取消专业技术职务任职资格或者职业资格的,按照有关规定办理。

第九条 事业单位工作人员同时有两种以上需要给予处分的行为的,应当分别确定其处分。应当给予的处分种类不同的,执行其中最重的处分;应当给予开除以外多个相同种类处分的,执行该处分,但处分期应当按照一个处分期以上、两个处分期之和以下确定。

事业单位工作人员在受处分期间受到新的处分的,其处分期为原处分期尚未执行的期限与新处分期限之和,但是最长不得超过48个月。

第十条 事业单位工作人员两人以上共同违法违纪,需要给予处分的,按照各自应当承担的责任,分别给予相应的处分。

第十一条 有下列情形之一的,应当从重处分:
(一)在两人以上的共同违法违纪行为中起主要作用的;
(二)隐匿、伪造、销毁证据的;
(三)串供或者阻止他人揭发检举、提供证据材料的;
(四)包庇同案人员的;
(五)法律、法规、规章规定的其他从重情节。

第十二条 有下列情形之一的,应当从轻处分:
(一)主动交代违法违纪行为的;
(二)主动采取措施,有效避免或者挽回损失的;
(三)检举他人重大违法违纪行为,情况属实的。

第十三条 事业单位工作人员主动交代违法违纪行为,并主动采取措施有效避免或者挽回损失的,应当减轻处分或者免予处分。

事业单位工作人员违法违纪行为情节轻微,经过批评教育后改正的,可以免予处分。

第十四条 事业单位工作人员有本规定第十一条、第十二条规定情形之一的,应当在本规定第三章规定的处分幅度以内从重或者从轻给予处分。

事业单位工作人员有本规定第十三条第一款规定情形的,应当在本规定第三章规定的处分幅度以外,减轻一个处分的档次给予处分。应当给予警告处分,又有减轻处分的情形的,免予处分。

第十五条 事业单位有违法违纪行为,应当追究纪律责任的,依法对负有责任的领导人员和直接责任人员给予处分。

第三章 违法违纪行为及其适用的处分

第十六条 有下列行为之一的,给予记过处分;情节较重的,给予降低岗位等级或者撤职处分;情节严重的,给予开除处分:
(一)散布损害国家声誉的言论,组织或者参加旨在损害国家利益的集会、游行、示威等活动的;
(二)组织或者参加非法组织的;
(三)接受境外资助从事损害国家利益或者危害国家安全活动的;
(四)接受损害国家荣誉和利益的境外邀请、奖励,经批评教育拒不改正的;
(五)违反国家民族宗教法规和政策,造成不良后果的;
(六)非法出境、未经批准获取境外永久居留资格或者取得外国国籍的;

（七）携带含有依法禁止内容的书刊、音像制品、电子读物进入国（境）内的；

（八）其他违反政治纪律的行为。

有前款第（一）项至第（三）项规定的行为，但属于不明真相被裹挟参加、经批评教育后确有悔改表现的，可以减轻或者免予处分。

第十七条 有下列行为之一的，给予警告或者记过处分；情节较重的，给予降低岗位等级或者撤职处分；情节严重的，给予开除处分：

（一）在执行国家重要任务、应对公共突发事件中，不服从指挥、调遣或者消极对抗的；

（二）破坏正常工作秩序，给国家或者公共利益造成损失的；

（三）违章指挥、违规操作，致使人民生命财产遭受损失的；

（四）发生重大事故、灾害、事件，擅离职守或者不按规定报告、不采取措施处置或者处置不力的；

（五）在项目评估评审、产品认证、设备检测检验等工作中徇私舞弊，或者违反规定造成不良影响的；

（六）泄露国家秘密的；

（七）泄露因工作掌握的内幕信息，造成不良后果的；

（八）采取不正当手段为本人或者他人谋取岗位，或者在事业单位公开招聘等人事管理工作中有其他违反组织人事纪律行为的；

（九）其他违反工作纪律失职渎职的行为。

有前款第（六）项规定行为的，给予记过以上处分。

第十八条 有下列行为之一的，给予警告或者记过处分；情节较重的，给予降低岗位等级或者撤职处分；情节严重的，给予开除处分：

（一）贪污、索贿、受贿、行贿、介绍贿赂、挪用公款的；

（二）利用工作之便为本人或者他人谋取不正当利益的；

（三）在公务活动或者工作中接受礼金、各种有价证券、支付凭证的；

（四）利用知悉或者掌握的内幕信息谋取利益的；

（五）用公款旅游或者变相用公款旅游的；

（六）违反国家规定，从事、参与营利性活动或者兼任职务领取报酬的；

（七）其他违反廉洁从业纪律的行为。

有前款第（一）项规定行为的，给予记过以上处分。

第十九条 有下列行为之一的，给予警告或者记过处分；情节较重的，给予降低岗位等级或者撤职处分；情节严重的，给予开除处分：

（一）违反国家财政收入上缴有关规定的；

（二）违反规定使用、骗取财政资金或者社会保险基金的；

（三）擅自设定收费项目或者擅自改变收费项目的范围、标准和对象的；

（四）挥霍、浪费国家资财或者造成国有资产流失的；

（五）违反国有资产管理规定，擅自占有、使用、处置国有资产的；

（六）在招标投标和物资采购工作中违反有关规定，造成不良影响或者损失的；

（七）其他违反财经纪律的行为。

第二十条 有下列行为之一的，给予警告或者记过处分；情节较重的，给予降低岗位等级或者撤职处分；情节严重的，给予开除处分：

（一）利用专业技术或者技能实施违法违纪行为的；

（二）有抄袭、剽窃、侵吞他人学术成果，伪造、篡改数据文献，或者捏造事实等学术不端行为的；

（三）利用职业身份进行利诱、威胁或者误导，损害他人合法权益的；

（四）利用权威、地位或者掌控的资源，压制不同观点，限制学术自由，造成重大损失或者不良影响的；

（五）在申报岗位、项目、荣誉等过程中弄虚作假的；

（六）工作态度恶劣，造成不良社会影响的；

（七）其他严重违反职业道德的行为。

有前款第（一）项规定行为的，给予记过以上处分。

第二十一条 有下列行为之一的，给予警告或者记过处分；情节较重的，给予降低岗位等级或者撤职处分；情节严重的，给予开除处分：

（一）制造、传播违法违禁物品及信息的；

（二）组织、参与卖淫、嫖娼等色情活动的；

（三）吸食毒品或者组织、参与赌博活动的；

（四）违反规定超计划生育的；

（五）包养情人的；

（六）有虐待、遗弃家庭成员，或者拒不承担赡养、抚养、扶养义务等的；

（七）其他严重违反公共秩序、社会公德的行为。

有前款第（二）项、第（三）项、第（四）项、第（五）项规定行为的，给予降低岗位等级或者撤职以上处分。

第二十二条 事业单位工作人员被依法判处刑罚的，给予降低岗位等级或者撤职以上处分。其中，被依法判处有期徒刑以上刑罚的，给予开除处分。

行政机关任命的事业单位工作人员，被依法判处刑罚的，给予开除处分。

第四章 处分的权限和程序

第二十三条 对事业单位工作人员的处分，按照以下权限决定：

（一）警告、记过、降低岗位等级或者撤职处分，按照干部人事管理权限，由事业单位或者事业单位主管部门决定。其中，由事业单位决定的，应当报事业单位主管部门备案。

（二）开除处分由事业单位主管部门决定，并报同级事业单位人事综合管理部门备案。

对中央和地方直属事业单位工作人员的处分，按照干部人事管理权限，由本单位或者有关部门决定；其中，由本单位作出开除处分决定的，报同级事业单位人事综合管理部门备案。

第二十四条 对事业单位工作人员的处分，按照以下程序办理：

（一）对事业单位工作人员违法违纪行为初步调查后，需要进一步查证的，应当按照干部人事管理权限，经事业单位负责人批准或者有关部门同意后立案；

（二）对被调查的事业单位工作人员的违法违纪行为作进一步调查，收集、查证有关证据材料，并形成书面调查报告；

（三）将调查认定的事实及拟给予处分的依据告知被调查的事业单位工作人员，听取其陈述和申辩，并对其所提出的事实、理由和证据进行复核，记录在案。被调查的事业单位工作人员提出的事实、理由和证据成立的，应予采信；

（四）按照处分决定权限，作出对该事业单位工作人员给予处分、免予处分或者撤销案件的决定；

（五）处分决定单位印发处分决定；

（六）将处分决定以书面形式通知受处分事业单位工作人员本人和有关单位，并在一定范围内宣布；

（七）将处分决定存入受处分事业单位工作人员的档案。

处分决定自作出之日起生效。

第二十五条 事业单位工作人员涉嫌违法违纪，已经被立案调查，不宜继续履行职责的，可以按照干部人事管理权限，由事业单位或者有关部门暂停其职责。

被调查的事业单位工作人员在违法违纪案件立案调查期间，不得解除聘用合同、出国（境）或者办理退休手续。

第二十六条 对事业单位工作人员违法违纪案件进行调查，应当由两名以上办案人员进行；接受调查的单位和个人应当如实提供情况。

以暴力、威胁、引诱、欺骗等非法方式收集的证据不得作为定案的根据。

第二十七条 参与事业单位工作人员违法违纪案件调查、处理的人员有下列情形之一的，应当提出回避申请；被调查的事业单位工作人员以及与案件有利害关系的公民、法人或者其他组织有权要求其回避：

（一）与被调查的事业单位工作人员有夫妻关系、直系血亲、三代以内旁系血亲关系或者近姻亲关系的；

（二）与被调查的案件有利害关系的；

（三）与被调查的事业单位工作人员有其他关系，可能影响案件公正处理的。

第二十八条 处分决定单位负责人的回避，按照干部人事管理权限决定；其他参与违法违纪案件调查、处理的人员的回避，由处分决定单位负责人决定。

处分决定单位发现参与违法违纪案件调查、处理的人员有应当回避情形的，可以直接决定该人员回避。

第二十九条 给予事业单位工作人员处分，应当自批准立案之日起6个月内作出决定；案情复杂或者遇有其他特殊情形的可以延长，但是办案期限最长不得超过12

个月。

第三十条 处分决定应当包括下列内容：

（一）受处分事业单位工作人员的姓名、工作单位、原所聘岗位（所任职务）名称及等级等基本情况；

（二）经查证的违法违纪事实；

（三）处分的种类、受处分的期间和依据；

（四）不服处分决定的申诉途径和期限；

（五）处分决定单位的名称、印章和作出决定的日期。

第三十一条 事业单位工作人员受到开除处分后，事业单位应当及时办理档案和社会保险关系转移手续，具体办法按照有关规定执行。

第五章 处分的解除

第三十二条 事业单位工作人员受开除以外的处分，在受处分期间有悔改表现，并且没有再出现违法违纪情形的，处分期满，经原处分决定单位批准后解除处分。

事业单位工作人员在受处分期间终止或解除聘用合同的，处分期满后，自然解除处分。受处分事业单位工作人员要求原处分决定单位提供解除处分相关证明的，原处分决定单位应当予以提供。

第三十三条 事业单位工作人员在受处分期间有重大立功表现，按照有关规定给予个人记功以上奖励的，经批准后可以提前解除处分。

第三十四条 事业单位工作人员处分的解除或者提前解除，按照以下程序办理：

（一）按照干部人事管理权限，事业单位或有关部门对受处分事业单位工作人员在受处分期间的表现情况，进行全面了解，并形成书面报告；

（二）按照处分决定权限，作出解除或者提前解除处分的决定；

（三）印发解除或者提前解除处分的决定；

（四）将解除或者提前解除处分的决定以书面形式通知本人，并在原宣布处分的范围内宣布；

（五）将解除或者提前解除处分的决定存入该工作人员的档案。

解除处分决定自作出之日起生效。

第三十五条 事业单位工作人员处分的解除或者提前解除按照本规定第二十七条、第二十八条的规定执行回避。

第三十六条 解除或者提前解除处分的决定应当包括原处分的种类和解除或者提前解除处分的依据，以及该工作人员在受处分期间的表现情况等内容。

第三十七条 处分解除后，考核、竞聘上岗和晋升工资按照国家有关规定执行，不再受原处分的影响。但是，受到降低岗位等级或者撤职处分的，不视为恢复受处分前的岗位等级和工资待遇。

第三十八条 解除处分的决定应当在处分期满后一个月内作出。

第六章　复核和申诉

第三十九条　受到处分的事业单位工作人员对处分决定不服的，可以自知道或者应当知道该处分决定之日起三十日内向原处分决定单位申请复核。对复核结果不服的，可以自接到复核决定之日起三十日内，按照规定向原处分决定单位的主管部门或者同级事业单位人事综合管理部门提出申诉。

受到处分的中央和地方直属事业单位工作人员的申诉，按照干部人事管理权限，由同级事业单位人事综合管理部门受理。

第四十条　原处分决定单位应当自接到复核申请后的三十日内作出复核决定。受理申诉的单位应当自受理之日起六十日内作出处理决定；案情复杂的，可以适当延长，但是延长期限最多不超过三十日。

复核、申诉期间不停止处分的执行。

事业单位工作人员不因提出复核、申诉而被加重处分。

第四十一条　有下列情形之一的，受理处分复核、申诉的单位应当撤销处分决定，重新作出决定或者责令原处分决定单位重新作出决定：

（一）处分所依据的事实不清、证据不足的；

（二）违反规定程序，影响案件公正处理的；

（三）超越职权或者滥用职权作出处分决定的。

第四十二条　有下列情形之一的，受理复核、申诉的单位应当变更处分决定或者责令原处分决定单位变更处分决定：

（一）适用法律、法规、规章错误的；

（二）对违法违纪行为的情节认定有误的；

（三）处分不当的。

第四十三条　事业单位工作人员的处分决定被变更，需要调整该工作人员的岗位等级或者工资待遇的，应当按照规定予以调整；事业单位工作人员的处分决定被撤销的，应当恢复该工作人员的岗位等级、工资待遇，按照原岗位等级安排相应的岗位，并在适当范围内为其恢复名誉。

被撤销处分或者被减轻处分的事业单位工作人员工资待遇受到损失的，应当予以补偿。

第七章　附　则

第四十四条　已经退休的事业单位工作人员有违法违纪行为应当受到处分的，不再作出处分决定。但是，应当给予降低岗位等级或者撤职以上处分的，相应降低或者取消其享受的待遇。

第四十五条　对事业单位工作人员处分工作中有滥用职权、玩忽职守、徇私舞弊、收受贿赂等违法违纪行为的工作人员，按照有关规定给予处分；涉嫌犯罪的，移送司法机关依法追究刑事责任。

第四十六条　对机关工勤人员给予处分，参照本规定执行。

第四十七条　教育、医疗卫生、科技、体育等部门，可以依据本规定，结合自身工作的实际情况，与国务院人力资源社会保障部门和国务院监察机关联合制定具体办法。

第四十八条　本规定自 2012 年 9 月 1 日起施行。

45.24 《事业单位人事管理条例》（2014 年 7 月 1 日）（节录）

第二十八条　事业单位工作人员有下列行为之一的，给予处分：

（一）损害国家声誉和利益的；

（二）失职渎职的；

（三）利用工作之便谋取不正当利益的；

（四）挥霍、浪费国家资财的；

（五）严重违反职业道德、社会公德的；

（六）其他严重违反纪律的。

第二十九条　处分分为警告、记过、降低岗位等级或者撤职、开除。

受处分的期间为：警告，6 个月；记过，12 个月；降低岗位等级或者撤职，24 个月。

第三十条　给予工作人员处分，应当事实清楚、证据确凿、定性准确、处理恰当、程序合法、手续完备。

第三十一条　工作人员受开除以外的处分，在受处分期间没有再发生违纪行为的，处分期满后，由处分决定单位解除处分并以书面形式通知本人。

45.25 《中华人民共和国企业国有资产法》（2009 年 5 月 1 日）（节录）

第六十八条　履行出资人职责的机构有下列行为之一的，对其直接负责的主管人员和其他直接责任人员依法给予处分：

（一）不按照法定的任职条件，任命或者建议任命国家出资企业管理者的；

（二）侵占、截留、挪用国家出资企业的资金或者应当上缴的国有资本收入的；

（三）违反法定的权限、程序，决定国家出资企业重大事项，造成国有资产损失的；

（四）有其他不依法履行出资人职责的行为，造成国有资产损失的。

第六十九条　履行出资人职责的机构的工作人员玩忽职守、滥用职权、徇私舞弊，尚不构成犯罪的，依法给予处分。

第七十条　履行出资人职责的机构委派的股东代表未按照委派机构的指示履行职责，造成国有资产损失的，依法承担赔偿责任；属于国家工作人员的，并依法给予处分。

第七十一条　国家出资企业的董事、监事、高级管理人员有下列行为之一，造成国有资产损失的，依法承担赔偿责任；属于国家工作人员的，并依法给予处分：

（一）利用职权收受贿赂或者取得其他非法收入和不当利益的；

（二）侵占、挪用企业资产的；

（三）在企业改制、财产转让等过程中，违反法律、行政法规和公平交易规则，将企业财产低价转让、低价折股的；

（四）违反本法规定与本企业进行交易的；

（五）不如实向资产评估机构、会计师事务所提供有关情况和资料，或者与资产评估机构、会计师事务所串通出具虚假资产评估报告、审计报告的；

（六）违反法律、行政法规和企业章程规定的决策程序，决定企业重大事项的；

（七）有其他违反法律、行政法规和企业章程执行职务行为的。

国家出资企业的董事、监事、高级管理人员因前款所列行为取得的收入，依法予以追缴或者归国家出资企业所有。

履行出资人职责的机构任命或者建议任命的董事、监事、高级管理人员有本条第一款所列行为之一，造成国有资产重大损失的，由履行出资人职责的机构依法予以免职或者提出免职建议。

第七十二条 在涉及关联方交易、国有资产转让等交易活动中，当事人恶意串通，损害国有资产权益的，该交易行为无效。

第七十三条 国有独资企业、国有独资公司、国有资本控股公司的董事、监事、高级管理人员违反本法规定，造成国有资产重大损失，被免职的，自免职之日起五年内不得担任国有独资企业、国有独资公司、国有资本控股公司的董事、监事、高级管理人员；造成国有资产特别重大损失，或者因贪污、贿赂、侵占财产、挪用财产或者破坏社会主义市场经济秩序被判处刑罚的，终身不得担任国有独资企业、国有独资公司、国有资本控股公司的董事、监事、高级管理人员。

第七十四条 接受委托对国家出资企业进行资产评估、财务审计的资产评估机构、会计师事务所违反法律、行政法规的规定和执业准则，出具虚假的资产评估报告或者审计报告的，依照有关法律、行政法规的规定追究法律责任。

第七十五条 违反本法规定，构成犯罪的，依法追究刑事责任。

45.26《国有企业领导人员廉洁从业若干规定》（2009年7月1日）（节录）

第四章 违反规定行为的处理

第二十二条 国有企业领导人员违反本规定第二章所列行为规范的，视情节轻重，由有关机构按照管理权限分别给予警示谈话、调离岗位、降职、免职处理。

应当追究纪律责任的，除适用前款规定外，视情节轻重，依照国家有关法律法规给予相应的处分。

对于其中的共产党员，视情节轻重，依照《中国共产党纪律处分条例》给予相应的党纪处分。

涉嫌犯罪的，依法移送司法机关处理。

第二十三条 国有企业领导人员受到警示谈话、调离岗位、降职、免职处理的，应当减发或者全部扣发当年的绩效薪金、奖金。

第二十四条 国有企业领导人员违反本规定获取的不正当经济利益，应当责令清退；给国有企业造成经济损失的，应当依据国家或者企业的有关规定承担经济赔偿责任。

第二十五条 国有企业领导人员违反本规定受到降职处理的，两年内不得担任与其原任职务相当或者高于其原任职务的职务。

受到免职处理的，两年内不得担任国有企业的领导职务；因违反国家法律，造成国有资产重大损失被免职的，五年内不得担任国有企业的领导职务。

构成犯罪被判处刑罚的，终身不得担任国有企业的领导职务。

第五章 附 则

第二十六条 国有企业领导班子成员以外的对国有资产负有经营管理责任的其他人员、国有企业所属事业单位的领导人员参照本规定执行。

国有参股企业（含国有参股金融企业）中对国有资产负有经营管理责任的人员参照本规定执行。

第二十七条 本规定所称履行国有资产出资人职责的机构，包括作为国有资产出资人代表的各级国有资产监督管理机构、尚未实行政资分开代行出资人职责的政府主管部门和其他机构以及授权经营的母公司。

本规定所称特定关系人，是指与国有企业领导人员有近亲属以及其他共同利益关系的人。

第二十八条 国务院国资委，各省、自治区、直辖市，可以根据本规定制定实施办法，并报中央纪委、监察部备案。

中国银监会、中国证监会、中国保监会，中央管理的国有独资金融企业和国有控股金融企业，可以结合金融行业的实际，制定本规定的补充规定，并报中央纪委、监察部备案。

第二十九条 本规定由中央纪委商中央组织部、监察部解释。

45.27 《党政主要领导干部和国有企业领导人员经济责任审计规定》（2010年10月12日）（节录）

第二条 党政主要领导干部经济责任审计的对象包括：

（一）地方各级党委、政府、审判机关、检察机关的正职领导干部或者主持工作一年以上的副职领导干部；

（二）中央和地方各级党政工作部门、事业单位和人民团体等单位的正职领导干部或者主持工作一年以上的副职领导干部；上级领导干部兼任部门、单位的正职领导干部，且不实际履行经济责任时，实际负责本部门、本单位常务工作的副职领导干部。

第三条 国有企业领导人员经济责任审计的对象包括国有和国有控股企业（含国有和国有控股金融企业）的法定代表人。

第四条 本规定所称经济责任，是指领导干部在任职期间因其所任职务，依法对本地区、本部门（系统）、本单位的财政收支、财务收支以及有关经济活动应当履行的职责、义务。

第五章 监察程序

第十条 各级党委和政府应当加强对经济责任审计工作的领导,建立经济责任审计工作联席会议(以下简称联席会议)制度。联席会议由纪检、组织、审计、监察、人力资源社会保障和国有资产监督管理等部门组成。

联席会议下设办公室,与同级审计机关内设的经济责任审计机构合署办公,负责日常工作。联席会议办公室主任为同级审计机关的副职领导或者同职级领导。

第十四条 经济责任审计应当以促进领导干部推动本地区、本部门(系统)、本单位科学发展为目标,以领导干部守法、守纪、守规、尽责情况为重点,以领导干部任职期间本地区、本部门(系统)、本单位财政收支、财务收支以及有关经济活动的真实、合法和效益为基础,严格依法界定审计内容。

第十五条 地方各级党委和政府主要领导干部经济责任审计的主要内容是:本地区财政收支的真实、合法和效益情况;国有资产的管理和使用情况;政府债务的举借、管理和使用情况;政府投资和以政府投资为主的重要项目的建设和管理情况;对直接分管部门预算执行和其他财政收支、财务收支以及有关经济活动的管理和监督情况。

第十六条 党政工作部门、审判机关、检察机关、事业单位和人民团体等单位主要领导干部经济责任审计的主要内容是:本部门(系统)、本单位预算执行和其他财政收支、财务收支的真实、合法和效益情况;重要投资项目的建设和管理情况;重要经济事项管理制度的建立和执行情况;对下属单位财政收支、财务收支以及有关经济活动的管理和监督情况。

第十七条 国有企业领导人员经济责任审计的主要内容是:本企业财务收支的真实、合法和效益情况;有关内部控制制度的建立和执行情况;履行国有资产出资人经济管理和监督职责情况。

第十八条 在审计以上主要内容时,应当关注领导干部在履行经济责任过程中的下列情况:贯彻落实科学发展观,推动经济社会科学发展情况;遵守有关经济法律法规、贯彻执行党和国家有关经济工作的方针政策和决策部署情况;制定和执行重大经济决策情况;与领导干部履行经济责任有关的管理、决策等活动的经济效益、社会效益和环境效益情况;遵守有关廉洁从政(从业)规定情况等。

第十九条 有关部门和单位、地方党委和政府的主要领导干部由上级领导干部兼任,且实际履行经济责任的,对其进行经济责任审计时,审计内容仅限于该领导干部所兼任职务应当履行的经济责任。

第二十八条 审计机关按照《中华人民共和国审计法》及相关法律法规规定的程序,对审计组的审计报告进行审议,出具审计机关的经济责任审计报告和审计结果报告。

第二十九条 审计机关应当将经济责任审计报告送达被审计领导干部及其所在单位。

第三十条 审计机关应当将经济责任审计结果报告等结论性文书报送本级政府行政首长,必要时报送本级党委主要负责同志;提交委托审计的组织部门;抄送联席会议有关成员单位。

第三十一条 被审计领导干部所在单位存在违反国家规定的财政收支、财务收支行为,依法应当给予处理、处罚的,由审计机关在法定职权范围内作出审计决定。

审计机关在经济责任审计中发现的应当由其他部门处理的问题,依法移送有关部门处理。

第三十二条 被审计领导干部对审计机关出具的经济责任审计报告有异议的,可以自收到审计报告之日起30日内向出具审计报告的审计机关申诉,审计机关应当自收到申诉之日起30日内作出复查决定;被审计领导干部对复查决定仍有异议的,可以自收到复查决定之日起30日内向上一级审计机关申请复核,上一级审计机关应当自收到复核申请之日起60日内作出复核决定。

上一级审计机关的复核决定和审计署的复查决定为审计机关的最终决定。

第三十三条 审计机关应当根据审计查证或者认定的事实,依照法律法规、国家有关规定和政策,以及责任制考核目标和行业标准等,在法定职权范围内,对被审计领导干部履行经济责任情况作出客观公正、实事求是的评价。审计评价应当与审计内容相统一,评价结论应当有充分的审计证据支持。

第三十四条 审计机关对被审计领导干部履行经济责任过程中存在问题所应当承担的直接责任、主管责任、领导责任,应当区别不同情况作出界定。

第三十五条 本规定所称直接责任,是指领导干部对履行经济责任过程中的下列行为应当承担的责任:

(一)直接违反法律法规、国家有关规定和单位内部管理规定的行为;

(二)授意、指使、强令、纵容、包庇下属人员违反法律法规、国家有关规定和单位内部管理规定的行为;

(三)未经民主决策、相关会议讨论而直接决定、批准、组织实施重大经济事项,并造成重大经济损失浪费、国有资产(资金、资源)流失等严重后果的行为;

(四)主持相关会议讨论或者以其他方式研究,但是在多数人不同意的情况下直接决定、批准、组织实施重大经济事项,由于决策不当或者决策失误造成重大经济损失浪费、国有资产(资金、资源)流失等严重后果的行为;

(五)其他应当承担直接责任的行为。

第三十六条 本规定所称主管责任,是指领导干部对履行经济责任过程中的下列行为应当承担的责任:

(一)除直接责任外,领导干部对其直接分管的工作不履行或者不正确履行经济责任的行为;

(二)主持相关会议讨论或者以其他方式研究,并且在多数人同意的情况下决定、批准、组织实施重大经济事项,由于决策不当或者决策失误造成重大经济损失浪费、国有资产(资金、资源)流失等严重后果的行为。

第三十七条 本规定所称领导责任,是指除直接责任和主管责任外,领导干部对其不履行或者不正确履行经济责任的其他行为应当承担的责任。

第三十八条 各级党委和政府应当建立健全经济责任审计情况通报、审计整改以及责任追究等结果运用制度，逐步探索和推行经济责任审计结果公告制度。

第三十九条 有关部门和单位应当根据干部管理监督的相关要求运用经济责任审计结果，将其作为考核、任免、奖惩被审计领导干部的重要依据，并以适当方式将审计结果运用情况反馈审计机关。

经济责任审计结果报告应当归入被审计领导干部本人档案。

第四十一条 审计机关开展领导干部经济责任审计适用本规定。有关机构依法履行国有资产监督管理职责时，按照干部管理权限开展的经济责任审计，参照本规定组织实施。部门和单位可以根据本规定，制定内部管理领导干部经济责任审计的规定。

第四十二条 中央经济责任审计工作联席会议应当根据本规定，制定实施细则或者贯彻实施意见。

第四十三条 本规定由审计署负责解释。

45.28《中华人民共和国法官法》（修正后2018年1月1日）（节录）

第七条 法官应当履行下列义务：
（一）严格遵守宪法和法律；
（二）审判案件必须以事实为根据，以法律为准绳，秉公办案，不得徇私枉法；
（三）依法保障诉讼参与人的诉讼权利；
（四）维护国家利益、公共利益，维护自然人、法人和其他组织的合法权益；
（五）清正廉明，忠于职守，遵守纪律，恪守职业道德；
（六）保守国家秘密和审判工作秘密；
（七）接受法律监督和人民群众监督。

第八条 法官享有下列权利：
（一）履行法官职责应当具有的职权和工作条件；
（二）依法审判案件不受行政机关、社会团体和个人的干涉；
（三）非因法定事由、非经法定程序，不被免职、降职、辞退或者处分；
（四）获得劳动报酬，享受保险、福利待遇；
（五）人身、财产和住所安全受法律保护；
（六）参加培训；
（七）提出申诉或者控告；
（八）辞职。

第十三条 法官有下列情形之一的，应当依法提请免除其职务：
（一）丧失中华人民共和国国籍的；
（二）调出本法院的；
（三）职务变动不需要保留原职务的；
（四）经考核确定为不称职的；
（五）因健康原因长期不能履行职务的；
（六）退休的；
（七）辞职或者被辞退的；

（八）因违纪、违法犯罪不能继续任职的。

第三十二条 法官不得有下列行为：

（一）散布有损国家声誉的言论，参加非法组织，参加旨在反对国家的集会、游行、示威等活动，参加罢工；

（二）贪污受贿；

（三）徇私枉法；

（四）刑讯逼供；

（五）隐瞒证据或者伪造证据；

（六）泄露国家秘密或者审判工作秘密；

（七）滥用职权，侵犯自然人、法人或者其他组织的合法权益；

（八）玩忽职守，造成错案或者给当事人造成严重损失的；

（九）拖延办案，贻误工作；

（十）利用职权为自己或者他人谋取私利；

（十一）从事营利性的经营活动；

（十二）私自会见当事人及其代理人，接受当事人及其代理人的请客送礼；

（十三）其他违法乱纪的行为。

第三十三条 法官有本法第三十二条所列行为之一的，应当给予处分；构成犯罪的，依法追究刑事责任。

第三十四条 处分分为：警告、记过、记大过、降级、撤职、开除。

受撤职处分的，同时降低工资和等级。

第三十五条 处分的权限和程序按照有关规定办理。

第四十条 法官有下列情形之一的，予以辞退：

（一）在年度考核中，连续两年确定为不称职的；

（二）不胜任现职工作，又不接受另行安排的；

（三）因审判机构调整或者缩减编制员额需要调整工作，本人拒绝合理安排的；

（四）旷工或者无正当理由逾假不归连续超过十五天，或者一年内累计超过三十天的；

（五）不履行法官义务，经教育仍不改正的。

第四十一条 辞退法官应当依照法律规定的程序免除其职务。

45.29《中华人民共和国检察官法》（修正后2018年1月1日施行）（节录）

第八条 检察官应当履行下列义务：

（一）严格遵守宪法和法律；

（二）履行职责必须以事实为根据，以法律为准绳，秉公执法，不得徇私枉法；

（三）维护国家利益、公共利益，维护自然人、法人和其他组织的合法权益；

（四）清正廉明，忠于职守，遵守纪律，恪守职业道德；

（五）保守国家秘密和检察工作秘密；

（六）接受法律监督和人民群众监督。

第五章　监察程序

第九条　检察官享有下列权利：

（一）履行检察官职责应当具有的职权和工作条件；

（二）依法履行检察职责不受行政机关、社会团体和个人的干涉；

（三）非因法定事由、非经法定程序，不被免职、降职、辞退或者处分；

（四）获得劳动报酬，享受保险、福利待遇；

（五）人身、财产和住所安全受法律保护；

（六）参加培训；

（七）提出申诉或者控告；

（八）辞职。

第十四条　检察官有下列情形之一的，应当依法提请免除其职务：

（一）丧失中华人民共和国国籍的；

（二）调出本检察院的；

（三）职务变动不需要保留原职务的；

（四）经考核确定为不称职的；

（五）因健康原因长期不能履行职务的；

（六）退休的；

（七）辞职或者被辞退的；

（八）因违纪、违法犯罪不能继续任职的。

第三十五条　检察官不得有下列行为：

（一）散布有损国家声誉的言论，参加非法组织，参加旨在反对国家的集会、游行、示威等活动，参加罢工；

（二）贪污受贿；

（三）徇私枉法；

（四）刑讯逼供；

（五）隐瞒证据或者伪造证据；

（六）泄露国家秘密或者检察工作秘密；

（七）滥用职权，侵犯自然人、法人或者其他组织的合法权益；

（八）玩忽职守，造成错案或者给当事人造成严重损失；

（九）拖延办案，贻误工作；

（十）利用职权为自己或者他人谋取私利；

（十一）从事营利性的经营活动；

（十二）私自会见当事人及其代理人，接受当事人及其代理人的请客送礼；

（十三）其他违法乱纪的行为。

第三十六条　检察官有本法第三十五条所列行为之一的，应当给予处分；构成犯罪的，依法追究刑事责任。

第三十七条　处分分为：警告、记过、记大过、降级、撤职、开除。

受撤职处分的，同时降低工资和等级。

第三十八条 处分的权限和程序按照有关规定办理。

第四十三条 检察官有下列情形之一的,予以辞退:

(一) 在年度考核中,连续两年确定为不称职的;

(二) 不胜任现职工作,又不接受另行安排的;

(三) 因检察机构调整或者缩减编制员额需要调整工作,本人拒绝合理安排的;

(四) 旷工或者无正当理由逾假不归连续超过十五天,或者一年内累计超过三十天的;

(五) 不履行检察官义务,经教育仍不改正的。

第四十四条 辞退检察官应当依照法律规定的程序免除其职务。

【编者注】一、关于"移送审查、提起公诉"是否包含移送审查不起诉

有观点认为监察机关向检察机关移送审查起诉时,除提出起诉意见外,针对犯罪情节轻微、依法不需要判处刑罚或者免除刑罚的被调查人,尤其是共同犯罪中有必要区别对待的同案人等特殊对象,也可以提出不起诉意见。

编者不赞同该观点,移送检察时所提出的应是起诉意见:一是从文义解释的角度来看。《监察法》第45条第(四)项规定:"对涉嫌职务犯罪的,监察机关经调查认为犯罪事实清楚,证据确实、充分的,制作起诉意见书,连同案卷材料、证据一并移送人民检察院依法审查、提起公诉。"虽然该条没有附加"认为需要追究刑事责任"的前置条件,但规定移送文书名称为"起诉意见书"而非"不起诉意见书",可见案件移送目的是人民检察院依法提起公诉,以追究被调查人的刑事责任。二是从体系解释的角度来看。《监察法》第47条第4款关于检察机关职务犯罪不起诉应报上一级审批、监察机关可以提请复议等规定,表明立法者要求检察机关对职务犯罪案件作不起诉处理时须从严把关;如监察机关本就以不起诉意见移送,再适用此严格审核程序则无实质意义。

二、关于检察机关受案时是否需要办理刑事立案手续

对于监察机关移送审查起诉的职务犯罪案件,应由检察机关作为公诉机关直接依法审查、提起公诉,具体工作由现有公诉部门负责,不需要检察机关再行立案[①]。有观点认为,监察机关移送的案件导入刑事诉讼程序,必须办理刑事立案手续作为刑事诉讼程序的起点。

编者不同意该观点:一是《监察法》第11条、第45条规定监察机关根据调查结果将涉嫌职务犯罪的案件移送审查、提起起诉,设置了监察机关调查案件导入刑事诉讼程序的法定方式和途径。对于监察机关调查终结的职务犯罪案件,在法律上并无应经检察机关刑事立案方能导入刑事诉讼的程序障碍。二是《监察法》第39条规定了监察调查的立案程序,《监察法》与《刑事诉讼法》均系全国人大审议通过的

---

① 参见中共中央纪律检察委员会、中华人民共和国国家监察委员会法规室编写:《〈中华人民共和国监察法〉释义》,中国方正出版社2018年版,第207页。

国家基本法律,《监察法》既已明确了职务犯罪案件调查的立案程序,则无须在移送检察机关审查起诉时再重复设置立案程序。三是《监察法》第33条明确了监察机关收集的证据材料在刑事诉讼中可以作为证据使用,已经明确了调查证据在刑事诉讼中的证据资格,检察机关再行办理刑事立案手续反而会引起歧义。四是检察机关对于监察机关移送审查起诉的职务犯罪案件办理刑事立案手续,并无法律依据,《刑事诉讼法》从未赋予检察机关审查起诉阶段的立案职权。因此,检察机关该程序环节主要是审核移送案件是否符合受理条件,而不是考量移送案件是否再次立案的问题。

第四十六条 【涉案财产处置】 监察机关经调查,对违法取得的财物,依法予以没收、追缴或者责令退赔;对涉嫌犯罪取得的财物,应当随案移送人民检察院。

【纪检监察法规】

46.1《中国共产党纪律检查机关监督执纪工作规则(试行)》(2017年1月8日)(节录)

第四十三条 对被审查人违纪所得款物,应当依规依纪予以没收、追缴、责令退赔或者登记上交。

对涉嫌犯罪所得款物,应当随案移送司法机关。

对经认定不属于违纪所得的,应当在案件审结后依纪依法予以返还,办理签收手续。

46.2《公职人员政务处分暂行规定》(2018年4月16日)(节录)

第二十一条 公职人员违法取得的财物和用于违法的财物,除依法应当由其他机关没收、追缴或者责令退赔的,由监察机关没收、追缴或者责令退赔。违法取得的财物应当退还原所有人或者原持有人的,予以退还;属于国家财产以及不应当退还或者无法退还原所有人或者原持有人的,上缴国库。

46.3《行政机关公务员处分条例》(2007年6月1日)(节录)

第五十三条 行政机关公务员违法违纪取得的财物和用于违法违纪的财物,除依法应当由其他机关没收、追缴或者责令退赔的,由处分决定机关没收、追缴或者责令退赔。违法违纪取得的财物应当退还原所有人或者原持有人的,退还原所有人或者原持有人;属于国家财产以及不应当退还或者无法退还原所有人或者原持有人的,上缴国库。

46.4《关于纪检监察机关加强对没收追缴违纪违法款物管理的通知》(1998年8月25日)

各省、自治区、直辖市纪委、监察厅(局),中央和国家机关各部委纪检组(纪委),中央纪委各派驻纪检组,监察部各派驻监察局、监察专员办公室,中直机关和中央国家机关纪工委,军委纪委:

加强行政性收费和罚没收入管理工作,有利于依法行政和公正执法;有利于从源头上预防和治理腐败;有利于建设高素质的执纪执法队伍。各级纪检监察机关要认真贯彻落实中共中央办公厅、国务院办公厅"中办发〔1998〕14号"文件精神，切实加强对纪检监察机关暂予扣留、封存、没收、追缴违纪违法款物的管理，全面落实行政性收费和罚没收入"收支两条线"的各项规定。

一、严格执行《中国共产党纪律处分条例（试行）》第一百六十八条、《中国共产党纪律检查机关案件检查工作条例》第二十八条第（六）项，以及《中华人民共和国行政监察法》第二十四条第（二）项、《监察机关没收追缴和责令退赔财物办法》的规定，对纪检监察机关直接查办的或牵头组织其他部门联合查办的违纪违法案件中涉及的违纪违法款物，依法应当予以没收、追缴的，要及时没收、追缴；确需采取暂予扣留、封存措施的，要按规定程序办理。做到既严肃查处违纪违法行为，又尽量挽回经济损失。

二、没收、追缴违纪违法款物，必须使用财政部门统一印制或监制的票据。办案处室经手的没收、追缴款物，一律交由机关财务部门统一管理，机关财务部门应有专人管理，设立专门账户。暂予扣留和封存的款物亦应有专人妥善管理。

三、要按规定及时将违纪违法款物上缴国库，或及时退还给原财物所有人或者使用人，不准截留、挪用、侵占、私分，不准将违纪违法款设立"小金库"。

四、建立健全对违纪违法款物收缴和管理的制度，进一步加强规范化管理，堵塞漏洞，防微杜渐。

五、要加强监督检查，对违反规定，截留、挪用、侵占、私分收缴的违纪违法款物的，依照有关党纪政纪条规进行严肃处理，决不能姑息迁就；对触犯刑律的，移交司法机关依法惩处。

六、各单位接到本通知后，要对违纪违法款物的收缴和管理进行一次认真清理，发现问题，限期纠正。各单位要于年底前将有关清理情况报中央纪委办公厅。

46.5《中国共产党纪律检查机关查办案件涉案款物管理暂行规定》（2008年10月15日）（节录）

第五章 涉案款物的处理

第二十二条 案件检查部门向案件审理部门移送案件时，应当在调查报告中写明涉案款物数量、价值、保管情况等，提出对涉案款物的处理意见，并附涉案款物清单。

案件审理部门在审理案件时，应当对调查报告所列涉案款物与所附涉案款物清单是否相符、手续是否完备等情况进行审查，并在审理报告中写明对涉案款物的处理意见。

第二十三条 涉案款物的处理意见报经本级纪委常委会（未设常委的纪委会议）讨论决定后，案件审理部门应当及时以书面形式通知案件检查部门和案件监督管理部门或者其他相关职能部门，案件检查部门应当商机关财务（保管）部门于收到通知后六十日内执行完毕。

第二十四条 初核后认为不需要立案的，对初核对象主动上交，或者应当建议有关党组织或者单位责成初核对象退出的涉案款物,由案件检查部门提出书面处理意见,经纪检机关分管领导批准后办理。

第二十五条 纪检机关收缴涉案款物,应当在纪委常委会(未设常委的纪委会议)作出收缴决定后,由案件检查部门填写收缴款物清单,财务(保管)部门开具由财政部门统一印制的收据或者凭证,由两名承办人员负责及时送达涉案款物原持有人或者保管人。送达时,应当由涉案款物原持有人或者保管人在清单上签名或者盖章。

涉案款物原持有人或者保管人拒绝签名或者盖章的,案件承办人应当注明原因。

第二十六条 责令有关单位或者个人退赔的暂予扣留、封存的涉案款物,应当在纪委常委会(未设常委的纪委会议)作出责令退赔决定后,由案件检查部门填写责令退赔款物清单,及时送达,并由退赔单位负责人或者退赔人签名或者盖章。

退赔单位负责人或者退赔人拒绝签名或者盖章的,案件承办人应当注明原因。

第二十七条 应当上缴的违纪违法所得款项,由纪检机关财务(保管)部门按照处理决定所确认的数额,及时办理上缴国库手续。

有价证券和支付凭证由机关财务(保管)部门通过有关部门兑现后按照前款规定办理。

委托有关机构以拍卖或者其他公开方式变价处理的违纪违法物品,由机关财务(保管)部门负责分案登记造册,并填写涉案款物移送、处理登记表。处理所得款项应当上缴国库。

第二十八条 收缴、责令退赔中依法不应当退回(赔)或者由于客观原因无法退回(赔)的款物,应当上缴国库。

第二十九条 上缴国库或者返还有关单位和个人的暂予扣留、封存款物,有孳息的应当一并上缴或者退还。

第三十条 委托其他纪检机关或者纪检部门保管涉案款物的,案件检查部门应当及时将涉案款物的处理意见书面通知受委托保管单位,按照处理意见通知要求,对暂予扣留、封存的涉案款物进行相应处理。处理结果应当以书面形式报双方案件监督管理部门或者其他相关职能部门备案。

第三十一条 移送司法机关或者其它机关处理的案件,应当同时移送暂予扣留、封存的涉案款物以及涉案款物清单、已处理凭证等,并办理交接手续。

【党的纲领性文件及其他重要文件】

46.6《关于进一步规范刑事诉讼涉案财物处置工作的意见》(2015年1月24日)

为贯彻落实《中共中央关于全面深化改革若干重大问题的决定》有关要求,进一步规范刑事诉讼涉案财物处置工作,根据刑法、刑事诉讼法有关规定,提出如下意见。

一、进一步规范刑事诉讼涉案财物处置工作,应当坚持公正与效率相统一、改革创新与于法有据相统一、保障当事人合法权益与适应司法办案需要相统一的原则,健全处置涉案财物的程序、制度和机制。

二、规范涉案财物查封、扣押、冻结程序。查封、扣押、冻结涉案财物,应当严格依照法定条件和程序进行。严禁在立案之前查封、扣押、冻结财物。不得查封、扣押、冻结与案件无关的财物。凡查封、扣押、冻结的财物,都应当及时进行审查;经查明确实与案件无关的,应当在三日内予以解除、退还,并通知有关当事人。

查封、扣押、冻结涉案财物,应当为犯罪嫌疑人、被告人及其所扶养的亲属保留必需的生活费用和物品,减少对涉案单位正常办公、生产、经营等活动的影响。

公安机关、国家安全机关决定撤销案件或者终止侦查、人民检察院决定撤销案件或者不起诉、人民法院作出无罪判决的,涉案财物除依法另行处理外,应当解除查封、扣押、冻结措施,需要返还当事人的应当及时返还。

在查封、扣押、冻结涉案财物时,应当收集固定依法应当追缴的证据材料并随案移送。

三、建立办案部门与保管部门、办案人员与保管人员相互制约制度。涉案财物应当由公安机关、国家安全机关、人民检察院、人民法院指定本机关的一个部门或者专职人员统一保管,严禁由办案部门、办案人员自行保管。办案部门、保管部门截留、坐支、私分或者擅自处理涉案财物的,对其直接负责的主管人员和其他直接责任人员,按滥用职权等依法依纪追究责任;办案人员、保管人员调换、侵吞、窃取、挪用涉案财物的,按贪污等依法依纪追究责任。

四、规范涉案财物保管制度。对查封、扣押、冻结的财物,均应当制作详细清单。对扣押款项应当逐案设立明细账,在扣押后立即存入扣押机关唯一合规账户。对赃物特别是贵重物品实行分类保管,做到一案一账、一物一卡、账实相符。对作为证据使用的实物一般应当随案移送,如实登记,妥善保管,健全交接手续,防止损毁、丢失等。

五、探索建立跨部门的地方涉案财物集中管理信息平台。公安机关、人民检察院和人民法院查封、扣押、冻结、处理涉案财物,应当依照相关规定将财物清单及时录入信息平台,实现信息共享,确保涉案财物管理规范、移送顺畅、处置及时。

六、完善涉案财物审前返还程序。对权属明确的被害人合法财产,凡返还不损害其他被害人或者利害关系人的利益、不影响诉讼正常进行的,公安机关、国家安全机关、人民检察院、人民法院都应当及时返还。权属有争议的,应当在人民法院判决时一并处理。

七、完善涉案财物先行处置程序。对易损毁、灭失、变质等不宜长期保存的物品,易贬值的汽车、船艇等物品,或者市场价格波动大的债券、股票、基金份额等财产,有效期即将届满的汇票、本票、支票等,经权利人同意或者申请,并经县级以上公安机关、国家安全机关、人民检察院或者人民法院主要负责人批准,可以依法出售、变现或者先行变卖、拍卖。所得款项统一存入各单位唯一合规账户。

涉案财物先行处置应当做到公开、公平。

八、提高查询、冻结、划扣工作效率。办案单位依法需要查询、冻结或者划扣涉案款项的,金融机构等相关单位应当予以协助,并探索建立统一的专门查询机制,建立涉案账户紧急止付制度，完善集中查询、冻结和定期续冻制度。

九、完善违法所得追缴、执行工作机制。对审判时尚未追缴到案或者尚未足额退赔的违法所得，人民法院应当判决继续追缴或者责令退赔，并由人民法院负责执行，人民检察院、公安机关、国家安全机关、司法行政机关等应当予以配合。

十、建立中央政法机关交办案件涉案财物上缴中央国库制度。凡由最高人民检察院、公安部立案或者由其指定地方异地查办的重特大案件，涉案财物应当纳入中央政法机关的涉案财物账户；判决生效后，涉案财物除依法返还被害人外，一律通过中央财政汇缴专户缴入中央国库。

建立中央政法机关交办案件办案经费安排制度。凡中央政法机关指定地方异地查办的重特大案件，办案经费由中央财政保障，必要时提前预拨办案经费。涉案财物上缴中央国库后，由中央政法委员会会同中央政法机关对承办案件单位办案经费提出安排意见，财政部通过转移支付及时核拨地方财政，并由地方财政部门将经费按实际支出拨付承办案件单位。

十一、健全境外追逃追赃工作体制机制。公安部确定专门机构统一负责到境外开展追逃追赃工作。

我国缔结或者参加的国际条约指定履行司法协助职责的最高人民法院、最高人民检察院、公安部、司法部等，应当及时向有关国家（地区）提出司法协助请求，并将有关情况通报公安部专门负责境外追逃追赃的机构。

在案件侦查、审查起诉环节，办案机关应当积极核查境外涉案财物去向；对犯罪嫌疑人、被告人逃匿的，应当继续开展侦查取证工作。需要到境外追逃追赃的，办案机关应当将案件基本情况及调查取证清单，按程序送公安部专门负责境外追逃追赃的机构，并配合公安部专门机构开展境外调查取证工作。

十二、明确利害关系人诉讼权利。善意第三人等案外人与涉案财物处理存在利害关系的，公安机关、国家安全机关、人民检察院应当告知其相关诉讼权利，人民法院应当通知其参加诉讼并听取其意见。被告人、自诉人、附带民事诉讼的原告和被告人对涉案财物处理决定不服的，可以就财物处理部分提出上诉，被害人或者其他利害关系人可以请求人民检察院抗诉。

十三、完善权利救济机制。人民法院、人民检察院、公安机关、国家安全机关应当建立有效的权利救济机制，对当事人、利害关系人提出异议、复议、申诉、投诉或者举报的，应当依法及时受理并反馈处理结果。

十四、进一步加强协调配合。人民法院、人民检察院、公安机关、国家安全机关在办理案件过程中，应当共同研究解决涉案财物处置工作中遇到的突出问题，确保执法司法工作顺利进行，切实保障当事人合法权益。

十五、进一步加强监督制约。人民法院、人民检察院、公安机关、国家安全机关应当对涉案财物处置工作进行相互监督。人民检察院应当加强法律监督。上级政法机关发现下级政法机关涉案财物处置工作确有错误的，应当依照法定程序要求限期纠正。

十六、健全责任追究机制。违法违规查封、扣押、冻结和处置涉案财物的，应当依法依纪给予处分；构成犯罪的，应当依法追究刑事责任；导致国家赔偿的，应当依法向有关责任人员追偿。

十七、最高人民法院、最高人民检察院、公安部、国家安全部、财政部、中国人民银行等应当结合工作实际，制定实施办法，细化政策标准，规范工作流程，明确相关责任，完善协作配合机制，确保有关规定落到实处。

【刑事法律文件】

46.7《中华人民共和国刑法》（修正后2017年11月4日施行）（节录）

第六十四条 【犯罪物品的处理】犯罪分子违法所得的一切财物，应当予以追缴或者责令退赔；对被害人的合法财产，应当及时返还；违禁品和供犯罪所用的本人财物，应当予以没收。没收的财物和罚金，一律上缴国库，不得挪用和自行处理。

第四十七条 【检察机关审查起诉程序】对监察机关移送的案件，人民检察院依照《中华人民共和国刑事诉讼法》对被调查人采取强制措施。

人民检察院经审查，认为犯罪事实已经查清，证据确实、充分，依法应当追究刑事责任的，应当作出起诉决定。

人民检察院经审查，认为需要补充核实的，应当退回监察机关补充调查，必要时可以自行补充侦查。对于补充调查的案件，应当在一个月内补充调查完毕。补充调查以二次为限。

人民检察院对于有《中华人民共和国刑事诉讼法》规定的不起诉的情形的，经上一级人民检察院批准，依法作出不起诉的决定。监察机关认为不起诉的决定有错误的，可以向上一级人民检察院提请复议。

【编者注】"移送审查、提起公诉"，是监察机关根据监督、调查结果依法履行处置职责的重要方式，是监察调查程序与刑事司法程序贯通衔接的关键环节，是监察机关与检察机关在办理职务犯罪案件过程中互相配合、互相制约的重点工作。针对职务犯罪案件在审查起诉程序中的"法法衔接"若干问题，编者试进行如下探析。

一、关于"采取强制措施"的程序

（一）强制措施的决定。《监察法》第47条第1款规定："对监察机关移送的案件，人民检察院依照《中华人民共和国刑事诉讼法》对被调查人采取强制措施。"《刑事诉讼法修正案（草案）》作出了"先行拘留"的规定，人民检察院"对于监察机关采取留置措施的案件，人民检察院应当对犯罪嫌疑人先行拘留，留置措施自动解除，人民检察院应当在十日以内作出是否逮捕、取保候审或者监视居住的决定。在特殊情况下，决定的时间可以延长。"以此解决采取留置措施案件移送检察机关时的强制措施适用审查时限问题，以免检察机关因此提前介入而占用监察调查期限。对于被留置的被调查人，一般应当予以逮捕。如果犯罪嫌疑人涉嫌的罪行较轻，或者患有严重疾病、生活不能自理，或是怀孕或者正在哺乳自己婴儿的妇女，不逮捕不致发生社会危险性的，可以采取取保候审或者监视居住措施。此外，检察机关决定对被调查人予以逮捕的，在案件退回补充调查期间逮捕措施仍然有效，无需监察机关另行采取强制措施。

（二）退回补充调查期间能否沿用刑事强制措施？《监察法》第47条第1款规定："对监察机关移送的案件，人民检察院依照《中华人民共和国刑事诉讼法》对被调查人采取强制措施。"但未对退回补充调查期间的强制措施适用作出明确规定。有观点认为，从刑事诉讼程序回转至监察调查程序，对于被调查人不得适用刑事强制措施，应由监察机关另行采取留置等调查措施。

编者不同意该观点：第一，退回补充调查仍是刑事诉讼案件的阶段性处理方式之一，其制度设计的初衷是为了刑事诉讼程序的顺利进行以及刑事诉讼价值的最终实现，并非重新立案调查。第二，职务犯罪案件移送审查起诉进入刑事诉讼程序后，被调查人身份已转变为犯罪嫌疑人，应适用刑事强制措施。其在补充调查期间虽系"被补充调查人"，但"被补充调查人"在法律属性上不同于单纯的"被调查人"，且同时系"犯罪嫌疑人"，对其适用刑事强制措施既契合法理又符合法律规定。第三，司法实践中，审查起诉阶段检察机关退回公安机关补充侦查的案件、一审阶段检察机关建议法院延期审理进行补充侦查的案件，均是沿用原有强制措施。在此过程中虽要求办理换押、告知看守所等手续，也仅是为便于补充侦查单位与羁押场所对接、防止超期羁押等目的而设置，法律并未要求补充侦查机关另行作出强制措施决定。第四，退回补充调查期间由监察机关另行采取调查强制措施不符合客观实际，如留置期限最长不超过6个月、逮捕羁押地与留置场所的程序要求皆有不同等，均导致再由监察机关采取调查措施难以操作。因此，补充调查期间，职务犯罪嫌疑人沿用人民检察院作出的强制措施。同时，人民检察院应当将退回补充调查情况书面通知看守所。

二、关于"补充调查"与"补充侦查"的适用

（一）"补充调查"与"补充侦查"的关系。根据《监察法》第47条第3款规定，"退回补充调查"与"自行补充侦查"有先后顺序，检察机关公诉部门审查后认为需要补充证据的，一般应当先退回监察机关进行补充调查；必要时，可由检察机关自行补充侦查。如公诉部门经审查发现个别调查人员有涉嫌以案谋私、刑讯逼供、暴力取证、报复陷害等徇私舞弊、滥用职权、玩忽职守行为的；有涉嫌违反回避规定等其他调查程序违法行为有可能影响案件公正办理的；有必要立即取证或者采取证据保全措施以免证据灭失的；由公诉部门自行补充侦查更为便利高效、更有利于查明案件事实的；等等。

（二）监察机关补充调查完毕后的处理方式。《监察法》第47条仅规定退回补充调查的次数、期限等，但对于补充调查完毕后的处理方式未作具体规定。一种观点认为，补充调查完毕后，监察机关可以视补充调查具体情况，依法作出重新移送审查起诉、变更移送起诉意见、不在移送审查起诉并通知决定退查的检察机关等处理决定。另一种观点认为，补充调查完毕后，监察机关应一律将案件再次移送决定退查的检察机关，由检察机关依法作出处理决定。编者赞同第一种意见。一是《监察法》《刑事诉讼法》均未限定退回补充调查、补充侦查案件，在补充调查完毕后必须

移送检察机关处理。二是根据"以事实为依据，以法律为准绳"的原则，根据补充调查情况依法作出相应处理决定，符合立法原意。三是有普通刑事犯罪案件补充侦查的规定作为参照。如《公安机关办理刑事案件程序规定》第285条规定："对人民检察院退回补充侦查的案件，根据不同情况，报县级以上公安机关负责人批准，分别作如下处理：（一）原认定犯罪事实清楚，证据不够充分的，应当在补充证据后，制作补充侦查报告书，移送人民检察院审查；对无法补充的证据，应当作出说明；（二）在补充侦查过程中，发现新的同案犯或者新的罪行，需要追究刑事责任的，应当重新制作起诉意见书，移送人民检察院审查；（三）发现原认定的犯罪事实有重大变化，不应当追究刑事责任的，应当重新提出处理意见，并将处理结果通知退查的人民检察院；（四）原认定犯罪事实清楚，证据确实、充分，人民检察院退回补充侦查不当的，应当说明理由，移送人民检察院审查。"因此，监察机关可参照该规定，对退回补充调查案件视具体情况，依法作出相应处理决定。

三、关于"追诉漏罪漏犯"与"移送问题线索"的区分

根据《刑事诉讼法》第168条规定，人民检察院审查案件的时候，必须查明有无遗漏罪行和其他应当追究刑事责任的人。《监察法》第34条第1款规定："人民法院、人民检察院、公安机关、审计机关等国家机关在工作中发现公职人员涉嫌贪污贿赂、失职渎职等职务违法或者职务犯罪的问题线索，应当移送监察机关，由监察机关依法调查处置。"该条所指的"在工作中"虽然包括在审查起诉工作中，但是"发现问题线索"不同于"查明漏罪漏犯"。前者是指发现被调查人或其他人员涉嫌职务违法犯罪、尚待立案调查的线索；后者是指查明被调查人或其他涉案人员的职务犯罪行为已经依法调查证属实、但未被移送审查起诉的事实和人员。检察机关在审查起诉过程中可以依法追诉职务犯罪漏罪漏犯，但应当与监察机关充分沟通衔接，甄别"移送问题线索"与"追诉漏罪漏犯"的适用条件，互相配合，互相制约，共同促进反腐败工作深入开展。

四、关于检察机关能否将案件退回监察机关或建议监察机关撤回案件

《监察法》第47条第4款规定："人民检察院对于有《中华人民共和国刑事诉讼法》规定的不起诉的情形的，经上一级人民检察院批准，依法作出不起诉的决定。"《刑事诉讼法》第173条第1款规定："犯罪嫌疑人没有犯罪事实，或者有本法第十五条规定的情形之一的，人民检察院应当作出不起诉决定。"第171条第4款规定："对于二次补充侦查的案件，人民检察院仍认为证据不足，不符合起诉条件的，应当作出不起诉决定。"一种观点认为，《监察法》并未限定人民检察院对于符合不起诉条件的案件，应一律作出不起诉决定；对于符合法定不起诉、存疑不起诉条件的案件，检察机关既可以依法作出不起诉决定，也可将案件退回监察机关或者建议监察机关撤回案件。另一种观点认为，《刑事诉讼法》要求人民检察院对于符合法定不起诉、存疑不起诉条件的案件应当作出不起诉条件，便排除了将案件退回或建议撤回案件的程序可能。

编者同意第一种观点，理由如下：一是《监察法》对于符合法定不起诉、存疑

不起诉条件的案件并无只能作出不起诉决定的限制性规定。二是《刑事诉讼法》此前的相关解释亦有变通规定,如《人民检察院刑事诉讼规则(试行)》第402条规定:"公诉部门对于本院侦查部门移送审查起诉的案件,发现具有本规则第四百零一条第一款(法定不起诉)规定情形的,应当退回本院侦查部门,建议作出撤销案件的处理。"三是《监察法》第45条第2款规定:"监察机关经调查,对没有证据证明被调查人存在违法犯罪行为的,应当撤销案件,并通知被调查人所在单位。"职务犯罪案件退回、撤回后,均可适用该条依法处理。四是职务犯罪案件办理应准确把握政策尺度,如符合法定不起诉、存疑不起诉条件,不仅关系到刑事责任与国家赔偿,还涉及政务处分、职级评价等多重问题,案件由监察机关一并处理更为妥当。特别是对于犯罪嫌疑人没有犯罪事实的情形,将案件退回监察机关作撤案处理,更有利于保障当事人的合法权益。因此,检察机关对于符合法定不起诉、存疑不起诉条件的案件作退回或建议撤回处理,相比于一律作出不起诉决定,更加符合实事求是、宽严相济的法律价值追求,也更能体现监察机关与检察机关的互相配合、互相制约。但将案件退回与建议撤回的程序设计,应当进一步规范。

五、关于被不起诉人的救济权

《监察法》第47条第4款规定,对监察机关移送的案件,人民检察院作出不起诉决定,应经上一级人民检察院批准;监察机关认为不起诉的决定有错误的,可以向上一级人民检察院提请复议。但《监察法》未对被不起诉人对不起诉决定的救济权利作出规定,只能依据《刑事诉讼法》第177条予以救济,该条规定"对于人民检察院依照本法第一百七十三条第二款(酌定不起诉)规定作出的不起诉决定,被不起诉人如果不服,可以自收到决定书后七日以内向人民检察院申诉。人民检察院应当作出复查决定,通知被不起诉的人,同时抄送公安机关。"由于职务犯罪案件不起诉决定经由上级检察机关批准方可作出,不起书决定文书的制作机关并非最终审批机关,被不起诉人如果再向作出不起诉决定的检察机关申诉,并无权利救济的实质含义。编者认为,对此问题有待修正《刑事诉讼法》时一并考虑解决。

六、关于监察机关的内部协调制约

《监察法》第36条第1款规定:"监察机关应当严格按照程序开展工作,建立问题线索处置、调查、审理各部门相互协调、相互制约的工作机制。"在监察处置程序中,案件审理室对职务犯罪案件肩负"准裁判官"的职责:一是调查部门认为被调查人涉嫌职务犯罪事实清楚、证据确实充分,需要追究刑事责任的,经审批后将调查报告、《起诉建议书》连同全部案卷、同步录音录像等材料一并移送案件审理室。对被调查人采取强制措施的,应在留置期限届满30日前移送审理。二是案件审理室受理案件后,应当成立2人以上组成的审理组,全面审理案卷材料,按照事实清楚、证据确凿、定性准确、处理恰当、手续完备、程序合法的要求,提出审理意见。符合移送审查起诉条件的,制作《起诉意见书》。审理工作应当自受理之日起30日内完成,重大复杂案件经批准可适当延长。三是案件审理室有提前介入调查,将案件退回调查部门重新调查、补充调查等职权。四是案件审理室对补充调查有沟通衔接

> 及审核把关的职权。退回补充调查案件,由公诉部门和案件审理室进行对接;调查部门补充调查完毕并形成补充调查报告后,也应经案件审理室审核后按程序报批。因此,案件审理室把好职务犯罪案件"出口关",是监察机关与检察机关有效实现"法法衔接"的关键。

【宪法】

47.1《中华人民共和国宪法》(修正后2018年3月11日施行)(节录)

第三十七条 中华人民共和国公民的人身自由不受侵犯。

任何公民,非经人民检察院批准或者决定或者人民法院决定,并由公安机关执行,不受逮捕。

禁止非法拘禁和以其他方法非法剥夺或者限制公民的人身自由,禁止非法搜查公民的身体。

【刑事法律文件】

47.2《中华人民共和国刑事诉讼法》(修正后2012年3月14日施行)(节录)

第一篇 总 则

第六章 强制措施

第七十八条 逮捕犯罪嫌疑人、被告人,必须经过人民检察院批准或者人民法院决定,由公安机关执行。

第七十九条 对有证据证明有犯罪事实,可能判处徒刑以上刑罚的犯罪嫌疑人、被告人,采取取保候审尚不足以防止发生下列社会危险性的,应当予以逮捕:

(一)可能实施新的犯罪的;

(二)有危害国家安全、公共安全或者社会秩序的现实危险的;

(三)可能毁灭、伪造证据,干扰证人作证或者串供的;

(四)可能对被害人、举报人、控告人实施打击报复的;

(五)企图自杀或者逃跑的。

对有证据证明有犯罪事实,可能判处十年有期徒刑以上刑罚的,或者有证据证明有犯罪事实,可能判处徒刑以上刑罚,曾经故意犯罪或者身份不明的,应当予以逮捕。

被取保候审、监视居住的犯罪嫌疑人、被告人违反取保候审、监视居住规定,情节严重的,可以予以逮捕。

第八十六条 人民检察院审查批准逮捕,可以讯问犯罪嫌疑人;有下列情形之一的,应当讯问犯罪嫌疑人:

(一)对是否符合逮捕条件有疑问的;

(二)犯罪嫌疑人要求向检察人员当面陈述的;

(三)侦查活动可能有重大违法行为的。

人民检察院审查批准逮捕,可以询问证人等诉讼参与人,听取辩护律师的意见;

第五章　监察程序

辩护律师提出要求的,应当听取辩护律师的意见。

第八十七条　人民检察院审查批准逮捕犯罪嫌疑人由检察长决定。重大案件应当提交检察委员会讨论决定。

第九十三条　犯罪嫌疑人、被告人被逮捕后,人民检察院仍应当对羁押的必要性进行审查。对不需要继续羁押的,应当建议予以释放或者变更强制措施。有关机关应当在十日以内将处理情况通知人民检察院。

第九十五条　犯罪嫌疑人、被告人及其法定代理人、近亲属或者辩护人有权申请变更强制措施。人民法院、人民检察院和公安机关收到申请后,应当在三日以内作出决定;不同意变更强制措施的,应当告知申请人,并说明不同意的理由。第九十六条　犯罪嫌疑人、被告人被羁押的案件,不能在本法规定的侦查羁押、审查起诉、一审、二审期限内办结的,对犯罪嫌疑人、被告人应当予以释放;需要继续查证、审理的,对犯罪嫌疑人、被告人可以取保候审或者监视居住。

第九十七条　人民法院、人民检察院或者公安机关对被采取强制措施法定期限届满的犯罪嫌疑人、被告人,应当予以释放、解除取保候审、监视居住或者依法变更强制措施。犯罪嫌疑人、被告人及其法定代理人、近亲属或者辩护人对于人民法院、人民检察院或者公安机关采取强制措施法定期限届满的,有权要求解除强制措施。

第二编　立案、侦查和提起公诉

第三章　提起公诉

第一百六十七条　凡需要提起公诉的案件,一律由人民检察院审查决定。

第一百六十八条　人民检察院审查案件的时候,必须查明:

(一) 犯罪事实、情节是否清楚,证据是否确实、充分,犯罪性质和罪名的认定是否正确;

(二) 有无遗漏罪行和其他应当追究刑事责任的人;

(三) 是否属于不应追究刑事责任的;

(四) 有无附带民事诉讼;

(五) 侦查活动是否合法。

第一百六十九条　人民检察院对于公安机关移送起诉的案件,应当在一个月以内作出决定,重大、复杂的案件,可以延长半个月。

人民检察院审查起诉的案件,改变管辖的,从改变后的人民检察院收到案件之日起计算审查起诉期限。

第一百七十条　人民检察院审查案件,应当讯问犯罪嫌疑人,听取辩护人、被害人及其诉讼代理人的意见,并记录在案。辩护人、被害人及其诉讼代理人提出书面意见的,应当附卷。

第一百七十一条　人民检察院审查案件,可以要求公安机关提供法庭审判所必需的证据材料;认为可能存在本法第五十四条规定的以非法方法收集证据情形的,可以要求其对证据收集的合法性作出说明。

人民检察院审查案件,对于需要补充侦查的,可以退回公安机关补充侦查,也可以自行侦查。

对于补充侦查的案件,应当在一个月以内补充侦查完毕。补充侦查以二次为限。补充侦查完毕移送人民检察院后,人民检察院重新计算审查起诉期限。

对于二次补充侦查的案件,人民检察院仍然认为证据不足,不符合起诉条件的,应当作出不起诉的决定。

第一百七十二条 人民检察院认为犯罪嫌疑人的犯罪事实已经查清,证据确实、充分,依法应当追究刑事责任的,应当作出起诉决定,按照审判管辖的规定,向人民法院提起公诉,并将案卷材料、证据移送人民法院。

第一百七十三条 犯罪嫌疑人没有犯罪事实,或者有本法第十五条规定的情形之一的,人民检察院应当作出不起诉决定。

对于犯罪情节轻微,依照刑法规定不需要判处刑罚或者免除刑罚的,人民检察院可以作出不起诉决定。

人民检察院决定不起诉的案件,应当同时对侦查中查封、扣押、冻结的财物解除查封、扣押、冻结。对被不起诉人需要给予行政处罚、行政处分或者需要没收其违法所得的,人民检察院应当提出检察意见,移送有关主管机关处理。有关主管机关应当将处理结果及时通知人民检察院。

第一百七十四条 不起诉的决定,应当公开宣布,并且将不起诉决定书送达被不起诉人和他的所在单位。如果被不起诉人在押,应当立即释放。

第一百七十五条 对于公安机关移送起诉的案件,人民检察院决定不起诉的,应当将不起诉决定书送达公安机关。公安机关认为不起诉的决定有错误的时候,可以要求复议,如果意见不被接受,可以向上一级人民检察院提请复核。

第一百七十六条 对于有被害人的案件,决定不起诉的,人民检察院应当将不起诉决定书送达被害人。被害人如果不服,可以自收到决定书后七日以内向上一级人民检察院申诉,请求提起公诉。人民检察院应当将复查决定告知被害人。对人民检察院维持不起诉决定的,被害人可以向人民法院起诉。被害人也可以不经申诉,直接向人民法院起诉。人民法院受理案件后,人民检察院应当将有关案件材料移送人民法院。

第一百七十七条 对于人民检察院依照本法第一百七十三条第二款规定作出的不起诉决定,被不起诉人如果不服,可以自收到决定书后七日以内向人民检察院申诉。人民检察院应当作出复查决定,通知被不起诉的人,同时抄送公安机关。

47.3 最高人民检察院《人民检察院刑事诉讼规则(试行)》(修正后2013年1月1日施行)(节录)

第四章 强制措施

第五节 逮 捕

第一百三十九条 人民检察院对有证据证明有犯罪事实,可能判处徒刑以上刑罚

的犯罪嫌疑人,采取取保候审尚不足以防止发生下列社会危险性的,应当予以逮捕:

(一)可能实施新的犯罪的,即犯罪嫌疑人多次作案、连续作案、流窜作案,其主观恶性、犯罪习性表明其可能实施新的犯罪,以及有一定证据证明犯罪嫌疑人已经开始策划、预备实施犯罪的;

(二)有危害国家安全、公共安全或者社会秩序的现实危险的,即有一定证据证明或者有迹象表明犯罪嫌疑人在案发前或者案发后正在积极策划、组织或者预备实施危害国家安全、公共安全或者社会秩序的重大违法犯罪行为的;

(三)可能毁灭、伪造证据,干扰证人作证或者串供的,即有一定证据证明或者有迹象表明犯罪嫌疑人在归案前或者归案后已经着手实施或者企图实施毁灭、伪造证据,干扰证人作证或者串供行为的;

(四)有一定证据证明或者有迹象表明犯罪嫌疑人可能对被害人、举报人、控告人实施打击报复的;

(五)企图自杀或者逃跑的,即犯罪嫌疑人归案前或者归案后曾经自杀,或者有一定证据证明或者有迹象表明犯罪嫌疑人试图自杀或者逃跑的。

有证据证明有犯罪事实是指同时具备下列情形:

(一)有证据证明发生了犯罪事实;

(二)有证据证明该犯罪事实是犯罪嫌疑人实施的;

(三)证明犯罪嫌疑人实施犯罪行为的证据已经查证属实的。

犯罪事实既可以是单一犯罪行为的事实,也可以是数个犯罪行为中任何一个犯罪行为的事实。

第一百四十条 对有证据证明有犯罪事实,可能判处十年有期徒刑以上刑罚的犯罪嫌疑人,应当批准或者决定逮捕。

对有证据证明有犯罪事实,可能判处徒刑以上刑罚,犯罪嫌疑人曾经故意犯罪或者不讲真实姓名、住址,身份不明的,应当批准或者决定逮捕。

第一百四十一条 人民检察院经审查认为被取保候审、监视居住的犯罪嫌疑人违反取保候审、监视居住规定的,依照本规则第一百条、第一百二十一条的规定办理。

第一百四十二条 对实施多个犯罪行为或者共同犯罪案件的犯罪嫌疑人,符合本规则第一百三十九条的规定,具有下列情形之一的,应当批准或者决定逮捕:

(一)有证据证明犯有数罪中的一罪的;

(二)有证据证明实施多次犯罪中的一次犯罪的;

(三)共同犯罪中,已有证据证明有犯罪事实的犯罪嫌疑人。

第一百四十三条 对具有下列情形之一的犯罪嫌疑人,人民检察院应当作出不批准逮捕的决定或者不予逮捕:

(一)不符合本规则第一百三十九条至第一百四十二条规定的逮捕条件的;

(二)具有刑事诉讼法第十五条规定的情形之一的。

第一百四十四条 犯罪嫌疑人涉嫌的罪行较轻,且没有其他重大犯罪嫌疑,具有以下情形之一的,可以作出不批准逮捕的决定或者不予逮捕:

（一）属于预备犯、中止犯，或者防卫过当、避险过当的；

（二）主观恶性较小的初犯，共同犯罪中的从犯、胁从犯，犯罪后自首、有立功表现或者积极退赃、赔偿损失、确有悔罪表现的；

（三）过失犯罪的犯罪嫌疑人，犯罪后有悔罪表现，有效控制损失或者积极赔偿损失的；

（四）犯罪嫌疑人与被害人双方根据刑事诉讼法的有关规定达成和解协议，经审查，认为和解系自愿、合法且已经履行或者提供担保的；

（五）犯罪嫌疑人系已满十四周岁未满十八周岁的未成年人或者在校学生，本人有悔罪表现，其家庭、学校或者所在社区、居民委员会、村民委员会具备监护、帮教条件的；

（六）年满七十五周岁以上的老年人。

第一百四十五条 对符合刑事诉讼法第七十二条第一款规定的犯罪嫌疑人，人民检察院经审查认为不需要逮捕的，可以在作出不批准逮捕或者不予逮捕决定的同时，向侦查机关提出监视居住的建议。

第一百四十六条 人民检察院对担任本级人民代表大会代表的犯罪嫌疑人批准或者决定逮捕，应当报请本级人民代表大会主席团或者常务委员会许可。报请许可手续的办理由侦查机关负责。

对担任上级人民代表大会代表的犯罪嫌疑人批准或者决定逮捕，应当层报该代表所属的人民代表大会同级的人民检察院报请许可。

对担任下级人民代表大会代表的犯罪嫌疑人批准或者决定逮捕，可以直接报请该代表所属的人民代表大会主席团或者常务委员会许可，也可以委托该代表所属的人民代表大会同级的人民检察院报请许可；对担任乡、民族乡、镇的人民代表大会代表的犯罪嫌疑人批准或者决定逮捕，由县级人民检察院报告乡、民族乡、镇的人民代表大会。

对担任两级以上的人民代表大会代表的犯罪嫌疑人批准或者决定逮捕，分别依照本条第一、二、三款的规定报请许可。

对担任办案单位所在省、市、县（区）以外的其他地区人民代表大会代表的犯罪嫌疑人批准或者决定逮捕，应当委托该代表所属的人民代表大会同级的人民检察院报请许可；担任两级以上人民代表大会代表的，应当分别委托该代表所属的人民代表大会同级的人民检察院报请许可。

第十一章 审查起诉

第一节 审 查

第三百六十三条 人民检察院审查移送起诉的案件，应当查明：

（一）犯罪嫌疑人身份状况是否清楚，包括姓名、性别、国籍、出生年月日、职业和单位等；单位犯罪的，单位的相关情况是否清楚；

（二）犯罪事实、情节是否清楚；实施犯罪的时间、地点、手段、犯罪事实、危害后果是否明确；

（三）认定犯罪性质和罪名的意见是否正确；有无法定的从重、从轻、减轻或者免除处罚的情节及酌定从重、从轻情节；共同犯罪案件的犯罪嫌疑人在犯罪活动中的责任的认定是否恰当；

（四）证明犯罪事实的证据材料包括采取技术侦查措施的决定书及证据材料是否随案移送；证明相关财产系违法所得的证据材料是否随案移送；不宜移送的证据的清单、复制件、照片或者其他证明文件是否随案移送；

（五）证据是否确实、充分，是否依法收集，有无应当排除非法证据的情形；

（六）侦查的各种法律手续和诉讼文书是否完备；

（七）有无遗漏罪行和其他应当追究刑事责任的人；

（八）是否属于不应当追究刑事责任的；

（九）有无附带民事诉讼；对于国家财产、集体财产遭受损失的，是否需要由人民检察院提起附带民事诉讼；

（十）采取的强制措施是否适当，对于已经逮捕的犯罪嫌疑人，有无继续羁押的必要；

（十一）侦查活动是否合法；

（十二）涉案款物是否查封、扣押、冻结并妥善保管，清单是否齐备；对被害人合法财产的返还和对违禁品或者不宜长期保存的物品的处理是否妥当，移送的证明文件是否完备。

第三百六十四条 人民检察院审查案件，应当讯问犯罪嫌疑人，听取辩护人、被害人及其诉讼代理人的意见，并制作笔录附卷。

辩护人、被害人及其诉讼代理人提出书面意见的，应当附卷。

第三百六十五条 直接听取辩护人、被害人及其诉讼代理人的意见有困难的，可以通知辩护人、被害人及其诉讼代理人提出书面意见，在指定期限内未提出意见的，应当记录在案。

第三百六十六条 人民检察院认为需要对案件中某些专门性问题进行鉴定而侦查机关没有鉴定的，应当要求侦查机关进行鉴定；必要时也可以由人民检察院进行鉴定或者由人民检察院送交有鉴定资格的人进行。

人民检察院自行进行鉴定的，可以商请侦查机关派员参加，必要时可以聘请有鉴定资格的人参加。

第三百六十七条 在审查起诉中，发现犯罪嫌疑人可能患有精神病的，人民检察院应当依照本规则的有关规定对犯罪嫌疑人进行鉴定。

犯罪嫌疑人的辩护人或者近亲属以犯罪嫌疑人可能患有精神病而申请对犯罪嫌疑人进行鉴定的，人民检察院也可以依照本规则的有关规定对犯罪嫌疑人进行鉴定，鉴定费用由申请方承担。

第三百六十八条 人民检察院对鉴定意见有疑问的，可以询问鉴定人并制作笔录附卷，也可以指派检察技术人员或者聘请有鉴定资格的人对案件中的某些专门性问题进行补充鉴定或者重新鉴定。

公诉部门对审查起诉案件中涉及专门技术问题的证据材料需要进行审查的，可以送交检察技术人员或者其他有专门知识的人审查，审查后应当出具审查意见。

第三百六十九条 人民检察院审查案件的时候，对公安机关的勘验、检查，认为需要复验、复查的，应当要求公安机关复验、复查，人民检察院可以派员参加；也可以自行复验、复查，商请公安机关派员参加，必要时也可以聘请专门技术人员参加。

第三百七十条 人民检察院对物证、书证、视听资料、电子数据及勘验、检查、辨认、侦查实验等笔录存在疑问的，可以要求侦查人员提供获取、制作的有关情况。必要时也可以询问提供物证、书证、视听资料、电子数据及勘验、检查、辨认、侦查实验等笔录的人员和见证人并制作笔录附卷，对物证、书证、视听资料、电子数据进行技术鉴定。

第三百七十一条 人民检察院对证人证言笔录存在疑问或者认为对证人的询问不具体或者有遗漏的，可以对证人进行询问并制作笔录附卷。

第三百七十二条 讯问犯罪嫌疑人或者询问被害人、证人、鉴定人时，应当分别告知其在审查起诉阶段所享有的诉讼权利。

第三百七十三条 讯问犯罪嫌疑人，询问被害人、证人、鉴定人，听取辩护人、被害人及其诉讼代理人的意见，应当由二名以上办案人员进行。

讯问犯罪嫌疑人，询问证人、鉴定人、被害人，应当个别进行。

询问证人、被害人的地点按照刑事诉讼法第一百二十二条的规定执行。

第三百七十四条 对于随案移送的讯问犯罪嫌疑人录音、录像或者人民检察院调取的录音、录像，人民检察院应当审查相关的录音、录像；对于重大、疑难、复杂的案件，必要时可以审查全部录音、录像。

第三百七十六条 办案人员对案件进行审查后，应当制作案件审查报告，提出起诉或者不起诉以及是否需要提起附带民事诉讼的意见，经公诉部门负责人审核，报请检察长或者检察委员会决定。

办案人员认为应当向人民法院提出量刑建议的，可以在审查报告或者量刑建议书中提出量刑的意见，一并报请决定。

检察长承办的审查起诉案件，除本规则规定应当由检察委员会讨论决定的以外，可以直接作出起诉或者不起诉的决定。

第三百七十八条 人民检察院在审查起诉中，发现可能存在刑事诉讼法第五十四条规定的以非法方法收集证据情形的，可以要求侦查机关对证据收集的合法性作出书面说明或者提供相关证明材料。

第三百七十九条 人民检察院公诉部门在审查中发现侦查人员以非法方法收集犯罪嫌疑人供述、被害人陈述、证人证言等证据材料的，应当依法排除非法证据并提出纠正意见，同时可以要求侦查机关另行指派侦查人员重新调查取证，必要时人民检察院也可以自行调查取证。

第三百八十条 人民检察院认为犯罪事实不清、证据不足或者遗漏罪行、遗漏同案犯罪嫌疑人等情形需要补充侦查的，应当提出具体的书面意见，连同案卷材料一并退回公安机关补充侦查；人民检察院也可以自行侦查，必要时可以要求公安机关提供协助。

第三百八十一条　人民检察院公诉部门对本院侦查部门移送审查起诉的案件审查后，认为犯罪事实不清、证据不足或者遗漏罪行、遗漏同案犯罪嫌疑人等情形需要补充侦查的，应当向侦查部门提出补充侦查的书面意见，连同案卷材料一并退回侦查部门补充侦查；必要时也可以自行侦查，可以要求侦查部门予以协助。

第三百八十二条　对于退回公安机关补充侦查的案件，应当在一个月以内补充侦查完毕。

补充侦查以二次为限。

补充侦查完毕移送审查起诉后，人民检察院重新计算审查起诉期限。

人民检察院公诉部门退回本院侦查部门补充侦查的期限、次数按照本条第一款至第三款的规定执行。

第三百八十三条　人民检察院在审查起诉中决定自行侦查的，应当在审查起诉期限内侦查完毕。

第三百八十四条　人民检察院对已经退回侦查机关二次补充侦查的案件，在审查起诉中又发现新的犯罪事实的，应当移送侦查机关立案侦查；对已经查清的犯罪事实，应当依法提起公诉。

第三百八十五条　对于在审查起诉期间改变管辖的案件，改变后的人民检察院对于符合刑事诉讼法第一百七十一条第二款规定的案件，可以通过原受理案件的人民检察院退回原侦查的公安机关补充侦查，也可以自行侦查。改变管辖前后退回补充侦查的次数总共不得超过二次。

第三百八十六条　人民检察院对于移送审查起诉的案件，应当在一个月以内作出决定；重大、复杂的案件，一个月以内不能作出决定的，经检察长批准，可以延长十五日。

人民检察院审查起诉的案件，改变管辖的，从改变后的人民检察院收到案件之日起计算审查起诉期限。

第二节　起　诉

第三百九十条　人民检察院对案件进行审查后，认为犯罪嫌疑人的犯罪事实已经查清，证据确实、充分，依法应当追究刑事责任的，应当作出起诉决定。

具有下列情形之一的，可以确认犯罪事实已经查清：

（一）属于单一罪行的案件，查清的事实足以定罪量刑或者与定罪量刑有关的事实已经查清，不影响定罪量刑的事实无法查清的；

（二）属于数个罪行的案件，部分罪行已经查清并符合起诉条件，其他罪行无法查清的；

（三）无法查清作案工具、赃物去向，但有其他证据足以对被告人定罪量刑的；

（四）证人证言、犯罪嫌疑人供述和辩解、被害人陈述的内容中主要情节一致，只有个别情节不一致且不影响定罪的。

对于符合第二项情形的，应当以已经查清的罪行起诉。

第三百九十一条 人民检察院在办理公安机关移送起诉的案件中，发现遗漏罪行或者依法应当移送审查起诉同案犯罪嫌疑人的，应当要求公安机关补充移送审查起诉；对于犯罪事实清楚、证据确实、充分的，人民检察院也可以直接提起公诉。

第三百九十二条 人民检察院立案侦查时认为属于直接立案侦查的案件，在审查起诉阶段发现不属于人民检察院管辖，案件事实清楚、证据确实充分，符合起诉条件的，可以直接起诉；事实不清、证据不足的，应当及时移送有管辖权的机关办理。

第三百九十三条 人民检察院决定起诉的，应当制作起诉书。

起诉书的主要内容包括：

（一）被告人的基本情况，包括姓名、性别、出生年月日、出生地和户籍地、身份证号码、民族、文化程度、职业、工作单位及职务、住址，是否受过刑事处分及处分的种类和时间，采取强制措施的情况等；如果是单位犯罪，应当写明犯罪单位的名称和组织机构代码、所在地址、联系方式，法定代表人和诉讼代表人的姓名、职务、联系方式；如果还有应当负刑事责任的直接负责的主管人员或其他直接责任人员，应当按上述被告人基本情况的内容叙写。

（二）案由和案件来源。

（三）案件事实，包括犯罪的时间、地点、经过、手段、动机、目的、危害后果等与定罪量刑有关的事实要素。起诉书叙述的指控犯罪事实的必备要素应当明晰、准确。被告人被控有多项犯罪事实的，应当逐一列举，对于犯罪手段相同的同一犯罪可以概括叙写。

（四）起诉的根据和理由，包括被告人触犯的刑法条款、犯罪的性质及认定的罪名、处罚条款、法定从轻、减轻或者从重处罚的情节，共同犯罪各被告人应负的罪责等。

被告人真实姓名、住址无法查清的，应当按其绰号或者自报的姓名、住址制作起诉书，并在起诉书中注明。被告人自报的姓名可能造成损害他人名誉、败坏道德风俗等不良影响的，可以对被告人编号并按编号制作起诉书，并附具被告人的照片，记明足以确定被告人面貌、体格、指纹以及其他反映被告人特征的事项。

起诉书应当附有被告人现在处所，证人、鉴定人、需要出庭的有专门知识的人的名单，需要保护的被害人、证人、鉴定人的名单，涉案款物情况，附带民事诉讼情况以及其他需要附注的情况。

证人、鉴定人、有专门知识的人的名单应当列明姓名、性别、年龄、职业、住址、联系方式，并注明证人、鉴定人是否出庭。

第三百九十四条 人民检察院提起公诉的案件，应当向人民法院移送起诉书、案卷材料和证据。

起诉书应当一式八份，每增加一名被告人增加起诉书五份。

关于被害人姓名、住址、联系方式，被告人被采取强制措施的种类、是否在案及羁押处所等问题，人民检察院应当在起诉书中列明，不再单独移送材料；对于涉及被害人隐私或者为保护证人、鉴定人、被害人人身安全，而不宜公开证人、鉴定人、被害人姓名、住址、工作单位和联系方式等个人信息，可以在起诉书中使用化名替代证人、鉴定人、被害人的个人信息，但是应当另行书面说明使用化名等情况，并标明密级。

第四百零三条 人民检察院对于二次退回补充侦查的案件，仍然认为证据不足，不符合起诉条件的，经检察长或者检察委员会决定，应当作出不起诉决定。

人民检察院对于经过一次退回补充侦查的案件，认为证据不足，不符合起诉条件，且没有退回补充侦查必要的，可以作出不起诉决定。

第四百零四条 具有下列情形之一，不能确定犯罪嫌疑人构成犯罪和需要追究刑事责任的，属于证据不足，不符合起诉条件：

（一）犯罪构成要件事实缺乏必要的证据予以证明的；

（二）据以定罪的证据存在疑问，无法查证属实的；

（三）据以定罪的证据之间、证据与案件事实之间的矛盾不能合理排除的；

（四）根据证据得出的结论具有其他可能性，不能排除合理怀疑的；

（五）根据证据认定案件事实不符合逻辑和经验法则，得出的结论明显不符合常理的。

第四百零五条 人民检察院根据刑事诉讼法第一百七十一条第四款规定决定不起诉的，在发现新的证据，符合起诉条件时，可以提起公诉。

第四百零六条 人民检察院对于犯罪情节轻微，依照刑法规定不需要判处刑罚或者免除刑罚的，经检察长或者检察委员会决定，可以作出不起诉决定。

第四百零七条 省级以下人民检察院办理直接受理立案侦查的案件，拟作不起诉决定的，应当报请上一级人民检察院批准。

第四百零八条 人民检察院决定不起诉的，应当制作不起诉决定书。

不起诉决定书的主要内容包括：

（一）被不起诉人的基本情况，包括姓名、性别、出生年月日、出生地和户籍地、民族、文化程度、职业、工作单位及职务、住址、身份证号码，是否受过刑事处分，采取强制措施的情况以及羁押处所等；如果是单位犯罪，应当写明犯罪单位的名称和组织机构代码、所在地址、联系方式，法定代表人和诉讼代表人的姓名、职务、联系方式；

（二）案由和案件来源；

（三）案件事实，包括否定或者指控被不起诉人构成犯罪的事实以及作为不起诉决定根据的事实；

（四）不起诉的法律根据和理由，写明作出不起诉决定适用的法律条款；

（五）查封、扣押、冻结的涉案款物的处理情况；

（六）有关告知事项。

第四百零九条 人民检察院决定不起诉的案件，可以根据案件的不同情况，对被不起诉人予以训诫或者责令具结悔过、赔礼道歉、赔偿损失。

对被不起诉人需要给予行政处罚、行政处分的，人民检察院应当提出检察意见，连同不起诉决定书一并移送有关主管机关处理，并要求有关主管机关及时通报处理情况。

第四百一十条 人民检察院决定不起诉的案件，对犯罪嫌疑人违法所得及其他涉案财产的处理，参照本规则第二百九十六条的规定办理。

第四百一十一条 人民检察院决定不起诉的案件，需要对侦查中查封、扣押、冻结的财物解除查封、扣押、冻结的，应当书面通知作出查封、扣押、冻结决定的机关或者执行查封、扣押、冻结决定的机关解除查封、扣押、冻结。

第四百一十二条 不起诉的决定，由人民检察院公开宣布。公开宣布不起诉决定的活动应当记录在案。

不起诉决定书自公开宣布之日起生效。

被不起诉人在押的，应当立即释放；被采取其他强制措施的，应当通知执行机关解除。

第四百一十三条 不起诉决定书应当送达被害人或者其近亲属及其诉讼代理人、被不起诉人及其辩护人以及被不起诉人的所在单位。送达时，应当告知被害人或者其近亲属及其诉讼代理人，如果对不起诉决定不服，可以自收到不起诉决定书后七日以内向上一级人民检察院申诉，也可以不经申诉，直接向人民法院起诉；告知被不起诉人，如果对不起诉决定不服，可以自收到不起诉决定书后七日以内向人民检察院申诉。

第四百一十四条 对于公安机关移送起诉的案件，人民检察院决定不起诉的，应当将不起诉决定书送达公安机关。

第四百二十一条 被不起诉人对不起诉决定不服，在收到不起诉决定书后七日以内提出申诉的，应当由作出决定的人民检察院刑事申诉检察部门立案复查。被不起诉人在收到不起诉决定书七日后提出申诉的，由刑事申诉检察部门审查后决定是否立案复查。

人民检察院刑事申诉检察部门复查后应当提出复查意见，认为应当维持不起诉决定的，报请检察长作出复查决定；认为应当变更不起诉决定的，报请检察长或者检察委员会决定；认为应当撤销不起诉决定提起公诉的，报请检察长或者检察委员会决定。

复查决定书中应当写明复查认定的事实，说明作出决定的理由。

复查决定书应当送达被不起诉人、被害人，撤销不起诉决定或者变更不起诉的事实或者法律根据的，应当同时将复查决定书抄送移送审查起诉的公安机关和本院有关部门。

人民检察院作出撤销不起诉决定提起公诉的复查决定后，应当将案件交由公诉部门提起公诉。

第四百二十二条 人民检察院复查不服不起诉决定的申诉，应当在立案三个月以内作出复查决定，案情复杂的，不得超过六个月。

第四百二十三条 被害人、被不起诉人对不起诉决定不服，提出申诉的，应当递交申诉书，写明申诉理由。被害人、被不起诉人没有书写能力的，也可以口头提出申诉，人民检察院应当根据其口头提出的申诉制作笔录。

第四百二十四条 人民检察院发现不起诉决定确有错误，符合起诉条件的，应当撤销不起诉决定，提起公诉。

第四百二十五条 最高人民检察院对地方各级人民检察院的起诉、不起诉决定，上级人民检察院对下级人民检察院的起诉、不起诉决定，发现确有错误的，应当予以撤销或者指令下级人民检察院纠正。

第十二章　出席法庭

第一节　出席第一审法庭

第四百二十六条 提起公诉的案件，人民检察院应当派员以国家公诉人的身份出席第一审法庭，支持公诉。

公诉人应当由检察长、检察员或者经检察长批准代行检察员职务的助理检察员一人至数人担任，并配备书记员担任记录。

适用简易程序审理的公诉案件，可以不配备书记员担任记录。

第四百三十四条 公诉人在法庭上应当依法进行下列活动：

（一）宣读起诉书，代表国家指控犯罪，提请人民法院对被告人依法审判；

（二）讯问被告人；

（三）询问证人、被害人、鉴定人；

（四）申请法庭出示物证，宣读书证、未到庭证人的证言笔录、鉴定人的鉴定意见、勘验、检查、辨认、侦查实验等笔录和其他作为证据的文书，播放作为证据的视听资料、电子数据等；

（五）对证据采信、法律适用和案件情况发表意见，提出量刑建议及理由，针对被告人、辩护人的辩护意见进行答辩，全面阐述公诉意见；

（六）维护诉讼参与人的合法权利；

（七）对法庭审理案件有无违反法律规定的诉讼程序的情况记明笔录；

（八）依法从事其他诉讼活动。

第四百三十五条 在法庭审理中，公诉人应当客观、全面、公正地向法庭出示与定罪、量刑有关的证明被告人有罪、罪重或者罪轻的证据。

定罪证据与量刑证据需要分开的，应当分别出示。

第四百三十六条 公诉人讯问被告人，询问证人、被害人、鉴定人，出示物证，宣读书证、未出庭证人的证言笔录等应当围绕下列事实进行：

（一）被告人的身份；

（二）指控的犯罪事实是否存在，是否为被告人所实施；

（三）实施犯罪行为的时间、地点、方法、手段、结果，被告人犯罪后的表现等；

（四）犯罪集团或者其他共同犯罪案件中参与犯罪人员的各自地位和应负的责任；

（五）被告人有无刑事责任能力，有无故意或者过失，行为的动机、目的；

（六）有无依法不应当追究刑事责任的情况，有无法定的从重或者从轻、减轻以及免除处罚的情节；

（七）犯罪对象、作案工具的主要特征，与犯罪有关的财物的来源、数量以及去向；

（八）被告人全部或者部分否认起诉书指控的犯罪事实的，否认的根据和理由能否成立；

（九）与定罪、量刑有关的其他事实。

第四百三十七条 在法庭审理中，下列事实不必提出证据进行证明：

（一）为一般人共同知晓的常识性事实；

（二）人民法院生效裁判所确认的并且未依审判监督程序重新审理的事实；

（三）法律、法规的内容以及适用等属于审判人员履行职务所应当知晓的事实；

（四）在法庭审理中不存在异议的程序事实；

（五）法律规定的推定事实；

（六）自然规律或者定律。

第四百三十八条 讯问被告人、询问证人应当避免可能影响陈述或者证言客观真实的诱导性讯问、询问以及其他不当讯问、询问。

辩护人对被告人或者证人进行诱导性询问以及其他不当询问可能影响陈述或者证言的客观真实的，公诉人可以要求审判长制止或者要求对该项陈述或者证言不予采纳。

讯问共同犯罪案件的被告人、询问证人应当个别进行。

被告人、证人对同一事实的陈述存在矛盾需要对质的，公诉人可以建议法庭传唤有关被告人、证人同时到庭对质。

第四百三十九条 被告人在庭审中的陈述与在侦查、审查起诉中的供述一致或者不一致的内容不影响定罪量刑的，可以不宣读被告人供述笔录。

被告人在庭审中的陈述与在侦查、审查起诉中的供述不一致，足以影响定罪量刑的，可以宣读被告人供述笔录，并针对笔录中被告人的供述内容对被告人进行讯问，或者提出其他证据进行证明。

第四百四十条 公诉人对证人证言有异议，且该证人证言对案件定罪量刑有重大影响的，可以申请人民法院通知证人出庭作证。

人民警察就其执行职务时目击的犯罪情况作为证人出庭作证，适用前款规定。

公诉人对鉴定意见有异议的，可以申请人民法院通知鉴定人出庭作证。经人民法院通知，鉴定人拒不出庭作证的，公诉人可以建议法庭不得采纳该鉴定意见作为定案的根据，也可以申请法庭重新通知鉴定人出庭作证或者申请重新鉴定。

必要时公诉人可以申请法庭通知有专门知识的人出庭，就鉴定人作出的鉴定意见提出意见。

当事人或者辩护人、诉讼代理人对证人证言、鉴定意见有异议的，公诉人认为必要时，可以申请人民法院通知证人、鉴定人出庭作证。

第四百四十一条 证人应当由人民法院通知并负责安排出庭作证。

对于经人民法院通知而未到庭的证人或者出庭后拒绝作证的证人的证言笔录，公诉人应当当庭宣读。

对于经人民法院通知而未到庭的证人的证言笔录存在疑问、确实需要证人出庭作证，且可以强制其到庭的，公诉人应当建议人民法院强制证人到庭作证和接受质证。

第四百四十二条 证人在法庭上提供证言，公诉人应当按照审判长确定的顺序向证人发问。公诉人可以要求证人就其所了解的与案件有关的事实进行陈述，也可以直接发问。

证人不能连贯陈述的，公诉人也可以直接发问。

对证人发问，应当针对证言中有遗漏、矛盾、模糊不清和有争议的内容，并着重围绕与定罪量刑紧密相关的事实进行。

发问应当采取一问一答形式，提问应当简洁、清楚。

证人进行虚假陈述的，应当通过发问澄清事实，必要时还应当宣读证人在侦查、审查起诉阶段提供的证言笔录或者出示、宣读其他证据对证人进行询问。

当事人和辩护人、诉讼代理人对证人发问后，公诉人可以根据证人回答的情况，经审判长许可，再次对证人发问。

询问鉴定人、有专门知识的人参照上述规定进行。

第四百四十三条 必要时公诉人可以建议法庭采取不暴露证人、鉴定人、被害人外貌、真实声音等出庭作证措施，或者建议法庭根据刑事诉讼法第一百五十二条的规定在庭外对证据进行核实。

第四百四十四条 对于鉴定意见、勘验、检查、辨认、侦查实验等笔录和其他作为证据的文书以及经法院通知未到庭的被害人的陈述笔录，公诉人应当当庭宣读。

第四百四十五条 公诉人向法庭出示物证，应当对物证所要证明的内容、获取情况作概括的说明，并向当事人、证人等问明物证的主要特征，让其辨认。

宣读书证应当对书证所要证明的内容、获取情况作概括的说明，向当事人、证人问明书证的主要特征，并让其辨认。对该书证进行鉴定的，应当宣读鉴定意见。

第四百四十六条 在法庭审理过程中，被告人及其辩护人提出被告人庭前供述系非法取得，审判人员认为需要进行法庭调查的，公诉人可以根据讯问笔录、羁押记录、出入看守所的健康检查记录、看守管教人员的谈话记录以及侦查机关对讯问过程合法性的说明等，对庭前讯问被告人的合法性进行证明，可以要求法庭播放讯问录音、录像，必要时可以申请法庭通知侦查人员或者其他人员出庭说明情况。

审判人员认为可能存在刑事诉讼法第五十四条规定的以非法方法收集其他证据的情形，需要进行法庭调查的，公诉人可以参照前款规定对证据收集的合法性进行证明。

公诉人不能当庭证明证据收集的合法性，需要调查核实的，可以建议法庭休庭或者延期审理。

在法庭审理期间，人民检察可以要求侦查机关对证据收集的合法性进行说明或者提供相关证明材料，必要时可以自行调查核实。

第四百四十七条 公诉人对证据收集的合法性进行证明后，法庭仍有疑问的，可以建议法庭休庭，由人民法院对相关证据进行调查核实。人民法院调查核实证据，通知人民检察院派员到场的，人民检察院可以派员到场。

第四百四十八条 在法庭审理过程中，对证据合法性以外的其他程序事实存在争议的，公诉人应当出示、宣读有关诉讼文书、侦查或者审查起诉活动笔录。

第四百四十九条 对于搜查、查封、扣押、冻结、勘验、检查、辨认、侦查实验等侦查活动中形成的笔录存在争议，需要负责侦查的人员以及搜查、查封、扣押、冻结、勘验、检查、辨认、侦查实验等活动的见证人出庭陈述有关情况的，公诉人可以建议合议庭通知其出庭。

第四百五十条 在法庭审理过程中，合议庭对证据有疑问或者人民法院根据辩护人、被告人的申请，向人民检察院调取在侦查、审查起诉中收集的有关被告人无罪或者罪轻的证据材料的，人民检察院应当自收到人民法院要求调取证据材料决定书后三日以内移交。没有上述材料的，应当向人民法院说明情况。

第四百五十一条 在法庭审理过程中，合议庭对证据有疑问并在休庭后进行勘验、检查、查封、扣押、鉴定和查询、冻结的，人民检察院应当依法进行监督，发现上述活动有违法情况的，应当提出纠正意见。

第四百五十二条 人民法院根据申请收集、调取的证据或者合议庭休庭后自行调查取得的证据，应当经过庭审出示、质证才能决定是否作为判决的依据。未经庭审出示、质证直接采纳为判决依据的，人民检察院应当提出纠正意见；作出的判决确有错误的，应当依法提出抗诉。

第四百五十三条 在法庭审理过程中，经审判长许可，公诉人可以逐一对正在调查的证据和案件情况发表意见，并同被告人、辩护人进行辩论。证据调查结束时，公诉人应当发表总结性意见。

在法庭辩论中，公诉人与被害人、诉讼代理人意见不一致的，公诉人应当认真听取被害人、诉讼代理人的意见，阐明自己的意见和理由。

第四百五十四条 人民检察院向人民法院提出量刑建议的，公诉人应当在发表公诉意见时提出。

第四百五十五条 法庭审判过程中遇有下列情形之一的，公诉人可以建议法庭延期审理：

（一）发现事实不清、证据不足，或者遗漏罪行、遗漏同案犯罪嫌疑人，需要补充侦查或者补充提供证据的；

（二）被告人揭发他人犯罪行为或者提供重要线索，需要补充侦查进行查证的；

（三）发现遗漏罪行或者遗漏同案犯罪嫌疑人，虽不需要补充侦查和补充提供证据，但需要补充、追加或者变更起诉的；

（四）申请人民法院通知证人、鉴定人出庭作证或者有专门知识的人出庭提出意见的；

（五）需要调取新的证据，重新鉴定或者勘验的；

（六）公诉人出示、宣读开庭前移送人民法院的证据以外的证据，或者补充、变更起诉，需要给被告人、辩护人必要时间进行辩护准备的；

（七）被告人、辩护人向法庭出示公诉人不掌握的与定罪量刑有关的证据，需要调查核实的；

（八）公诉人对证据收集的合法性进行证明，需要调查核实的。

在人民法院开庭审理前发现具有上述情形之一的，人民检察院可以建议人民法院延期审理。

第四百五十六条 法庭宣布延期审理后，人民检察院应当在补充侦查的期限内提请人民法院恢复法庭审理或者撤回起诉。

公诉人在法庭审理过程中建议延期审理的次数不得超过两次，每次不得超过一个月。

第四百五十七条 在审判过程中，对于需要补充提供法庭审判所必需的证据或者补充侦查的，人民检察院应当自行收集证据和进行侦查，必要时可以要求侦查机关提供协助；也可以书面要求侦查机关补充提供证据。

人民检察院补充侦查，适用本规则第六章、第九章、第十章的规定。

补充侦查不得超过一个月。

第四百五十八条 在人民法院宣告判决前，人民检察院发现被告人的真实身份或者犯罪事实与起诉书中叙述的身份或者指控犯罪事实不符的，或者事实、证据没有变化，但罪名、适用法律与起诉书不一致的，可以变更起诉；发现遗漏的同案犯罪嫌疑人或者罪行可以一并起诉和审理的，可以追加、补充起诉。

第四百五十九条 在人民法院宣告判决前，人民检察院发现具有下列情形之一的，可以撤回起诉：

（一）不存在犯罪事实的；

（二）犯罪事实并非被告人所为的；

（三）情节显著轻微、危害不大，不认为是犯罪的；

（四）证据不足或证据发生变化，不符合起诉条件的；

（五）被告人因未达到刑事责任年龄，不负刑事责任的；

（六）法律、司法解释发生变化导致不应当追究被告人刑事责任的；

（七）其他不应当追究被告人刑事责任的。

对于撤回起诉的案件，人民检察院应当在撤回起诉后三十日以内作出不起诉决定。需要重新侦查的，应当在作出不起诉决定后将案卷材料退回公安机关，建议公安机关重新侦查并书面说明理由。

对于撤回起诉的案件，没有新的事实或者新的证据，人民检察院不得再行起诉。

新的事实是指原起诉书中未指控的犯罪事实。该犯罪事实触犯的罪名既可以是原指控罪名的同一罪名,也可以是其他罪名。

新的证据是指撤回起诉后收集、调取的足以证明原指控犯罪事实的证据。

第四百六十条 在法庭审理过程中,人民法院建议人民检察院补充侦查、补充起诉、追加起诉或者变更起诉的,人民检察院应当审查有关理由,并作出是否补充侦查、补充起诉、追加起诉或者变更起诉的决定。人民检察院不同意的,可以要求人民法院就起诉指控的犯罪事实依法作出裁判。

第四百六十一条 变更、追加、补充或者撤回起诉应当报经检察长或者检察委员会决定,并以书面方式在人民法院宣告判决前向人民法院提出。

第四百六十二条 出庭的书记员应当制作出庭笔录,详细记载庭审的时间、地点、参加人员、公诉人出庭执行任务情况和法庭调查、法庭辩论的主要内容以及法庭判决结果,由公诉人和书记员签名。

第四百六十三条 人民检察院应当当庭向人民法院移交取回的案卷材料和证据。在审判长宣布休庭后,公诉人应当与审判人员办理交接手续。无法当庭移交的,应当在休庭后三日以内移交。

第四百六十四条 人民检察院对查封、扣押、冻结的被告人财物及其孳息,应当根据不同情况作以下处理:

(一)对作为证据使用的实物,应当依法随案移送;对不宜移送的,应当将其清单、照片或者其他证明文件随案移送。

(二)冻结在金融机构的违法所得及其他涉案财产,应当向人民法院随案移送该金融机构出具的证明文件,待人民法院作出生效判决、裁定后,由人民法院通知该金融机构上缴国库。

(三)查封、扣押的涉案财产,对依法不移送的,应当随案移送清单、照片或者其他证明文件,待人民法院作出生效判决、裁定后,由人民检察院根据人民法院的通知上缴国库,并向人民法院送交执行回单。

(四)对于被扣押、冻结的债券、股票、基金份额等财产,在扣押、冻结期间权利人申请出售的,参照本规则第二百四十四条的规定办理。

47.4 最高人民检察院《关于适用〈关于办理死刑案件审查判断证据若干问题的规定〉和〈关于办理刑事案件排除非法证据若干问题的规定〉的指导意见》(2010年12月30日)(节录)

三、严格审查、判断证据,确保办案质量

9. 严格遵守两个《规定》确立的规则,认真审查、鉴别、分析证据,正确认定案件事实。既要审查证据的内容是否真实客观、形式是否合法完备,也要审查证据收集过程是否合法;既要依法排除非法证据,也要做好瑕疵证据的审查补正和完善工作。

10. 对犯罪嫌疑人供述和证人证言、被害人陈述,要结合全案的其他证据,综合审查其内容的客观真实性,同时审查侦查机关(部门)是否将每一次讯问、询问笔录全部移送。对以刑讯逼供等非法手段取得的犯罪嫌疑人供述和采用暴力、威胁等非法手段取得的证人证言、被害人陈述，应当依法排除；对于使用其他非法手段获取的犯罪嫌疑人供述、证人证言、被害人陈述，根据其违法危害程度与刑讯逼供和暴力、威胁手段是否相当，决定是否依法排除。

11. 审查逮捕、审查起诉过程中第一次讯问犯罪嫌疑人，应当讯问其供述是否真实，并记入笔录。对被羁押的犯罪嫌疑人要结合提讯凭证的记载，核查提讯时间、讯问人与讯问笔录的对应关系；对提押至看守所以外的场所讯问的，应当要求侦查机关（部门）提供必要性的说明，审查其理由是否成立。要审查犯罪嫌疑人是否通晓当地通用语言。

12. 对犯罪嫌疑人的供述和辩解，应当结合其全部供述和辩解及其他证据进行审查；犯罪嫌疑人的有罪供述，无其他证据相互印证，不能作为批准或者决定逮捕、提起公诉的根据；有其他证据相互印证，无罪辩解理由不能成立的，该供述可以作为批准或者决定逮捕、提起公诉的根据。

13. 犯罪嫌疑人或者其聘请的律师提出受到刑讯逼供的，应当告知其如实提供相关的证据或者线索，并认真予以核查。认为有刑讯逼供嫌疑的，应当要求侦查机关（部门）提供全部讯问笔录、原始的讯问过程录音录像、出入看守所的健康检查情况、看守管教人员的谈话记录以及讯问过程合法性的说明；必要时，可以询问讯问人员、其他在场人员、看守管教人员或者证人，调取驻所检察室的相关材料。发现犯罪嫌疑人有伤情的，应当及时对伤势的成因和程度进行必要的调查和鉴定。对同步录音录像有疑问的，可以要求侦查机关（部门）对不连贯部分的原因予以说明，必要时可以协同检察技术部门进行审查。

14. 加强对侦查活动中讯问犯罪嫌疑人的监督。犯罪嫌疑人没有在决定羁押的当日被送入看守所的，应当查明所外看押地点及提讯情况；要监督看守所如实、详细、准确地填写犯罪嫌疑人入所体检记录，必要时建议采用录像或者拍照的方式记录犯罪嫌疑人身体状况；发现侦查机关（部门）所外提讯的，应当及时了解所外提讯的时间、地点、理由、审批手续和犯罪嫌疑人所外接受讯问的情况，做好提押、还押时的体检情况记录的检察监督。发现违反有关监管规定的，及时依照有关法律、规定提出纠正意见或者检察建议，并记录在案。

15. 审查证人证言、被害人陈述，应当注意对询问程序、方式、内容以及询问笔录形式的审查。发现不符合规定的，应当要求侦查机关（部门）补正或者说明。注意审查证人、被害人能否辨别是非、正确表达，必要时进行询问、了解，同时审查证人、被害人作证是否个别进行；对证人、被害人在法律规定以外的地点接受询问的，应当审查其原因，必要时对该证言或者陈述进行复核。对证人证言、被害人陈述的内容是否真实，应当结合其他证据综合判断。对于犯罪嫌疑人及其辩护人或者证人、被害人提出侦查机关（部门）采用暴力、威胁等非法手段取证的，应当告知其要如实提供相关证据或者线索，并认真核查。

16. 对物证、书证以及勘验、检查笔录、搜查笔录、视听资料、电子证据等，既要审查其是否客观、真实反映案件事实，也要加强对证据的收集、制作程序和证据形式的审查。发现物证、书证和视听资料、电子证据等来源及收集、制作过程不明，或者勘验、检查笔录、搜查笔录的形式不符合规定或者记载内容有矛盾的，应当要求侦查机关（部门）补正，无法补正的应当作出说明或者合理解释，无法作出合理说明或者解释的，不能作为证据使用；发现侦查机关（部门）在勘验、检查、搜查过程中对与案件事实可能有关联的相关痕迹、物品应当提取而没有提取，应当要求侦查机关（部门）补充收集、调取；对物证的照片、录像或者复制品不能反映原物的外形和特征，或者书证的副本、复制件不能反映原件特征及其内容的，应当要求侦查机关（部门）重新制作；发现在案的物证、书证以及视听资料、电子证据等应当鉴定而没有鉴定的，应当要求侦查机关（部门）鉴定，必要时自行委托鉴定。

17. 对侦查机关（部门）的补正、说明，以及重新收集、制作的情况，应当认真审查，必要时可以进行复核。对于经侦查机关（部门）依法重新收集、及时补正或者能够作出合理解释，不影响物证、书证真实性的，可以作为批准或者决定逮捕、提起公诉的根据。侦查机关（部门）没有依法重新收集、补正，或者无法补正、重新制作且没有作出合理的解释或者说明，无法认定证据真实性的，该证据不能作为批准或者决定逮捕、提起公诉的根据。

18. 对于根据犯罪嫌疑人的供述、指认，提取到隐蔽性很强的物证、书证的，既要审查与其他证明犯罪事实发生的证据是否相互印证，也要审查侦查机关（部门）在犯罪嫌疑人供述、指认之前是否掌握该证据的情况，综合全案证据，判断是否作为批准或者决定逮捕、提起公诉的根据。

19. 审查鉴定意见，要着重审查检材的来源、提取、保管、送检是否符合法律及有关规定，鉴定机构或者鉴定人员是否具备法定资格和鉴定条件，鉴定意见的形式要件是否完备，鉴定程序是否合法，鉴定结论是否科学合理。检材来源不明或者可能被污染导致鉴定意见存疑的，应当要求侦查机关（部门）进行重新鉴定或者补充鉴定，必要时检察机关可以另行委托进行重新鉴定或者补充鉴定；鉴定机构或者鉴定人员不具备法定资格和鉴定条件，或者鉴定事项超出其鉴定范围以及违反回避规定的，应当要求侦查机关（部门）另行委托重新鉴定，必要时检察机关可以另行委托进行重新鉴定；鉴定意见形式要件不完备的，应当通过侦查机关（部门）要求鉴定机构补正；对鉴定程序、方法、结论等涉及专门技术问题的，必要时听取检察技术部门或者其他具有专门知识的人员的意见。

20. 发现侦查人员以刑讯逼供或者暴力、威胁等非法手段收集犯罪嫌疑人供述、被害人陈述、证人证言的，应当提出纠正意见，同时应当要求侦查机关（部门）另行指派侦查人员重新调查取证，必要时也可以自行调查取证。侦查机关（部门）未另行指派侦查人员重新调查取证的，可以依法退回补充侦查。经审查发现存在刑讯逼供、暴力取证等非法取证行为，该非法言词证据被排除后，其他证据不能证明犯罪嫌疑人实施犯罪行为的，应当不批准或者决定逮捕，已经移送审查起诉的，可以将案件退回侦查机关（部门）或者不起诉。办案人员排除非法证据的，应当在审查报告中说明。

四、做好证据合法性证明工作，提高依法指控犯罪的能力

21. 对证据的合法性进行证明，是检察机关依法指控犯罪、强化诉讼监督、保证办案质量的一项重要工作。要坚持对证据的合法性进行严格审查，依法排除非法证据，进一步提高出庭公诉水平，做好证据合法性证明工作。

22. 收到人民法院送交的反映被告人庭前供述是非法取得的书面意见或者告诉笔录复印件等有关材料后，应当及时根据提供的相关证据或者线索进行审查。审查逮捕、审查起诉期间已经提出并经查证不存在非法取证行为的，按照查证的情况做好庭审应对准备。提起公诉后提出新的证据或者线索的，应当要求侦查机关（部门）提供相关证明，必要时可以自行调查核实。

23. 庭审中，被告人及其辩护人提出被告人庭前供述是非法取得，没有提供相关证据或者线索的，公诉人应当根据全案证据情况综合说明该证据的合法性。被告人及其辩护人提供了相关证据或者线索，法庭经审查对被告人审判前供述取得的合法性有疑问的，公诉人应当向法庭提供讯问笔录、出入看守所的健康检查记录、看守管教人员的谈话记录以及侦查机关（部门）对讯问过程合法性的说明，讯问过程有录音录像的，应当提供。必要时提请法庭通知讯问时其他在场人员或者其他证人出庭作证，仍不能证明的，提请法庭通知讯问人员出庭作证。对被告人及其辩护人庭审中提出的新证据或者线索，当庭不能举证证明的，应当依法建议法庭延期审理，要求侦查机关（部门）提供相关证明，必要时可以自行调查核实。

24. 对于庭审中经综合举证、质证后认为被告人庭前供述取得的合法性已经能够证实，但法庭仍有疑问的，可以建议法庭休庭对相关证据进行：调查核实。法庭进行庭外调查通知检察人员到场的，必要时检察人员应当到场。对法庭调查核实后的证据持有异议的，应当建议法庭重新开庭进行调查。

25. 对于庭审中被告人及其辩护人提出未到庭证人的书面证言、未到庭被害人的书面陈述是非法取得的，可以从证人或者被害人的作证资格、询问人员、询问程序和方式以及询问笔录的法定形式等方面对合法性作出说明；有原始询问过程录音录像或者其他证据能证明合法性的，可以在法庭上宣读或者出示。被告人及其辩护人提出明确的新证据或者线索，需要进一步调查核实的，应当依法建议法庭延期审理，要求侦查机关（部门）提供相关证明，必要时可以自行调查核实。对被告人及其辩护人所提供的证人证言、被害人陈述等证据取得的合法性有疑问的，应当建议法庭要求其提供证明。

26. 被告人及其辩护人在提起公诉后提出证据不合法的新证据或者线索，侦查机关（部门）对证据的合法性不能提供证据予以证明，或者提供的证据不够确实、充分，且其他证据不能充分证明被告人有罪的，可以撤回起诉，将案件退回侦查机关（部门）或者不起诉。

第四十八条　【被调查人逃匿、死亡案件违法所得没收程序】 监察机关在调查贪污贿赂、失职渎职等职务犯罪案件过程中，被调查人逃匿或者死亡，有必要继续调查的，经省级以上监察机关批准，应当继续调查并作出结论。被调查人逃匿，在通缉一年后不能到案，或者死亡的，由监察机关提请人民检察院依照法定程序，向人民法院提出没收违法所得的申请。

【纪检监察法规】

48.1《中国共产党纪律处分条例》（修正后2018年10月1日施行）（节录）

第三十五条 对违纪后下落不明的党员，应当区别情况作出处理：

（一）对有严重违纪行为，应当给予开除党籍处分的，党组织应当作出决定，开除其党籍；

（二）除前项规定的情况外，下落不明时间超过六个月的，党组织应当按照党章规定对其予以除名。

第三十六条 违纪党员在党组织作出处分决定前死亡，或者在死亡之后发现其曾有严重违纪行为，对于应当给予开除党籍处分的，开除其党籍；对于应当给予留党察看以下（含留党察看）处分的，作出违犯党纪的书面结论和相应处理。

【刑事法律文件】

48.2《中华人民共和国刑事诉讼法》（修正后2012年3月14日施行）（节录）

第五编 特别程序

第三章 犯罪嫌疑人、被告人逃匿、死亡案件违法所得的没收程序

第二百八十条 对于贪污贿赂犯罪、恐怖活动犯罪等重大犯罪案件，犯罪嫌疑人、被告人逃匿，在通缉一年后不能到案，或者犯罪嫌疑人、被告人死亡，依照刑法规定应当追缴其违法所得及其他涉案财产的，人民检察院可以向人民法院提出没收违法所得的申请。

公安机关认为有前款规定情形的，应当写出没收违法所得意见书，移送人民检察院。

没收违法所得的申请应当提供与犯罪事实、违法所得相关的证据材料，并列明财产的种类、数量、所在地及查封、扣押、冻结的情况。

人民法院在必要的时候，可以查封、扣押、冻结申请没收的财产。

第二百八十一条 没收违法所得的申请，由犯罪地或者犯罪嫌疑人、被告人居住地的中级人民法院组成合议庭进行审理。

人民法院受理没收违法所得的申请后，应当发出公告。公告期间为六个月。犯罪嫌疑人、被告人的近亲属和其他利害关系人有权申请参加诉讼，也可以委托诉讼代理人参加诉讼。

人民法院在公告期满后对没收违法所得的申请进行审理。利害关系人参加诉讼的，人民法院应当开庭审理。

第二百八十二条 人民法院经审理，对经查证属于违法所得及其他涉案财产，除依法返还被害人的以外，应当裁定予以没收；对不属于应当追缴的财产的，应当裁定驳回申请，解除查封、扣押、冻结措施。

对于人民法院依照前款规定作出的裁定，犯罪嫌疑人、被告人的近亲属和其他利

害关系人或者人民检察院可以提出上诉、抗诉。

第二百八十三条 在审理过程中,在逃的犯罪嫌疑人、被告人自动投案或者被抓获的,人民法院应当终止审理。

没收犯罪嫌疑人、被告人财产确有错误的,应当予以返还、赔偿。

48.3 最高人民法院、最高人民检察院《关于适用犯罪嫌疑人、被告人逃匿、死亡案件违法所得没收程序若干问题的规定》(2017年1月5日)

为依法适用犯罪嫌疑人、被告人逃匿、死亡案件违法所得没收程序,根据《中华人民共和国刑事诉讼法》《中华人民共和国刑法》《中华人民共和国民事诉讼法》等法律规定,现就办理相关案件具体适用法律若干问题规定如下:

第一条 下列犯罪案件,应当认定为刑事诉讼法第二百八十条第一款规定的"犯罪案件":

(一)贪污、挪用公款、巨额财产来源不明、隐瞒境外存款、私分国有资产、私分罚没财物犯罪案件;

(二)受贿、单位受贿、利用影响力受贿、行贿、对有影响力的人行贿、对单位行贿、介绍贿赂、单位行贿犯罪案件;

(三)组织、领导、参加恐怖组织,帮助恐怖活动,准备实施恐怖活动,宣扬恐怖主义、极端主义,煽动实施恐怖活动,利用极端主义破坏法律实施,强制穿戴宣扬恐怖主义、极端主义服饰、标志,非法持有宣扬恐怖主义、极端主义物品犯罪案件;

(四)危害国家安全、走私、洗钱、金融诈骗、黑社会性质的组织、毒品犯罪案件。

电信诈骗、网络诈骗犯罪案件,依照前款规定的犯罪案件处理。

第二条 在省、自治区、直辖市或者全国范围内具有较大影响,或者犯罪嫌疑人、被告人逃匿境外的,应当认定为刑事诉讼法第二百八十条第一款规定的"重大"。

第三条 犯罪嫌疑人、被告人为逃避侦查和刑事追究潜逃、隐匿,或者在刑事诉讼过程中脱逃的,应当认定为刑事诉讼法第二百八十条第一款规定的"逃匿"。

犯罪嫌疑人、被告人因意外事故下落不明满二年,或者因意外事故下落不明,经有关机关证明其不可能生存的,依照前款规定处理。

第四条 犯罪嫌疑人、被告人死亡,依照刑法规定应当追缴其违法所得及其他涉案财产的,人民检察院可以向人民法院提出没收违法所得的申请。

第五条 公安机关发布通缉令或者公安部通过国际刑警组织发布红色国际通报,应当认定为刑事诉讼法第二百八十条第一款规定的"通缉"。

第六条 通过实施犯罪直接或者间接产生、获得的任何财产,应当认定为刑事诉讼法第二百八十条第一款规定的"违法所得"。

违法所得已经部分或者全部转变、转化为其他财产的,转变、转化后的财产应当视为前款规定的"违法所得"。

来自违法所得转变、转化后的财产收益,或者来自已经与违法所得相混合财产中违法所得相应部分的收益,应当视为第一款规定的"违法所得"。

第七条 刑事诉讼法第二百八十一条第三款规定的"利害关系人"包括犯罪嫌疑人、被告人的近亲属和其他对申请没收的财产主张权利的自然人和单位。

刑事诉讼法第二百八十一条第二款、第二百八十二条第二款规定的"其他利害关系人"是指前款规定的"其他对申请没收的财产主张权利的自然人和单位"。

第八条 人民检察院向人民法院提出没收违法所得的申请，应当制作没收违法所得申请书。

没收违法所得申请书应当载明以下内容：

（一）犯罪嫌疑人、被告人的基本情况；

（二）案由及案件来源；

（三）犯罪嫌疑人、被告人涉嫌犯罪的事实及相关证据材料；

（四）犯罪嫌疑人、被告人逃匿、被通缉、脱逃、下落不明、死亡的情况；

（五）申请没收的财产的种类、数量、价值、所在地以及已查封、扣押、冻结财产清单和相关法律手续；

（六）申请没收的财产属于违法所得及其他涉案财产的相关事实及证据材料；

（七）提出没收违法所得申请的理由和法律依据；

（八）有无利害关系人以及利害关系人的姓名、身份、住址、联系方式；

（九）其他应当载明的内容。

上述材料需要翻译件的，人民检察院应当将翻译件随没收违法所得申请书一并移送人民法院。

第九条 对于没收违法所得的申请，人民法院应当在三十日内审查完毕，并根据以下情形分别处理：

（一）属于没收违法所得申请受案范围和本院管辖，且材料齐全、有证据证明有犯罪事实的，应当受理；

（二）不属于没收违法所得申请受案范围或者本院管辖的，应当退回人民检察院；

（三）对于没收违法所得申请不符合"有证据证明有犯罪事实"标准要求的，应当通知人民检察院撤回申请，人民检察院应当撤回；

（四）材料不全的，应当通知人民检察院在七日内补送，七日内不能补送的，应当退回人民检察院。

第十条 同时具备以下情形的，应当认定为本规定第九条规定的"有证据证明有犯罪事实"：

（一）有证据证明发生了犯罪事实；

（二）有证据证明该犯罪事实是犯罪嫌疑人、被告人实施的；

（三）证明犯罪嫌疑人、被告人实施犯罪行为的证据真实、合法。

第十一条 人民法院受理没收违法所得的申请后，应当在十五日内发布公告，公告期为六个月。公告期间不适用中止、中断、延长的规定。

公告应当载明以下内容：

（一）案由、案件来源以及属于本院管辖；

（二）犯罪嫌疑人、被告人的基本情况；

（三）犯罪嫌疑人、被告人涉嫌犯罪的事实；

（四）犯罪嫌疑人、被告人逃匿、被通缉、脱逃、下落不明、死亡的情况；

（五）申请没收的财产的种类、数量、价值、所在地以及已查封、扣押、冻结财产的清单和相关法律手续；

（六）申请没收的财产属于违法所得及其他涉案财产的相关事实；

（七）申请没收的理由和法律依据；

（八）利害关系人申请参加诉讼的期限、方式以及未按照该期限、方式申请参加诉讼可能承担的不利法律后果；

（九）其他应当公告的情况。

第十二条 公告应当在全国公开发行的报纸、信息网络等媒体和最高人民法院的官方网站刊登、发布，并在人民法院公告栏张贴。必要时，公告可以在犯罪地、犯罪嫌疑人、被告人居住地或者被申请没收财产所在地张贴。公告最后被刊登、发布、张贴日期为公告日期。人民法院张贴公告的，应当采取拍照、录像等方式记录张贴过程。

人民法院已经掌握境内利害关系人联系方式的，应当直接送达含有公告内容的通知；直接送达有困难的，可以委托代为送达、邮寄送达。经受送达人同意的，可以采用传真、电子邮件等能够确认其收悉的方式告知其公告内容，并记录在案；人民法院已经掌握境外犯罪嫌疑人、被告人、利害关系人联系方式，经受送达人同意的，可以采用传真、电子邮件能够确认其收悉的方式告知其公告内容，并记录在案；受送达人未作出同意意思表示，或者人民法院未掌握境外犯罪嫌疑人、被告人、利害关系人联系方式，其所在地国（区）主管机关明确提出应当向受送达人送达含有公告内容的通知的，受理没收违法所得申请案件的人民法院可以决定是否送达。决定送达的，应当将公告内容层报最高人民法院，由最高人民法院依照刑事司法协助条约、多边公约，或者按照对等互惠原则，请求受送达人所在地国（区）的主管机关协助送达。

第十三条 利害关系人申请参加诉讼的，应当在公告期间内提出，并提供与犯罪嫌疑人、被告人关系的证明材料或者证明其可以对违法所得及其他涉案财产主张权利的证据材料。

利害关系人可以委托诉讼代理人参加诉讼。利害关系人在境外委托的，应当委托具有中华人民共和国律师资格并依法取得执业证书的律师，依照《最高人民法院关于适用〈中华人民共和国刑事诉讼法〉的解释》第四百零三条的规定对授权委托进行公证、认证。

利害关系人在公告期满后申请参加诉讼，能够合理说明理由的，人民法院应当准许。

第十四条 人民法院在公告期满后由合议庭对没收违法所得申请案件进行审理。

利害关系人申请参加及委托诉讼代理人参加诉讼的，人民法院应当开庭审理。利害关系人及其诉讼代理人无正当理由拒不到庭，且无其他利害关系人和其他诉讼代理人参加诉讼的，人民法院可以不开庭审理。

人民法院对没收违法所得申请案件开庭审理的，人民检察院应当派员出席。

人民法院确定开庭日期后，应当将开庭的时间、地点通知人民检察院、利害关系人及其诉讼代理人、证人、鉴定人员、翻译人员。通知书应当依照本规定第十二条第二款规定的方式至迟在开庭审理三日前送达；受送达人在境外的，至迟在开庭审理三十日前送达。

第十五条 出庭的检察人员应当宣读没收违法所得申请书，并在法庭调查阶段就申请没收的财产属于违法所得及其他涉案财产等相关事实出示、宣读证据。

对于确有必要出示但可能妨碍正在或者即将进行的刑事侦查的证据，针对该证据的法庭调查不公开进行。

利害关系人及其诉讼代理人对申请没收的财产属于违法所得及其他涉案财产等相关事实及证据有异议的，可以提出意见；对申请没收的财产主张权利的，应当出示相关证据。

第十六条 人民法院经审理认为，申请没收的财产属于违法所得及其他涉案财产的，除依法应当返还被害人的以外，应当予以没收；申请没收的财产不属于违法所得或者其他涉案财产的，应当裁定驳回申请，解除查封、扣押、冻结措施。

第十七条 申请没收的财产具有高度可能属于违法所得及其他涉案财产的，应当认定为本规定第十六条规定的"申请没收的财产属于违法所得及其他涉案财产"。

巨额财产来源不明犯罪案件中，没有利害关系人对违法所得及其他涉案财产主张权利，或者利害关系人对违法所得及其他涉案财产虽然主张权利但提供的相关证据没有达到相应证明标准的，应当视为本规定第十六条规定的"申请没收的财产属于违法所得及其他涉案财产"。

第十八条 利害关系人非因故意或者重大过失在第一审期间未参加诉讼，在第二审期间申请参加诉讼的，人民法院应当准许，并发回原审人民法院重新审判。

第十九条 犯罪嫌疑人、被告人逃匿境外，委托诉讼代理人申请参加诉讼，且违法所得或者其他涉案财产所在地国（区）主管机关明确提出意见予以支持的，人民法院可以准许。

人民法院准许参加诉讼的，犯罪嫌疑人、被告人的诉讼代理人依照本规定关于利害关系人的诉讼代理人的规定行使诉讼权利。

第二十条 人民检察院、利害关系人对第一审裁定认定的事实、证据没有争议的，第二审人民法院可以不开庭审理。

第二审人民法院决定开庭审理的，应当将开庭的时间、地点书面通知同级人民检察院和利害关系人。

第二审人民法院应当就上诉、抗诉请求的有关事实和适用法律进行审查。

第二十一条 第二审人民法院对不服第一审裁定的上诉、抗诉案件，经审理，应当按照下列情形分别处理：

（一）第一审裁定认定事实清楚和适用法律正确的，应当驳回上诉或者抗诉，维持原裁定；

（二）第一审裁定认定事实清楚，但适用法律有错误的，应当改变原裁定；

（三）第一审裁定认定事实不清的，可以在查清事实后改变原裁定，也可以撤销原裁定，发回原审人民法院重新审判；

（四）第一审裁定违反法定诉讼程序，可能影响公正审判的，应当撤销原裁定，发回原审人民法院重新审判。

第一审人民法院对于依照前款第三项规定发回重新审判的案件作出裁定后，第二审人民法院对不服第一审人民法院裁定的上诉、抗诉，应当依法作出裁定，不得再发回原审人民法院重新审判。

第二十二条 违法所得或者其他涉案财产在境外的，负责立案侦查的公安机关、人民检察院等侦查机关应当制作查封、扣押、冻结的法律文书以及协助执行查封、扣押、冻结的请求函，层报公安、检察院等各系统最高上级机关后，由公安、检察院等各系统最高上级机关依照刑事司法协助条约、多边公约，或者按照对等互惠原则，向违法所得或者其他涉案财产所在地国（区）的主管机关请求协助执行。

被请求国（区）的主管机关提出，查封、扣押、冻结法律文书的制发主体必须是法院的，负责立案侦查的公安机关、人民检察院等侦查机关可以向同级人民法院提出查封、扣押、冻结的申请，人民法院经审查同意后制作查封、扣押、冻结令以及协助执行查封、扣押、冻结令的请求函，层报最高人民法院后，由最高人民法院依照刑事司法协助条约、多边公约，或者按照对等互惠原则，向违法所得或者其他涉案财产所在地国（区）的主管机关请求协助执行。

请求函应当载明以下内容：

（一）案由以及查封、扣押、冻结法律文书的发布主体是否具有管辖权；

（二）犯罪嫌疑人、被告人涉嫌犯罪的事实及相关证据，但可能妨碍正在或者即将进行的刑事侦查的证据除外；

（三）已发布公告的，发布公告情况、通知利害关系人参加诉讼以及保障诉讼参与人依法行使诉讼权利情况；

（四）请求查封、扣押、冻结的财产的种类、数量、价值、所在地等情况以及相关法律手续；

（五）请求查封、扣押、冻结的财产属于违法所得及其他涉案财产的相关事实及证据材料；

（六）请求查封、扣押、冻结财产的理由和法律依据；

（七）被请求国（区）要求载明的其他内容。

第二十三条 违法所得或者其他涉案财产在境外，受理没收违法所得申请案件的人民法院经审理裁定没收的，应当制作没收令以及协助执行没收令的请求函，层报最高人民法院后，由最高人民法院依照刑事司法协助条约、多边公约，或者按照对等互惠原则，向违法所得或者其他涉案财产所在地国（区）的主管机关请求协助执行。

请求函应当载明以下内容：

（一）案由以及没收令发布主体具有管辖权；

（二）属于生效裁定；

（三）犯罪嫌疑人、被告人涉嫌犯罪的事实及相关证据，但可能妨碍正在或者即将进行的刑事侦查的证据除外；

（四）犯罪嫌疑人、被告人逃匿、被通缉、脱逃、死亡的基本情况；

（五）发布公告情况、通知利害关系人参加诉讼以及保障诉讼参与人依法行使诉讼权利等情况；

（六）请求没收违法所得及其他涉案财产的种类、数量、价值、所在地等情况以及查封、扣押、冻结相关法律手续；

（七）请求没收的财产属于违法所得及其他涉案财产的相关事实及证据材料；

（八）请求没收财产的理由和法律依据；

（九）被请求国（区）要求载明的其他内容。

第二十四条　单位实施本规定第一条规定的犯罪后被撤销、注销，单位直接负责的主管人员和其他直接责任人员逃匿、死亡，导致案件无法适用刑事诉讼普通程序进行审理的，依照本规定第四条的规定处理。

第二十五条　本规定自 2017 年 1 月 5 日起施行。之前发布的司法解释与本规定不一致的，以本规定为准。

第四十九条　【复审、复核】监察对象对监察机关作出的涉及本人的处理决定不服的，可以在收到处理决定之日起一个月内，向作出决定的监察机关申请复审，复审机关应当在一个月内作出复审决定；监察对象对复审决定仍不服的，可以在收到复审决定之日起一个月内，向上一级监察机关申请复核，复核机关应当在二个月内作出复核决定。复审、复核期间，不停止原处理决定的执行。复核机关经审查，认定处理决定有错误的，原处理机关应当及时予以纠正。

【纪检监察法规】
49.1《中国共产党党员权利保障条例》（2004 年 9 月 22 日）（节录）

第二十四条　党组织要认真处理党员的申诉。对于党员的申诉，有关党组织要按照规定进行复议、复查，不得扣压。上级党组织认为必要时，可以直接或者指定有关党组织进行复议、复查。

经复议、复查或者审查决定，对于全部或者部分纠正的案件，重新作出的决定应当在一定范围内宣布。对于处理正确而本人拒不接受的，给予批评教育；对于无正当理由反复申诉的，有关党组织应当正式通知本人不再受理并在适当范围内宣布。

党员对于党组织给予其他党员的处分、鉴定、审查结论或者其他处理提出的意见，有关党组织应认真研究处理。

49.2《中国共产党纪律处分条例》（修正后 2018 年 10 月 1 日施行）（节录）

第七章 对违反组织纪律行为的处分

第七十九条 有下列行为之一的，给予警告或者严重警告处分；情节较重的，给予撤销党内职务或者留党察看处分；情节严重的，给予开除党籍处分：

（一）对批评、检举、控告进行阻挠、压制，或者将批评、检举、控告材料私自扣压、销毁，或者故意将其泄露给他人的；

（二）对党员的申辩、辩护、作证等进行压制，造成不良后果的；

（三）压制党员申诉，造成不良后果的，或者不按照有关规定处理党员申诉的；

（四）有其他侵犯党员权利行为，造成不良后果的。

对批评人、检举人、控告人、证人及其他人员打击报复的，从重或者加重处分。

党组织有上述行为的，对直接责任者和领导责任者，依照第一款规定处理。

49.3《中国共产党纪律检查机关控告申诉工作条例》（1993 年 9 月 1 日）（节录）

第一章 总 则

第一条 受理对党员、党组织的检举、控告和党员、党组织的申诉，是党的纪律检查机关的一项重要职责。根据党章的有关规定，制定本条例。

第二条 控告申诉工作是党的纪律检查机关贯彻执行党的群众路线，依靠群众维护党的纪律、促进党风建设的一项重要工作；是保障党内外群众充分行使民主权利，对党组织、党员特别是党员领导干部进行监督的重要渠道；是纪律检查工作的基础性工作。

第三条 纪律检查机关受理检举、控告、申诉的范围是：对党员、党组织违反党章和其他党内法规，违反党的路线、方针、政策和决议，利用职权谋取私利和其他败坏党风行为的检举、控告；党员、党组织对所受党纪处分或纪律检查机关所作的其他处理不服的申诉；其他涉及党纪党风的问题。

第四条 控告申诉工作的指导思想是：贯彻执行党的基本路线，坚持从严治党方针，为党风廉政建设和维护安定团结服务，保证经济建设的顺利进行。

第五条 控告申诉工作的基本原则是：

（一）按照党章和政策规定处理问题。

（二）实事求是，以事实为依据。

（三）贯彻党的民主集中制。

（四）维护当事人的民主权利。

（五）分级负责、分工归口处理检举、控告和申诉。

（六）解决实际问题同思想教育相结合。

第六条 县以上（含县）纪律检查委员会，应建立控告申诉工作部门，配备专职干部，设置接待群众的场所，公布有关的规章制度，为党内外群众提供检举、控告、申诉的必要条件。

第二章 处理检举、控告、申诉的程序和方法

第二节 处理申诉的程序

第十四条 党员、党组织对所受党纪处分不服的申诉,由批准处分的党的委员会或纪律检查委员会承办。原批准处分的党的委员会或纪律检查委员会已经撤销的,由申诉人现在的相当于原批准处分的一级党的委员会或纪律检查委员会承办。

党员、党组织对纪律检查机关所作的其他处理不服的申诉,由作出处理决定的纪律检查机关承办。

第十五条 对党员、党组织的申诉,需要复议、复查的,按照党的纪律检查机关案件审理工作的有关规定办理。不需要复议、复查的,由承办的纪律检查机关或有关党组织对申诉人说明理由,做好工作。

第十六条 经过复议、复查,如果原结论或处理决定是正确的,应作出维持原结论或处理的决定,并报原批准的党的委员会或纪律检查委员会批准结案;需要改变原结论或处理决定的,应作出新的处理决定,并经原批准的党的委员会或纪律检查委员会批准执行。如果复议、复查结论和决定是由原批准的党的委员会或纪律检查委员会作出的,则不必办理上述批准手续。

第十七条 对党员、党组织的申诉,上级纪律检查委员会认为需要时可以直接复议、复查,也可以责成有关的党的委员会或纪律检查委员会复议、复查。

第十八条 对申诉的问题复议、复查后,由承办的党的委员会或纪律检查委员会将处理意见或复议、复查结论同申诉人见面,听取其意见。复议、复查的结论和决定,应交给申诉人一份。

第十九条 申诉人如果对复议、复查结论仍然不服,由批准的党的委员会或纪律检查委员会,将申诉人的意见及复议、复查的结论和有关材料,一并报上一级党的委员会或纪律检查委员会审查决定。

第三节 处理检举、控告和申诉的基本方法

第二十条 对检举、控告、申诉中的重要情况和问题,可采取适当的书面形式,及时向党的有关领导机关、领导同志和有关部门反映。

第二十一条 对本级党的委员会管理的党员干部的检举、控告和本级党的委员会管理的党员干部的申诉,分别由本级纪律检查委员会的案件检查部门和案件审理部门办理。重要的可由本级纪律检查委员会领导批示办理。

第二十二条 涉及下级党的委员会管理的党员干部和一般党员的检举、控告、申诉,按照分级负责的原则,转交下级相应的纪律检查机关或有关党组织办理。重要的可函交下级纪律检查机关或有关党组织调查处理,有的可责成其报告调查处理的结果。

第二十三条 对转交下级纪律检查机关或有关党组织办理的检举、控告和申诉,交办的纪律检查机关可采取检查、催办、参与调查、参与研究处理意见等方法,促使

问题及时、正确地得到处理。

第二十四条 对匿名的检举材料，要具体分析，区别对待，慎重处理：没有具体事实的，可不予置理；反映情节轻微的一般问题的，可将问题摘抄给被检举人，责成其作出检讨或说明；反映重要问题的，可先进行初步核实，再确定处理办法；内容反动的，可交公安部门处理。

第三章 受理机关的职责和工作要求

第二十五条 在控告申诉工作中，各级纪律检查机关的责任是：按照规定的范围受理检举、控告和申诉，从中了解党风党纪情况和违纪案件线索；直接办理或向下级纪律检查机关和有关党组织交办检举、控告和申诉；指导和协助下级纪律检查机关做好控告申诉工作。

第二十六条 各级纪律检查委员会的控告申诉工作部门承担处理检举、控告和申诉的日常工作，遵照本级纪律检查委员会的决定和有关规章制度，履行下列职责：

（一）通过处理群众来信和接待群众来访，受理检举、控告和申诉；

（二）向本级纪律检查委员会反映检举、控告和申诉的情况和问题；

（三）承办上级和本级纪律检查委员会交办的检举、控告、申诉和其他事项；

（四）向本级纪律检查委员会有关部门移送或向下级纪律检查机关、有关党组织交办检举、控告和申诉，向有关部门转办不属于纪律检查机关职责范围的信访问题；

（五）调查研究控告申诉工作情况，拟订控告申诉工作的规章制度，对下级纪律检查机关的控告申诉工作进行业务指导；

（六）协调处理信访问题，疏导上访群众，维护正常的工作秩序和社会秩序。

第二十七条 各级纪律检查机关对受理的检举、控告和申诉，应及时办理，不得延误。对应由上级处理的问题，应迅速报告上级处理；对应由本级处理的问题，本级有关领导或有关部门应及时处理；对应由下级处理的问题，应迅速转交下级处理。

第二十八条 对于上级纪律检查机关要求报告调查处理结果的检举、控告、申诉案件，承办的纪律检查机关或有关党组织一般应在三个月内报告结果；不能如期报告时，要说明理由和办理情况。对于没有要求报告结果的检举、控告、申诉，也应及时调查处理，不得置之不理或敷衍塞责。

第二十九条 向上级纪律检查机关报告检举、控告和申诉案件的处理结果，应当材料齐全。

报告检举、控告案件处理结果的必备材料是：

（一）调查报告和处理结论。

（二）检举、控告人和被检举、控告人对调查处理的意见。在检举、控告人或被检举、控告人提出不同意见时，应附有承办单位对其不同意见的说明。

（三）被检举、控告人有错误，组织上已令其检讨或给予组织处理的，应附有本人检讨或处理决定。

（四）呈报机关的审查意见。

报告申诉案件处理结果的必备材料是:

(一) 原处理决定、复议结论或复查报告及结论。

(二) 申诉人对复议、复查结论的意见。在申诉人提出不同意见时,应附有承办单位对其不同意见的说明。

(三) 呈报机关的审查意见。

第三十条 上级纪律检查委员会对下级纪律检查委员会或有关党组织上报的调查处理结果审核后,对处理正确的要及时结案;对处理不当的,要及时提出意见或建议。上下级纪律检查委员会如果在重要问题上有不同意见,由上级纪律检查委员会决定;如果下级纪律检查委员会的处理确有错误又坚持不改的,上级纪律检查委员会有权改变下级纪律检查委员会对案件所作的决定。

第三十一条 对检举、控告和申诉调查处理完毕后,承办单位、交办单位应按档案工作的规定,及时立卷归档。

第三十二条 维护当事人的合法权利。对检举、控告人及检举、控告内容,应当保密。不准将检举、控告材料转给被检举、控告人;不得对检举、控告、申诉人歧视、刁难、压制。对打击报复检举、控告、申诉人的,必须追究责任,严肃处理。

第三十五条 对于党员、党组织对党纪处分或纪律检查机关所作的其他处理不服的申诉,必须按照全错全纠、部分错部分纠、不错不纠的原则,实事求是地处理。凡属冤假错案,不管是哪一级组织、哪一个领导人定的和批的,都要实事求是地纠正。

第三十六条 发现党的组织或负责人对党员或党组织的申诉不认真复议、复查和对冤假错案坚持不纠,对受理的检举、控告不负责任,无故拖延不办,或为违纪者说情开脱,予以包庇的,都要给予批评教育,情节严重的,必须追究责任。

第三十七条 对检举、控告、申诉的问题已经得到正确处理,当事人仍无理纠缠,影响工作秩序的,应当进行批评教育;对不听劝告、屡教不改的,可请公安部门协助处理。

第三十八条 受理机关及其工作人员,在坚持原则、执行政策、秉公执纪、廉洁奉公、遵纪守法、工作作风等方面,必须接受党内外群众的监督。

第三十九条 各级纪律检查机关的领导对重要的检举、控告、申诉,应亲自阅批、接谈,进行处理;要支持承办人员履行职责,保护他们的合法权益不受侵害。

第四章 当事人的权利和义务

第四十条 检举、控告、申诉人在检举、控告、申诉活动中有下列权利:

(一) 对党员、党组织违法乱纪的行为有权提出检举、控告。

(二) 党员对所受党纪处分或纪律检查机关所作的其他处理不服,有权提出申诉,要求复议、复查。

(三) 提出检举、控告、申诉后,在一定期限内得不到答复时,有权向受理机关提出询问,要求给予负责的答复。

(四) 有权要求与检举、控告、申诉案情有关或有牵连的承办人员回避。

（五）对受理机关及承办人员的失职行为和其他违纪行为有权提出检举、控告。

（六）因进行检举、控告、申诉，其合法权利受到威胁或侵害时，有权要求受理机关给予保护。

第四十一条 检举、控告、申诉人在检举、控告、申诉活动中，必须履行下列义务：

（一）对所检举、控告、申诉的事实的真实性负责。接受调查、询问时，应如实提供情况和证据。如有诬陷、制造假证行为，须承担纪律责任。

（二）遵守党的纪律和控告申诉工作的有关规定，维护社会秩序和工作秩序。如有违犯，须接受教育、劝告，直至承担纪律责任。

（三）接受党组织的正确处理意见，不得提出党章、制度、政策规定以外的要求。

第四十二条 被检举、控告人在党组织处理对他的检举、控告过程中有下列权利：

（一）对被检举、控告的问题有权进行说明解释。

（二）基层党组织讨论决定对他的党纪处分或其他处理时，有权参加和进行申辩。

（三）有权要求党组织将调查处理结论同本人见面。

（四）对党组织认定本人所犯错误的事实、性质和所作处理决定有不同意见时，有权向上级党组织直至中央提出申诉。

（五）对受理机关及承办人员的失职行为和其他违纪行为有权提出检举、控告。

（六）当合法权利受到威胁或侵害时，有权要求受理机关给予保护。

第四十三条 被检举、控告人在党组织处理对他的检举、控告过程中，必须履行下列义务：

（一）配合党组织查清被检举、控告的问题，如实提供情况和证人，接受检查和询问，主动交代问题。如有隐瞒、诬陷、抗拒等行为，须承担纪律责任。

（二）对所犯错误，必须正确对待，认真检讨，接受处理，不得违反组织决定。

（三）尊重检举、控告人和承办人员的权利和职责，如有利用职权打击报复检举、控告人和承办人员的行为，须承担纪律责任。

第五章 附 则

第四十四条 本条例是党内处理检举、控告、申诉的规则，各级纪律检查机关和党组织必须严格执行。

第四十五条 各省、自治区、直辖市纪律检查委员会，中央直属机关和中央国家机关纪律检查工作委员会，可根据实际情况，制定实施本条例的细则或具体规定，报中共中央纪律检查委员会备案。

第四十六条 中国人民解放军的纪律检查机关的控告申诉工作，可参照本条例另作规定。

第四十七条 本条例由中共中央纪律检查委员会负责解释和修改。

第四十八条 本条例自一九九三年九月一日起施行。其他有关控告申诉工作的规定,如与本条例不一致时,按本条例执行。

49.4《中国共产党纪律检查机关监督执纪工作规则(试行)》(2017年1月8日)(节录)

第四十四条 对不服处分决定的申诉,应当由批准处分的党委或者纪检机关受理;需要复议复查的,由纪检机关相关负责人批准后受理。

申诉办理部门成立复查组,调阅原案案卷,必要时可以调查取证,经集体研究后,提出办理意见,报纪检机关相关负责人批准或者纪委常委会会议研究决定,作出复议复查决定。决定应当告知申诉人,抄送相关单位,并在一定范围内宣布。

坚持复议复查与审查审理分离,原案审查、审理人员不得参与复议复查。

复议复查工作应当在90日内办结。

49.5《党的纪律检查机关案件审理工作条例》(1987年7月14日)(节录)

第一章 总 则

第一条 根据党章和《关于党内政治生活的若干准则》,结合案件审理工作的实践经验,制定本条例。

第二条 案件审理工作,是对违犯党的纪律的案件的审核处理工作,是党的纪律检查工作的重要组成部分,是检查处理党员或党组织违犯党纪案件的重要环节。做好案件审理工作,对于正确地处理违犯党的纪律的案件,维护党的纪律的严肃性,端正党风;对于坚持四项基本原则,保证党的路线、方针、政策、决议的贯彻执行,促进社会主义物质文明和精神文明建设,有着积极的作用。

第三条 审理党员或党组织违犯党的纪律的案件,必须坚持实事求是的原则。以事实为依据,重证据,不主观臆断,不带框框。对于处理错了的案件,一经发现,坚决改正。

第四条 对犯错误的同志,必须坚持"惩前毖后,治病救人"的方针。对他们耐心地进行思想教育,根据其错误,恰当处理,既反对惩办主义,又不得姑息、迁就。

第五条 处理党员或党组织违犯党的纪律的案件,必须坚持严肃慎重、区别对待的原则。违纪必究,严肃处理,不能含糊敷衍。但在处理的时候,必须慎重从事。对具体案件,要具体分析其错误事实、性质、情节和危害,根据不同情况,做不同处理。

第六条 对于违犯党的纪律的党员,必须坚持在党的纪律面前人人平等的原则。不论其职位高低,贡献大小,资历长短,都要严肃查处,决不容许有不受党纪约束的特殊党员。

第七条 对党员或党组织的处分,必须坚持民主集中制的原则,由党委或纪委集体讨论决定。不允许任何个人或少数人决定和批准对党员或党组织的处分。

第八条 审查处理违犯党的纪律的案件的人员,需要回避的,经批准后实行回避。

第二章 任务和职责范围

第九条 案件审理工作的任务是：审查处理党员、党组织违犯党的纪律的案件和复查的案件。实事求是地核对违犯党的纪律的案件的事实材料，审核鉴别证据，根据党的政策和国家的法律法规，分析认定问题的性质，按照党章的规定和党对犯错误党员的一贯政策以及规定的程序，正确地处理违犯党的纪律的党员或党组织。

第十条 职责范围：

（一）审理按照批准权限由本级纪委或同级党委批准的违犯党的纪律的案件；

（二）审理报送上级纪委或党委审批的案件；

（三）审理下级纪委报的特别重要或复杂的案件；

（四）审理下级纪委对同级党委处理案件的决定有不同意见请求予以复查或复议的案件；

（五）审理下级纪委报来的备案案件；

（六）审理领导同志交办的其他案件；

（七）受理本级党委、纪委及上级党委、纪委批准的案件中党员对所受处分或结论不服的申诉；

（八）调查研究案件审理工作和执行党纪的情况，拟定有关案件审理工作规范化的规定，对下级纪委的审理工作进行业务指导；

（九）为进行党性、党风、党纪教育选择典型案例。

第三章 审理案件的基本要求

第十一条 事实清楚

事实是定案的基础。审理案件，必须将错误事实发生的时间、地点、情节、后果、本人应负的责任，以及产生错误的主客观原因等，审核清楚。如发现事实不清，要责成或协同原报案单位重新查证清楚，要使所认定的错误事实符合客观实际。

第十二条 证据确凿

证据是判断事实的依据。对证据必须认真地进行鉴别，去伪存真。认定错误的事实，一定要有充分的证据。没有证据或证据不充分、不确凿，不能认定。证据充分确凿，即使犯错误的人拒不承认，也可以认定。

第十三条 定性准确

认定问题的性质，必须在事实清楚、证据确凿的基础上，以党章、《关于党内政治生活的若干准则》、党的方针政策和国家的法律法规为准绳，进行具体分析，是什么性质的问题就定什么性质。性质难以确定的，用写实的办法作出结论。

第十四条 处理恰当

在事实清楚、证据确凿、定性准确的基础上，作出恰当处理。既不要处理过头，又不要姑息迁就。

在任何情况下都不得株连无辜。

第十五条　手续完备

处理案件要严格按照党章规定的手续办理，按照处分党员或党组织的批准权限审批。手续不完备的，原报案单位必须补办。

报请审批的案件，须报以下材料：

（1）处分决定；

（2）错误事实调查报告和主要证据材料；

（3）本人检查材料和对处分决定的意见以及党组织对本人意见的说明；

（4）党的纪律检查委员会或党组织的审查意见。

复查的案件须报：复查或复议报告和主要证据材料；处理决定及有关党组织的意见；本人意见和党组织对本人不同意见的说明；原处分决定和原定案的主要证据材料。

第四章　保障党员的合法权利

第十六条　基层党组织在讨论决定对党员的处分时，如无特殊情况，应通知本人出席会议，允许他在会上为自己申辩，也允许他人为之辩护。

第十七条　党组织对党员所要作出的处分决定和所依据的事实材料必须同本人见面，听取本人说明情况和申辩。当本人对党组织所认定的错误事实有不同意见时，要认真地进行复核，采纳其合理的意见。对事实清楚、证据确凿，本人坚持错误意见或拒不签署意见的，由党组织作出书面说明，并根据事实作出处理决定。需要报上级审批的案件，连同本人意见一并上报。

要切实保障检举人、证明人的权利，检举材料和证人证言，不能给犯错误的人看。

第十八条　党组织作出的处分决定（或结论），需由本人签字，经上级批准后，连同批复给本人一份，并在适当范围内宣布。

第十九条　处分决定一经批准即执行。如果本人不服提出申诉，有关党组织必须负责及时处理或迅速转递，不得扣压，承办单位不得推诿。对于申诉有理，需要改变的，要实事求是地予以改正；对于错误事实清楚，证据确凿，定性准确，处理恰当，而本人坚持错误和无理要求的，要批评教育；对于无理取闹的，要严肃处理。

49.6《中共中央纪律检查委员会关于审理党员违纪案件工作程序的规定》（1991年7月13日）（节录）

第四章　复查案件的审理

第二十三条　对党员的申诉，一般情况下，由原来作出处分决定的党组织进行复查或复议；原办案单位如已撤销，由申诉人现在单位复查复议。

第二十四条　对于上级党委、纪委交办复查或复议的案件，下级纪委应及时办理，并报告处理结果。如果决定撤销或改变原处分决定或结论，应作出书面决定，并报请原来批准给予处分的党组织审批。

"文化大革命"前经中央或中央监委批准处理的案件,经过复查或复议需要改变原结论和处分的,报中央纪委审批,由中央纪委报中央备案;原经中央局批准处理的案件,由有关省、自治区、直辖市党委或纪委审批,报中央纪委备案。各地区、各部门处理的,按各地区、各部门的有关规定办理。

第二十五条 报送复查案件,应具备下列材料:

(一)呈报审批的请示;

(二)复查报告和主要证据材料;

(三)复查处理决定及有关党组织的意见;

(四)受处分党员对复查处理决定的意见和党组织对其意见的说明;

(五)原处分决定、错误事实材料、调查报告和主要证据材料。

第二十六条 审理复查案件除按审理违纪案件的要求进行外,还应注意审阅原处理案卷材料。对照原处分决定和证据,审核改变处理的依据是否充分。如果原证据和复查时取得的证据有矛盾,应认真鉴别。

第二十七条 对案件的复查复议决定,经原批准处分的机关批准后,申诉人对复查复议结论仍不服的,原批准处分的机关应将本人申诉和复查复议材料一并报上一级党委或纪委审查决定。一经上级党委、纪委审查决定后,申诉人仍然不服,继续申诉的,一般不再受理。

49.7《公职人员政务处分暂行规定》(2018年4月16日)(节录)

第十六条 对公职人员不服政务处分决定的复审、复核,按照《中华人民共和国监察法》的规定办理。变更、撤销政务处分的情形和法律后果,根据受处分的公职人员的具体身份,依照或者参照《行政机关公务员处分条例》《事业单位工作人员处分暂行规定》等规定执行。

49.8《中华人民共和国公务员法》(修正后2018年1月1日)(节录)

第九十条 公务员对涉及本人的下列人事处理不服的,可以自知道该人事处理之日起三十日内向原处理机关申请复核;对复核结果不服的,可以自接到复核决定之日起十五日内,按照规定向同级公务员主管部门或者作出该人事处理的机关的上一级机关提出申诉;也可以不经复核,自知道该人事处理之日起三十日内直接提出申诉:

(一)处分;

(二)辞退或者取消录用;

(三)降职;

(四)定期考核定为不称职;

(五)免职;

(六)申请辞职、提前退休未予批准;

(七)未按规定确定或者扣减工资、福利、保险待遇;

(八)法律、法规规定可以申诉的其他情形。

对省级以下机关作出的申诉处理决定不服的,可以向作出处理决定的上一级机关提出再申诉。

行政机关公务员对处分不服向行政监察机关申诉的，按照《中华人民共和国行政监察法》的规定办理。

第九十一条 原处理机关应当自接到复核申请书后的三十日内作出复核决定。受理公务员申诉的机关应当自受理之日起六十日内作出处理决定；案情复杂的，可以适当延长，但是延长时间不得超过三十日。

复核、申诉期间不停止人事处理的执行。

第九十二条 公务员申诉的受理机关审查认定人事处理有错误的，原处理机关应当及时予以纠正。

第九十三条 公务员认为机关及其领导人员侵犯其合法权益的，可以依法向上级机关或者有关的专门机关提出控告。受理控告的机关应当按照规定及时处理。

第九十四条 公务员提出申诉、控告，不得捏造事实，诬告、陷害他人。

49.9《公务员申诉规定（试行）》（2008年5月16日）

第一章 总 则

第一条 为了保障公务员的合法权益，依法处理公务员的申诉，规范公务员的管理，促进机关依法行使职权，根据公务员法，制定本规定。

第二条 公务员对涉及本人的人事处理不服，可以按照本规定申请复核或者提出申诉。

法律法规对法官、检察官的申诉另有规定的，从其规定。

对领导成员的申诉，由主管机关按照有关规定办理。

第三条 处理公务员的申诉，应当坚持合法、公正、公平、及时的原则，依照法定的权限、条件和程序进行。

第四条 公务员提出申诉，应当实事求是，不得捏造事实，诬告、陷害他人。

第五条 复核、申诉期间不停止人事处理的执行。

公务员不因申请复核、提出申诉而被加重处理。

第六条 受理公务员申诉的机关应当组成公务员申诉公正委员会，负责受理和审理公务员的申诉案件。

公务员申诉公正委员会在决定受理申诉案件后，应当对案件事实、适用法规、工作程序等进行全面审议，并向受理机关提出明确的审理意见。

公务员申诉公正委员会一般由受理机关中相关工作机构的人员组成。必要时，可以吸收其他机关的有关人员参加。公务员申诉公正委员会的组成人数应当是单数，主任一般由主管公务员申诉工作的机关负责人或者负责处理公务员申诉的工作机构负责人担任。

第七条 公务员申诉公正委员会委员和处理公务员复核、申诉的工作人员，根据有关规定需要回避的，本人应当申请回避；利害关系人也有权要求其回避。

公务员申诉公正委员会委员和工作人员的回避，由受理机关负责人决定。回避决定作出前，相关人员应当暂停参与调查和审理。

第二章 管 辖

第八条 公务员对涉及本人的人事处理不服的复核，由原处理机关管辖。

第九条 公务员对本人所在机关作出的人事处理不服的申诉，由同级公务员主管部门管辖。

公务员对同级公务员主管部门作出的申诉处理决定不服的再申诉，由本级党委、人民政府或者上一级公务员主管部门管辖。其中，对省、自治区、直辖市公务员主管部门作出的申诉处理决定不服的再申诉，按照管理权限由省、自治区、直辖市党委和人民政府管辖。

第十条 县级以下机关公务员对县级、乡镇党委和人民政府作出的人事处理不服的申诉，由上一级公务员主管部门管辖；对公务员主管部门作出的申诉处理决定不服的再申诉，由本级党委、人民政府或者上一级公务员主管部门管辖。

第十一条 中央垂直管理部门省级以下机关公务员对人事处理不服的申诉，由上一级机关管辖。对申诉处理决定不服的再申诉，由作出申诉处理决定的机关的上一级机关管辖。

第十二条 省以下垂直管理部门公务员申诉的管辖，参照本规定第十一条的规定执行。其中，对省垂直管理机关作出的申诉处、理决定不服的再申诉，由省、自治区、直辖市人民政府管辖。

第十三条 行政机关公务员对行政监察机关作出的处分决定不服的申诉，由行政监察机关按照管理权限管辖。

行政机关公务员对任免机关作出的处分决定不服，向公务员主管部门或者行政监察机关申诉的，由受理机关管辖。行政机关公务员不得同时向公务员主管部门和行政监察机关提出申诉。

行政机关公务员对处分不服向行政监察机关申诉的，按照《中华人民共和国行政监察法》的规定办理。

第三章 申请与受理

第十四条 公务员对涉及本人的下列人事处理不服，可以申请复核或者提出申诉、再申诉：

（一）处分；

（二）辞退或者取消录用；

（三）降职；

（四）定期考核定为不称职；

（五）免职；

（六）申请辞职、提前退休未予批准；

（七）未按规定确定或者扣减工资、福利、保险待遇；

（八）法律、法规规定可以申诉的其他情形。

前款第（七）项所称"规定"，是指"国家规定"。

第十五条 公务员申请复核，应当自知道人事处理之日起三十日内提交书面申请。在复核决定作出前，申请复核的公务员不得提出申诉。

第十六条 公务员对复核结果不服的，应当自接到复核决定之日起十五日内提出申诉；也可以不经复核，自知道人事处理之日起三十日内直接提出申诉。

公务员对申诉处理决定不服的，应当自接到申诉处理决定之日起三十日内提出再申诉。

第十七条 公务员提出申诉和再申诉，应当提交申诉书，同时提交原人事处理决定、复核决定或者申诉处理决定等材料的复印件。

申诉书应当载明下列内容：

（一）申诉人的姓名、单位、职务、联系方式、住址及其他基本情况；

（二）被申诉机关的名称；

（三）申诉的事项、理由及要求；

（四）提出申诉的日期。

第十八条 因不可抗力等正当理由在规定的期限内未能申请复核和提出申诉、再申诉的，经受理机关批准可以延长期限。

第十九条 复核、申诉、再申诉应当由受到人事处理的公务员本人提出；如本人丧失行为能力或者死亡，可以由其近亲属代为提出。

第二十条 受理机关应当对申请人提出的申诉、再申诉是否符合受理条件进行审查，在接到申诉书之日起三十日内，作出受理或者不予受理的决定，并以书面形式通知申请人。不予受理的，应当说明理由。

第二十一条 符合以下条件的申诉、再申诉，应予受理：

（一）申请人符合本规定第十九条的规定；

（二）申诉、再申诉事项属于本规定第十四条规定的受理范围；

（三）在规定的期限内提出；

（四）属于受理机关管辖；

（五）申诉材料齐备。

凡不符合上述条件之一的申诉、再申诉，不予受理。

申诉材料不齐备的，应当及时告知申请人，限期十五日内补正。申请人按照要求补正全部材料的，应予受理。

第二十二条 在处理决定作出前，申请人可以提出撤回复核、申诉和再申诉的申请，申请应当以书面形式提出。

受理机关在接到申请人关于撤回复核、申诉和再申诉的书面申请后，可以决定终结处理工作，并以书面形式告知申请人和被申诉机关。

第四章 审理与决定

第二十三条 原处理机关在接到复核申请书后，应当在三十日内作出维持、撤销

第五章 监察程序

或者变更原人事处理的复核决定,并以书面形式通知申请人。

第二十四条 受理申诉和再申诉的机关应当自决定受理之日起六十日内作出处理决定。案情复杂的,可以适当延长,但是延长时间不得超过三十日。

第二十五条 受理机关对涉及公务员申诉、再申诉事项,有权进行调查。调查应当由2名以上工作人员进行。接受调查的机关和个人应当如实提供情况。

第二十六条 公务员申诉公正委员会应当根据调查情况对下列事项进行审议:

(一) 原人事处理认定的事实是否存在、清楚,证据是否充分;

(二) 原人事处理适用法律、法规、规章和有关规定是否正确;

(三) 原人事处理的程序是否符合规定;

(四) 原人事处理是否显失公正;

(五) 被申诉机关有无超越职权或者滥用职权的情形;

(六) 其他需要审议的事项。

在审理对复核决定、申诉处理决定不服的申诉、再申诉时,公务员申诉公正委员会还应当对复核决定和申诉处理决定进行审议。

第二十七条 公务员申诉公正委员会应当按照少数服从多数的原则,对申诉、再申诉案件提出明确审理意见,并向受理机关提交审理报告。

第二十八条 受理机关应当根据公务员申诉公正委员会的审理意见,区别不同情况,作出下列申诉处理决定:

(一) 原人事处理认定事实清楚,适用法律、法规、规章和有关规定正确,处理恰当、程序合法的,维持原人事处理。

(二) 原人事处理认定事实不存在的,按照管理权限责令原处理机关撤销或者直接撤销原人事处理。

(三) 原人事处理认定事实没有错误,但适用法律、法规、规章和有关规定有错误,或者处理明显不当的,按照管理权限责令原处理机关变更

或者直接变更原人事处理。

(四) 原人事处理认定事实不清楚,证据不足,或者违反规定程序和权限的,责令原处理机关重新处理。

再申诉处理决定应当参照前款规定作出。

公务员对重新处理后作出的处理决定不服,可以提出申诉或者再申诉。

第二十九条 申诉处理决定作出后,要制作申诉处理决定书。申诉处理决定书应当载明下列内容:

(一) 申诉人的姓名、单位、职务及其他基本情况;

(二) 被申诉机关的名称,以及人事处理和复核决定所认定的事实、理由及适用的法律、法规、规章和有关规定;

(三) 申诉的事项、理由及要求;

(四) 公务员申诉公正委员会认定的事实、理由及适用的法律、法规、规章和有关规定;

（五）申诉处理决定；

（六）作出决定的日期；

（七）其他需要载明的内容；

再申诉处理决定作出后，要制作再申诉处理决定书。再申诉处理决定书除前款规定内容外，还应当载明申诉处理决定的内容和作出申诉处理决定的日期。

申诉处理决定书和再申诉处理决定书应当加盖公务员申诉公正委员会的印章。

第三十条 申诉处理决定书和再申诉处理决定书应当及时送达申诉人和原处理机关。再申诉处理决定书还应送达作出申诉处理决定的机关。

第三十一条 原处理机关应当将复核决定、申诉处理决定书和再申诉处理决定书存入公务员的个人档案。

第三十二条 复核决定、申诉处理决定和再申诉处理决定按照下列规定送达：

（一）直接送达受送达人本人，受送达人在送达回证上签名或者盖章；

（二）受送达人本人不在的，可以由其同住的成年近亲属在送达回证上签名或者盖章，即视为送达；

（三）受送达人或者其同住的成年近亲属拒绝接收或者拒绝签名、盖章的，送达人应当邀请有关基层组织的代表或者其他有关人员到场，见证

现场情况，由送达人在送达回证上记明拒收事由和日期，由送达人、见证人签名或者盖章，将处理决定留在受送达人的住所或者所在单位，即视为送达；

（四）直接送达有困难的，可以通过邮寄送达。邮寄送达的，以回执上注明的收件日期为送达日期；

（五）上述规定的方式无法送达的，可以在相关媒体上公告送达。自发出公告之日起，经过六十日，即视为送达。公告送达，应当在案卷中记明原因和经过。送达日期为受送达人或者有关人员在送达回证上的签收日期。

第五章 执行与监督

第三十三条 处理决定在发生效力后执行。

下列处理决定是发生效力的决定：

（一）已过法定期限没有提出再申诉的申诉处理决定。

（二）中央公务员主管部门作出的申诉处理决定。

（三）中央垂直管理机关作出的申诉处理决定。

（四）再申诉处理决定。

第三十四条 原处理机关在处理决定发生效力后，应当及时执行，并自处理决定发生效力之日起六十日内将执行情况以书面形式告知作出处理决定的机关。

第三十五条 各级公务员主管部门处理的申诉案件，应当自作出处理决定之日起六十日内，按照管理权限向上一级公务员主管部门备案。

其他受理机关处理的申诉案件，按照管辖权限向同级公务员主管部门或者上一级机关备案。

备案的内容包括申诉人的基本情况、基本案情、审理过程、处理决定、执行情况和其他需要说明的情况。

第三十六条 机关对公务员处理错误的，应当及时予以纠正；造成名誉损害的，应当赔礼道歉、恢复名誉、消除影响；造成经济损失的，应当根据有关规定给予赔偿，并视情节对作出错误处理的责任人进行处理。

第三十七条 机关不执行发生效力的处理决定，或者对申诉人打击报复的，对负有责任的领导人员和直接责任人员，受理申诉的机关可以向有关机关提出给予其处分的建议；构成犯罪的，依法追究刑事责任。

第三十八条 公务员在复核、申诉中弄虚作假、捏造事实、诬陷他人的，根据情节轻重，给予批评教育或者处分；给他人造成名誉损害的，应当赔礼道歉、恢复名誉、消除影响；构成犯罪的，依法追究刑事责任。

第三十九条 受理机关和公务员申诉公正委员会的工作人员，不按本规定处理公务员复核、申诉的，根据情节轻重，给予批评教育或者处分；构成犯罪的，依法追究刑事责任。

第六章 附 则

第四十条 公务员复核、申诉和再申诉，除本规定第十九条规定的情形外，不得委托代理人代为进行。

第四十一条 人事处理决定根据本规定第三十二条规定送达的，即视为受处理公务员知道该人事处理。

第四十二条 本规定所称"近亲属"，是指配偶、父母、子女、兄弟姐妹。

第四十三条 参照公务员法管理的机关（单位）工作人员的申诉，参照本规定执行。

第四十四条 本规定由中共中央组织部、人力资源和社会保障部负责解释。

第四十五条 本规定自发布之日起施行。

49.10《行政机关公务员处分条例》（2007年6月1日）（节录）

第六章 不服处分的申诉

第四十八条 受到处分的行政机关公务员对处分决定不服的，依照《中华人民共和国公务员法》和《中华人民共和国行政监察法》的有关规定，可以申请复核或者申诉。

复核、申诉期间不停止处分的执行。

行政机关公务员不因提出复核、申诉而被加重处分。

第四十九条 有下列情形之一的，受理公务员复核、申诉的机关应当撤销处分决定，重新作出决定或者责令原处分决定机关重新作出决定：

（一）处分所依据的违法违纪事实证据不足的；

（二）违反法定程序，影响案件公正处理的；

（三）作出处分决定超越职权或者滥用职权的。

第五十条 有下列情形之一的，受理公务员复核、申诉的机关应当变更处分决定，或者责令原处分决定机关变更处分决定：

（一）适用法律、法规、规章或者国务院决定错误的；

（二）对违法违纪行为的情节认定有误的；

（三）处分不当的。

49.11《事业单位人事管理条例》（2014年7月1日）（节录）

第三十八条 事业单位工作人员对涉及本人的考核结果、处分决定等不服的，可以按照国家有关规定申请复核、提出申诉。

第四十条 对事业单位人事管理工作中的违法违纪行为，任何单位或者个人可以向事业单位人事综合管理部门、主管部门或者监察机关投诉、举报，有关部门和机关应当及时调查处理。

49.12《事业单位工作人员处分暂行规定》（2012年9月1日）（节录）

第六章 复核和申诉

第三十九条 受到处分的事业单位工作人员对处分决定不服的，可以自知道或者应当知道该处分决定之日起三十日内向原处分决定单位申请复核。对复核结果不服的，可以自接到复核决定之日起三十日内，按照规定向原处分决定单位的主管部门或者同级事业单位人事综合管理部门提出申诉。

受到处分的中央和地方直属事业单位工作人员的申诉，按照干部人事管理权限，由同级事业单位人事综合管理部门受理。

第四十条 原处分决定单位应当自接到复核申请后的三十日内作出复核决定。受理申诉的单位应当自受理之日起六十日内作出处理决定；案情复杂的，可以适当延长，但是延长期限最多不超过三十日。

复核、申诉期间不停止处分的执行。

事业单位工作人员不因提出复核、申诉而被加重处分。

第四十一条 有下列情形之一的，受理处分复核、申诉的单位应当撤销处分决定，重新作出决定或者责令原处分决定单位重新作出决定：

（一）处分所依据的事实不清、证据不足的；

（二）违反规定程序，影响案件公正处理的；

（三）超越职权或者滥用职权作出处分决定的。

第四十二条 有下列情形之一的，受理复核、申诉的单位应当变更处分决定或者责令原处分决定单位变更处分决定：

（一）适用法律、法规、规章错误的；

（二）对违法违纪行为的情节认定有误的；

（三）处分不当的。

49.13《中华人民共和国法官法》（修正后 2018 年 1 月 1 日）（节录）

第四十四条 法官对人民法院关于本人的处分、处理不服的，自收到处分、处理决定之日起三十日内可以向原处分、处理机关申请复议，并有权向原处分、处理机关的上级机关申诉。

受理申诉的机关必须按照规定作出处理。

复议和申诉期间，不停止对法官处分、处理决定的执行。

第四十五条 对于国家机关及其工作人员侵犯本法第八条规定的法官权利的行为，法官有权提出控告。

行政机关、社会团体或者个人干涉法官依法审判案件的，应当依法追究其责任。

第四十六条 法官提出申诉和控告，应当实事求是。对捏造事实、诬告陷害的，应当依法追究其责任。

49.14《中华人民共和国检察官法》（修正后 2018 年 1 月 1 日施行）（节录）

第四十七条 检察官对人民检察院关于本人的处分、处理不服的，自收到处分、处理决定之日起三十日内可以向原处分、处理机关申请复议，并有权向原处分、处理机关的上级机关申诉。

受理申诉的机关必须按照规定作出处理。

复议和申诉期间，不停止对检察官处分、处理决定的执行。

第四十八条 对于国家机关及其工作人员侵犯本法第九条规定的检察官权利的行为，检察官有权提出控告。

行政机关、社会团体或者个人干涉检察官依法履行检察职责的，应当依法追究其责任。

第四十九条 检察官提出申诉和控告，应当实事求是。对捏造事实、诬告陷害的，应当依法追究其责任。

第五十条 对检察官处分或者处理错误的，应当及时予以纠正；造成名誉损害的，应当恢复名誉、消除影响、赔礼道歉；造成经济损失的，应当赔偿。对打击报复的直接责任人员，应当依法追究其责任。

第六章 反腐败国际合作

第五十条 【集中统筹职责】 国家监察委员会统筹协调与其他国家、地区、国际组织开展的反腐败国际交流、合作,组织反腐败国际条约实施工作。

【党的纲领性文件及其他重要文件】

50.1 《决胜全面建成小康社会夺取新时代中国特色社会主义伟大胜利》(2017年10月18日)(节录)

十三、坚定不移全面从严治党,不断提高党的执政能力和领导水平

中国特色社会主义进入新时代,我们党一定要有新气象新作为。打铁必须自身硬。党要团结带领人民进行伟大斗争、推进伟大事业、实现伟大梦想,必须毫不动摇坚持和完善党的领导,毫不动摇把党建设得更加坚强有力。

……

(六)夺取反腐败斗争压倒性胜利。人民群众最痛恨腐败现象,腐败是我们党面临的最大威胁。只有以反腐败永远在路上的坚韧和执着,深化标本兼治,保证干部清正、政府清廉、政治清明,才能跳出历史周期率,确保党和国家长治久安。当前,反腐败斗争形势依然严峻复杂,巩固压倒性态势、夺取压倒性胜利的决心必须坚如磐石。要坚持无禁区、全覆盖、零容忍,坚持重遏制、强高压、长震慑,坚持受贿行贿一起查,坚决防止党内形成利益集团。在市县党委建立巡察制度,加大整治群众身边腐败问题力度。不管腐败分子逃到哪里,都要缉拿归案、绳之以法。推进反腐败国家立法,建设覆盖纪检监察系统的检举举报平台。强化不敢腐的震慑,扎牢不能腐的笼子,增强不想腐的自觉,通过不懈努力换来海晏河清、朗朗乾坤。

【国际条约】

50.2 《联合国反腐败公约》(是联合国历史上通过的第一个用于指导国际反腐败斗争的法律文件。2003年10月31日,第58届联合国大会全体会议审议通过了《联合国反腐败公约》。2005年12月14日,《联合国反腐败公约》正式生效。2005年12月10日,中国外交部副部长张业遂代表中国政府在《联合国反腐败公约》上签字。2005年10月27日,十届全国人大常委会第十八次会议以全票通过决定,批准加入《联合国反腐败公约》。《联合国反腐败公约》公约于2006年2月12日对我国生效。该公约对预防腐败、界定腐败犯罪、反腐败国际合作、非法资产追缴等问题进行了法律上的规范,对各国加强国内的反腐行动、提高反腐成效、促进反腐国际合作具有重要意义)(节录)

第一章 总　则

第一条　宗旨声明

本公约的宗旨是：

（一）促进和加强各项措施，以便更加高效而有力地预防和打击腐败；

（二）促进、便利和支持预防和打击腐败方面的国际合作和技术援助，包括在资产追回方面；

（三）提倡廉正、问责制和对公共事务和公共财产的妥善管理。

第二条　术语的使用

在本公约中：

（一）"公职人员"系指：1. 无论是经任命还是经选举而在缔约国中担任立法、行政、行政管理或者司法职务的任何人员，无论长期或者临时，计酬或者不计酬，也无论该人的资历如何；2. 依照缔约国本国法律的定义和在该缔约国相关法律领域中的适用情况，履行公共职能，包括为公共机构或者公营企业履行公共职能或者提供公共服务的任何其他人员；3. 缔约国本国法律中界定为"公职人员"的任何其他人员。但就本公约第二章所载某些具体措施而言，"公职人员"可以指依照缔约国本国法律的定义和在该缔约国相关法律领域中的适用情况，履行公共职能或者提供公共服务的任何人员；

（二）"外国公职人员"系指外国无论是经任命还是经选举而担任立法、行政、行政管理或司法职务的任何人员；以及为外国，包括为公共机构或者公营企业行使公共职能的任何人员；

（三）"国际公共组织官员"系指国际公务员或者经此种组织授权代表该组织行事的任何人员；

（四）"财产"系指各种资产，不论是物质的还是非物质的、动产还是不动产、有形的还是无形的，以及证明对这种资产的产权或者权益的法律文件或者文书；

（五）"犯罪所得"系指通过实施犯罪而直接或间接产生或者获得的任何财产；

（六）"冻结"或者"扣押"系指依照法院或者其他主管机关的命令暂时禁止财产转移、转换、处分或者移动或者对财产实行暂时性扣留或者控制；

（七）"没收"，在适用情况下还包括充公，系指根据法院或者其他主管机关的命令对财产实行永久剥夺；

（八）"上游犯罪"系指由其产生的所得可能成为本公约第二十三条所定义的犯罪的对象的任何犯罪；

（九）"控制下交付"系指在主管机关知情并由其监控的情况下允许非法或可疑货物运出、通过或者运入一国或多国领域的做法，其目的在于侦查某项犯罪并查明参与该项犯罪的人员。

第三条　适用范围

一、本公约应当根据其规定适用于对腐败的预防、侦查和起诉以及根据本公约确立的犯罪的所得的冻结、扣押、没收和返还。

二、为执行本公约的目的，除非另有规定，本公约中所列犯罪不一定非要对国家财产造成损害或者侵害。

第四条 保护主权

一、缔约国在履行其根据本公约所承担的义务时，应当恪守各国主权平等和领土完整原则以及不干涉他国内政原则。

二、本公约任何规定概不赋予缔约国在另一国领域内行使管辖权和履行该另一国本国法律规定的专属于该国机关的职能的权利。

第三章 定罪和执法

第十五条 贿赂本国公职人员

各缔约国均应当采取必要的立法措施和其他措施，将下列故意实施的行为规定为犯罪：

（一）直接或间接向公职人员许诺给予、提议给予或者实际给予该公职人员本人或者其他人员或实体不正当好处，以使该公职人员在执行公务时作为或者不作为；

（二）公职人员为其本人或者其他人员或实体直接或间接索取或者收受不正当好处，以作为其在执行公务时作为或者不作为的条件。

第十六条 贿赂外国公职人员或者国际公共组织官员

一、各缔约国均应当采取必要的立法和其他措施，将下述故意实施的行为规定为犯罪：直接或间接向外国公职人员或者国际公共组织官员许诺给予、提议给予或者实际给予该公职人员本人或者其他人员或实体不正当好处，以使该公职人员或者该官员在执行公务时作为或者不作为，以便获得或者保留与进行国际商务有关的商业或者其他不正当好处。

二、各缔约国均应当考虑采取必要的立法和其他措施，将下述故意实施的行为规定为犯罪：外国公职人员或者国际公共组织官员直接或间接为其本人或者其他人员或实体索取或者收受不正当好处，以作为其在执行公务时作为或者不作为的条件。

第十七条 公职人员贪污、挪用或者以其他类似方式侵犯财产

各缔约国均应当采取必要的立法和其他措施，将下述故意实施的行为规定为犯罪：公职人员为其本人的利益或者其他人员或实体的利益，贪污、挪用或者以其他类似方式侵犯其因职务而受托的任何财产、公共资金、私人资金、公共证券、私人证券或者其他任何贵重物品。

第十八条 影响力交易

各缔约国均应当考虑采取必要的立法和其他措施，将下列故意实施的行为规定为犯罪：

（一）直接或间接向公职人员或者其他任何人员许诺给予、提议给予或者实际给予任何不正当好处，以使其滥用本人的实际影响力或者被认为具有的影响力，为该行为的造意人或者其他任何人从缔约国的行政部门或者公共机关获得不正当好处；

（二）公职人员或者其他任何人员为其本人或他人直接或间接索取或者收受任何不正当好处，以作为该公职人员或者该其他人员滥用本人的实际影响力或者被认为具有的影响力，从缔约国的行政部门或者公共机关获得任何不正当好处的条件。

第十九条 滥用职权

各缔约国均应当考虑采取必要的立法和其他措施，将下述故意实施的行为规定为犯罪：滥用职权或者地位，即公职人员在履行职务时违反法律，实施或者不实施一项行为，以为其本人或者其他人员或实体获得不正当好处。

第二十条 资产非法增加

在不违背本国宪法和本国法律制度基本原则的情况下，各缔约国均应当考虑采取必要的立法和其他措施，将下述故意实施的行为规定为犯罪：资产非法增加，即公职人员的资产显著增加，而本人无法以其合法收入作出合理解释。

第二十一条 私营部门内的贿赂

各缔约国均应当考虑采取必要的立法和其他措施，将经济、金融或者商业活动过程中下列故意实施的行为规定为犯罪：

（一）直接或间接向以任何身份领导私营部门实体或者为该实体工作的任何人许诺给予、提议给予或者实际给予该人本人或者他人不正当好处，以使该人违背职责作为或者不作为；

（二）以任何身份领导私营部门实体或者为该实体工作的任何人为其本人或者他人直接或间接索取或者收受不正当好处，以作为其违背职责作为或者不作为的条件。

第二十二条 私营部门内的侵吞财产

各缔约国均应当考虑采取必要的立法和其他措施，将经济、金融或者商业活动中下述故意实施的行为规定为犯罪：以任何身份领导私营部门实体或者在该实体中工作的人员侵吞其因职务而受托的任何财产、私人资金、私人证券或者其他任何贵重物品。

第二十三条 对犯罪所得的洗钱行为

一、各缔约国均应当根据本国法律的基本原则采取必要的立法和其他措施，将下列故意实施的行为规定为犯罪：

（一）1. 明知财产为犯罪所得，为隐瞒或者掩饰该财产的非法来源，或者为协助任何参与实施上游犯罪者逃避其行为的法律后果而转换或者转移该财产；

2. 明知财产为犯罪所得而隐瞒或者掩饰该财产的真实性质、来源、所在地、处分、转移、所有权或者有关的权利；

（二）在符合本国法律制度基本概念的情况下：

1. 在得到财产时，明知其为犯罪所得而仍获取、占有或者使用；

2. 对本条所确立的任何犯罪的参与、协同或者共谋实施、实施未遂以及协助、教唆、便利和参谋实施；

二、为实施或者适用本条第一款：

（一）各缔约国均应当寻求将本条第一款适用于范围最为广泛的上游犯罪；

（二）各缔约国均应当至少将其根据本公约确立的各类犯罪列为上游犯罪；

（三）就上文第（二）项而言，上游犯罪应当包括在有关缔约国管辖范围之内和之外实施的犯罪。但是，如果犯罪发生在一缔约国管辖权范围之外，则只有当该行为根据其发生地所在国法律为犯罪，而且根据实施或者适用本条的缔约国的法律该行为若发生在该国也为犯罪时，才构成上游犯罪；

（四）各缔约国均应当向联合国秘书长提供其实施本条的法律以及这类法律随后的任何修改的副本或说明；

（五）在缔约国本国法律基本原则要求的情况下，可以规定本条第一款所列犯罪不适用于实施上游犯罪的人。

第二十四条　窝赃

在不影响本公约第二十三条的规定的情况下，各缔约国均应当考虑采取必要的立法和其他措施，将下述故意实施的行为规定为犯罪：行为所涉及的人员虽未参与根据本公约确立的任何犯罪，但在这些犯罪实施后，明知财产是根据本公约确立的任何犯罪的结果而窝藏或者继续保留这种财产。

第二十五条　妨害司法

各缔约国均应当采取必要的立法措施和其他措施，将下列故意实施的行为规定为犯罪：

（一）在涉及根据本公约确立的犯罪的诉讼中使用暴力、威胁或者恐吓，或者许诺给予、提议给予或者实际给予不正当好处，以诱使提供虚假证言或者干扰证言或证据的提供；

（二）使用暴力、威胁或恐吓，干扰审判或执法人员针对根据本公约所确立的犯罪执行公务。本项规定概不影响缔约国就保护其他类别公职人员进行立法的权利。

第二十六条　法人责任

一、各缔约国均应当采取符合其法律原则的必要措施，确定法人参与根据本公约确立的犯罪应当承担的责任。

二、在不违反缔约国法律原则的情况下，法人责任可以包括刑事责任、民事责任或者行政责任。

三、法人责任不应当影响实施这种犯罪的自然人的刑事责任。

四、各缔约国均应当特别确保使依照本条应当承担责任的法人受到有效、适度而且具有警戒性的刑事或者非刑事制裁，包括金钱制裁。

第二十七条　参与、未遂和中止

一、各缔约国均应当采取必要的立法和其他措施，根据本国法律将以共犯、从犯或者教唆犯等任何身份参与根据本公约确立的犯罪规定为犯罪。

二、各缔约国均可以采取必要的立法和其他措施，根据本国法律将实施根据本公约确立的犯罪的任何未遂和中止规定为犯罪。

三、各缔约国均可以采取必要的立法和其他措施，根据本国法律将为实施根据本公约确立的犯罪进行预备的行为规定为犯罪。

第二十八条 作为犯罪要素的明知、故意或者目的

根据本公约确立的犯罪所需具备的明知、故意或者目的等要素，可以根据客观实际情况予以推定。

第二十九条 时效

各缔约国均应当根据本国法律酌情规定一个较长的时效，以便在此期限内对根据本公约确立的任何犯罪启动诉讼程序，并对被指控犯罪的人员已经逃避司法处置的情形确定更长的时效或者规定不受时效限制。

第三十条 起诉、审判和制裁

一、各缔约国均应当使根据本公约确立的犯罪受到与其严重性相当的制裁。

二、各缔约国均应当根据本国法律制度和宪法原则采取必要措施以建立或者保持这样一种适当的平衡：即既照顾到为公职人员履行其职能所给予的豁免或者司法特权，又照顾到在必要时对根据本公约确立的犯罪进行有效的侦查、起诉和审判的可能性。

三、在因根据本公约确立的犯罪起诉某人而行使本国法律规定的任何法律裁量权时，各缔约国均应当努力确保针对这些犯罪的执法措施取得最大成效，并适当考虑到震慑这种犯罪的必要性。

四、就根据本公约确立的犯罪而言，各缔约国均应当根据本国法律并在适当尊重被告人权利的情况下采取适当措施，力求确保就判决前或者上诉期间释放的裁决所规定的条件已经考虑到确保被告人在其后的刑事诉讼中出庭的需要。

五、各缔约国均应当在考虑已经被判定实施了有关犯罪的人的早释或者假释可能性时，顾及这种犯罪的严重性。

六、各缔约国均应当在符合本国法律制度基本原则的范围内，考虑建立有关程序，使有关部门得以对被指控实施了根据本公约确立的犯罪的公职人员酌情予以撤职、停职或者调职，但应当尊重无罪推定原则。

七、各缔约国均应当在符合本国法律制度基本原则的范围内，根据犯罪的严重性，考虑建立程序，据以通过法院令或者任何其他适当手段，取消被判定实施了根据本公约确立的犯罪的人在本国法律确定的一段期限内担任下列职务的资格：

（一）公职；

（二）完全国有或者部分国有的企业中的职务。

八、本条第一款不妨碍主管机关对公务员行使纪律处分权。

九、本公约的任何规定概不影响下述原则：对于根据本公约确立的犯罪以及适用的法定抗辩事由或者决定行为合法性的其他法律原则，只应当由缔约国本国法律加以阐明，而且对于这种犯罪应当根据缔约国本国法律予以起诉和惩罚。

十、缔约国应当努力促进被判定实施了根据本公约确立的犯罪的人重新融入社会。

第三十一条 冻结、扣押和没收

一、各缔约国均应当在本国法律制度的范围内尽最大可能采取必要的措施，以便

能够没收：

（一）来自根据本公约确立的犯罪的犯罪所得或者价值与这种所得相当的财产；

（二）用于或者拟用于根据本公约确立的犯罪的财产、设备或者其他工具。

二、各缔约国均应当采取必要的措施，辨认、追查、冻结或者扣押本条第一款所述任何物品，以便最终予以没收。

三、各缔约国均应当根据本国法律采取必要的立法和其他措施，规范主管机关对本条第一款和第二款中所涉及的冻结、扣押或者没收的财产的管理。

四、如果这类犯罪所得已经部分或者全部转变或者转化为其他财产，则应当以这类财产代替原犯罪所得而对之适用本条所述措施。

五、如果这类犯罪所得已经与从合法来源获得的财产相混合，则应当在不影响冻结权或者扣押权的情况下没收这类财产，没收价值最高可以达到混合于其中的犯罪所得的估计价值。

六、对于来自这类犯罪所得、来自这类犯罪所得转变或者转化而成的财产或者来自已经与这类犯罪所得相混合的财产的收入或者其他利益，也应当适用本条所述措施，其方式和程度与处置犯罪所得相同。

七、为本条和本公约第五十五条的目的，各缔约国均应当使其法院或者其他主管机关有权下令提供或者扣押银行记录、财务记录或者商业记录。缔约国不得以银行保密为理由拒绝根据本款的规定采取行动。

八、缔约国可以考虑要求由罪犯证明这类所指称的犯罪所得或者其他应当予以没收的财产的合法来源，但是此种要求应当符合其本国法律的基本原则以及司法程序和其他程序的性质。

九、不得对本条的规定作损害善意第三人权利的解释。

十、本条的任何规定概不影响其所述各项措施应当根据缔约国法律规定并以其为准加以确定和实施的原则。

第三十二条 保护证人、鉴定人和被害人

一、各缔约国均应当根据本国法律制度并在其力所能及的范围内采取适当的措施，为就根据本公约确立的犯罪作证的证人和鉴定人并酌情为其亲属及其他与其关系密切者提供有效的保护，使其免遭可能的报复或者恐吓。

二、在不影响被告人权利包括正当程序权的情况下，本条第一款所述措施可以包括：

（一）制定为这种人提供人身保护的程序，例如，在必要和可行的情况下将其转移，并在适当情况下允许不披露或者限制披露有关其身份和下落的资料；

（二）规定允许以确保证人和鉴定人安全的方式作证的取证规则，例如允许借助于诸如视听技术之类的通信技术或者其他适当手段提供证言。

三、缔约国应当考虑与其他国家订立有关本条第一款所述人员的移管的协定或者安排。

四、本条各项规定还应当适用于作为证人的被害人。

五、各缔约国均应当在不违背本国法律的情况下，在对罪犯提起刑事诉讼的适当阶段，以不损害被告人权利的方式使被害人的意见和关切得到表达和考虑。

第三十三条 保护举报人

各缔约国均应当考虑在本国法律制度中纳入适当措施，以便对出于合理理由善意向主管机关举报涉及根据本公约确立的犯罪的任何事实的任何人员提供保护，使其不致受到任何不公正的待遇。

第三十四条 腐败行为的后果

各缔约国均应当在适当顾及第三人善意取得的权利的情况下，根据本国法律的基本原则采取措施，消除腐败行为的后果。在这方面，缔约国可以在法律程序中将腐败视为废止或者撤销合同、取消特许权或撤销其他类似文书或者采取其他任何救济行动的相关因素。

第三十五条 损害赔偿

各缔约国均应当根据本国法律的原则采取必要的措施，确保因腐败行为而受到损害的实体或者人员有权为获得赔偿而对该损害的责任者提起法律程序。

第三十六条 专职机关

各缔约国均应当根据本国法律制度的基本原则采取必要的措施，确保设有一个或多个机构或者安排了人员专职负责通过执法打击腐败。这类机构或者人员应当拥有根据缔约国法律制度基本原则而给予的必要独立性，以便能够在不受任何不正当影响的情况下有效履行职能。这类人员或者这类机构的工作人员应当受到适当培训，并应当有适当资源，以便执行任务。

第三十七条 与执法机关的合作

一、各缔约国均应当采取适当措施，鼓励参与或者曾经参与实施根据本公约确立的犯罪的人提供有助于主管机关侦查和取证的信息，并为主管机关提供可能有助于剥夺罪犯的犯罪所得并追回这种所得的实际具体帮助。

二、对于在根据本公约确立的任何犯罪的侦查或者起诉中提供实质性配合的被告人，各缔约国均应当考虑就适当情况下减轻处罚的可能性作出规定。

三、对于在根据本公约确立的犯罪的侦查或者起诉中提供实质性配合的人，各缔约国均应当考虑根据本国法律的基本原则就允许不予起诉的可能性作出规定。

四、本公约第三十二条的规定，应当变通适用于为这类人员提供的保护。

五、如果本条第一款所述的、处于某一缔约国的人员能够给予另一缔约国主管机关以实质性配合，有关缔约国可以考虑根据本国法律订立关于由对方缔约国提供本条第二款和第三款所述待遇的协定或者安排。

第三十八条 国家机关之间的合作

各缔约国均应当采取必要的措施，根据本国法律鼓励公共机关及其公职人员与负责侦查和起诉犯罪的机关之间的合作。这种合作可以包括：

（一）在有合理的理由相信发生了根据本公约第十五条、第二十一条和第二十三条确立的任何犯罪时，主动向上述机关举报；

（二）根据请求向上述机关提供一切必要的信息。

第三十九条 国家机关与私营部门之间的合作

一、各缔约国均应当采取必要的措施，根据本国法律鼓励本国侦查和检察机关与私营部门实体特别是与金融机构之间就根据本公约确立的犯罪的实施所涉的事项进行合作。

二、各缔约国均应当考虑鼓励本国国民以及在其领域内有惯常居所的其他人员向国家侦查和检察机关举报根据本公约确立的犯罪的实施情况。

第四十条 银行保密

各缔约国均应当在对根据本公约确立的犯罪进行国内刑事侦查时，确保本国法律制度中有适当的机制，可以用以克服因银行保密法的适用而可能产生的障碍。

第四十一条 犯罪记录

各缔约国均可以采取必要的立法或者其他措施，按其认为适宜的条件并为其认为适宜的目的，考虑另一国以前对被指控罪犯作出的任何有罪判决，以便在涉及根据本公约确立的犯罪的刑事诉讼中利用这类信息。

第四十二条 管辖权

一、各缔约国均应当在下列情况下采取必要的措施，以确立对根据本公约确立的犯罪的管辖权：

（一）犯罪发生在该缔约国领域内；

（二）犯罪发生在犯罪时悬挂该缔约国国旗的船只上或者已经根据该缔约国法律注册的航空器内。

二、在不违背本公约第四条规定的情况下，缔约国还可以在下列情况下对任何此种犯罪确立其管辖权：

（一）犯罪系针对该缔约国国民；

（二）犯罪系由该缔约国国民或者在其领域内有惯常居所的无国籍人实施；

（三）犯罪系发生在本国领域以外的、根据本公约第二十三条第一款第（二）项第2目确立的犯罪，目的是在其领域内实施本公约第二十三条第一款第（一）项第1目或者第2目或者第（二）项第1目确立的犯罪；

（四）犯罪系针对该缔约国。

三、为了本公约第四十四条的目的，各缔约国均应当采取必要的措施，在被指控罪犯在其领域内而其仅因该人为本国国民而不予引渡时，确立本国对根据本公约确立的犯罪的管辖权。

四、各缔约国还可以采取必要的措施，在被指控罪犯在其领域内而其不引渡该人时确立本国对根据本公约确立的犯罪的管辖权。

五、如果根据本条第一款或者第二款行使管辖权的缔约国被告知或者通过其他途径获悉任何其他缔约国正在对同一行为进行侦查、起诉或者审判程序，这些缔约国的主管机关应当酌情相互磋商，以便协调行动。

六、在不影响一般国际法准则的情况下，本公约不排除缔约国行使其根据本国法律确立的任何刑事管辖权。

50.3《联合国打击跨国有组织犯罪公约》(2000 年 11 月 15 日,第 55 届联合国大会通过了《联合国打击跨国有组织犯罪公约》(*U. N. Convention Against Transnational Organized Crime*)。该公约是 1998 年在联合国的主持下开始起草的,需在得到 40 个国家的批准后生效。2000 年 12 月 12 日至 15 日,该公约高级别政治签署会议在罗马举行,118 个国家和地区签署了该公约。中国外交部副部长王光亚代表中国签署了该公约。2003 年 9 月 29 日,联合国发言人埃克哈德宣布,已有 147 个国家签署《联合国打击跨国有组织犯罪公约》,其中批准该公约的有 51 个国家,根据有关规定,公约于该日正式生效)(节录)

第一条　宗　旨

本公约的宗旨是促进合作,以便更有效地预防和打击跨国有组织犯罪。

第二条　术语的使用

在本公约中:

(一)"有组织犯罪集团"系指由三人或多人所组成的、在一定时期内存在的、为了实施一项或多项严重犯罪或根据本公约确立的犯罪以直接或间接获得金钱或其他物质利益而一致行动的有组织结构的集团;

(二)"严重犯罪"系指构成可受到最高刑至少四年的剥夺自由或更严厉处罚的犯罪的行为;

(三)"有组织结构的集团"系指并非为了立即实施一项犯罪而随意组成的集团,但不必要求确定成员职责,也不必要求成员的连续性或完善的组织结构;

(四)"财产"系指各种资产,不论其为物质的或非物质的、动产或不动产、有形的或无形的,以及证明对这些资产所有权或权益的法律文件或文书;

(五)"犯罪所得"系指直接或间接地通过犯罪而产生或获得的任何财产;

(六)"冻结"或"扣押"系指根据法院或其他主管当局的命令暂时禁止财产转移、转换、处置或移动或对之实行暂时性扣留或控制;

(七)"没收",在适用情况下还包括"充公",系指根据法院或其他主管当局的命令对财产实行永久剥夺;

(八)"上游犯罪"系指由其产生的所得可能成为本公约第六条所定义的犯罪的对象的任何犯罪;

(九)"控制下交付"系指在主管当局知情并由其进行监测的情况下允许非法或可疑货物运出、通过或运入一国或多国领土的一种做法,其目的在于侦查某项犯罪并辨认参与该项犯罪的人员;

(十)"区域经济一体化组织"系指由某一区域的一些主权国家组成的组织,其成员国已将处理本公约范围内事务的权限转交该组织,而且该组织已按照其内部程序获得签署、批准、接受、核准或加入本公约的正式授权;本公约所述"缔约国"应在这类组织的权限范围内适用于这些组织。

第三条 适用范围

一、本公约除非另有规定，应适用于对下述跨国的且涉及有组织犯罪集团的犯罪的预防、侦查和起诉：

（一）依照本公约第五条、第六条、第八条和第二十三条确立的犯罪；

（二）本公约第二条所界定的严重犯罪。

二、就本条第一款而言，有下列情形之一的犯罪属跨国犯罪：

（一）在一个以上国家实施的犯罪；

（二）虽在一国实施，但其准备、筹划、指挥或控制的实质性部分发生在另一国的犯罪；

（三）犯罪在一国实施，但涉及在一个以上国家从事犯罪活动的有组织犯罪集团；

（四）犯罪在一国实施，但对于另一国有重大影响。

第四条 保护主权

一、在履行其根据本公约所承担的义务时，缔约国应恪守各国主权平等和领土完整原则和不干涉别国内政原则。

二、本公约的任何规定均不赋予缔约国在另一国领土内行使管辖权和履行该另一国本国法律规定的专属于该国当局的职能的权利。

第八条 腐败行为的刑事定罪

一、各缔约国均应采取必要的立法和其他措施，将下列故意行为规定为刑事犯罪：

（一）直接或间接向公职人员许诺、提议给予或给予该公职人员或其他人员或实体不应有的好处，以使该公职人员在执行公务时作为或不作为；

（二）公职人员为本人或其他人员或实体直接或间接索取或接受不应有的好处，以作为其在执行公务时作为或不作为的条件。

二、各缔约国均应考虑采取必要的立法和其他措施，以便将本条第一款所述涉及外国公职人员或国际公务员的行为规定为刑事犯罪。各缔约国同样也应考虑将其他形式的腐败行为规定为刑事犯罪。

三、各缔约国还应采取必要的措施，将作为共犯参与根据本条所确立的犯罪规定为刑事犯罪。

四、本公约本条第一款和第九条中的"公职人员"，系指任职者任职地国法律所界定的且适用于该国刑法的公职人员或提供公共服务的人员。

第九条 反腐败措施

一、除本公约第八条所列各项措施外，各缔约国均应在适当时并在符合其法律制度的情况下，采取立法、行政或其他有效措施，以促进公职人员廉洁奉公，并预防、调查和惩治腐败行为。

二、各缔约国均应采取措施，确保本国当局在预防、调查和惩治公职人员腐败行为方面采取有效行动，包括使该当局具备适当的独立性，以免其行动受到不适当的影响。

第十一条　起诉、判决和制裁

一、各缔约国均应使根据本公约第五条、第六条、第八条和第二十三条确立的犯罪受到与其严重性相当的制裁。

二、为因本公约所涵盖的犯罪起诉某人而行使本国法律规定的法律裁量权时,各缔约国均应努力确保针对这些犯罪的执法措施取得最大成效,并适当考虑到震慑此种犯罪的必要性。

三、就根据本公约第五条、第六条、第八条和第二十三条确立的犯罪而言,各缔约国均应根据其本国法律并在适当考虑到被告方权利的情况下采取适当措施,力求确保所规定的与审判或上诉前释放的裁决有关的条件考虑到确保被告人在其后的刑事诉讼中出庭的需要。

四、各缔约国均应确保其法院和其他有关当局在考虑早释或假释已被判定犯有本公约所涵盖的犯罪者的可能性时,顾及此种犯罪的严重性。

五、各缔约国均应在适当情况下在其本国法律中对于本公约所涵盖的任何犯罪规定一个较长的追诉时效期限,并在被指控犯罪的人逃避司法处置时规定更长的期限。

六、本公约的任何规定,概不影响根据本公约确立的犯罪和适用的法律辩护理由或决定行为合法性的其他法律原则只应由缔约国本国法律加以阐明,而且此种犯罪应根据该法律予以起诉和处罚的原则。

第十五条　管辖权

一、各缔约国在下列情况下应采取必要措施,以确立对根据本公约第五条、第六条、第八条和第二十三条确立犯罪的管辖权:

(一) 犯罪发生在该缔约国领域内;

(二) 犯罪发生在犯罪时悬挂该缔约国国旗的船只或已根据该缔约国法律注册的航空器内。

二、在不违反本公约第四条规定的情况下,缔约国在下列情况下还可对任何此种犯罪确立其管辖权:

(一) 犯罪系针对该缔约国国民;

(二) 犯罪者为该缔约国国民或在其境内有惯常居所的无国籍人;

(三) 该犯罪系:

1. 发生在本国领域以外的、根据本公约第五条第一款确立的犯罪,目的是在本国领域内实施严重犯罪;

2. 发生在本国领域以外的、根据本公约第六条第一款(二)项2目确立的犯罪,目的是在其领域内进行本公约第六条第一款(一)项1目或2目或(二)项1目确立的犯罪。

三、为了本公约第十六条第十款的目的,各缔约国应采取必要措施,在被指控人在其领域内而其仅因该人系其本国国民而不予引渡时,确立其对本公约所涵盖的犯罪的管辖权。

四、各缔约国还可采取必要措施,在被指控人在其领域内而其不引渡该人时确立其对本公约所涵盖的犯罪的管辖权。

五、如果根据本条第一款或第二款行使其管辖权的缔约国被告知或通过其他途径获悉另一个或数个缔约国正在对同一行为进行侦查、起诉或审判程序，这些国家的主管当局应酌情相互磋商，以便协调行动。

六、在不影响一般国际法准则的情况下，本公约不排除缔约国行使其依据本国法律确立的任何刑事管辖权。

第五十一条【协调各方职责】 国家监察委员会组织协调有关方面加强与有关国家、地区、国际组织在反腐败执法、引渡、司法协助、被判刑人的移管、资产追回和信息交流等领域的合作。

【国际条约】

51.1《联合国反腐败公约》（是联合国历史上通过的第一个用于指导国际反腐败斗争的法律文件。2003年10月31日，第58届联合国大会全体会议审议通过了《联合国反腐败公约》。2005年12月14日，《联合国反腐败公约》正式生效。2005年12月10日，中国外交部副部长张业遂代表中国政府在《联合国反腐败公约》上签字。2005年10月27日，十届全国人大常委会第十八次会议以全票通过决定，批准加入《联合国反腐败公约》。《联合国反腐败公约》公约于2006年2月12日对我国生效。该公约对预防腐败、界定腐败犯罪、反腐败国际合作、非法资产追缴等问题进行了法律上的规范，对各国加强国内的反腐行动、提高反腐成效、促进反腐国际合作具有重要意义）（节录）

第四章　国际合作

第四十三条　国际合作

一、缔约国应当依照本公约第四十四条至第五十条的规定在刑事案件中相互合作。在适当而且符合本国法律制度的情况下，缔约国应当考虑与腐败有关的民事和行政案件调查和诉讼中相互协助。

二、在国际合作事项中，凡将双重犯罪视为一项条件的，如果协助请求中所指的犯罪行为在两个缔约国的法律中均为犯罪，则应当视为这项条件已经得到满足，而不论被请求缔约国和请求缔约国的法律是否将这种犯罪列入相同的犯罪类别或者是否使用相同的术语规定这种犯罪的名称。

第四十四条　引渡

一、当被请求引渡人在被请求缔约国领域内时，本条应当适用于根据本公约确立的犯罪，条件是引渡请求所依据的犯罪是按请求缔约国和被请求缔约国本国法律均应当受到处罚的犯罪。

二、尽管有本条第一款的规定，但缔约国本国法律允许的，可以就本公约所涵盖但依照本国法律不予处罚的任何犯罪准予引渡。

三、如果引渡请求包括几项独立的犯罪，其中至少有一项犯罪可以依照本条规定予以引渡，而其他一些犯罪由于其监禁期的理由而不可以引渡但却与根据本公约确立的犯罪有关,则被请求缔约国也可以对这些犯罪适用本条的规定。

四、本条适用的各项犯罪均应当视为缔约国之间现行任何引渡条约中的可以引渡的犯罪。缔约国承诺将这种犯罪作为可以引渡的犯罪列入它们之间将缔结的每一项引渡条约。在以本公约作为引渡依据时,如果缔约国本国法律允许,根据本公约确立的任何犯罪均不应当视为政治犯罪。

五、以订有条约为引渡条件的缔约国如果接到未与之订有引渡条约的另一缔约国的引渡请求,可以将本公约视为对本条所适用的任何犯罪予以引渡的法律依据。

六、以订有条约为引渡条件的缔约国应当:

(一)在交存本公约批准书、接受书、核准书或者加入书时通知联合国秘书长,说明其是否将把本公约作为与本公约其他缔约国进行引渡合作的法律依据;

(二)如果其不以本公约作为引渡合作的法律依据,则在适当情况下寻求与本公约其他缔约国缔结引渡条约,以执行本条规定。

七、不以订有条约为引渡条件的缔约国应当承认本条所适用的犯罪为它们之间可以相互引渡的犯罪。

八、引渡应当符合被请求缔约国本国法律或者适用的引渡条约所规定的条件,其中包括关于引渡的最低限度刑罚要求和被请求缔约国可以据以拒绝引渡的理由等条件。

九、对于本条所适用的任何犯罪,缔约国应当在符合本国法律的情况下,努力加快引渡程序并简化与之有关的证据要求。

十、被请求缔约国在不违背本国法律及其引渡条约规定的情况下,可以在认定情况必要而且紧迫时,根据请求缔约国的请求,拘留被请求缔约国领域内的被请求引渡人,或者采取其他适当措施,确保该人在进行引渡程序时在场。

十一、如果被指控罪犯被发现在某一缔约国而该国仅以该人为本国国民为理由不就本条所适用的犯罪将其引渡,则该国有义务在寻求引渡的缔约国提出请求时将该案提交本国主管机关以便起诉,而不得有任何不应有的延误。这些机关应当以与根据本国法律针对性质严重的其他任何犯罪所采用的相同方式作出决定和进行诉讼程序。有关缔约国应当相互合作,特别是在程序和证据方面,以确保这类起诉的效率。

十二、如果缔约国本国法律规定,允许引渡或者移交其国民须以该人将被送还本国,按引渡或者移交请求所涉审判、诉讼中作出的判决服刑为条件,而且该缔约国和寻求引渡该人的缔约国也同意这一选择以及可能认为适宜的其他条件,则这种有条件引渡或者移交即足以解除该缔约国根据本条第十一款所承担的义务。

十三、如果为执行判决而提出的引渡请求由于被请求引渡人为被请求缔约国的国民而遭到拒绝,被请求缔约国应当在其本国法律允许并且符合该法律的要求的情况下,根据请求缔约国的请求,考虑执行根据请求缔约国本国法律判处的刑罚或者尚未服满的刑期。

十四、在对任何人就本条所适用的任何犯罪进行诉讼时,应当确保其在诉讼的所有阶段受到公平待遇,包括享有其所在本国法律所提供的一切权利和保障。

十五、如果被请求缔约国有充分理由认为提出引渡请求是为了以某人的性别、种族、宗教、国籍、族裔或者政治观点为理由对其进行起诉或者处罚，或者按请求执行将使该人的地位因上述任一原因而受到损害，则不得对本公约的任何条款作规定了被请求国引渡义务的解释。

十六、缔约国不得仅以犯罪也被视为涉及财税事项为由而拒绝引渡。

十七、被请求缔约国在拒绝引渡前应当在适当情况下与请求缔约国磋商，以使其有充分机会陈述自己的意见和提供与其陈述有关的资料。

十八、缔约国应当力求缔结双边和多边协定或者安排，以执行引渡或者加强引渡的有效性。

第四十五条 被判刑人的移管

缔约国可以考虑缔结双边或多边协定或者安排，将因实施根据本公约确立的犯罪而被判监禁或者其他形式剥夺自由的人移交其本国服满刑期。

第四十六条 司法协助

一、缔约国应当在对本公约所涵盖的犯罪进行的侦查、起诉和审判程序中相互提供最广泛的司法协助。

二、对于请求缔约国中依照本公约第二十六条可能追究法人责任的犯罪所进行的侦查、起诉和审判程序，应当根据被请求缔约国有关的法律、条约、协定和安排，尽可能充分地提供司法协助。

三、可以为下列任何目的而请求依照本条给予司法协助：

（一）向个人获取证据或者陈述；

（二）送达司法文书；

（三）执行搜查和扣押并实行冻结；

（四）检查物品和场所；

（五）提供资料、物证以及鉴定结论；

（六）提供有关文件和记录的原件或者经核证的副本，其中包括政府、银行、财务、公司或者商业记录；

（七）为取证目的而辨认或者追查犯罪所得、财产、工具或者其他物品；

（八）为有关人员自愿在请求缔约国出庭提供方便；

（九）不违反被请求缔约国本国法律的任何其他形式的协助；

（十）根据本公约第五章的规定辨认、冻结和追查犯罪所得；

（十一）根据本公约第五章的规定追回资产。

四、缔约国主管机关如果认为与刑事事项有关的资料可能有助于另一国主管机关进行或者顺利完成调查和刑事诉讼程序，或者可以促成其根据本公约提出请求，则在不影响本国法律的情况下，可以无须事先请求而向该另一国主管机关提供这类资料。

五、根据本条第四款的规定提供这类资料，不应当影响提供资料的主管机关本国所进行的调查和刑事诉讼程序。接收资料的主管机关应当遵守对资料保密的要求，即使是暂时保密的要求，或者对资料使用的限制。但是，这不应当妨碍接收缔约国在其诉讼中披露可以证明被控告人无罪的资料。在这种情况下，接收缔约国应当在披露前通知提供缔约国，而且如果提供缔约国要求，还应当与其磋商。如果在特殊情况下不可能事先通知，接收缔约国应当毫不迟延地将披露一事通告提供缔约国。

六、本条各项规定概不影响任何其他规范或者将要规范整个或部分司法协助问题的双边或多边条约所规定的义务。

七、如果有关缔约国无司法协助条约的约束，则本条第九款至第二十九款应当适用于根据本条提出的请求。如果有关缔约国有这类条约的约束，则适用条约的相应条款，除非这些缔约国同意代之以适用本条第九款至第二十九款。大力鼓励缔约国在这几款有助于合作时予以适用。

八、缔约国不得以银行保密为理由拒绝提供本条所规定的司法协助。

九、（一）被请求缔约国在并非双重犯罪情况下对于依照本条提出的协助请求作出反应时，应当考虑到第一条所规定的本公约宗旨。

（二）缔约国可以以并非双重犯罪为理由拒绝提供本条所规定的协助。然而，被请求缔约国应当在符合其法律制度基本概念的情况下提供不涉及强制性行动的协助。如果请求所涉事项极为轻微或者寻求合作或协助的事项可以依照本公约其他条款获得，被请求缔约国可以拒绝这类协助。

（三）各缔约国均可以考虑采取必要的措施，以使其能够在并非双重犯罪的情况下提供比本条所规定的更为广泛的协助。

十、在一缔约国领域内被羁押或者服刑的人，如果被要求到另一缔约国进行辨认、作证或者提供其他协助，以便为就与本公约所涵盖的犯罪有关的侦查、起诉或者审判程序取得证据，在满足下列条件的情况下，可以予以移送：

（一）该人在知情后自由表示同意；

（二）双方缔约国主管机关同意，但须符合这些缔约国认为适当的条件。

十一、就本条第十款而言：

（一）该人被移送前往的缔约国应当有权力和义务羁押被移送人，除非移送缔约国另有要求或者授权；

（二）该人被移送前往的缔约国应当毫不迟延地履行义务，按照双方缔约国主管机关事先达成的协议或者其他协议，将该人交还移送缔约国羁押；

（三）该人被移送前往的缔约国不得要求移送缔约国为该人的交还而启动引渡程序；

（四）该人在被移送前往的国家的羁押时间应当折抵在移送缔约国执行的刑期。

十二、除非依照本条第十款和第十一款的规定移送某人的缔约国同意，否则，不论该人国籍为何，均不得因其在离开移送国领域前的作为、不作为或者定罪而在被移送前往的国家领域使其受到起诉、羁押、处罚或者对其人身自由进行任何其他限制。

十三、各缔约国均应当指定一个中央机关，使其负责和有权接收司法协助请求并执行请求或将请求转交主管机关执行。如果缔约国有实行单独司法协助制度的特区或者领域，可以另指定一个对该特区或者领域具有同样职能的中央机关。中央机关应当确保所收到的请求迅速而妥善地执行或者转交。中央机关在将请求转交某一主管机关执行时,应当鼓励该主管机关迅速而妥善地执行请求。各缔约国均应当在交存本公约批准书、接受书、核准书或者加入书时,将为此目的指定的中央机关通知联合国秘书长。司法协助请求以及与之有关的任何联系文件均应当递交缔约国指定的中央机关。这项规定不得影响缔约国要求通过外交渠道以及在紧急和可能的情况下经有关缔约国同意通过国际刑事警察组织向其传递这种请求和联系文件的权利。

十四、请求应当以被请求缔约国能够接受的语文以书面形式提出,或者在可能情况下以能够生成书面记录的任何形式提出,但须能够使该缔约国鉴定其真伪。各缔约国均应当在其交存本公约批准书、接受书、核准书或者加入书时,将其所能够接受的语文通知联合国秘书长。在紧急情况下,如果经有关缔约国同意,请求可以以口头方式提出,但应当立即加以书面确认。

十五、司法协助请求书应当包括下列内容:

(一)提出请求的机关;

(二)请求所涉及的侦查、起诉或者审判程序的事由和性质,以及进行该项侦查、起诉或者审判程序的机关的名称和职能;

(三)有关事实的概述,但为送达司法文书提出的请求例外;

(四)对请求协助的事项和请求缔约国希望遵循的特定程序细节的说明;

(五)可能时,任何有关人员的身份、所在地和国籍;

(六)索取证据、资料或者要求采取行动的目的。

十六、被请求缔约国可以要求提供按照其本国法律执行该请求所必需或者有助于执行该请求的补充资料。

十七、请求应当根据被请求缔约国的本国法律执行。在不违反被请求缔约国本国法律的情况下,如有可能,应当按照请求书中列明的程序执行。

十八、当在某一缔约国领域内的某人需作为证人或者鉴定人接受另一缔约国司法机关询问,而且该人不可能或者不宜到请求国领域出庭时,被请求缔约国可以依该另一缔约国的请求,在可能而且符合本国法律基本原则的情况下,允许以电视会议方式进行询问,缔约国可以商定由请求缔约国司法机关进行询问,询问时应当有被请求缔约国司法机关人员在场。

十九、未经被请求缔约国事先同意,请求缔约国不得将被请求缔约国提供的资料或者证据转交或者用于请求书所述以外的侦查、起诉或者审判程序。本款规定不妨碍请求缔约国在其诉讼中披露可以证明被告人无罪的资料或者证据。就后一种情形而言,请求缔约国应当在披露之前通知被请求缔约国,并依请求与被请求缔约国磋商。如果在特殊情况下不可能事先通知,请求缔约国应当毫不迟延地将披露一事通告被请求缔约国。

二十、请求缔约国可以要求被请求缔约国对其提出的请求及其内容保密,但为执行请求所必需的除外。如果被请求缔约国不能遵守保密要求,应当立即通知请求缔约国。

二十一、在下列情况下可以拒绝提供司法协助：

（一）请求未按本条的规定提出；

（二）被请求缔约国认为执行请求可能损害其主权、安全、公共秩序或者其他基本利益；

（三）如果被请求缔约国的机关依其管辖权对任何类似犯罪进行侦查、起诉或者审判程序时，其本国法律已经规定禁止对这类犯罪采取被请求的行动；

（四）同意这项请求将违反被请求缔约国关于司法协助的法律制度。

二十二、缔约国不得仅以犯罪也被视为涉及财税事项为理由而拒绝司法协助请求。

二十三、拒绝司法协助时应当说明理由。

二十四、被请求缔约国应当尽快执行司法协助请求，并应当尽可能充分地考虑到请求缔约国提出的、最好在请求中说明了理由的任何最后期限。请求缔约国可以合理要求被请求缔约国提供关于为执行这一请求所采取措施的现况和进展情况的信息。被请求缔约国应当依请求缔约国的合理要求，就其处理请求的现况和进展情况作出答复。请求国应当在其不再需要被请求国提供所寻求的协助时迅速通知被请求缔约国。

二十五、被请求缔约国可以以司法协助妨碍正在进行的侦查、起诉或者审判程序为理由而暂缓进行。

二十六、被请求缔约国在根据本条第二十一款拒绝某项请求或者根据本条第二十五款暂缓执行请求事项之前，应当与请求缔约国协商，以考虑是否可以在其认为必要的条件下给予协助。请求缔约国如果接受附有条件限制的协助，则应当遵守有关的条件。

二十七、在不影响本条第十二款的适用的情况下，对于依请求缔约国请求而同意到请求缔约国领域就某项诉讼作证或者为某项侦查、起诉或者审判程序提供协助的证人、鉴定人或者其他人员，不应当因其离开被请求缔约国领域之前的作为、不作为或者定罪而在请求缔约国领域内对其起诉、羁押、处罚，或者使其人身自由受到任何其他限制。如该证人、鉴定人或者其他人员已经得到司法机关不再需要其到场的正式通知，在自通知之日起连续十五天内或者在缔约国所商定的任何期限内，有机会离开但仍自愿留在请求缔约国领域内，或者在离境后又自愿返回，这种安全保障即不再有效。

二十八、除非有关缔约国另有协议，执行请求的一般费用应当由被请求缔约国承担。如果执行请求需要或者将需要支付巨额或者异常费用，则应当由有关缔约国进行协商，以确定执行该请求的条件以及承担费用的办法。

二十九、被请求缔约国：

（一）应当向请求缔约国提供其所拥有的根据其本国法律可以向公众公开的政府记录、文件或者资料；

（二）可以自行斟酌决定全部或部分地或者按其认为适当的条件向请求缔约国提供其所拥有的根据其本国法律不向公众公开的任何政府记录、文件或者资料。

三十、缔约国应当视需要考虑缔结有助于实现本条目的、具体实施或者加强本条规定的双边或多边协定或者安排的可能性。

第四十七条　刑事诉讼的移交

缔约国如果认为相互移交诉讼有利于正当司法,特别是在涉及数国管辖权时,为了使起诉集中,应当考虑相互移交诉讼的可能性,以便对根据本公约确立的犯罪进行刑事诉讼。

第四十八条　执法合作

一、缔约国应当在符合本国法律制度和行政管理制度的情况下相互密切合作,以加强打击本公约所涵盖的犯罪的执法行动的有效性。缔约国尤其应当采取有效措施,以便:

(一)加强并在必要时建立各国主管机关、机构和部门之间的联系渠道,以促进安全、迅速地交换有关本公约所涵盖的犯罪的各个方面的情报,在有关缔约国认为适当时还可以包括与其他犯罪活动的联系的有关情报;

(二)同其他缔约国合作,就下列与本公约所涵盖的犯罪有关的事项进行调查:

1. 这类犯罪嫌疑人的身份、行踪和活动,或者其他有关人员的所在地点;

2. 来自这类犯罪的犯罪所得或者财产的去向;

3. 用于或者企图用于实施这类犯罪的财产、设备或者其他工具的去向;

(三)在适当情况下提供必要数目或者数量的物品以供分析或者侦查之用;

(四)与其他缔约国酌情交换关于为实施本公约所涵盖的犯罪而采用的具体手段和方法的资料,包括利用虚假身份、经变造、伪造或者假冒的证件和其他旨在掩饰活动的手段的资料;

(五)促进各缔约国主管机关、机构和部门之间的有效协调,并加强人员和其他专家的交流,包括根据有关缔约国之间的双边协定和安排派出联络官员;

(六)交换情报并协调为尽早查明本公约所涵盖的犯罪而酌情采取的行政和其他措施。

二、为实施本公约,缔约国应当考虑订立关于其执法机构间直接合作的双边或多边协定或者安排,并在已经有这类协定或者安排的情况下考虑对其进行修正。如果有关缔约国之间尚未订立这类协定或者安排,这些缔约国可以考虑以本公约为基础,进行针对本公约所涵盖的任何犯罪的相互执法合作。缔约国应当在适当情况下充分利用各种协定或者安排,包括利用国际或者区域组织,以加强缔约国执法机构之间的合作。

三、缔约国应当努力在力所能及的范围内开展合作,以便对借助现代技术实施的本公约所涵盖的犯罪作出反应。

第四十九条　联合侦查

缔约国应当考虑缔结双边或多边协定或者安排,以便有关主管机关可以据以就涉及一国或多国侦查、起诉或者审判程序事由的事宜建立联合侦查机构。如无这类协定或者安排,可以在个案基础上商定进行这类联合侦查。有关缔约国应当确保拟在其领域内开展这种侦查的缔约国的主权受到充分尊重。

第五十条 特殊侦查手段

一、为有效地打击腐败，各缔约国均应当在其本国法律制度基本原则许可的范围内并根据本国法律规定的条件在其力所能及的情况下采取必要措施，允许其主管机关在其领域内酌情使用控制下交付和在其认为适当时使用诸如电子或者其他监视形式和特工行动等其他特殊侦查手段，并允许法庭采信由这些手段产生的证据。

二、为侦查本公约所涵盖的犯罪，鼓励缔约国在必要情况下为在国际一级合作时使用这类特殊侦查手段而缔结适当的双边或多边协定或者安排。这类协定或者安排的缔结和实施应当充分遵循各国主权平等原则，执行时应当严格遵守这类协定或者安排的条款。

三、在无本条第二款所述协定或者安排的情况下，关于在国际一级使用这种特殊侦查手段的决定，应当在个案基础上作出，必要时还可以考虑到有关缔约国就行使管辖权所达成的财务安排或者谅解。

四、经有关缔约国同意，关于在国际一级使用控制下交付的决定，可以包括诸如拦截货物或者资金以及允许其原封不动地继续运送或将其全部或者部分取出或者替换之类的办法。

第六章 技术援助和信息交流

第六十条 培训和技术援助

一、各缔约国均应当在必要的情况下为本国负责预防和打击腐败的人员启动、制定或者改进具体培训方案。这些培训方案可以涉及以下方面：

（一）预防、监测、侦查、惩治和控制腐败的有效措施，包括使用取证和侦查手段；

（二）反腐败战略性政策制定和规划方面的能力建设；

（三）对主管机关进行按本公约的要求提出司法协助请求方面的培训；

（四）评估和加强体制、公职部门管理、包括公共采购在内的公共财政管理，以及私营部门；

（五）防止和打击根据本公约确立的犯罪的所得转移和追回这类所得；

（六）监测和冻结根据本公约确立的犯罪的所得的转移；

（七）监控根据本公约确立的犯罪的所得的流动情况以及这类所得的转移、窝藏或者掩饰方法；

（八）便利返还根据本公约确立的犯罪所得的适当而有效的法律和行政机制及方法；

（九）用以保护与司法机关合作的被害人和证人的方法；

（十）本国和国际条例以及语言方面的培训。

二、缔约国应当根据各自的能力考虑为彼此的反腐败计划和方案提供最广泛的技术援助，特别是向发展中国家提供援助，包括本条第一款中提及领域内的物质支持和培训,以及为便利缔约国之间在引渡和司法协助领域的国际合作而提供培训和援助以及相互交流有关的经验和专门知识。

三、缔约国应当在必要时加强努力,在国际组织和区域组织内并在有关的双边和多边协定或者安排的框架内最大限度地开展业务和培训活动。

四、缔约国应当考虑相互协助,根据请求对本国腐败行为的类型、根源、影响和代价进行评价、分析和研究,以便在主管机关和社会的参与下制定反腐败战略和行动计划。

五、为便利追回根据本公约确立的犯罪的所得,缔约国可以开展合作,互相提供可以协助实现这一目标的专家的名单。

六、缔约国应当考虑利用分区域、区域和国际性的会议和研讨会促进合作和技术援助,并推动关于共同关切的问题的讨论,包括关于发展中国家和经济转型期国家的特殊问题和需要的讨论。

七、缔约国应当考虑建立自愿机制,以便通过技术援助方案和项目对发展中国家和经济转型期国家适用本公约的努力提供财政捐助。

八、各缔约国均应当考虑向联合国毒品和犯罪问题办事处提供自愿捐助,以便通过该办事处促进发展中国家为实施本公约而开展的方案和项目。

第六十一条 有关腐败的资料的收集、交流和分析

一、各缔约国均应当考虑在同专家协商的情况下,分析其领域内腐败方面的趋势以及腐败犯罪实施的环境。

二、缔约国应当考虑为尽可能拟订共同的定义、标准和方法而相互并通过国际和区域组织发展和共享统计数字、有关腐败的分析性专门知识和资料,以及有关预防和打击腐败的最佳做法的资料。

三、各缔约国均应当考虑对其反腐败政策和措施进行监测,并评估其效力和效率。

第六十二条 其他措施:通过经济发展和技术援助实施公约

一、缔约国应当通过国际合作采取有助于最大限度优化本公约实施的措施,同时应当考虑到腐败对社会,尤其是对可持续发展的消极影响。

二、缔约国应当相互协调并同国际和区域组织协调,尽可能作出具体努力:

(一)加强同发展中国家在各级的合作,以提高发展中国家预防和打击腐败的能力;

(二)加强财政和物质援助,以支持发展中国家为有效预防和打击腐败而作出的努力,并帮助它们顺利实施本公约;

(三)向发展中国家和经济转型期国家提供技术援助,以协助它们满足在实施本公约方面的需要。为此,缔约国应当努力向联合国筹资机制中为此目的专门指定的账户提供充分的经常性自愿捐款。缔约国也可以根据其本国法律和本公约的规定,特别考虑向该账户捐出根据本公约规定没收的犯罪所得或者财产中一定比例的金钱或者相应价值;

(四)酌情鼓励和争取其他国家和金融机构参与根据本条规定所作的努力,特别是通过向发展中国家提供更多的培训方案和现代化设备,以协助它们实现本公约的各项目标。

三、这些措施应当尽量不影响现有对外援助承诺或者其他双边、区域或者国际一级的金融合作安排。

四、缔约国可以缔结关于物资和后勤援助的双边或多边协定或者安排,同时考虑到为使本公约所规定的国际合作方式行之有效和预防、侦查与控制腐败所必需的各种金融安排。

51.2《联合国打击跨国有组织犯罪公约》(2000年11月15日,第55届联合国大会通过了《联合国打击跨国有组织犯罪公约》(*U. N. Convention Against Transnational Organized Crime*)。该公约是1998年在联合国的主持下开始起草的,需在得到40个国家的批准后生效。2000年12月12日至15日,该公约高级别政治签署会议在罗马举行,118个国家和地区签署了该公约。中国外交部副部长王光亚代表中国签署了该公约。2003年9月29日,联合国发言人埃克哈德宣布,已有147个国家签署《联合国打击跨国有组织犯罪公约》,其中批准该公约的有51个国家,根据有关规定,公约于该日正式生效)(节录)

第十六条 引 渡

一、本条应适用于本公约所涵盖的犯罪,或第三条第一款(一)项或(二)项所述犯罪涉及有组织犯罪集团且被请求引渡人位于被请求缔约国境内的情况,条件是引渡请求所依据的犯罪是按请求缔约国和被请求缔约国本国法律均应受到处罚的犯罪。

二、如果引渡请求包括几项独立的严重犯罪,其中某些犯罪不在本条范围之内,被请求缔约国也可对这些犯罪适用本条的规定。

三、本条适用的各项犯罪均应视为缔约国之间现行的任何引渡条约中的可引渡的犯罪。各缔约国承诺将此种犯罪作为可引渡的犯罪列入它们之间拟缔结的每一项引渡条约。

四、以订有条约为引渡条件的缔约国如接到未与之订有引渡条约的另一缔约国的引渡请求,可将本公约视为对本条所适用的任何犯罪予以引渡的法律依据。

五、以订有条约为引渡条件的缔约国应:

(一)在交存本公约批准书、接受书、核准书或加入书时通知联合国秘书长,说明其是否将把本公约作为与本公约其他缔约国进行引渡合作的法律依据;

(二)如其不以本公约作为引渡合作的法律依据,则在适当情况下寻求与本公约其他缔约国缔结引渡条约,以执行本条规定。

六、不以订有条约为引渡条件的缔约国应承认本条所适用的犯罪为它们之间可相互引渡的犯罪。

七、引渡应符合被请求缔约国本国法律或适用的引渡条约所规定的条件,其中特别包括关于引渡的最低限度刑罚要求和被请求缔约国可据以拒绝引渡的理由等条件。

八、对于本条所适用的任何犯罪，缔约国应在符合本国法律的情况下，努力加快引渡程序并简化与之有关的证据要求。

九、在不违背本国法律及其引渡条约规定的情况下，被请求缔约国可在认定情况必要而且紧迫时，应请求缔约国的请求，拘留其境内的被请求引渡人或采取其他适当措施，以确保该人在进行引渡程序时在场。

十、被指控人所在的缔约国如果仅以罪犯系本国国民为由不就本条所适用的犯罪将其引渡，则有义务在要求引渡的缔约国提出请求时，将该案提交给其主管当局以便起诉，而不得有任何不应有的延误。这些当局应以与根据本国法律针对性质严重的其他任何犯罪所采用的方式相同的方式作出决定和进行诉讼程序。有关缔约国应相互合作，特别是在程序和证据方面，以确保这类起诉的效果。

十一、如果缔约国本国法律规定，允许引渡或移交其国民须以该人将被送还本国，就引渡或移交请求所涉审判、诉讼中作出的判决服刑为条件，且该缔约国和寻求引渡该人的缔约国也同意这一选择以及可能认为适宜的其他条件，则此种有条件引渡或移交即足以解除该缔约国根据本条第十款所承担的义务。

十二、如为执行判决而提出的引渡请求由于被请求引渡人为被请求缔约国的国民而遭到拒绝，被请求国应在其本国法律允许并且符合该法律的要求的情况下，根据请求国的请求，考虑执行按请求国本国法律作出的判刑或剩余刑期。

十三、在对任何人就本条所适用的犯罪进行诉讼时，应保其在诉讼的所有阶段受到公平待遇，包括享有其所在国本国法律所提供的一切权利和保障。

十四、如果被请求缔约国有充分理由认为提出该请求是为了以某人的性别、种族、宗教、国籍、族裔或政治观点为由对其进行起诉或处罚，或按该请求行事将使该人的地位因上述任一原因而受到损害，则不得对本公约的任何规定作规定了被请求国的引渡义务的解释。

十五、缔约国不得仅以犯罪也被视为涉及财政事项为由而拒绝引渡。

十六、被请求缔约国在拒绝引渡前应在适当情况下与请求缔约国磋商，以使其有充分机会陈述自己的意见和介绍与其指控有关的资料。

十七、各缔约国均应寻求缔结双边和多边协定或安排，以执行引渡或加强引渡的有效性。

第十七条 被判刑人员的移交

缔约国可考虑缔结双边或多边协定或安排，将因犯有本公约所涉犯罪而被判监禁或其他形式剥夺自由的人员移交其本国服满刑期。

第十八条 司法协助

一、缔约国应在对第三条规定的本公约所涵盖的犯罪进行的侦查、起诉和审判程序中相互提供最大程度的司法协助；在请求缔约国有合理理由怀疑第三条第一款（一）项或（二）项所述犯罪具有跨国性时，包括怀疑此种犯罪的被害人、证人、犯罪所得、工具或证据位于被请求缔约国而且该项犯罪涉及一有组织犯罪集团时，还应对等地相互给予类似协助。

二、对于请求缔约国根据本公约第十条可能追究法人责任的犯罪所进行的侦查、起诉和审判程序,应当根据被请求缔约国的有关的法律、条约、协定和安排,尽可能充分地提供司法协助。

三、可为下列任何目的请求依据本条给予司法协助:

(一)向个人获取证据或陈述;

(二)送达司法文书;

(三)执行搜查和扣押并实行冻结;

(四)检查物品和场所;

(五)提供资料、物证以及鉴定结论;

(六)提供有关文件和记录的原件或经核证的副本,其中包括政府、银行、财务、公司或营业记录;

(七)为取证目的而辨认或追查犯罪所得、财产、工具或其他物品;

(八)为有关人员自愿在请求缔约国出庭提供方便;

(九)不违反被请求缔约国本国法律的任何其他形式的协助。

四、缔约国主管当局如认为与刑事事项有关的资料可能有助于另一国主管当局进行或顺利完成调查和刑事诉讼程序,或可促成其根据本公约提出请求,则在不影响本国法律的情况下,可无须事先请求而向该另一国主管当局提供这类资料。

五、根据本条第四款提供这类资料,不应影响提供资料的主管当局本国所进行的调查和刑事诉讼程序。接收资料的主管当局应遵守对资料保密的要求,即使是暂时保密的要求,或对资料使用的限制。但是,这不应妨碍接收缔约国在其诉讼中披露可证明被控告人无罪或罪轻的资料。在这种情况下,接收缔约国应在披露前通知提供缔约国,而且如果提供缔约国要求,还应与其磋商。如果在例外情况下不可能事先通知,接收缔约国应毫不迟延地将披露一事通告提供缔约国。

六、本条各项规定概不影响任何其他规范或将要规范整个或部分司法协助问题的双边或多边条约所规定的义务。

七、如果有关缔约国无司法协助条约的约束,则本条第九至二十九款应适用于根据本条提出的请求。如果有关缔约国有这类条约的约束,则适用条约的相应条款,除非这些缔约国同意代之以适用本条第九至二十九款。大力鼓励缔约国在这些款有助于合作时予以适用。

八、缔约国不得以银行保密为由拒绝提供本条所规定的司法协助。

九、缔约国可以并非双重犯罪为由拒绝提供本条所规定的司法协助。但是,被请求缔约国可在其认为适当时在其斟酌决定的范围内提供协助,而不论该行为按被请求缔约国本国法律是否构成犯罪。

十、在一缔约国境内羁押或服刑的人,如果被要求到另一缔约国进行辨认、作证或提供其他协助,以便为就与本公约所涵盖的犯罪有关的侦查、起诉或审判程序取得证据,在满足以下条件的情况下,可予移送:

(一)该人在知情后自由表示同意;

(二)双方缔约国主管当局同意,但须符合这些缔约国认为适当的条件。

十一、就本条第十款而言:

(一)该人被移送前往的缔约国应有权力和义务羁押被移送人,除非移送缔约国另有要求或授权;

(二)该人被移送前往的缔约国应毫不迟延地履行义务,按照双方缔约国主管当局事先达成的协议或其他协议,将该人交还移送缔约国羁押;

(三)该人被移送前往的缔约国不得要求移送缔约国为该人的交还启动引渡程序;

(四)该人在被移送前往的国家的羁押时间应折抵在移送缔约国执行的刑期。

十二、除非按照本条第十款和第十一款移送该人的缔约国同意,无论该人国籍为何,均不得因其在离开移送国国境前的作为、不作为或定罪而在被移送前往的国家境内使其受到起诉、羁押、处罚或对其人身自由实行任何其他限制。

十三、各缔约国均应指定一中心当局,使其负责和有权接收司法协助请求并执行请求或将请求转交主管当局执行。如缔约国有实行单独司法协助制度的特区或领土,可另指定一个对该特区或领土具有同样职能的中心当局。中心当局应确保所收到的请求的迅速而妥善执行或转交。中心当局在将请求转交某一主管当局执行时,应鼓励该主管当局迅速而妥善地执行请求。各缔约国应在交存本公约批准书、接受书、核准书或加入书时将为此目的指定的中心当局通知联合国秘书长。司法协助请求以及与之有关的任何联系文件均应递交缔约国指定的中心当局。此项规定不得损害缔约国要求通过外交渠道以及在紧急和可能的情况下经有关缔约国同意通过国际刑事警察组织向其传递这种请求和联系文件的权利。

十四、请求应以被请求缔约国能接受的语文以书面形式提出,或在可能情况下以能够生成书面记录的任何形式提出,但须能使该缔约国鉴定其真伪。各缔约国应在其交存本公约批准书、接受书、核准书或加入书时将其所能接受的语文通知联合国秘书长。在紧急情况下,如经有关缔约国同意,请求可以口头方式提出,但应立即加以书面确认。

十五、司法协助请求书应载有:

(一)提出请求的当局;

(二)请求所涉的侦查、起诉或审判程序的事由和性质,以及进行此项侦查、起诉或审判程序的当局的名称和职能;

(三)有关事实的概述,但为送达司法文书提出的请求例外;

(四)对请求协助的事项和请求缔约国希望遵循的特定程序细节的说明;

(五)可能时,任何有关人员的身份、所在地和国籍;

(六)索取证据、资料或要求采取行动的目的。

十六、被请求缔约国可要求提供按照其本国法律执行该请求所必需或有助于执行该请求的补充资料。

十七、请求应根据被请求缔约国本国法律执行。在不违反被请求缔约国本国法律的情况下,如有可能,应遵循请求书中列明的程序执行。

十八、当在某一缔约国境内的某人需作为证人或鉴定人接受另一缔约国司法当局询问，且该人不可能或不愿到请求国出庭，则前一个缔约国可应该另一缔约国的请求，在可能且符合本国法律基本原则的情况下，允许以电视会议方式进行询问，缔约国可商定由请求缔约国司法当局进行询问且询问时应有被请求缔约国司法当局在场。

十九、未经请求缔约国事先同意，请求缔约国不得将被请求缔约国提供的资料或证据转交或用于请求书所述以外的侦查、起诉或审判程序。本款规定不妨碍请求缔约国在其诉讼中披露可证明被告人无罪或罪轻的资料或证据。就后一种情形而言，请求缔约国应在披露之前通知被请求缔约国，并依请求与被请求缔约国磋商。如在例外情况下不可能事先通知时，请求缔约国应毫不迟延地将披露一事通告被请求缔约国。

二十、请求缔约国可要求被请求缔约国对其提出的请求及其内容保密，但为执行请求所必需时除外。如果被请求缔约国不能遵守保密要求，应立即通知请求缔约国。

二十一、在下列情况下可拒绝提供司法协助：

（一）请求未按本条的规定提出；

（二）被请求缔约国认为执行请求可能损害其主权、安全、公共秩序或其他基本利益；

（三）假如被请求缔约国当局依其管辖权对任何类似犯罪进行侦查、起诉或审判程序时，其本国法律将会禁止其对此类犯罪采取被请求的行动；

（四）同意此项请求将违反被请求国关于司法协助的法律制度。

二十二、缔约国不得仅以犯罪又被视为涉及财政事项为由拒绝司法协助请求。

二十三、拒绝司法协助时应说明理由。

二十四、被请求缔约国应尽快执行司法协助请求，并应尽可能充分地考虑到请求缔约国提出的、最好在请求中说明了理由的任何最后期限。被请求缔约国应依请求缔约国的合理要求就其处理请求的进展情况作出答复。请求国应在其不再需要被请求国提供所寻求的协助时迅速通知被请求缔约国。

二十五、被请求缔约国可以司法协助妨碍正在进行的侦查、起诉或审判为由而暂缓进行。

二十六、在根据本条第二十一款拒绝某项请求或根据本条第二十五款暂缓执行请求事项之前，被请求缔约国应与请求缔约国协商，以考虑是否可在其认为必要的条件下给予协助。请求缔约国如果接受附有条件限制的协助，则应遵守有关的条件。

二十七、在不影响本条第十二款的适用的情况下，应请求缔约国请求而同意到请求缔约国就某项诉讼作证或为某项侦查、起诉或审判程序提供协助的证人、鉴定人或其他人员，不应因其离开被请求缔约国领土之前的作为、不作为或定罪而在请求缔约国领土内被起诉、羁押、处罚，或在人身自由方面受到任何其他限制。如该证人、鉴定人或其他人员已得到司法当局不再需要其到场的正式通知，在自通知之日起连续十五天内或在缔约国所商定的任何期限内，有机会离开但仍自愿留在请求缔约国境内，或在离境后又自愿返回，则此项安全保障即不再有效。

二十八、除非有关缔约国另有协议，执行请求的一般费用应由被请求缔约国承担。如执行请求需要或将需要支付巨额或特殊性质的费用,则应由有关缔约国进行协商,以确定执行该请求的条件以及承担费用的办法。

二十九、被请求缔约国:

(一)应向请求缔约国提供其所拥有的根据其本国法律可向公众公开的政府记录、文件或资料的副本;

(二)可自行斟酌决定全部或部分地或按其认为适当的条件向请求缔约国提供其所拥有的根据其本国法律不向公众公开的任何政府记录、文件或资料的副本。

三十、缔约国应视需要考虑缔结有助于实现本条目的、具体实施或加强本条规定的双边或多边协定或安排的可能性。

第十九条 联合调查

缔约国应考虑缔结双边或多边协定或安排,以便有关主管当局可据以就涉及一国或多国刑事侦查、起诉或审判程序事由的事宜建立联合调查机构。如无这类协定或安排,则可在个案基础上商定进行这类联合调查。有关缔约国应确保拟在其境内进行该项调查的缔约国的主权受到充分尊重。

第二十条 特殊侦查手段

一、各缔约国均应在其本国法律基本原则许可的情况下,视可能并根据本国法律所规定的条件采取必要措施,允许其主管当局在其境内适当使用控制下交付并在其认为适当的情况下使用其他特殊侦查手段,如电子或其他形式的监视和特工行动,以有效地打击有组织犯罪。

二、为侦查本公约所涵盖的犯罪,鼓励缔约国在必要时为在国际一级合作时使用这类特殊侦查手段而缔结适当的双边或多边协定或安排。此类协定或安排的缔结和实施应充分遵循各国主权平等原则,执行时应严格遵守这类协定或安排的条件。

三、在无本条第二款所列协定或安排的情况下,关于在国际一级使用这种特殊侦查手段的决定,应在个案基础上作出,必要时还可考虑到有关缔约国就行使管辖权所达成的财务安排或谅解。

四、经各有关缔约国同意,关于在国际一级使用控制下交付的决定,可包括诸如拦截货物后允许其原封不动地或将其全部或部分取出替换后继续运送之类的办法。

第二十一条 刑事诉讼的移交

缔约国如认为相互移交诉讼有利于正当司法,特别是在涉及数国管辖权时,为了使起诉集中,应考虑相互移交诉讼的可能性,以便对本公约所涵盖的某项犯罪进行刑事诉讼。

第二十二条 建立犯罪记录

各缔约国均可采取必要的立法或其他措施,按其认为适宜的条件并为其认为适宜的目的,考虑到另一个国家以前对被指控人作出的任何有罪判决,以便在涉及本公约所涵盖的犯罪的刑事诉讼中加以利用。

第二十三条 妨害司法的刑事定罪

各缔约国均应采取必要的立法和其他措施,将下列故意行为规定为刑事犯罪:

（一）在涉及本公约所涵盖的犯罪的诉讼中使用暴力、威胁或恐吓，或许诺、提议给予或给予不应有的好处，以诱使提供虚假证言或干扰证言或证据的提供；

（二）使用暴力、威胁或恐吓，干扰司法或执法人员针对本公约所涵盖的犯罪执行公务。本项规定概不应影响缔约国制定保护其他类别公职人员的立法的权利。

第二十四条　保护证人

一、各缔约国均应在其力所能及的范围内采取适当的措施，为刑事诉讼中就本公约所涵盖的犯罪作证的证人并酌情为其亲属及其他与其关系密切者提供有效的保护，使其免遭可能的报复或恐吓。

二、在不影响被告人的权利包括正当程序权的情况下，本条第一款所述措施可包括：

（一）制定向此种人提供人身保护的程序，例如，在必要和可行的情况下将其转移，并在适当情况下允许不披露或限制披露有关其身份和下落的情况；

（二）规定可允许以确保证人安全的方式作证的证据规则，例如，允许借助于诸如视像连接之类的通信技术或其他适当手段提供证言。

三、缔约国应考虑与其他国家订立有关转移本条第一款所述人员的安排。

四、本条的规定也应适用于作为证人的被害人。

第二十五条　帮助和保护被害人

一、各缔约国均应在其力所能及的范围内采取适当的措施，以便向本公约所涵盖的犯罪的被害人提供帮助和保护，尤其是在其受到报复威胁或恐吓的情况下。

二、各缔约国均应制定适当的程序，使本公约所涵盖的犯罪的被害人有机会获得赔偿和补偿。

三、各缔约国均应在符合其本国法律的情况下，在对犯罪的人提起的刑事诉讼的适当阶段，以不损害被告人权利的方式使被害人的意见和关切得到表达和考虑。

第二十六条　加强与执法当局合作的措施

一、各缔约国均应采取适当措施，鼓励参与或曾参与有组织犯罪集团的个人：

（一）为主管当局的侦查和取证提供有用信息，例如：

1. 有组织犯罪集团的身份、性质、组成情况、结构、所在地或活动；

2. 与其他有组织犯罪集团之间的联系，包括国际联系；

3. 有组织犯罪集团所实施或可能实施的犯罪；

（二）为主管当局提供可能有助于剥夺有组织犯罪集团的资源或犯罪所得的切实而具体的帮助。

二、对于在本公约所涵盖的任何犯罪的侦查或起诉中提供了实质性配合的被指控者，各缔约国均应考虑规定在适当情况下减轻处罚的可能性。

三、对于本公约所涵盖的犯罪的侦查或起诉中予以实质性配合者，各缔约国均应考虑根据其本国法律基本原则规定允许免予起诉的可能性。

四、应按本公约第二十四条的规定为此类人员提供保护。

五、如果本条第一款所述的、位于一缔约国的人员能给予另一缔约国主管当局以实质性配合，有关缔约国可考虑根据其本国法律订立关于由对方缔约国提供本条第二款和第三款所列待遇的协定或安排。

第二十七条 执法合作

一、缔约国应在符合本国法律和行政管理制度的情况下相互密切合作，以加强打击本公约所涵盖的犯罪的执法行动的有效性。各缔约国尤其应采取有效措施，以便：

（一）加强并在必要时建立各国主管当局、机构和部门之间的联系渠道，以促进安全、迅速地交换有关本公约所涵盖犯罪的各个方面的情报，有关缔约国认为适当时还可包括与其他犯罪活动的联系的有关情报；

（二）同其他缔约国合作，就以下与本公约所涵盖的犯罪有关的事项进行调查：

1. 涉嫌这类犯罪的人的身份、行踪和活动，或其他有关人员的所在地点；

2. 来自这类犯罪的犯罪所得或财产的去向；

3. 用于或企图用于实施这类犯罪的财产、设备或其他工具的去向；

（三）在适当情况下提供必要数目或数量的物品以供分析或调查之用；

（四）促进各缔约国主管当局、机构和部门之间的有效协调，并加强人员和其他专家的交流，包括根据有关缔约国之间的双边协定和安排派出联络官员；

（五）与其他缔约国交换关于有组织犯罪集团采用的具体手段和方法的资料，视情况包括关于路线和交通工具、利用假身份、经变造或伪造的证件或其他掩盖其活动的手段的资料；

（六）交换情报并协调为尽早查明本公约所涵盖的犯罪而酌情采取的行政和其他措施。

二、为实施本公约，缔约国应考虑订立关于其执法机构间直接合作的双边或多边协定或安排，并在已有这类协定或安排的情况下考虑对其进行修正。如果有关缔约国之间尚未订立这类协定或安排，缔约国可考虑以本公约为基础，进行针对本公约所涵盖的任何犯罪的相互执法合作。缔约国应在适当情况下充分利用各种协定或安排，包括国际或区域组织，以加强缔约国执法机构之间的合作。

三、缔约国应努力在力所能及的范围内开展合作，以便对借助现代技术实施的跨国有组织犯罪作出反应。

第二十八条 收集、交流和分析关于有组织犯罪的性质的资料

一、各缔约国均应考虑在同科技和学术界协商的情况下，分析其领域内的有组织犯罪的趋势、活动环境以及所涉及的专业团体和技术。

二、缔约国应考虑相互并通过国际和区域组织研究和分享与有组织犯罪活动有关的分析性专门知识。为此目的，应酌情制定和适用共同的定义、标准和方法。

三、各缔约国均应考虑对其打击有组织犯罪的政策和实际措施进行监测，并对这些政策和措施的有效性和效果进行评估。

第二十九条 培训和技术援助

一、各缔约国均应在必要时为其执法人员，包括检察官、进行调查的法官和海关人员及其他负责预防、侦查和控制本公约所涵盖的犯罪的人员开展、拟订或改进具体

的培训方案。这类方案可包括人员借调和交流。这类方案应在本国法律所允许的范围内特别针对以下方面：

（一）预防、侦查和控制本公约所涵盖的犯罪的方法；

（二）涉嫌参与本公约所涵盖的犯罪的人所使用的路线和手段，包括在过境国使用的路线和手段，以及适当的对策；

（三）对违禁品走向的监测；

（四）侦查和监测犯罪所得、财产、设备或其他工具的去向和用于转移、隐瞒或掩饰此种犯罪所得、财产、设备或其他工具的手法，以及用以打击洗钱和其他金融犯罪的方法；

（五）收集证据；

（六）自由贸易区和自由港中的控制手段；

（七）现代化执法设备和技术，包括电子监视、控制下交付和特工行动；

（八）打击借助于计算机、电信网络或其他形式现代技术所实施的跨国有组织犯罪的方法；

（九）保护被害人和证人的方法。

二、缔约国应相互协助，规划并实施旨在分享本条第一款所提及领域专门知识的研究和培训方案，并应为此目的酌情利用区域和国际会议和研讨会，促进对共同关心的问题，包括过境国的特殊问题和需要的合作和讨论。

三、缔约国应促进有助于引渡和司法协助的培训和技术援助。这种培训和技术援助可包括对中心当局或负有相关职责的机构的人员进行语言培训、开展借调和交流。

四、在有双边和多边协定的情况下，缔约国应加强必要的努力，在国际组织和区域组织的范围内以及其他有关的双边和多边协定或安排的范围内，最大限度地开展业务及培训活动。

第三十条 其他措施：通过经济发展和技术援助执行公约

一、缔约国应通过国际合作采取有助于最大限度优化本公约执行的措施，同时应考虑到有组织犯罪对社会，尤其是对可持续发展的消极影响。

二、缔约国应相互协调并同国际和区域组织协调，尽可能作出具体努力：

（一）加强其同发展中国家在各级的合作，以提高发展中国家预防和打击跨国有组织犯罪的能力；

（二）加强财政和物质援助，支持发展中国家同跨国有组织犯罪作有效斗争的努力，并帮助它们顺利执行本公约；

（三）向发展中国家和经济转型期国家提供技术援助，以协助它们满足在执行本公约方面的需要。为此，缔约国应努力向联合国筹资机制中为此目的专门指定的账户提供充分的经常性自愿捐款。缔约国还可根据其本国法律和本公约规定，特别考虑向上述账户捐出根据本公约规定没收的犯罪所得或财产中一定比例的金钱或相应的价值；

（四）根据本条规定视情况鼓励和争取其他国家和金融机构与其一道共同努力，

特别是向发展中国家提供更多的培训方案和现代化设备,以协助它们实现本公约的各项目标。

三、这些措施应尽量不影响现有对外援助承诺或其他多边、区域或国际一级的财政合作安排。

四、缔约国可缔结关于物资和后勤援助的双边或多边协议或安排,同时考虑到为使本公约所规定的国际合作方式行之有效和预防、侦查与控制跨国有组织犯罪所必需的各种财政安排。

第五十二条 【国际追逃追赃和防逃职责】国家监察委员会加强对反腐败国际追逃追赃和防逃工作的组织协调,督促有关单位做好相关工作:

(一)对于重大贪污贿赂、失职渎职等职务犯罪案件,被调查人逃匿到国(境)外,掌握证据比较确凿的,通过开展境外追逃合作,追捕归案;

(二)向赃款赃物所在国请求查询、冻结、扣押、没收、追缴、返还涉案资产;

(三)查询、监控涉嫌职务犯罪的公职人员及其相关人员进出国(境)和跨境资金流动情况,在调查案件过程中设置防逃程序。

【国际条约】

52.1《联合国反腐败公约》(是联合国历史上通过的第一个用于指导国际反腐败斗争的法律文件。2003年10月31日,第58届联合国大会全体会议审议通过了《联合国反腐败公约》。2005年12月14日,《联合国反腐败公约》正式生效。2005年12月10日,中国外交部副部长张业遂代表中国政府在《联合国反腐败公约》上签字。2005年10月27日,十届全国人大常委会第十八次会议以全票通过决定,批准加入《联合国反腐败公约》。截至2005年9月,已有33个国家批准了公约。《联合国反腐败公约》公约于2006年2月12日对我国生效。该公约对预防腐败、界定腐败犯罪、反腐败国际合作、非法资产追缴等问题进行了法律上的规范,对各国加强国内的反腐行动、提高反腐成效、促进反腐国际合作具有重要意义)(节录)

第四章 国际合作

第四十三条 国际合作

一、缔约国应当依照本公约第四十四条至第五十条的规定在刑事案件中相互合作。在适当而且符合本国法律制度的情况下,缔约国应当考虑与腐败有关的民事和行政案件调查和诉讼中相互协助。

二、在国际合作事项中,凡将双重犯罪视为一项条件的,如果协助请求中所指的犯罪行为在两个缔约国的法律中均为犯罪,则应当视为这项条件已经得到满足,而不论被请求缔约国和请求缔约国的法律是否将这种犯罪列入相同的犯罪类别或者是否使用相同的术语规定这种犯罪的名称。

第四十八条　执法合作

一、缔约国应当在符合本国法律制度和行政管理制度的情况下相互密切合作,以加强打击本公约所涵盖的犯罪的执法行动的有效性。缔约国尤其应当采取有效措施,以便:

(一) 加强并在必要时建立各国主管机关、机构和部门之间的联系渠道,以促进安全、迅速地交换有关本公约所涵盖的犯罪的各个方面的情报,在有关缔约国认为适当时还可以包括与其他犯罪活动的联系的有关情报;

(二) 同其他缔约国合作,就下列与本公约所涵盖的犯罪有关的事项进行调查:

1. 这类犯罪嫌疑人的身份、行踪和活动,或者其他有关人员的所在地点;

2. 来自这类犯罪的犯罪所得或者财产的去向;

3. 用于或者企图用于实施这类犯罪的财产、设备或者其他工具的去向;

(三) 在适当情况下提供必要数目或者数量的物品以供分析或者侦查之用;

(四) 与其他缔约国酌情交换关于为实施本公约所涵盖的犯罪而采用的具体手段和方法的资料,包括利用虚假身份、经变造、伪造或者假冒的证件和其他旨在掩饰活动的手段的资料;

(五) 促进各缔约国主管机关、机构和部门之间的有效协调,并加强人员和其他专家的交流,包括根据有关缔约国之间的双边协定和安排派出联络官员;

(六) 交换情报并协调为尽早查明本公约所涵盖的犯罪而酌情采取的行政和其他措施。

二、为实施本公约,缔约国应当考虑订立关于其执法机构间直接合作的双边或多边协定或者安排,并在已经有这类协定或者安排的情况下考虑对其进行修正。如果有关缔约国之间尚未订立这类协定或者安排,这些缔约国可以考虑以本公约为基础,进行针对本公约所涵盖的任何犯罪的相互执法合作。缔约国应当在适当情况下充分利用各种协定或者安排,包括利用国际或者区域组织,以加强缔约国执法机构之间的合作。

三、缔约国应当努力在力所能及的范围内开展合作,以便对借助现代技术实施的本公约所涵盖的犯罪作出反应。

第四十九条　联合侦查

缔约国应当考虑缔结双边或多边协定或者安排,以便有关主管机关可以据以就涉及一国或多国侦查、起诉或者审判程序事由的事宜建立联合侦查机构。如无这类协定或者安排,可以在个案基础上商定进行这类联合侦查。有关缔约国应当确保拟在其领域内开展这种侦查的缔约国的主权受到充分尊重。

第五十条　特殊侦查手段

一、为有效打击腐败,各缔约国均应当在其本国法律制度基本原则许可的范围内并根据本国法律规定的条件在其力所能及的情况下采取必要措施,允许其主管机关在其领域内酌情使用控制下交付和在其认为适当时使用诸如电子或者其他监视形式和特工行动等其他特殊侦查手段,并允许法庭采信由这些手段产生的证据。

二、为侦查本公约所涵盖的犯罪，鼓励缔约国在必要情况下为在国际一级合作时使用这类特殊侦查手段而缔结适当的双边或多边协定或者安排。这类协定或者安排的缔结和实施应当充分遵循各国主权平等原则，执行时应当严格遵守这类协定或者安排的条款。

三、在无本条第二款所述协定或者安排的情况下，关于在国际一级使用这种特殊侦查手段的决定，应当在个案基础上作出，必要时还可以考虑到有关缔约国就行使管辖权所达成的财务安排或者谅解。

四、经有关缔约国同意，关于在国际一级使用控制下交付的决定，可以包括诸如拦截货物或者资金以及允许其原封不动地继续运送或将其全部或者部分取出或者替换之类的办法。

第五章 资产的追回

第五十一条 一般规定

按照本章返还资产是本公约的一项基本原则，缔约国应当在这方面相互提供最广泛的合作和协助。

第五十二条 预防和监测犯罪所得的转移

一、在不影响本公约第十四条的情况下，各缔约国均应当根据本国法律采取必要的措施，以要求其管辖范围内的金融机构核实客户身份，采取合理步骤确定存入大额账户的资金的实际受益人身份，并对正在或者曾经担任重要公职的个人及其家庭成员和与其关系密切的人或者这些人的代理人所要求开立或者保持的账户进行强化审查。对这种强化审查应当作合理的设计，以监测可疑交易从而向主管机关报告，而不应当将其理解为妨碍或者禁止金融机构与任何合法客户的业务往来。

二、为便利本条第一款所规定措施的实施，各缔约国均应当根据其本国法律和参照区域、区域间和多边组织的有关反洗钱举措：

（一）就本国管辖范围内的金融机构应当对哪类自然人或者法人的账户实行强化审查，对哪类账户和交易应当予以特别注意，以及就这类账户的开立、管理和记录应当采取哪些适当的措施，发出咨询意见；

（二）对于应当由本国管辖范围内的金融机构对其账户实行强化审查的特定自然人或者法人的身份，除这些金融机构自己可以确定的以外，还应当酌情将另一缔约国所请求的或者本国自行决定的通知这些金融机构。

三、在本条第二款第（一）项情况下，各缔约国均应当实行措施，以确保其金融机构在适当期限内保持涉及本条第一款所提到人员的账户和交易的充分记录，记录中应当至少包括与客户身份有关的资料，并尽可能包括与实际受益人身份有关的资料。

四、为预防和监测根据本公约确立的犯罪的所得的转移，各缔约国均应当采取适当而有效的措施，以在监管机构的帮助下禁止设立有名无实和并不附属于受监管金融集团的银行。此外，缔约国可以考虑要求其金融机构拒绝与这类机构建立或者保持代理银行关系，并避免与外国金融机构中那些允许有名无实和并不附属于受监管金融集团的银行使用其账户的金融机构建立关系。

五、各缔约国均应当考虑根据本国法律对有关公职人员确立有效的财产申报制度,并应当对不遵守制度的情形规定适当的制裁。各缔约国还应当考虑采取必要的措施,允许本国的主管机关在必要时与其他国家主管机关交换这种资料,以便对根据本公约确立的犯罪的所得进行调查、主张权利并予以追回。

六、各缔约国均应当根据本国法律考虑采取必要的措施,要求在外国银行账户中拥有利益、对该账户拥有签名权或者其他权力的有关公职人员向有关机关报告这种关系,并保持与这种账户有关的适当记录。这种措施还应当对违反情形规定适当的制裁。

第五十三条 直接追回财产的措施

各缔约国均应当根据本国法律:

(一)采取必要的措施,允许另一缔约国在本国法院提起民事诉讼,以确立对通过实施根据本公约确立的犯罪而获得的财产的产权或者所有权;

(二)采取必要的措施,允许本国法院命令实施了根据本公约确立的犯罪的人向受到这种犯罪损害的另一缔约国支付补偿或者损害赔偿;

(三)采取必要的措施,允许本国法院或者主管机关在必须就没收作出决定时,承认另一缔约国对通过实施根据本公约确立的犯罪而获得的财产所主张的合法所有权。

第五十四条 通过没收事宜的国际合作追回资产的机制

一、为依照本公约第五十五条就通过或者涉及实施根据本公约确立的犯罪所获得的财产提供司法协助,各缔约国均应当根据其本国法律:

(一)采取必要的措施,使其主管机关能够执行另一缔约国法院发出的没收令;

(二)采取必要的措施,使拥有管辖权的主管机关能够通过对洗钱犯罪或者对可能发生在其管辖范围内的其他犯罪作出判决,或者通过本国法律授权的其他程序,下令没收这类外国来源的财产;

(三)考虑采取必要的措施,以便在因为犯罪人死亡、潜逃或者缺席而无法对其起诉的情形或者其他有关情形下,能够不经过刑事定罪而没收这类财产。

二、为就依照本公约第五十五条第二款提出的请求提供司法协助,各缔约国均应当根据其本国法律:

(一)采取必要的措施,在收到请求缔约国的法院或者主管机关发出的冻结令或者扣押令时,使本国主管机关能够根据该冻结令或者扣押令对该财产实行冻结或者扣押,但条件是该冻结令或者扣押令须提供合理的根据,使被请求缔约国相信有充足理由采取这种行动,而且有关财产将依照本条第一款第(一)项按没收令处理;

(二)采取必要的措施,在收到请求时使本国主管机关能够对该财产实行冻结或者扣押,条件是该请求须提供合理的根据,使被请求缔约国相信有充足理由采取这种行动,而且有关财产将依照本条第一款第(一)项按没收令处理;

(三)考虑采取补充措施,使本国主管机关能够保全有关财产以便没收,例如基于与获取这种财产有关的、外国实行的逮捕或者提出的刑事指控。

第五十五条　没收事宜的国际合作

一、缔约国在收到对根据本公约确立的犯罪拥有管辖权的另一缔约国关于没收本公约第三十一条第一款所述的、位于被请求缔约国领域内的犯罪所得、财产、设备或者其他工具的请求后，应当在本国法律制度的范围内尽最大可能：

（一）将这种请求提交其主管机关，以便取得没收令并在取得没收令时予以执行；

（二）将请求缔约国领域内的法院依照本公约第三十一条第一款和第五十四条第一款第（一）项发出的没收令提交本国主管机关，以便按请求的范围予以执行，只要该没收令涉及第三十一条第一款所述的、位于被请求缔约国领域内的犯罪所得、财产、设备或者其他工具。

二、对根据本公约确立的一项犯罪拥有管辖权的缔约国提出请求后，被请求缔约国应当采取措施，辨认、追查和冻结或者扣押本公约第三十一条第一款所述的犯罪所得、财产、设备或者其他工具，以便由请求缔约国下令或者根据本条第一款所述请求由被请求缔约国下令予以没收。

三、本公约第四十六条的规定以经过适当变通适用于本条。除第四十六条第十五款规定提供的资料以外，根据本条所提出的请求还应当包括下列内容：

（一）与本条第一款第（一）项有关的请求，应当有关于应当予以没收财产的说明，尽可能包括财产的所在地和相关情况下的财产估计价值，以及关于请求缔约国所依据的事实的充分陈述，以便被请求缔约国能够根据本国法律取得没收令；

（二）与本条第一款第（二）项有关的请求，应当有请求缔约国发出的据以提出请求的法律上可以采信的没收令副本、关于事实和对没收令所请求执行的范围的说明、关于请求缔约国为向善意第三人提供充分通知并确保正当程序而采取的措施的具体陈述，以及关于该没收令为已经生效的没收令的陈述；

（三）与本条第二款有关的请求，应当有请求缔约国所依据的事实陈述和对请求采取的行动的说明；如有据以提出请求的法律上可以采信的没收令副本，应当一并附上。

四、被请求缔约国依照本条第一款和第二款作出的决定或者采取的行动，应当符合并遵循其本国法律及程序规则的规定或者可能约束其与请求缔约国关系的任何双边或多边协定或者安排的规定。

五、各缔约国均应当向联合国秘书长提供有关实施本条的任何法律法规以及这类法律法规随后的任何修订或者修订说明。

六、缔约国以存在有关条约作为采取本条第一款和第二款所述措施的条件时，应当将本公约视为必要而充分的条约依据。

七、如果被请求缔约国未收到充分和及时的证据，或者如果财产的价值极其轻微，也可以拒绝给予本条规定的合作，或者解除临时措施。

八、在解除依照本条规定采取的任何临时措施之前，如果有可能，被请求缔约国应当给请求缔约国以说明继续保持该措施的理由的机会。

九、不得对本条规定作损害善意第三人权利的解释。

第五十六条 特别合作

在不影响本国法律的情况下,各缔约国均应当努力采取措施,以便在认为披露根据本公约确立的犯罪的所得的资料可以有助于接收资料的缔约国启动或者实行侦查、起诉或者审判程序时,或者在认为可能会使该缔约国根据本章提出请求时,能够在不影响本国侦查、起诉或者审判程序的情况下,无须事先请求而向该另一缔约国转发这类资料。

第五十七条 资产的返还和处分

一、缔约国依照本公约第三十一条或者第五十五条没收的财产,应当由该缔约国根据本公约的规定和本国法律予以处分,包括依照本条第三款返还其原合法所有人。

二、各缔约国均应当根据本国法律的基本原则,采取必要的立法和其他措施,使本国主管机关在另一缔约国请求采取行动时,能够在考虑到善意第三人权利的情况下,根据本公约返还所没收的财产。

三、依照本公约第四十六条和第五十五条及本条第一款和第二款:

(一)对于本公约第十七条和第二十三条所述的贪污公共资金或者对所贪污公共资金的洗钱行为,被请求缔约国应当在依照第五十五条实行没收后,基于请求缔约国的生效判决,将没收的财产返还请求缔约国,被请求缔约国也可以放弃对生效判决的要求;

(二)对于本公约所涵盖的其他任何犯罪的所得,被请求缔约国应当在依照本公约第五十五条实行没收后,基于请求缔约国的生效判决,在请求缔约国向被请求缔约国合理证明其原对没收的财产拥有所有权时,或者当被请求缔约国承认请求缔约国受到的损害是返还所没收财产的依据时,将没收的财产返还请求缔约国,被请求缔约国也可以放弃对生效判决的要求;

(三)在其他所有情况下,优先考虑将没收的财产返还请求缔约国、返还其原合法所有人或者赔偿犯罪被害人。

四、在适当的情况下,除非缔约国另有决定,被请求缔约国可以在依照本条规定返还或者处分没收的财产之前,扣除为此进行侦查、起诉或者审判程序而发生的合理费用。

五、在适当的情况下,缔约国还可以特别考虑就所没收财产的最后处分逐案订立协定或者可以共同接受的安排。

第五十八条 金融情报机构

缔约国应当相互合作,以预防和打击根据本公约确立的犯罪而产生的所得的转移,并推广追回这类所得的方式方法。为此,缔约国应当考虑设立金融情报机构,由其负责接收、分析和向主管机关转递可疑金融交易的报告。

第五十九条 双边和多边协定和安排

缔约国应当考虑缔结双边或多边协定或者安排,以便增强根据公约本章规定开展的国际合作的有效性。

52.2《联合国打击跨国有组织犯罪公约》（2000年11月15日，第55届联合国大会通过了《联合国打击跨国有组织犯罪公约》（*U. N. Convention Against Transnational Organized Crime*）。该公约是1998年在联合国的主持下开始起草的，需在得到40个国家的批准后生效。2000年12月12日至15日，该公约高级别政治签署会议在罗马举行，118个国家和地区签署了该公约。中国外交部副部长王光亚代表中国签署了该公约。2003年9月29日，联合国发言人埃克哈德宣布，已有147个国家签署《联合国打击跨国有组织犯罪公约》，其中批准该公约的有51个国家，根据有关规定，公约于该日正式生效）（节录）

第十二条　没收和扣押

一、缔约国应在本国法律制度的范围内尽最大可能采取必要措施，以便能够没收：

（一）来自本公约所涵盖的犯罪的犯罪所得或价值与其相当的财产；

（二）用于或拟用于本公约所涵盖的犯罪的财产、设备或其他工具。

二、缔约国应采取必要措施，辨认、追查、冻结或扣押本条第一款所述任何物品，以便最终予以没收。

三、如果犯罪所得已经部分或全部转变或转化为其他财产，则应对此类财产适用本条所述措施。

四、如果犯罪所得已与从合法来源获得的财产相混合，则应在不影响冻结权或扣押权的情况下没收这类财产，没收价值可达混合于其中的犯罪所得的估计价值。

五、对于来自犯罪所得、来自由犯罪所得转变或转化而成的财产或已与犯罪所得相混合的财产所产生的收入或其他利益，也应适用本条所述措施，其方式和程度与处置犯罪所得相同。

六、为本公约本条和第十三条的目的，各缔约国均应使其法院或其他主管当局有权下令提供或扣押银行、财务或商务记录。缔约国不得以银行保密为由拒绝按照本款规定采取行动。

七、缔约国可考虑要求由犯罪的人证明应予没收的涉嫌犯罪所得或其他财产的合法来源，但此种要求应符合其本国法律原则和司法及其他程序的性质。

八、不得对本条规定作损害善意第三人权利的解释。

九、本条任何规定均不得影响本条所述措施应根据缔约国本国法律规定予以确定和实施的原则。

第十三条　没收事宜的国际合作

一、缔约国在收到对本公约所涵盖的一项犯罪拥有管辖权的另一缔约国关于没收本公约第十二条第一款所述的、位于被请求国领土内的犯罪所得、财产、设备或其他工具的请求后，应在本国国内法律制度的范围内尽最大可能：

（一）将此种请求提交其主管当局，以便取得没收令并在取得没收令时予以执行；

（二）将请求缔约国领土内的法院根据本公约第十二条第一款签发的没收令提交主管当局，以便按请求的范围予以执行，只要该没收令涉及第十二条第一款所述的、位于被请求缔约国领土内的犯罪所得、财产、设备或其他工具。

二、对本公约所涵盖的一项犯罪拥有管辖权的另一缔约国提出请求后,被请求缔约国应采取措施,辨认、追查和冻结或扣押本公约第十二条第一款所述犯罪所得、财产、设备或其他工具,以便由请求缔约国或根据本条第一款所述请求由被请求缔约国下令最终予以没收。

三、本公约第十八条的规定可经适当变通适用于本条。除第十八条第十五款规定提供的资料以外,根据本条所提出的请求还应包括:

(一)与本条第一款(一)项有关的请求,应有关于拟予没收的财产的说明以及关于请求缔约国所依据的事实的充分陈述,以便被请求缔约国能够根据本国法律取得没收令;

(二)与本条第一款(二)项有关的请求,应有请求缔约国据以签发请求的、法律上可接受的没收令副本、事实陈述和关于请求执行没收令的范围的资料;

(三)与本条第二款有关的请求,应有请求缔约国所依据的事实陈述以及对请求采取的行动的说明。

四、被请求缔约国根据本条第一款和第二款作出的决定或采取的行动,应符合并遵循其本国法律及程序规则的规定或可能约束其与请求缔约国关系的任何双边或多边条约、协定或安排的规定。

五、各缔约国均应向联合国秘书长提供有关实施本条的任何法律和法规以及这类法律和法规随后的任何修改的副本或说明。

六、如果某一缔约国以存在有关条约作为采取本条第一款和第二款所述措施的条件,则该缔约国应将本公约视为必要而充分的条约依据。

七、如果请求中所涉犯罪并非本公约所涵盖的犯罪,缔约国可拒绝提供本条所规定的合作。

八、不得对本条规定作损害善意第三人权利的解释。

九、缔约国应考虑缔结双边或多边条约、协定或安排,以增强根据本条开展的国际合作的有效性。

第十四条 没收的犯罪所得或财产的处置

一、缔约国依照本公约第十二条或第十三条第一款没收的犯罪所得或财产应由该缔约国根据其本国法律和行政程序予以处置。

二、根据本公约第十三条的规定应另一缔约国请求采取行动的缔约国,应在本国法律许可的范围内,根据请求优先考虑将没收的犯罪所得或财产交还请求缔约国,以便其对犯罪被害人进行赔偿,或者将这类犯罪所得或财产归还合法所有人。

三、一缔约国应另一缔约国请求按照本公约第十二条和第十三条规定采取行动时,可特别考虑就下述事项缔结协定或安排:

(一)将与这类犯罪所得或财产价值相当的款项,或变卖这类犯罪所得或财产所获款项,或这类款项的一部分捐给根据本公约第三十条第二款(三)项所指定的账户和专门从事打击有组织犯罪工作的政府间机构;

（二）根据本国法律或行政程序，经常地或逐案地与其他缔约国分享这类犯罪所得或财产或变卖这类犯罪所得或财产所获款项。

第十九条 联合调查

缔约国应考虑缔结双边或多边协定或安排，以便有关主管当局可据以就涉及一国或多国刑事侦查、起诉或审判程序事由的事宜建立联合调查机构。如无这类协定或安排，则可在个案基础上商定进行这类联合调查。有关缔约国应确保拟在其境内进行该项调查的缔约国的主权受到充分尊重。

第二十条 特殊侦查手段

一、各缔约国均应在其本国法律基本原则许可的情况下，视可能并根据本国法律所规定的条件采取必要措施，允许其主管当局在其境内适当使用控制下交付并在其认为适当的情况下使用其他特殊侦查手段，如电子或其他形式的监视和特工行动，以有效地打击有组织犯罪。

二、为侦查本公约所涵盖的犯罪，鼓励缔约国在必要时为在国际一级合作时使用这类特殊侦查手段而缔结适当的双边或多边协定或安排。此类协定或安排的缔结和实施应充分遵循各国主权平等原则，执行时应严格遵守这类协定或安排的条件。

三、在无本条第二款所列协定或安排的情况下，关于在国际一级使用这种特殊侦查手段的决定，应在个案基础上作出，必要时还可考虑到有关缔约国就行使管辖权所达成的财务安排或谅解。

四、经各有关缔约国同意，关于在国际一级使用控制下交付的决定，可包括诸如拦截货物后允许其原封不动地或将其全部或部分取出替换后继续运送之类的办法。

第二十七条 执法合作

一、缔约国应在符合本国法律和行政管理制度的情况下相互密切合作，以加强打击本公约所涵盖的犯罪的执法行动的有效性。各缔约国尤其应采取有效措施，以便：

（一）加强并在必要时建立各国主管当局、机构和部门之间的联系渠道，以促进安全、迅速地交换有关本公约所涵盖犯罪的各个方面的情报，有关缔约国认为适当时还可包括与其他犯罪活动的联系的有关情报；

（二）同其他缔约国合作，就以下与本公约所涵盖的犯罪有关的事项进行调查：

1. 涉嫌这类犯罪的人的身份、行踪和活动，或其他有关人员的所在地点；

2. 来自这类犯罪的犯罪所得或财产的去向；

3. 用于或企图用于实施这类犯罪的财产、设备或其他工具的去向；

（三）在适当情况下提供必要数目或数量的物品以供分析或调查之用；

（四）促进各缔约国主管当局、机构和部门之间的有效协调，并加强人员和其他专家的交流，包括根据有关缔约国之间的双边协定和安排派出联络官员；

（五）与其他缔约国交换关于有组织犯罪集团采用的具体手段和方法的资料，视情况包括关于路线和交通工具，利用假身份、经变造或伪造的证件或其他掩盖其活动的手段的资料；

（六）交换情报并协调为尽早查明本公约所涵盖的犯罪而酌情采取的行政和其他

措施。

二、为实施本公约，缔约国应考虑订立关于其执法机构间直接合作的双边或多边协定或安排，并在已有这类协定或安排的情况下考虑对其进行修正。如果有关缔约国之间尚未订立这类协定或安排，缔约国可考虑以本公约为基础，进行针对本公约所涵盖的任何犯罪的相互执法合作。缔约国应在适当情况下充分利用各种协定或安排，包括国际或区域组织，以加强缔约国执法机构之间的合作。

三、缔约国应努力在力所能及的范围内开展合作，以便对借助现代技术实施的跨国有组织犯罪作出反应。

第七章 对监察机关和监察人员的监督

第五十三条 【人大监督】各级监察委员会应当接受本级人民代表大会及其常务委员会的监督。

各级人民代表大会常务委员会听取和审议本级监察委员会的专项工作报告,组织执法检查。

县级以上各级人民代表大会及其常务委员会举行会议时,人民代表大会代表或者常务委员会组成人员可以依照法律规定的程序,就监察工作中的有关问题提出询问或者质询。

【宪法】

53.1《中华人民共和国宪法》(修正后2018年3月11日施行)(节录)

第三条 中华人民共和国的国家机构实行民主集中制的原则。

全国人民代表大会和地方各级人民代表大会都由民主选举产生,对人民负责,受人民监督。

国家行政机关、监察机关、审判机关、检察机关都由人民代表大会产生,对它负责,受它监督。

中央和地方的国家机构职权的划分,遵循在中央的统一领导下,充分发挥地方的主动性、积极性的原则。

第五条 中华人民共和国实行依法治国,建设社会主义法治国家。

国家维护社会主义法制的统一和尊严。

一切法律、行政法规和地方性法规都不得同宪法相抵触。

一切国家机关和武装力量、各政党和各社会团体、各企业事业组织都必须遵守宪法和法律。一切违反宪法和法律的行为,必须予以追究。

任何组织或者个人都不得有超越宪法和法律的特权。

第六十二条 全国人民代表大会行使下列职权:

……

(七)选举国家监察委员会主任;

第六十三条 全国人民代表大会有权罢免下列人员:

……

(四)国家监察委员会主任;

第六十七条 全国人民代表大会常务委员会行使下列职权:

……

（六）监督国务院、中央军事委员会、国家监察委员会、最高人民法院和最高人民检察院的工作；

……

（十一）根据国家监察委员会主任的提请，任免国家监察委员会副主任、委员；

第一百零一条　地方各级人民代表大会分别选举并且有权罢免本级人民政府的省长和副省长、市长和副市长、县长和副县长、区长和副区长、乡长和副乡长、镇长和副镇长。

县级以上的地方各级人民代表大会选举并且有权罢免本级监察委员会主任、本级人民法院院长和本级人民检察院检察长。选出或者罢免人民检察院检察长，须报上级人民检察院检察长提请该级人民代表大会常务委员会批准。

第一百零三条　县级以上的地方各级人民代表大会常务委员会由主任、副主任若干人和委员若干人组成，对本级人民代表大会负责并报告工作。

县级以上的地方各级人民代表大会选举并有权罢免本级人民代表大会常务委员会的组成人员。

县级以上的地方各级人民代表大会常务委员会的组成人员不得担任国家行政机关、监察机关、审判机关和检察机关的职务。

第一百零四条　县级以上的地方各级人民代表大会常务委员会讨论、决定本行政区域内各方面工作的重大事项；监督本级人民政府、监察委员会、人民法院和人民检察院的工作；撤销本级人民政府的不适当的决定和命令；撤销下一级人民代表大会的不适当的决议；依照法律规定的权限决定国家机关工作人员的任免；在本级人民代表大会闭会期间，罢免和补选上一级人民代表大会的个别代表。

第一百二十五条　中华人民共和国国家监察委员会是最高监察机关。

国家监察委员会领导地方各级监察委员会的工作，上级监察委员会领导下级监察委员会的工作。

第一百二十六条　国家监察委员会对全国人民代表大会和全国人民代表大会常务委员会负责。地方各级监察委员会对产生它的国家权力机关和上一级监察委员会负责。

【党章】

53.2《中国共产党章程》（修正后2017年10月24日施行）（节录）

总　纲

中国共产党领导人民发展社会主义民主政治。坚持党的领导、人民当家作主、依法治国有机统一，走中国特色社会主义政治发展道路，扩大社会主义民主，建设中国特色社会主义法治体系，建设社会主义法治国家，巩固人民民主专政，建设社会主义政治文明。坚持和完善人民代表大会制度、中国共产党领导的多党合作和政治协商制度、民族区域自治制度以及基层群众自治制度。发展更加广泛、更加充分、更加健全的人民民主，推进协商民主广泛、多层、制度化发展，切实保障人民管理国家事务和社会事务、管理经济和文化事业的权利。尊重和保障人权。广开言路，建立健全民主选举、民主决策、民主管理、民主监督的制度和程序。完善中国特色社会主义法律体系，加强法律实施工作，实现国家各项工作法治化。

……

中国共产党要领导全国各族人民实现"两个一百年"奋斗目标、实现中华民族伟大复兴的中国梦，必须紧密围绕党的基本路线，坚持党要管党、全面从严治党，加强党的长期执政能力建设、先进性和纯洁性建设，以改革创新精神全面推进党的建设新的伟大工程，以党的政治建设为统领，全面推进党的政治建设、思想建设、组织建设、作风建设、纪律建设，把制度建设贯穿其中，深入推进反腐败斗争，全面提高党的建设科学化水平。坚持立党为公、执政为民，发扬党的优良传统和作风，不断提高党的领导水平和执政水平，提高拒腐防变和抵御风险的能力，不断增强自我净化、自我完善、自我革新、自我提高能力，不断增强党的阶级基础和扩大党的群众基础，不断提高党的创造力、凝聚力、战斗力，建设学习型、服务型、创新型的马克思主义执政党，使我们党始终走在时代前列，成为领导全国人民沿着中国特色社会主义道路不断前进的坚强核心。党的建设必须坚决实现以下五项基本要求：

……第五，坚持从严管党治党。全面从严治党永远在路上。新形势下，党面临的执政考验、改革开放考验、市场经济考验、外部环境考验是长期的、复杂的、严峻的，精神懈怠危险、能力不足危险、脱离群众危险、消极腐败危险更加尖锐地摆在全党面前。要把严的标准、严的措施贯穿于管党治党全过程和各方面。坚持依规治党、标本兼治，坚持把纪律挺在前面，加强组织性纪律性，在党的纪律面前人人平等。强化管党治党主体责任和监督责任，加强对党的领导机关和党员领导干部特别是主要领导干部的监督，不断完善党内监督体系。深入推进党风廉政建设和反腐败斗争，以零容忍态度惩治腐败，构建不敢腐、不能腐、不想腐的有效机制。

中国共产党的领导是中国特色社会主义最本质的特征，是中国特色社会主义制度的最大优势。党政军民学，东西南北中，党是领导一切的。党要适应改革开放和社会主义现代化建设的要求，坚持科学执政、民主执政、依法执政，加强和改善党的领导。党必须按照总揽全局、协调各方的原则，在同级各种组织中发挥领导核心作用。党必须集中精力领导经济建设，组织、协调各方面的力量，同心协力，围绕经济建设开展工作，促进经济社会全面发展。党必须实行民主的科学的决策，制定和执行正确的路线、方针、政策，做好党的组织工作和宣传教育工作，发挥全体党员的先锋模范作用。党必须在宪法和法律的范围内活动。党必须保证国家的立法、司法、行政、监察机关，经济、文化组织和人民团体积极主动地、独立负责地、协调一致地工作。党必须加强对工会、共产主义青年团、妇女联合会等群团组织的领导，使它们保持和增强政治性、先进性、群众性，充分发挥作用。党必须适应形势的发展和情况的变化，完善领导体制，改进领导方式，增强执政能力。共产党员必须同党外群众亲密合作，共同为建设中国特色社会主义而奋斗。

第五十四条 【外部监督】 监察机关应当依法公开监察工作信息,接受民主监督、社会监督、舆论监督。

【宪法】

54.1《中华人民共和国宪法》(修正后 2018 年 3 月 11 日施行)(节录)

第三条 中华人民共和国的国家机构实行民主集中制的原则。

全国人民代表大会和地方各级人民代表大会都由民主选举产生,对人民负责,受人民监督。

国家行政机关、监察机关、审判机关、检察机关都由人民代表大会产生,对它负责,受它监督。

中央和地方的国家机构职权的划分,遵循在中央的统一领导下,充分发挥地方的主动性、积极性的原则。

第五条 中华人民共和国实行依法治国,建设社会主义法治国家。

国家维护社会主义法制的统一和尊严。

一切法律、行政法规和地方性法规都不得同宪法相抵触。

一切国家机关和武装力量、各政党和各社会团体、各企业事业组织都必须遵守宪法和法律。一切违反宪法和法律的行为,必须予以追究。

任何组织或者个人都不得有超越宪法和法律的特权。

第二十七条 一切国家机关实行精简的原则,实行工作责任制,实行工作人员的培训和考核制度,不断提高工作质量和工作效率,反对官僚主义。

一切国家机关和国家工作人员必须依靠人民的支持,经常保持同人民的密切联系,倾听人民的意见和建议,接受人民的监督,努力为人民服务。

国家工作人员就职时应当依照法律规定公开进行宪法宣誓。

第四十一条 中华人民共和国公民对于任何国家机关和国家工作人员,有提出批评和建议的权利;对于任何国家机关和国家工作人员的违法失职行为,有向有关国家机关提出申诉、控告或者检举的权利,但是不得捏造或者歪曲事实进行诬告陷害。

对于公民的申诉、控告或者检举,有关国家机关必须查清事实,负责处理。任何人不得压制和打击报复。

由于国家机关和国家工作人员侵犯公民权利而受到损失的人,有依照法律规定取得赔偿的权利。

【纪检监察法规】

54.2《中国共产党党内监督条例》(2016 年 10 月 27 日)(节录)

第六章 党内监督和外部监督相结合

第三十七条 各级党委应当支持和保证同级人大、政府、监察机关、司法机关等对国家机关及公职人员依法进行监督,人民政协依章程进行民主监督,审计机关依法进行审计监督。有关国家机关发现党的领导干部违反党规党纪、需要党组织处理的,应当及时向有关党组织报告。审计机关发现党的领导干部涉嫌违纪的问题线索,应当向同级党组织报告，必要时向上级党组织报告，并按照规定将问题线索移送相关纪律检查机关处理。

在纪律审查中发现党的领导干部严重违纪涉嫌违法犯罪的，应当先作出党纪处分决定，再移送行政机关、司法机关处理。执法机关和司法机关依法立案查处涉及党的领导干部案件，应当向同级党委、纪委通报；该干部所在党组织应当根据有关规定，中止其相关党员权利；依法受到刑事责任追究，或者虽不构成犯罪但涉嫌违纪的，应当移送纪委依纪处理。

第三十八条　中国共产党同各民主党派长期共存、互相监督、肝胆相照、荣辱与共。各级党组织应当支持民主党派履行监督职能，重视民主党派和无党派人士提出的意见、批评、建议，完善知情、沟通、反馈、落实等机制。

第三十九条　各级党组织和党的领导干部应当认真对待、自觉接受社会监督，利用互联网技术和信息化手段，推动党务公开、拓宽监督渠道，虚心接受群众批评。新闻媒体应当坚持党性和人民性相统一，坚持正确导向，加强舆论监督，对典型案例进行剖析，发挥警示作用。

54.3《中国共产党工作机关条例（试行）》（2017年3月1日）（节录）

第二十四条　党的工作机关领导班子应当自觉接受党内监督和群众监督。领导班子成员应当如实向党组织报告个人有关事项、述职述廉述德，接受组织监督。

54.4《中国共产党党务公开条例（试行）》（2017年12月20日）（节录）

第十二条　党的纪律检查机关应当公开以下内容：

（一）学习贯彻党中央大政方针和重大决策部署，坚决维护以习近平同志为核心的党中央权威和集中统一领导，贯彻落实本级党委、上级纪律检查机关工作部署情况；

（二）开展纪律教育、加强纪律建设，维护党章党规党纪情况；

（三）查处违反中央八项规定精神，发生在群众身边、影响恶劣的不正之风和腐败问题情况；

（四）对党员领导干部严重违纪涉嫌违法犯罪进行立案审查、组织审查和给予开除党籍处分情况；

（五）对党员领导干部严重失职失责进行问责情况；

（六）加强纪律检查机关自身建设情况；

（七）其他应当公开的党务。

第十四条　党的组织应当根据本条例规定的党务公开内容和范围编制党务公开目录，并根据职责任务要求动态调整。党务公开目录应当报党的上一级组织备案，并按照规定在党内或者向社会公开。

中央纪律检查委员会、中央各部门应当加强对本系统本领域党务公开目录编制的指导。

第十五条　凡列入党务公开目录的事项，有关的党的组织应当按照以下程序及时主动公开：

（一）提出。党的组织有关部门研究提出党务公开方案，拟订公开的内容、范围、时间、方式等。

（二）审核。党的组织有关部门进行保密审查，并从必要性、准确性等方面进行审核。

（三）审批。党的组织依照职权对党务公开方案进行审批，超出职权范围的必须按程序报批。

（四）实施。党的组织有关部门按照经批准的方案实施党务公开。

第十六条　党的组织应当根据党务公开的内容和范围，选择适当的公开方式。

在党内公开的，一般采取召开会议、制发文件、编发简报、在局域网发布等方式。向社会公开的，一般采取发布公报、召开新闻发布会、接受采访，在报刊、广播、电视、互联网、新媒体、公开栏发布等方式，优先使用党报党刊、电台电视台、重点新闻网站等党的媒体进行发布。

党的中央纪律检查机关、党中央有关工作机关，县级以上地方党委以及地方纪律检查机关、地方党委有关工作机关应当建立和完善党委新闻发言人制度，逐步建立例行发布制度，及时准确发布重要党务信息。

第二十五条　中央纪律检查委员会、中央各部门，各省、自治区、直辖市党委应当根据本条例制定实施细则。

54.5《关于向民主党派通报党风廉政建设和反腐败工作情况、邀请民主党派参加党风廉政建设专项检查的实施意见》（2006年2月6日）

为贯彻党的十六大和十六届三中、四中、五中全会精神，适应发展社会主义民主政治、建设社会主义政治文明的要求，进一步拓宽民主监督渠道，深入推进党风廉政建设和反腐败工作，根据《中共中央关于进一步加强中国共产党领导的多党合作和政治协商制度建设的意见》，现提出如下具体意见：

一、充分认识向民主党派通报党风廉政建设和反腐败工作情况、邀请民主党派参加党风廉政建设专项检查的重要性

中国共产党领导的多党合作和政治协商制度是我国的一项基本政治制度，体现了我国政治制度的特点和优势，具有巨大的优越性和强大的生命力。向民主党派通报党风廉政建设和反腐败工作情况、听取意见，邀请民主党派参加党风廉政建设有关专项检查工作，是进一步拓宽民主监督渠道，充分发挥民主党派在参政议政、民主监督中的积极作用，切实加强和改进党风廉政建设和反腐败工作的重要举措。各地区各部门要从发展社会主义民主政治、构建社会主义和谐社会、加强党的执政能力建设和先进性建设、深入推进党风廉政建设和反腐败斗争的高度，充分认识做好这项工作的重要性和必要性，采取切实有效措施，广泛调动民主党派参与反腐倡廉的积极性，不断推动党风廉政建设和反腐败工作深入开展。

二、向民主党派通报党风廉政建设和反腐败工作情况并听取意见

向民主党派通报党风廉政建设和反腐败工作情况，要紧密结合各地区各部门实际，讲究方式方法，既实事求是地反映情况，又要注重政治和社会效果。

（一）通报内容。通报的情况包括中共中央、国务院关于加强党风廉政建设和反腐败工作的方针政策和决策部署；地方党委、政府贯彻中央的要求，加强本地区党风廉政建设和反腐败工作的部署和安排；开展党风廉政建设和反腐败工作取得的成绩、存在的问题、今后的工作思路和措施；其他需要通报的事项。

（二）通报形式。一是召开党风廉政建设和反腐败工作情况通报会或座谈会，统战部组织协调，并派负责同志出席，邀请民主党派负责人参加，由纪委负责同志通报情况，并向民主党派征求意见；二是召开特邀监察员会议，由监察机关负责同志向特邀监察员通报情况，听取意见。对民主党派和特邀监察员提出的意见和建议，要认真研究答复，能采纳的予以采纳，不能采纳的要说明原因。

（三）通报时间。向民主党派通报情况原则上一年一次或两年一次。通报时间可以安排在年底或年初。

三、邀请民主党派负责人或成员参加党风廉政建设有关专项检查工作

邀请民主党派负责人或成员参加党风廉政建设有关专项检查工作，要注重发挥各民主党派的自身优势，深入了解党风廉政建设方面存在的薄弱环节，特别注意了解和解决群众反映的突出问题，坚决纠正损害群众切身利益的不正之风，不断提高工作的针对性和实效性。

（一）专项检查的内容。各地区各部门根据实际，组织有民主党派负责人或成员参加的党风廉政建设专项检查，重点围绕损害群众利益的突出问题开展检查工作，确保取得实效。

（二）专项检查的组织。专项检查工作由纪检监察机关牵头组织，统战部等部门搞好协调配合。对专项检查的时间、内容、方式、人员等，要注意沟通情况，征求各民主党派意见。

（三）专项检查的要求。根据民主党派的特长和优势选配人员，提高专项检查工作的质量。加强专题培训，使参加专项检查的民主党派成员进一步提高相关工作的政策水平，增强专项检查的针对性和有效性。对民主党派负责人或成员在专项检查工作中提出的意见和建议，要认真对待，妥善处理，并及时反馈情况。

四、加强领导，精心组织，确保向民主党派通报党风廉政建设和反腐败工作情况、邀请民主党派负责人或成员参加专项检查工作落实到位

要把向民主党派通报党风廉政建设和反腐败工作情况、邀请民主党派负责人或成员参加党风廉政建设专项检查工作，作为进一步加强中国共产党领导的多党合作和政治协商制度建设、加强和改进党风廉政建设和反腐败工作的一项重要内容，纳入重要议事日程，认真研究制定落实本意见的具体措施。要搞好协调配合，切实加强对这项工作的督促、检查和指导，确保通报情况和专项检查工作健康有序开展。

要认真总结工作中创造的好做法好经验，不断完善相关制度。坚持和完善党风廉政监督员、特邀监察员制度，进一步健全特邀人员聘请办法、职责范围和工作原则，使特邀人员更具代表性，更有利于发挥民主党派参政议政、民主监督的作用。建立健全民主党派在党风廉政建设和反腐败工作中发挥积极作用的保障机制，在人员、经费

等方面给予有力支持，切实为民主党派履行职能、发挥作用提供保证。

54.6《国家监察委员会特约监察员工作办法》（2018年8月24日）

第一章 总 则

第一条 为深化国家监察体制改革，充分发挥中央纪律检查委员会和国家监察委员会合署办公优势，推动监察机关依法接受民主监督、社会监督、舆论监督，规范特约监察员工作，根据《中华人民共和国监察法》，制定本办法。

第二条 特约监察员是国家监察委员会根据工作需要，按照一定程序优选聘请，以兼职形式履行监督、咨询等相关职责的公信人士。

特约监察员主要从全国人大代表中优选聘请，也可以从全国政协委员，中央和国家机关有关部门工作人员，各民主党派成员、无党派人士，企业、事业单位和社会团体代表，专家学者，媒体和文艺工作者，以及一线代表和基层群众中优选聘请。

第三条 特约监察员工作应当坚持以习近平新时代中国特色社会主义思想为指导，聚焦中央纪律检查委员会和国家监察委员会中心工作，专注服务于全面从严治党、党风廉政建设和反腐败工作大局，着重发挥对监察机关及其工作人员的监督作用，着力发挥参谋咨询、桥梁纽带、舆论引导作用。

第二章 聘请、换届、解聘

第四条 特约监察员应当具备下列条件：

（一）坚持中国共产党领导和拥护党的路线、方针、政策，走中国特色社会主义道路，遵守中华人民共和国宪法和法律、法规，具有中华人民共和国国籍；

（二）有较高的业务素质，具备与履行职责相应的专业知识和工作能力，在各自领域有一定代表性和影响力；

（三）热心全面从严治党、党风廉政建设和反腐败工作，有较强的责任心，认真履行职责，热爱特约监察员工作；（四）坚持原则、实事求是，密切联系群众，公正廉洁、作风正派，遵守职业道德和社会公德；

（五）身体健康。

第五条 受到党纪处分、政务处分、刑事处罚的人员，以及其他不适宜担任特约监察员的人员，不得聘请为特约监察员。

第六条 特约监察员的聘请由国家监察委员会依照下列程序进行：

（一）根据工作需要，会同有关部门、单位提出特约监察员推荐人选，并征得被推荐人所在单位及本人同意；

（二）会同有关部门、单位对特约监察员推荐人选进行考察；

（三）经中央纪委国家监委对考察情况进行研究，确定聘请特约监察员人选；

（四）聘请人选名单及意见抄送特约监察员所在单位及推荐单位，并在中央纪委国家监委组织部备案；

（五）召开聘请会议，颁发聘书，向社会公布特约监察员名单。

第七条 特约监察员在国家监察委员会领导班子产生后换届,每届任期与本届领导班子任期相同,连续任职一般不得超过两届。

特约监察员受聘期满自然解聘。

第八条 特约监察员具有下列情形之一的,国家监察委员会商推荐单位予以解聘,由推荐单位书面通知本人及所在单位:

(一)受到党纪处分、政务处分、刑事处罚的;

(二)因工作调整、健康状况等原因不宜继续担任特约监察员的;

(三)本人申请辞任特约监察员的;

(四)无正当理由连续一年不履行特约监察员职责和义务的;

(五)有其他不宜继续担任特约监察员的情形的。

第三章 职责、权利、义务

第九条 特约监察员履行下列职责:

(一)对纪检监察机关及其工作人员履行职责情况进行监督,提出加强和改进纪检监察工作的意见、建议;

(二)对制定纪检监察法律法规、出台重大政策、起草重要文件、提出监察建议等提供咨询意见;

(三)参加国家监察委员会组织的调查研究、监督检查、专项工作;

(四)宣传纪检监察工作的方针、政策和成效;

(五)办理国家监察委员会委托的其他事项。

第十条 特约监察员履行职责享有下列权利:

(一)了解国家监察委员会和各省、自治区、直辖市监察委员会开展监察工作、履行监察职责情况,提出意见、建议和批评;

(二)根据履职需要并按程序报批后,查阅、获得有关文件和资料;

(三)参加或者列席国家监察委员会组织的有关会议;

(四)参加国家监察委员会组织的有关业务培训;

(五)了解、反映有关行业、领域廉洁从政从业情况及所提意见建议办理情况;

(六)受国家监察委员会委托开展工作时,享有与受托工作相关的法定权限。

第十一条 特约监察员应当履行下列义务:

(一)模范遵守宪法和法律,保守国家秘密、工作秘密以及因履行职责掌握的商业秘密和个人隐私,廉洁自律、接受监督;

(二)学习、掌握有关纪检监察法律法规和业务;

(三)参加国家监察委员会组织的活动,遵守国家监察委员会有关工作制度,按照规定的权限和程序认真履行职责;

(四)履行特约监察员职责过程中,遇有利益冲突情形时主动申请回避;

(五)未经国家监察委员会同意,不得以特约监察员身份发表言论、出版著作,参加有关社会活动;

（六）不得以特约监察员身份谋取任何私利和特权。

第四章 履职保障

第十二条 国家监察委员会为特约监察员依法开展对监察机关及其工作人员监督等工作提供必要的工作条件和便利。

第十三条 特约监察员因履行本办法规定职责所支出的相关费用，由国家监察委员会按规定核报。

特约监察员履行本办法规定职责所需经费，列入国家监察委员会业务经费保障范围。

第十四条 国家监察委员会负责特约监察员工作的办事机构设在办公厅，履行下列职责：

（一）统筹协调特约监察员相关工作，完善工作机制，制定工作计划，对国家监察委员会相关部门落实特约监察员工作机制和计划情况进行督促检查，总结、报告特约监察员年度工作情况；

（二）组织开展特约监察员聘请、解聘等工作；

（三）组织特约监察员参加有关会议或者活动，定期开展走访，通报工作、交流情况，听取意见、建议；

（四）受理、移送、督办特约监察员提出的意见、建议和批评，并予以反馈；

（五）协调有关部门，定期向特约监察员提供有关刊物、资料，组织开展特约监察员业务培训；

（六）承担监察机关特约监察员工作的联系和指导，组织经验交流，加强和改进特约监察员工作；

（七）对特约监察员进行动态管理和考核；

（八）加强与特约监察员所在单位及推荐单位的沟通联系，了解特约监察员工作情况，反馈特约监察员履职情况，并征求意见、建议；

（九）办理其他相关工作。

第十五条 特约监察员不脱离本职工作岗位，工资、奖金、福利待遇由所在单位负责。

第五章 附 则

第十六条 本办法由国家监察委员会负责解释。

第十七条 本办法自 2018 年 8 月 24 日起施行。2013 年 10 月 10 日原监察部公布的《监察机关特邀监察员工作办法》同时废止。

第五十五条 【内部监督】监察机关通过设立内部专门的监督机构等方式，加强对监察人员执行职务和遵守法律情况的监督，建设忠诚、干净、担当的监察队伍。

【行为规制法规】

55.1《关于新形势下党内政治生活的若干准则》(2016年10月27日)(节录)

十一、加强对权力运行的制约和监督

监督是权力正确运行的根本保证,是加强和规范党内政治生活的重要举措。必须加强对领导干部的监督,党内不允许有不受制约的权力,也不允许有不受监督的特殊党员。

完善权力运行制约和监督机制,形成有权必有责、用权必担责、滥权必追责的制度安排。实行权力清单制度,公开权力运行过程和结果,健全不当用权问责机制,把权力关进制度笼子,让权力在阳光下运行。

党的各级组织和领导干部必须在宪法法律范围内活动,增强法治意识、弘扬法治精神,自觉按法定权限、规则、程序办事,决不能以言代法、以权压法、徇私枉法,决不能违规干预司法。

营造党内民主监督环境,畅通党内民主监督渠道。党的各级组织和全体党员要增强监督意识,既履行监督责任,又接受各方面监督。

党内监督必须突出党的领导机关和领导干部特别是主要领导干部。领导干部要正确对待监督,主动接受监督,习惯在监督下开展工作,决不能拒绝监督、逃避监督。

领导干部特别是高级干部必须加强自律、慎独慎微,自觉检查和及时纠正在行使权力、廉政勤政方面存在的问题,做到可以行使的权力按规则正确行使,该由上级组织行使的权力下级组织不能行使,该由领导班子集体行使的权力班子成员个人不能擅自行使,不该由自己行使的权力决不能行使。

对涉及违纪违法行为的举报,对党员反映的问题,任何党组织和领导干部都不准隐瞒不报、拖延不办。涉及所反映问题的领导干部应该回避,不准干预或插手组织调查。

党员、干部反映他人的问题,应该出于党性,通过党内正常渠道实名进行,不准散布小道消息,不准散发匿名信,不准诬告陷害等。对通过正常渠道反映问题的党员,任何组织和个人都不准打击报复,不准擅自进行追查,不准采取调离工作岗位、降格使用等惩罚措施。

坚持授权者要负责监督,发现问题要及时处置。强化上级组织对下级组织特别是主要领导干部行使权力的监督,防止权力失控和滥用。

对党组织和党员、干部行使权力进行监督,必须依纪依法进行。纪检监察、司法机关严格依纪依法按程序对涉嫌严重违纪违法行为进行调查。任何组织和个人不得自行决定或受指使对党员、干部采取非法调查手段。对违反规定的,要严肃追究纪律和法律责任。

【纪检监察法规】

55.2《中国共产党纪律检查机关监督执纪工作规则（试行）》（2017年1月8日）（节录）

第三条 监督执纪工作应当遵循以下原则：

（一）坚持以习近平同志为核心的党中央集中统一领导，牢固树立政治意识、大局意识、核心意识、看齐意识，体现监督执纪的政治性，严守政治纪律和政治规矩；

（二）坚持纪律检查工作双重领导体制，监督执纪工作以上级纪委领导为主，线索处置、立案审查在向同级党委报告的同时必须向上级纪委报告；

（三）坚持以事实为依据，以党规党纪为准绳，把握政策、宽严相济、惩前毖后、治病救人；

（四）坚持信任不能代替监督，严格工作程序、有效管控风险点，强化对监督执纪各环节的监督制约。

第五条 创新组织制度，建立执纪监督、执纪审查、案件审理相互协调、相互制约的工作机制。市地级以上纪委可以探索执纪监督和执纪审查部门分设，执纪监督部门负责联系地区和部门的日常监督，执纪审查部门负责对违纪行为进行初步核实和立案审查；案件监督管理部门负责综合协调和监督管理，案件审理部门负责审核把关。

第四十五条 纪检机关应当严格依照《中国共产党党内监督条例》，强化自我监督，健全内控机制，并自觉接受党内监督、社会监督、群众监督，确保权力受到严格约束。

纪检机关应当严格干部准入制度，严把政治安全关，监督执纪人员必须对党忠诚、忠于职守、敢于担当、严守纪律，具备履行职责的基本条件。

纪检机关应当加强对监督执纪工作的领导，严格教育、管理、监督，切实履行自身建设主体责任。

审查组应当设立临时党支部，加强对审查组成员的教育监督，开展政策理论学习，做好思想政治工作，及时发现问题、进行批评纠正，发挥战斗堡垒作用。

第五十六条 【监察人员素能要求】监察人员必须模范遵守宪法和法律，忠于职守、秉公执法、清正廉洁、保守秘密；必须具有良好的政治素质，熟悉监察业务，具备运用法律、法规、政策和调查取证等能力，自觉接受监督。

【纪检监察法规】

56.1《中国共产党纪律检查机关控告申诉工作条例》（1993年9月1日）（节录）

第三章 受理机关的职责和工作要求

第三十八条 受理机关及其工作人员，在坚持原则、执行政策、秉公执纪、廉洁奉公、遵纪守法、工作作风等方面，必须接受党内外群众的监督。

第三十九条 各级纪律检查机关的领导对重要的检举、控告、申诉，应亲自阅批、接谈，进行处理；要支持承办人员履行职责，保护他们的合法权益不受侵害。

56.2《党的纪律检查机关案件审理工作条例》（1987年7月14日）（节录）

第六章　对案件审理工作人员的要求

第三十条　案件审理工作人员应具有的党性原则和工作作风：

（一）要有坚强的党性和高度的责任感，坚持原则，刚正不阿，秉公办案，不徇私情，敢于同一切违反党纪国法的行为作坚决斗争。

（二）坚持实事求是，一切从实际出发，不主观臆断；坚持调查研究，走群众路线，不偏听偏信，善于听取不同意见。

（三）注意总结经验，努力提高工作质量和效率。

（四）模范地遵守党纪国法，严格遵守保密制度，不得向无关人员泄露所办案件的情况。

（五）认真学习党的各项方针政策、党规党法和国家的法律法规，不断提高自己的政治思想水平和政策、业务水平。

56.3《中国共产党纪律检查机关案件检查工作条例》（1994年5月1日）（节录）

第六章　对办案人员的要求

第四十五条　办案人员应遵守以下纪律：

（一）不准对被调查人或有关人员采取违犯党章或国家法律的手段；

（二）不准泄露案情，扩散证据材料；

（三）不准伪造、篡改、隐匿、销毁证据，故意夸大或缩小案情；

（四）不准接受与案件有关人员的财物和其他利益。

第五十七条　【特殊事项报告备案制度】对于监察人员打听案情、过问案件、说情干预的，办理监察事项的监察人员应当及时报告。有关情况应当登记备案。

发现办理监察事项的监察人员未经批准接触被调查人、涉案人员及其特定关系人，或者存在交往情形的，知情人应当及时报告。有关情况应当登记备案。

【纪检监察法规】

57.1《中国共产党纪律检查机关监督执纪工作规则（试行）》（2017年1月8日）（节录）

第四十六条　对纪检干部打听案情、过问案件、说情干预的，受请托人应当向审查组组长、执纪审查部门主要负责人报告并登记备案。

发现审查组成员未经批准接触被审查人、涉案人员及其特定关系人，或者存在交往情形的，应当及时向审查组组长、执纪审查部门主要负责人直至纪检机关主要负责人报告并登记备案。

57.2《领导干部干预司法活动、插手具体案件处理的记录、通报和责任追究规定》（2015年3月18日）

第一条 为贯彻落实《中共中央关于全面推进依法治国若干重大问题的决定》有关要求，防止领导干部干预司法活动、插手具体案件处理，确保司法机关依法独立公正行使职权，根据宪法法律规定，结合司法工作实际，制定本规定。

第二条 各级领导干部应当带头遵守宪法法律，维护司法权威，支持司法机关依法独立公正行使职权。任何领导干部都不得要求司法机关违反法定职责或法定程序处理案件，都不得要求司法机关做有碍司法公正的事情。

第三条 对司法工作负有领导职责的机关，因履行职责需要，可以依照工作程序了解案件情况，组织研究司法政策，统筹协调依法处理工作，督促司法机关依法履行职责，为司法机关创造公正司法的环境，但不得对案件的证据采信、事实认定、司法裁判等作出具体决定。

第四条 司法机关依法独立公正行使职权，不得执行任何领导干部违反法定职责或法定程序、有碍司法公正的要求。

第五条 对领导干部干预司法活动、插手具体案件处理的情况，司法人员应当全面、如实记录，做到全程留痕，有据可查。

以组织名义向司法机关发文发函对案件处理提出要求的，或者领导干部身边工作人员、亲属干预司法活动、插手具体案件处理的，司法人员均应当如实记录并留存相关材料。

第六条 司法人员如实记录领导干部干预司法活动、插手具体案件处理情况的行为，受法律和组织保护。领导干部不得对司法人员打击报复。非因法定事由，非经法定程序，不得将司法人员免职、调离、辞退或者作出降级、撤职、开除等处分。

第七条 司法机关应当每季度对领导干部干预司法活动、插手具体案件处理情况进行汇总分析，报送同级党委政法委和上级司法机关。必要时，可以立即报告。

党委政法委应当及时研究领导干部干预司法活动、插手具体案件处理的情况，报告同级党委，同时抄送纪检监察机关、党委组织部门。干预司法活动、插手具体案件处理的领导干部属于上级党委或者其他党组织管理的，应当向上级党委报告或者向其他党组织通报情况。

第八条 领导干部有下列行为之一的，属于违法干预司法活动，党委政法委按程序报经批准后予以通报，必要时可以向社会公开：

（一）在线索核查、立案、侦查、审查起诉、审判、执行等环节为案件当事人请托说情的；

（二）要求办案人员或办案单位负责人私下会见案件当事人或其辩护人、诉讼代理人、近亲属以及其他与案件有利害关系的人的；

（三）授意、纵容身边工作人员或者亲属为案件当事人请托说情的；

（四）为了地方利益或者部门利益，以听取汇报、开协调会、发文件等形式，超越职权对案件处理提出倾向性意见或者具体要求的；

（五）其他违法干预司法活动、妨碍司法公正的行为。

第九条 领导干部有本规定第八条所列行为之一，造成后果或者恶劣影响的，依照《中国共产党纪律处分条例》、《行政机关公务员处分条例》、《检察人员纪律处分条例（试行）》、《人民法院工作人员处分条例》、《中国人民解放军纪律条令》等规定给予纪律处分；造成冤假错案或者其他严重后果，构成犯罪的，依法追究刑事责任。

领导干部对司法人员进行打击报复的，依照《中国共产党纪律处分条例》、《行政机关公务员处分条例》、《检察人员纪律处分条例（试行）》、《人民法院工作人员处分条例》、《中国人民解放军纪律条令》等规定给予纪律处分；构成犯罪的，依法追究刑事责任。

第十条 司法人员不记录或者不如实记录领导干部干预司法活动、插手具体案件处理情况的，予以警告、通报批评；有两次以上不记录或者不如实记录情形的，依照《中国共产党纪律处分条例》、《行政机关公务员处分条例》、《检察人员纪律处分条例（试行）》、《人民法院工作人员处分条例》、《中国人民解放军纪律条令》等规定给予纪律处分。主管领导授意不记录或者不如实记录的，依纪依法追究主管领导责任。

第十一条 领导干部干预司法活动、插手具体案件处理的情况，应当纳入党风廉政建设责任制和政绩考核体系，作为考核干部是否遵守法律、依法办事、廉洁自律的重要依据。

第十二条 本规定所称领导干部，是指在各级党的机关、人大机关、行政机关、政协机关、审判机关、检察机关、军事机关以及公司、企业、事业单位、社会团体中具有国家工作人员身份的领导干部。

第十三条 本规定自2015年3月18日起施行。

57.3 《非法干预查处渎职侵权违法犯罪案件违纪行为适用〈中国共产党纪律处分条例〉若干问题的解释》（2012年10月29日）

为明确相关政策界限，惩处非法干预查处渎职侵权违法犯罪案件违纪行为，现就非法干预查处渎职侵权违法犯罪案件违纪行为适用《中国共产党纪律处分条例》若干问题解释如下：

一、本解释所称非法干预查处渎职侵权违法犯罪案件违纪行为，是指违反法律、法规、规章、政策性规定或者议事规则，利用职权或者职务上的影响，向办案机关或者有关人员以指示、授意等方式提出要求，或者采取其他方式干扰、阻碍渎职侵权违法犯罪案件依法调查和处理的行为。

二、党和国家机关中的共产党员，有非法干预查处渎职侵权违法犯罪案件违纪行为的，依照本解释处理。

人民团体、事业单位、国有和国有控股企业（含国有和国有控股金融企业）及其分支机构中的共产党员，有非法干预查处渎职侵权违法犯罪案件违纪行为的，参照本解释处理。

三、党组织负责人对本地区本部门本单位发现的渎职侵权违法犯罪案件，隐瞒不报，纵容、袒护，给党、国家和人民利益以及公共财产造成较大损失的，依照《中国共产党纪律处分条例》第一百二十八条的规定处理。

四、有下列情形之一的，对有关责任人员，按照《中国共产党纪律处分条例》第一百四十条的规定处理：

（一）私自扣押、销毁检举控告材料，或者指使他人扣押、销毁检举、控告材料的；

（二）故意将检举人、控告人信息或者检举、控告材料泄露给被检举人、被控告人的；

（三）对检举人、控告人、证人进行阻挠、压制、打击报复，或者指使他人进行阻挠、压制、打击报复的。

五、在执纪、行政执法和司法工作中有下列情形之一的，对有关责任人员，依照《中国共产党纪律处分条例》第一百三十四条的规定处理：

（一）捏造事实、隐瞒真相，袒护、包庇被调查人、犯罪嫌疑人和被告人的；

（二）对依照规定应当移交纪检监察机关或者检察机关的渎职侵权违法犯罪案件不移交的；

（三）拒绝履行勘验、检查、鉴定、认定职责，或者拒绝出具勘验、检查、鉴定、认定报告，或者出具虚假勘验、检查、鉴定、认定报告的。

六、有下列情形之一的，对有关责任人员，依照《中国共产党纪律处分条例》第一百六十三条的规定处理：

（一）采取提供虚假情况说明或者其他违纪违法方式，为被调查人、犯罪嫌疑人、被告人开脱责任，要求从轻、减轻或者免除处罚处分的；

（二）单位负责人为被调查人、犯罪嫌疑人、被告人说情，妨碍办案活动正常进行的；

（三）隐匿、毁灭证据，拒不提供书证、物证、视听资料和电子数据等有关证据材料，或者指令他人隐匿、毁灭证据，拒不提供书证、物证、视听资料和电子数据等有关证据材料的；

（四）煽动、组织他人围攻办案机关和办案人员的；

（五）强行将被调查人员、犯罪嫌疑人和被告人带离办案场所，致使办案活动无法继续进行，或者抢夺、盗窃案件材料的；

（六）在案件查办过程中，以威胁、侵犯人身安全、财产安全或者利用职权在职务晋升、岗位安排、评级考核方面进行刁难、压制、歧视等方式，打击报复办案人员的；

（七）采取威胁、贿赂、许诺给予好处等手段，干扰证人、知情人如实反映情况、提供证据的。

七、违反规定强令终止案件调查处理，或者作出违背事实的处理结论的，对有关责任人员，依照《中国共产党纪律处分条例》第一百三十六条的规定处理。

八、非法干预查处渎职侵权违法犯罪案件的违纪行为，有关责任人员受到党纪追究后，需要给予行政处分或者其他纪律处分，以及涉嫌犯罪的，依照《中国共产党纪律处分条例》第三十二条的规定处理。

九、纪检机关和检察机关在处理非法干预查处渎职侵权违纪违法案件时，应当加强协作配合。

纪检机关对于检察机关移送的非法干预查处渎职侵权违纪违法案件的线索，应当及时调查，作出处理决定，并将处理情况通报移送材料的检察机关。

检察机关对于纪检机关移送的涉嫌渎职侵权违法犯罪案件，应当及时进行审查和处理，并将审查处理结果通报移送材料的纪检机关。

第五十八条 【回避】 办理监察事项的监察人员有下列情形之一的，应当自行回避，监察对象、检举人及其他有关人员也有权要求其回避：

（一）是监察对象或者检举人的近亲属的；

（二）担任过本案的证人的；

（三）本人或者其近亲属与办理的监察事项有利害关系的；

（四）有可能影响监察事项公正处理的其他情形的。

【纪检监察法规】

58.1《中国共产党纪律检查机关监督执纪工作规则（试行）》（2017年1月8日）（节录）

第四十七条 严格执行回避制度。审查审理人员是被审查人或者检举人近亲属、主要证人、利害关系人，或者存在其他可能影响公正审查审理情形的，不得参与相关审查审理工作，应当主动申请回避，被审查人、检举人及其他有关人员也有权要求其回避。选用借调人员、看护人员、审查场所，应当严格执行回避制度。

58.2《中国共产党纪律检查机关案件检查工作条例》及《中国共产党纪律检查机关案件检查工作条例实施细则》（以下简称《实施细则》）（1994年5月1日）（节录）

第四十六条 办案人员有下列情形之一的，应当自行回避，被调查人、检举人及其他与案件有关的人员也有权要求回避：

（一）是本案被调查人的近亲属；

（二）是本案的检举人、主要证人；

（三）本人或近亲属与本案有利害关系的；

（四）与本案有其他关系，可能影响公正查处案件的。

办案人员的回避，由纪检机关有关负责人决定。

对办案人员的回避作出决定前，办案人员不停止对案件的调查。

《实施细则》第四十九条 《条例》第四十六条所称"近亲属"包括：配偶、父母、子女及其配偶、同胞兄弟姊妹。

《实施细则》第五十条 根据《条例》第四十六条的规定，办案人员未提出回避，被调查人、检举人及其他与案件有关的人员也未要求回避，但纪检机关认为办案人员应当回避的，可以直接作出回避决定。纪检室负责人的回避，由纪检机关负责人决定；其他办案人员的回避，由纪检室负责人决定。

58.3《党的纪律检查机关案件审理工作条例》（1987年7月14日）（节录）

第八条 审查处理违犯党的纪律的案件的人员，需要回避的，经批准后实行回避。

58.4《中共中央纪律检查委员会关于审理党员违纪案件工作程序的规定》（1991年7月13日）（节录）

第五条 审理案件的人员是本案的当事人，或者是当事人的近亲属，或者与本案有利害关系的，应当回避，犯错误的党员也有权要求他们回避。审理案件人员的回避须经批准，未经批准之前不得停止对案件的审理。

案件审理部门负责人的回避，由本级纪委分管案件审理工作的常委决定；其他案件审理人员的回避，由审理部门负责人决定。

58.5《行政机关公务员处分条例》（2007年6月1日）（节录）

第四十二条 参与行政机关公务员违法违纪案件调查、处理的人员有下列情形之一的，应当提出回避申请；被调查的公务员以及与案件有利害关系的公民、法人或者其他组织有权要求其回避：

（一）与被调查的公务员是近亲属关系的；

（二）与被调查的案件有利害关系的；

（三）与被调查的公务员有其他关系，可能影响案件公正处理的。

第四十三条 处分决定机关负责人的回避，由处分决定机关的上一级行政机关负责人决定；其他违法违纪案件调查、处理人员的回避，由处分决定机关负责人决定。

处分决定机关或者处分决定机关的上一级行政机关，发现违法违纪案件调查、处理人员有应当回避的情形，可以直接决定该人员回避。

58.6《事业单位工作人员处分暂行规定》（2012年9月1日）（节录）

第二十七条 参与事业单位工作人员违法违纪案件调查、处理的人员有下列情形之一的，应当提出回避申请；被调查的事业单位工作人员以及与案件有利害关系的公民、法人或者其他组织有权要求其回避：

（一）与被调查的事业单位工作人员有夫妻关系、直系血亲、三代以内旁系血亲关系或者近姻亲关系的；

（二）与被调查的案件有利害关系的；

（三）与被调查的事业单位工作人员有其他关系，可能影响案件公正处理的。

第二十八条 处分决定单位负责人的回避，按照干部人事管理权限决定；其他参与违法违纪案件调查、处理的人员的回避，由处分决定单位负责人决定。

处分决定单位发现参与违法违纪案件调查、处理的人员有应当回避情形的，可以直接决定该人员回避。

第五十九条 【脱密期管理和从业限制】监察机关涉密人员离岗离职后，应当遵守脱密期管理规定，严格履行保密义务，不得泄露相关秘密。

监察人员辞职、退休三年内，不得从事与监察和司法工作相关联且可能发生利益冲突的职业。

【组织人事法规】

59.1《中华人民共和国公务员法》（修正后2018年1月1日施行）（节录）

第八十条 公务员辞职，应当向任免机关提出书面申请。任免机关应当自接到申请之日起三十日内予以审批，其中对领导成员辞去公职的申请，应当自接到申请之日起九十日内予以审批。

第八十一条 公务员有下列情形之一的，不得辞去公职：
（一）未满国家规定的最低服务年限的；
（二）在涉及国家秘密等特殊职位任职或者离开上述职位不满国家规定的脱密期限的；
（三）重要公务尚未处理完毕，且须由本人继续处理的；
（四）正在接受审计、纪律审查，或者涉嫌犯罪，司法程序尚未终结的；
（五）法律、行政法规规定的其他不得辞去公职的情形。

第八十二条 担任领导职务的公务员，因工作变动依照法律规定需要辞去现任职务的，应当履行辞职手续。

担任领导职务的公务员，因个人或者其他原因，可以自愿提出辞去领导职务。

领导成员因工作严重失误、失职造成重大损失或者恶劣社会影响的，或者对重大事故负有领导责任的，应当引咎辞去领导职务。

领导成员应当引咎辞职或者因其他原因不再适合担任现任领导职务，本人不提出辞职的，应当责令其辞去领导职务。

第八十三条 公务员有下列情形之一的，予以辞退：
（一）在年度考核中，连续两年被确定为不称职的；
（二）不胜任现职工作，又不接受其他安排的；
（三）因所在机关调整、撤销、合并或者缩减编制员额需要调整工作，本人拒绝合理安排的；
（四）不履行公务员义务，不遵守公务员纪律，经教育仍无转变，不适合继续在机关工作，又不宜给予开除处分的；
（五）旷工或者因公外出、请假期满无正当理由逾期不归连续超过十五天，或者一年内累计超过三十天的。

第八十四条 对有下列情形之一的公务员，不得辞退：
（一）因公致残，被确认丧失或者部分丧失工作能力的；
（二）患病或者负伤，在规定的医疗期内的；
（三）女性公务员在孕期、产假、哺乳期内的；
（四）法律、行政法规规定的其他不得辞退的情形。

第八十五条 辞退公务员，按照管理权限决定。辞退决定应当以书面形式通知被辞退的公务员。

被辞退的公务员，可以领取辞退费或者根据国家有关规定享受失业保险。

第八十六条 公务员辞职或者被辞退，离职前应当办理公务交接手续，必要时按照规定接受审计。

第一百零二条 公务员辞去公职或者退休的，原系领导成员的公务员在离职三年内，其他公务员在离职两年内，不得到与原工作业务直接相关的企业或者其他营利性组织任职，不得从事与原工作业务直接相关的营利性活动。

公务员辞去公职或者退休后有违反前款规定行为的，由其原所在机关的同级公务员主管部门责令限期改正；逾期不改正的，由县级以上工商行政管理部门没收该人员从业期间的违法所得，责令接收单位将该人员予以清退，并根据情节轻重，对接收单位处以被处罚人员违法所得一倍以上五倍以下的罚款。

59.2《党政领导干部辞职暂行规定》（2004 年 4 月 8 日）（节录）

第一章 总 则

第一条 为建立健全党政领导干部辞职制度，加强对党政领导干部的管理和监督，根据《党政领导干部选拔任用工作条例》和有关法律、法规，制定本规定。

第二条 党政领导干部辞职包括因公辞职、自愿辞职、引咎辞职和责令辞职。

第三条 本规定适用于中共中央、全国人大常委会、国务院、全国政协、中央纪律检查委员会的工作部门或者机关内设机构的领导成员，最高人民法院、最高人民检察院的领导成员（不含正职）和内设机构的领导成员；县级以上地方各级党委、人大常委会、政府、政协、纪委、人民法院、人民检察院及其工作部门或者机关内设机构的领导成员；上列工作部门的内设机构的领导成员。

第四条 党委（党组）及其组织（人事）部门，按照干部管理权限履行本规定中的有关职责，负责本规定的组织实施。

第三章 自愿辞职

第八条 党政领导干部因个人或者其他原因，可以自愿提出辞去现任领导职务或者公职。

第九条 党政领导干部自愿辞职应当经过下列程序：

（一）干部本人按照干部管理权限，以书面形式向党委（党组）提出辞职申请。辞职申请应当说明辞职原因等情况，同时辞去公职的还应说明辞职后去向等。

（二）组织（人事）部门对干部辞职原因、辞职条件等有关情况进行了解审核，并提出初步意见。审核中应当听取干部所在单位的意见及纪检机关（监察部门）的意见，并与干部本人谈话。

（三）按照干部管理权限，党委（党组）集体研究，作出同意辞职、不同意辞职或者暂缓辞职的决定。对申请辞去领导职务同时辞去公职的，党委（党组）除对是否同意其辞去领导职务作出决定外，还应对是否同意其辞去公职作出决定。

（四）党委（党组）作出同意辞职决定后，按照有关规定办理辞职手续。由人大、政协选举、任命、决定任命的领导干部，依照法律或者政协章程的有关规定办理。

第十条　党委（党组）应当自接到干部辞职申请之日起三个月内予以答复。答复意见应当以书面形式通知辞职干部所在单位和干部本人。超过三个月未予答复的，视为同意辞职。

第十一条　党政领导干部有下列情形之一的，不得辞去领导职务：

（一）有重要公务尚未处理完毕，而且须由本人继续处理的；

（二）由人大、政协选举、任命、决定任命的领导干部任职不满一年的；

（三）正在接受纪检机关（监察部门）、司法机关调查或者审计机关审计的；

（四）有其他特殊原因的。

第十二条　党政领导干部具有本规定第十一条所列情形之一的或者有下列情形之一的，不得辞去公职：

（一）在涉及国家安全、重要机密等特殊职位上任职或者离开上述职位不满解密期限的；

（二）未满最低服务年限的；

（三）有其他特殊原因的。

第十三条　党政领导干部辞去公职后三年内，不得到原任职务管辖的地区和业务范围内的企业、经营性事业单位和社会中介组织任职；不得从事或者代理与原工作业务直接相关的经商办企业活动。

第六章　相关事宜

第二十四条　党政领导干部辞职，按照有关规定需进行经济责任审计的，党委（党组）及其组织（人事）部门应当委托审计机关进行经济责任审计。

第二十五条　党政领导干部辞职，应当自任免机关批准之日起15日内，办理公务交接等相关手续。

对拒不办理公务交接手续的，按照有关规定给予相应的党纪政纪处分。

第二十六条　党政领导干部在辞职审批期间或者组织决定其暂缓辞职期间不得擅自离职。对擅自离职的，按照有关规定给予相应的党纪政纪处分。

第二十七条　引咎辞职、责令辞职的干部同时提出辞去公职的，应当符合本规定第十二条所列的条件。其中，责令辞职的干部同时提出辞去公职的，须按自愿辞去公职的程序办理。

第二十八条　引咎辞职、责令辞职的干部构成违纪的，按照有关规定给予党纪政纪处分；触犯法律的，依法追究法律责任。

第二十九条　对引咎辞职、责令辞职以及自愿辞去领导职务的干部，根据辞职原因、个人条件、工作需要等情况予以适当安排。

第七章　附　则

第三十条　本规定所称主要领导责任，是指在其职责范围内，对直接主管的工作不负责、不履行或者不正确履行职责，对造成的损失和影响负直接领导责任；重要领导责任,是指在其职责范围内,对应管的工作或者参与决定的工作,不履行或者不正确履行职责,对造成的损失和影响负次要领导责任。

第三十一条 本规定对工作部门的规定,同时适用于办事机构、派出机构以及其他直属机构。

乡(镇、街道)的党政领导干部辞职,可以适用本规定。

县级以上党委、政府直属事业单位和工会、共青团、妇联等人民团体的领导成员辞职,参照本规定执行。

第三十二条 本规定第三条、第三十一条所列范围内,担任同级非领导职务的干部辞职,参照本规定执行。

第三十三条 国有企业领导人员的辞职,由有关部门根据本规定的精神,制定具体办法。

第三十四条 本规定由中共中央组织部负责解释。

59.3《关于党政领导干部辞职从事经营活动有关问题的意见》(2004年4月8日)

近年来,随着社会主义市场经济的发展,在一些地方特别是经济较发达地区,党政领导干部辞去公职经商、办企业或参与其他营利性经营活动即辞职"下海"的逐渐增多。这是新形势下正常的人才流动,对于推动非公有制经济发展,促进干部能上能下、能进能出,建立干部正常退出机制具有积极作用。但是,也出现了一些值得注意的问题。有的领导干部辞职只是向组织打个招呼,没有正式提出书面申请,未经组织批准,就擅自离岗;有的辞职后直接受聘于原管辖地区或者管辖业务范围内的企业,利用在职时的职务影响进行不公平竞争,谋取不正当利益,等等,造成了一些消极影响。为了规范党政领导干部辞职从事经营活动,根据《党政领导干部选拔任用工作条例》、《国家公务员暂行条例》以及有关法规政策,现提出以下意见。

一、领导干部辞去公职应当符合辞职条件

《国家公务员暂行条例》、《国家公务员辞职辞退暂行规定》规定,辞去公职是公务员的一项权利,公务员辞职要符合一定的条件。各地在执行过程中,既要保障干部的辞职权利,又要掌握好辞职的条件。对党的高级干部、地方党政正职和一些特殊岗位的干部辞去公职应当从严掌握。在涉及国家安全、重要机密等特殊职位上任职或者离开上述职位不满解密期限的,重要公务尚未处理完毕且须由本人继续处理的,正在接受纪检(监察)、司法机关调查或者审计机关审计的,未满最低服务年限的,或者有其他特殊原因的,不得辞去公职。由人大、政协选举、任命、决定任命的领导干部任职不满一年的,也不得辞去公职。

二、领导干部辞去公职必须履行辞职程序

领导干部辞去公职必须严格按照有关程序办理:辞职申请人按干部管理权限,向党委(党组)提出书面申请,辞职申请应当说明辞职原因和辞职后去向;组织(人事)部门对辞职申请进行了解审核并提出初步意见,对需进行经济责任审计的干部要委托审计机关对其进行经济责任审计;党委(党组)通过集体研究,作出同意辞职、不同意辞职或者暂缓辞职的决定,并在作出决定后指派专人与申请辞职的干部谈话;

被批准辞职的干部在规定的时间内办理公务交接和离职手续。由人大、政协选举、任命、决定任命的领导干部，在党委（党组）作出同意辞职的决定后，按规定程序办理有关手续。任免机关批准干部辞职后，可在一定范围内予以公布。申请辞职的干部在任免机关未批准之前，不得擅自离职，否则按照有关规定给予相应的党纪政纪处分。

三、领导干部辞去公职后从业应有必要限制

党政领导干部辞去公职后三年内，不得到原任职务管辖的地区和业务范围内的企业、经营性事业单位和社会中介组织任职，不得从事或者代理与原工作业务直接相关的经商、办企业活动。担任县级以上地方党委、人大常委会、政府、政协领导职务的领导干部以及具有审批、执法监督等职能部门的领导干部辞职，要按照上述精神从严管理。以上规定，也适用于提前退休的领导干部。领导干部离职后要自觉遵守这些规定。各地组织部门要与有关部门密切配合，制定相应措施，保证规定的执行和落实。

四、需要注意和解决的相关问题

进一步强化对各级党政领导干部行使权力的监督和制约。积极推行政务公开制度，规范领导干部的决策行为，建立结构合理、配置科学、程序严密、制约有效的权力运行机制，对权力运行的各个环节实行有效监督，切实从源头上防范因领导干部辞职"下海"诱发新的腐败行为。

既要支持人才的合理流动，又要注意为党政机关保留工作骨干。要加强干部队伍的理想信念教育，使广大干部特别是各级领导干部始终坚持立党为公、执政为民，增强奉献精神，自觉把党和人民的利益摆在首位。要继续大力推进干部人事制度改革，努力形成充满生机与活力的用人机制，为干部施展才干、实现抱负创造良好环境。

根据有关规定再次重申，县级以上（含县级）党政机关不得采用停薪留职、带薪留职等方式鼓励领导干部离职离岗经商、办企业。已出台此类政策的地方，要予以纠正，并采取妥善措施处理好相关问题。对乡（镇、街道）机关，要根据机构改革进展情况，调查研究后再提出规范意见。

党政领导干部辞职"下海"是新形势下干部管理工作中遇到的一个新问题。各地区各部门对此要高度重视，既要认真执行有关规定，加以规范管理，又要加强调查研究，及时总结经验，积极探索有效管理办法。

【纪检监察法规】

59.4《中国共产党纪律检查机关监督执纪工作规则（试行）》（2017年1月8日）（节录）

第四十九条 严格执行保密制度，控制审查工作事项知悉范围和时间，不准私自留存、隐匿、查阅、摘抄、复制、携带问题线索和涉案资料，严禁泄露审查工作情况。

审查组成员工作期间，应当使用专用手机、电脑、电子设备和存储介质，实行编号管理，审查工作结束后收回检查。

汇报案情、传递审查材料应当使用加密设施，携带案卷材料应当专人专车、卷不离身。

第五十条　纪检机关涉及监督执纪秘密人员离岗离职后，应当遵守脱密期管理规定，严格履行保密义务，不得泄露相关秘密。

监督执纪人员辞职、退休3年内，不得从事与纪律检查和司法工作相关联、可能发生利益冲突的职业。

59.5《中国共产党纪律处分条例》（修正后2018年10月1日施行）（节录）

第八章　对违反廉洁纪律行为的处分

第九十六条　党员领导干部离职或者退（离）休后违反有关规定接受原任职务管辖的地区和业务范围内的企业和中介机构的聘任，或者个人从事与原任职务管辖业务相关的营利活动，情节较轻的，给予警告或者严重警告处分；情节较重的，给予撤销党内职务处分；情节严重的，给予留党察看处分。

党员领导干部离职或者退（离）休后违反有关规定担任上市公司、基金管理公司独立董事、独立监事等职务，情节较轻的，给予警告或者严重警告处分；情节较重的，给予撤销党内职务处分；情节严重的，给予留党察看处分。

第六十条　【被调查人及其近亲属的申诉】监察机关及其工作人员有下列行为之一的，被调查人及其近亲属有权向该机关申诉：

（一）留置法定期限届满，不予以解除的；

（二）查封、扣押、冻结与案件无关的财物的；

（三）应当解除查封、扣押、冻结措施而不解除的；

（四）贪污、挪用、私分、调换以及违反规定使用查封、扣押、冻结的财物的；

（五）其他违反法律法规、侵害被调查人合法权益的行为。

受理申诉的监察机关应当在受理申诉之日起一个月内作出处理决定。申诉人对处理决定不服的，可以在收到处理决定之日起一个月内向上一级监察机关申请复查，上一级监察机关应当在收到复查申请之日起二个月内作出处理决定，情况属实的，及时予以纠正。

> 【编者注】《监察法》第60条所规定之"申诉"应作狭义理解，仅指监察调查行为存在违法情形时的申诉救济，而不同于《监察法》第49条所规定的不服处理决定的"复审复核"。故以下例举的《公务员申诉规定（试行）》等法规中所指的"申诉"，与《监察法》第60条所规定之"申诉"的内涵不同，但相关规定仍可资借鉴。

【宪法】

60.1《中华人民共和国宪法》（修正后2018年3月11日施行）（节录）

第四十一条　中华人民共和国公民对于任何国家机关和国家工作人员，有提出批评和建议的权利；对于任何国家机关和国家工作人员的违法失职行为，有向有关国家机关提出申诉、控告或者检举的权利，但是不得捏造或者歪曲事实进行诬告陷害。

对于公民的申诉、控告或者检举，有关国家机关必须查清事实，负责处理。任何人不得压制和打击报复。

由于国家机关和国家工作人员侵犯公民权利而受到损失的人，有依照法律规定取得赔偿的权利。

【党章】

60.2《中国共产党章程》（修正后2017年10月24日施行）（节录）

第七章 党的纪律

第三十九条 党的纪律是党的各级组织和全体党员必须遵守的行为规则，是维护党的团结统一、完成党的任务的保证。党组织必须严格执行和维护党的纪律，共产党员必须自觉接受党的纪律的约束。

第四十条 党的纪律主要包括政治纪律、组织纪律、廉洁纪律、群众纪律、工作纪律、生活纪律。

坚持惩前毖后、治病救人，执纪必严、违纪必究，抓早抓小、防微杜渐，按照错误性质和情节轻重，给以批评教育直至纪律处分。运用监督执纪"四种形态"，让"红红脸、出出汗"成为常态，党纪处分、组织调整成为管党治党的重要手段，严重违纪、严重触犯刑律的党员必须开除党籍。

党内严格禁止用违反党章和国家法律的手段对待党员，严格禁止打击报复和诬告陷害。违反这些规定的组织或个人必须受到党的纪律和国家法律的追究。

第四十四条 党组织如果在维护党的纪律方面失职，必须问责。

对于严重违犯党的纪律、本身又不能纠正的党组织，上一级党的委员会在查明核实后，应根据情节严重的程度，作出进行改组或予以解散的决定，并报再上一级党的委员会审查批准，正式宣布执行。

【组织人事法规】

60.3《公务员申诉规定（试行）》（2008年5月16日）（节录）

第三章 申请与受理

第十四条 公务员对涉及本人的下列人事处理不服，可以申请复核或者提出申诉、再申诉：

（一）处分；

（二）辞退或者取消录用；

（三）降职；

（四）定期考核定为不称职；

（五）免职；

（六）申请辞职、提前退休未予批准；

（七）未按规定确定或者扣减工资、福利、保险待遇；

（八）法律、法规规定可以申诉的其他情形。

前款第（七）项所称"规定"，是指"国家规定"。

第十五条 公务员申请复核，应当自知道人事处理之日起三十日内提交书面申请。在复核决定作出前，申请复核的公务员不得提出申诉。

第十六条 公务员对复核结果不服的，应当自接到复核决定之日起十五日内提出申诉；也可以不经复核，自知道人事处理之日起三十日内直接提出申诉。

公务员对申诉处理决定不服的，应当自接到申诉处理决定之日起三十日内提出再申诉。

第十八条 因不可抗力等正当理由在规定的期限内未能申请复核和提出申诉、再申诉的，经受理机关批准可以延长期限。

第十九条 复核、申诉、再申诉应当由受到人事处理的公务员本人提出；如本人丧失行为能力或者死亡，可以由其近亲属代为提出。

第二十条 受理机关应当对申请人提出的申诉、再申诉是否符合受理条件进行审查，在接到申诉书之日起三十日内，作出受理或者不予受理的决定，并以书面形式通知申请人。不予受理的，应当说明理由。

第二十一条 符合以下条件的申诉、再申诉，应予受理：

（一）申请人符合本规定第十九条的规定；

（二）申诉、再申诉事项属于本规定第十四条规定的受理范围；

（三）在规定的期限内提出；

（四）属于受理机关管辖；

（五）申诉材料齐备。

凡不符合上述条件之一的申诉、再申诉，不予受理。

申诉材料不齐备的，应当及时告知申请人，限期十五日内补正。申请人按照要求补正全部材料的，应予受理。

第二十二条 在处理决定作出前，申请人可以提出撤回复核、申诉和再申诉的申请，申请应当以书面形式提出。

受理机关在接到申请人关于撤回复核、申诉和再申诉的书面申请后，可以决定终结处理工作，并以书面形式告知申请人和被申诉机关。

第四章 审理与决定

第二十三条 原处理机关在接到复核申请书后，应当在三十日内作出维持、撤销或者变更原人事处理的复核决定，并以书面形式通知申请人。

第二十四条 受理申诉和再申诉的机关应当自决定受理之日起六十日内作出处理决定。案情复杂的，可以适当延长，但是延长时间不得超过三十日。

第二十五条 受理机关对涉及公务员申诉、再申诉事项，有权进行调查。调查应当由2名以上工作人员进行。接受调查的机关和个人应当如实提供情况。

第二十六条 公务员申诉公正委员会应当根据调查情况对下列事项进行审议：

（一）原人事处理认定的事实是否存在、清楚，证据是否充分；

（二）原人事处理适用法律、法规、规章和有关规定是否正确；

（三）原人事处理的程序是否符合规定；

（四）原人事处理是否显失公正；

（五）被申诉机关有无超越职权或者滥用职权的情形；

（六）其他需要审议的事项。

在审理对复核决定、申诉处理决定不服的申诉、再申诉时，公务员申诉公正委员会还应当对复核决定和申诉处理决定进行审议。

第二十七条 公务员申诉公正委员会应当按照少数服从多数的原则，对申诉、再申诉案件提出明确审理意见，并向受理机关提交审理报告。

第二十八条 受理机关应当根据公务员申诉公正委员会的审理意见，区别不同情况，作出下列申诉处理决定：

（一）原人事处理认定事实清楚，适用法律、法规、规章和有关规定正确，处理恰当、程序合法的，维持原人事处理。

（二）原人事处理认定事实不存在的，按照管理权限责令原处理机关撤销或者直接撤销原人事处理。

（三）原人事处理认定事实没有错误，但适用法律、法规、规章和有关规定有错误，或者处理明显不当的，按照管理权限责令原处理机关变更或者直接变更原人事处理。

（四）原人事处理认定事实不清楚，证据不足，或者违反规定程序和权限的，责令原处理机关重新处理。

再申诉处理决定应当参照前款规定作出。

公务员对重新处理后作出的处理决定不服，可以提出申诉或者再申诉。

第二十九条 申诉处理决定作出后，要制作申诉处理决定书。申诉处理决定书应当载明下列内容：

（一）申诉人的姓名、单位、职务及其他基本情况；

（二）被申诉机关的名称，以及人事处理和复核决定所认定的事实、理由及适用的法律、法规、规章和有关规定；

（三）申诉的事项、理由及要求；

（四）公务员申诉公正委员会认定的事实、理由及适用的法律、法规、规章和有关规定；

（五）申诉处理决定；

（六）作出决定的日期；

（七）其他需要载明的内容；

再申诉处理决定作出后，要制作再申诉处理决定书。再申诉处理决定书除前款规定内容外，还应当载明申诉处理决定的内容和作出申诉处理决定的日期。

申诉处理决定书和再申诉处理决定书应当加盖公务员申诉公正委员会的印章。

第三十条 申诉处理决定书和再申诉处理决定书应当及时送达申诉人和原处理机

关。再申诉处理决定书还应送达作出申诉处理决定的机关。

第五章　执行与监督

第三十三条　处理决定在发生效力后执行。

下列处理决定是发生效力的决定：

（一）已过法定期限没有提出再申诉的申诉处理决定。

（二）中央公务员主管部门作出的申诉处理决定。

（三）中央垂直管理机关作出的申诉处理决定。

（四）再申诉处理决定。

第三十四条　原处理机关在处理决定发生效力后，应当及时执行，并自处理决定发生效力之日起六十日内将执行情况以书面形式告知作出处理决定的机关。

第三十五条　各级公务员主管部门处理的申诉案件，应当自作出处理决定之日起六十日内，按照管理权限向上一级公务员主管部门备案。

其他受理机关处理的申诉案件，按照管辖权限向同级公务员主管部门或者上一级机关备案。

备案的内容包括申诉人的基本情况、基本案情、审理过程、处理决定、执行情况和其他需要说明的情况。

第三十六条　机关对公务员处理错误的，应当及时予以纠正；造成名誉损害的，应当赔礼道歉、恢复名誉、消除影响；造成经济损失的，应当

根据有关规定给予赔偿，并视情节对作出错误处理的责任人进行处理。

第三十七条　机关不执行发生效力的处理决定，或者对申诉人打击报复，对负有责任的领导人员和直接责任人员，受理申诉的机关可以向有

关机关提出给予其处分的建议；构成犯罪的，依法追究刑事责任。

第三十八条　公务员在复核、申诉中弄虚作假、捏造事实、诬陷他人的，根据情节轻重，给予批评教育或者处分；给他人造成名誉损害的，应

当赔礼道歉、恢复名誉、消除影响；构成犯罪的，依法追究刑事责任。

第三十九条　受理机关和公务员申诉公正委员会的工作人员，不按本规定处理公务员复核、申诉的，根据情节轻重，给予批评教育或者处分；构成犯罪的，依法追究刑事责任。

第六章　附　则

第四十条　公务员复核、申诉和再申诉，除本规定第十九条规定的情形外，不得委托代理人代为进行。

第四十一条　人事处理决定根据本规定第三十二条规定送达的，即视为受处理公务员知道该人事处理。

第四十二条　本规定所称"近亲属"，是指配偶、父母、子女、兄弟姐妹。

第四十三条　参照公务员法管理的机关（单位）工作人员的申诉，参照本规定

执行。

第四十四条 本规定由中共中央组织部、人力资源和社会保障部负责解释。

【行为规制法规】

60.4《中国共产党党员权利保障条例》（2004年9月22日）（节录）

第十三条 党员在政治、工作、学习等方面遇到重要问题需要党组织帮助解决的，有权向本人所在党组织、上级党组织直至中央提出请求。

党员对于党组织给予本人的处分、鉴定、审查结论或者其他处理不服的，有权向本人所在党组织、上级党组织直至中央提出申诉；党员认为党组织给予其他党员的处分、鉴定、审查结论或者其他处理不当的，有权逐级向党组织直至中央提出意见。

党员的合法权益受到党组织或者其他党员侵害时，有权向本人所在党组织、上级党组织直至中央提出控告。

党员有权要求有关党组织对其提出的请求、申诉和控告给予负责的答复。

【纪检监察法规】

60.5《中国共产党纪律检查机关控告申诉工作条例》（1993年9月1日）（节录）

第四章 当事人的权利和义务

第四十条 检举、控告、申诉人在检举、控告、申诉活动中有下列权利：

（一）对党员、党组织违法乱纪的行为有权提出检举、控告。

（二）党员对所受党纪处分或纪律检查机关所作的其他处理不服，有权提出申诉，要求复议、复查。

（三）提出检举、控告、申诉后，在一定期限内得不到答复时，有权向受理机关提出询问，要求给予负责的答复。

（四）有权要求与检举、控告、申诉案情有关或有牵连的承办人员回避。

（五）对受理机关及承办人员的失职行为和其他违纪行为有权提出检举、控告。

（六）因进行检举、控告、申诉，其合法权利受到威胁或侵害时，有权要求受理机关给予保护。

第四十一条 检举、控告、申诉人在检举、控告、申诉活动中，必须履行下列义务：

（一）对所检举、控告、申诉的事实的真实性负责。接受调查、询问时，应如实提供情况和证据。如有诬陷、制造假证行为，须承担纪律责任。

（二）遵守党的纪律和控告申诉工作的有关规定，维护社会秩序和工作秩序。如有违犯，须接受教育、劝告，直至承担纪律责任。

（三）接受党组织的正确处理意见，不得提出党章、制度、政策规定以外的要求。

第四十二条 被检举、控告人在党组织处理对他的检举、控告过程中有下列权利：

（一）对被检举、控告的问题有权进行说明解释。

（二）基层党组织讨论决定对他的党纪处分或其他处理时，有权参加和进行申辩。

（三）有权要求党组织将调查处理结论同本人见面。

（四）对党组织认定本人所犯错误的事实、性质和所作处理决定有不同意见时，有权向上级党组织直至中央提出申诉。

（五）对受理机关及承办人员的失职行为和其他违纪行为有权提出检举、控告。

（六）当合法权利受到威胁或侵害时，有权要求受理机关给予保护。

第四十三条　被检举、控告人在党组织处理对他的检举、控告过程中，必须履行下列义务：

（一）配合党组织查清被检举、控告的问题，如实提供情况和证人，接受检查和询问，主动交代问题。如有隐瞒、诬陷、抗拒等行为，须承担纪律责任。

（二）对所犯错误，必须正确对待，认真检讨，接受处理，不得违反组织决定。

（三）尊重检举、控告人和承办人员的权利和职责，如有利用职权打击报复检举、控告人和承办人员的行为，须承担纪律责任。

60.6《中国共产党纪律处分条例》（修正后 2018 年 10 月 1 日施行）（节录）

第七章　对违反组织纪律行为的处分

第七十九条　有下列行为之一的，给予警告或者严重警告处分；情节较重的，给予撤销党内职务或者留党察看处分；情节严重的，给予开除党籍处分：

（一）对批评、检举、控告进行阻挠、压制，或者将批评、检举、控告材料私自扣压、销毁，或者故意将其泄露给他人的；

（二）对党员的申辩、辩护、作证等进行压制，造成不良后果的；

（三）压制党员申诉，造成不良后果的，或者不按照有关规定处理党员申诉的；

（四）有其他侵犯党员权利行为，造成不良后果的。

对批评人、检举人、控告人、证人及其他人员打击报复的，从重或者加重处分。

党组织有上述行为的，对直接责任者和领导责任者，依照第一款规定处理。

60.7《中国共产党纪律检查机关查办案件涉案款物管理暂行规定》（2008 年 10 月 15 日）（节录）

第六章　涉案款物的监督检查

第三十二条　纪检机关应当加强对涉案款物管理的监督检查，完善监督制约机制。

第三十三条　案件监督管理部门或者其他相关职能部门应当对管理过程中的文书使用和手续办理情况、涉案款物的保管和处理等情况定期进行监督检查，定期向本级纪检机关领导撰写专题情况报告。

第三十四条　涉案款物鉴定、拍卖机构的确定，纪检机关有规定的，按照规定执行；纪检机关没有规定的，由案件监督管理部门或者其他相关职能部门根据其资质、资格和专业技术水平等进行综合考察后指定。

第三十五条　案件监督管理部门或者其他相关职能部门应当对案件档案进行检

查，确保所有涉案款物的处理文书存入档案。

第三十六条 涉案款物管理过程中使用的文书、表格统一由案件监督管理部门或者其他相关职能部门负责监制。

第三十七条 对移送司法机关并由司法机关认定与犯罪无关的涉案款物，案件监督管理部门或者其他相关职能部门应当督促司法机关予以退回。

第七章 纪律责任

第三十八条 对监督检查过程中发现的违反规定的问题，案件监督管理部门或者其他相关职能部门应当责令纠正。对不纠正的，纪检机关要予以通报批评。违反纪律的，应当追究有关主管人员和直接责任人员的纪律责任。

第三十九条 任何部门和个人在涉案款物管理中违反有关规定，贪污、侵占、截留、挪用、私分、私存、调换、外借、压价收购涉案款物及其孳息的，应当追究有关主管人员和直接责任人员的纪律责任。

第四十条 保管不当造成涉案款物毁损或者灭失的，除按照国家有关规定给予赔偿外，视情节轻重，应当追究有关主管人员和直接责任人员的纪律责任。

第四十一条 不按时移交涉案款物或者不及时执行涉案款物处理决定，造成恶劣影响或者其他严重后果的，应当追究有关主管人员和直接责任人员的纪律责任。

第六十一条 【"一案双查"和错案责任追究】对调查工作结束后发现立案依据不充分或者失实，案件处置出现重大失误，监察人员严重违法的，应当追究负有责任的领导人员和直接责任人员的责任。

【行为规制法规】

61.1《关于新形势下党内政治生活的若干准则》（2016年10月27日）（节录）

七、发扬党内民主和保障党员权利

……

党员有权向党负责地揭发、检举党的任何组织和任何党员违纪违法的事实，提倡实名举报。党员有权在党的会议上有根据地批评党的任何组织和任何党员。党组织既要严肃处理对举报者的歧视、刁难、压制行为特别是打击报复行为，又要严肃追查处理诬告陷害行为。对受到诽谤、诬告、严重失实举报的党员，党组织要及时为其澄清和正名。要保障党员申辩、申诉等权利。对执纪中的过错或违纪行为，要依规及时纠正、消除影响并追究有关组织和人员的责任。

61.2《中国共产党党员权利保障条例》（2004年9月22日）（节录）

第二十五条 党组织对涉嫌违纪党员的检查和处理，必须既坚决又慎重，严格遵守有关规定，依纪依法进行。

建立执纪过错或者错案责任追究制。对于在执纪过程中有违纪行为或者其他过错的，应当批评纠正；情节严重的，应当追究有关责任者的责任。

第三十四条 对侵犯党员权利行为的处理是保障党员权利的重要环节。对于有侵犯党员权利行为的党员，其所在党组织或者上级党组织可以采取责令停止侵权行为、责令赔礼道歉、责令作出检查、诫勉谈话、通报批评等方式给予处理;情节较重的,按照规定给予党纪处分。

对于有侵犯党员权利行为的党组织,上级党组织应当对有关责任者进行批评教育;情节严重的,按照规定追究有关责任者的责任。

本条第一款规定的处理方式可以独立使用,也可以合并使用或者与党纪处分合并使用。

第三十五条　对于因侵犯党员权利受到党纪追究的党员或者在保障党员权利方面失职、渎职受到党纪追究的党的领导干部,需要给予行政处分或者其他纪律处分的,作出或者批准作出处理决定的党组织应当向监察机关或者其他有关机关、组织提出建议;涉嫌犯罪的,由司法机关处理。

【纪检监察法规】

61.3《中国共产党纪律检查机关监督执纪工作规则(试行)》(2017年1月8日)(节录)

第五十四条　开展"一案双查",对审查结束后发现立案依据不充分或者失实,案件处置出现重大失误,纪检干部严重违纪的,既追究直接责任,还应当严肃追究有关领导人员责任。

61.4《中国共产党纪律检查机关控告申诉工作条例》(1993年9月1日)(节录)

第三十六条　发现党的组织或负责人对党员或党组织的申诉不认真复议、复查和对冤假错案坚持不纠,对受理的检举、控告不负责任,无故拖延不办,或为违纪者说情开脱,予以包庇的,都要给予批评教育,情节严重的,必须追究责任。

第八章 法律责任

第六十二条 【拒不执行监察处理决定、监察建议的法律责任】有关单位拒不执行监察机关作出的处理决定,或者无正当理由拒不采纳监察建议的,由其主管部门、上级机关责令改正,对单位给予通报批评;对负有责任的领导人员和直接责任人员依法给予处理。

【党章】

62.1《中国共产党章程》(修正后2017年10月24日施行)(节录)

第三十九条 党的纪律是党的各级组织和全体党员必须遵守的行为规则,是维护党的团结统一、完成党的任务的保证。党组织必须严格执行和维护党的纪律,共产党员必须自觉接受党的纪律的约束。

【纪检监察法规】

62.2《中国共产党纪律处分条例》(修正后2018年10月1日施行)(节录)

第五章 其他规定

第四十一条 党纪处分决定作出后,应当在一个月内向受处分党员所在党的基层组织中的全体党员及其本人宣布,是领导班子成员的还应当向所在党组织领导班子宣布,并按照干部管理权限和组织关系将处分决定材料归入受处分者档案;对于受到撤销党内职务以上(含撤销党内职务)处分的,还应当在一个月内办理职务、工资、工作及其他有关待遇等相应变更手续;涉及撤销或者调整其党外职务的,应当建议党外组织及时撤销或者调整其党外职务。特殊情况下,经作出或者批准作出处分决定的组织批准,可以适当延长办理期限。办理期限最长不得超过六个月。

第四十二条 执行党纪处分决定的机关或者受处分党员所在单位,应当在六个月内将处分决定的执行情况向作出或者批准处分决定的机关报告。

党员对所受党纪处分不服的,可以依照党章及有关规定提出申诉。

第十章 对违反工作纪律行为的处分

第一百二十一条 工作中不负责任或者疏于管理,贯彻执行、检查督促落实上级决策部署不力,给党、国家和人民利益以及公共财产造成较大损失的,对直接责任者和领导责任者,给予警告或者严重警告处分;造成重大损失的,给予撤销党内职务、留党察看或者开除党籍处分。

贯彻创新、协调、绿色、开放、共享的发展理念不力,对职责范围内的问题失察失责,造成较大损失或者重大损失的,从重或者加重处分。

第一百二十二条 有下列行为之一,造成严重不良影响,对直接责任者和领导责任者,情节较轻的,给予警告或者严重警告处分;情节较重的,给予撤销党内职务或者留党察看处分;情节严重的,给予开除党籍处分:

(一)贯彻党中央决策部署只表态不落实的;

(二)热衷于搞舆论造势、浮在表面的;

(三)单纯以会议贯彻会议、以文件落实文件,在实际工作中不见诸行动的;

(四)工作中有其他形式主义、官僚主义行为的。

第一百二十三条 党组织有下列行为之一,对直接责任者和领导责任者,情节较重的,给予警告或者严重警告处分;情节严重的,给予撤销党内职务或者留党察看处分:

(一)党员被依法判处刑罚后,不按照规定给予党纪处分,或者对违反国家法律法规的行为,应当给予党纪处分而不处分的;

(二)党纪处分决定或者申诉复查决定作出后,不按照规定落实决定中关于被处分人党籍、职务、职级、待遇等事项的;

(三)党员受到党纪处分后,不按照干部管理权限和组织关系对受处分党员开展日常教育、管理和监督工作的。

第一百二十四条 因工作不负责任致使所管理的人员叛逃的,对直接责任者和领导责任者,给予警告或者严重警告处分;情节严重的,给予撤销党内职务处分。

因工作不负责任致使所管理的人员出走,对直接责任者和领导责任者,情节较重的,给予警告或者严重警告处分;情节严重的,给予撤销党内职务处分。

第一百二十五条 在上级检查、视察工作或者向上级汇报、报告工作时对应当报告的事项不报告或者不如实报告,造成严重损害或者严重不良影响的,对直接责任者和领导责任者,给予警告或者严重警告处分;情节严重的,给予撤销党内职务或者留党察看处分。

在上级检查、视察工作或者向上级汇报、报告工作时纵容、唆使、暗示、强迫下级说假话、报假情的,从重或者加重处分。

62.3 《关于纪检监察机关和审计机关在查处案件中加强协作配合的通知》(2003年8月26日)(节录)

为了加强纪检监察机关和审计机关在查处案件中的协作配合,充分发挥纪检监察机关和审计机关在查处案件中的职能作用,维护社会主义市场经济秩序,促进党风廉政建设,现将有关事项通知如下:

……

七、纪检监察机关根据检查、调查结果,认为应当给予审计处理、处罚的,可以向审计机关提出建议或者监察建议。审计机关应当依法及时查处,并将结果书面通知纪检监察机关。

62.4《公职人员政务处分暂行规定》（2018年4月16日）（节录）

第九条 对基层群众性自治组织、国有企业等单位中从事管理的人员，或者未列入国家机关人员编制的受国家机关依法委托管理公共事务的组织中从事公务的人员、其他依法履行公职的人员，监察机关可以依法采取下列处理措施：

（一）依据《中华人民共和国监察法》采取谈话提醒、批评教育、责令检查、诫勉；

（二）依据本规定第三条有关法规采取警示谈话、通报批评、停职检查、责令辞职。

对前款人员，监察机关可以依法向有关机关、单位提出下列监察建议：

（一）取消当选资格或者担任相应职务资格；

（二）调离岗位、降职、免职、罢免。

上述处理措施可以单独使用，也可以合并使用。

第十四条 监察机关对本级党委管理的公职人员依法作出政务处分决定后，除依照本规定第十三条送达受处分人所在单位执行外，还应当根据受处分人的具体身份函告相应的机关或者群团组织等单位。

受处分人系民主党派和无党派人士的，同时函告本级党委统战部以及相应的民主党派机关或者相关单位。

第六十三条 【拒绝、阻碍、干扰监察调查的法律责任】 有关人员违反本法规定，有下列行为之一的，由其所在单位、主管部门、上级机关或者监察机关责令改正，依法给予处理：

（一）不按要求提供有关材料，拒绝、阻碍调查措施实施等拒不配合监察机关调查的；

（二）提供虚假情况，掩盖事实真相的；

（三）串供或者伪造、隐匿、毁灭证据的；

（四）阻止他人揭发检举、提供证据的；

（五）其他违反本法规定的行为，情节严重的。

【纪检监察法规】

63.1《中国共产党纪律处分条例》（修正后2018年10月1日施行）（节录）

第六章 对违反政治纪律行为的处分

第五十六条 对抗组织审查，有下列行为之一的，给予警告或者严重警告处分；情节较重的，给予撤销党内职务或者留党察看处分；情节严重的，给予开除党籍处分：

（一）串供或者伪造、销毁、转移、隐匿证据的；

（二）阻止他人揭发检举、提供证据材料的；

（三）包庇同案人员的；

（四）向组织提供虚假情况，掩盖事实的；

（五）有其他对抗组织审查行为的。

第七章　对违反组织纪律行为的处分

第七十三条　有下列行为之一，情节较重的，给予警告或者严重警告处分：

（一）违反个人有关事项报告规定，隐瞒不报的；

（二）在组织进行谈话、函询时，不如实向组织说明问题的；

（三）不按要求报告或者不如实报告个人去向的；

（四）不如实填报个人档案资料的。

篡改、伪造个人档案资料的，给予严重警告处分；情节严重的，给予撤销党内职务或者留党察看处分。

隐瞒入党前严重错误的，一般应当予以除名；对入党后表现尚好的，给予严重警告、撤销党内职务或者留党察看处分。

第七十九条　有下列行为之一的，给予警告或者严重警告处分；情节较重的，给予撤销党内职务或者留党察看处分；情节严重的，给予开除党籍处分：

（一）对批评、检举、控告进行阻挠、压制，或者将批评、检举、控告材料私自扣压、销毁，或者故意将其泄露给他人的；

（二）对党员的申辩、辩护、作证等进行压制，造成不良后果的；

（三）压制党员申诉，造成不良后果的，或者不按照有关规定处理党员申诉的；

（四）有其他侵犯党员权利行为，造成不良后果的。

对批评人、检举人、控告人、证人及其他人员打击报复的，从重或者加重处分。

党组织有上述行为的，对直接责任者和领导责任者，依照第一款规定处理。

第六十四条　【报复陷害、诬告陷害的法律责任】监察对象对控告人、检举人、证人或者监察人员进行报复陷害的；控告人、检举人、证人捏造事实诬告陷害监察对象的，依法给予处理。

【党章】

64.1《中国共产党章程》（修正后2017年10月24日施行）

第四十条第三款　党内严格禁止用违反党章和国家法律的手段对待党员，严格禁止打击报复和诬告陷害。违反这些规定的组织或个人必须受到党的纪律和国家法律的追究。

【行为规制法规】

64.2《关于新形势下党内政治生活的若干准则》（2016年10月27日）（节录）

七、发扬党内民主和保障党员权利

……党员有权向党负责地揭发、检举党的任何组织和任何党员违纪违法的事实，提倡实名举报。党员有权在党的会议上有根据地批评党的任何组织和任何党员。党组织既要严肃处理对举报者的歧视、刁难、压制行为特别是打击报复行为，又要严肃追查处理诬告陷害行为。对受到诽谤、诬告、严重失实举报的党员，党组织要及时为其澄清和正名。要保障党员申辩、申诉等权利。对执纪中的过错或违纪行为，要依规及时纠正、消除影响并追究有关组织和人员的责任。

十一、加强对权力运行的制约和监督

……对涉及违纪违法行为的举报，对党员反映的问题，任何党组织和领导干部都不准隐瞒不报、拖延不办。涉及所反映问题的领导干部应该回避，不准干预或插手组织调查。

党员、干部反映他人的问题，应该出于党性，通过党内正常渠道实名进行，不准散布小道消息，不准散发匿名信，不准诬告陷害等。对通过正常渠道反映问题的党员，任何组织和个人都不准打击报复，不准擅自进行追查，不准采取调离工作岗位、降格使用等惩罚措施。

坚持授权者要负责监督，发现问题要及时处置。强化上级组织对下级组织特别是主要领导干部行使权力的监督，防止权力失控和滥用。

对党组织和党员、干部行使权力进行监督，必须依纪依法进行。纪检监察、司法机关严格依纪依法按程序对涉嫌严重违纪违法行为进行调查。任何组织和个人不得自行决定或受指使对党员、干部采取非法调查手段。对违反规定的，要严肃追究纪律和法律责任。

64.3《中国共产党党员权利保障条例》（2004年9月22日）（节录）

第九条 党员有权在党的会议上以口头或者书面方式有根据地批评党的任何组织和任何党员。党员以书面方式提出的批评意见应当按照规定送被批评者或者有关党组织。

党员有权向党组织负责地揭发、检举党的任何组织和任何党员的违法违纪事实；有权向所在党组织或者上级党组织提出处分有违法违纪行为党员的要求。

党员有权向所在党组织或者上级党组织提出罢免或者撤换不称职党员领导干部职务的要求。

党员在进行批评、揭发、检举以及提出处分或者罢免、撤换要求时，要按照组织原则，符合有关程序，不得随意扩散、传播，不得夸大和歪曲事实，更不得捏造事实、诬告陷害。

第十九条 党组织应当鼓励党员在党内开展批评和自我批评，支持和保护党员同各种违法违纪行为和不正之风作斗争。对于党员的批评、揭发、检举、控告以及提出的有关处分和罢免、撤换要求，党组织要按照规定及时处理。

党组织要建立健全保护揭发、检举人权益的制度。对揭发、检举人以及揭发、检举的内容必须严格保密，严禁将检举、控告材料转给被检举、被控告的组织和人员；严禁对揭发、检举人和控告人歧视、刁难、压制，严禁各种形式的打击报复。

党组织对于署真实姓名的揭发、检举人，应以适当方式回访或者回函并告知其处理结果；对揭发、检举严重违法违纪问题经查证属实的，给予表扬或者奖励。

党组织对于不负责地揭发、检举、控告以及提出处分和罢免、撤换要求的，给予批评教育；对于捏造事实、诬告陷害他人的，依纪依法严肃处理。对于受到错告或者诬告的党员，应当澄清事实，并在一定范围内公布。

【纪检监察法规】

64.4《中国共产党纪律处分条例》（修正后2018年10月1日施行）（节录）

第六章 对违反政治纪律行为的处分

第五十二条 制造、散布、传播政治谣言，破坏党的团结统一的，给予警告或者严重警告处分；情节较重的，给予撤销党内职务或者留党察看处分；情节严重的，给予开除党籍处分。

政治品行恶劣，匿名诬告，有意陷害或者制造其他谣言，造成损害或者不良影响的，依照前款规定处理。

第七章 对违反组织纪律行为的处分

第七十九条 有下列行为之一的，给予警告或者严重警告处分；情节较重的，给予撤销党内职务或者留党察看处分；情节严重的，给予开除党籍处分：

（一）对批评、检举、控告进行阻挠、压制，或者将批评、检举、控告材料私自扣压、销毁，或者故意将其泄露给他人的；

（二）对党员的申辩、辩护、作证等进行压制，造成不良后果的；

（三）压制党员申诉，造成不良后果的，或者不按照有关规定处理党员申诉的；

（四）有其他侵犯党员权利行为，造成不良后果的。

对批评人、检举人、控告人、证人及其他人员打击报复的，从重或者加重处分。

党组织有上述行为的，对直接责任者和领导责任者，依照第一款规定处理。

64.5《关于保护检举、控告人的规定》（1996年1月19日）

第一条 为了保障检举、控告人依法行使检举、控告的权利，维护检举、控告人的合法权益，促进党风廉政建设和反腐败斗争，根据《中国共产党党员权利保障条例》和行政监察法律、法规，制定本规定。

第二条 任何单位和个人有权向纪检监察机关检举、控告党组织、党员以及国家行政机关、国家公务员和国家行政机关任命的其他人员违纪违法的行为。

任何单位和个人不得以任何借口阻拦、压制检举、控告人依法进行的检举、控告。

第三条 检举、控告人应据实检举、控告，不得捏造事实、制造假证、诬告陷害他人。

纪检监察机关对如实检举、控告的，应给予支持、鼓励。对检举、控告有功的，应给予奖励。对检举、控告不实的，必须分清是错告还是诬告。对错告的，应澄清事实；对诬告的，应依照有关规定予以处理。

第四条 纪检监察机关受理检举、控告和查处检举、控告案件，必须严格保密：

（一）纪检监察机关应设立检举、控告接待室，接受当面检举、控告应单独进行，无关人员不得在场。

（二）检举、控告信函的收发、拆阅、登记，当面或电话检举、控告的接待、接听、记录、录音等工作，应建立健全责任制，严防泄密或遗失检举、控告材料。

（三）对检举、控告人的姓名、工作单位、家庭住址等有关情况及检举、控告的内容必须严格保密，严禁将检举、控告人的有关情况以及检举、控告的内容透露给被检举、控告单位和被检举、控告人以及其他单位和人员。

（四）检举、控告材料列入密件管理，不得私自摘抄、复制、扣压、销毁。

（五）检举、控告材料，除查处案件工作需要外，不得向有关人员出示；因查处案件工作需要出示的，必须经本委、部（厅、局）主管领导批准，并隐去可能暴露检举、控告人身份的内容。

（六）核实情况必须在不暴露检举、控告人的情况下进行。

（七）未经检举、控告人同意，不得公开检举、控告人的姓名、工作单位及其他有关情况。

第五条 受理机关工作人员无意或故意泄露检举、控告情况的，应追究责任，严肃处理。

第六条 严禁将检举、控告材料转给被检举、控告单位或被检举、控告人。

第七条 任何单位和个人不得擅自追查检举、控告人。对确属诬告陷害，需要追查诬告陷害者的，必须经地、市级以上（含地、市级）党的委员会、政府或纪检监察机关批准。

第八条 对匿名检举、控告材料，除查处案件需要外，不得擅自核对笔迹或进行文检；因查处案件工作需要核对笔迹或进行文检的，必须经地、市级以上（含地、市级）纪检监察机关批准。

第九条 受理机关工作人员有下列情形之一的，应当回避：

（一）是被检举、控告人或被检举、控告人近亲属的；

（二）本人或近亲属与被检举、控告问题有利害关系的；

（三）与检举、控告问题有其他关系，可能影响检举、控告问题公正处理的。

受理机关工作人员应当主动提出回避，检举、控告人有权要求其回避，回避决定由受理机关作出。

第十条 任何单位和个人不得以任何借口和手段打击报复检举、控告人及其亲属或假想检举、控告人。

指使他人打击报复的，或者被指使人、被指使单位的主要负责人和直接责任人员明知实施的行为是打击报复的，以打击报复论处。

第十一条 打击报复检举、控告人的，纪检监察机关应分别不同情况予以处理：

（一）对于正在实施的打击报复行为，纪检监察机关应在其职权范围内采取措施及时制止，并予以处理，或者及时移送有关部门予以处理。

（二）检举、控告人因被打击报复而受到错误处理的，纪检监察机关应在其职权范围内依照有关规定予以纠正，或者建议有关部门予以纠正。

（三）检举、控告人因被打击报复而造成人身伤害及名誉损害、财产损失的，纪检监察机关应在其职权范围内负责处理，或者移送有关部门予以处理。

第十二条 违反本规定的，应依照党纪、政纪的有关规定给予党纪处分、行政处分或其他处理；构成犯罪的，移送司法机关依法追究刑事责任。

第十三条 纪检监察机关受理纪检监察业务范围内的港澳台胞、华侨及外国人的检举、控告，适用本规定。

第十四条 本规定由中共中央纪律检查委员会、中华人民共和国监察部负责解释。

第十五条 本规定自发布之日起施行。

64.6《中国共产党纪律检查机关案件检查工作条例》及《中国共产党纪律检查机关案件检查工作条例实施细则》（以下简称《实施细则》）（1994年5月1日）（节录）

第三十五条 调查中，发现检举人确属诬告或证人出具伪证等妨碍案件检查的行为，应予追究。

第三十六条 要保护办案人、检举人、证人。对上述人员进行诬告陷害、打击报复的，应予追究。

《实施细则》第三十七条 对署真实姓名的检举人，调查结束后，调查组应向其口头通报所检举问题的调查结果，并征求意见。对案情需要保密的，应要求检举人不得泄密或扩散。

64.7《中国共产党纪律检查机关控告申诉工作条例》（1993年9月1日）（节录）

第三十二条 维护当事人的合法权利。对检举、控告人及检举、控告内容，应当保密。不准将检举、控告材料转给被检举、控告人；不得对检举、控告、申诉人歧视、刁难、压制。对打击报复检举、控告、申诉人的，必须追究责任，严肃处理。

第三十三条 对如实检举、控告或反映情况的，应予以支持、鼓励。对检举、控告不完全属实的，除对不属实的部分予以解释说明外，对属实的部分应予以处理。对检举、控告不实的，必须分清是错告还是诬告：如属错告，应在一定范围内澄清是非，消除对被错告者造成的影响，并教育错告者；如属诬告，必须对诬告者追究责任，严肃处理。

第三十四条 认定诬告，必须经过地、市级以上（含地、市级）党的委员会或纪律检查委员会批准。

第三十六条 发现党的组织或负责人对党员或党组织的申诉不认真复议、复查和对冤假错案坚持不纠，对受理的检举、控告不负责任，无故拖延不办，或为违纪者说情开脱，予以包庇的，都要给予批评教育，情节严重的，必须追究责任。

第三十七条 对检举、控告、申诉的问题已经得到正确处理，当事人仍无理纠缠，影响工作秩序的，应当进行批评教育；对不听劝告、屡教不改的，可请公安部门协助处理。

第六十五条 【监察机关及其工作人员违法行使职权的法律责任】监察机关及其工作人员有下列行为之一的,对负有责任的领导人员和直接责任人员依法给予处理:

(一)未经批准、授权处置问题线索,发现重大案情隐瞒不报,或者私自留存、处理涉案材料的;

(二)利用职权或者职务上的影响干预调查工作、以案谋私的;

(三)违法窃取、泄露调查工作信息,或者泄露举报事项、举报受理情况以及举报人信息的;

(四)对被调查人或者涉案人员逼供、诱供,或者侮辱、打骂、虐待、体罚或者变相体罚的;

(五)违反规定处置查封、扣押、冻结的财物的;

(六)违反规定发生办案安全事故,或者发生安全事故后隐瞒不报、报告失实、处置不当的;

(七)违反规定采取留置措施的;

(八)违反规定限制他人出境,或者不按规定解除出境限制的;

(九)其他滥用职权、玩忽职守、徇私舞弊的行为。

【纪检监察法规】

65.1《中国共产党纪律处分条例》(修正后2018年10月1日施行)(节录)

第八章 对违反廉洁纪律行为的处分

第八十五条 党员干部必须正确行使人民赋予的权力,清正廉洁,反对任何滥用职权、谋求私利的行为。

利用职权或者职务上的影响为他人谋取利益,本人的配偶、子女及其配偶等亲属和其他特定关系人收受对方财物,情节较重的,给予警告或者严重警告处分;情节严重的,给予撤销党内职务、留党察看或者开除党籍处分。

第十章 对违反工作纪律行为的处分

第一百二十七条 党员领导干部违反有关规定干预和插手司法活动、执纪执法活动,向有关地方或者部门打听案情、打招呼、说情,或者以其他方式对司法活动、执纪执法活动施加影响,情节较轻的,给予严重警告处分;情节较重的,给予撤销党内职务或者留党察看处分;情节严重的,给予开除党籍处分。

党员领导干部违反有关规定干预和插手公共财政资金分配、项目立项评审、政府奖励表彰等活动,造成重大损失或者不良影响的,依照前款规定处理。

第一百二十八条 泄露、扩散或者打探、窃取党组织关于干部选拔任用、纪律审查、巡视巡察等尚未公开事项或者其他应当保密的内容的,给予警告或者严重警告处分;情节较重的,给予撤销党内职务或者留党察看处分;情节严重的,给予开除党籍处分。

私自留存涉及党组织关于干部选拔任用、纪律审查、巡视巡察等方面资料,情节较重的,给予警告或者严重警告处分;情节严重的,给予撤销党内职务处分。

第一百三十三条 在党的纪律检查、组织、宣传、统一战线工作以及机关工作等其他工作中,不履行或者不正确履行职责,造成损失或者不良影响的,应当视具体情节给予警告直至开除党籍处分。

65.2《中国共产党纪律检查机关监督执纪工作规则(试行)》(2017年1月8日)(节录)

第五十二条 执纪审查部门主要负责人、审查组组长是执纪审查安全第一责任人,审查组应当指定专人担任安全员。被审查人发生安全事故的,应当在24小时内逐级上报至中央纪律检查委员会,及时做好舆论引导。

发生严重安全事故的,省级纪检机关主要负责人应当向中央纪律检查委员会作出检讨,并予以通报、严肃问责。

案件监督管理部门应当开展经常性检查和不定期抽查,发现问题及时报告并督促整改。

第五十三条 对纪检干部越权接触相关地区、部门、单位党委(党组)负责人,私存线索、跑风漏气、违反安全保密规定,接受请托、干预审查、以案谋私、办人情案,以违规违法方式收集证据,截留挪用、侵占私分涉案款物,接受宴请和财物等违纪行为,依照《中国共产党纪律处分条例》严肃处理。

65.3《中国共产党纪律检查机关案件检查工作条例》及《中国共产党纪律检查机关案件检查工作条例实施细则》(以下简称《实施细则》)(1994年5月1日)(节录)

第六章 对办案人员的要求

第四十五条 办案人员应遵守以下纪律:
(一)不准对被调查人或有关人员采取违犯党章或国家法律的手段;
(二)不准泄露案情,扩散证据材料;
(三)不准伪造、篡改、隐匿、销毁证据,故意夸大或缩小案情;
(四)不准接受与案件有关人员的财物和其他利益。

《实施细则》第四十八条 根据《条例》第四十五条的规定,对办案人员违反本条规定的,应查明情况,追究责任。

65.4《纪检监察机关办案工作保密规定》(1996年8月19日)

第一条 为了确保纪检监察机关在办案中严格保守国家秘密,加强办案中的保密工作,保证纪检监察工作的顺利进行,根据《中华人民共和国保守国家秘密法》、《纪检监察工作中国家秘密及其密级具体范围的规定》和国家有关规定,制定本规定。

第二条 本规定适用于纪检监察机构办案人员和纪检监察机构内部因工作需要接触案情的人员。

第三条　受理检举、控告、申诉的保密要求按照《保护检举、控告人的规定》的有关规定办理。

第四条　对案件或问题初核时，不准向被调查人暴露意图。

第五条　《立案呈批报告》、《初步核实报告》等有关案件材料，应指定专人登记、管理。

第六条　制定案件调查计划要同时制定保密措施，调查大案要案要有具体保密方案。

第七条　拟采取的调查手段、措施要严格控制知悉范围，不准向被调查人泄露；严禁泄露当事人提供的物证、书证、证人证言等证据。

第八条　外出调查一般不准携带案卷，如确需携带时必须经领导批准，并做到：两人专管，卷不离人，严防丢失；上下车、船、飞机时，要及时检查，相互提示。

第九条　不准在公共场所谈论案件内容，不准携带案卷和调查材料探亲访友、游览、购物等。

第十条　汇报案情及有关情况时，应使用加密传真，不得使用平信、明码电报和电话。传递办案材料，应通过机要部门。

第十一条　出境调查携带案件材料，应当按国家保密局、海关总署《关于禁止邮寄或非法携运国家秘密文件、资料和其他物品出境的规定》执行。

第十二条　移送审理的案件材料，要严格登记和履行交接手续。

第十三条　在审理案件过程中，案卷材料由承办人负责保管，审理结束后，按规定移送。

第十四条　阅卷笔录、审理讨论笔录等，未经批准，不得向无关人员提供。

第十五条　案件材料及办案请示、报告和其他有关文字材料，均应按《纪检监察工作中国家秘密及其密级具体范围的规定》划定密级和期限，并妥善加以保管。

第十六条　正在办理的案件，一般不对外宣传报道；需要宣传报道时，必须经主管领导同意并报同级纪检监察机关领导批准。

第十七条　办案中如发生泄密情况，要及时向主管领导和本单位保密委员会报告，同时采取有效措施尽力补救；事后要认真追查，严肃处理，并向上一级纪检监察机关保密委员会报告。

第十八条　违反本规定的，应依照党纪、政纪的有关规定给予党纪处分、行政处分或其他处理；构成犯罪的，移送司法机关依法追究刑事责任。

第十九条　本规定自发布之日起施行。

65.5《中国共产党纪律检查机关查办案件涉案款物管理暂行规定》（2008年10月15日）（节录）

第七章　纪律责任

第三十八条　对监督检查过程中发现的违反规定的问题，案件监督管理部门或者其他相关职能部门应当责令纠正。对不纠正的，纪检机关要予以通报批评。违反纪律的,应当追究有关主管人员和直接责任人员的纪律责任。

第三十九条 任何部门和个人在涉案款物管理中违反有关规定,贪污、侵占、截留、挪用、私分、私存、调换、外借、压价收购涉案款物及其孳息的,应当追究有关主管人员和直接责任人员的纪律责任。

第四十条 保管不当造成涉案款物毁损或者灭失的,除按照国家有关规定给予赔偿外,视情节轻重,应当追究有关主管人员和直接责任人员的纪律责任。

第四十一条 不按时移交涉案款物或者不及时执行涉案款物处理决定,造成恶劣影响或者其他严重后果的,应当追究有关主管人员和直接责任人员的纪律责任。

第六十六条 【依法追究刑事责任】违反本法规定,构成犯罪的,依法追究刑事责任。

【刑事法律文件】

66.1《中华人民共和国刑法》(修正后2017年11月4日施行)(节录)

第九十四条 【司法工作人员的范围】 本法所称司法工作人员,是指有侦查、检察、审判、监管职责的工作人员。

第二百四十五条 【非法搜查罪、非法侵入住宅罪】 非法搜查他人身体、住宅,或者非法侵入他人住宅的,处三年以下有期徒刑或者拘役。

司法工作人员滥用职权,犯前款罪的,从重处罚。

第二百四十七条 【刑讯逼供罪、暴力取证罪】 司法工作人员对犯罪嫌疑人、被告人实行刑讯逼供或者使用暴力逼取证人证言的,处三年以下有期徒刑或者拘役。致人伤残、死亡的,依照本法第二百三十四条、第二百三十二条的规定定罪从重处罚。

第二百四十八条 【虐待被监管人罪】 监狱、拘留所、看守所等监管机构的监管人员对被监管人进行殴打或者体罚虐待,情节严重的,处三年以下有期徒刑或者拘役;情节特别严重的,处三年以上十年以下有期徒刑。致人伤残、死亡的,依照本法第二百三十四条、第二百三十二条的规定定罪从重处罚。

监管人员指使被监管人殴打或者体罚虐待其他被监管人的,依照前款的规定处罚。

第二百五十四条 【报复陷害罪】 国家机关工作人员滥用职权、假公济私,对控告人、申诉人、批评人、举报人实行报复陷害的,处二年以下有期徒刑或者拘役;情节严重的,处二年以上七年以下有期徒刑。

第三百零八条之一 【泄露不应公开的案件信息罪;故意泄露国家秘密罪;披露、报道不应公开的案件信息罪】 司法工作人员、辩护人、诉讼代理人或者其他诉讼参与人,泄露依法不公开审理的案件中不应当公开的信息,造成信息公开传播或者其他严重后果的,处三年以下有期徒刑、拘役或者管制,并处或者单处罚金。

有前款行为,泄露国家秘密的,依照本法第三百九十八条的规定定罪处罚。

公开披露、报道第一款规定的案件信息,情节严重的,依照第一款的规定处罚。

单位犯前款罪的,对单位判处罚金,并对其直接负责的主管人员和其他直接责任人员,依照第一款的规定处罚。

第三百九十七条【滥用职权罪；玩忽职守罪】 国家机关工作人员滥用职权或者玩忽职守，致使公共财产、国家和人民利益遭受重大损失的，处三年以下有期徒刑或者拘役；情节特别严重的，处三年以上七年以下有期徒刑。本法另有规定的，依照规定。

国家机关工作人员徇私舞弊，犯前款罪的，处五年以下有期徒刑或者拘役；情节特别严重的，处五年以上十年以下有期徒刑。本法另有规定的，依照规定。

第三百九十八条【故意泄露国家秘密罪；过失泄露国家秘密罪】 国家机关工作人员违反保守国家秘密法的规定，故意或者过失泄露国家秘密，情节严重的，处三年以下有期徒刑或者拘役；情节特别严重的，处三年以上七年以下有期徒刑。

非国家机关工作人员犯前款罪的，依照前款的规定酌情处罚。

第三百九十九条【徇私枉法罪；民事、行政枉法裁判罪；执行判决、裁定失职罪；执行判决、裁定滥用职权罪】 司法工作人员徇私枉法、徇情枉法，对明知是无罪的人而使他受追诉、对明知是有罪的人而故意包庇不使他受追诉，或者在刑事审判活动中故意违背事实和法律作枉法裁判的，处五年以下有期徒刑或者拘役；情节严重的，处五年以上十年以下有期徒刑；情节特别严重的，处十年以上有期徒刑。

在民事、行政审判活动中故意违背事实和法律作枉法裁判，情节严重的，处五年以下有期徒刑或者拘役；情节特别严重的，处五年以上十年以下有期徒刑。

在执行判决、裁定活动中，严重不负责任或者滥用职权，不依法采取诉讼保全措施、不履行法定执行职责，或者违法采取诉讼保全措施、强制执行措施，致使当事人或者其他人的利益遭受重大损失的，处五年以下有期徒刑或者拘役；致使当事人或者其他人的利益遭受特别重大损失的，处五年以上十年以下有期徒刑。

司法工作人员收受贿赂，有前三款行为的，同时又构成本法第三百八十五条规定之罪的，依照处罚较重的规定定罪处罚。

第三百九十九条之一【枉法仲裁罪】 依法承担仲裁职责的人员，在仲裁活动中故意违背事实和法律作枉法裁决，情节严重的，处三年以下有期徒刑或者拘役；情节特别严重的，处三年以上七年以下有期徒刑。

第四百条【私放在押人员罪；失职致使在押人员脱逃罪】 司法工作人员私放在押的犯罪嫌疑人、被告人或者罪犯的，处五年以下有期徒刑或者拘役；情节严重的，处五年以上十年以下有期徒刑；情节特别严重的，处十年以上有期徒刑。

司法工作人员由于严重不负责任，致使在押的犯罪嫌疑人、被告人或者罪犯脱逃，造成严重后果的，处三年以下有期徒刑或者拘役；造成特别严重后果的，处三年以上十年以下有期徒刑。

第四百零一条【徇私舞弊减刑、假释、暂予监外执行罪】 司法工作人员徇私舞弊，对不符合减刑、假释、暂予监外执行条件的罪犯，予以减刑、假释或者暂予监外执行的，处三年以下有期徒刑或者拘役；情节严重的，处三年以上七年以下有期徒刑。

第四百零二条【徇私舞弊不移交刑事案件罪】 行政执法人员徇私舞弊，对依法应当移交司法机关追究刑事责任的不移交,情节严重的,处三年以下有期徒刑或者拘役;造成严重后果的,处三年以上七年以下有期徒刑。

第四百一十七条【帮助犯罪分子逃避处罚罪】 有查禁犯罪活动职责的国家机关工作人员,向犯罪分子通风报信、提供便利,帮助犯罪分子逃避处罚的,处三年以下有期徒刑或者拘役;情节严重的,处三年以上十年以下有期徒刑。

> 【编者注】监察机关工作人员既不属于行政执法人员,也不属于司法工作人员。监察机关工作人员在查办职务违法犯罪案件过程中,如有违反《监察法》第65条等规定之行为的,按照《刑法》虽不能以刑讯逼供罪、徇私枉法罪、徇私舞弊不移交刑事案件罪等特殊主体才能构成的渎职罪名来定罪处罚,但不排除触犯普通国家机关工作人员或一般主体即可构成的罪名,其渎职行为如符合滥用职权罪、玩忽职守罪等犯罪的构成要件,应依法论处。
>
> 根据上述《刑法》条文的规定,监察机关工作人员在履职过程中违法行使职权或者应当行使职权而不行使职权的行为,可能涉嫌的罪名包括:非法搜查罪、故意伤害罪、故意杀人罪、报复陷害罪、故意泄露国家秘密罪、过失泄露国家秘密罪、滥用职权罪、玩忽职守罪、帮助犯罪分子逃避处罚罪等。

第六十七条【国家赔偿】 监察机关及其工作人员行使职权,侵犯公民、法人和其他组织的合法权益造成损害的,依法给予国家赔偿。

【宪法】

67.1《中华人民共和国宪法》(修正后2018年3月11日施行)(节录)

第四十一条 中华人民共和国公民对于任何国家机关和国家工作人员,有提出批评和建议的权利;对于任何国家机关和国家工作人员的违法失职行为,有向有关国家机关提出申诉、控告或者检举的权利,但是不得捏造或者歪曲事实进行诬告陷害。

对于公民的申诉、控告或者检举,有关国家机关必须查清事实,负责处理。任何人不得压制和打击报复。

由于国家机关和国家工作人员侵犯公民权利而受到损失的人,有依照法律规定取得赔偿的权利。

【组织人事法规】

67.2《中华人民共和国公务员法》(修正后2018年1月1日施行)(节录)

第一百零三条 机关因错误的具体人事处理对公务员造成名誉损害的,应当赔礼道歉、恢复名誉、消除影响;造成经济损失的,应当依法给予赔偿。

67.3《中华人民共和国法官法》(修正后2018年1月1日施行)(节录)

第四十七条 对法官处分或者处理错误的,应当及时予以纠正;造成名誉损害的,应当恢复名誉、消除影响、赔礼道歉;造成经济损失的,应当赔偿。对打击报复的直接责任人员,应当依法追究其责任。

67.4《中华人民共和国检察官法》(修正后2018年1月1日施行)(节录)

第五十条 对检察官处分或者处理错误的,应当及时予以纠正;造成名誉损害的,应当恢复名誉、消除影响、赔礼道歉;造成经济损失的,应当赔偿。对打击报复的直接责任人员,应当依法追究其责任。

【纪检监察法规】

67.5《行政机关公务员处分条例》(2007年6月1日)(节录)

第五十一条 行政机关公务员的处分决定被变更,需要调整该公务员的职务、级别或者工资档次的,应当按照规定予以调整;行政机关公务员的处分决定被撤销的,应当恢复该公务员的级别、工资档次,按照原职务安排相应的职务,并在适当范围内为其恢复名誉。

被撤销处分或者被减轻处分的行政机关公务员工资福利受到损失的,应当予以补偿。

67.6《事业单位工作人员处分暂行规定》(2012年9月1日)(节录)

第四十三条 事业单位工作人员的处分决定被变更,需要调整该工作人员的岗位等级或者工资待遇的,应当按照规定予以调整;事业单位工作人员的处分决定被撤销的,应当恢复该工作人员的岗位等级、工资待遇,按照原岗位等级安排相应的岗位,并在适当范围内为其恢复名誉。

被撤销处分或者被减轻处分的事业单位工作人员工资待遇受到损失的,应当予以补偿。

67.7《事业单位人事管理条例》(2014年7月1日)(节录)

第四十二条 对事业单位工作人员的人事处理违反本条例规定给当事人造成名誉损害的,应当赔礼道歉、恢复名誉、消除影响;造成经济损失的,依法给予赔偿。

【国家赔偿法】

67.8《中华人民共和国国家赔偿法》(修正后2013年1月1日施行)(节录)

第一章 总 则

第一条 为保障公民、法人和其他组织享有依法取得国家赔偿的权利,促进国家机关依法行使职权,根据宪法,制定本法。

第二条 国家机关和国家机关工作人员行使职权,有本法规定的侵犯公民、法人和其他组织合法权益的情形,造成损害的,受害人有依照本法取得国家赔偿的权利。

本法规定的赔偿义务机关,应当依照本法及时履行赔偿义务。

第二章 行政赔偿

第三章 刑事赔偿

第一节 赔偿范围

第十七条 行使侦查、检察、审判职权的机关以及看守所、监狱管理机关及其工作人员在行使职权时有下列侵犯人身权情形之一的,受害人有取得赔偿的权利:

（一）违反刑事诉讼法的规定对公民采取拘留措施的，或者依照刑事诉讼法规定的条件和程序对公民采取拘留措施，但是拘留时间超过刑事诉讼法规定的时限，其后决定撤销案件、不起诉或者判决宣告无罪终止追究刑事责任的；

（二）对公民采取逮捕措施后，决定撤销案件、不起诉或者判决宣告无罪终止追究刑事责任的；

（三）依照审判监督程序再审改判无罪，原判刑罚已经执行的；

（四）刑讯逼供或者以殴打、虐待等行为或者唆使、放纵他人以殴打、虐待等行为造成公民身体伤害或者死亡的；

（五）违法使用武器、警械造成公民身体伤害或者死亡的。

第十八条 行使侦查、检察、审判职权的机关以及看守所、监狱管理机关及其工作人员在行使职权时有下列侵犯财产权情形之一的，受害人有取得赔偿的权利：

（一）违法对财产采取查封、扣押、冻结、追缴等措施的；

（二）依照审判监督程序再审改判无罪，原判罚金、没收财产已经执行的。

第十九条 属于下列情形之一的，国家不承担赔偿责任：

（一）因公民自己故意作虚伪供述，或者伪造其他有罪证据被羁押或者被判处刑罚的；

（二）依照刑法第十七条、第十八条规定不负刑事责任的人被羁押的；

（三）依照刑事诉讼法第十五条、第一百七十三条第二款、第二百七十三条第二款、第二百七十九条规定不追究刑事责任的人被羁押的；

（四）行使侦查、检察、审判职权的机关以及看守所、监狱管理机关的工作人员与行使职权无关的个人行为；

（五）因公民自伤、自残等故意行为致使损害发生的；

（六）法律规定的其他情形。

第二节 赔偿请求人和赔偿义务机关

第二十条 赔偿请求人的确定依照本法第六条的规定。

第二十一条 行使侦查、检察、审判职权的机关以及看守所、监狱管理机关及其工作人员在行使职权时侵犯公民、法人和其他组织的合法权益造成损害的，该机关为赔偿义务机关。

对公民采取拘留措施，依照本法的规定应当给予国家赔偿的，作出拘留决定的机关为赔偿义务机关。

对公民采取逮捕措施后决定撤销案件、不起诉或者判决宣告无罪的，作出逮捕决定的机关为赔偿义务机关。

再审改判无罪的，作出原生效判决的人民法院为赔偿义务机关。二审改判无罪，以及二审发回重审后作无罪处理的，作出一审有罪判决的人民法院为赔偿义务机关。

第五章 其他规定

第三十八条 人民法院在民事诉讼、行政诉讼过程中，违法采取对妨害诉讼的强制措施、保全措施或者对判决、裁定及其他生效法律文书执行错误，造成损害的，赔偿请求人要求赔偿的程序，适用本法刑事赔偿程序的规定。

【编者注】现行《中华人民共和国国家赔偿法》的规定，尚不能涵盖"监察机关及其工作人员行使职权时侵犯公民、法人和其他组织的合法权益造成损害依法给予国家赔偿"的问题，相关立法亟待进一步完善。

第九章 附 则

第六十八条 【军事监察工作具体规定的立法授权】中国人民解放军和中国人民武装警察部队开展监察工作,由中央军事委员会根据本法制定具体规定。

第六十九条 【实施日期】本法自公布之日起施行。《中华人民共和国行政监察法》同时废止。

附件：

监察法相关法律法规文件分类目录索引

一、宪法

1. 中华人民共和国宪法（2018年3月11日）

二、党章

2. 中国共产党章程（2017年10月24日）

三、党的纲领性文件及其他重要文件

3. 决胜全面建成小康社会 夺取新时代中国特色社会主义伟大胜利（2017年10月18日）

4. 深化党和国家机构改革方案（2018年2月28日）

5. 聚焦中心任务，创新体制机制，深入推进党风廉政建设和反腐败斗争（2014年1月13日）

6. 中共中央办公厅国务院办公厅关于进一步规范刑事诉讼涉案财物处置工作的意见（2015年1月24日）

四、立法法

7. 中华人民共和国立法法（2015年3月15日）

五、党内法规

8. 中国共产党党内法规制定条例（2013年5月27日）

9. 中国共产党党内法规和规范性文件备案规定（2012年7月1日）

10. 中共中央纪委办公厅关于进一步加强和改进纪检监察法规备案工作的通知（2003年12月9日）

六、组织人事法规

（一）党的组织管理法规

11. 中国共产党工作机关条例（试行）（2017年3月1日）

12. 中国共产党党组工作条例（试行）（2015年6月11日）

13. 中国共产党地方委员会工作条例（2015年12月25日）

14. 中国共产党党和国家机关基层组织工作条例（2010年6月4日）

15. 县以上党和国家机关党员领导干部民主生活会若干规定（2016年12月23日）

16. 关于中共中央纪委派驻纪检组履行监督职责的意见（2006年4月6日）

17. 中央纪委监察部派驻机构工作汇报暂行办法（2007年7月23日）

18. 中央纪委监察部向派驻机构通报情况暂行办法（2007年7月23日）

19. 中共中央纪委监察部派驻机构业务工作管理暂行办法（2004年4月1日）

20. 中共中央纪委监察部派驻机构干部工作管理暂行办法（2004年4月1日）

（二）公职人员管理法规

21. 中华人民共和国公务员法（2018年1月1日）

22. 《中华人民共和国公务员法》实施方案（2006年4月9日）

23. 事业单位人事管理条例（2014年7月1日）

24. 中华人民共和国法官法（2018年1月1日）

25. 中华人民共和国检察官法（2018年1月1日）

26. 公务员职务任免与职务升降规定（试行）（2008年2月29日）

27. 公务员调任规定（试行）（2008年2月29日）

28. 公务员奖励规定（试行）（2008年1月4日）

29. 公务员考核规定（试行）（2007年1月4日）

30. 关于受党纪处分的党政机关工作人员年度考核有关问题的意见（1998年4月8日）

（三）领导干部管理法规

31. 党政领导干部选拔任用工作条例（2014年1月14日）

32. 推进领导干部能上能下若干规定（试行）（2015年7月19日）

33. 党政领导干部选拔任用工作有关事项报告办法（试行）（2010年3月）

34. 地方党委常委会向全委会报告干部选拔任用工作并接受民主评议办法（试行）（2010年3月31日）

35. 党政领导干部选拔任用工作监督检查办法（试行）（2003年6月19日）

36. 市县党委书记履行干部选拔任用工作职责离任检查办法（试行）（2010年3月31日）

37. 党政主要领导干部和国有企业领导人员经济责任审计规定（2010年10月12日）

38. 党政领导干部辞职暂行规定（2004年4月8日）

39. 关于党政领导干部辞职从事经营活动有关问题的意见（2004年4月8日）

40. 关于规范中管干部辞去公职或者退（离）休后担任上市公司、基金管理公司独立董事、独立监事的通知（2008年6月25日）

41. 党政领导干部职务任期暂行规定（2006年6月10日）

七、行为规制法规

42. 关于新形势下党内政治生活的若干准则（2016年10月27日）

43. 中国共产党廉洁自律准则（2016年1月1日）

44. 关于实行党风廉政建设责任制的规定（2010年11月10日）

45. 关于党员领导干部述职述廉的暂行规定（2005年12月19日）

46. 中国共产党党员权利保障条例（2004年9月22日）

47. 中共中央纪律检查委员会关于审理党员违纪案件工作程序的规定（1991年7月13日）

48. 中国共产党党务公开条例（试行）（2017年12月20日）

49. 关于向民主党派通报党风廉政建设和反腐败工作情况、邀请民主党派参加党风廉政建设专项检查的实施意见（2006年2月6日）

50. 关于改进工作作风、密切联系群众的八项规定（2012年12月4日）

51. 中央政治局贯彻落实中央八项规定的实施细则（2017年10月27日）

52. 党政机关厉行节约反对浪费条例（2013年11月18日）

53. 党政机关国内公务接待管理规定（2013年12月8日）

54. 关于加强国家工作人员因私事出国（境）管理的暂行规定（2003年1月14日）

55. 关于党政机关工作人员个人证券投资行为若干规定（2001年4月3日）

56. 关于对党和国家机关工作人员在国内交往中收受礼品实行登记制度的规定（1995年4月30日）

57. 关于省、地两级党委、政府主要领导干部配偶、子女个人经商办企业的具体规定（试行）（2001年2月8日）

58. 中华人民共和国企业国有资产法（2009年5月1日）

59. 国有企业领导人员廉洁从业若干规定（2009年7月1日）

60. 关于进一步推进国有企业贯彻落实"三重一大"决策制度的意见（2010年6月5日）

61. 关于加强农村基层党风廉政建设的意见（2006年9月28日）

62. 农村基层干部廉洁履行职责若干规定（试行）（2011年5月23日）

63. 关于进一步规范乡村财务管理工作的通知（2006年9月22日）

64. 关于健全和完善村务公开和民主管理制度的意见（2004年6月22日）

八、纪检监察法规

（一）一般规定

65. 中国共产党党内监督条例（2016年10月27日）

66. 中国共产党巡视工作条例（2017年7月10日）

67. 关于重申和建立党内监督五项制度的实施办法（1997年2月4日）

68. 关于纪委协助党组织协调反腐败工作的规定（试行）（2005年7月26日）

69. 地方党委委员、纪委委员开展党内询问和质询办法（试行）（2007年4月22日）

70. 中国共产党问责条例（2016年7月8日）

71. 关于实行党政领导干部问责的暂行规定（2009年6月30日）

72. 关于严格禁止利用职务上的便利谋取不正当利益的若干规定（2007年5月29日）

（二）纪检监察实体法规

73. 中国共产党纪律处分条例（2018年10月1日）

74. 公职人员政务处分暂行规定（2018年4月16日）

75. 行政机关公务员处分条例（2007年6月1日）

76. 事业单位工作人员处分暂行规定（2012年9月1日）

77. 关于对党员领导干部进行诫勉谈话和函询的暂行办法（2005年12月19日）

78. 领导干部干预司法活动、插手具体案件处理的记录、通报和责任追究规定（2015年3月18日）

79. 党政领导干部选拔任用工作责任追究办法（试行）（2010年3月7日）

80. 财政违法行为处罚处分条例（2011年1月8日）

81. 人民法院工作人员处分条例（2009年12月31日）

82. 关于完善人民法院司法责任制的若干意见（2015年9月21日）

83. 检察人员纪律处分条例（2016年10月20日）

84. 关于完善人民检察院司法责任制的若干意见（2015年9月25日）

(三) 纪检监察程序法规

85. 国家监察委员会管辖规定（试行）（附：公职人员涉嫌犯罪罪名立案标准）（2018年4月16日）
86. 中国共产党纪律检查机关监督执纪工作规则（试行）（2017年1月8日）
87. 中国共产党纪律检查机关控告申诉工作条例（1993年9月1日）
88. 关于保护检举、控告人的规定（1996年1月19日）
89. 关于加强纪检监察基层信访举报工作的意见（2003年6月4日）
90. 关于依纪依法规范纪检监察信访举报工作的若干意见（2005年2月1日）
91. 关于加强和改进新形势下案件管理工作的意见（2005年8月17日）
92. 中国共产党纪律检查机关案件检查工作条例（1994年5月1日）
93. 中国共产党纪律检查机关案件检查工作条例实施细则（1994年5月1日）
94. 关于纪检监察机关依法采用"两指""两规"措施若干问题的通知（1998年6月5日）
95. 关于正确使用"两规""两指"措施的通知（2001年2月19日）
96. 关于查处党员违纪案件中收集、鉴别、使用证据的具体规定（1991年7月23日）
97. 党的纪律检查机关案件审理工作条例（1987年7月14日）
98. 关于审理党员违纪案件工作程序的规定（1991年7月13日）
99. 关于处分违犯党纪的党员批准权限的具体规定（1983年7月6日）
100. 关于修改《关于处分违犯党纪的党员批准权限的具体规定》的通知（1987年3月28日）
101. 关于中央、中央纪委决定或批准的对犯错误党员的处分执行程序的通知（1992年9月5日）
102. 纪检监察机关办案工作保密规定（1996年8月19日）
103. 关于纪检监察机关加强对没收追缴违纪违法款物管理的通知（1998年8月25日）
104. 关于查办案件中需查询或者冻结被调查对象存款时应以监察机关名义使用监察文书的通知（1999年12月27日）
105. 中国共产党纪律检查机关查办案件涉案款物管理暂行规定（2008年10月15日）
106. 金融机构协助查询、冻结、扣划工作管理规定（2002年2月1日）
107. 纪检监察机关查办案件涉案财物价格认定工作暂行办法（2010年12月10日）
108. 关于纪检监察机关和审计机关在查处案件中加强协作配合的通知（2003年8月26日）
109. 公务员申诉规定（试行）（2008年5月16日）
110. 纪检监察机关办案工作保密规定（1996年8月19日）

(四) 相关解释和解答

111. 关于党政机关县（处）级以上党员领导干部违反廉洁自律规定购买、更换小汽车行为的党纪处理办法（1996年8月26日）
112. 抗震救灾款物管理使用违法违纪行为处分规定（2008年5月29日）
113. 关于执行《关于对涉及农民负担案（事）件实行责任追究的暂行办法》若干问

题的解释（2005 年 9 月 22 日）

114. 安全生产领域违纪行为适用《中国共产党纪律处分条例》若干问题的解释（2007 年 10 月 8 日）

115. 违反《国有企业领导人员廉洁从业若干规定》行为适用《中国共产党纪律处分条例》的解释（2012 年 2 月 4 日）

116. 国有企业领导人员违反廉洁自律"七项要求"适用《中国共产党纪律处分条例》若干问题的解释（2008 年 6 月 6 日）

117. 关于违反信访工作纪律适用《中国共产党纪律处分条例》若干问题的解释（2008 年 7 月 4 日）

118. 机构编制违纪行为适用《中国共产党纪律处分条例》若干问题的解释（2009 年 6 月 17 日）

119. 设立"小金库"和使用"小金库"款项违纪行为适用《中国共产党纪律处分条例》若干问题的解释（2009 年 7 月 24 日）

120. 挪用公款出国（境）旅游及相关违纪行为适用《中国共产党纪律处分条例》若干问题的解释（2010 年 6 月 9 日）

121. 对《关于村委会主任（党员）利用职务之便收受财物行为如何处理的请示》的答复（2005 年 11 月 3 日）

122. 党员领导干部违反规定插手干预工程建设领域行为适用《中国共产党纪律处分条例》若干问题的解释（2010 年 5 月 7 日）

123. 非法干预查处渎职侵权违法犯罪案件违纪行为适用《中国共产党纪律处分条例》若干问题的解释（2012 年 10 月 29 日）

124. 违规发放津贴补贴行为适用《中国共产党纪律处分条例》若干问题的解释（2012 年 2 月 4 日）

九、刑事法律文件

（一）刑事实体法

125. 中华人民共和国刑法（2017 年 11 月 4 日）

126. 关于《中华人民共和国刑法》第九十三条第二款的解释（2009 年 8 月 27 日）

127. 最高人民法院、最高人民检察院关于办理渎职刑事案件适用法律若干问题的解释（一）（2013 年 1 月 9 日）

128. 全国法院审理经济犯罪案件工作座谈会纪要（2003 年 11 月 13 日）

129. 最高人民法院、最高人民检察院关于办理国家出资企业中职务犯罪案件具体应用法律若干问题的意见（2010 年 11 月 26 日）

130. 最高人民法院、最高人民检察院关于办理职务犯罪案件认定自首、立功等量刑情节若干问题的意见（2009 年 3 月 12 日）

131. 最高人民法院关于常见犯罪的量刑指导意见（2017 年 4 月 1 日）

132. 最高人民法院、最高人民检察院关于办理职务犯罪案件严格适用缓刑、免予刑事处罚若干问题的意见（2012 年 8 月 8 日）

133. 最高人民法院关于办理减刑、假释案件具体应用法律的规定（2017年1月1日）

134. 最高人民法院研究室关于如何理解"在法定刑以下判处刑罚"问题的答复（2012年5月30日）

（二）刑事程序法

135. 中华人民共和国刑事诉讼法（2012年3月14日）

136. 最高人民法院关于适用《中华人民共和国刑事诉讼法》的解释（2013年1月1日）

137. 人民检察院刑事诉讼规则（试行）（2013年1月1日）

138. 公安机关办理刑事案件程序规定（2013年1月1日）

139. 最高人民法院、最高人民检察院、公安部等关于办理死刑案件审查判断证据若干问题的规定（2010年7月1日）

140. 最高人民法院、最高人民检察院、公安部等关于办理刑事案件排除非法证据若干问题的规定（2010年7月1日）

141. 最高人民检察院关于适用《关于办理死刑案件审查判断证据若干问题的规定》和《关于办理刑事案件排除非法证据若干问题的规定》的指导意见（2010年12月30日）

142. 最高人民法院、最高人民检察院、公安部等关于办理刑事案件严格排除非法证据若干问题的规定（2017年6月27日）

143. 最高人民法院关于印发《人民法院办理刑事案件庭前会议规程（试行）》《人民法院办理刑事案件排除非法证据规程（试行）》《人民法院办理刑事案件第一审普通程序法庭调查规程（试行）》的通知（2018年1月1日）

144. 人民法院办理刑事案件庭前会议规程（试行）（2018年1月1日）

145. 人民法院办理刑事案件第一审普通程序法庭调查规程（试行）（2018年1月1日）

146. 人民法院办理刑事案件排除非法证据规程（试行）（2018年1月1日）

147. 关于适用犯罪嫌疑人、被告人逃匿、死亡案件违法所得没收程序若干问题的规定（2017年1月5日）

十、国际条约

148. 联合国反腐败公约（2006年2月12日对中国生效）

149. 联合国打击跨国有组织犯罪公约（2000年12月12日至15日中国签署该公约）